中国文物保护技术协会第九次学术年会论文集

中国文物保护技术协会
重庆市文化遗产研究院　编

科 学 出 版 社
北 京

内 容 简 介

本书收录中国文物保护技术协会第九次学术年会提交的文物保护、文物研究论文67篇，内容涵盖金属文物、石质文物、纸张、纺织品、竹木漆器、彩绘壁画、古建筑遗址等不同质地的文物保护研究与分析研究等。

本书可供文物保护、文物科技研究工作者及大专院校相关专业师生阅读、参考。

图书在版编目（CIP）数据

中国文物保护技术协会第九次学术年会论文集 / 中国文物保护技术协会，重庆市文化遗产研究院编. —北京：科学出版社，2018. 6

ISBN 978-7-03-057558-6

Ⅰ. ①中… Ⅱ. ①中… ②重… Ⅲ. ①文物保护-学术会议-文集 Ⅳ. ①G264-53

中国版本图书馆CIP数据核字（2018）第105703号

责任编辑：王光明 / 责任校对：邹慧卿

责任印制：肖 兴 / 封面设计：张 放

科 学 出 版 社 出版

北京东黄城根北街16号

邮政编码：100717

http://www.sciencep.com

中国科学院印刷厂 印刷

科学出版社发行 各地新华书店经销

*

2018年6月第 一 版 开本：889 × 1194 1/16

2018年6月第一次印刷 印张：35

字数：1 008 000

定价：258.00元

（如有印装质量问题，我社负责调换）

序

为贯彻《国务院关于进一步加强文物工作的指导意见》，加强不可移动文物的保护，对存在重大险情的文物保护单位及时开展抢救性的保护；加强可移动文物的保护，及时保护修复濒危的珍贵文物，优先保护脆弱的珍贵文物，实施预防性保护工程。国家文物局对“十三五”期间要加强文物科技工作的意见，明确指示：根据党的十八大精神高度重视科技创新的重要意义。文物科技事业面临诸多问题：我们对文物价值的认知不足，我们的科技手段也严重不足。国家文物局局长刘玉珠曾经指出：我们的队伍严重不足，结构不尽合理。这些都是目前迫切需要解决的问题。

文物是人类社会活动中保留下来的具有历史价值、艺术价值、科学价值的遗迹遗物，并在今后的社会生活和社会发展中还能发挥其积极的作用。从科技角度来看，社会上的一切物质材料被人们利用并赋予它历史价值，就可能成为文物，对它们的研究、保护、修复都必然要有知识的支撑。所有的文物都是由它们所蕴含的无形的价值来支撑的，文物是有形的实体，是价值信息的载体。文物的研究工作都是揭示它的价值信息来还原古代社会，并有效地发挥它的社会功能；文物的保护首先是对实体的有效保护和长久保存，是益寿延年的事情，皮之不存，毛将焉附，其核心还是全面保护、保留、保存文物一切价值信息；文物的修复，顾名思义是对残破了的器物修整、复原、恢复其形貌的完整，是为了体现和展示它的价值。所以在“十三五”期间文物科技工作以推进创新建设为总体目标。围绕价值的认知、保护修复和传承利用三个方面，加强基础理论的研究、应用并开发技术集成，加强人才培养和平台建设，将抢救性保护和建设预防性保护技术体系相结合。中国文物保护技术协会以建立文物保护修复的科学理念、指导思想、原则、方法，促进学科发展和人才培养为己任。

文物保护技术是一门多学科、综合性的应用技术，需要多学科、全社会的参与。社会上所有的学科和专业都可以在文物科技、文物保护、文物研究中发挥自己的作用；社会上的一切物质材料，只要对象明确，应用工艺、技术得当，都能成为文物保护材料。因此社会上一切新科研成果，一切新技术、新方法、新材料都是文物科研事业发展的需要，是物质技术的保证。所谓传统就是在人类社会发展过程中传承下来，规范起来形成的一个体系，都不是一夜形成、永远不变的，都是在社会发展过程中随着理念的更新，一切新知识的吸收，一切新技术、新方法的引进，取其精华，弃其糟粕，不断进步，不断提高，不断完善的。今天要加强学科建设，促进学科的发展就应该打开门，走出去，请进来，广泛地与高等院校、科研院所相结合，消化吸收多门类的专业知识和技能以及一切新成果，加强国内外的学术交流和国内外的合作；加强科学研究，对文物的分析检测监测要科学化，应有的放矢，有明确的目标，检测监测数据能揭示文物的材料材质及其相应的工艺技术、价值认知的信息，环境的监测要提供有关文物病害、病因以及病变影响因素及条件的信息，能为针对性的治理方法和保护修复材料、工艺、技术、方法的筛选、应用和预防性保护体系的建立提供科学依据，能为文物保护的效果作出客观的评价。

我们自身应该加强应用技术的基础理论研究，构建一个文物保护的科学技术体系，提高文物科技的能力和水平。坚持最小干预的原则，加强预防性保护的研究与实施，预防性保护的核心是创建一个有利于文物保存的环境和管理办法。到目前为止，我们还没有一套有利于各种材质、各种类型文物保存的环境标准并建立一套相应的监控体系，我们已经开始了对文物环境的监测，世界遗产组织也有对遗产地环境监测的要求，但是更重要的是文物环境的监测工作必须与文物的病变相结合，了解文物病变的环境影响因素，以此调控文物保存环境，才能缓解文物的病变、劣化。这是一项极其复杂的工作，但是必须启动。

加强人才培养。文物科技事业起步晚，至今还没有建立起完整的技术体系，人才队伍又严重匮乏，远远不能满足文物科技事业发展的需要。当前迫切需要培养一大批工作在第一线的能把握文物保护基本理念、原则、方法的技术上精益求精的文物保护修复师队伍；还必须有一批在实际工作中能不断发现问题，又有一定的研究能力，解决实际问题的工程师队伍；特别需要建立一支能够促进学科发展的学科带头人，文物科技战略科学家队伍，能把握文物科技事业发展方向，能充分了解文物科技事业发展的需求，能及时把握整个社会科技发展动态，了解科技最新成果的新材料、新工艺、新方法，能把握到新成果可能为文物科技事业发挥作用，有能力引导这些科学家了解文物科技工作的特点和要求，将其发明创新应用到文物科技工作中，解决文物科技中的疑难问题。战略科学家对新科技的引进建立一套科学的技术路线和方法，还有一套适合于文物保护事业需要的评价体系。这就要求我们的文物科技工作者积极努力把自己培养成一个文物科技事业的战略科学家。

中国文物保护技术协会将利用在中国科学技术协会旗下跨行业、跨部门的群众性学术团体的优势，号召全国热心于文物科技工作的各行各业专家积极参与，开展各种形式的学术交流和技术合作，为我国文物科技事业的学科发展培养人才作出积极的贡献。

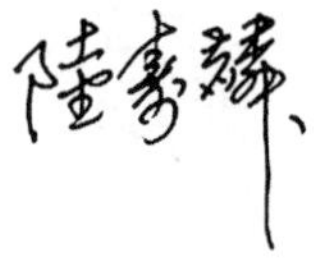

2017年1月1日

目　录

序……………………………………………………………………………………陆寿麟（i）

可移动文物保护技术研究

鎏金青铜文物的凝胶清洗技术……………………………………顾来沅　叶　琳　贾一鸣（3）
西汉昭明单圈铭文镜的保护和修复……………………鲁　茜　夏建建　杨凤霞　罗　莎（12）
破碎的铜镜在修复过程中对镜面弧度的还原………………………………………………胡　威（18）
新疆新源出土乌孙时期铁鍑的保护修复研究……………………………………尚玉平　黄　奋（21）
低氧控湿环境中的铁腐蚀实验研究……………………………………费利华　吴耿烽　林永峰（28）
故宫博物院藏三件高丽刀的保护修复………………………………高　飞　曲　亮　王有亮（37）
馆藏银器的保护研究…………………………………………………………………………高晓阳（46）
瓷器修复材料性质的研究……………………………………………………………………贾一鸣（49）
浅说瓷器保护修复技术………………………………………………………………………吕淑玲（55）
唐五代越窑青瓷250μm以下裂隙修复加固黏接材料的适用性模拟研究……………………
……………………………………………………………………王　飞　楼署红　彭志勤（60）
唐代彩绘陶武士俑的保护与修复……………………………………………秦志芳　陈晓琳（70）
曲阳修德寺塔出土木雕佛像保护修复………………………………………………………王景勇（74）
考古整体提取遗迹实验室保护清理的几点认识……………………………………………韩　飞（88）
残缺石质文物补配与陈列技术初探…………………………………………刘　洋　刘　健（93）
基于BP神经网络的饱水木质文物脱水后的预后评价………………………………………陈子繁（103）
安阳西北绕城高速辛店村商代晚期漆器保护与研究……………………孔德铭　陈　杰（108）
传世漆器文物概述和修复保护实例…………………………………………………………华春榕（116）
桦树皮文献保护修复概述……………………………………………………………………吕晓芳（127）
一幅油画藏品微生物病害的检测分析………………………唐　欢　范文奇　王　春　徐　研（136）
馆藏油画保护在实例修复中的应用…………………………………………………………陈晓琳（143）
试论纸质文物的病害因素及防护方法………………………………………………………赵晓龙（148）
《青绿仙寿图》的保护修复研究……………………………………………………………李晓晨（154）

浅谈馆藏书画文物的保护……毛　芳（157）
谈谈古籍修复中保护技术的运用……李爱玲（167）
纸质文物酸化原因及防治……王欢欢（170）
现代夹江书画纸与安徽宣纸纸张性能的比较……黄怡凡　韦　荃　罗雁冰（174）
颐和园对彩绘、佛像及书画藏品使用改性莜麦面团进行表面除尘的效果评价……
……王敏英　何秋菊　吕高强　何海平　闫　丽　李　林（188）

不可移动文物保护技术研究

大型石窟寺石质本体保护修复——以大足千手观音造像为例……
……陈卉丽　冯太彬　韩秀兰　彭柳升（197）
大足千手观音修复的带漆金箔回贴材料选择实验……周双林　杨　琴（216）
关于文物建筑保护中实施可识别原则的思考……王　丛（222）
大高玄殿乾元阁修缮保护工作中的传承与创新……张　典（229）
浅谈科技在古建筑本体病害监测中的应用程度和深度……孟诚磊　傅峥嵘（244）
浙江砖石古城墙的典型病害与科学保护初探……崔　彪　傅峥嵘　张秉坚（247）
安岳千佛寨摩崖造像的病害调查及分析……肖林芝　罗雁冰（255）
中国古建筑彩画的传统工艺——以山东曲阜孔庙为例……张晓珑（265）

预防性保护

关于博物馆文物预防性保护措施个性化的探讨……唐　铭（281）
浅谈馆藏文物预防性保护项目建设对文物科技保护的意义……雷　淑（285）
浅谈文物预防性保护在博物馆的实际应用……王　滨（293）
熊家冢遗址博物馆车马坑展厅环境监测研究……陈　华　胡塔峰　曹军骥（298）
昆明市博物馆馆藏文物保存环境初探……陈　颢（308）
环境保护对纸质文物的重要性……程　廉（317）
广西民族博物馆展柜空气中霉菌的分离及鉴定……田双娥（324）
滚珠式文物展柜隔震装置性能试验……周　乾　闫维明　纪金豹（331）
文物保存用无酸纸性能分析测试研究……王宜飞　王玉珑（354）

文物科学研究

林州市博物馆藏出土战国青铜器锈蚀物检测及机理分析……陈晓琳　陈家昌（363）
枣庄市徐楼村出土红铜铸镶青铜器腐蚀特征分析……胡　钢　王丽华　向桐葳　张　夏（373）
山西博物院几件院藏青铜器的金相学研究……解　晋（379）

青岛市博物馆馆藏青铜器的保存现状调查与评估……胡可佳　张海燕（385）
一件馆藏铜绿度母坐像表面锈蚀的无损分析……赵雄伟　凡小盼　赵　卓　王　青（393）
古玉沁色的仿制及科技鉴别……何秋菊（401）
江苏出土铜器锈蚀特征的金相学考察（一）——宁镇地区吴国铜器群和淮安战国铜器群……田建花　李　军（411）
几种常用修复用手工纸SEM分析……云　悦（421）
故宫养心殿门窗玻璃的科学分析研究……曲　亮　杨　波　庄立新　陈坤龙　赵　鹏（426）
桐油老化分析及颜料对其老化的影响研究……王　娜　和　玲（435）
高光谱成像技术用于书画颜料的无损分析——以张大千临摹敦煌壁画《隋藻井》为例……巩梦婷　冯萍莉（444）
高光谱在书画鉴定中的应用研究——以清代司马钟《芭蕉仙鹤图》为例……武望婷　彭森森（453）
一幅清代拓片墨迹种类和脱落原因的微观结构分析……杨　娟　韦　荃　杜少飞（462）
故宫博物院藏清代乾隆时期唐卡和绣字康熙帝御笔“万寿无疆”匾中金线的显微结构及其成分分析……马　越（469）

其　他

基于文献计量学浅析中国文物保护技术协会（首届—第八次）学术年会及《学术年会论文集》的成果和发展……马江丽（481）
从国内外考古相关期刊被引频次分析考古学科发展动向——自然科学在考古中的分量……刘文兵　寇淑愉（489）
关于对故宫博物院非物质文化遗产“青铜器修复及复制技艺”的科学化研究的思考……刘建宇　高　飞　王有亮　史宁昌　雷　勇　曲　亮（500）
十年磨一剑——博物馆文保中心建设与思考……田　宇（506）
湖北省出土竹木漆器类文物资源现状分析……刘德银　刘　露　毛　芳　杨　莉　方　芳（510）
西夏瓷器解析——灵武磁窑堡窑……王　萍（528）
新时期文物保护理念与对策研究……王丽萍　于丽群（535）
浅谈中意陶瓷修复理念与方法……陶穿月　曹　元（540）
“胡武功事件”后的反思……何　娟（546）

后记……（549）

可移动文物保护技术研究

鎏金青铜文物的凝胶清洗技术

顾来沅　叶　琳　贾一鸣

（重庆市文化遗产研究院，重庆，400013）

摘要　鎏金青铜器由于内因及外部环境长期腐蚀作用的影响，腐蚀状况较为复杂，表面大多存在各种类型的锈蚀产物。对鎏金青铜文物自身及腐蚀产物进行科学分析，可以全面了解器物病害状况，从而制定出适宜的保护处理措施。本文以重庆三峡出土的一件鎏金青铜文物为保护案例，运用超景深视频显微镜、扫描电镜能谱仪、红外光谱仪及X射线衍射仪等对其表面形貌和腐蚀产物成分进行分析，发现鎏金青铜器主要锈蚀产物有孔雀石［$CuCO_3 \cdot Cu(OH)_2$］、蓝铜矿［$Cu_3(CO_3)_2(OH)_2$］、赤铜矿（Cu_2O）等。并采用凝胶清洗法对锈蚀产物进行去除实验，考察浓度、反应时间对清洗效果的影响，且对有效清洗组分进行对比研究，结果表明以1.0%聚乙烯醇和4.0%聚丙烯酸树脂作为复合凝胶载体时，选择0.02%甲酸作为清洗组分能有效地去除鎏金层表面铜锈。本研究结果为鎏金青铜文物铜锈的去除提供参考和借鉴。

关键词　鎏金青铜器　腐蚀　化学清洗　凝胶除锈

引　言

鎏金工艺是中国2000多年来代代相传的传统工艺。根据报道，我国的鎏金工艺开始于春秋末年，战国时期鎏金铜饰开始流行，到秦汉时期鎏金工艺趋近成熟[1, 2]，以后的各个时代也都有出土，大量出土的鎏金文物成为有力的历史证据。作者在三峡从事文物保护工作十余年，发掘了数以千计战国至六朝时期的墓葬，峡江腹心地带出土了数量不少、有地域文化特色的鎏金青铜器，为开展此地鎏金青铜器的研究提供了珍贵资料与广阔的学术空间[3-5]。由于金自身具有很好的化学稳定性，不易被介质腐蚀，所以过去常常认为鎏金青铜器表面的鎏金层会阻止外界各种腐蚀因素对青铜基体的腐蚀。然而，通过显微观察发现鎏金层表面存在大量的气孔，环境中的氧气、水分等会通过微孔与青铜基体发生化学反应，产生锈蚀[6]。经过漫长的岁月，鎏金青铜器表面会出现各种复杂的锈蚀产物。因此发掘出土的鎏金青铜器，由于常年埋藏于地下，受土壤及地下水中的可溶性盐、微生物、有机酸、温湿度变化等诸多腐蚀因素的影响，当它被送进实验室时，周身绝大部分都被泥土和各种锈蚀物包裹着，只有极少处隐约可见鎏金层。

为了更好地展示鎏金青铜器的艺术价值且便于欣赏，目前对于鎏金青铜器表面的锈蚀产物，不论是有害锈还是无害锈，多数文物保护工作者均主张完全去除。从鎏金青铜器表面鎏金层的微观结构以及其锈蚀结构的特征来看，无论是机械清理法还是化学清理法都会对器物造成一定的损伤[7]。机械清理法最常见的有手工除锈、超声波清洗和激光清洗等，其中手工除锈操作简单，方便灵活，使用范围广，但对粘连非常牢固的硬结物难以直接去除，且会留下明显划痕；超声波清洗除锈效率高，会使器物表面产生微小针孔，或造成鎏金层剥落；激光清洗则控性好、精确度高、对环境影响小，但效率低、成本高，对操作人员的眼睛有潜在危害，控制不当时会导致鎏金层局部过热释放出汞蒸气，造成鎏金层颜色偏红，改变其组成结构。化学清理法则泛指使用各种化学试剂来完成清除工作，当使用物理方法清除困难时，可以使用化学清理法，这种方法不会伤害鎏金图案，但清洗剂有可能透过表层渗入青铜基体，若清洗不完全将为青铜基体的再次腐蚀留下隐患。为了克服现有鎏金层清洗方法存在的缺陷，我们课题组开展了鎏金青铜器铜锈的凝胶清洗研究[8]，创新性地运用高分子复合凝胶作为载体，极大程度地改善了化学清洗剂的溶解性能、挥发速度和可操作性，不伤害鎏金层的同时提高了清洗效率。

1 实验材料和方法

1.1 试剂和仪器

试剂：聚乙烯醇（1799型）、聚丙烯酸树脂（卡波姆940）、硼砂、三乙醇胺、甲酸、柠檬酸、乙二胺四乙酸二钠（EDTA—2Na）、蒸馏水等。

仪器：超景深视频显微镜、扫描电镜能谱仪（SEM-EDX）、红外光谱仪及X射线衍射仪（XRD）等。

1.2 样品和实验分析

为了保护器物的完整性，尽可能在器物不重要、不明显的地方取样，避开在花纹、铭文等重要位置取样。选取覆盖在鎏金层表面具有代表性的蓝色、绿色、褐色的部分，用手术刀轻轻刮取。尽可能多取几个部位，然后研磨成粉末，开展以下检测分析，以确定其物相及化学成分。

扫描电镜能谱分析：采用FEI公司的Quanta 200型环境扫描电镜，配备EDAX公司X射线能谱仪。测试条件：高真空（真空度为5×10^{-3}Pa），加速电压20kV，分辨率3.5nm。

X射线衍射分析：采用全自动D/Max-3c X射线衍射仪，衍射角扫描范围为5°～80°，工作电压和电流分别为40kV和30mA，扫描速度为9.23°/min，步宽0.02°，连续扫描。

红外光谱分析：德国布鲁克生产的Tensor27傅里叶变换红外光谱仪，采用了KBr压片法，分辨率$4cm^{-1}$，光谱范围$400\sim4000cm^{-1}$，叠加次数16次。

1.3 凝胶清洗剂的制备

采用聚丙烯酸交联树脂和聚乙烯醇作为复合凝胶载体，三乙醇胺作为调节凝胶黏度的中和剂，分别添加甲酸、柠檬酸、EDTA-2Na等作为有效清洗组分，制备具有无色透明、低流变性、缓释性好的鎏金层铜锈凝胶清洗剂。制备过程为：准确称取一定量的聚乙烯醇加入装有蒸馏水的烧杯中，在磁力搅拌下加热到85℃，当聚乙烯醇完全溶解停止加热；将溶液冷却到55℃左右，在电动搅拌下缓慢加入提前称量好的聚丙烯酸交联树脂，充分搅拌均匀；当溶液呈透明状无结块时，依次加入一定比例的三乙醇胺、硼砂；最后分别加入相同质量分数的甲酸、柠檬酸或EDTA-2Na，搅拌均匀后停止加热，冷却至室温即得鎏金层铜锈凝胶清洗剂。

1.4 凝胶清洗鎏金青铜器表面锈层

将凝胶清洗剂在鎏金层铜锈上涂上薄薄的一层，待其软化0.5 ~ 1h后，观察颜色由无色透明变成蓝绿色，用脱脂棉将其轻轻擦拭掉，然后用无水乙醇将残余凝胶清洗剂去除，通过观察相同条件下不同凝胶清洗剂对锈蚀产物的反应现象，来判断清洗除锈效果。

2 结果与讨论

2.1 仪器分析结果

2.1.1 样品显微照片与能谱元素分析

图1和图2分别为鎏金-1号、2号样品的超景深显微镜照片，鎏金1号样品以绿色为主，其中夹杂了蓝色、白色及褐色土锈颗粒；鎏金2号样品以蓝色为主，其中夹杂了绿色、白色及褐色土锈颗粒。

图1 鎏金-1号样品的超景深显微照片

图2 鎏金-2号样品的超景深显微照片

图3是鎏金-1号样品元素分析区域及能谱图，表1是样品能谱仪检测元素含量数据，显示样品含有5.55% C，35.09% O，0.64% Mg，6% Al，16.49% Si，1.65% Pb，1.19% K，4.33% Fe，0.36% Co，28.7% Cu。

表1 鎏金-1号样品元素能谱检测数据

元素	C	O	Mg	Al	Si	Pb	K	Fe	Co	Cu
质量分数/%	5.55	35.09	0.64	6	16.49	1.65	1.19	4.33	0.36	28.7
原子百分含量/%	11.37	53.95	0.65	5.48	14.44	0.2	0.75	1.91	0.15	11.11

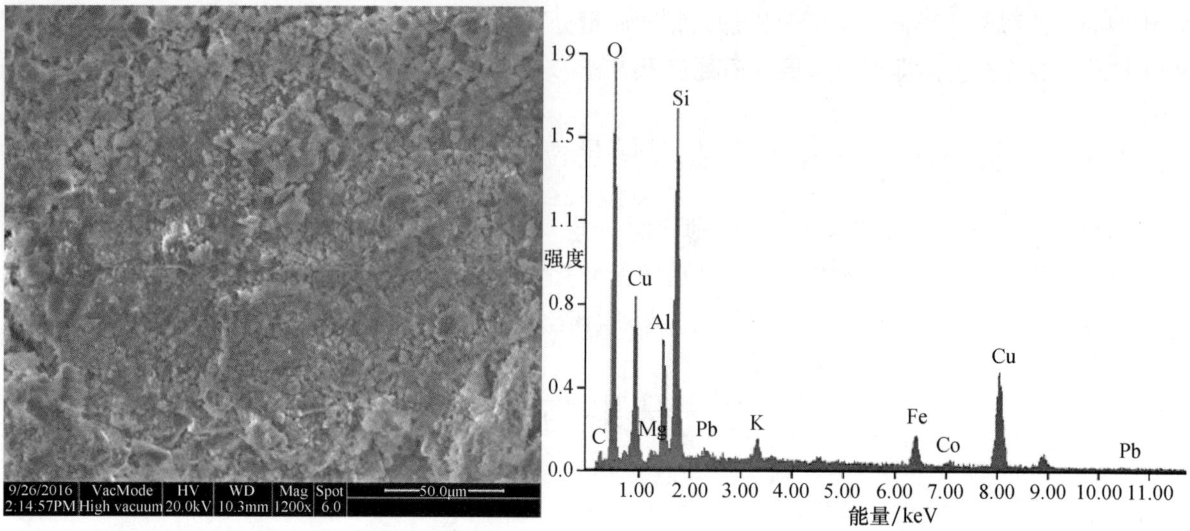

图3 鎏金-1号样品元素分析区域及能谱图

图4是鎏金-2号样品元素分析区域及能谱图，表2是样品能谱仪检测元素含量数据，显示样品含有7.08% C，32% O，0.65% Mg，4.55% Al，10.49% Si，1.37% Pb，0.69% K，0.38% Ca，2.97% Fe，39.81% Cu。

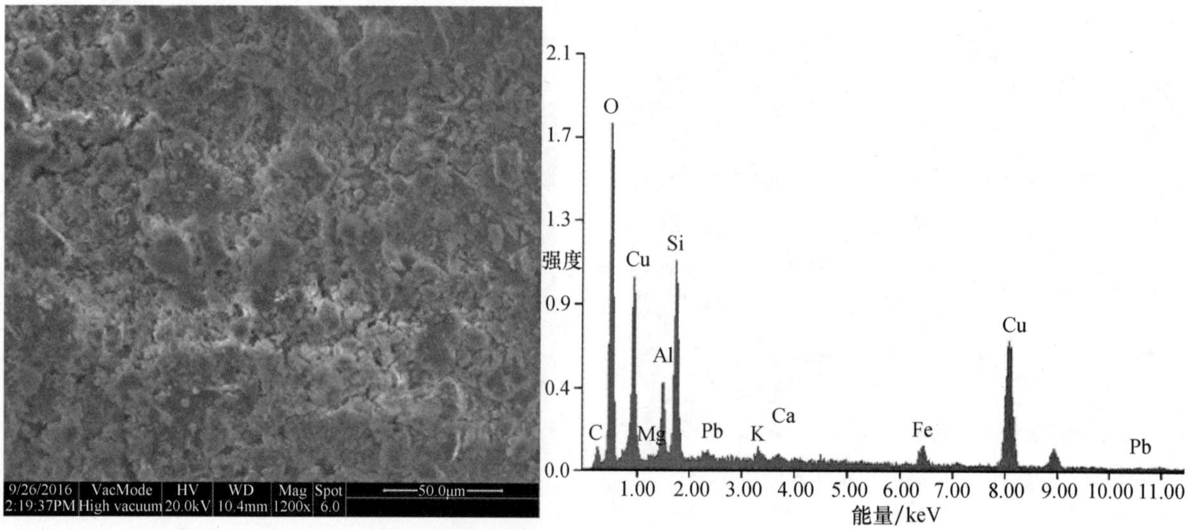

图4 鎏金-2号样品元素分析区域及能谱图

表2 鎏金-2号样品元素能谱检测数据

元素	C	O	Mg	Al	Si	Pb	K	Ca	Fe	Cu
质量分数/%	7.08	32	0.65	4.55	10.49	1.37	0.69	0.38	2.97	39.81
原子百分含量/%	15.22	51.66	0.69	4.35	9.64	0.17	0.46	0.24	1.38	16.18

2.1.2 样品的红外谱图分析

图5和图6分别为鎏金-1号、2号样品的FTIR图谱，由图可以看出，样品大部分红外特征吸收峰属于孔雀石，如3405cm^{-1}和3320cm^{-1}附近，是—OH对称伸缩振动所致；1495cm^{-1}和1389cm^{-1}附近，

是CO_3^{2-}非对称伸缩振动所致；在1048cm^{-1}和877cm^{-1}附近，是—OH弯曲振动所致；800～600cm^{-1}范围内的几个弱吸收峰，是CO_3^{2-}弯曲振动所致，其中820cm^{-1}附近的吸收峰是面内的CO_3^{2-}振动所致，750cm^{-1}和713cm^{-1}附近的吸收峰是面外的CO_3^{2-}振动所致；在485 cm^{-1}附近的吸收峰，是Cu—OH伸缩振动所致。这些红外吸收特征峰与孔雀石基本一致。

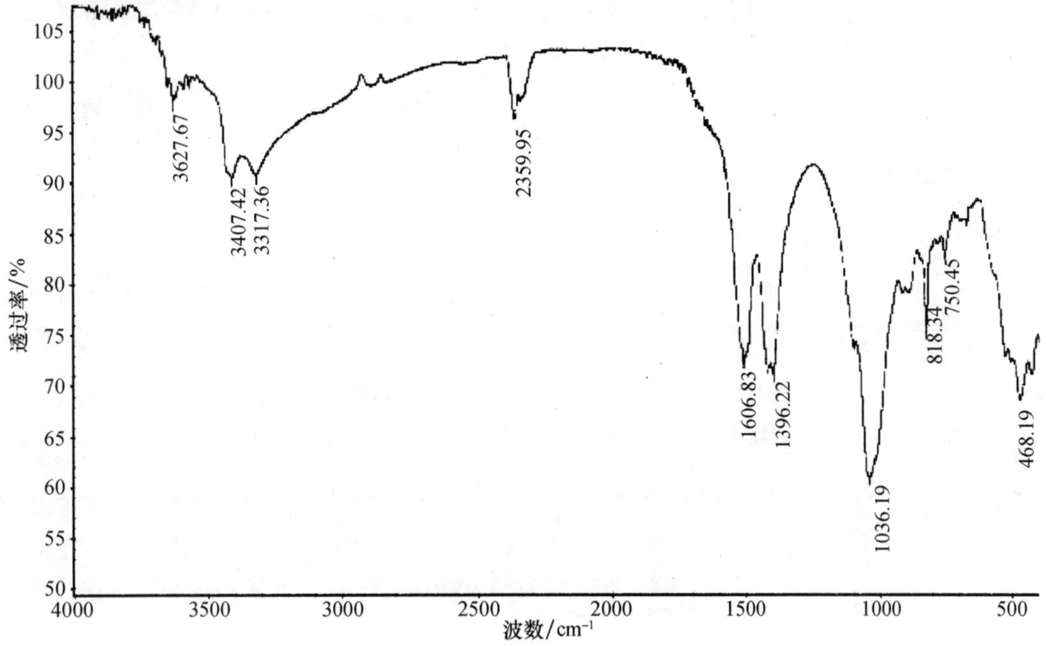

图5 鎏金-1样品的FTIR图谱

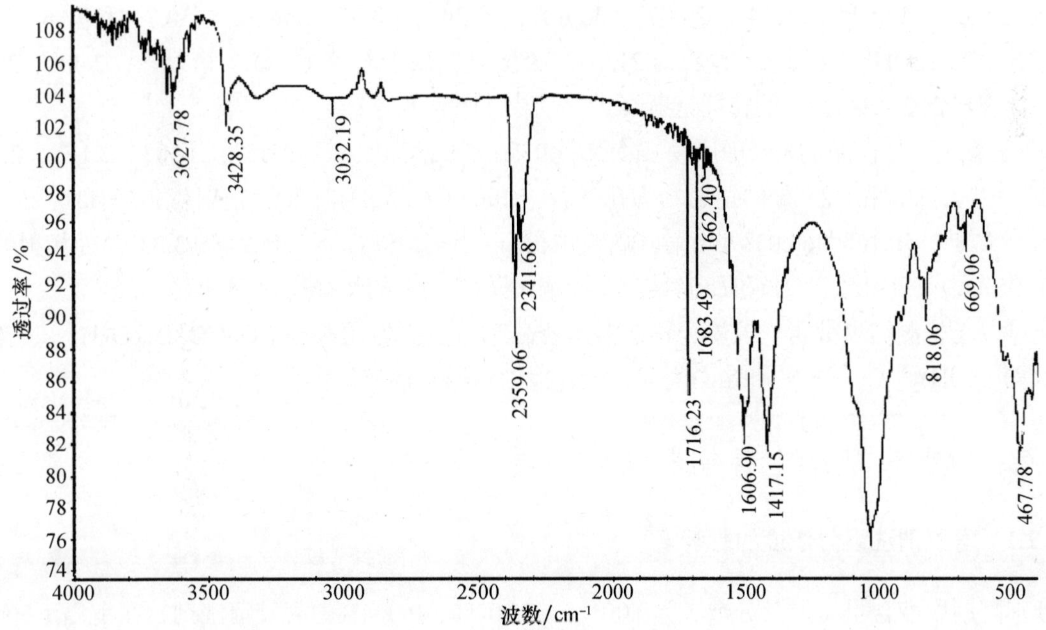

图6 鎏金-2样品的FTIR图谱

2.1.3 样品的X射线衍射分析

图7是鎏金-1号样品的XRD图谱，由图可以看出，在5.03°、5.02°、3.68°、2.85°、2.50°、

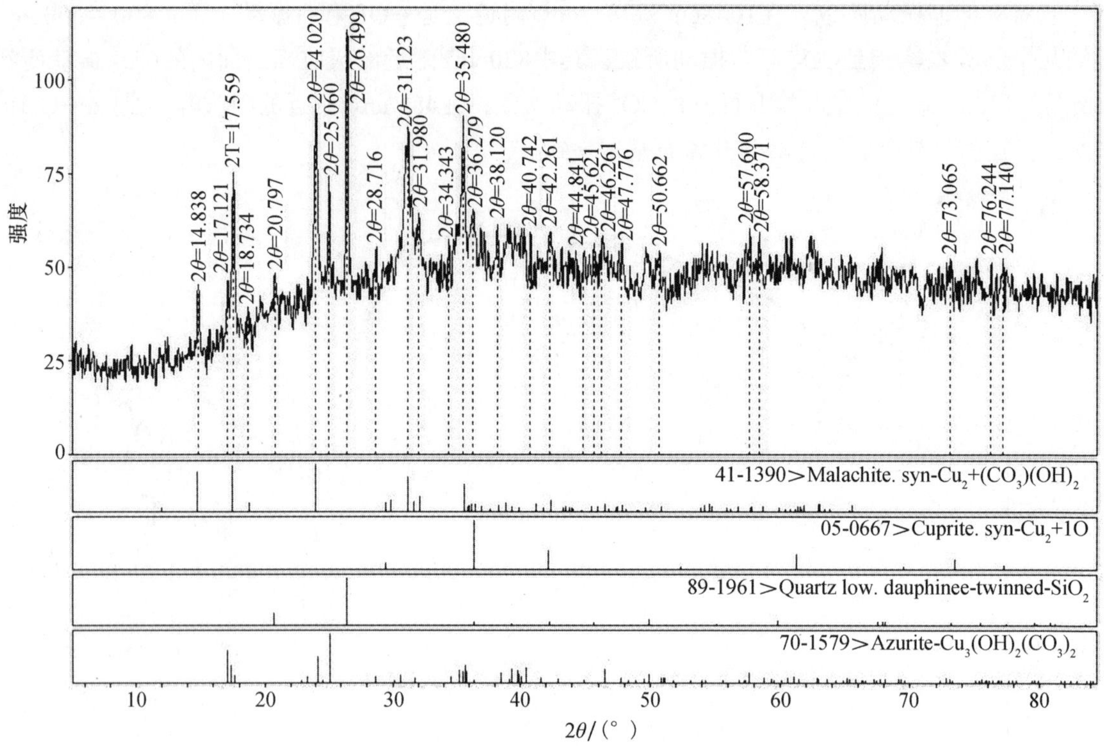

图7　鎏金-1号样品的XRD图谱

2.17°、2.12°、2.06°、1.42°、1.28°和1.25°处的衍射峰为孔雀石［$CuCO_3·Cu(OH)_2$］特征衍射峰；在17.00°、17.33°、17.54°、24.04°、25.07°、35.68°、39.24°、40.38°、46.52°、50.71°和57.64°处为蓝铜矿［$Cu_3(CO_3)_2(OH)_2$］特征衍射峰；4.21°和3.33°等处归属于石英（SiO_2）衍射峰；2.48°、2.21°和1.51°处出现赤铜矿（Cu_2O）的特征衍射峰。

图8是鎏金-2号样品的XRD图谱，显示在5.03°、5.02°、3.68°、2.85°、2.50°、2.17°、2.12°、2.06°、1.42°、1.28°和1.25°处的衍射峰为孔雀石［$CuCO_3·Cu(OH)_2$］特征衍射峰；23.53°、26.67°、27.46°、45.78°、50.16°和64.03°处衍射峰属于钠长石［$Na(AlSi_3O_8)$］；4.21°和3.33°等处衍射峰归属于石英（SiO_2）；2.48°、2.21°和1.51°处出现赤铜矿（Cu_2O）的特征衍射峰。

通过以上检测结果分析，该鎏金青铜器的锈蚀产物主要为孔雀石［$CuCO_3·Cu(OH)_2$］、蓝铜矿［$Cu_3(CO_3)_2(OH)_2$］、赤铜矿（Cu_2O）等，没有检测到Cl元素和其化合物。

2.2　凝胶清洗鎏金青铜器表面锈层

2.2.1　考察清洗组分浓度的影响

分别配制甲酸含量（质量分数）为0.001%、0.002%、0.004%的凝胶清洗剂，在室温下30min，观察锈蚀物清除情况。从反应现象可以观察到，甲酸作为凝胶清洗剂的主要有效成分，其浓度越低，反应越慢。选择0.001%甲酸，反应时间过长，清洗效率不高；若甲酸浓度较高，则处理鎏金青铜器的时间不能过长，不易控制。因为本实验选择甲酸的最佳浓度为0.002%。

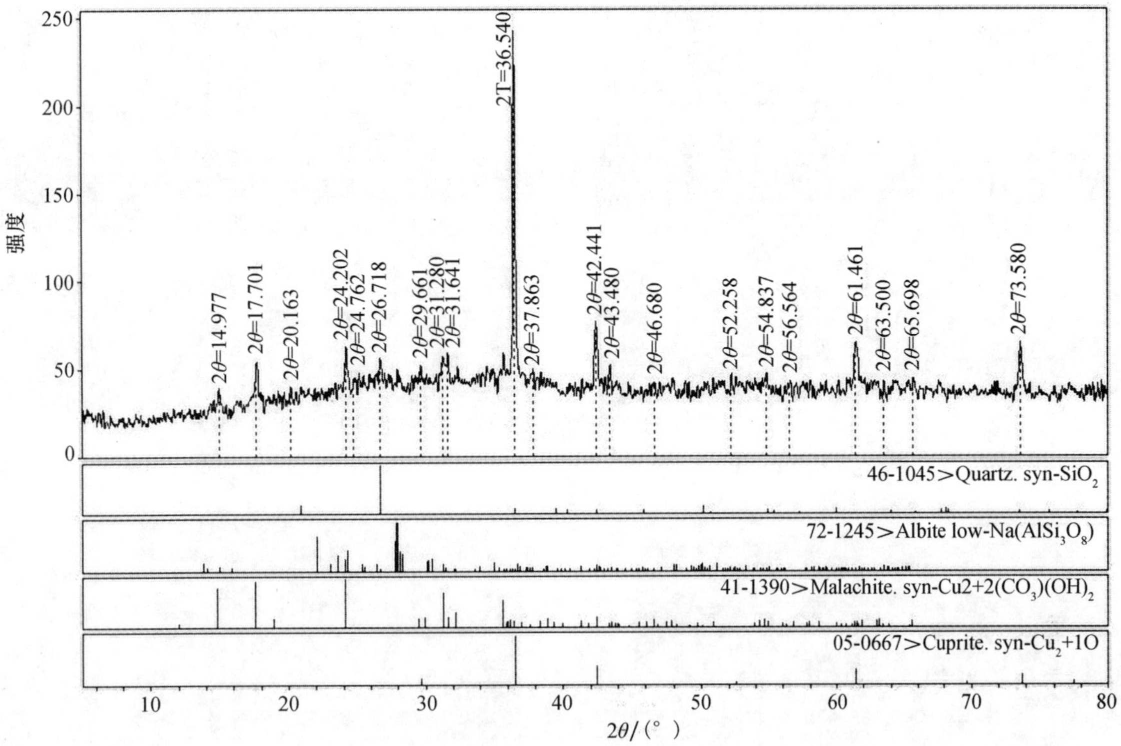

图8 鎏金-2号样品的XRD图谱

2.2.2 考察反应时间的影响

使用聚乙烯醇和聚丙烯酸交联树脂作为凝胶复合载体，可以在较宽的pH范围内形成具有优异三维网络结构（图9）。甲酸作为有效清洗组分，可以与铜锈发生反应从而将其去除。复合凝胶清洗剂具有黏性、保水性和缓释性等特点，能够通过控制清洗组分的释放速率实现文物绿色清洗过程。清洗组分的释放主要由控制反应时间来实现。在本实验中，选择合适浓度的凝胶清洗剂涂敷在鎏金青铜器锈层表面，分别将时间控制在15min、30min、45min、60min和90min，观察反应现象（凝胶颜色由无色透明变成蓝绿色），然后用脱脂棉将其轻轻擦拭掉，再用无水乙醇将残余凝胶清洗剂去除。实验结果表明，在15min时（图10），凝胶颜色变化不大，几乎还是原来的颜色，随着反应时间的延长，30min时（图11），凝胶中间层开始变成蓝绿色，继续延长反应时间，蓝绿色加深。当反应超过90min时（图12），凝胶开始失水，粘在锈层表面，清除比较费时费力，处理不当容易造成鎏金层剥落。因此，为了确保文物安全，且提高清洗效率，最佳的反应时间宜控制在30min左右。随着之后锈层越来越结实牢固，可以适当延长反应时间，但最好不宜超过60min。

2.2.3 考察不同清洗组分的影响

改变清洗剂的有效成分，选择有机酸如甲酸、柠檬酸和螯合型清洗剂EDTA-2Na作为有效清洗组分，对比三种试剂的清洗效果。选择有机酸除锈主要是因为有机酸相对无机酸作用更加缓和，对金属不易产生“过蚀”现象，但是除锈效率相对较低；选择EDTA-2Na可与铜锈发生络合反应，也可以与器物表面的沉积物如钙、镁化合物发生反应，形成较稳定的螯合物。为了对比除锈效果，配制相同浓度（0.002%）的柠檬酸、甲酸和EDTA-2Na的凝胶清洗剂，在鎏金青铜器盖子上锈层区别

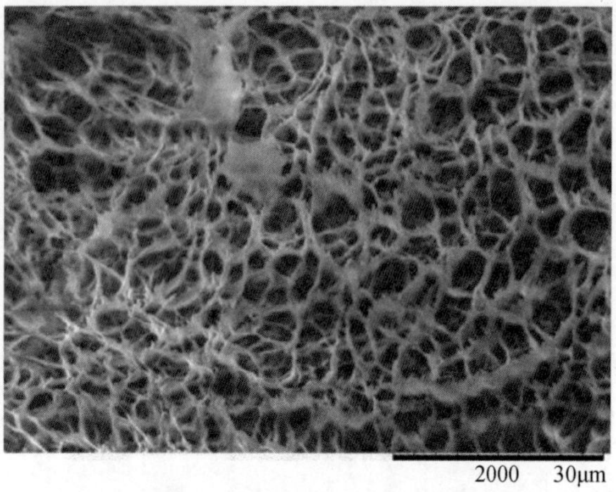

图9　复合凝胶三维网络结构

图10　15min时反应现象

图11　30min时反应现象

图12　90min后凝胶粘黏

不大的部位进行对比实验，在相同的时间（30min）内观察反应现象，并多次试验涂敷考察清洗效果。实验结果表明，在最开始锈层较厚的情况下，三者清除效果几乎无差别，随着清洗的不断进行，开始慢慢露出鎏金层后，明显发现清洗效果为柠檬酸>甲酸>EDTA-2Na。这可能与清洗成分的酸性强度（柠檬酸酸性大于甲酸）、浓度（0.002%）有关，综合考虑文物基体安全和清洗效率，因此选择适当浓度甲酸作为清洗组分是最佳的选择。

结　语

（1）鎏金青铜器表面蓝色、绿色和褐色硬结物经SEM-EDS、XRD和红外光谱检测分析，基本确定锈蚀产物为孔雀石［$CuCO_3 \cdot Cu(OH)_2$］、蓝铜矿［$Cu_3(CO_3)_2(OH)_2$］、赤铜矿（Cu_2O），含Cl元素的有害锈蚀在大部分样品中没有检测到。

（2）制备由优异三维网络结构的复合载体和有效清洗组分组成的凝胶清洗剂，具有黏滞性、保水性、缓释性和可控性等特点，同时操作简单，通过控制清洗组分的释放实现鎏金青铜器的绿色清洗，不仅能够避免单纯机械清理法处理产生的划痕，而且可以减少普通化学清理法中清洗剂的扩散对本体产生的腐蚀破坏。

（3）通过对比柠檬酸、甲酸、EDTA-2Na等的除锈效果，三者均能有效去除鎏金青铜器表面的锈蚀物，但由于选择的浓度非常低，兼顾清洗效率，实验结果表明，每次反应时间为30min，含量为0.002%的甲酸作为有效清洗组分是最佳选择，为今后鎏金青铜器的清理提供一定的参考。

参考文献

［1］ 何堂坤. 中国古代铜镜的技术研究. 北京：紫禁城出版社，1999：259-262.
［2］ 刘诗中. 中国青铜时代采冶铸工艺. 南昌：江西科学技术出版社，1997：156-159.
［3］ 杨小刚，肖碧瑞，邹后曦. 重庆峡江地区鎏金铜器发展史研究. 重庆文理学院学报，2016，35（1）：63-69.
［4］ 杨小刚. 三峡地区春秋战国至汉代青铜器科技研究. 北京：科学出版社，2013：93.
［5］ 重庆市文物考古所，重庆市文化遗产保护中心. 重庆文物考古十年. 重庆：重庆出版社，2010：65.
［6］ 邵安定. 关于考古出土鎏金铜器保护相关问题的探讨. 中国文物科学研究，2012，（1）：49-52.
［7］ 叶琳. 鎏金青铜文物表面洁除的新方法. 文物鉴定与鉴赏，2010，9：49-52.
［8］ 金普军，阮方红，杨小刚，叶琳，刘凯强. 一种鎏金层铜锈凝胶除锈剂：中国，201410604449. 9. 2016-06-22.

西汉昭明单圈铭文镜的保护和修复

鲁　茜　夏建建　杨凤霞　罗　莎
（武汉博物馆藏品保管部，湖北武汉，430023）

摘要　武汉博物馆藏一件碎裂成15块并有局部缺失的西汉昭明单圈铭文镜，根据文物保护原则，对其锈蚀物进行了科学检测分析，在此基础上，结合传统工艺和现代材料对该镜进行了保护和修复。

关键词　西汉　昭明镜　保护修复

引　　言

图1　保护修复前的昭明镜

昭明镜出现于西汉中期的晚段，即昭宣时期，流行于西汉晚期及王莽时期，于东汉早期以后消失，是当时流行度仅次于日光镜的一类镜种。武汉博物馆藏有一件西汉昭明单圈铭文镜，青铜质，藏品号为010850，圆形，碎裂成15块，如图1所示，残重209g。半球形钮，十二并蒂连珠纹钮座，钮座外饰一周凸起宽平弦纹带，弦纹带外圈为内向八连弧纹，弦纹带和连弧纹之间装饰有简单的几何纹和4个“ര”形纹，连弧纹外有一个夹在两周栉齿纹之间的铭文带，铭文顺时针旋读：“内而清而以而昭而明，光而象夫日□月，心而忽而不”。镜缘为凸起的素面宽厚平缘。镜面为黑漆古地。

1　锈蚀产物的科学分析

昭明镜碎裂成15块，其中有2块残块的面积较大，包含了完整的镜缘，在镜缘处有多处蚀坑，蚀坑内有绿色粉状锈蚀物，为了了解该锈蚀物的成分，我们对其进行了取样分析。

1.1　体视显微观察

使用日本Olympus公司的SZX-16型体视显微镜对锈蚀物进行20倍和50倍形貌分析，结果如图2

和图3所示，锈蚀物为淡绿色和红褐色的混合物。

1.2 扫描电子显微镜和能谱分析

使用德国Carl Zeiss公司的Eov 18-13-36型扫描电子显微镜对锈蚀物进行微观形貌分析，用其配备的英国Oxford Inca 250型能谱仪对锈蚀物进行元素分析，结果如图4、图5和表1所示，昭明镜的锈蚀产物以C、O、Cu、Sn等元素为主，锈样1中含有少量Al和Si，不含Pb，锈样2则含Pb不含Al和Si。因为锈样为铜镜清洗前取样，锈样1中的Al和Si元素当为铜镜表面的土垢引入，铜镜基体当为Cu-Sn-Pb三元合金。

图2 铜镜粉状锈体视显微图（×20）

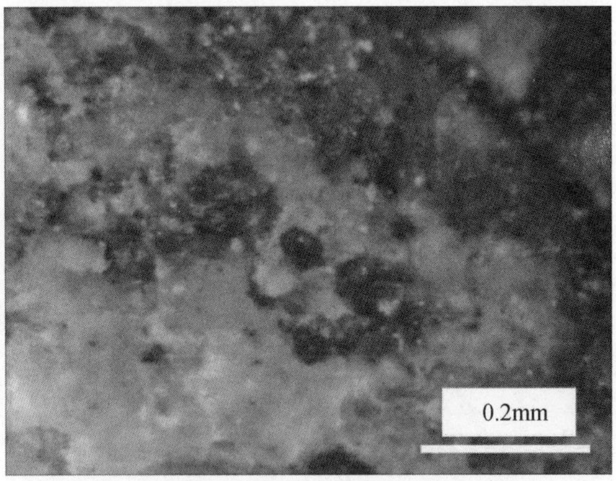

图3 铜镜粉状锈体视显微图（×50）

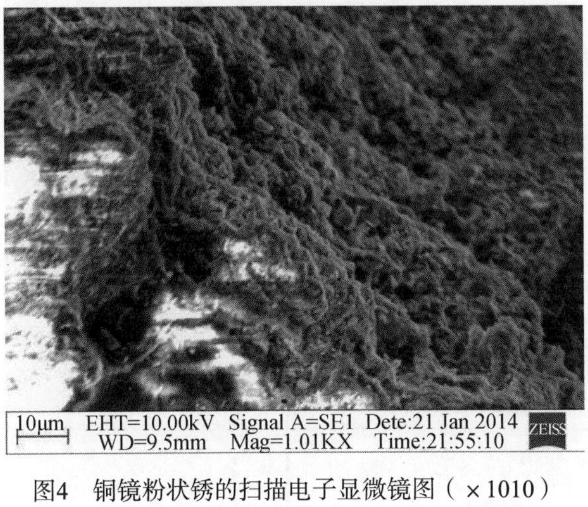

图4 铜镜粉状锈的扫描电子显微镜图（×1010）

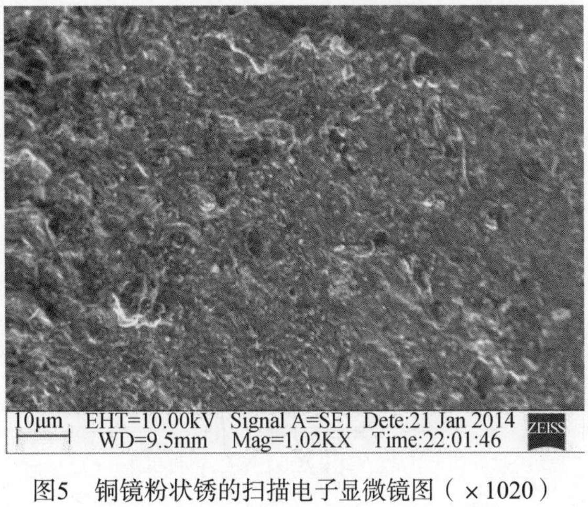

图5 铜镜粉状锈的扫描电子显微镜图（×1020）

1.3 拉曼光谱分析

使用法国Horiba JobinYvon公司的LabRAM HR型激光显微拉曼光谱系统对锈蚀物中的淡绿色和红褐色部分分别进行分析，激发光源波长为488nm，激光束斑大小约1μm。拉曼谱图如图6和图7所示，绿色锈主要成分为孔雀石［$CuCO_3{\cdot}Cu(OH)_2$］，红褐色锈主要成分为赤铜矿（Cu_2O）。

表1　昭明镜锈蚀产物成分及含量

元素		C	O	Al	Si	Cu	Sn	Pb
锈样1	质量分数/%	10.14	43.03	4.18	6.60	27.26	8.78	—
	原子百分比/%	19.07	60.76	3.50	5.31	9.69	1.67	—
锈样2	质量分数/%	2.50	26.49	—	—	32.34	33.00	5.67
	原子百分比/%	7.78	61.82	—	—	19.00	10.38	1.02

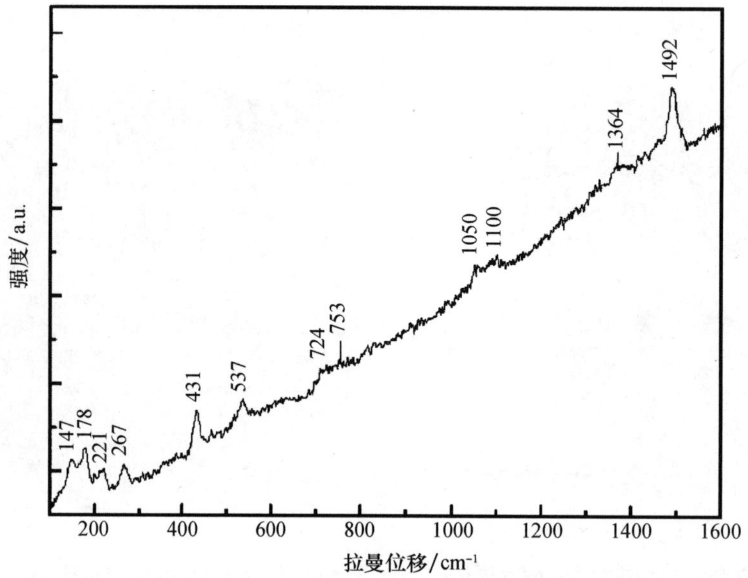

图6　孔雀石锈蚀物拉曼图谱

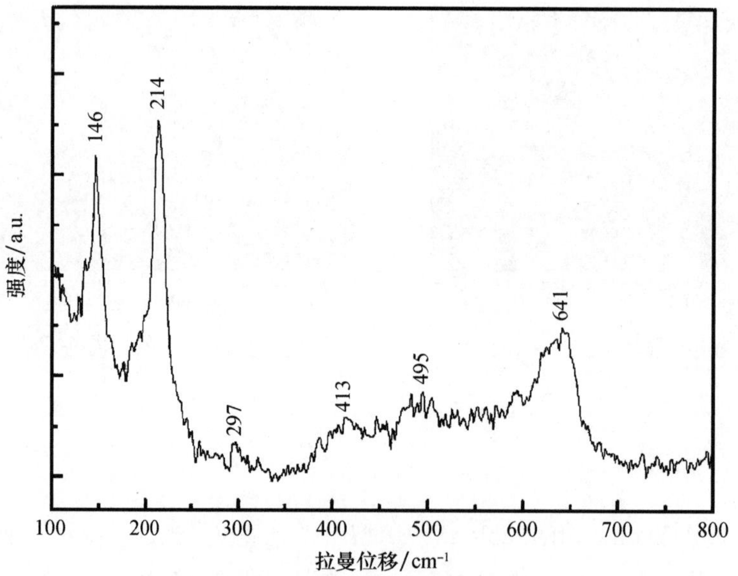

图7　赤铜矿锈蚀物拉曼图谱

2 铜镜的保护和修复

2.1 清洗

根据锈蚀物的检测分析结果，此镜不含有害锈，镜面为黑漆古地，纹饰面光洁无锈，仅宽平素缘部位有少许蚀坑和无害锈，故仅以去离子水和软毛刷清洗镜面尤其是纹饰区的浮尘和污垢，不作除锈处理。

2.2 拼接

昭明镜碎裂成15块，经过拼对（图8），发现镜面形制基本完整，仅在铭文带“夫”字和“日”字之间有一块面积约为0.25cm^{2}大小的残缺，但此镜碎裂块数较多，有些残片又极小，且碎裂严重部位都在铭文和纹饰间，给拼接工作带来了困难。

图8 拼对后的昭明镜

根据此镜镜缘厚而中间纹饰铭文区薄的特点，采取黏接和加筋焊接结合的方法将残片拼接，铜镜整体用环氧AB胶黏接，在边缘处加塞黄铜片焊接，遵循最小干预原则和可逆性原则的同时也保证了拼接强度。

首先对每块残片的断面进行手动打磨，将断面的氧化层除去，但要注意打磨尺度，若磨除部分过厚会造成后续黏接过程中接缝过宽的问题。然后取一光滑、平整、洁净的白色瓷板，将所有残片置于其上，纹饰面朝上，再次进行精准拼对，保证每块残片之间的接缝到最狭窄，断开的铭文的笔画能完美对接，两块最大的残片所对接成的镜周呈弧度完美的圆形。包含镜缘的两块大残片的对接缝用纸质胶带黏接，临时固定，这样内区残片在外部镜缘提供的向心力作用下被卡死，不至于在后续的黏接过程中移动错位。调和X-Delight EX509型环氧胶，用牙签头将胶填入镜面接缝中，将铜镜连同底部瓷垫板一起静置，镜缘处两条接缝留出靠近镜缘的7mm空间不予填胶。待环氧胶完全固化后取下纸质胶带，用T形磨片在镜缘两侧边接缝处各开一个半月形槽，槽长约1cm，宽约1.5mm，用1mm厚的黄铜板剪出与槽形状一致的半月形铜片，加塞入槽中，然后用电烙铁烫锡将槽灌满焊实。

2.3 补配

将纹饰面接缝表面多余的环氧胶刮除，并再次调和环氧胶，对接缝凹陷不平处进行填补。镜光滑面的接缝同样用环氧胶填平。铭文带的残缺用X-Delight EX509型环氧胶调和黑色矿物颜料粉进行补全。

2.4 缓蚀封护

将铜镜浸泡在3%的BTA-乙醇溶液中，约0.5min后取出，置于通风橱内风干，然后再次浸泡，如此反复操作三次，第三次浸泡时间可适当缩短，最后用乙醇洗去铜镜表面的白色结晶。缓蚀完毕之后，用3%的Paraloid B72-丙酮溶液对铜镜进行封护，用扇形人造毛刷在铜镜表面均匀涂刷一层Paraloid B72-丙酮溶液，待丙酮挥发后再均匀涂刷一次，在镜缘的蚀坑处增加涂刷次数。

2.5 做旧

图9 保护修复后的昭明镜

使用虫胶乙醇溶液、硝基清漆和矿物颜料等对接缝和补配处进行做旧。考虑到日后该铜镜要面向观众陈列展出，因此做旧效果以铜镜原件表面黑漆古地为准（图9）。

2.6 保护修复档案记录

从昭明镜的提取到最终保护修复完毕之后的归还，整个保护修复过程都进行了详细的图文档案记录，包括过程中观察到的各种现象，样品的采集和分析测试结果，保护修复的部位、处理方法，使用的化学试剂、工具材料等，都以文字、绘图和拍照结合的形式进行了详细的如实的记录，以便为日后对该镜的进一步科学研究和再保护提供依据和信息。

2.7 修复后昭明镜的保存环境

昭明镜修复后保存在武汉博物馆青铜器库房内，柜架为金属柜，库房配有恒温恒湿装置，室温常年保持在20℃左右，相对湿度40%～45%，光照度在30lx左右，TVOC浓度低于300μg/m^3。

西汉昭明单圈铭文镜的直径多在汉尺3～5寸之间（折合6.93～11.55cm），偶见近汉尺6寸（13.86cm）者，武汉博物馆保护修复的这面昭明镜修复后直径12cm，属于比较大的类型。“昭明”铭文比较常见的完整四句六言二十四字铭文内容为“内清质以昭明，光辉象夫日月，心忽扬而愿忠，然壅塞而不泄”。一般在单圈铭文的昭明镜上铭文内容都不完整，重圈铭文镜上才有完整的“昭明”内容出现[1]。本次保护修复的这面昭明镜铭文属于典型的不完整单圈铭文，仅有完整“昭明”内容的一半“内清以昭明，光象夫日月，心忽不泄”，每两字之间补以“而”字，“日”和“月”之间有一短横线隔开。该镜铭文书体为篆隶式变体，似篆似隶，篆中带隶，圆笔中带有方笔，字体偏瘦长，结构较为紧凑，显得流畅优美，灵动活泼，属于西汉中晚期比较流行的字体。到了西汉晚期和新莽时期时，昭明镜铭文字体趋方正，结构也渐趋宽松，简笔、连笔、掉字现象逐渐增多[1]。

结　语

武汉博物馆藏西汉昭明单圈铭文青铜镜碎裂严重，经过对其锈蚀产物的科学检测分析，发现其不含有害锈，据此，在遵循最小干预原则和可逆性原则的前提下，经过清洗、拼对、黏接、焊接、补配、缓蚀封护、做旧，对铜镜进行了科学修复和保护，并以图文档案形式详细记录了全过程。保护修复后的昭明镜不仅历史、艺术价值得以复原和保全，也为今后同类型铜镜的保护修复提供了借鉴。

参考文献

[1] 王纲怀. 清华铭文镜——镜铭汉字演变简史. 北京：清华大学出版社，2011.

破碎的铜镜在修复过程中对镜面弧度的还原

胡　威

（荆州博物馆，湖北荆州，434020）

摘要　铜镜在青铜器里是一个大的门类，从商周到唐宋，铜镜不管是出现的数量还是形制或者种类都是比较丰富的。它作为古代的日用器具除了具有实用性还具备一定的观赏性，而观赏主要是有镜钮的一面铸有各种各样的纹饰或铭文，代表着当时的时代特征和人们的生活习俗。另一面则是镜面，它本身铸造出来就有一定弧度，中间高，边缘低。如今保存完整的铜镜比较少，有很多铜镜都支离破碎，在修复破碎铜镜时，不仅要把原件拼对还原，而且其外形、纹饰也要复原。对于铜镜镜面的这种弧度的还原，要想做到十分精准需专门制定一套修复方案。

关键词　镜面　弧度　还原　拼对

引　言

由于生活的需求，需要把铜镜的镜面做得非常光亮，能照人，所以很大一部分铜镜金属成分中的含锡量比其他青铜器高，正因为含锡量高所以更容易破碎。古时候，为了更方便地用铜镜照到自己，并且照的面积要大，就把镜面做成了中间高、边缘低的形状。在修复铜镜时，如果镜面的弧度精准地还原了，那么镜钮一面的纹饰也就拼对正确了。

不同时代的铜镜形制、厚薄不同，这里就介绍两种不同时代形制和厚薄都不同的破碎的铜镜镜面弧度拼对还原的修复方法和经验。

例一

如图1所示，这面铜镜破碎成数块，每一块碎片之间都有关联，断裂碴口找准后可以拼对吻合。修复时首先要将有纹饰的一面朝上，将碎片都拼对好，每一块碎片的位置都要放对。然后用一块比铜镜直径大、厚度比铜镜稍厚的油泥放在修复台上，把拼对好的铜镜翻转，使镜钮朝下放到油泥上。此时铜镜的碴口吻合程度一目了然，哪里不平就将高的地方往下按，可以用吹风机加热辅助，直到断裂碴口完全吻合。碴口吻合后镜面的弧度自然就出来了，用手轻轻抚摸镜面，没有刮手的感觉就算拼对成功。

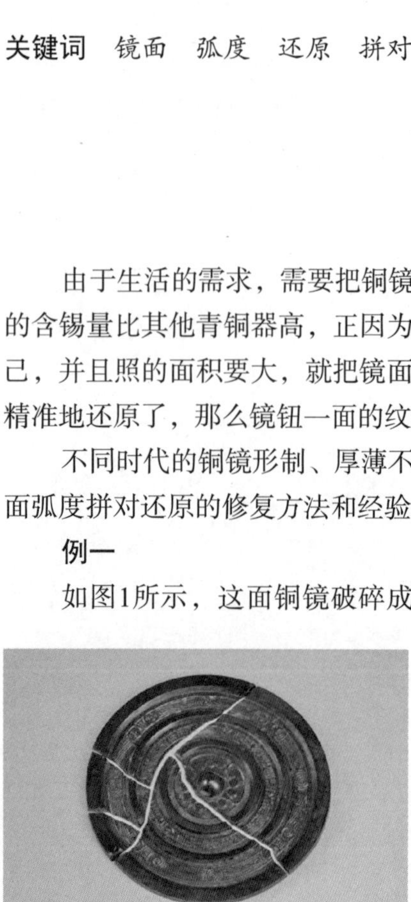

图1　破碎的铜镜

将铜镜四周用木块围起来，再用调好的牙科石膏浇注在镜面上做成石膏模。石膏模的形成有一个好处是，可以将拼对好的镜面固定，为下一步的修复工作做好铺垫。

镜面上的石膏模半干之后，用三角刀修整多余的石膏。待石膏八成干后，用铅笔在铜镜有断裂口的边缘处石膏上画上记号。然后将石膏模和铜镜整体翻转，让镜钮朝上。此时用同样的方法将镜钮这一面浇注石膏做成石膏模，然后修整好石膏，找到之前用铅笔做好的记号，这个记号就是铜镜的边缘处断裂碴口位置。

用三角刀将有铅笔记号地方的石膏慢慢削掉，直到露出铜镜边缘和断裂碴口，以此方法类推将其他碴口也找到。由于这面铜镜的本体和边缘都较厚，为了将碎片连接牢固，便可在此用打磨片打出凹槽，再将同样大小的铜片插进去，用焊锡来焊接加固。

边缘的断裂碴口都用这种方法焊接加固后就可以将镜面上的那一块石膏模取下，清理好器物上的石膏残渣。在镜面上断裂的裂缝处每隔2cm打一个银锭口来焊接，然后经过清洗，再向裂缝里灌入环氧树脂胶来加固。

经过对器物上的焊接和黏接处的打磨处理后，再用原子灰涂抹打底，为了最后上色做旧的需要必须将原子灰打磨平整细腻，与原器物一致，打底的细致程度将直接影响最后随色做旧的效果。

为了对修复的器物做保护封护处理，不让文物继续腐蚀，将器物涂刷5%苯并三氮唑乙醇溶液，做缓蚀处理。再用1.5%聚乙烯醇缩丁醛-乙醇溶液喷涂器物表面做封护处理。然后采用传统的无机矿物颜料结合现代化学做旧方法，采取多种做旧手段对补配部位进行做旧处理。

最后一步传统做旧步骤完成后，不管观察镜面还是镜钮的那一面效果都是理想的，还原了铜镜本来的外形及皮壳颜色（图2）。

图2　还原后的铜镜

例二

如图3所示，铜镜比较薄，显然边缘不能镶嵌铜片加固，镜面也不能打银锭口。铜镜破损成许多块，拼对起来难度自然比上一面铜镜大。因此只能用相似的方法拼对碎片，再采用环氧树脂胶黏接的方式来修复铜镜：

（1）将碎片有纹饰的一面朝上放在修复台上拼对好，找准每一块碎片所在的位置。

（2）将铜镜整体翻转，镜钮朝下，镜面朝上，放到一块油泥上慢慢调整这些碎片，直到镜面的外形恢复到原本的状态。

（3）在镜面上覆上石膏，待石膏干后形成石膏模。

（4）翻转石膏模、铜镜、油泥这一整体，取下油泥并将铜镜有纹饰的一面清理干净。

（5）按照碎片咬合的先后顺序贴上有序号的标签，按照序号一块一块地用胶黏接，每黏接一块就放到石膏磨具上，并且要放到原有的位置，这样逐步将整个铜镜黏接完成，经过后续修复工作后最终达到理想效果（图4）。

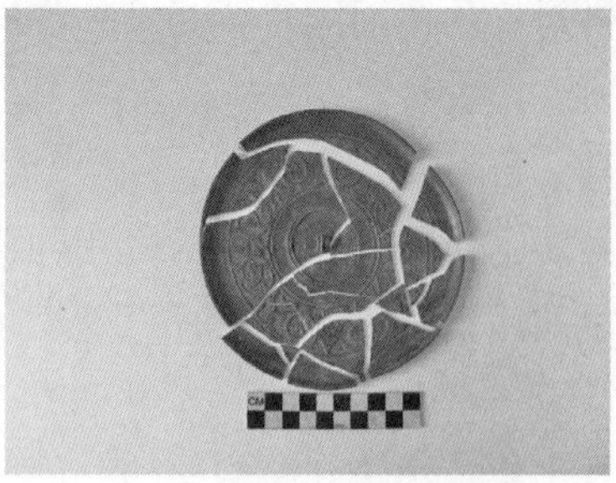

图3　修复前的较薄的铜镜

图4　修复后的较薄的铜镜

结　　语

铜镜的镜面光滑，另一面一般都有纹饰，破碎的铜镜在修复时一定要把碎片拼对吻合，不能有一点误差。如果仅凭手感直接黏接或者焊接，效果一般都很差，很有可能镜面的弧形就会被忽略，最后变成一个平面。另外，厚薄的程度不同，需要根据具体情况来选择焊接或者黏接方法来连接破损的碎片。只有在定好拼对的外形的情况下制作磨具来固定整个铜镜以及每一块碎片，才能恢复铜镜本来的面貌。

新疆新源出土乌孙时期铁鍑的保护修复研究

尚玉平　黄　奋
（新疆文物考古研究所，新疆乌鲁木齐，830011）

摘要　新疆新源县加噶村墓地是公元前4～前3世纪春秋战国时期乌孙墓葬，具有典型的中国北方和欧亚草原青铜器文化因素。本文对该墓葬M3出土的一件铁鍑进行了分析研究和保护修复，通过现状记录、仪器观察、工艺分析、清洗除锈、残缺补齐、缓蚀处理、封护加固等步骤，进一步对铁器的保护修复有一个清晰的认识，对以后类似文物保护修复提供借鉴。

关键词　铁器　工艺分析　保护修复

引　言

2012年5月，为配合新源县基础工程建设，新疆文物考古研究所对位于新源县别斯托别乡加噶村西南，距离县城东4km处加噶村墓地进行了发掘，共清理墓葬5座，其中在M3墓葬出土铁鍑一件。M3墓葬为圆形土石混合封堆，直径28.4m，高1.85m。墓室上部有卵石堆成的圆形石堆，直径9.1m，高0.85m。封堆内偏东位置出土铁鍑1件。根据墓葬形制及出土器物类型，推断为战国时期。

对这件铁器的修复过程，既不损害其历史原貌，又符合美学要求，对文物实施最小干预，而又达到对病害的最佳控制。通过仔细观察和分析检测对其保存现状、病害类型以及制作工艺等作进一步全面了解，以研究分析其历史价值。

1　保存状况

铁鍑（M3：1）位于墓葬封堆之中。微敛口，方唇，微鼓腹，下腹微收，小平底，假圈足。上腹部有两个对称横耳，耳宽9.2cm，厚2.4cm，有明显的范痕。腹底部有三兽足状足，足高6cm，且处于同一平面，略低于腹底1cm（图1）。

器形整体较大，厚重，敲击时有较清脆的金属音，器表有范铸痕迹，内壁分布有无规律状支钉23个，多见于底部和腹部。通过肉眼和显微镜观察，未发现纹饰和铭文，器表比较粗糙，没有打磨痕迹。通高24.8cm，口径46cm，腹径46.8cm，底径12.4cm。器物出土时存在缺失，但整体完好，通体锈蚀，表现为黄色、红色、茶色、炭黑等锈蚀[1]，铁鍑底部有蚕豆大小的孔洞。

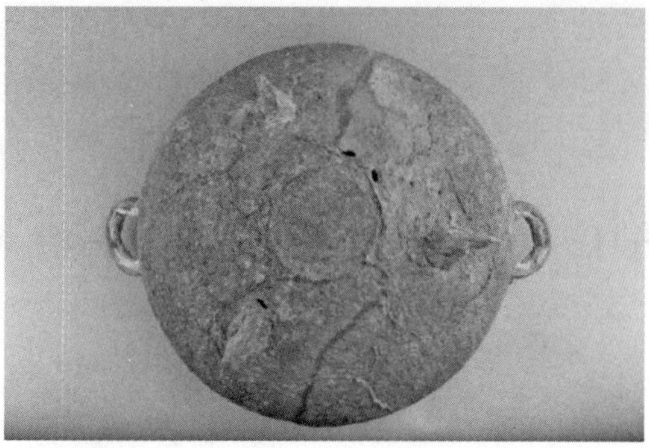

图1　铁鍑正面和背面

2　仪器分析

铁鍑整体结构稳定，表面锈蚀物均为土锈和红锈。根据器物保存状态和锈蚀情况，分别进行超景深显微观察、锈蚀物的X射线荧光光谱（XRF）检测和残片金相分析。

2.1　超景深显微观察

在自然环境中，铁器远比青铜器难以保存，主要是铁比铜活跃，铁在环境中容易腐蚀。在众多影响因素中，有害盐特别是氯化物的存在是铁质文物不稳定的重要原因之一。氯离子半径小，容易穿透金属表面[2]，形成锈蚀层（图2），在超景深显微镜下观察断面，器壁有很厚的锈蚀层，但并未完全锈蚀且含有大量的杂质。断面存有很多小孔，应该是铸造时产生的气泡所致，这些小孔洞的存在就给氯离子的腐蚀提供了空间（图3）。

图2　显微镜观察断面

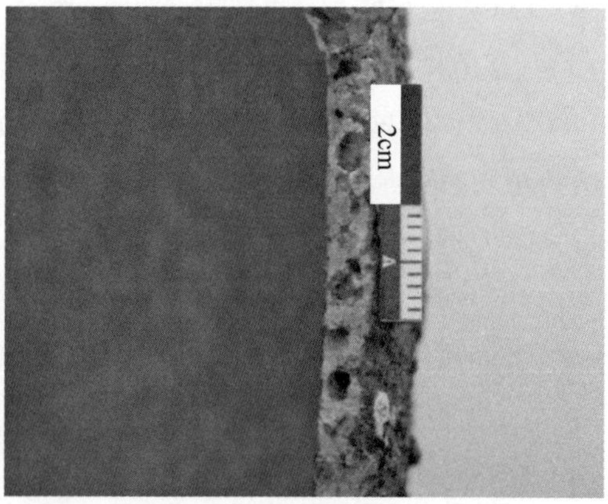

图3　器物断面孔状图

2.2　铁鍑锈蚀物X射线荧光光谱分析

锈蚀物的检测分别选取三个不同部位（图4），由中国科学院杨益民老师具体指导，选用仪器：北京大学Horiba XGT-7000；参数：30kV加速电压，1.2mm XGT束斑，真空环境，120s检测时间，死时间（dead time）控制在20%～30%，获取分辨率与信噪比的平衡。标准曲线校正：半定量

（standardless）。

测试结果如表1所示，该样品残留体积较大，机械强度相对略好。测试表明该铁鍑含铁量最高，其次是硅含量，说明内部结构保存较好，需进一步做物相分析测试工作。

表1 锈蚀物XRF的测试结果

成分	Al_2O_3	SiO_2	P_2O_5	SO_3	K_2O	CaO	MnO	Fe_2O_3
1	3.81	16.5	1.16	0.74	0.15	0.92	0.54	76.18
2	0.03	4.4	0.02	0	0	0.57	0.26	94.72
3	2.2	10.7	0.04	0.56	0.1	0.52	0.39	85.49

2.3 金相分析

铁鍑外底可见环形范线，局部较粗，可能为浇口所在，外壁可见范裂痕迹，内壁可见多处疑似垫片，双耳、足根等处残留铸范，为铸造成形。金相分析显示（图5），其显微组织为珠光体和渗碳体，即铸造生铁组织。显微组织中可见较多夹杂物，其中夹杂物的来源应当与矿石原料和冶炼技术有关。该件铁器是新疆地区发现较早的铸铁制品，其金属冶炼技术、铸造工艺值得进一步作深入分析研究。

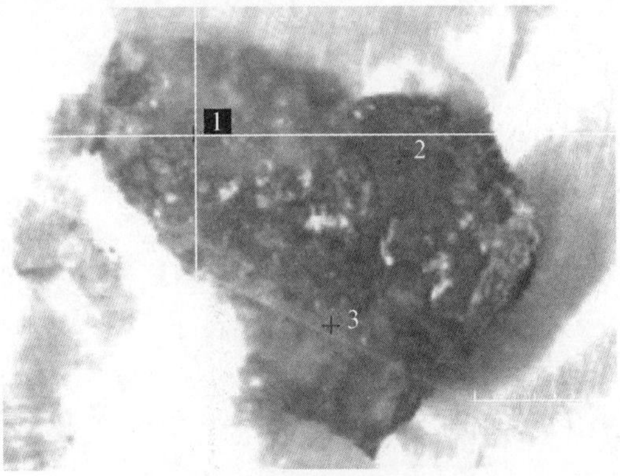

图4 锈蚀物XRF检测取样点

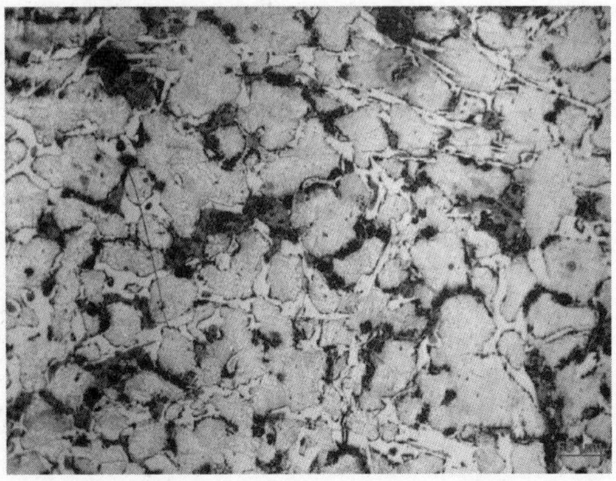
图5 铁鍑金相（硝酸乙醇溶液浸蚀）

3 制作工艺探析

铁鍑（M3：1）器壁薄厚比较均匀，除口沿部分较厚外，其余部分基本为同一厚度，结构规整，铁鍑内壁相对平整光滑，外壁则比较粗糙，腹底有蚕豆大小的气孔，并无大的铸造缺陷。

通过观察和仪器分析，此件器物为铸造，应该是内范和外范一次性浇筑成形。根据位置关系，足和耳先单独铸好嵌入外范上，同时作为内范的心撑，两耳为合范浇注。整体浇注工艺较差，铁水中气泡较多，外范内壁有裂痕（图6）。

整件器物内壁并无范痕，且有明显的支钉存在，从铁鍑底部残留的孔洞来看，显然采用了倒浇的方法，即从器物底部开始浇筑，当铁水流入型腔内时，会产生一定的压力，故而在器物底部留有明显的多个气孔。范土由泥沙烧制而成，如草木屑、草料、烧土粉、炭末或者其他有机物之类，因为范在成形以后是要经过高温焙烧的，如果在这个过程中，范因不耐烧改变了形状，那么范所塑

图6 铁鍑耳和足的连接图

造的器物也会走形，而这些在高温下不容易走形的材料加进去之后，可大大减少收缩率来保持器物的原形，并利于透气，避免在塑成后因干燥、焙烧而发生龟裂现象。这件铁鍑采用了“支钉”工艺[3]，即当蜡料包裹于泥芯外并雕塑好以后，将长度大于蜡层厚度的铁钉的尖部刺穿蜡层，扎入泥芯上固定，平端与蜡型的外表面平齐，当蜡型外包裹泥料经阴干、焙烧以后，蜡料被熔化完了，而模壳的泥芯与外面的泥料之间却有许多铁质的钉子支撑着，既保证了泥芯不会发生偏心，又保证了壁厚的均匀。因此，在器物的腹腔内，都可以看到或摸到扎手的钉子（图7）。

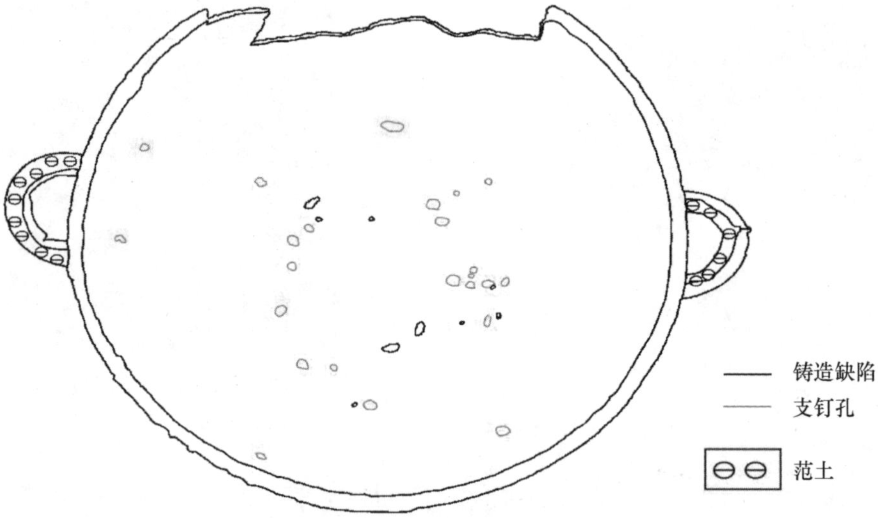

图7 铁鍑内部工艺图

4 保护修复

通过对器物的初步观察，结合科学仪器分析，对修复对象的保存状况和制作工艺有了基本的了解。同时参考器物考古资料、背景知识，在此基础上制定文物修复方案，在修复实施过程中不断总结经验，改进修复工艺。

4.1 建立修复档案

建立器物保护卡片，详细记录器物的编号、名称、质地、来源、尺寸、器物形状、纹饰、锈蚀状况及修复方法和修复材料，绘制不同立面以及局部的器物测绘图和病变图（图8）。通过观察和仪器分析结果，描述器物的制作工艺，对器物修复前后对比照片，完整记录整个修复过程。

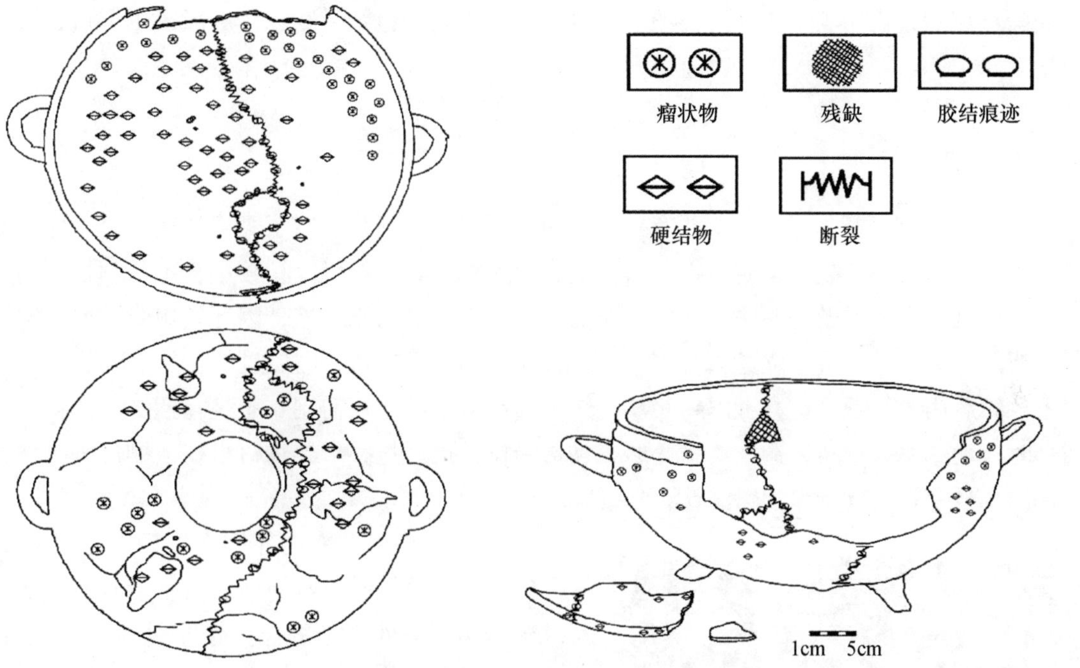

图8 铁鍑病害图

4.2 清洗

铁器的清洗主要分为机械清洗和化学清洗。机械清洗主要采用手术刀、微型牙钻和超声波振动仪去除结垢和锈蚀物，这是最基本的清洗步骤。化学清洗主要是利用化学药品进行反应去除表面结垢和锈蚀，清洗时防止残留物留存或清洗过度，应及时观察和检测。

由于器物整体结构比较稳定，锈蚀物基本上是常见的土锈和红锈，只是表面锈层比较粗糙，容易吸附空气中的有害因素，所以先用软毛刷彻底清扫一遍，对于不易剔除的硬结物，可用手术刀剔除，辅以乙醇软化的机械清洗方式。最难清除的是钙化土。通常采用两种方法，一是对钙化不严重的钙化土，采用松土剂（70%～90%乙醇加去离子水）敷使之软化、清除；二是对钙化严重、硬度比较大的钙化土，必须采用5%～10%草酸溶液进行滴入渗透处理。

要完全去除锈蚀物，必须用化学清洗的办法。为保证清洗得当，清洗之前，选取一块残片做实验，以免对器物造成损害。清洗的主要目的是脱去氯离子，因为氯是导致铁质文物极不稳定的重要原因之一[4]，因此对铁鍑残片脱盐配制了亚硫酸盐溶液[5]。该溶液由氢氧化钠（NaOH）、亚硫酸钠（Na_2SO_3）、去离子水组成。其水溶液的配方是：氢氧化钠20g、亚硫酸钠63g、去离子水1000g（1L）。每24h置换一次，共进行了7次，效果明显，未出现糟朽或清洗过度现象，证明该清洗液可靠可行。

这件铁鍑器形较大，一般的容器很难放进去，因此特制作了70cm × 40cm × 30cm的不锈钢容器。首先用蒸馏水将器物表面附着物和泥土洗刷干净，然后将铁鍑放进容器内，注入亚硫酸盐溶液至完全没过器物，最后将盛有器物的不锈钢容器放置在电动加热搅拌仪上，恒温至50℃，并且盖上盖子，24h后，取少许浸泡液置于玻璃试管中，用2% ~ 3% $AgNO_3$溶液和5%稀硝酸（HNO_3），先后点滴，试管中出现无氯化银白色沉淀，说明浸泡脱盐可以结束。脱盐时间的长短取决于器物大小、壁厚和腐蚀程度，就这件铁鍑而言，则至少需要两个月时间。

脱盐结束后，再用蒸馏水冲洗2 ~ 3遍，以去除表面的白色结晶物，然后放入烘干机，快速烘干到自然冷却。

4.3　黏接、补配

铁鍑出土时已经断裂成两半，并有残片三块，所以对此断片进行了黏接处理。由于此件器物器形较大，重心不稳，断裂面贯通器物中部，横断面呈蜂窝状，接触面积较小，不易黏接，因此我们采用化学药剂与人工辅助的办法。首先将断面两侧灌满环氧树脂胶液，因环氧树脂需要一定的固化时间，所以将断面对好碴口位置选取5个黏接点，用丙烯氰酸Attak（快速胶）[6]滴注，起到快速黏接作用。然后用胶带纸固定，考虑到断片仍然会因重力下坠，还需用布条进行捆绑，值得注意的是在捆绑时，切忌用力过猛，造成器物变形或黏接错位。最后把整个器物口沿朝下倒过来，增加稳定性，再用小号针管进行点渗，确保胶液全覆盖。

图9　黏接、补配

补配时用蜡片沿铁鍑外侧翻模后，将其覆盖在铁鍑残缺处，然后将调配好的环氧树脂沿残缺边缘缓慢倒入，充分和残缺处边缘重合。静置24h后，待环氧树脂完全固化后，去除蜡片，利用打磨工具将补配部位打磨到和铁鍑器形一致（图9）。考虑到铁鍑较厚且残缺面积大，选用德国爱牢达（Araldite）环氧树脂作为补配剂主要成分，该树脂固化后为无色透明胶体，硬度高、耐腐蚀、无异味，加热即可清除。为了使补配部分和铁鍑本体更加接近，在环氧树脂中另添加滑石粉和矿物颜料，以保证其牢固性和外观色彩的一致性。

4.4　缓蚀、封护

铁作为生活中常见的元素，由于化学性质相对于金、银、铜等金属更为活泼，化学稳定性差，因而更容易腐蚀生锈[7]，极易遭到腐蚀毁坏，所以必须对铁质文物进行防腐蚀保护。通过查阅文献资料，在使用表面封护材料中，单宁封护铁质文物后会使文物表面变黑，帕拉洛依达封护后文物表面会有光亮，石蜡封护后极不稳定，且表面会有油腻感[8]，所以选取适合缓蚀、封护的材料非常必要。陆寿麟等[9]提出对金属文物腐蚀状态及腐蚀活泼性进行分析检测，然后对金属腐蚀因素进行消除处理。丁艳梅等[10]采用乌洛托品和胺类缓蚀剂A制成一种新的阳极型气相缓蚀剂，可以促进铁质文物中不稳定锈层向稳定锈层转化，从而抑制基体腐蚀的进一步扩展。何海平等[11]通过对一种聚酯型聚氨酯乳液进行改性，即通过添加TiO_2、SiO_2纳米颗粒作为复合面层封护剂，对基体起到明显的防蚀作用。周浩等[12]采用环保型缓蚀剂硅酸盐水溶液，硅酸盐吸附在铁表面的羟基氧化物上，反应生成新的致密缓蚀膜，可抑制钢铁的阴、阳极反应，且对阴极反应的抑制作用较强。范敏等[13]把3% BYH阻锈剂缓蚀剂材料和10%氟碳树脂封护剂材料，合并一起使用，具有防腐作用。曹佩根等[14]利用拉曼光谱研究了苯并三氮唑（BTA）在铜和铁电极表面形成类似于［$Mn(BTA)_p$］的配合物膜，一定程度上阻止膜内外物质的交换，对金属起到缓蚀作用。结合上述文献资料，本次修复采用了2% BTA乙醇溶液进行缓蚀处理，由于BTA有毒，必须在通风橱内进行。最后用3% Paraloid B72溶液涂刷3次进行表面封护，将铁与外部环境隔绝。涂刷后再用乙醇溶液消除因Paraloid B72溶液涂刷不均而造成的眩光（图10）。

图10 修复后

结　语

此次修复本着最小干预和可逆性原则，在清洗除锈方面主要采用手术刀、蒸馏水等机械清洗办法，对难以剔除掉的锈蚀物配制了比较温和的除锈溶液，虽然周期长，需重复多次浸泡，但对文物本体不会受到大的伤害，而且除氯离子效果比较明显。缓蚀材料选用BTA、封护材料选用Paraloid B72具有兼容性和可逆性，虽然不能完全制止腐蚀的进程，但是可以采取一定的手段来减缓腐蚀的速度，并通过改善铁器文物的存放环境等措施，来保护铁器文物。

总之，文物修复需要多学科共同参与，铁鍑背景资料需要考古知识的支撑；工艺制作需借助金相分析；铁鍑本体成分检测需X射线荧光光谱分析；除锈、胶黏、缓蚀、封护又属于化学范畴。唯有多学科共同合作，才能确保文物修复科学规范。

参考文献

［1］松井敏也，柏艺萌，赵代盈，万欣. 古代铁器的检测与保存科学. 博物馆研究，2010，（3）：80-84.

［2］成小林，张然. 碱性溶液对出水铁器中四方纤维铁矿（β-FeOOH）相中氯的脱除研究. 文物保护与考古科学，2016，28（1）：1-6.

［3］李从明，郭永和. 浅谈青铜器表面的垫片与支钉//中国古代冶金史论文集. 北京：文物出版社，1986.

［4］国家文物局博物馆与社会文物司. 博物馆铁质文物保护技术手册. 北京：文物出版社，2011：36.

［5］吴天才. 出土铁器文物的脱盐. 考古与文物，2003，（4）：94-96.

［6］宋艳. 两件汉代青铜器的分析研究与保护修复. 文物保护与考古科学，2009，21（1）：63-70.

［7］沈大娲，马立治，潘路，马清林. 铁质文物保护的封护材料. 涂料工业，2009，39（1）：17-19.

［8］祝鸿范，周浩. 出土铁器文物的脱盐清洗研究. 文物保护与考古科学，1995，（1）：1-10.

［9］陆寿麟，李化元，郭兴宽. 从汉代金柄铁剑的技术处理谈出土铁器的保护. 故宫博物院院刊，2000，（1）：86-89，100.

［10］丁艳梅，许淳淳. 复合气相缓蚀剂对铁质文物缓蚀机理的研究. 腐蚀科学与防护技术，2006，18（4）：241-245.

［11］何海平，许淳淳. 改性聚氨酯乳液在铁质文物保护中的应用. 北京化工大学学报，2005，32（2）：47-49.

［12］周浩，祝鸿范，蔡兰坤. 铁器文物脱盐清洗溶液中硅酸盐缓蚀性能的研究. 文物保护与考古科学，2002，（S1）：51-62.

［13］范敏，傅英毅，王文鹏，周菁，马振华. 铁质文物防腐蚀保护材料及应用研究. 广东化工，2014，41（14）：72-73，77.

［14］曹佩根，姚建林，顾仁敖，田中群. 苯并三氮唑对铜和铁缓蚀作用的拉曼光谱研究. 光散射学报，1999，（1）：1-6.

低氧控湿环境中的铁腐蚀实验研究

费利华　吴耿烽　林永峰

（泉州海外交通史博物馆，福建泉州，362017）

摘要　通过对低氧（氧含量≤5%）控湿（相对湿度≤55%）条件下铁的腐蚀状况进行实验研究，结果显示：在相同的湿度条件下，低氧环境中铁片的腐蚀速度远高于常氧环境下，其腐蚀特征是全面均匀腐蚀，腐蚀产物主要是铁的氧化物。经分析，在低氧控湿环境中，铁与吸附在铁片表面的水膜之间形成一个完整的电极体系（$Fe-H_2O$），在氧含量很低的情况下，电极电位高的氧化态H^+与电极电位低的还原态Fe之间发生氧化还原反应，产生电化学腐蚀，其腐蚀反应速度与环境中氧含量及相对湿度呈正相关性。

关键词　低氧控湿　常氧　氧含量　相对湿度　电化学腐蚀

引　　言

泉州湾宋代海船是我国发现与发掘的第一艘海上丝绸之路古沉船遗存，从1974年发掘至今已经40多年了。由于早期保护没有脱盐处理且复原时使用了大量铁钉作为连接加固件，铁钉在含盐船木中的迅速腐蚀导致船木严重糟朽、变色，造成不可逆的破坏。目前，船体外弦侧板的铁钉大部分已被拔除并用特制的竹钉取代，但在船体内部还残留相当数量的铁钉，这些铁钉的存在对船体的长期稳定构成极大的威胁。由于船体部分构件糟朽脆弱，重新拆解拔钉存在很大的难度与风险，因此，针对泉州湾宋代海船保存现状及存在的主要问题，拟采用低氧控湿保存方式来保护古船，在为船体创造一个稳定洁净的保存环境的同时，减缓铁钉腐蚀对船体的破坏作用。本文对低氧控湿环境中铁的腐蚀进行一系列实验，对腐蚀机理进行了分析，研究结果为确定宋船低氧控湿保护方案的可行性提供依据。

1　实验与结果

1.1　实验仪器与材料

生铁片：2.5cm × 10cm。

恒温恒湿箱：上海一恒科学仪器有限公司LHS-100CA型（图1）。

低氧设备：天津森罗科技有限公司 CAXK-001W型（图2）。

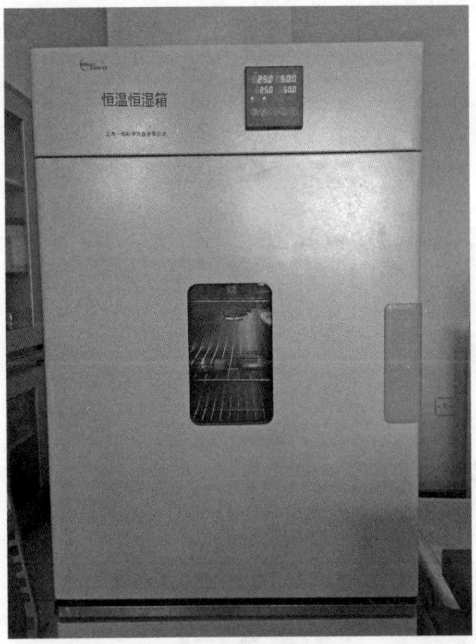

图1 恒温恒湿箱

图2 低氧设备

1.2 实验条件与结果

实验1 氧含量高低对盐处理铁片腐蚀的影响

将铁片浸泡在3% NaCl溶液中，10min后取出烘干。然后放入低氧柜内，柜内氧含量分别控制在1%、3%、5%（±1%），相对湿度55%（±3%）；其中一片置于柜外常氧自然环境，观察铁片表面的锈蚀状况。

实验结果：柜内氧含量5% 时，约24h后铁片开始出现锈蚀；氧含量3%时，约60h后明显锈蚀；氧含量1%时72h后出现明显锈蚀；常氧环境下4～5h后铁片已经出现明显锈蚀。可见，在相同的湿度条件下，氧含量高低对铁片腐蚀速度有影响，氧含量越低，腐蚀越慢，但最终均全面腐蚀。低氧环境下铁片的腐蚀速度早期低于常氧环境下，但随着腐蚀持续发展，腐蚀程度远高于常氧环境。

实验2 相对湿度对铁片腐蚀速度的影响

将铁片放入低氧柜中，柜内相对湿度分别控制在55%、50%、40%、30%，观察不同的湿度条件下，铁片出现明显锈蚀所需的时间。实验结果见表1。

表1 低氧柜内相对湿度大小与锈蚀速度对照表

柜内相对湿度/%	55	50	40	30
铁片出现锈蚀所需时间/天	1	5	7	13
氧含量/%	3	1	1	1
铁片原始状态	盐水处理	未处理	未处理	未处理

从表1中可以看出，低氧环境中相对湿度大小对铁片的腐蚀速度有明显的影响，湿度越低，腐蚀越慢。

实验3　未作处理铁片在三种环境中的腐蚀表观对比

将未经任何处理的三块铁片分别放入低氧柜、恒温恒湿箱及常氧自然环境中，观察铁片表面的锈蚀状况。

恒温恒湿箱：RH 50% ± 3%，温度25℃ ± 0.5℃。

低氧柜：RH 50% ± 3%，氧含量≤1%。

实验结果见图3。

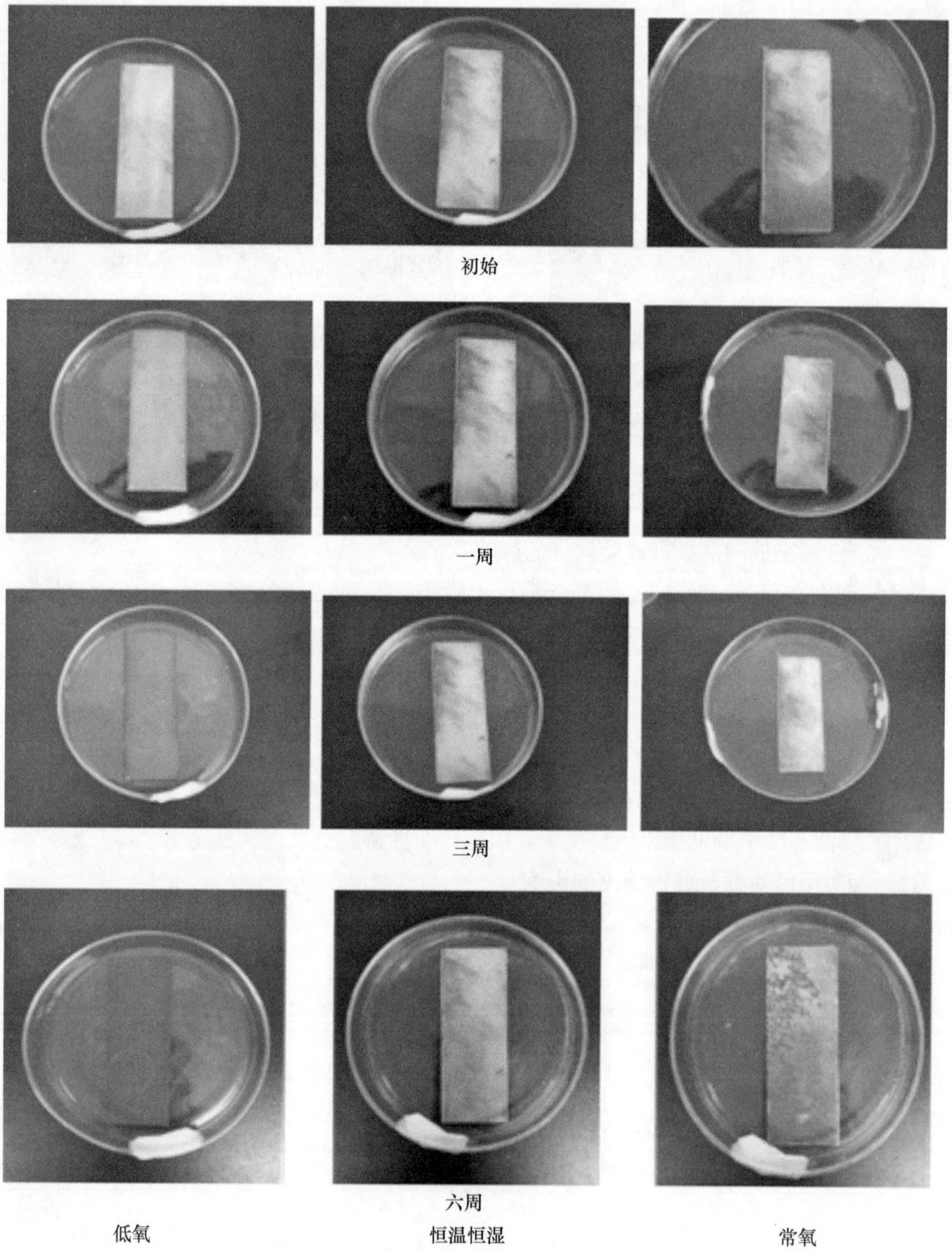

图3　三种环境中铁片腐蚀表观变化对比图

从图3可以发现：低氧柜内的铁片1周后已出现明显锈蚀，常氧环境下3周以后表面局部出现锈蚀，恒温恒湿箱里铁片6周后无明显变化。未经盐水处理的铁片在低氧控湿环境下的腐蚀速度依然远远高于恒温恒湿与常氧环境。

实验4　两种铁片在三种环境下腐蚀速度对比

将未经处理及经盐水处理的铁片分别放入恒温恒湿箱、低氧柜及常氧自然环境中，每隔一周称量一次，观察铁片质量的变化，以铁片增重百分率的变化来观察比较铁片的腐蚀速度。

恒温恒湿箱：RH 50% ± 3%，温度25℃ ± 0.5℃。

低氧柜：RH 50% ± 3%，氧含量≤1%

增重百分率（%）=（铁片现重–铁片原始质量）/铁片原始质量

（1）从图4中可以看出未处理铁片在低氧控湿环境中的腐蚀速度远高于常氧环境与恒温恒湿环境中的腐蚀速度。

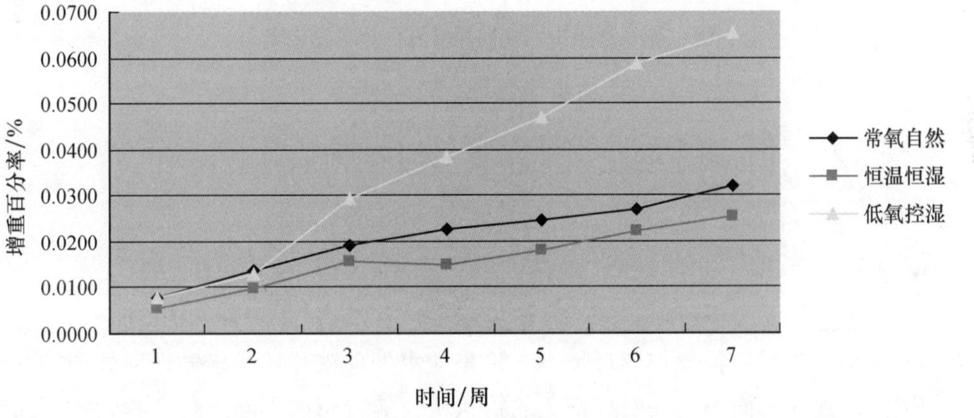

图4　未做处理铁片增重百分率变化图

（2）从图5中可以看出盐水处理的铁片在常氧环境中迅速腐蚀，而低氧控湿环境中的铁片腐蚀速度要远高于恒温恒湿环境。

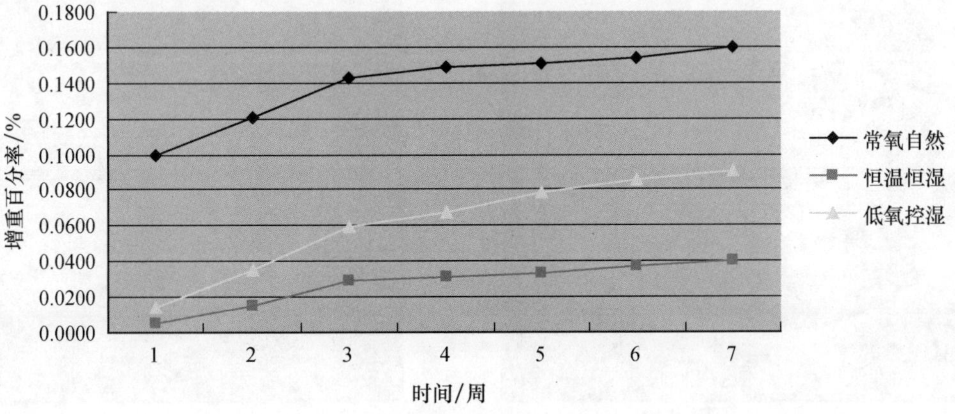

图5　盐水处理铁片增重百分率变化图

（3）从图6 中可以看出低氧控湿环境中盐水处理铁片的初始腐蚀速度要低于未处理铁片，但3周后，两者腐蚀速度相当。

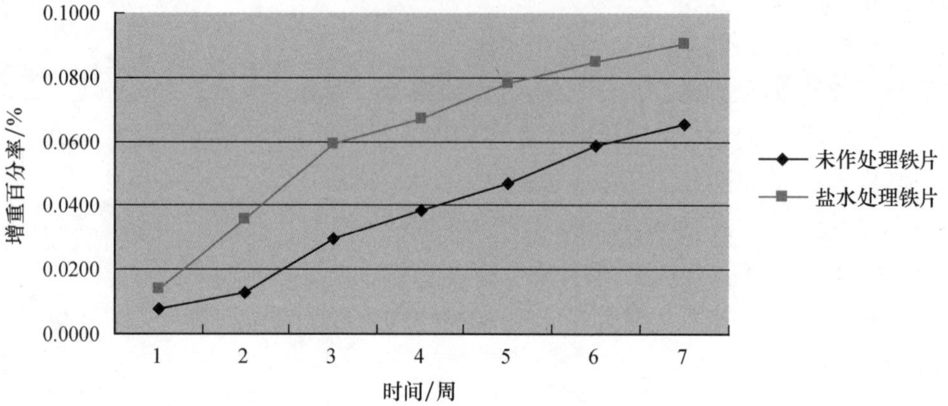

图6　低氧环境中两种铁片增重百分率变化图

2　低氧控湿环境下铁片的腐蚀特征

2.1　宏观特征

从前面的实验结果来看，低氧控湿环境下无论是盐水处理铁片还是未做任何处理的铁片表面都出现全面均匀腐蚀，铁片表面覆盖一层红棕色的粉状锈，随着腐蚀不断进行，粉状锈不断增加（图7）。常氧环境下盐水处理铁片表面出现明显的点蚀，符合氯离子腐蚀特征（图8）。

图7　低氧控湿环境下铁片腐蚀特征

图8　常氧自然环境中的铁片腐蚀特征

2.2 微观特征

在显微镜下观察经3%氯化钠溶液处理后的两块铁片在低氧控湿环境与常氧自然环境中腐蚀微观变化，可以看到两者具有明显的差异，低氧环境中的铁片表现为全面均匀腐蚀，见图9。

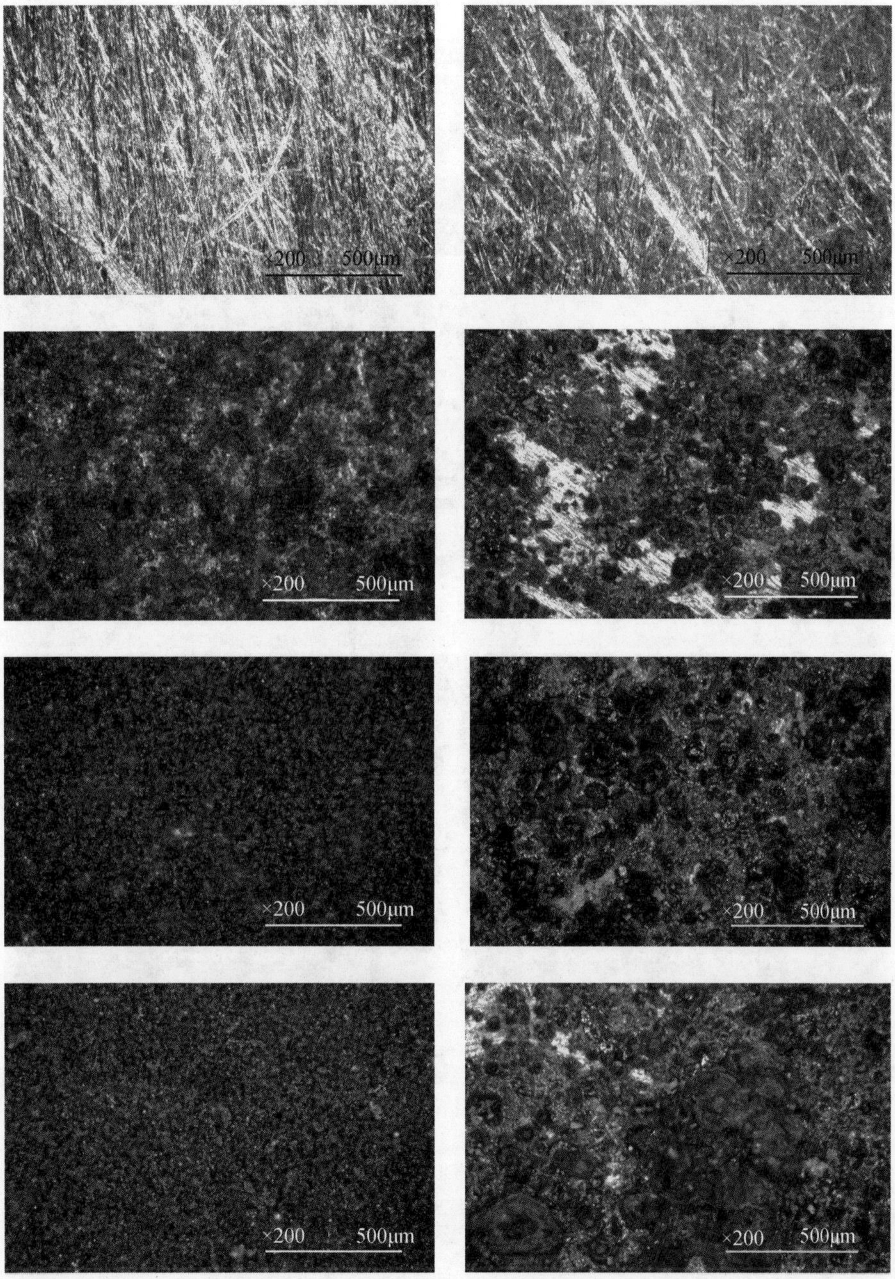

低氧　　常氧

图9　盐水处理铁片腐蚀变化微观对比图

3　低氧控湿环境中铁片锈蚀产物的分析检测

为了了解低氧控湿环境下铁片锈蚀产物的化学元素组成及物象特征，将实验中低氧环境下的铁片锈蚀产物进行扫描电镜-能谱分析与X射线衍射分析，结果见图10和图11。扫描电镜及能谱分析显示锈蚀产物主要化学元素组成为Fe、O和C，另外检测到少量N。锈蚀产物衍射分析的结果表明主要成分为Fe_2O_3和Fe_3O_4，以无定形状态存在。结合两者的分析结果显示，低氧环境下的锈蚀产物主要是铁的氧化物，包括Fe_2O_3和Fe_3O_4。

元素	重量 百分比	原子 百分比
C K	5.27	9.82
N K	2.18	3.49
O K	48.87	68.34
Na K	0.26	0.25
S K	0.55	0.39
Cl K	2.35	1.48
Fe K	40.52	16.23
总量	100.00	

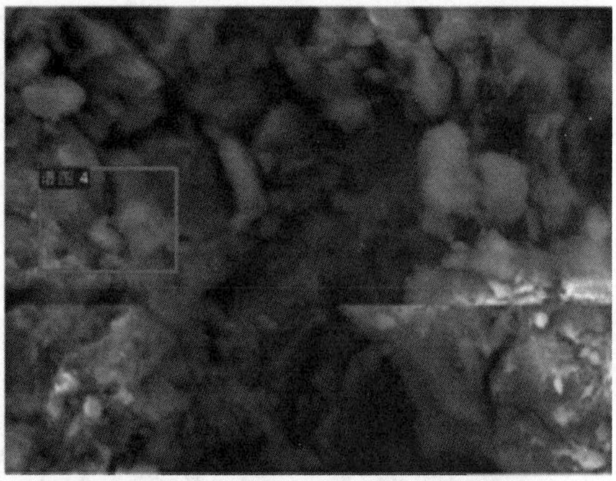

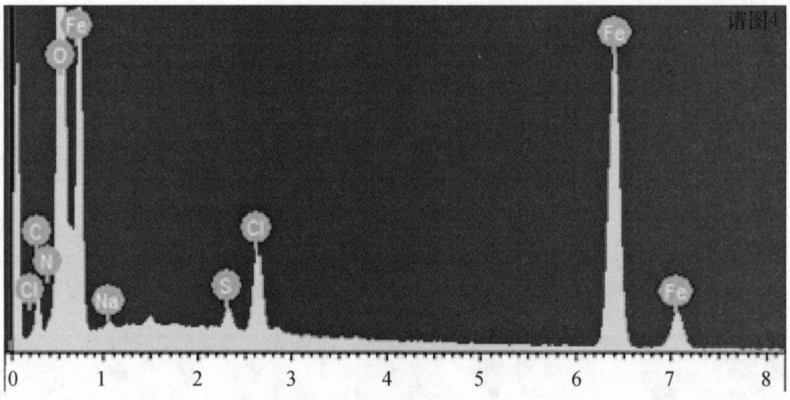

图10　扫描电镜及能谱结果

4　实验结果分析

通过以上的实验可以发现：在相同的相对湿度条件下，低氧环境中的铁片无论是否经过盐水处理，其腐蚀速度均高于恒温恒湿常氧环境，腐蚀特征是全面均匀腐蚀，铁片表面产生粉状锈，其腐蚀产物主要是铁的氧化物。另外，氧含量、相对湿度与腐蚀速度呈正相关性。

那么为什么低氧控湿环境下铁片仍然产生腐蚀？在相同的湿度条件下，铁在低氧环境中的腐蚀

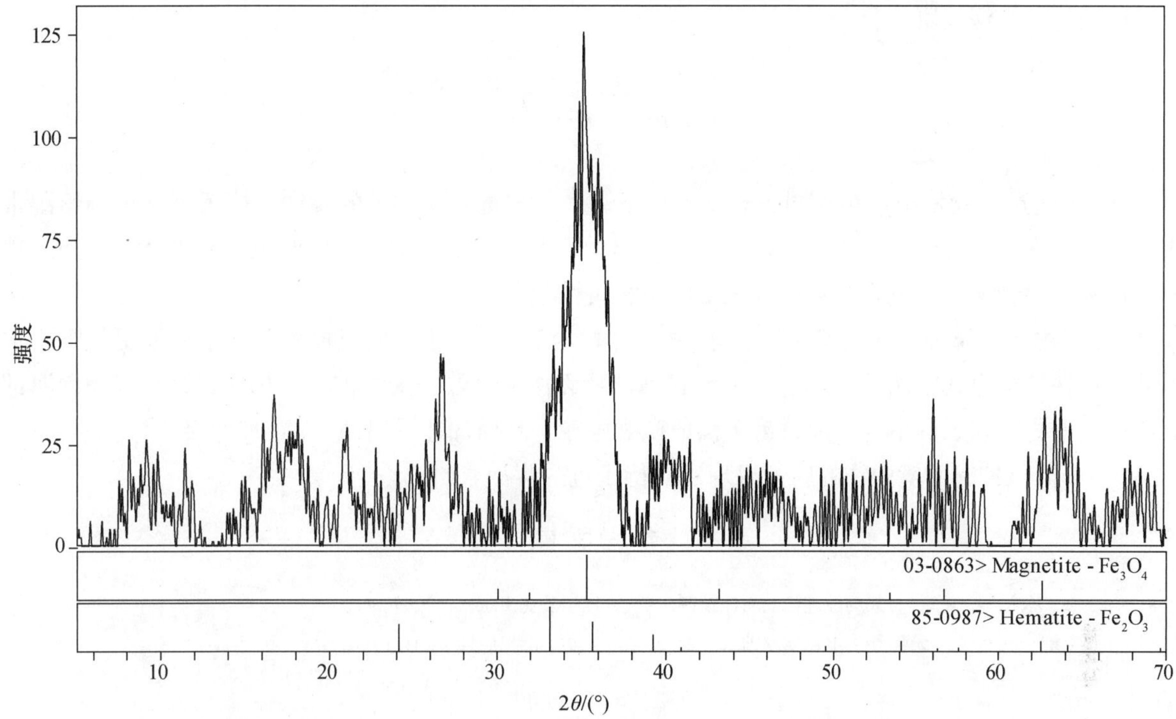

图11 XRD图谱

速度为什么远远高于常氧环境？初步分析主要有以下几个方面的原因：

首先，铁在大气环境中的腐蚀既有化学腐蚀，也有电化学腐蚀，以什么形式的腐蚀为主主要取决于铁的保存状况，包括保存环境及铁本身的状态，但不论何种形式的腐蚀都必须以水为媒介。在低氧控湿环境中，虽然氧含量很低，氧化性化学腐蚀较难产生，但由于环境中有一定的水分，铁可与吸附在铁片表面的水膜之间形成一个完整的电极体系（Fe-H_2O），在氧含量很低的情况下，电极电位高的氧化态H^+与电极电位低的还原态Fe之间发生氧化还原反应，产生电化学腐蚀，其平衡固相为Fe、Fe_2O_3及Fe_3O_4。因此，低氧控湿环境无法抑制铁的电化学腐蚀。

其次，低氧控湿环境空间内气流相对静止，铁片表面更易吸附水膜而产生电化学腐蚀，而在恒温恒湿箱内，鼓风机运转时内部的气流一直在流动，致使铁片表面不易形成稳定的水膜，因此，恒温恒湿箱内铁片腐蚀速度相对较慢，我们通过实验也验证了这一现象。将放在恒温恒湿箱内的两块铁片中的一块加盖一个玻璃皿，使其保存空间的气流相对稳定，观察对比两块铁片的腐蚀速度，实验发现加盖的铁片先于不加盖的铁片锈蚀，且随着时间推移，锈蚀程度也明显高于不加盖的。

同时，腐蚀产物的性质对金属的腐蚀过程有极为重要的影响，当腐蚀产物是不溶性固体时，既可能加速金属的腐蚀破坏，也可能抑制腐蚀的继续进行，其取决于腐蚀产物膜的性质、结构和覆盖程度[1]。从以上实验结果可知铁在低氧环境中形成的腐蚀产物（铁的氧化物）无法形成氧化物膜，以疏松粉状锈的形式覆盖在铁片的表面，不能对铁片表面起到保护作用，相反，由于腐蚀破坏了铁片表面物理状态，使铁片表面产生电化学不均匀性，更利于形成腐蚀微电池从而促进电化学反应的产生[2]。

铁在低氧控湿环境中的腐蚀机理实际上更为复杂，需从腐蚀动力学及腐蚀热力学去分析。从腐蚀产物的扫描电镜-能谱分析中可以检测到氮元素，氮以什么形式存在以及氮气在腐蚀过程中起到什么作用等还需深入研究。

结　语

（1）通过实验发现：在相同的湿度条件下，低氧控湿环境中铁的腐蚀速度远高于恒温恒湿常氧环境。铁在低氧控湿环境中主要产生电化学腐蚀，腐蚀特征为全面均匀腐蚀，腐蚀产物主要是铁的氧化物，腐蚀速度与氧含量及相对湿度成正相关性。

（2）水是铁腐蚀产生的必要介质条件，铁在气流相对静止的低氧控湿环境中表面更易吸附水膜从而更快产生电化学腐蚀。同时，由于腐蚀产物无法形成致密的保护膜，相反，铁片表面因腐蚀而造成表面物理状态的不均匀性，易于构成微观电池，从而加速了腐蚀。

（3）低氧控湿环境中铁的腐蚀机理还有待于进一步深入研究。

参考文献

[1] 龚敏，余祖孝，陈琳. 金属腐蚀理论及腐蚀控制. 北京：化学工业出版社，2009：8.
[2] 张宝宏，丛文博，杨萍. 金属电化学腐蚀及防护. 北京：化学工业出版社，2011：17.

故宫博物院藏三件高丽刀的保护修复

高 飞 曲 亮 王有亮

（故宫博物院，北京，100009）

摘要 本文作者对故宫博物院院藏的一件高丽刀进行了保护修复，通过查阅文献和科学检测全面分析并了解了文物的背景资料及保存现状，并根据文物检测分析的结果、病害特点以及文物保护相关原则，采用比较新的方法对文物进行了保护。在对高丽刀进行保护修复的同时，也为各类院藏武备刀剑的保护修复积累了经验。

关键词 高丽刀 去锈 封护 RP系统

引 言

故宫藏高丽刀，编号为故171937-57，档案记载时代为清代，保存于故宫博物院宫廷部库房（茶库），2013年9月由于锈蚀等原因送文保科技部铜器室进行保护、修复处理。三件高丽刀尺寸、形制相同，分别由刀身和刀鞘两部分组成（图1），刀身约长1.55m，刀鞘约长1.2m，根据《故宫博物院藏文物珍品全集——清宫武备》（以下简称《武备》）中记载，刀身为木刀柄，外裹鱼

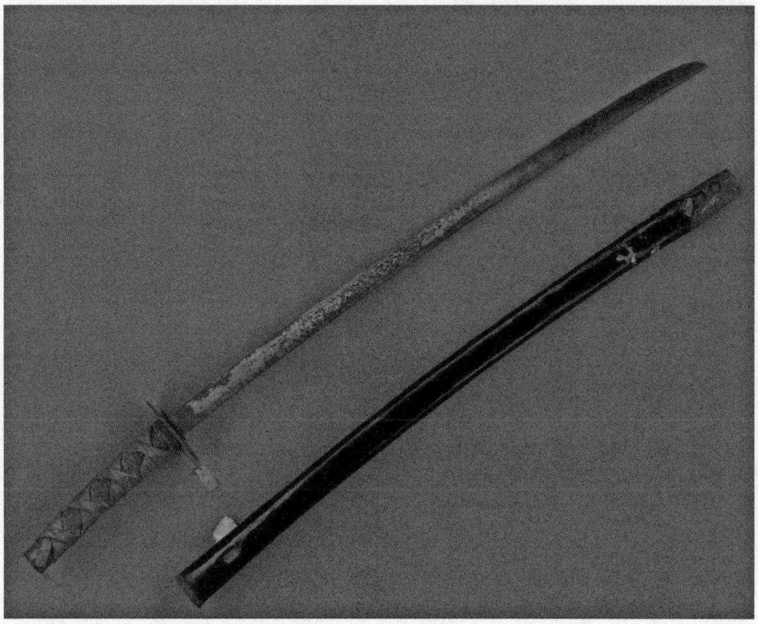

图1 高丽刀（编号故171937-57）

皮，上敷铜片，再以牛皮束裹，护手圆形，饰铁鋄银花卉纹，刀鞘木质，髹黑漆。根据相关研究，该刀应为清代朝鲜进贡之物。

1　材质与制作工艺的初步调查

高丽刀主要分为两部分，一部分为钢制刀身，配有金属护手和木质刀柄，另一部分为髹漆刀鞘，上配金属配件。使用Bruker 便携X射线荧光能谱仪对高丽刀各金属部位进行成分定性分析，其测试部位及结果见表1。

表1　便携荧光能谱的定性分析结果

序号	测试部位	测试结果
1		测试位置为刀鞘顶端带有纹饰的金属配件，测试点编号148，谱图见图2中蓝色谱线，主要成分为Fe（铁）和Ag（银），并有少量的Si（硅）、S（硫）、Cl（氯）和Ca（钙）
2		测试位置为刀鞘底部带有纹饰的金属配件，测试点编号150，谱图见图2中红色谱线，主要成分为Fe和Ag，并有少量的Si、S、Cl和Ca
3		测试位置为刀身护手的两种不同材质的金属构件，测试点154为带有纹饰的较大圈的护手，谱图见图2中绿色谱线，主要成分为Fe和Ag，并有少量的Si、S、Cl和Ca；测试点156为黄色较小的构件，谱图见图3中红色谱线，主要成分为Cu（铜）和Zn（锌）
4	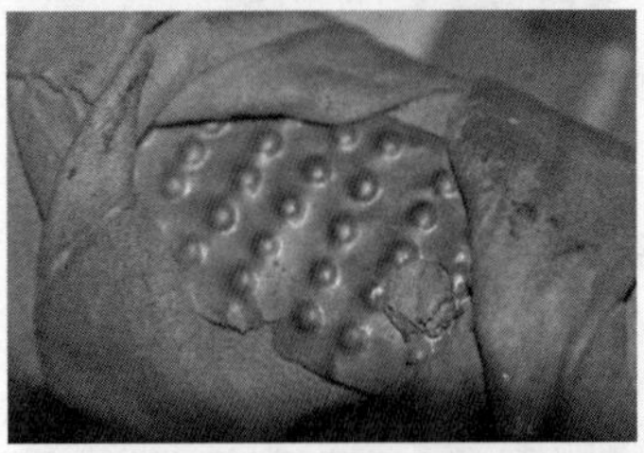	测试位置为刀身护手上的带有凸凹纹的黄色金属片，测试点编号153，谱图见图3中蓝色谱线，主要成分为Cu（铜）和Zn（锌）
5	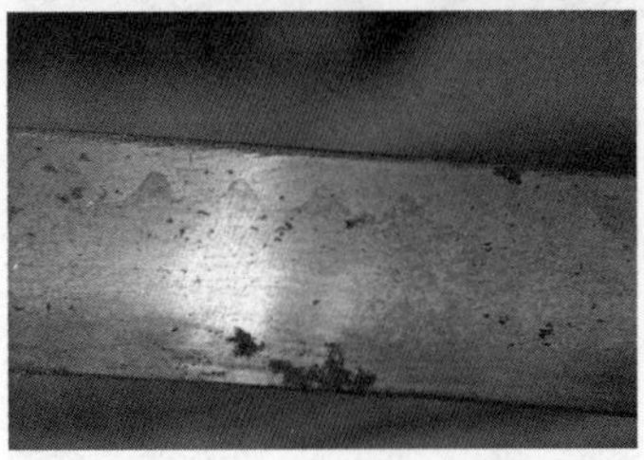	测试位置为刀身两种不同质感的部位，测试点151为刀身主体部位，谱图见图4中的红色谱线，测试点152为刀身的锯齿形刃部，谱图见图4中的蓝色谱线，两个位置均含较纯的Fe

由金属部分的便携荧光光谱分析结果（图2～图4）可知，高丽刀的刀身为较纯的铁质，根据经验一般应为低碳钢材质，而刀身两种不同质感的部位通过便携荧光的方法难以区分；刀鞘、刀身带有纹饰且锈蚀严重的配件为铁基材，并含有较多的银，可以判断其纹饰是由银构成的，基本符合《武备》中关于“饰铁鋄银花卉纹”的记述，但通过对纹饰的显微观察，其有铁基材开槽嵌银从而构成纹饰的痕迹，是否可以用“鋄银”表述还有待商榷，姑且先称之为“铁嵌银”配件；护手与刀柄皮革下的黄色配件为黄铜材质，符合《武备》中“上敷铜片”的记述。

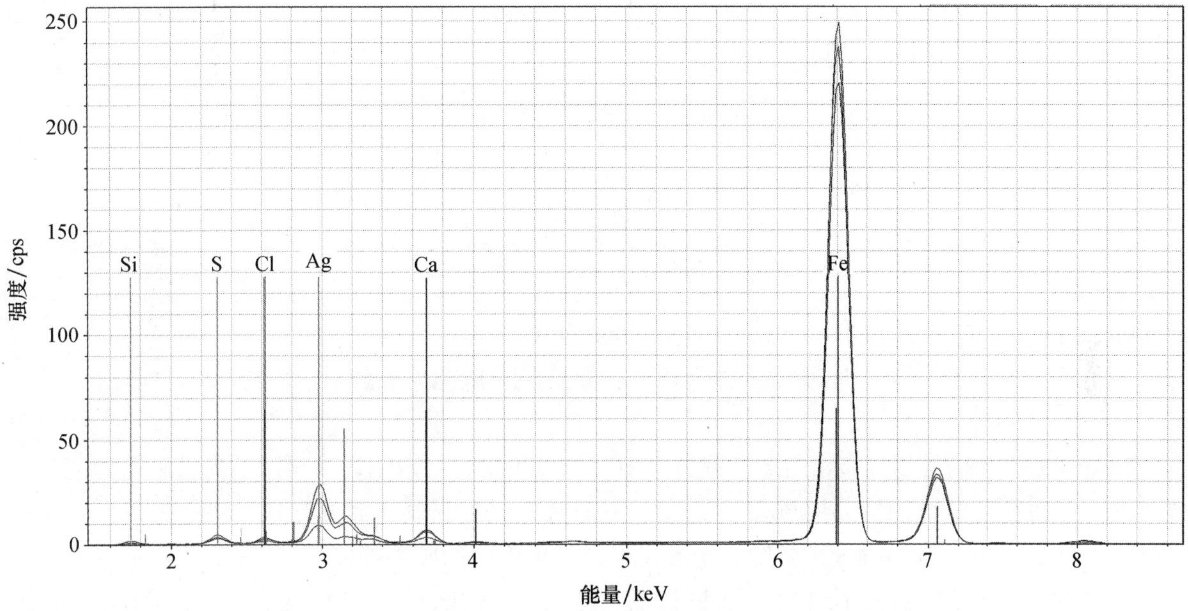

图2　测试点148（蓝）、150（红）、154（绿）的便携荧光谱图

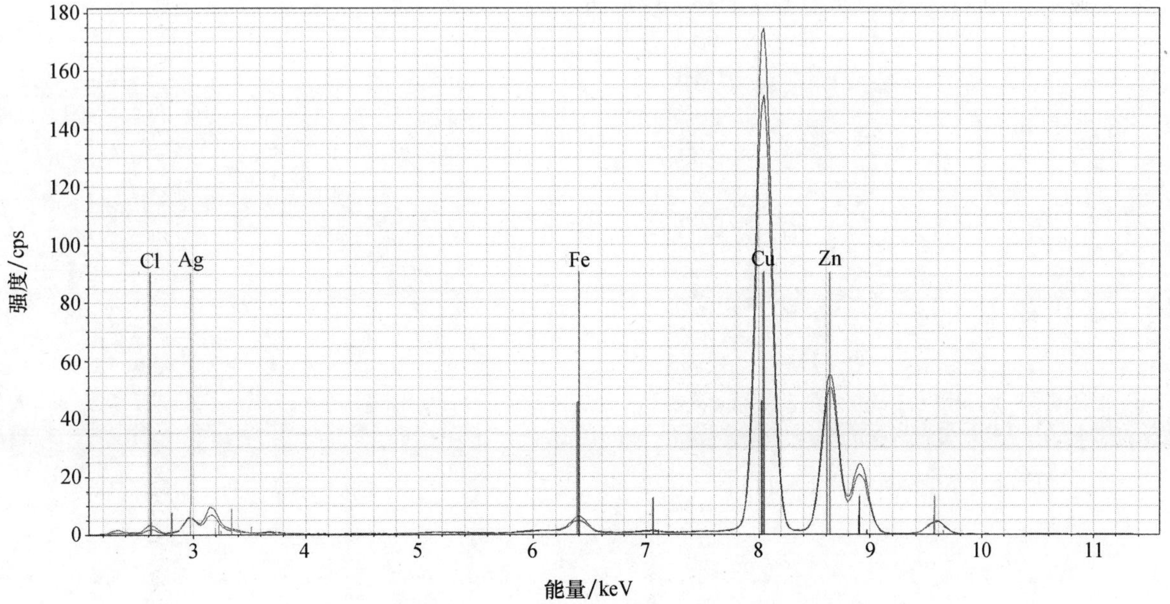

图3　测试点153（蓝）、156（红）的便携荧光谱图

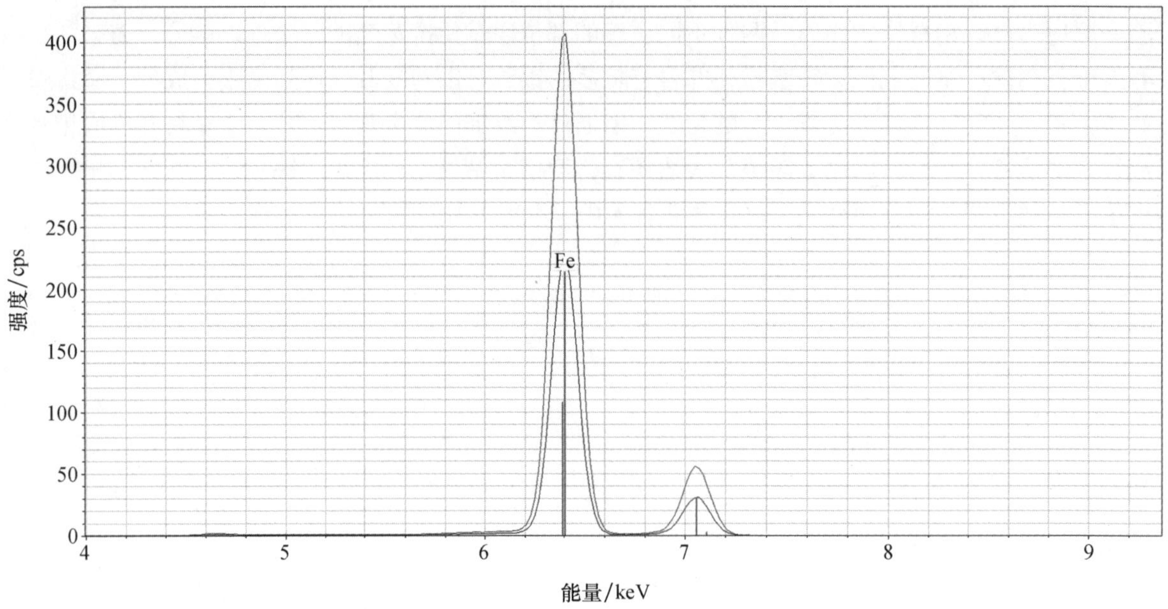

图4　测试点151（红）、152（蓝）的便携荧光谱图

根据观察，刀柄的组成基本符合《武备》中“外裹鱼皮，上敷铜片，再以牛皮束裹”的记载，“鱼皮”表面在显微镜下呈尖状凸起（图5），其具体是何种材料还需要其他方法的分析；另外使用赛默飞世尔Nicolet iN10 Mx显微红外光谱仪对刀身护手边的胶黏剂样品（图6）进行了分析，根据样品谱图与皮胶谱图对比（图7），推断样品为动物胶。谱图中A（3271cm^{-1}）、B（3269cm^{-1}）为N—H伸缩振动峰，A（1621cm^{-1}）、B（1626cm^{-1}）与A（1515cm^{-1}）、B（1525cm^{-1}）为酰胺基（—$CONH_2$）的特征吸收峰。酰胺键（—CONH—）即肽键，是蛋白质分子中的基本共价键。关于具体为何种动物胶，还需要其他方法的进一步分析。

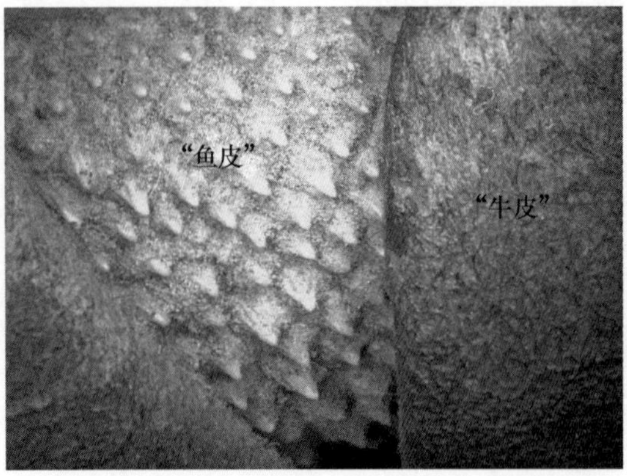

图5　刀柄上皮革的显微照片（×20）

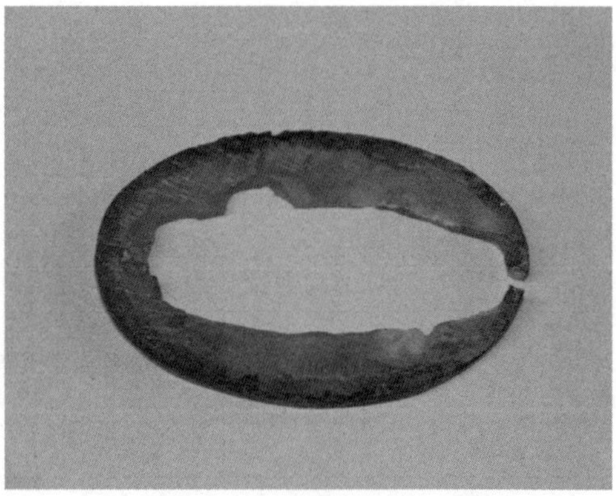

图6　护手边的胶黏剂样品

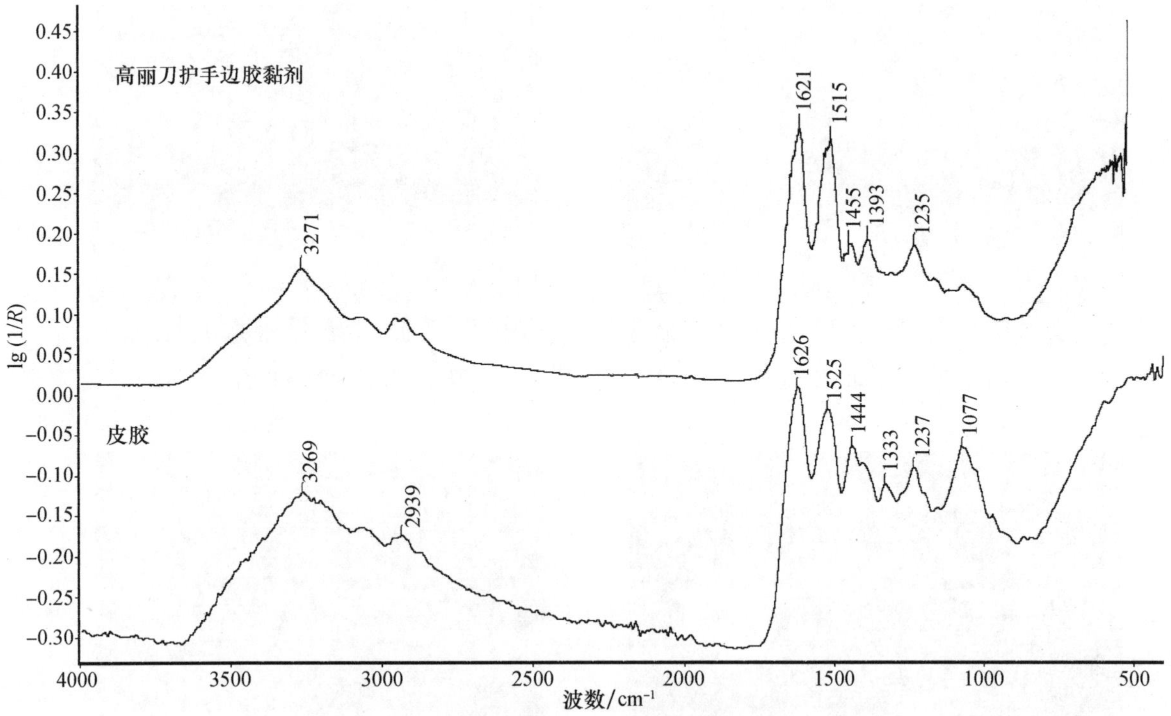

图7 护手边胶黏剂样品与皮胶标准红外谱图的对比

2 保存环境与保存现状

2.1 文物保存环境

三件高丽刀原保存在宫廷部茶库库房内，该库房为地上库房，没有恒温恒湿的条件，室内温湿度随室外变化而频繁变化，北京夏季高温潮湿的环境很容易造成铁质文物发生锈蚀，而且高丽刀的钢制刀身一直插入木质刀鞘中，也不利于小环境内湿气的排出与通风。

2.2 文物保存现状

目前，三件高丽刀的保存状况比较类似，突出问题是刀身与“铁嵌银”配件的锈蚀，其中刀身上存有大量铁锈，呈现出程度不一的状态。其中绝大多数呈片装分布（图8），在显微镜下为点状凸起锈斑连接在一起（图9）；而这种情况在刀身和护手相接处显得尤为严重，甚至发展为覆盖整片的锈斑（图10、图11）。由两种不同状态锈蚀的显微照片可以看出，锈蚀产物都至少含有棕红色与黑色两种状态，护手边的锈蚀产物棕红色和黄色占的比例更多，一般认为棕红色与黄色的锈蚀产物为中间产物，说明此位置的锈蚀过程更为活跃。

高丽刀带有“铁嵌银”纹饰的配件，其现状是铁基体通体锈蚀，嵌银的部位覆盖较厚的黑色病害产物，从而掩盖了原本银色的纹饰线条，造成了纹饰的晦涩不清（图12），部分铁基材的锈蚀产物覆盖较厚（图13），说明腐蚀比较严重。

而刀柄和护手部位的黄铜片基本通体覆盖污染物，影响了原本的色泽，而护手处的牛皮与刀鞘髹漆部分也有部分损坏。

图8　刀身锈蚀的宏观照片

图9　刀身照片锈蚀的显微照片（×100）

图10　刀身护手边锈蚀的宏观照片

图11　刀身护手边锈蚀的显微照片（×100）

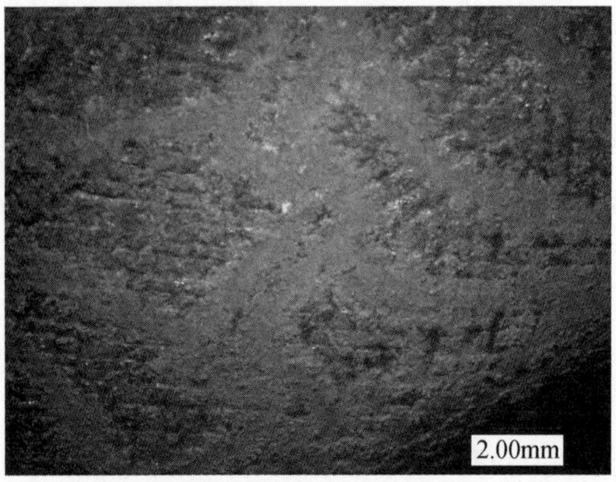

图12　锈蚀的嵌银部位（×20）

图13　配件铁基材较为严重的锈蚀（×20）

3　病害成因分析

铁是自然界比较容易发生氧化的元素之一，因此铁质文物的保存一直比其他金属困难，取高丽刀身的锈蚀产物与“铁嵌银”配件银部位上的黑色病害产物粉末，使用日本理学的D/MAX-2550PC型X射线衍射仪进行物相分析，其结果如表2所示。

表2 不同锈蚀和病害产物的物相分析结果

产物	物相组成
刀身锈蚀产物	石英（SiO_2）、纤铁矿［γ-FeO(OH)］、四方纤铁矿（β-FeOOH）
嵌银部位黑色病害产物	硫化银（Ag_2S）、石膏（$CaSO_4 \cdot 2H_2O$）、石英（SiO_2）

由以上分析结果可知，刀身的锈蚀产物主要为纤铁矿和四方纤铁矿，这两种锈蚀产物都属于铁的活泼的锈蚀产物，是造成铁基不断锈蚀的中间产物，尤其是四方纤铁矿，一般在含氯的条件下产生。众所周知，氯离子是铁器发生腐蚀并得以循环发生的重要原因，它能够使活泼的锈蚀产物（如纤铁矿）向稳定的产物转变（如针铁矿），并破坏钢铁表面钝化膜的行程，加速腐蚀速率。

因此，高丽刀刀身的锈蚀除了铁单质在自然环境下的基本电化学腐蚀以外，还可能存在氯离子的影响。可以说，刀身的锈蚀与所处环境中的湿度有很大关系，处于自然环境中保存的刀身，由于夏季高湿的气候，加之一直处于较为密闭的刀鞘中，空气中湿度带来的水分足够为刀身的电化学腐蚀提供电解质条件，从而使锈蚀过程开始发生。另外，护手边的刀身明显较其他部位严重，原因应该是其连接了金属活泼性较差的铜、银等金属，从而发生的双金属腐蚀，使本就容易氧化的铁成为牺牲阳极，加大了锈蚀的程度。

“铁嵌银”配件的铁基锈蚀较刀身更为严重，原因也应该与银相接形成双金属腐蚀有关，另外与铁和钢（刀身）含碳量及组织形态不同也有关系。而嵌银部位表面检出的硫化银是银器在自然环境下形成的最普遍腐蚀产物，自然环境下含硫的腐蚀气体很快便会使银单质表面形成黑色的硫化银。

4 保护修复原则与方法

4.1 保护修复原则

根据《中华人民共和国文物保护法》的基本规定与“不改变文物原状”等公认的保护修复理念，本方案对于高丽刀的保护修复的基本原则是去除危害病灶，阻止病害的继续发生，有条件地恢复其工艺原貌。

具体分解为：①去除钢铁质部位有害锈蚀产物，阻止继续锈蚀的发生；②去除嵌银部位的黑色污染物，恢复铁嵌银工艺的原貌；③去除黄铜构件表面的污染物，基本上恢复其原貌。一切技术手段和使用的工具材料，首先保证对文物本体及其价值体现不构成危害，并尽量达到“最小干预”和“恢复其工艺技术价值体现”的较好平衡。

4.2 具体保护修复步骤

根据本方案的保护修复原则与国内公认现行的技术手段，我们将高丽刀的保护修复步骤，分为以下三部分。

4.2.1　除锈

由于刀身并非通体锈蚀，而且大部分锈层并不太厚，因此不宜采用过多的化学方法除锈，以免影响原本光亮的刀身基体，去锈工作中我们以显微镜下的手术刀除锈和打磨物理方法为主。去除锈蚀的原则为主要去除表面浮锈与有害锈，不盲目追求除锈效果，与刀身基材相接的牢固无害锈可以保留，以免在除锈过程中伤及刀身。

对于“铁嵌银”配件及黄铜配件，由于腐蚀比较严重，在机械方法的前提下，使用弱酸性的专用清洗剂清洗，并注意及时用去离子水去除，防止残留。

4.2.2　脱盐

由于锈蚀产物中含有有害的氯离子，因此应该在除锈后进行适度的脱盐处理，选用宣纸或者纤维素涂敷的方法，在重点锈蚀的部位使用去离子水作为溶剂自然脱盐。

4.2.3　封护

在封护方法上我们选择了对文物影响微小的传统打蜡封护的方法，封护蜡选择了在国际上文物保护修复业内广泛使用的文艺复兴牌微晶石蜡（renaissance micro-crystalline wax polish），保护修复后的高丽刀见图14。

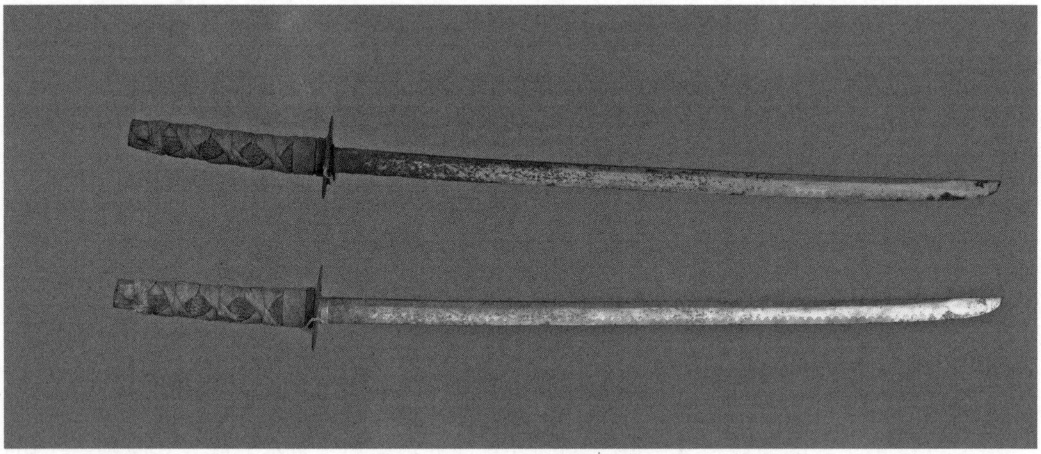

图14　保护修护前后对比

5　处理后保存环境的要求与建议

相对于保护修复处理，处理后的环境和保存条件要求：如果不彻底改变对于铁质文物不利的保存环境，其锈蚀过程早晚还是会发生的。

铁器文物受保存环境的影响较大，在大气环境中，相对湿度在60%以下，铁的腐蚀较轻微。但当湿度增加，如超过65%或更高，其腐蚀速率明显增加。空气中的有害气体，使铁器腐蚀更加严重。因此，即使对铁器进行了有效的保护修复，若没有一个安全的存放环境，铁器仍会发生新的腐蚀。铁器锈蚀的另一个重要条件是氧气，所以缺氧保存是防锈的有力措施[1]。

因此，建议将处理后的文物置于环境稳定的库房保存，其相对湿度一般不应超过35%，同时将刀身与刀鞘分开保存（为避免刀鞘变形，可制作代替材料插入）。

由于短时间内高丽刀还要存放于无法到达铁质文物保存条件的普通文物库房，所以将文物装入RP保护系统的真空保存袋中保存，不失为一个很好的尝试（图15）。RP保护系统中带有除氧剂和氧气指示剂，便于观察文物的保存状况，只要做好定期巡查的工作，定期观察保存状况，及时更换失效的保存袋，则高丽刀得到很好的保护。同时，这一措施也有利于减缓未进行处理高丽刀锈蚀的继续发生。有高丽刀的刀柄处缠有皮质材料，为了防止其干裂，经过慎重考虑和试验后，我们采用K型保护剂在保有一定湿度的情况下利用绝氧的内部微环境抑制锈蚀的再次产生。

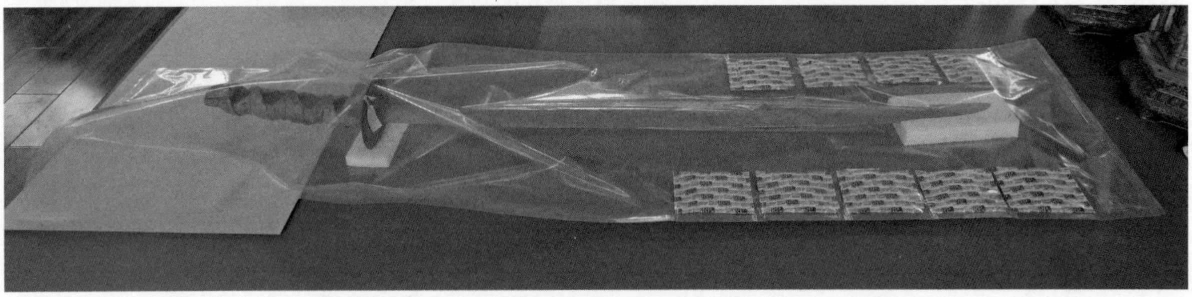

图15　高丽刀（编号故171937-57）经RP保护系统封装后

参考文献

[1] 卢燕玲. 铁器文物保护方法综述. 丝绸之路，2011，（16）：118-120.

馆藏银器的保护研究

高晓阳

（淄博市博物馆，山东淄博，255020）

摘要 本文主要通过对淄博市博物馆馆藏银器的变色病因分析，力求利用目前适宜保护馆藏银器的保护方法（主要是西北大学研制的可逆防银保护剂及防变色工艺和祝鸿等以PMTA、MBO和MBI为主的复配防银变色缓蚀剂及工艺），为馆藏银器发晦暗变黑等病变现象提供科学的治理措施，以及在保存环境改善等方面做一些有益探索。

关键词 银器 缓蚀剂

银是一种白色有光泽的“金属贵族”，因其质地软、可铸性强等优点，自古就成为人们制作各种精美银饰品、实用器物、货币等物品的理想材质。但因银较难炼取，故发现和利用的时间较金、铜都晚[1]。在我国，发现最早的银器是新石器时代晚期甘肃玉门火烧沟遗址出土的银鼻环、银耳杯[2]。而最早的齐国银器见于战国晚期临淄商王墓地出土的银盘、银匜、银勺等[3]。这些制作工艺精湛的银器文物是研究我国金属细工艺的重要实物资料，具有极高的考古价值、艺术价值和科研价值。

现淄博市博物馆馆藏有齐国贵族墓葬出土的一批珍贵银器，有临淄商王墓出土的战国晚期银盘、银匜、银耳杯和银匕[3]；西汉齐王墓随葬器物抗出土的大鎏金龙凤纹大银盘（现存中国国家博物馆）、鎏金小银盘等[4]，这些银器制作精致，装饰讲究，部分器物带有铭文和纹饰，对研究当时齐国文字、官职制度、度量衡以及与诸国的关系等问题是难得的珍贵资料，同时也是研究齐国金属细工工艺水平的重要实物。这批银器因其自身内因、保存环境不佳等因素的影响，器物表面不同程度地出现了发晦暗、变黑、铜绿锈等病害，甚至有的已经变脆。为了延长其寿命，阻止或延缓其自然损坏过程，亟须找到病害产生的原因，提供科学的治理措施以及在保存环境方面做一些有益探讨。

银虽是不活泼金属，但当其表面受到侵蚀形成化合物时，就会发生变色现象，其变色程度由其本身的物化特征及外部环境介质的影响而定。目前的研究成果表明，在潮湿环境中，银的本身物理结构特征及合金成分之间会在其表面形成微电池腐蚀作用[5]；空气中的氧对受潮的银的变色反应起着加速作用[6]；在光照条件下，某些有机硫化物对于日光及灯光中所含有的紫外线具有敏感的光化学效应，会加速银表面的硫化腐蚀变色反应[5-7]；O_3、SO_2和NO_2等不同污染物会对银造成不同程度的腐蚀，并且随着污染物浓度的增大，腐蚀加重[8, 9]。因此，银器的腐蚀变色过程多数是两种或两种以上的“腐蚀因子”共同作用的结果，而外部环境介质的腐蚀作用是其变色的主要因素。

根据对馆藏银器文物库房和陈列展厅的环境监测与评价分析，库房和陈列展厅内空气中有机挥发性污染物（甲醛、甲酸、乙酸等）以及含硫化物浓度明显偏高，这可能是引起银器文物腐蚀发晦暗、变黑的主要原因，而季节性的温湿度变化是其腐蚀变色的次要原因。为此，对馆藏银器文物的病变现象，主要应采取以下几方面的治理措施，以达到保护的目的：

（1）对于已经发晦暗变黑的银器文物，采用擦光剂（如白垩粉、碳酸钙粉、瓷土粉）之类的细粉，用少量乙醇加上几滴氨水调成糊状，用软布蘸取轻轻擦亮已发黑的银器，浅刻花纹和铭文处仔细小心处理，以免伤器；对于铜绿锈等锈污物，考虑采用5%～10%氢氧化钠溶液将锌粉调成糊状物促进较坚硬的锈蚀物软化除去，方法同上。

（2）除锈处理过的银器文物，必须采用防银变色缓蚀剂再处理，以防再次被腐蚀等病害的发生。防银变色的保护机理主要是在银器表面形成一种致密的透明保护膜，从而抑制或延长银的变色过程。目前，对于防银变色缓蚀剂的研究成果丰硕[6-12]，取得了较为理想的保护效果。西北大学的科研人员研制了一种可逆银器保护剂（代号为XD-1）及防变色工艺[13]，其作用机理是该保护剂是一种带有极性基的有机化合物，能在银器表面形成一层薄而均匀的保护薄膜，隔离外界大气中有害气体（H_2S、HCl等）对银器的侵蚀，从而达到抗银变色的目的，再将保护处理过的银器放到装有乙酸铅防晦纸的双层聚乙烯袋密封保存。这种方法局限于库房银器文物的保护，难以满足展厅展览的需求。为此，在以PMTA（1-苯基-5-巯基四氮唑）和BTA（苯并三氮唑）两种防银变色缓蚀剂溶液研究的基础上，通过不断改进溶剂组分和工艺，祝鸿范等研究出以PMTA、MBO（2-巯基苯并噁唑）和MBI（2-巯基苯并咪唑）为主的复配防银变色缓蚀剂及工艺[14]，经实验证明，取得了较明显的保护效果。这种复配防银变色缓蚀剂的作用机理在于：PMTA能在银表面上与其结合生成有全配位体结构的致密膜，有效地抑制腐蚀介质与银表面的反应，且这种膜含有的苯基具有憎水性，能阻止这种膜与亲水的腐蚀介质反应，而MBO和MBI在弱酸性条件下，能促进PMTA在银表面的沉积，使复合缓蚀剂组分之间有较好的防变色协同作用。此方法虽满足了文物保护的“最小干预，不改变文物原状”的原则，但采用的缓蚀剂具有不可逆性，其与金属基体表面的原子结合而成膜，从而改变了金属文物表面的成分及结构，是否对文物所蕴含的隐含信息造成破坏，以及是否对文物造成不良影响，还难以在短时间内证实[15]。因此，在选取银器文物保护方法时要慎重酌定。

（3）经过保护处理过的银器文物，还应将其放置在空气洁净，相对湿度40%～45%，不含紫外线光源的库房或展柜里。要把馆藏银器文物的库房和展柜里的有机挥发性污染物及硫化物通过置换空气的方法，将有害气体排出，置入新鲜干净的空气；通过机械性和非机械性两种方法调节湿度的季节性和昼夜变化，使其满足银器文物保护的湿度范围；更换钨丝灯为冷光源。除此之外，对于珍贵的银器文物还要制作特殊的文物囊匣和展柜。制作文物囊匣和展柜所选取的材料和银器文物近距离接触，如果这些材料含有氯、硫或酸性成分，以及材料在自身老化过程中释放出有害气体，势必会对文物造成损害。因此，只有通过金属挂片重量法、碘-叠氮化钠法、碘化钾-碘酸钾等方法[16, 17]测试或检测过的材料和展柜才可用于银器文物的存放。展柜的设计除了密封性好外，还可在展柜留有一个管状的滤气口，经过滤脱硫之后（用乙酸铜或乙酸铅和甘油处理过的浮石粉粒过滤，即可吸去H_2S等含硫杂质）的空气输送进去，以替换展柜内的污染气体。

总之，对于馆藏银器的科学保护，坚持以“以防为主，防治结合”的方针，最大限度地阻止或延缓其腐蚀变色的过程，从而达到延长其寿命的目的。在现有防银变色保护工艺的基础上，找到一种可逆性的防银变色缓蚀剂仍是我们努力的科研方向。

参考文献

[1] 黄盛璋. 论中国早期（铜铁以外）的金属工艺. 考古学报，1996，（2）：143-164.
[2] 甘肃博物馆. 甘肃省文物考古工作三十年（1949～1979）. 北京：文物出版社，1979.
[3] 山东省淄博市博物馆，齐故城博物馆. 临淄商王墓地. 济南：齐鲁书社，1997.
[4] 山东省淄博市博物馆. 西汉齐王墓随葬器物坑. 考古学报，1985，（2）：223-266.
[5] 吴载昌，崔昌关，翁元浩. 银镀层的变色与防护研究. 腐蚀与防护，1980，（3）：20.
[6] 方景礼，余耀华. 镀银层表面变色机理的电子能谱研究（Ⅱ）光照和Na_2S处理致变色的机理. 化工学报，1985，（2）：171-178.
[7] 方景礼，蔡孜. 镀银层的变色与防护——机理与方法. 中国科学（B）辑，1988，18（5）：473-480.
[8] 武琼. 银质金属文物的大气腐蚀影响因素研究. 上海：华东理工大学，2014.
[9] 祝鸿范. 银器处理的一种新方法. 文物保护与考古科学，1990，（2）：7-12.
[10] 赵西晨，汪渊，杨忙忙. 银防污剂缓蚀机理的研究. 考古与文物，2001，（1）：88-91.
[11] 祝鸿范，周浩，蔡兰坤，张东曙. 复配银缓蚀剂及其电化学性能的比较研究. 文物保护与考古科学，2002，（S1）：1-12.
[12] 王菊琳、栾莉，李沫，张治国，马清林. 月桂基咪啉对银的缓蚀性能研究. 北京化工大学学报（自然科学版），2012，39（5）：32-36.
[13] 王丽琴编著. 文物保护技术（无机质文物部分）. 西安：西北大学文博学院，2001.
[14] 祝鸿范、周浩，蔡兰坤，张东曙. 银器文物防变色缓蚀作用机理的研究. 文物保护与考古科学，2002，（S1）：13-28.
[15] 郭宏、赵静. 氧气（O_2）对文物材料的劣化作用. 文物保护与考古科学，2006，（4）：55-60.
[16] 潘晓通. 博物馆室内建筑、装饰、展柜材料的检测方法. 文物保护与考古科学，2006，（3）：45-46.
[17] Zhang T P. Two tests for detection of volatile organic acids and formadehyde. Janual of Amrerican Conservation Institute, 1994, 33(1): 47-53.

瓷器修复材料性质的研究

贾一鸣
（重庆市文化遗产研究院，重庆，400013）

摘要 高分子树脂材料已广泛应用于文物修复中，对材料性质的研究是修复过程中重要的一项，其系统的数据支撑不仅有助于科学地选择所需的修复材料，而且对修复后文物的保存有重要意义。本文通过FTIR、TG、DSC、拉曼光谱多种分析仪器对瓷器修复中所使用的509型环氧树脂及填充滑石粉后的补配材料进行表征，确定其材料性质，此外，本文还对该环氧树脂的热稳定性进行了研究，结果表明该环氧树脂具有良好的结构稳定性以及耐热性，在实际修复过程中具有很好的应用价值。

关键词 环氧树脂 结构 瓷器 修复保护

引　言

我国是瓷器的发源地，瓷器文物在历代的发展中体现了当时文化、艺术和工艺水平，是劳动人民的智慧结晶，具有鲜明的时代特色，中国的瓷器文化同时对世界也产生了深远影响，瓷器的使用涉及人类社会活动的各个方面，瓷器文物具有很高的艺术、科学和历史价值。众多瓷器在埋藏过程中受到外力挤压破裂，出土后大多残缺不齐，只有经过科学修复后才能展现文物风采，并还原历史真实性。

环氧树脂具有良好的机械性能、化学稳定性和黏接性，由于其结构中含有大量的羟基和醚键，可以与被黏接物表面形成分子间作用力，因而黏接能力强[1]，广泛应用于青铜、石质、陶质、瓷器等文物的保护修复中[2-5]。经过长时间摸索和不断改进，我们选择了509型双组分环氧树脂，作为瓷器修复过程中的主要的黏接剂和补配剂，该型号环氧树脂加入滑石粉作为填料进行补配时，具有固化前不易黏手、固化后不易起皮、容易上釉以及黏接力强的特点，使瓷器修复效率比以往有很大提高。本文主要以FTIR、 Raman、TG和DSC进行表征，对该环氧树脂的结构及热力学性能进行表征，并模拟加热老化实验以检测该树脂的稳定性。

1　实验部分

1.1　实验材料和仪器

红星509透明胶黏剂，浙江慈溪天东胶黏剂厂有限公司生产；滑石粉，桂林K牌，A级45μm；电热恒温鼓风干燥机DHG-9070A，上海一恒科技有限公司；红外（FTIR）测试仪，德国Bruker公司Tensor27型光谱仪；激光拉曼光谱仪（Raman），美国Therm Nicolet公司，ALMEGA-TM型光谱仪；热重分析仪（TG），美国TA沃特斯公司Q600热分析仪，差示扫描量热分析仪（DSC），德国Netzsch公司DSC204F1型热分析仪。

1.2　实验方法

称取2g环氧树脂A组分与1g固化剂B组分混合均匀，室温静置24h固化得到样品1；称取2g环氧树脂A组分与1g固化剂B组分混合均匀再加入3g滑石粉搅拌均匀，室温静置24h固化得到样品2；将样品1和样品2分别置于恒温烘箱中100℃加热5h、15h和30h得到样品1a、1b、1c、2a、2b和2c。

1.3　实验结果与讨论

1.3.1　结构性能

图1中两条曲线分别为没有加入填料的样品1和加入滑石粉的样品2的红外吸收光谱，由图1可知，3431cm^{-1}为N—H和O—H伸缩振动吸收峰；2962cm^{-1}、2925cm^{-1}和2860cm^{-1}分别为CH_3、CH_2和CH的伸缩振动峰；1608cm^{-1}和1510cm^{-1}是苯环的C＝C伸缩振动峰[6]；3690cm^{-1}处为Si—OH的伸缩振动吸收峰，说明样品1和样品2中均有游离的Si—OH基，1018cm^{-1}是Si—O的伸缩振动峰，

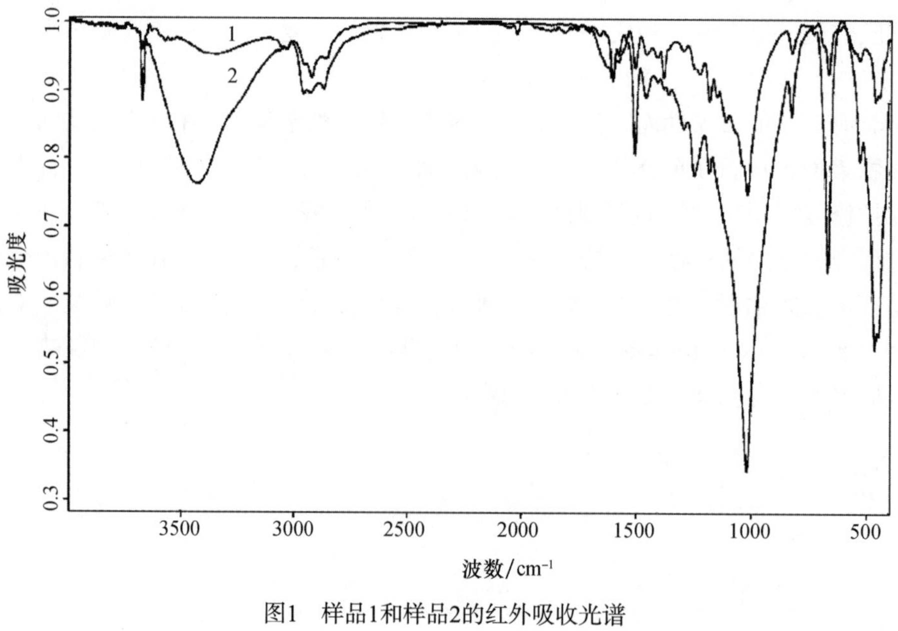

图1　样品1和样品2的红外吸收光谱

并且从样品1和样品2的1247cm^{-1}、1037cm^{-1}和827cm^{-1}的特征吸收峰判断，该环氧树脂有$(CH_3)_2$—Si—O、Si—O—CH_3和$(CH_3)_3$—Si—$O_{0.5}$基团，因此该环氧树脂为有机硅型环氧树脂，有机硅改性的环氧树脂可以降低环氧树脂的内应力，增强环氧树脂的韧性、耐高温性和耐水煮性等性能[7, 8]，1297～1184cm^{-1}是C—O—C的伸缩振动峰，910cm^{-1}处没有出现环氧基吸收峰，说明环氧基已经完全进行了开环反应。样品1、1a、1b、1c红外吸收光谱和样品2、2a、2b、2c红外吸收光谱（图2）可以看出，随着加热的进行，水的羟基峰越来越小，到15h后已基本稳定，其他吸收峰无位移或消失，因此该环氧树脂连续100℃加热30h结构仍然很稳定，具有很好的耐热性。

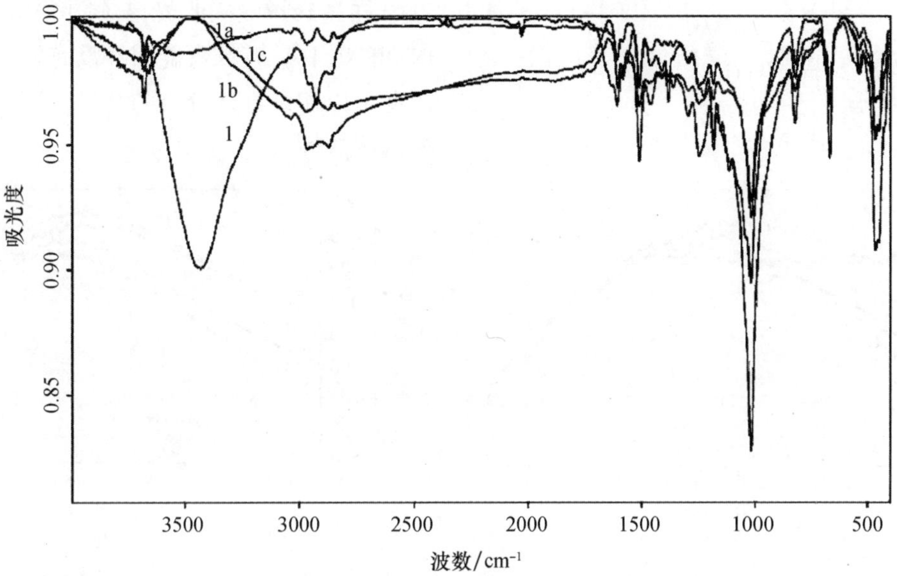

(a)

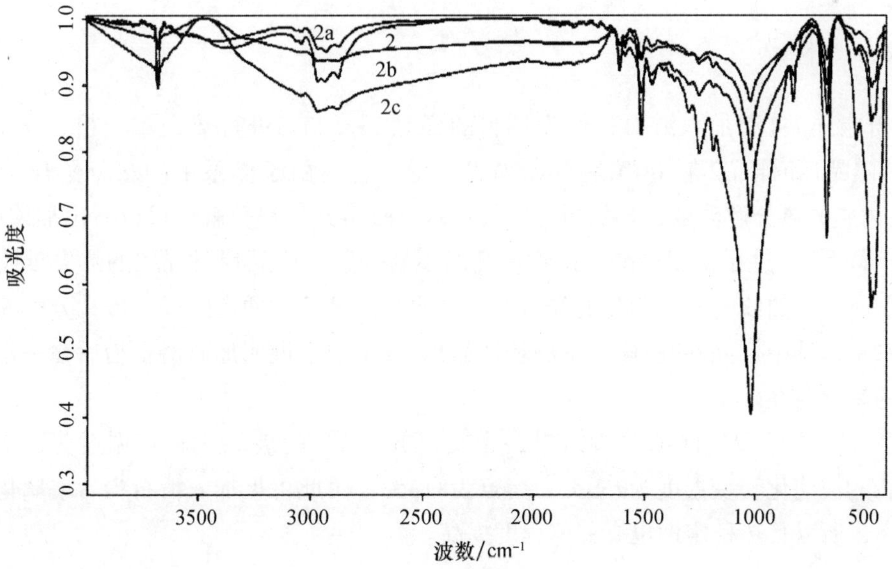

(b)

图2　（a）样品1、样品1a、样品1b和样品1c的红外吸收光谱；（b）样品2、样品2a、样品2b和样品2c的红外吸收光谱

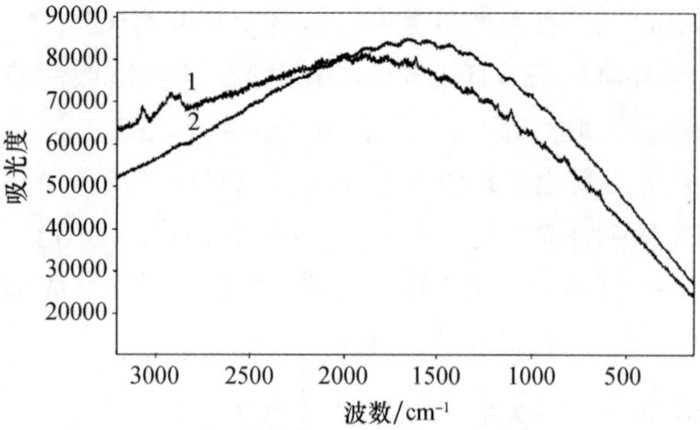

图3　样品1和样品2的拉曼光谱

如图3所示，拉曼光谱显示3062cm^{-1}为苯环中C—H伸缩振动峰，2916cm^{-1}和2875cm^{-1}是CH_3和CH_2的伸缩振动峰，1610cm^{-1}是苯环中C＝C伸缩振动峰，没有环氧基的特征峰[9]，样品2的吸收峰比样品1更微弱，说明加入滑石粉后对其拉曼吸收有屏蔽作用。样品1、样品1a、样品1b、样品1c拉曼吸收光谱和样品2、样品2a、样品2b、样品2c拉曼吸收光谱（图4）显示随着加热时间的延长，特征官能团并没有发生明显变化，因此可以印证红外分析的结果，该环氧树脂有较好的耐热性。

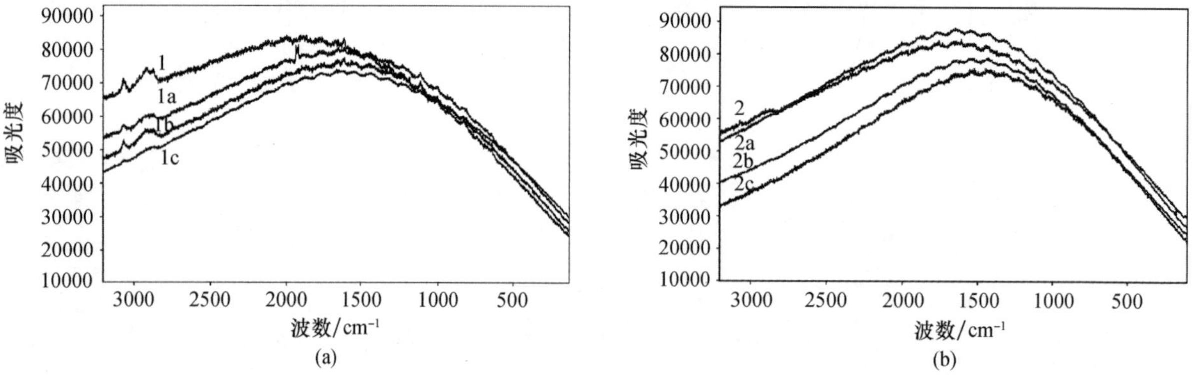

图4　（a）样品1、样品1a、样品1b和样品1c的拉曼光谱；（b）样品2、样品2a、样品2b和样品2c的拉曼光谱

1.3.2　热力学性能

对环氧树脂样品1和加入滑石粉作为填料的样品2采用TG进行热失重分析，从失重曲线图5（a）所示，样品1和样品2在100℃后开始损失重量，这是由于体系中的水分子开始逐渐蒸发，250℃为环氧树脂的热分解温度，环氧树脂中的羟基、醚链开始热分解。可以看出加入填料后样品2的残留量高于样品1，这是由于硅酸镁矿物质高温不易分解。样品1和样品2的热失重曲线的微分曲线如图5（b）所示，曲线有两个明显的失重峰，说明其分解分为两个阶段，最大分解速率温度分别在305℃和372℃，其中样品2的前段失重峰较样品1更为平坦，说明加入滑石粉后在一定程度上提高了环氧树脂的热稳定性。

图6是样品1和样品2的DSC分析结果，由图可知样品1的玻璃化转变温度为227℃，熔点为294℃，样品2的玻璃化转变温度为250℃，熔点为313℃，由此可见加入滑石粉后玻璃化转变温度和熔点均有升高，所以其热稳定性也有一定程度提高。

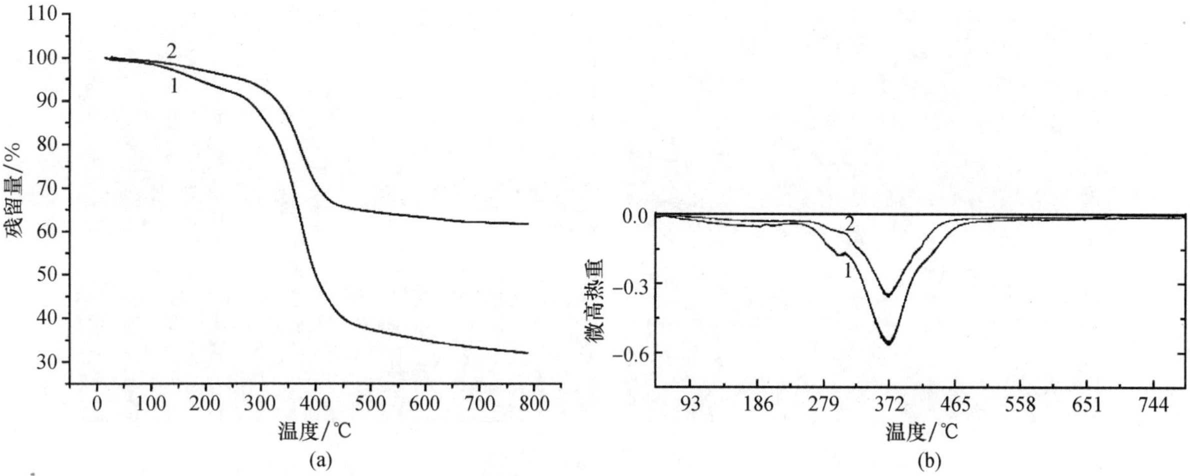

图5 （a）样品1和样品2的热失重曲线；（b）热失重微分曲线

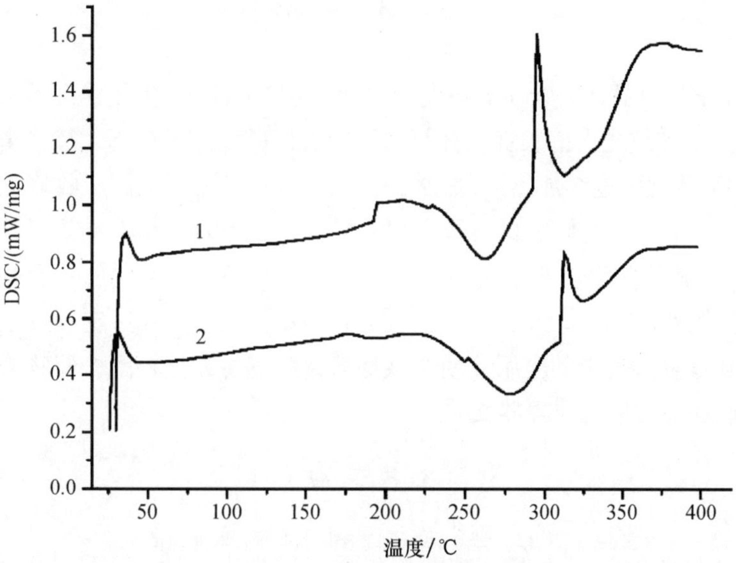

图6 样品1和样品2的DSC曲线

2 修复应用

经过以上检测分析，我们对该环氧树脂的结构和热稳定性有一个系统的了解，为我们选择该种材料对瓷器进行修复提供了依据，经过实际修复过程的应用（图7），使用该树脂材料加入滑石粉作为填料进行补配时，捏成面团后软硬适中，不易黏手，固化后黏接强度高、不起皮、不变形，可以更好地还原器形，大大增加了操作的便利性，使修复效率比以往有很大提高。

图7　清代瓷碗黏接补配前后对比

3　结果与讨论

综上分析结果，该509型有机硅环氧树脂与固化剂按2∶1比例混合后，环氧基可以全部参加反应进行交联，通过FTIR和拉曼光谱发现该环氧树脂为有机硅型环氧树脂，掺入滑石粉后没有发生化学反应，并且在100℃条件下连续加热30h后水分含量减少，主要官能团吸收峰无明显变化，说明该环氧树脂结构比较稳定，满足对修复材料稳定性的要求。TA和DSC检测结果显示该环氧树脂的热分解温度为250℃左右，其玻璃化转变温度和熔点分别为227℃和294℃，加入滑石粉后其玻璃化转变温度和熔点分别升高到250℃和313℃，说明加入滑石粉作为填料后在一定程度上也增加了该材料的热稳定性。经过实际修复过程中的应用，使用该环氧树脂进行黏接补配，器物表面光滑平整，黏接能力强，可以更准确和高效地复原瓷器文物。

参考文献

[1] 董兵海，夏璐，谭白明. 新型陶质文物修复黏合剂的研制. 中国胶黏剂，2006，15（3）：23-25.

[2] 刘彦琪，苏荣誉. 青铜甬钟修复技术研究. 科技导报，2010，28（12）：26-31.

[3] 陈颢，田建，李晓帆，高静铮，谢云贵，梁钰珠，马卫军，李良，杨学芳. 青铜文物修复与保护进展. 腐蚀与防护，2013，34（9）：766-770.

[4] 闫斌，概述石质文物保护. 东南文化，2005，1：90-92.

[5] 唐根顺. 浅谈新石器时代出土陶器的考古修复. 东南文化，2002，11：84-86.

[6] Alamri H, Low I M. Mechanical properties and water absorption behaviour of recycled cellulosefibre reinforced epoxy composites. Polymer Testing, 2012, 31: 620-628.

[7] 阳建军，陈建勇. 滑石粉增强聚氨酯的力学性能研究. 浙江理工大学学报，2008，25（6）：640-643.

[8] 郑亚萍，马瑞，郑建平. 粉末涂料用有机硅改性环氧树脂的研究. 热固树脂，2005，20（3）：39-41.

[9] Rocks J, Rintoul L, Vohwinkel F, George G. The kinetics and mechanism of cure of an amino-glycidyl epoxy resin by a co-anhydride as studied by FT-Raman spectroscopy. Polymer, 2004, 45: 6799-6811.

浅说瓷器保护修复技术

吕淑玲

（首都博物馆，北京，100045）

摘要 瓷器修复是古陶瓷保护修复工艺的一个分支，它是针对瓷器破损残缺问题的修整复原工作，有很强的技术性和专业性，对于相关藏品和文物的保藏研究有重要的意义。瓷器保护修复工作包含修复方案制订和修复技术实施两部分，本文针对修复技术实施环节进行重点解读，简单谈一谈如何准确理解技术理念、技术难点，如何正确把握瓷器保护修复中的关键技术环节。

关键词 古陶瓷修复 瓷器 保护 修复技术

引 言

古陶瓷保护修复是一门综合了历史学、材料学、美术学、化学等多学科的综合性应用科学。具体到瓷器保护修复技术中，又有很多值得深入探讨的内容，在这里，我将结合我的理解，简单谈一谈如何正确把握瓷器保护修复技术。

1 瓷器保护修复技术的基本内容

1.1 认识瓷器

对瓷器的保护修复，建立在对其本身的认知上。如何选择修复材料和修复方法，实际是对其材质、装饰工艺等内容理解的延伸，因此，认识瓷器的胎、型、色、釉十分重要。陶和瓷有区别，但从保护修复角度去看又有着必然的关系。从陶到瓷的演进经历陶器、炻器、瓷器的发展演变：

（1）陶器是用可塑性较好的黏土，通过成型、干燥、烧制而成的制品。

（2）炻器的原意是石器，源于欧洲。日本人在翻译的时候，为了表示烧制而成，加了火字旁，称为炻器。它是介于陶器与瓷器之间的陶瓷产品，其特点是结构致密、接近瓷化、强度较大、颗粒细小，断口处为贝壳状和石状，但不具有瓷胎的半透明性，如宜兴紫砂、药砂锅，欧洲和日本也会把我国的原始青瓷、宋代钧窑瓷器归属这类。

（3）瓷器是用高岭土长石和石英为原料经加工处理成形，干燥以1300℃左右高温烧成。可上釉可不上釉，质地坚硬致密，表面光洁，较薄者为半透明，敲击时音响清澈，断面部位不吸水。

对陶器、炻器、瓷器三者关系的理解非常重要，因为在实际工作中我们会遇到三者聚一的情况，需要具备对三者不同特点的掌握。要理解陶器和瓷器的不同：胎质不同、釉色不同、吸水（密度）不同、温度（烧制）不同，根据这种差异来选择相应的材料和方法。

1.2　古今中外瓷器修复发展脉络

有了瓷器就有瓷器的修复，瓷器修复技术的发展脉络中陶和瓷有一个延续过程。陶片从它存在那一刻起就面临着损坏的问题，有损坏就有修复，不同的是修复技法和修复目的。

1.2.1　原始方法

最初，当一个陶罐坏了无法使用，人们就想把它修好，当时最早的办法是“绳系”——在器物断裂两侧对应打透孔，然后用植物或动物皮搓成的绳把陶罐系紧。

1.2.2　早期方法

瓷器的出现，使得釉会割断系在器物上面的绳子，所以就出现了宋代的“锔瓷”修复法，同样也是为了恢复使用功能。锔瓷，就是在瓷器裂口、裂缝处的两侧打制对称小孔（打到瓷器厚度的一半、不穿透），用特制的金属锔钉在小孔处加固。后来也有“镶口”“锡口”，再有就是“金缮”。

1.2.3　现代方法

随着社会进步、科技发展以及修复需求的变化，虽然“锔瓷”“锡口”“金缮”都属于古陶瓷修复方法的范畴，但是这里我们陈述的现代瓷器修复保护方法，是指2014年被列为国家级非物质文化遗产项目的古陶瓷修复技艺，简称现代瓷器修复方法。

2　现代瓷器保护修复技术的两个重要环节

瓷器保护修复环节包括两大方面：首先是理念原则把控，主要体现在修复方案的制订中。其次是方案实施过程中的把控，主要体现在修复细节中，其中包括黏接、打底、作色。

2.1　制订修复方案

制订修复方案是遵循文物保护原则，根据实际情况制订相应的修复方案，特别是修复技术路线。具体讨论的是：瓷器修复到底修复到什么程度？我们应该如何把握控制好各个瓷器修复环节中的尺度？在制订修复方案时，有没有度的把控，答案是遵循修复原则和修复方针内容，这也是修复方案制订时的主要理论依据。

早期的国际保护修复原则遵照《威尼斯宪章》，围绕“真实性”“可识别性”“可逆性”原则，展开方案制订。特别注意的是不能被某一个原则要求局限，刻板执行。如可识别性问题，要考虑展览展线整体效果或与文物本体和谐等内容，不能因为其可识别性而进行识别，要观赏性、完整性、突出性兼顾。国内方面的相关政策是《中华人民共和国文物保护法》中针对文物保护的16字方针："保护为主，抢救第一，合理利用，加强管理"，此方针引申出了"修旧如旧，最小干预，不再破坏，可持续操作"等立足我国修复保护现状的内容和观点理念，也要在方案实施过程中注意细节的把控。

当然，在方案的制订中还会有信息采集、病害分析、专家评估、建立修复报告等多项内容，在这里就不予展开论述。

2.2 技术把控

现代瓷器保护修复技术主要有三个环节：黏接、打底、作色。

2.2.1 黏接

黏接是将破碎器物碎片黏接成型的过程，黏接前需做预处理，根据藏品的病因残破状况来决定，其中拆分、清洁、拼对是最主要的三项内容。

（1）拆分：物理拆分、化学拆分。物理拆分主要有加温、浸泡、热吹风方法，要根据器物的工艺特征和残破情况来选定拆分方法。最有把握的方法是水煮，但是低温釉彩、釉上彩就不能用这种方法。大器物使用专用烤箱，但是也要考虑工艺，像低温粉彩也不行。化学拆分是指用药水浸泡，有的器物不能加热，如一些低温釉，就要采取化学拆分。建议化学方法尽量不要使用。这两种方法都要先试验，事先试一试才能大规模使用，这是方案里面需提前做到的，根据工艺和残破情况进行论证。

（2）清洁：拆分之后会有之前修复的残留物，主要是胶、污渍的残留，会影响黏接的强度，所以一定要清洁。一般情况下使用蒸馏水将碎片碴口上残留污渍清除干净，在蒸馏水没有效果的情况下，也可以使用酒精棉签（低浓度酒精），高浓度会造成伤害，这需要具有区分低浓度、高浓度、医用、工业酒精的能力。还有用刃器来清洁的方法，常用手术刀，进行一点点剥离。

（3）拼对，清洁后要先比对是否严丝合缝，大、小块的拼对顺序要找到技巧。拼对方法是一片一片拼，还是先一堆碎块比对再粘，有两种拼对方式：开合式（一片一片逐一黏接）与闭合式（先拼对好一堆使碎片成型，临时加固后，再用黏接剂滴注黏接，这对材料和黏接剂的渗透性要求大）。从大量工作经验中总结，我们认为开合式的牢度更好。此外，闭合式会导致胶残留在器物表面，对粉彩的画面难免会有遮盖影响，如果是青白釉、青花则无此影响。在碎片多的情况下要选择适合其特征的方法来拼对，可选择分类拼对法，分类就是一件器物按口沿、腹部等不同部位分类，分别拼对好再进行整体拼对。

黏接的技术要求是"准确度"，要注意洁度、合度、浓度、力度四个方面。

在两种黏接方式开合式、闭合式方法中，碎片少的宜选开合式，碎片多的宜选闭合式，同时要考虑器物的具体工艺特征，首选开合式。釉上彩的瓷器最好不选用闭合式黏接法。

黏接，首先要注意洁度，碴口光洁是碎片黏接牢固的前提。合度是碎片拼合后黏接的贴合程度，在碴口涂胶时尽量选用质量好、质地细的毛笔，一点一点地将胶涂匀，待胶尽量融合（特指两组分）时进行两碎片合对黏接，这里需要充分掌握胶在各个程度的黏接力，选用相对稳定、纯度高的材料。两碎片压合时一定要给适当的力度，力量既不能过大也不能过小，要把握好这个度，最后还要考虑收缩率。

2.2.2 打底

作色之前的一项准备工作就是打底——将器物缺失部位及缝隙疤痕补配填平后，再进行打磨，并与原器物平滑连接，为作色做准备工作。

（1）补配，特指缺失部位的填补，主要方法有采模法（有参照物就可以选择采模法，根据不同的需要也可以翻模，采模和翻模的材料有蜡、打样膏、石膏、泥、硅橡胶等）、塑形法（考古使用较多，会按照器物的拉坯特点选用相应的材料，需选择上好的塑形胶泥，放在转盘上，再刷石蜡，最后取下浇筑）、拉坯翻模法等。将采好的模移动固定到残缺部位后，可选胶+填充粉或瓷配瓷等方法进行补配工作。

（2）填缝，衔接部位缝隙填补，材料可选适当的胶+填充粉做的填补材料。

（3）磨平，待填补材料干后用砂纸进行打磨平整、和谐的过程。

打底的技术要求是文物本体和补配部位的“和谐度”，要注意线度、弧度、面度、衔度四个方面。

由于每一件瓷器都是立体的，而残破部位都要和本体连接在一起，接口就必然有缝隙，需要填补磨平后才能作色，这就是打底。残缺越多，缝隙就越大，也可以说两个碎片黏接后的缝隙是缺失部分的无限缩小，冲线是最小的残缺缝隙。初学者尽量不用打磨机进行打磨工作，要把重点放在补配的环节上，把问题消灭在萌芽状态。打底面临一个普遍的问题，那就是什么是平？怎么和谐？闭着眼睛、上手去摸，感觉原物与打磨部位没有区别。要想达到这种效果，需要考虑影响打底的几个因素。

（1）硬度：补配材料的质地。

（2）残损状况：大面积的补配打磨起来难度大，小面积的容易一些，平面的好磨一些，立体的高低不易。

（3）打磨工具和材料：砂纸为主要打磨材料，既要考虑残缺补配部位的平滑，又要注意不伤害文物。从文物保护角度，推荐选择木砂纸和干湿两用砂纸，必要时用手术刀片去刮，以减少对周边的损害。不同材料填充后的打磨是不一样的，掌握填充料的特质，选择“填得进、抓得牢、磨得动”的补配材料是非常重要的。

在打磨工作中，需要从线度、弧度、面度、衔度四个方面技术要点去重点掌握，学会控制材料和方法。线度是指补配打磨时要依据器物器形的边缘线进行顺延，以维持其完整统一，如一个瓷碗的上口沿所形成的圆形线；弧度是指补配打磨时要依据器物器形中曲线部位进行顺延，以维持其完整统一，如瓷碗的腹部；面度是指残缺部位所在面积的平整统一度；衔度是指原物与补配部位衔接的契合程度，也是打磨中最重要的程序。因为打磨是有方向的，不同的方向打磨的效果不同。经过以上工序，当最终摸不出修复的部位，那就是打磨完成。

2.2.3 作色

作色是在有复色要求的情况下，对所修部位进行颜色复原的过程，包括胎底色、花色、釉色等部分。作色是瓷器保护修复中最重要的环节，也是大家最看重的工序，看一件东西修复效果的好坏，首先关注的是颜色，因为颜色最直观。它的学问很多，在前期准备工作做得特别好的基础上才能谈作色的效果。

作色技术要求在最小干预原则前提下，复色部位与原物适度相似，要注意色度、浓度、巧度、光度四个方面。要想达到这种效果，需要考虑影响作色的以下几个因素。

（1）胎密：胎子决定能否打磨、能否磨平，继而作上颜色不变。胎子稀松就会吸附颜色，导致作色当时很像，之后变色，所以要选质密的补配材料。

（2）平整：平的整体化一，由于瓷器本身的质地，修复瓷器最好不用石膏补配，而采用瓷配瓷或环氧树脂加填料进行补配。

（3）色准：看得准才能调得准，要将主色、副色、副副色分清楚。第一步要看清楚器物的颜色和图案，颜色的量和比例就是主色、副色的区别。

（4）用对：工具和材料要用对，都有对应的规格及对应的材料，如喷笔（一致性、小颗粒、大面积）、毛笔（规格、质地、专业），具体问题具体分析，要用辩证的思维思考，有的地方用喷笔，有的地方用毛笔，有的地方则是喷笔、毛笔结合。小碴口搭配小工具，反之亦然，这样才能很好地把握度。另外要注意，相应的材料对应相应的工具。

（5）灵感：正确支配手的动作，遇到问题一定要分析得清楚准确，弄明白问题出在哪里。了解作色具备的条件，没有天生的灵感，就要有后天的勤学苦练。

作色的相似度是一个难点，相似度就是要求复色接近原物，需要从色度、浓度、巧度、光度四个方面技术要点去重点掌握，学会控制材料和方法。

（1）色度：调出一个大概的颜色，再根据具体颜色进行微调，唯一的办法就是掌握和练习调色的技法。

（2）浓度：有时浓度与上色的次数有关系，如喷一遍是浅的，多喷几遍就会加深浓度。

（3）巧度：巧度是无形的，更多地可以说是对工具应用的技巧程度。

（4）光度：是指对釉光的复原，所以瓷器作色一定要用有光度的材料，而且要把光度把握好，同时注意补配部位和原来部位的衔接。

唐五代越窑青瓷250μm以下裂隙修复加固黏接材料的适用性模拟研究

王　飞[1]　楼署红[1]　彭志勤[2]

（1. 浙江省博物馆，浙江杭州，310007；2. 浙江省理工大学，浙江杭州，310018）

摘要　黏接加固是众多陶瓷文物修复中相对简单易行且广泛使用的方法，因此黏接材料的适用性是影响陶瓷文物修复的重要因素。本研究以现代白瓷作为实验基材，采用天然材料（骨胶、桃胶、生漆）、合成树脂类黏接剂（AAA胶、爱牢达、海克斯塔、丙烯酸树脂B72）和乳液类黏接剂［丙烯酸乳液、聚乙烯醇（PVA）］合计9种市售黏接剂进行了250μm以下瓷器文物裂隙中的渗透性、黏接强度以及再生性等黏接性能方面的模拟实验。研究发现，上述9组黏接剂中合成树脂类的黏接剂的综合性能优于其他两大类，但是其存在不可再生的缺点。通过丙烯酸树脂B72分别与爱牢达和海克斯塔进行组合制备双组分黏接剂，其黏接综合性能尤其是再生性得到了有效的改善。

关键词　越窑青瓷　合成树脂类黏接剂　渗透性　黏接强度　再生性

引　　言

我国陶瓷生产历史悠久，源远流长，在人类发展史上具有重要的地位。早在距今3000多年前的商代，就烧制出了所谓的“原始青瓷器”[1, 2]。由于古陶瓷深埋地下，在温度、湿度等的影响下，内部应力作用使得瓷器出现裂隙，在不加保护的情况下，裂隙逐渐扩大、开裂。由于古陶瓷有极高的历史价值、艺术价值、研究价值，所以对于此类陶瓷的修复工作极为重要，其中采用黏接材料进行黏接是众多文物修复加固方法中相对较简单易行且普遍应用的方法之一。

在陶瓷文物修复过程中，采用的黏接材料需要具备以下几点要求：黏接过程中不能够对文物造成损害，所选用的材料不能对文物造成二次伤害；在科学不断进步发展的将来可实现更加先进的材料代替现有的材料，因此陶瓷加固应当遵循可再生性原则[2]。目前，陶瓷黏接材料主要分为无机黏接材料和有机黏接材料两大类[3-7]。其中，有机材料的黏接剂以高分子材料为主：①天然高分子化合材料，按来源可分为植物性黏接剂和动物性黏接剂，因为制胶工艺已经失传，此类材料的使用已经十分稀少。②合成高分子化合材料（合成树脂）中最常用的是环氧树脂，环氧树脂具有黏接强度高、收缩率小、毒性低等特点，但是它在耐油、水、酸、碱等方面还有待改进[3, 4]。以无机材料为主的黏接剂主要分为硅酸盐系和磷酸盐系，因为磷酸盐材料强度方面相对于硅酸盐材料略差，所以黏接要求较高时，一般采用硅酸盐无机黏接剂[5-7]。

本研究主要针对浙江省博物馆的唐五代越窑青瓷的特大码，采用现代白瓷进行黏接模拟实验。尤其以黏接材料在250μm以下裂隙中的渗透性、黏接强度、可再生性作为主要的性能指标对9种市售黏接剂进行黏接性能的模拟实验，通过数据分析说明以上各种黏接剂在陶瓷微隙黏接修复方面的适用性的情况。

1 实验部分

1.1 样品

白瓷砖（10cm × 10cm）是由上海陶艺建材厂生产的。青瓷残片源自浙江省慈溪上林湖后司岙和黄鳝山窑址，这两个窑址都属于五代时期。

3种天然黏接剂骨胶、桃胶和生漆分别是从常州富源工具厂、福建省古田县大丰工贸有限公司和重庆瑞雅生漆厂购置的。3种合成树脂类的黏接剂AAA胶、爱牢达（Araldite）和海克斯塔（Hxtal）分别是从浙江黄岩光华粘接剂厂、亨斯迈（Huntsman）集团和艾高科技文保购置的。溶剂型B72（Paraloid B72）和聚乙烯醇（PVA）、丙烯酸乳液B60［Primal（Rhoplex）B60A］均是从艾高科技文保购买。静力膨胀剂采用了安溪力强无声膨胀剂有限公司生产的SCA-2（10～25℃）静力膨胀剂。

1.2 实验仪器

实验过程中的样品、溶剂等实验材料的质量是通过上海卓精电子科技有限公司生产的BMS200.4型号的电子天平称量所得。白瓷片和青瓷残片的吸水率、表观相对密度、容重和显气孔率均是通过湘潭市仪器仪表有限公司多孔陶瓷显气孔率容重测试仪测试的数据通过《多孔陶瓷性能试验方法》的标准计算所得。实验的显微结构是通过艾尼提401/601系列便携式无线视频数码显微镜进行记录。黏接剂的黏接强度是通过深圳市新三思材料检测有限公司生产的微机控制电子万能试验机进行测试。

1.3 实验过程

1.3.1 瓷片物理性质测试

将购买的白瓷片随机选取2片破裂后4cm × 3cm左右大小的残片和两个越窑青瓷产地的各选10片青瓷残片进行质量、吸水率、表观相对密度、容重、显气孔率的物理性质的测试。以上所述的瓷片物理性质的计算是通过《多孔陶瓷性能试验方法》的标准进行计算的。具体计算公式如下：

1）真空法吸水率V

$$V=\frac{(m_v-m_0)}{m_0}\times 100\%$$

式中，m_0为需烘干至恒重的样品原始质量；m_v为样品在真空中吸水后的质量；V为样品吸水率

（%）。

2）表观相对密度D

$$D=\frac{m_0}{(m_0-m_g)}$$

式中，m_0为需烘干至恒重的样品原始质量；m_g为样品在水中真空状态下静置时的质量；D为表观相对密度（g/cm^3）

3）容重D_v

$$D_v=\frac{m_0}{(m_v-m_g)}$$

式中，m_0为需烘干至恒重的样品原始质量；m_v为样品在真空中吸水后的质量；m_g为样品在水中真空状态下静置时的质量；D_v为容重（g/cm^3）。

4）真空法显气孔率q

$$q=\frac{(m_v-m_0)}{(m_v-m_g)}\times 100\%$$

式中，m_0为需烘干至恒重的样品原始质量；m_v为样品在真空中吸水后的质量；m_g为样品在水中真空状态下静置时的质量；q为显气孔率（%）。

1.3.2　裂隙生成模拟实验

为了对黏接材料性能进行详细研究，需要模拟越窑青瓷陶瓷残片上的裂隙条件，并在此裂隙下对黏接材料性能进行反复测试。裂隙生成模拟实验主要采用了静力破碎模拟裂隙生成，基本能将裂隙的宽度控制在60～250μm。其主要原理是利用静力破碎剂加压后发生水化反应，使破碎剂晶体变形，产生体积膨胀，从而使缓慢的微观的膨胀压力施加给孔壁，经过较长时间达到介质破坏的效果。该方法有效地增强了裂隙宽度的人为可控性；减缓了冲击，解决了破坏文物的安全隐患；保存原貌可进行逆向修复，这是一种安全可靠的技术。具体操作如下：在白瓷表面钻取多个间隔约为1cm、直径均约为5mm、深均约为3mm的圆形孔洞，配制一定浓度的静力破碎剂，将其均匀地填充在钻好的孔洞中，充满后用底部平整的重物压实约24h后微裂隙产生，调整时间可粗略地控制裂隙宽度。

1.3.3　黏接实验和性能测试

1.3.3.1　黏接剂制备

1）单组分黏接剂

（1）骨胶：用等体积的热水浸泡骨胶10h左右，然后进行水浴加热，水浴温度为75℃左右，时间长短视骨胶溶解情况而定，直至骨胶完全溶解于水，成为黄色溶液即可。

（2）桃胶：用适量热水浸泡桃胶，持续12h，将桃胶泡发后即可用。

（3）生漆：直接使用。

（4）AAA胶：根据材料说明A组分与B组分（分散剂）按照质量比1∶1配比混合均匀使用。

（5）爱牢达胶：根据材料说明按照质量比A组分∶B组分（分散剂）＝100∶30，混合均匀使用。

（6）海克斯塔：根据材料说明按照质量比A组分：B组分（分散剂）=3：1，混合均匀使用。

（7）PVA：直接使用。

（8）丙烯酸乳液：直接使用。

（9）B72：取一定质量的B72胶粒，按照质量比B72：丙酮=1：*n*配比，使B72完全溶解在丙酮中，不同的比例溶解时间不同，推荐比例*n*=1、1.5、2。

2）双组分黏接剂

双组分黏接剂主要采用了B72和海克斯塔以及B72和爱牢达的组合。其配制过程为：首先将B72、海克斯塔、爱牢达溶解于不同质量比的丙酮中，然后通过特定的配比进行分组混合均匀即可。

1.3.3.2　黏接剂黏接性能测试实验

黏接剂的黏接性能的实验通过白瓷片进行模拟实验。

1）黏接剂的黏接时间评估实验

首先将白瓷板通过静力破碎法进行破碎形成裂隙，选择在裂隙宽度为100μm左右、深度为6mm的位置，用胶头滴管吸取一部分黏接剂或者用牙签挑取的方法将配制好的黏接剂溶液涂抹在缝隙表面，黏接剂应集中在缝隙区域并完全将缝隙覆盖，涂抹的量为缝隙体积的2～3倍。根据各种黏接剂的固化情况并统计其固化时间。

2）黏接剂的渗透性评估实验

取一块带有缝隙的白瓷板，裂隙宽度控制为100μm左右，在深度为6mm的位置标出2cm左右的距离并表示起点与终点，同时在显微镜下拍照记录。然后通过显微镜的录像功能将1滴黏接剂滴落在起点处并且流动向终点的过程进行记录。切换至显微镜拍照模式将渗透后的最终状态拍照记录。通过显微镜照片精确测量黏接剂流动距离，同时通过录像统计流经该距离的时间，通过以下公式计算黏接剂在裂隙中的流动速率，并以此流速作为反映黏接剂在裂隙中的渗透性的指标。

流动速率=指示物流动距离/指示物流动时间

3）黏接剂力学强度测试实验

取相应黏接剂黏接好的白瓷片一块，先用刀除去缝隙表面多余的黏接剂，然后用手提式切割机以黏接缝隙为中间，向两侧切割成纺锤形，长度为5～8cm，纺锤形最窄处宽度约为2cm。将切割机割片取下，换上砂轮，将切割好的瓷片双面磨花，并打出不规则凹槽，凹槽深度为1mm左右，宽度不限。

在微机控制电子万能试验机的拉力模式下进行力学强度检测，其中设置控制方式为位移控制，加载速度为0.3mm/min。利用夹头将处理好的纺锤形瓷片固定，缝隙距离上下夹头的距离应相等，在此过程注意控制夹头力度防止瓷片被夹碎。然后开始测试力学强度，直至瓷片可以看到明显的断裂或者仪器上的拉力不再进行改变，记录下此时的数据，再除以断裂面的面积，得出黏接剂可以承受的力学强度。

黏接剂的固化时间测试是将黏接剂涂在平行一组白瓷片裂隙中，在不同的观测时间进行裂隙断开的操作，直至手动不能将其断开为止。

在裂隙中黏接剂固化后，进行黏接剂再生性能的测试。将黏接的瓷片浸泡入乙醇内，经过3h，若黏接剂可以完全溶解则为可再生，不能则判断为不可再生。骨胶的再生实验则是将其黏接的瓷片浸泡入蒸馏水中，相同时间下，判断标准与上同。

2　实验结果和讨论

2.1　瓷片的基本物理性质

越窑是我国古代最著名的青瓷窑系，中国最早的原始青瓷是在东汉时期越窑龙窑中烧制成功的。窑所在地主要在今浙江省上虞、余姚、慈溪、宁波等地。因这一带古属越州，故以此得名。生产年代自东汉至宋。尤其是浙江慈溪上林湖不仅是越窑青瓷的中心生产地，而且是越窑青瓷“秘色瓷”的中心产区，晚唐时上林湖窑址烧制出的精美绝伦的秘色瓷，代表了当时瓷器制作的最高水平，受到了当时统治者和普通百姓的青睐，不仅上贡朝廷，下供庶民，而且远销海外。

图1显示了浙江省慈溪上林湖后司岙（HSA）和黄鳝山（HSS）窑址出土的3类常见形态的越窑青瓷残片。第一类是釉质整体分布，且其釉质腴润光亮，半透明，釉层薄而匀；第二类釉质分布器

图1　在后司岙和黄鳝山窑址出土的青瓷残片

形的上部，器形的底部露出部分陶质瓷胎，釉质比较粗糙，且颜色分布不均匀；第三类釉质比较薄，光泽性比较差，表面比较粗糙，甚至接近于陶质材料。以上几种越窑青瓷尤其是第一类的残片上呈现了五代慈溪上林湖越窑青瓷的精湛的制作工艺。

通过《多孔陶瓷性能试验方法》的标准所述的方法将本研究中所采用的白瓷片和青瓷残片分别进行吸水率（V）、表观相对密度（D）、容重（D_v）、真空法显气孔率（q）的测试和计算，具体结果如表1所示。

表1 瓷片的物理性质

样品号	m_0/g	m_v/g	m_g/g	V/%	D/(g/cm^3)	D_v/(g/cm^3)	q/%
BC-01	32.74	32.76	18.03	0.061	2.226	2.2227	0.136
BC-02	27.06	27.11	14.64	0.184	2.179	2.1700	0.401
HSA-01	58.57	63.21	32.51	7.341	2.248	1.908	15.114
HSA-02	63.95	71.01	36.65	9.942	2.342	1.861	20.547
HSA-03	21.92	22.04	11.21	0.544	2.047	2.024	1.108
HSA-04	79.77	80.46	42.91	0.858	2.164	2.124	1.838
HSA-05	63.95	64.36	33.7	0.637	2.114	2.086	1.337
HSA-06	66.33	66.65	33.39	0.480	2.014	1.994	0.962
HSA-07	40.86	40.97	21.4	0.268	2.100	2.088	0.562
HSA-08	59.16	59.52	32.21	0.605	2.195	2.166	1.318
HSA-09	86.38	86.67	45.39	0.335	2.107	2.093	13.859
HSA-10	97.4	99.02	52.1	1.636	2.150	2.0759	3.453
HSS-01	256.74	272.91	124.28	5.925	1.938	1.727	10.879
HSS-02	202.14	202.54	112.04	0.197	2.244	2.234	0.442
HSS-03	188.88	190.66	105.56	0.934	2.267	2.220	2.092
HSS-04	177.42	179	97.52	0.883	2.221	2.177	1.939
HSS-05	118.94	119.47	63.3	0.444	2.138	2.118	0.944
HSS-06	103.52	116.71	58.45	11.302	2.297	1.777	22.640
HSS-07	208.7	211.47	112.54	1.310	2.170	2.110	2.800
HSS-08	167.44	168.46	91.42	0.605	2.203	2.173	1.324
HSS-09	205.05	206.94	113.16	0.913	2.231	2.187	2.015
HSS-10	146.8	147.46	80.21	0.448	2.205	2.1829	0.981

BC：现代白瓷残片；HSA：后司岙窑址；HSS：黄鳝山窑址。

在本研究中分别选取后司岙和黄鳝山窑址10块具有一定代表性的青瓷残片并进行分析检测。由后司岙窑址出土的不同青瓷残片的吸水率的变化范围比较大，为0.268%～9.942%，表观相对密度和容重的变化范围较小，在2.1g/cm^{3}左右，显气孔率的变化范围跨度两个数量级，在0.562%～20.547%之间。在黄鳝山窑址出土的不同青瓷残片在吸水率、表观相对密度、容重和真空显气孔率的变化规律与后司岙窑址出土的残片比较接近。这是由于两个窑址的历史年代以及出土位置均相近，因此青瓷制作的工艺也比较接近。

现代白瓷的表观相对密度和容重与两个窑址出土的残片比较接近，但是在吸水率和显气孔率的数值要比青瓷残片的相应数值小。这是由于瓷器制作技术经过历史演变及现代工业技术的改革，现代瓷器的胎质更加致密。

黏接剂在青瓷文物中的黏接效果主要是通过黏接剂在青瓷裂缝中的渗透性、固化时间、黏接强度、可操作性和可再生性的综合性能所决定的。在文物修复过程中，尤其是250μm以下的瓷器裂隙中的黏接效果的先决条件是该种黏接剂在瓷器裂隙中的渗透性。吸水率和显气孔率较小即表示瓷片胎质致密。这会造成黏接剂在瓷片裂隙中的流动性降低，减弱其渗透性。因此，在胎质致密的现代白瓷片中能保持良好的渗透性的黏接剂，当其应用在古代胎质疏松的青瓷文物中时，其渗透性能会更加优秀。因此，采用现代白瓷片模拟表征各种黏接剂在裂隙中的黏接性能所得的结论对越窑青瓷文物裂隙修复进行黏接剂的选择有一定的参考价值。

2.2　瓷片的黏接实验

对于陶瓷黏接与加固材料的选择需要遵循以下几个原则：①强度最高原则，陶瓷本身属于高强度材料，加固所用的材料强度过低会导致加固失败；②不影响陶瓷美观原则，陶瓷作为观赏与研究之物，进行修复时应不影响外观和研究性能，因此所用加固材料要么应当与陶瓷本身颜色一致，或者选择为无色透明材料；③在科学不断进步发展的将来可实现更加先进的材料代替现有的材料，因此陶瓷加固应当遵循可再生性原则。

以下黏接剂黏接性能的测试实验，均是在室温条件下采用静力破碎方法制备的裂隙中进行的。裂隙宽度均为100μm左右，误差在±25μm内，裂隙厚度均为6mm。

2.2.1　单组分黏接剂

表2中所示的9种单组分黏接剂，其中B72分别配制了3组不同浓度。在白瓷片裂隙黏接性能模拟实验中对这12组黏接剂本身色泽、渗透性、黏接强度、固化时间和再生性的5个性能指标进行表征。

表2　单组分黏接剂的基本性能

名称	色泽	渗透性	黏接强度	固化时间/天	再生性
骨胶	黄色	差	差	1	不可再生
桃胶	淡黄	—	—	—	—
生漆	靛青色	差	差	—	不可再生
AAA	无色透明	中	优	2	不可再生
爱牢达	无色透明	优	优	2	不可再生
海克斯塔	无色透明	优	优	2	不可再生
B72（1∶1）	无色透明	差	良	7	可再生
B72（1∶1.5）	无色透明	良	良	7	可再生
B72（1∶2）	无色透明	优	良	7	可再生
PVA	淡乳白色透明	良	差	3	不可再生
丙烯酸乳液	乳白色	良	差	3	不可再生

注：实验中温度都保持在室温下；B72在40℃左右时固化效果更好；“—”表示效果差，实验数据无法通过实验测试得到。

天然类黏接剂骨胶、桃胶和生漆由于本身带有颜色或者混有杂质，在配制成溶液时均有一定的颜色。乳液型黏接剂PVA和丙烯酸乳液属于乳浊液，不能达到无色透明的状态。而合成树脂类黏接剂AAA、爱牢达、海克斯塔和B72丙酮溶液均可得到无色透明的溶液。在文物修复应用中，无色透明的黏接剂可以避免遮盖文物破损处的考古信息，同时也不影响文物原来的色彩分布的情况。因此考虑自身色泽指标，合成树脂类的单组分黏接剂的适用性相对另外两种要高。

在渗透性的表征过程中，由于瓷片裂隙观察空间比较小，尤其是流动性比较好的黏接剂，渗透时间较短，仪器检测误差比较大。因此，在研究中设定黏接剂在裂隙中渗透速度小于0.5μm/s的定为渗透性差；渗透速度界于0.5～5μm/s的定为渗透性中；渗透速度界于5～30μm/s的定为渗透性良；渗透速度界大于30μm/s的定为渗透性优。从实验结果显示：①自然类黏接剂骨胶、桃胶和生漆的渗透性最差，其中桃胶溶液基本没有渗入裂隙；②乳液型黏接剂PVA和丙烯酸乳液的渗透性为良；③合成树脂类的AAA、爱牢达、海克斯塔、B72［B72：丙酮（质量比）＝1：1.5］的渗透性为优，B72丙酮溶液的渗透性受到其溶液浓度的影响很明显，随着浓度降低，其渗透性由差到良再到优的趋势变化。自然类黏接剂在制备过程的溶解速度较慢，溶液的黏度较大，从而其在裂隙中的流动速率降低。乳液型黏接剂的溶液属于有机相和无机相多相体系，在裂隙中流动过程中这两种相态在瓷片空隙中的吸附程度不一致，可能使得其多相体系的稳定性降低，从而流动速率减慢。合成树脂类黏接剂的溶液属于均一的溶液状态，而且此类合成树脂类的一般采用的溶剂为黏度系数较小的易挥发有机溶剂，其渗透性相对较好。因此，在渗透性的方面，树脂类的黏接剂更加适用于瓷器裂隙的黏接修复工作。

在黏接强度的测试过程中存在一定的困难：由于白瓷片表面比较光滑，因此在测试过程中采用在瓷片两端表面打磨出多道凹槽以增加摩擦力。但是当遇到黏接剂黏接强度较大的情况，这种处理会造成在两端瓷片黏接处未发生断裂时电子万能试验机的夹头将瓷片夹碎的现象，最后造成不能得到具体黏接强度的数值。此外，部分黏接剂的黏接强度太弱，在测试初期就发生瓷片黏接处断裂的情况，也不能得到比较准确的强度数值。因此，在本实验中，根据实验的具体情况分以下几种情况来判断黏接剂的黏接强度：每个单组分样品取3个平行样品，①在测试初期未得到稳定的力学强度数值时，3个平行样品就发生瓷片黏接处断裂的情况判断为差；在测试过程中，1个样品可以在瓷片黏接处断裂时测试到稳定的力学强度的情况判断为中；②在测试过程中，2个样品可以在瓷片黏接断裂时测试到稳定的力学强度或者在瓷片黏接处未断裂前的造成瓷片在夹头处破碎的情况判断为良；③在测试过程中3个样品符合“良”要求的情况判断为优。表2的测试结果显示，由于桃胶基本没有渗入裂隙，因此其黏接强度无法测试。其他两组自然类黏接剂骨胶和生漆以及两组乳液型黏接剂的黏接强度均属于差。3组不同浓度的B72丙酮溶液浓度最低的那组黏接强度为中，其他两组属于良。其他3组合成树脂类黏接剂AAA、爱牢达、海克斯塔的黏接强度属于优。以上结果说明合成树脂类的黏接剂在黏接强度的性能也高于其他两类黏接剂。

黏接剂的固化时间的测试实验中，由于桃胶没有渗入裂隙中，因此无法进行测试。此外，由于本实验是在室温自然条件下进行，生漆的固化条件是温度为25～30℃，湿度为75%～85%，因此在此条件下生漆不能固化，也无法得到其实验数据。其他几种黏接剂的固化时间从低到高排列分别为：骨胶1天；AAA、爱牢达、海克斯塔均为2天，PVA、丙烯酸乳液均为3天；3组不同浓度B72丙酮溶液为7天。由此结果说明，骨胶的固化时间最为理想，AAA、爱牢达、海克斯塔也较适合。

在本研究中，黏接剂的可再生实验仅指3h内在相应溶剂中是否能溶解的实验。骨胶在形成黏接固化状态在常温的蒸馏水中浸泡3h不能发生完全溶解，裂隙断裂处仍保持良好的黏接状态。其他几组黏接剂在乙醇中浸泡3h，仅3组不同浓度的B72丙酮溶液的黏接剂可以达到溶解，断开黏接状态。本研究的再生性实验具有一定的局限性，但是乙醇和水是常用的溶解或去除文物修复中使用黏接剂的试剂，因此上述实验数据具有一定的参考价值。再生性在文物保护修复的材料选择中是需要考虑的一个重要指标。从上述结果说明，B72的再生性最佳。

从黏接剂溶液本身色泽、渗透性、黏接强度、固化时间和可再生性的5个性能指标综合考虑，合成树脂类的黏接剂的综合性能最佳，但是存在一定的缺陷。

2.2.2　双组分黏接剂

由于可再处理的单组分黏接剂黏接强度达不到最高，而黏接强度较高的黏接剂却又不具备可再生性，因此在本研究中尝试了双组分黏接剂进行黏接性能的研究，在黏接剂的渗透性、可再生性以及黏接强度之间找到一个最好的平衡点。双组分黏接剂主要采用了B72-爱牢达以及B72-海克斯塔的组合，其配制比例见表3。

表3　双组分黏接剂的配制比例

双组分黏接剂	组分1	组分2
A-B-1.0	爱牢达：丙酮＝1：1	B72：丙酮＝1：1
A-B-1.5	爱牢达：丙酮＝1：1	B72：丙酮＝1：1.5
H-B-1.0	海克斯塔：丙酮＝1：1	B72：丙酮＝1：1
H-B-1.5	海克斯塔：丙酮＝1：1	B72：丙酮＝1：1.5

双组分黏接剂的黏接性能各项指标的实验结果见表4。其中双组分的黏接剂溶液的本身色泽均为无色透明。A-B-1.5和H-B-1.5的渗透性均可达到优的标准，但是其他两组的渗透性相对较差。这主要是由A-B-1.5和H-B-1.5的两种黏接剂在溶液中的整体浓度较低造成的。双组分黏接剂的黏接强度测试过程中，其效果均可达到3个平行样品在瓷片黏接断裂时测试到稳定的力学强度，或者在瓷片黏接处未断裂前造成瓷片在夹头处破碎的情况，为了进行区别将其中测试结果中强度数值最高作为进一步判断的依据。同组分的双组分黏接剂中，渗透性好的双组分黏接剂的黏接强度要明显优于渗透性差的那组，说明黏接剂的浓度对其黏接强度的影响远低于其渗透性的效应。不同组分的双组分黏接剂进行比较，A-B-1.5的组合黏接强度远大于其他3组。4组双组分的固化时间均为7天，并且均属于可再生性。这说明通过双组分黏接剂的配方调整可以解决爱牢达和海克斯塔的不可再生性的缺陷，但是增长了其固化时间。

表4　双组分黏接剂基本性能

名称	色泽	渗透性	黏接强度	固化时间/天	再生性
A-B-1.0	无色透明	良	0.2325	7	可再生
A-B-1.5	无色透明	优	2.594	7	可再生
H-B-1.0	无色透明	中	0.3458	7	可再生
H-B-1.5	无色透明	优	1.073	7	可再生

综上所述，双组分黏接剂的总体性能相对相应组成的单组分黏接剂的要高，尤其是其可再生

性、渗透性、黏接强度这些主要指标都有了改善。而且A-B-1.5这组双组分黏接剂的黏接性能在本研究中所采用的黏接剂中属于综合性能最佳。

结　语

通过各种黏接剂在白瓷片上进行的各项黏接性能的模拟实验，研究发现：

（1）单组分自然类黏接剂骨胶、桃胶和生漆自身溶液有一定的颜色，而且渗透性、黏接强度在各类单组分黏接剂中最差，而且不可再生。

（2）单组分乳液类黏接剂PVA和丙烯酸乳液自身溶液为乳白色，其渗透性良，但是黏接强度差，且不可再生。

（3）单组分合成树脂类黏接剂AAA、爱牢达、海克斯塔、B72的溶液无色透明，渗透性和黏接剂强度大，整体黏接性能在单组分类黏接剂中最佳，但是存在不可再生的缺点。

（4）B72与爱牢达、海克斯塔混合制备形成的双组分黏接剂，其综合性能尤其是可再生性比相应的组成的单组分黏接剂有了显著的改善，其中双组分黏接剂A-B-1.5的综合性能最佳。

参考文献

[1] 施民卿，江员发. 古陶瓷修复商业化道路初探. 陶瓷研究，2011，28（3）：68-69.

[2] 贾文忠. 浅谈古陶瓷修复. 中国文物科学研究，2008，（3）：53-63.

[3] 刘伟. 古陶瓷修复丙烯酸羟基树脂合成研究. 中国粘接剂，2003，12（3）：23-25.

[4] 钟安永，陈德富. 陶瓷文物专用修复粘接剂的研制. 四川大学学报（自然科学版），1995，32（2）：213-217.

[5] 刘成伦，徐峰. 混合硅酸盐无机粘接剂的研制. 中国粘接剂，2005，14（11）：19-22.

[6] 武秀兰，沈全锦，任强，左飞. 陶瓷-陶瓷粘接用微晶玻璃材料的研究. 稀有金属材料与工程，2009，38（S2）：1136-1139.

[7] 陈利民，王夏衡，王蔚，高平. 氧化物陶瓷与3种树脂水门汀初期粘接强度比较. 实用口腔医学杂志，2010，26（2）：153-156.

唐代彩绘陶武士俑的保护与修复

秦志芳　陈晓琳

（河南博物院，河南郑州，450002）

摘要　唐代彩绘陶武士俑存在的主要病害有：其表层有较硬实的老土及附着物，且底板残分为三块，头部从脖根处断裂。为了使该器物得以稳定保存，对该器物进行了激光显微拉曼检测与修复。首先清除了器物上的土锈与附着物，其次对碴口进行了清理与黏接，最后进行了填缝与仿色。

关键词　彩绘陶　检测　修复

引　　言

图1　彩绘陶武士俑修复前（唐代）

为了充实藏品数量和陈列展品空缺的需要，河南博物院于2012年12月份在偃师市新征集一批彩绘陶俑、陶马、陶驼等9件唐代文物。这批文物造型别致、彩绘鲜艳，是描绘及模仿现实人物、动物的特殊的物质文化资料，为研究盛唐时期葬俗、陶塑的发展演变提供了依据。但这批新文物大部分表面附着有较硬实的老土和其他杂物，一些陶器还出现残断的现象，为了延长陶器的寿命，减少文物病害对其的损毁，亟须进行抢救性保护。本文主要对其中一件编号为3052的彩绘陶武士俑进行了文物病害及材料的分析检测、修复与保护的系列工作。

首先，对该彩绘陶武士俑进行了直观的观察和记录。该器物通高为59.5cm，器物主要存在的病害有：俑头从脖根处断开掉，该器物底板残分为大小不规则三块，该器物通身约40%附着较硬实的老土，在老土上附有其他杂物，从直观的角度看器身色彩有10%部分的脱落（图1）。

1　对器物颜料成分的分析与检测

在对该彩绘陶武士俑进行修复保护处理前，先对文物材料进行相关方面的分析检测，这是文物修复与保护过程的基础，也可起保存文物的基本信息的作用。

该器物的检测采用新购置的激光显微拉曼光谱仪器，仪器型号为Renishawinvia，采用的波长为532nm、785nm。本实验采用的激光显微拉曼光谱可用于鉴定无机物、有机物的分子结构。具有无损、无接触测量，可进行微区分析，具有高的空间分辨率和波谱分辨率。本文对彩绘陶武士俑的彩绘进行了系列的检测，其中的彩绘检测包括胡子及眉毛的黑色、手臂及腿部的褐色、腰部隐约的浅绿色部位三个检测点。

图2是胡子及眉毛的黑色检测点在显微镜下放大50倍的图片，黑色检测点对应的拉曼结果显示，胡子、眉毛和鞋子上黑色物质主要是烛煤（cannel coal）类物质。

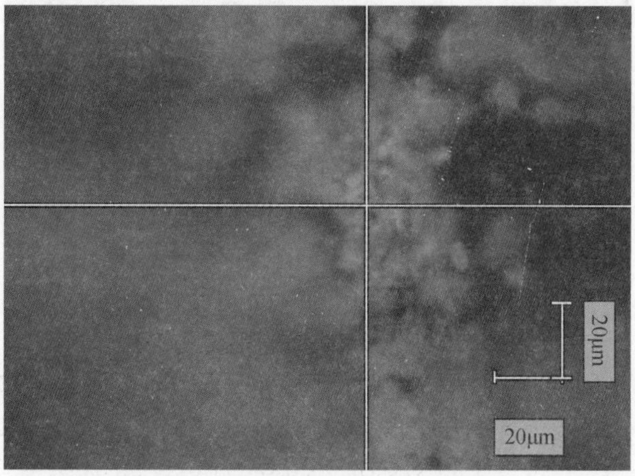

图2　黑色检测点放大50倍照片

图3是手臂及腿部的褐色检测点在显微镜下放大50倍的图片，结果显示手臂及腿部褐色样品点的成分主要是赤铁矿（hematite），化学成分为Fe_2O_3。

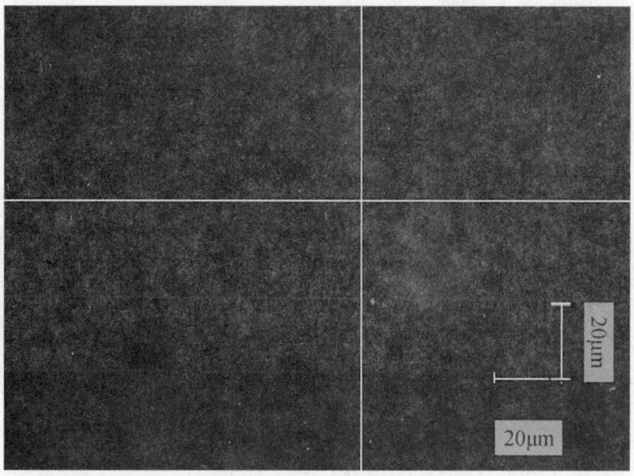

图3　褐色检测点放大50倍照片

图4是腰部隐约的检测点在显微镜下放大50倍的图片，此检测点对应的拉曼结果显示此样品点的成分主要是铜氯矾（connellite），化学式为［$Cu_{19}(OH)_{32}Cl_{14}SO_4 \cdot 3H_2O$］。

由于陶器上的绘彩弥足珍贵，在进行修复和保护的过程中要注意保护这些绘彩，根据分析结果尽量在修复过程中采用相同成分的颜料进行仿色，在无法取得相同成分颜料的情况下才可采用其他类似颜料。

图4　浅绿色检测点放大50倍照片

2　修复方法与步骤

2.1　该器物身上的土锈与附着物的清除

用自制的竹质平刀角刀与不锈钢平刀角刀、牙刮匙、2号牙龈切除刀、牙根件挺、牙探针、树脂修正器、木刻刀，3号、4号手术刀，以及软油画笔1号、6号、7号和11号包括吸耳球等工具。首先用刀具采取45°的角度，采用不同的技艺，逐一小心轻轻地将土锈与附着物从该器物身上铲除与剥离，并不伤及下部的彩绘。

2.2　碴口的清理与黏接

首先，用刀具将断碴面上硬实的土质剔除，再用软牙刷按照碴口的走势刷除尽其他一切的薄土和杂物。每一块需黏接的部位都按照此方法进行清理，这样做的目的是黏接成形后的实物不走样。其次，将植物胶加水调成稀料，用自制的铲匙工具对该器物的所有残破断面进行逐一的罐涂加固，这种植物胶的渗透力比一般的胶水要深入得多，这样黏出的陶器类的文物不易开胶而坚固持久。黏接的过程是采用环氧树脂E-44和低分子-650-聚酰胺树脂按49%～51%的比例调制而成，进行逐块的黏接。首先黏接底板，用调刀将树脂均匀地涂抹在需黏接残面的部位，将多余的树脂尽量去除，涂胶按压后，用白布带将所有的黏接块打结实，以免不干时移位，这样使黏接后的创面缝隙尽量细小，以便进行后续填缝工作的开展。其次脖子的黏接，用传统的技术方法采取在断面的内部上下三个不同部位雕刻成三个长条形陷槽（这一技艺胜过打制销钉），待所有的黏接部位经过36h凝固后如不走形，就采取下一步骤。用特殊的工具在黏接成形后的实物黏接缝的底部雕刻出条形凹坑，用胶类与填充物制成泥质的锔子后，再进行二次黏接与加固，这样黏出的器物不易解体分离，会更加坚固持久。

2.3 填缝与仿色

先将彩绘陶武士俑黏接时挤压出的环氧树脂用小錾子与小剔刀清除至平。在这一清理工作后，黏接部位会出现小小的凹坑，为了不影响仿色后器物的外部整体美观，采用稀料加实物所需矿石色料（矿石颜料用研钵研成细粉）调为稀泥状，对凹坑部位进行批制，干后首先用粗砂纸磨平。这一步骤需重复3～4遍，待所有缝隙修整打磨至平后，最后用细砂纸进行打磨。

仿色：首先根据彩绘陶武士俑身上所呈现的如白色、黑色、橘红色、褐色、浅绿色5种基色调后，分别装入5个玻璃中备用。操作方法：首先采用药棉制作成棉拓球，按照拓片的方法逐层对需仿色部位进行拍打，这样的着色方法是根据实物彩绘的深浅变化而来的仿色技法。然后再采用2号、4号、9号、12号油画笔与硬牙刷，用涂、弹、揉的技艺方法进行逐次的仿色，这一仿色步骤结束后，再在仿色的部位上进行仿旧处理（因新调制的颜料过新过艳）。用稀料调制出三种实物上自然旧的颜色后，用油画笔蘸取该三种颜色轻轻地揉搓，进行逐一的仿旧工作，让其自然过渡，与其身上的其他颜色的旧度相融。最后，在实物有的脱色部位进行仿色与做旧。至此，彩绘陶武士俑的修复工作结束（图5）。

图5 彩绘陶武士俑修复后（唐代）

作为一个合格的文物修复工作者，始终要有对所修文物严格负责态度。工作中不直接用手触及实物，以免将手上的油污沾留在实物上。同时也避免对彩绘陶武士俑的外观彩绘造成磨损与脱色现象，失去原有的美感，更会对文物造成不可挽回的损失。

结 语

本文对河南博物院新征集的彩绘陶武士俑进行了分析检测及保护与修复。本文采用了单位新购置的激光显微拉曼光谱仪器，对彩绘陶武士俑上的黑色、褐色和浅绿色进行了检测。测试结果：黑色为烛煤类物质，褐色为赤铁矿（Fe_2O_3），浅绿色成分为铜氯矾，化学式为［$Cu_{19}(OH)_{32}Cl_{14}SO_4 \cdot 3H_2O$］，该检测结果为修复过程中的仿色步骤提供了依据。另外本文根据检测结果对该器物进行了修复与保护，通过三个步骤：土锈与附着物的清除，碴口的清理与黏接，填缝与仿色，使该彩绘陶武士俑得以恢复原貌，稳定保存，并在不久的未来在展线与观众见面，使其发挥出该器物本身的文化价值、历史价值与科研价值。

曲阳修德寺塔出土木雕佛像保护修复

王景勇
（河北省文物保护中心，河北石家庄，050031）

摘要 本文所述文物——曲阳修德寺塔出土的两件明代木雕佛像，木雕背光坐像和木雕罗汉像，是2010年在修德寺塔塔心室发现的文物，这些佛像的发现，为我们研究明代的佛教文化和佛教造像风格提供了不可多得的实物资料，无疑具有十分重要的历史价值、艺术价值、文化价值。针对文物存在的污染、动物损害（虫蛀）、漆片脱落、糟朽、残缺、裂隙等病害，保护工作在前期调研和分析检测的基础上，采用现代科学技术结合传统的修复工艺，对曲阳修德寺塔出土的两件木雕文物进行合理保护，防止或延缓其存在的各种腐蚀破坏。处理后的文物形态完整、整体协调、病害去除、环境稳定，达到了理想效果。这是对木质文物保护技术的有益探索，对日后同类文物的清洗、加固处理有借鉴意义。

关键词 明代木雕佛像 虫蛀 加固 修复

引 言

图1 修德寺塔

本文所述文物——曲阳修德寺塔出土的两件木雕佛像，木雕背光坐像和木雕罗汉像，是2010年在修德寺塔塔心室发现的文物。

木雕背光坐像、木雕罗汉像出自曲阳修德寺塔，修德寺塔（图1）位于曲阳县城西南隅，北岳庙南300m处。根据塔内地宫石函铭文，知此塔为舍利塔，创建于隋仁寿元年（601年）。又据塔身所嵌碑刻，有“大宋天禧三年（1019年）四月，共修舍利塔一级”题刻及塔的造型特征等，断定现存部分塔体为宋代。据《曲阳县志》记载，塔北有修德寺，创建于北宋元祐年间（1086～1094年）。现寺已毁，塔因寺而得名。

修德寺塔形制为平面八角形，上为楼阁式、下为花塔式相结合的七层砖塔，通高32.29m，与一般花塔形状相比独具特色，极为罕见。塔座于方形台基上，基座13.6m，下部为塔座，座下部分现为墙体所掩，座顶为砖雕仰莲二层，座上6级塔身。首层塔身正面辟门，内有塔心室。二层为实心塔身坐于壶门平座上，塔身上塑五层小佛塔，每层24个，共120个，小塔造型一致，均与双层莲瓣上起方形塔身一级，叠涩顶，山焦宝珠为刹。三至六层塔身构造基本相同，均于南面辟券门，其他各面做盲窗，是否有塔室不详。一层塔顶以三层莲瓣出檐，以叠砖为顶；二层塔身有双层塔檐，下层为7层雕砖莲瓣，其上又做叠涩出檐、收分，做法独特，从此处可推断二层塔檐以上为后加塔级，上下非同一时期建筑。三至五层均为叠涩砖出檐、收分，顶层以叠涩砖出檐，以灰筒板瓦作顶，顶上砖砌山焦，上部塔刹无存。修德寺塔为一座花塔与楼阁式相结合的砖塔，形式奇特，保存较为完整，是研究同时期佛教建筑的宝贵实例。

2006年，修德寺塔（含寺院遗址）被国务院公布为第六批全国重点文物保护单位。

根据清光绪三十年（1904年）《曲阳县志》记载："修德寺在县城外西南……寺南有修德寺塔，明时重修（俱有碑）。"2010年在修德寺塔塔心室发现的文物，我们初步认定，均系明代遗物，当为明代重修此塔时所藏。

木雕背光坐像：通高75cm，其中佛像高33cm，宽20cm，基本完整，有虫蛀腐蚀现象。木雕罗汉像：通高41cm，宽16cm，有虫蛀腐蚀现象。

河北省文物保护中心受河北曲阳文物管理所所托，对这两件佛像进行保护修复工作。本次工作目标是采用现代科学技术结合传统的修复工艺，对曲阳修德寺塔出土的两件木雕文物进行合理保护，防止或延缓其存在的各种腐蚀破坏。

1 文物基本信息与价值

此次保护修复的藏品为两件明代木雕佛像，分别为木雕背光坐像、木雕罗汉像，都为明代木雕造像，来源于河北曲阳文物管理所，出土于曲阳修德寺塔塔心室。

这些佛像的发现，为我们研究明代的佛教文化和佛教造像风格提供了不可多得的实物资料，无疑具有十分重要的历史价值、艺术价值、文化价值。

2010-2号木雕背光坐像（图2、图3）：分为背光和坐佛两部分。通高75cm，通宽30cm，坐像

图2 木雕背光坐像（正）

图3 木雕背光坐像（背）

高33cm，宽20cm。该佛像造型为坐于莲座上，双手与双脚呈掌心朝天状，右手搭与左手上，此造像头顶“肉髻”面带微笑，双目微闭，目光看向前下方，双耳下垂近乎垂肩，身披袈裟，半裹于身，其右胸与右臂裸露于袈裟之外，右肩部披有袈裟一粟，眉心正中处有一凹进去的圆点，疑为“白毫相光”。又放置背光台座上。

2010-3号木雕罗汉像（图4、图5）：高41cm，宽16cm。呈站立状、双臂前伸贴于胸前，双手合十指尖向下弯曲成祈祷状，身穿右衽长袍外披袈裟，长袍由两臂肘部下垂于膝处，赤脚站于台座上，光头、两耳下垂、面目祥和、面带微笑、目视前下方。

图4　木雕罗汉像（正）

图5　木雕罗汉像（背）

2　文物调查情况分析

2.1　文物保存情况

2010-2号木雕背光坐像：此佛像于库房保存，据病害调查得知该佛像通体污染较为严重。虫蛀大部分出现在佛像手部以下至造像底部莲台之间，其中莲台底部的虫蛀现象较严重，佛像头部的漆面大部分脱落，胸部及右肩乃至右臂大面积脱落，左臂部分漆面脱落，沉积物大部分覆盖于佛像手部，下至底部其余部分有少量的沉积物覆盖，主要沉积物有虫类的分泌物、鸟粪、粉尘、烟熏（疑似）。造像左膝处虫蛀现象较为严重从而产生了蚕食现象。造像底部右下角有小部分残缺现象。背光部分缺失，背光底座污染严重，虫蛀现象较为明显。

2010-3号木雕罗汉像：此罗汉于库房保存，据病害调查得知该罗汉像通体污染较为严重。动物损害多处，其排泄物分布于两肩两臂和台座面上。虫蛀多处，其蛀洞分布于头顶、脖颈、腰间、底座等地。脱落多处，面积大小不一，遍布全身，裂隙多处，主要原因是木质干燥、水分流失。其主要裂隙在左臂腋下与衣袖底部，长为165mm，宽为3～4mm。糟朽多处分布于额头和底座等部位。灰尘污染遍布全身。

2.2 文物主要病害

（1）污染：两件文物污染都很严重，通体有虫类分泌物的沉积物覆盖（图6）。

图6 污染

（2）动物损害（虫蛀）：通体虫蛀明显，尤其是造像底座底部（图7）。

（3）漆面脱落：背光坐像佛像头部的漆面大部分脱落，胸部及右肩乃至右臂大面积脱落，左臂部分漆面脱落；罗汉像脱落多处，面积大小不一，遍布全身（图8）。

（4）裂缝：在木雕罗汉像左臂腋下与衣袖底部，长为165mm，宽为3～4mm（图9）。

（5）糟朽：两件文物糟朽严重（图10）。

（6）残缺：在木雕背光坐像的背光处（图11）。

2.3 文物病害图示

文物病害图示如图12和图13所示。

3 文物保护修复过程

3.1 技术路线

根据此件文物的实际状况，制定如下保护修复技术路线：

记录文物基本信息和保存现状、基础检测→消毒→绘制病害图→除尘→清洗工作→确定修复材料和修复工艺→修复→包装→建立文物修复档案

3.2 具体操作步骤

3.2.1 文物基本信息和保存现状收集

收集文物名称、年代等基本信息，填写藏品基本信息表，观察分析文物尺寸、材质、制造工艺等。

图7　虫蛀

调查文物原保存环境，外观描述，病害分析，病害情况记录，选择典型病害照片，填写藏品保存现状表。

图8 漆面脱落

图9 裂缝

图10　糟朽

图11　残缺

3.2.2　环氧乙烷消毒

文物送首都博物馆进行环氧乙烷熏蒸消毒，环氧乙烷、二氧化碳混合气体消毒（3∶7），熏蒸温度37℃，熏蒸时间20h。

3.2.3　绘制病害图

根据文物具体病害绘制病害图，如图12和图13所示。

3.2.4　除尘

文物表面除了有尘土覆盖，还有虫蛀的木屑等杂物，先用软毛刷去除表面尘土和木屑，后用吸尘器吸出虫洞中的灰尘（图14）。

3.2.5　斑点实验

文物表面，除了形成的土垢外，空气中的降尘、鸟类的粪便也在表面沉积，应尽量清除。大量盐碱渗入和侵蚀，随着环境变化主要是温湿度的变化，文物内部盐碱向外部析出并形成结晶，直接

图名	曲阳休德寺塔木雕背光坐像
图号	曲阳休德寺塔木雕背光坐像-1
比例	
单位	河北省文物保护中心
制图	龙飞

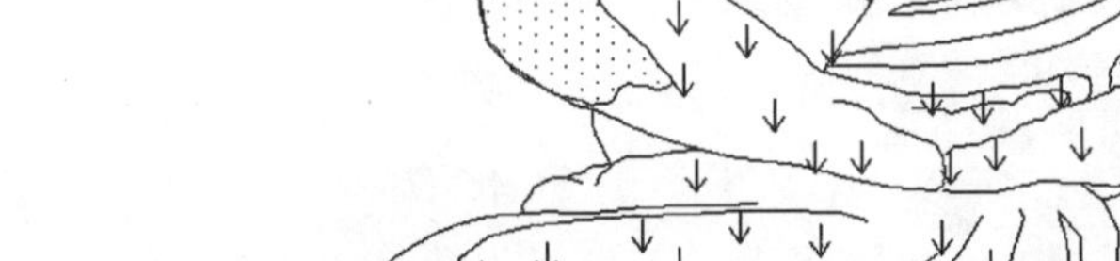

图12　木雕背光坐像的病害图

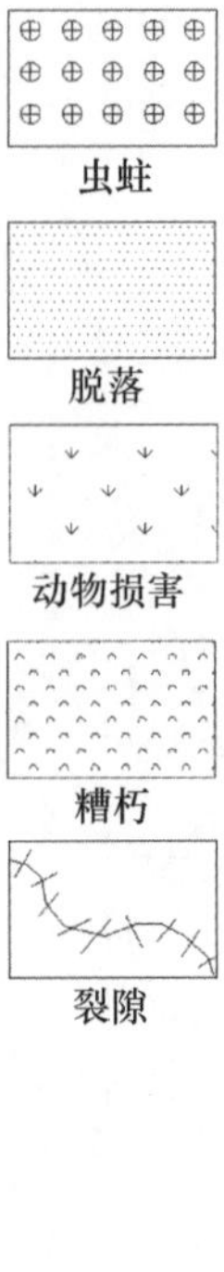

图名	曲阳修德寺塔木雕罗汉像病害图
图号	曲阳修德寺塔木雕罗汉像2010-3号
比例	
单位	河北省文物保护中心
制图	杨策
日期	2010年11月

图13　木雕罗汉像的病害图

图14 除尘处理

导致文物崩裂。保存不当，出现了霉变现象。因此，加固保护前首先应清除器物表面附着的土锈、盐结晶、鸟粪和霉斑。在对文物表面污染物清洗之前先做好实验块，软化表面土垢、鸟粪等硬结面，选择对文物危害最小、效果最好的一种溶液，对表面进行软化然后用物理或化学方法对文物进行清洗去除表面污渍。

在罗汉像后背下部做三个实验块，分别用2A溶液（①）、3A溶液（②）、99.7%乙醇（③）处理，取实验前影像资料做后期对比，实验证明3A溶液较为适合本次污染物清洗（图15）。

实验前　　　　实验后

图15 清洁实验

3.2.6 清洗工作

根据斑点实验的效果，主要清洗试剂选用3A溶液，但根据文物不同位置的污染情况，热蒸馏水的清洗效果更佳，图16是局部清洗前后对比。

3.2.7 填充加固

3.2.7.1 预加固

由于此件文物部分木质糟朽，力学强度降低，有的表面酥解粉化。因此，为了长期对此件文物进行有效的保护，首先应对器物进行渗透加固，避免修复过程中导致的器物损坏。根据木佛像的各部位糟朽状况不同，可以采用2% ~ 5% Paraloid B72乙酸丁酯溶液滴管滴渗的方法对其进行加固，一般需重复滴渗3 ~ 5次。

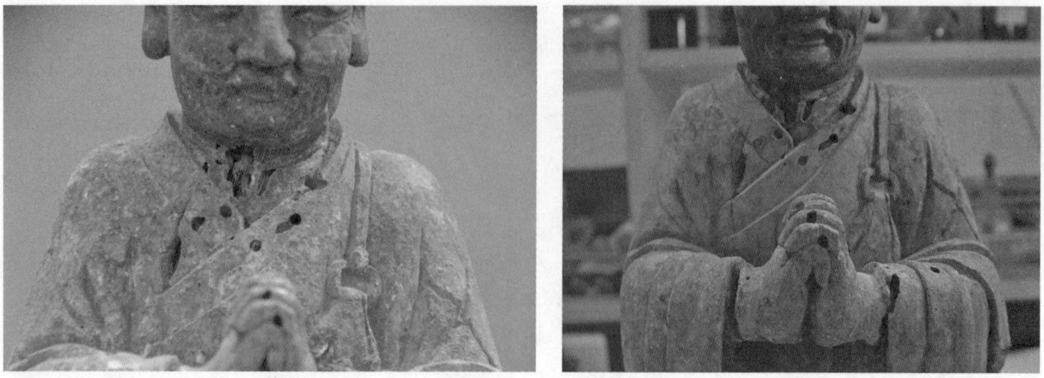

清洗前　　清洗后

图16　清洗前后对比

3.2.7.2　填充

选用木质素混合加固剂填充法，加固剂填充法经过反复实验定为：先分别配制20%聚乙烯醇缩丁醛溶液和松香溶液，溶剂都是无水乙醇；再用配好的聚乙烯醇缩丁醛溶液溶于松香溶液，配比为5%。用木质素混合在加固剂中，用最小号毛笔尖挑取混合液一层层填充，待干后观察效果，直到填充效果良好（图17）。

木佛填充后如图18所示。

罗汉像填充前　　罗汉像填充后

背光坐像填充中　　背光佛座填充后

图17　填充处理

图18 填充后形态

3.2.8　上色封护

根据文物颜色，用矿物颜料随色，然后用聚乙烯醇缩丁醛溶液封护，减缓外界环境对文物的损害。

修复后如图19所示。

图19　上色封护

4 保护修复后文物的状况

此次对曲阳修德寺的木雕背光坐像和木雕罗汉像的修复依照文物保护修复的基本原则和法规，遵循协调一致及可识别原则、最小干预原则、可持续保护原则等，并根据文物现状调查分析，在竹木漆器保护修复原则的前提下完成，文物修复后，表面灰尘和污染得以去除，文物原貌更好地展现在世人面前。文物糟朽严重，填充加固后恢复原有形制，文物原残缺情况得以改善。

其修复效果良好，在不影响文物本身历史、艺术、科学价值的前提下，使文物的观赏价值有所提高，并能长期稳定保存，以便更好地展示文物。

5 保存环境建议

木质文物处理后应保存在适宜的环境条件下，否则会再次受损。首先控制保存环境的温湿度，温度在15～20℃，湿度在45%～60%。过于潮湿温暖的环境易于滋生和繁殖细菌和霉菌，而过于干燥易使器物破裂、变形。

其次虽然文物经过了加固处理，但仍要注意防虫蛀，在文物进入库房前用化学药剂熏蒸消毒。保存环境的光照水平应小于150lx。除此之外，保存环境还应有必要的防尘、除尘等设备，并定期进行防霉杀菌。

考古整体提取遗迹实验室保护清理的几点认识

韩　飞
（甘肃省文物考古研究所，甘肃兰州，730000）

摘要　田野考古发掘过程中，文物遗迹的复合黏接现象给考古现场的清理工作带来不便。为了进行考古信息提取和保护文物，考古工作者对现场难以清理或保护条件不充足的遗迹进行整体提取，转移至环境可控、技术准备充足的实验室内。区别于田野考古发掘清理，实验室保护清理在面临脆弱文物考古信息获取的同时，还需要结合相关科学检测分析手段，注重文物保护，遵循文物第一的保护原则。本文就实际工作中遇到的案例，简单介绍考古整体提取遗迹实验室保护清理。

关键词　整体提取　实验室清理　保护　信息

引　言

在考古发掘过程中，经常会面对诸多文物复合黏接在一起的现象。特别是遇到复杂细小装饰类的文物遗迹，硬结的土质和各种腐蚀产物是导致文物遗迹复合黏接在一起的主要因素。这种复合黏接的作用力相对较强，毛刷和竹签这些考古清理中常用的工具，难以对遗迹进行有效的分离和提取，给考古清理工作带来极大不便，但同时复合黏接在客观上也将文物的叠加方式、相对位置、排列方组合等信息进行了有效固定，利用这一特点，有助于获取更多的考古遗迹信息。

针对这种复合黏接的考古遗迹，在考古现场处理时间有限的情况下，一般采取整体提取的处理方法。整体提取是目前采用较多、比较成熟的一种现场文物保护方式，目的在于将现场不能及时处理（文物保护和考古资料获取）的包含复杂信息的考古遗迹进行整体提取，将提取的考古遗迹转移至室内后，在有效的环境控制和技术手段辅助下开展二次考古清理和文物保护处理。

整体提取的文物遗迹可大可小，视具体情况而定，可以是几米见方的完整的埋葬遗迹，也可以是几厘米见方的复杂精细遗物组合。整体提取只是第一步，进入实验室后的清理保护工作才是真正的开始。

关于实验室保护清理，马菁毓等在《考古》2009年第7期《浙江瓯海西周土墩墓出土青铜器的实验室考古清理》一文中提出实验室考古清理这一概念：它既是田野考古的延续，又与田野考古相区别。除了应在有效保护的前提下剥离、提取文物并伴以必要检测外，同时还应该注意发现新的文物、现象和信息，观察文物和相关信息之间的联系，并将它们保存和记录下来，以供下一步考古研究使用，这就是实验室考古清理的基本内涵。因此无论是叫实验室保护清理，还是实验室考古清理，都同时强调了文物保护和考古信息两方面。

笔者在实际工作中参与过部分的整体提取文物遗迹的实验室清理工作，现以一件较小的整体提取的复合黏接遗迹为例，简单谈一下自己的认识。

1 遗迹相关信息

该件文物遗迹提取自甘肃张家川马家塬战国墓地M16，提取位置为墓主人右腿处。张家川马家塬墓地M16为九级阶梯式竖穴偏洞室墓，竖穴自东向西埋葬有车四辆，前室内放置车一辆，该车贴有金银铁车饰、金银车饰和汉蓝、汉紫珠子装饰。该件遗物呈铁质片状，正反两面均被锈蚀产生的硬结物和土质所覆盖，硬结物中可见包裹有贝类和珠饰。清理保护前文物遗迹的保存状况见图1和图2。

图1 清理保护前正面

图2 清理保护前反面

2 实验室保护清理的技术路线

2.1 清理前的现状调查

通过初步观察，文物遗迹尺寸大小约为10cm × 7cm，主体部分为铁质片状，正反两面均附有大量硬结物，含有少量木屑残渣。硬结物中嵌有散乱的珠饰。

经过简单的初步观察后，由于硬结物中有包含物，因此在正式的清理前，需要通过一次X射线探伤的检测分析来确认表面硬结物覆盖下文物遗迹的真实保存状况，才能在下一步工作中做到有的放矢。

在使用便携式X射线探伤仪对遗迹进行分析检测后获得如下图像（图3）。从获得的图像上来看，文物遗迹主体应为装饰有金银纹样的金银铁车饰，硬结的土质和锈蚀中包裹呈一定规律排列的管状珠饰、圆形珠饰和贝饰。

2.2 清理前的分析讨论

根据现状调查所获得的信息，通过分析讨论，明确针对该件遗迹进行保护清理的基本要求。

首先，虽然文物遗迹体量较小，但也应该按对待考古遗迹清理的流程进行测量、照相、绘图与

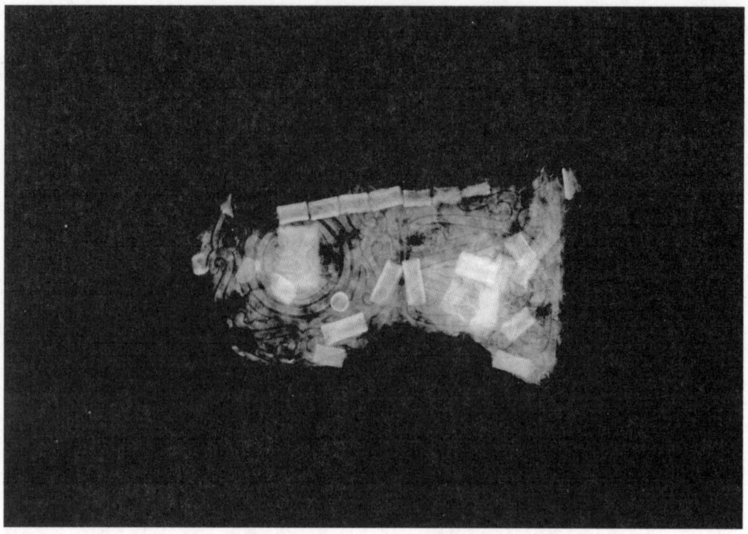

图3　X射线分析检测图像

文物编号等相关程序。在每一步文物提取之前，对其考古信息进行收集，另外，对整个清理过程进行摄像，确保整个清理保护过程有据可查。

其次，文物遗迹存在着复杂的堆积叠压关系。应以包含物所在层位为基本单位，分层清理揭取文物。

最后，清理过程中往往会揭示更多信息，应随时暂停，待信息采集记录完毕后再进行下一步工作。

2.3　清理保护流程的确定

根据现状调查和分析讨论，制定了如下工作流程：

第一步，详细记录清理保护前的文物遗迹保存信息。

第二步，确定清理保护工作先后顺序。由于文物遗迹正反两面均有遗存，故在处理顺序上，应清理完正面后再对另一面进行处理，这样才可最大程度地避免文物遗迹的损伤。

第三步，清理中时刻注意信息记录和文物保护。在文物遗迹单面的初步清理过程中，对复合黏接的不同遗迹，采用照相或摄像等记录手段，记录其位置和层位等相关信息，必要时可绘制线图，对文物遗迹进行编号，待信息记录完毕后再进行不同遗迹的分离和提取工作。

第四步，在清理分离和提取工作完成后，针对提取出的不同材质文物分别展开保护工作。

3　实验室保护清理的实施

在对文物遗迹的重量、尺寸和影像资料进行采集后，使用毛刷将其表面的浮土刷去。对于较干较硬的土质，用滴管滴入无水乙醇进行软化，待软化后用手术刀小心地进行剔除。经过这样的处理后，复合黏接的珠饰便清晰地呈现出来，见图4和图5（注：正反面非同时进行清理处理，此处仅为展示方便，下同）。

此时，将文物遗迹呈现出的状态视为考古现场中清理出的一个层面，随即绘制线图，记录文物

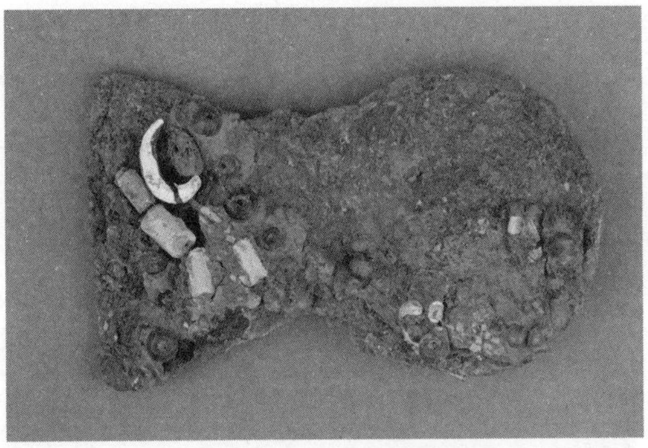

图4　表面土质清理后正面

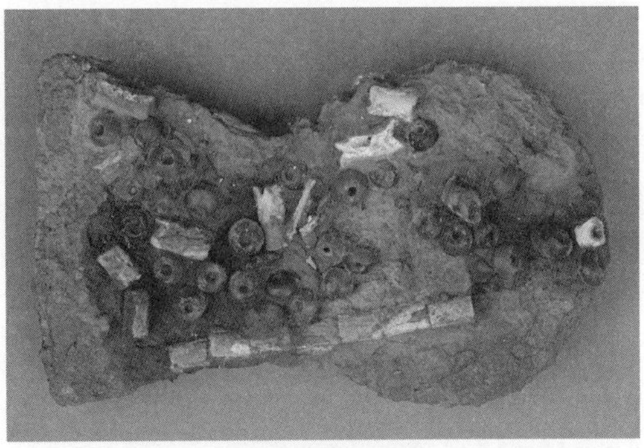

图5　表面土质清理后反面

遗迹的相对位置和叠加状态。参照考古工作中给文物写标签的模式，笔者按不同材质和自然排列顺序对珠饰进行了编号记录。绘制好的线图见图6和图7。编号记录见图8和图9。

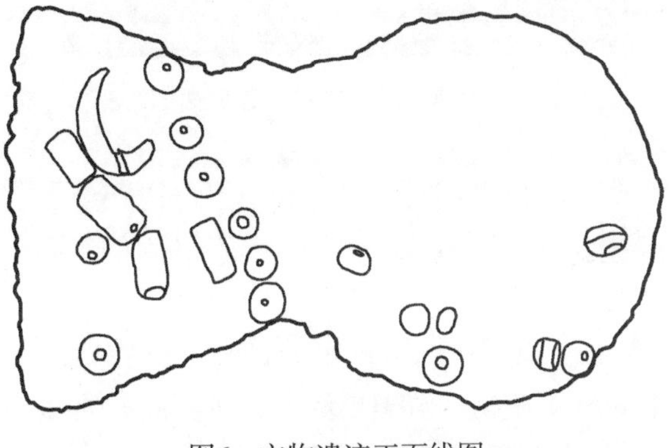

图6　文物遗迹正面线图

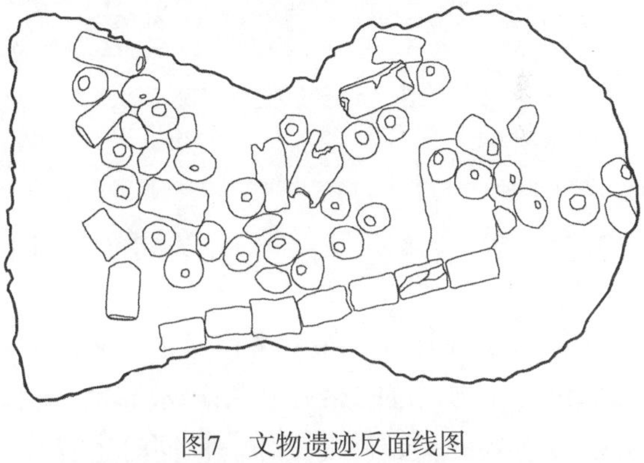

图7　文物遗迹反面线图

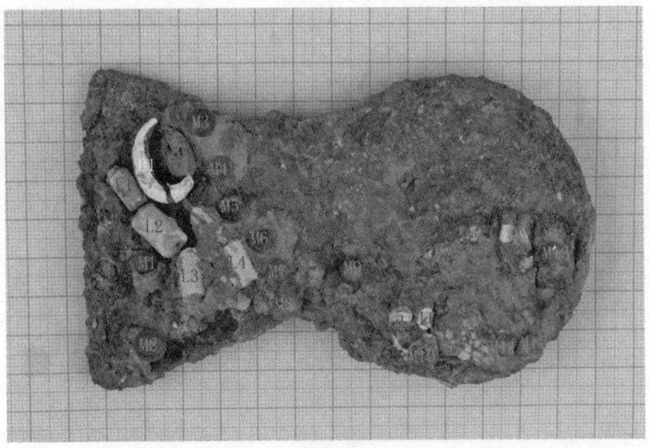

图8　正面珠饰编号图

图9　反面珠饰编号图

由于该件文物遗迹的复合黏接情况不是特别复杂，硬结物中包含的珠饰夹杂物基本上分布在同一层面之上，紧贴之下，便是主体金银铁车饰，因此，在对这层珠饰的信息记录工作完成后，便可对珠饰进行提取。

珠饰中包含管状的料珠、圆形的肉红石髓珠和贝饰。这些珠饰自身的保存强度不一，与主体部分的黏接强度不一，故在提取过程中，首先对脆弱的料珠进行加固处理。在保证了被提取物的自身强度以后，利用手术刀和小型打磨机等工具，按编号顺序将珠饰和主体进行分离。

表面的珠饰提取完毕后，复合黏接的文物遗迹就可以按不同材质分开进行保护处理。对于料珠，小心剔除表面的铁质锈蚀即可；质地坚硬保存完好的肉红石髓珠浸泡在5%草酸溶液中片刻后，用毛刷将表面清理干净；用毛刷蘸取无水乙醇能将贝饰清理干净；主体金银铁车饰部分，采用草酸和EDTA溶液交替浸泡和机械处理后，脱盐清洗即完成了初步的保护修复工作。保护处理完成后的文物遗迹见图10和图11。

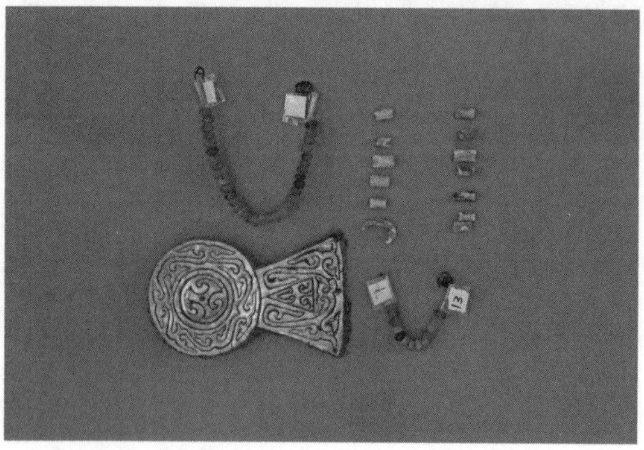

图10　清理保护后文物遗迹正面图

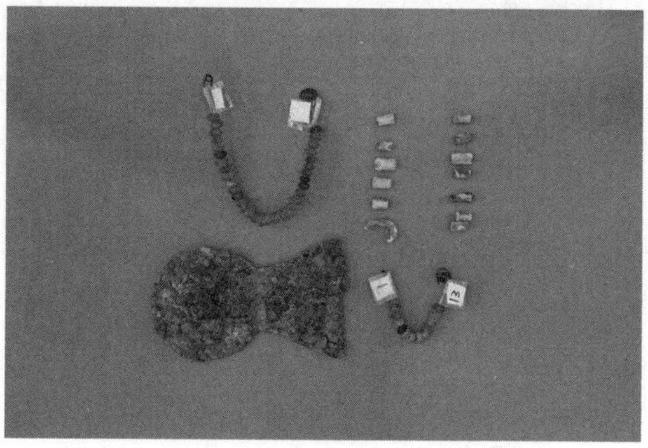

图11　清理保护后文物遗迹反面图

4　实验室保护清理几点认识

针对本件复合黏接的文物遗迹，本次清理保护基本上完成了初期所设定的目标：有效地记录和保留了文物遗迹的相关信息；成功地分离和提取了不同材质遗物；清理提取后针对不同材质文物开展了有效的保护修复工作。但同时也存在许多不足，如由于操作手法和原始保存状况较差的原因，尽管进行了加固处理，部分料珠在提取过程中造成了不可逆转的损伤，这为以后的工作提供了经验和教训；另外，由于自身认知和能力的局限，相关科学检测分析工作开展较少，应在以后予以加强。

通过本次针对该件文物遗迹的清理保护工作，笔者以为，在开展复合黏接文物遗迹的室内清理保护工作中，应遵循以下几点：

（1）清理保护前的资料收集工作应当尽可能详尽完备，包括遗迹的出土信息、保存状况等。

（2）清理保护应当建立在科学检测分析的基础之上，充分了解文物遗迹状况之后才可开展清理工作。

（3）清理保护中，应将文物遗迹视为一个独立的考古遗迹单元，参照考古清理的方式，分区域和层位开展清理和记录工作。

（4）清理保护中，文物安全第一，针对文物的不同材质，采用不同的清理保护措施，特别是针对脆弱材质，应特别注意处理方式。

残缺石质文物补配与陈列技术初探

刘 洋[1] 刘 健[2]

（1. 四川博物院，四川成都，610071；2. 天津市文化遗产保护中心，天津，300000）

摘要 石质文物作为古代艺术的重要组成部分，在文化艺术史上占有很重要的地位。历经千年，石质文物出现了不同类型和不同程度的病害。本文以现代修复理论思想为基础，在遵循历史性和美学性统一的前提下，做到最小干预，保留和延续文物的历史、艺术、科学价值为原则，对石质文物缺失部分如何补配和陈列加以分析，并以圆明园的残缺石刻文物补配与陈列为实例，对残缺石质文物补配与陈列技术进行了初探。

关键词 残缺 石质文物 补全 配色 陈列

引 言

残缺的石质文物与其他文物一样包含其制作时的理念、审美、工艺，具有历史的、美学的、科学的多重价值，经过历史沧桑留存至今，承载着不可逆转的时空性。文物的这种性质和我们现在对它的理解共同构筑成一个完整的历史审美空间。这些信息的载体一旦发生缺失，它的价值就会流失，可读性就会受到影响。如何恢复缺失文物的信息和可读性，这就涉及补配和陈列的问题。

残缺是石质文物诸多病害形式中较为严重的一种，使石质文物历史的、艺术的直观形象支离破碎，造成几近致命的破坏。修复这种病害的主要技术是补全，目的在于重新使破碎或残缺的形象重归统一，有条件地恢复文物的可读性，以供人们更好地研究和欣赏。对出现残缺病害的石质文物，是否进行补全的直接干预、干预应采取何种形式、要进行到什么程度，需要根据文物的历史信息、实际情况以及相应的保护程序进行讨论和操作。

1 残缺石质文物补配的目的及意义

中国传统修复方法注重美学价值，从而进行“补全、配色”。现代修复理论认为补全的目的就是通过对缺失部位的补全，重建文物的结构稳定性以及外观形象的连续性和完整性，恢复文物原状和可读性，保留和延续文物的历史、艺术、科技等信息。意大利修复师布兰迪认为“一件艺术品，我们必须思考它要传达给未来什么意义，只要想到这点，我们在实施修复这个行为之前，就会对这件艺术品的原始意义进行再认识。也就是说通过这件艺术品的物质性和艺术品所具有的两性价值即美学性价值、历史性价值来进行再认识。”还说：“所谓修复，是为了维持某件物品物质上的无缺陷性、为保证其文化价值的保全、保护而实施、处理的行为。”[1]

补全可分为两种观点，一种是只要残缺的部分不影响文物的艺术性和稳定性，即通过残缺的部分依然可以欣赏到文物的艺术风格和艺术美，就不必补全。另一种是文物，尤其针对博物馆陈列的文物，为了更好地表现出展览效果，就必须进行补全。补全是文物保护、陈列工作的重要环节，我们面对的不是一件简单的物品，而是一件经历时间与空间改变的文化遗产，文物不可再生，以科学的方式、方法对它进行修复和陈列才能更好地展示和延续它的历史、科学和艺术价值。

2 残缺石质文物补配的基本要求

2.1 保持文物的历史真实性和艺术性

文物是在一定的历史条件下产生的，是历史进程的物证。文物自身能够反映出当时社会的各个方面。在修复文物前，必须首先了解历史资料，但不是所有的历史资料都可作为修复的依据。在现代文物保护技术形成之前，关于文物的原状鲜有翔实记载。实际上，绝大多数文物没有任何的附属资料，哪怕是只言片语。有些文物古迹有一些设计和维修的资料，包括文字和图纸的档案。由于历史的局限，这些资料的准确程度不高，有些甚至是错误的。因此在查阅文献资料时，必须进行仔细的分析和充分的讨论，去粗取精，以获得准确的信息。如果能找到直接的照片和准确的测绘资料，那么补全修复就有可靠的保障，从而确保补全后体现文物的原貌，但不能凭主观意识去臆造或创造，造成对陈列产生误导。

2.2 最小干预性

在对文物补全时，要把对它的干预降低到最低程度。文物近期没有危险应尽量减少干预；必须干预时，只对有害部分进行尽可能少的干预。因此一般较完整、老化变质不明显的文物，都应把重点放在控制或改善其保存环境方面，以利于保存其现状和更多的价值信息。尽可能在补全过程中不影响石质文物的结构稳定性，多保留原来的形貌特征，不能刻意去修补石质文物的残缺。

2.3 可识别性

修复工作中要可识别，不可轻易地复原它们，要经过仔细的论证。凡在补全时替换和补缺上去的材料，甚至是大面积的局部修补，都要在颜色、材质、工艺或形式上与原来保存下来的部分有所区别。这对于陈列中保持文物的历史真实性，体现文物的科学价值具有重要意义。

2.4 可再处理性

补全过程中附加在石质文物上的各种材料，都应具有可逆性。一方面，时代在进步，科技在发展，修复材料也在不断更新，因此应确保修复材料的可再处理性。另一方面，如果需要对某件文物进行研究时，也能在不造成破坏的情况下得到其最原始信息。既然要求可再处理，那么每一次对文物介入得越少，对今后再处理就会留下更大的空间。

2.5 安全耐久性

补全修复使用的材料要求具有相当的惰性，在使用环境中能保持较久的时间；而且修复的材料必须是可逆的、兼容的产品，即补全材料同原材料的病变过程要相适应，原来的材料与补全所用的材料在物理、化学等性能上必须是相接近的，不能由于补全材料与原材料在某种性能上的差异而改变和破坏石质文物的原材料，不能对石质文物造成新的破坏。一件石质文物补全后，是否能真正做到延缓其劣化病变的过程，是否真正达到残缺补全的目的，材料的兼容性起着非常重要的作用。

3 残缺石质文物补配材料分析

3.1 残缺石质文物补全、配色材料的种类和性能

首先，补全材料能够满足石质文物的稳定条件，并且具有相对的稳定性和耐久性，对原始材料无损害。二次破坏应该发生在补全材料上，以此来保护原始材料。补全的材料应具有可逆性，或用可逆的方式来再处理。

补全材料的选择，存在传统与现代两种不同的观念。一种观念认为，在文物保护和修复工作中必须坚持传统工艺，如果采用现代科技和现代新材料，有可能对文物造成伤害；另一种观点则认为，现代科技和现代新材料是先进的、科学的，代表了社会的进步。这两种观点看似对立，实则统一。通常补全是根据文物自身的条件来选择所用的材料，但最终都是为了更好地保护文物。以下是补全常用的传统材料。

（1）原石材：性能与原始部分一致，但使用时与原始部分的接触面难以加工，无法直接啮合，必须借助其他软材料来填充缝隙和分散压力。对于缺失部位较大的地方，用石材补全，重量较大，需要较强的固定方式。

（2）砖：配合灰浆用于古建筑、古遗址的修复和补全。适用于缺失体量大的石质文物补全。

（3）石膏：使用前为粉末状，可用水调和成糊状，直接进行补全。凝固后与石材表面接触良好，有一定的啮合强度，固化后的强度较好；但凝固过程放热，与石材的兼容性不是很好，孔隙率和密度与石材相差大，透气性和透水性差是这种材料的弊端。

（4）灰浆：灰浆是常用的传统补全材料。粉状石灰用水调和后成为有可塑性的灰浆，操作性强，凝固过程中放热低，凝固后与石材附着良好，强度适宜，透气性透水性好，与石材兼容性好，耐久性良好。灰浆中可调入不同的大理石粉调节颜色，也可以添加其他的纤维、有机或无机的材料来改善使用性能。

随着社会与科技的发展，有了更好的补全材料，在文物修补和黏接上，更多都采用现代材料。

（1）环氧树脂胶泥：对盐的水溶液及非氧化性酸有突出的稳定性，能抗各种溶剂的作用。耐碱性远远超过酚醛胶泥与聚酯胶泥。在90～95℃下不耐酮类。氧化性酸都能破坏环氧树脂胶泥。使用时可以填平石材表面的裂纹、空隙，凝固时几乎不收缩，黏接性能良好。使用时可以直接修补缺失部位，也可预先灌注成型。

（2）玻璃钢：环氧树脂加玻璃纤维，调和颜料以协调外观。使用时先根据补全的部位制作模具，然后用环氧树脂灌注成型，固化后即可使用。

对于配色材料，一般采用无机材料，即矿物颜料。无机材料的化学性质相对于有机材料是比较稳定的，有机材料容易老化变黄，发旧、变灰、变黑。而在选择配色问题上我们可以让它尽量达到与原文物的颜色大致相同，能让它配色之后的颜色有别于原石质文物颜色，从而达到可识别原则[2]。

3.2　残缺石质文物补配材料的协调与兼容

残缺石质文物补配材料的外观协调性在陈列中十分重要，文物补配时，对其艺术风格、特色进行的认真研究，保证了文物的原真性与艺术性。遵从原始风格，确保修复效果能体现文物原有的风貌是补全的基本要求，绝对不能凭自己的主观想象去臆造或创造。通过对其原材料的分析，找到物理化学性能与原材料匹配的材料，减少新材料对原来石质文物材料的伤害，尽量把新材料使用范围缩小，同时能够具有实际操作的可再处理性，待后人使用更好的材料时，能将其去除。

4　残缺石质文物补配的基本方法

4.1　残缺石质文物补全的选择

文物是人类社会遗留下来的传统社会意识、社会理念和传统工艺技术的结晶，反映了当时的社会意识形态和传统工艺技术水平。研究和保护文物实体，更重要的是深入研究、揭示和保护其无形的价值。文物保护科技工作既要对传统工艺技术继承和发展，又要不断吸收先进理念、工艺技术，缩小传统与现代修复之间的差异，建立中国特色的文物修复理念。

补全工作是反映修复者能否以客观真实的态度面对文物的一个过程。文物是无法再生的，修复者必须尊重历史，在可识别原则下，将历史信息尽可能多地传达下来。残缺的石质文物在补全前需要对断裂部分清洗、预拼合、黏接。补配过程中，修复者必须考虑的问题有以下几个方面：

（1）补还是不补。当缺失部分对文物结构稳定性和可读性影响不大时，不建议补全。当缺失造成结构失稳，单纯的支护无法协调外观，这种情况可以进行补全，补全在力学上满足文物的稳定性要求，在细节上适当处理可以淡化视觉反差，以协调文物整体形象，强调完整感。

当缺失部分造成文物可解读性降低，对文物整体造成了较为强烈的视觉冲击时，可以考虑补全。在一些古建遗址和石窟寺中，缺失引起周边石质失稳，可能会发生更多的断裂和损伤，这种情况下的修补有利于残余部分更好地保存。

（2）依据什么补。补全应建立在有翔实的文字、图纸、照片等资料的基础上，最好有同时期、同类型的实物遗存作参考，要综合考虑文物的历史、美学和科技特征。

（3）怎么达到可识别。补配部分的色彩、质感应与文物表面略有区别，要根据文物表面的平整程度、粗糙程度、光洁程度补配，要与石材接近，不能形成大的反差。补配部分的光泽不能比原始部分明亮，以免喧宾夺主。依据邻近原始部分的表面起伏塑形，使整体的表面纹饰连续平滑。补配表面纹以应避免生硬和过分细腻，补配的表面应略低于原始的表面，最多与原始表面持平，但不能凸出来。相对来讲，表面看起来凹陷的补全修复具有可识别性，更能够突出残存部分的原真性。

4.2 残缺石质文物配色方法的选择

配色对文物有很大的影响。首先，配色要接近文物的原始色彩，但又不能与文物原始颜色一致。其次配色和文物原始颜色要有可识别性，补配颜色的色调不能高于文物原始颜色。要达到颜色的协调性，不能喧宾夺主而是恰当地介入。补全的表面颜色使用与石材表面接近的颜色，具体来讲，使用与石材颜色同一色调或邻近色调的颜色，但在亮度和饱和度上都稍微降低，使得补全的部分略显浅淡，但总体上与原石材协调，又要在修复中遵循可识别原则。在补全中所加的颜料，要先做几个实验块，从中选出颜色最接近者进行修补。而且材料要有相当的惰性，在使用环境中能持久保存。配色可以在残缺小的部分补全中完成，而对于残缺大的部分，当补全材料的质感达不到原材料时，我们就考虑通过配色处理来弥补材料的不足。当然，配色也要考虑与石材本体的颜色大致相同，同样达到可识别。

5 残缺石质文物陈列的目的与方法

文物陈列是对历史事物现象做出的解释，陈列的思想性和科学性是通过文物体现的，忽视对文物历史内涵的必要解读，珍贵的文物就失去了其历史价值，变成了一件单纯的艺术品，甚至还是一个“看不懂”的艺术品[3]。以现代科技元素诠释神秘而悠远的古代文明的博物馆陈列，极大地改变了陈列的构成和表现样式，令人耳目一新。

5.1 残缺石质文物陈列的目的

石质文物在整个文化遗产中占有十分重要的地位，数量庞大，范围广泛。从石器时代起，人类就开始制造和使用石器了，但现今我们看到的大量石质文物都有不同程度的残损，但它同样具有极高的研究价值和艺术价值，如同断臂的维纳斯总是给人残缺的美感和无限的遐想。不论残缺与否，文物的陈列是为探究某种历史事实及其意义的一种记述，但并不是记述它作为“物品”本身的史料意义，而是对留下这些历史资料的当时人群的意识形态、志趣等进行分析，捕捉其具有现代意义的价值[4]。残缺的石质文物不仅可以给观众传递完整的文物信息，使他们了解历史遗物和遗迹所包含的价值，而且可以增强对历史的直观感受、加深对文物及其相关历史事件的印象，给观众以强烈的视觉吸引和思考，还会在一定程度上满足观众对文物的好奇心理，得到精神和心理的愉悦。

5.2 残缺石质文物几种不同的陈列方法

博物馆陈列的石质文物是人类历史发展的见证，它向人们展示科技进步是同文化遗产紧密相连的，它既要展示和传播当代的最新信息，又要展示和传播古老的传统文化遗产，要把这两者和谐地结合在一起，并反映在陈列展览中，让大多数观众能看“懂”就需要求我们对展出的文物有一个准确的定位。现代修复理念为残缺石质文物的陈列提供了几种可借鉴的方法。

5.2.1　补配的残缺石质文物陈列

修复是保障个体残缺的石质文物安全展出的基本条件，通过合理修复、补配的残缺石质文物无论是柜内还是柜外，是摆放、悬挂还是托衬、穿衣，这些陈列方式都能给予观众精神和心理的愉悦。中意合作文物保护一期培训班的修复实践中对一件东魏造像碑的补全，充分尊重了补全原则：将石灰粉与大理石粉按照1：2的比例混合，色调调整按照可识别原则并结合审美要求进行，预先做了样块。根据样块颜色，略作调整后对黏接后无法严密的表面缝隙进行填充补全。补全表面均略低于原造像碑表面，且补全不涉及中间菩萨缺失的面部，不涉及造像碑表面的雕刻花纹。最终采用3% Paraloid B72完成了造像碑的封护，在提高石质文物抵御病害能力的同时，使补全部分的强度得以提高。这样补配兼顾了陈列效果，在陈列中给观众艺术的享受，对艺术的缺失不尊重和对缺失进行遮盖的修补，很难体现文物的艺术和科学价值。因此，在残缺石质文物的补配和陈列中保持历史真实性和艺术性的潜在统一至关重要。

图1　有机玻璃支撑体

5.2.2　非补配的残缺石质文物陈列

现代修复理念认为对残缺石质文物所做的任何修复行为，都是对它的一种干预。在保证结构稳定的基础上，应尽可能地不添加人为的修补。尽可能保留它的原真性，不要刻意去弥补表面的残缺。我们要在文物信息来源的真实性和对文物进行干预行为之间找到一个平衡点。最小干预就是这个平衡点，把对文物原真性的损失尽量减小到最小[5]。在保证文物安全的前提下，通过一些展示技术重构残缺石质文物的稳定性而不必补全也是一种行之有效的方法。例如，中国文化遗产研究院的张晓彤老师在山东青州博物馆修复一件带有背光的佛教石刻造像，采用了与背光同形状有机玻璃作为文物的支撑体（图1），用不锈钢构件固定文物，在保障文物安全的同时美化文物本体，完美地诠释了真实性原则和最小干预原则。这样的修复手段并没有采取补全方法，给人们留下了更多的想象空间。

5.2.3　现代科技方法与残缺石质文物陈列

随着科技的进步，各地现代化的博物馆如雨后春笋般地涌现出来，观众不再满足于宏伟、精致的建筑中文物孤立、静态的展示方式，不再满足于定时、定点的参观模式。于是，多媒体技术的应用成为博物馆陈列展示的重要手段，并作为现代化博物馆的重要标志被普遍关注。20世纪80年代后以文物为主的社会历史类博物馆里引入了高科技陈列手段，多媒体幻灯片、三维或四维制作技术、蓝幕合成、幻影成像（图2）等现代科技手段极大地拓展了陈列设计思路，丰富了陈列设计语言，使博物馆陈列中有心展现、无形再现成为现实。例如，博物馆的科技人员将青铜编钟和石编磬敲击的音效完整地录下来，通过计算机多媒体软件处理之后，观众可以敲击屏幕上的编钟、编磬，聆听到逼真的音色[6]；采用幻影成像技术让观众看到当年天子临朝时的威武庄严，金碧辉煌的殿堂内

图2 幻影成像

臣子们俯首高呼万岁……近年来三维扫描、近景测量、激光成像、幻影合成等技术快速发展，如故宫博物院对建筑进行三维扫描和重构，敦煌石窟、云冈石窟、龙门石窟均采用三维扫描技术对石窟进行三维测绘及数据重构，秦始皇兵马俑博物馆、成都金沙遗址博物馆采用三维扫描技术为遗址表面进行测绘和模拟，这些技术的成熟与发展为残缺石质文物的陈列提供了新的思路和手段[7]。

6 圆明园的残缺石刻文物补配与陈列实例

无论修复何种材质的文物，首先要对文物有充分的了解，认清其历史背景、结构组成、制作工艺、所处环境、病变原因、保存状态等，并在此基础上制订出详细、可行的修复计划。在制订修复计划后，便可实施具体的修复工作，包括清洗、加固、补全、维护等步骤，这些都要遵守修复原则，任何不利于文物保护的方法都是不可实施的。

6.1 前期工作

收集对圆明园石雕文物文字档案及相关文献的研究。石雕文物现状调查，包括测绘图、摄影工作、病害分布范围图。圆明园石雕文物由圆明园管理处保管，该雕像头部、手臂及双腿缺失。从中间断为两截，风化严重。褒衣博带，裙摆下垂，衣纹流畅，腰间打结，体侧垂带。石像残存三臂，其中两臂两手交叉，平端置于胸前，另一右臂微曲，手执法器置于体侧，法器已残。这件石雕使用灰岩制作，在右胸部曾用水泥和砂浆修补。

6.2 修复过程

清洗：由于文物本体病害种类较多，此次清洗选用了物理、化学和机械方法，先对其表面灰尘、泥土用刷子、竹签、棉花等工具进行预清扫；石刻上有表面沉积、水泥修补、人为污染、黑色结壳、片状剥落等多种文物病害，于是我们选取石刻表面保存状况较好的区域，分别针对不同病害进行试验对比，经观察发现表面沉积使用去离子水清洗清除即可；人为污染采用松节油、丙酮清除效果较好；黑色结壳用AB57纸浆贴敷清除；水泥修补则用凿子、手术刀、超声波洁牙器、电动刻字机清除较为理想。

黏接：由于石断裂为两部分且质量较大，为了保证黏接的牢固度，我们先进行了黏接材料试验，最终选用UN3082黏接环氧树脂。因为此件石刻结构失稳，需用锚杆固定，故在断裂的文物上先打了深100mm、直径25mm的两对孔，锚杆选用不锈钢材质，直径14mm，套管直径20mm。先将两个断面和锚固孔均匀涂抹黏接环氧树脂，将锚固套管里外涂环氧树脂，然后放入孔内，又将两根锚杆插入下端断面孔内的套管内，举起上部，将断面两个孔与锚杆对齐放下，经过调整上下部分吻合。用支撑物将石像固定牢固，待黏接材料凝固，完成黏接工作。

6.3　补全工作

对补全材料的选择是非常重要的，选用的材料不能对石刻产生不良影响。所选用的补全材料必须是已经被实践证明是行之有效的，是安全可靠的，与原材料是接近的，不会对石刻造成新的病害。理想的补全材料应修复工艺简单，且修复后具有可逆性；材料的稳定性要好，耐酸碱腐蚀；能与原材料具有更好的兼容性；材料抗环境影响力强，并具有透气性；材料有一定强度；材料耐老化性能强，且具有一定的防腐、防霉、防生物等老化性能。

结合本件石刻的特性，我们选择水硬性石灰、石粉、沙子等补全材料进行不同比例的实验块的对比：

（1）水硬石灰、黑色大理石石粉、沙子，比例1：2：1。

（2）水硬石灰、黑色大理石石粉、灰色大理石粉、沙子，比例2：2：1：3。

（3）水硬石灰、黑色大理石石粉、灰色大理石粉、沙子，比例1：1：1：1。

（4）水硬石灰、黑色大理石石粉、灰色大理石粉、沙子，比例1：0.5：1：1.5。

实验结果表明，第二块颜色与本体一致，强度满足要求。

我们选用水硬石灰、黑色大理石石粉、灰色大理石粉、沙子按2：2：1：3比例混合成灰浆进行勾缝。先用毛笔蘸水均匀浸湿待填充的表面，用调配好的砂浆进行填补，表面填补材料先从缺失边缘向内部填补，填补后，用海绵压实，用合适大小的磨刀压平，使表面光滑，同时要略低于周围平面，避免了附近石刻表面的污染。

6.4　陈列设计方案

此件石刻的头部、手臂及双腿缺失，结构失稳，如何重构本件文物的结构稳定，体现文物的原真性，保留和延续文物的历史、艺术、科技等信息，传递给观众完整的文物信息，使他们了解这件石刻所包含的价值，成为此件石刻陈列设计方案的重点，为此我们设计了两种陈列方式。

1）支撑体材料

所谓支撑就是在被支撑物上建立某个点或面，托起被支撑的物体。这件石刻双腿缺失，结构失稳，需要制作底托保障正常陈列，为了保持文物的历史真实性和艺术性潜在统一，我们需要遵循真实性、可识别、最小干预和安全耐久性的原则，在方案设计之前首先考虑支撑材料的荷载问题，此件文物的体积、质量较大，必须选择抗压强度高、安全耐久又便于操作的材料来塑造支撑体，原石材、钢架、碳纤维等材料强度和耐久性较好，但操作难度较大；石膏、环氧树脂泥（A.T.K.面团）、修复灰浆等操作性好但强度却无法达到要求；环氧树脂可根据残损部位的翻模灌注成形且具有良好的抗压性、抗折性、抗剪性，耐久性和可塑性极好，在塑形中还可以添加石粉和颜料，完全满足制作支撑体的要求，成为首选材料。

2）支撑体形制

选择什么样的支撑体形式是另一个讨论的焦点，大体分为两种方案，一是按文物原状从两腿部塑形并连成整体（图3）起到支撑作用，这种方案的优点在于支撑体较大，便于分散文物的重力，能使文物的稳定性得以提高；缺点在于直观性差，容易产生误导且塑形的难度较大；另一方案是按文物原状从两腿部分别塑形，使两腿分别起到支撑作用（图4）。这种方案的优点是直观性强，塑形的把握相对简单，缺点是重心的控制难度较大，文物的稳定性相对减弱。这两种方法都需要精确的计算和论证，才能保证文物在陈列中的安全性。

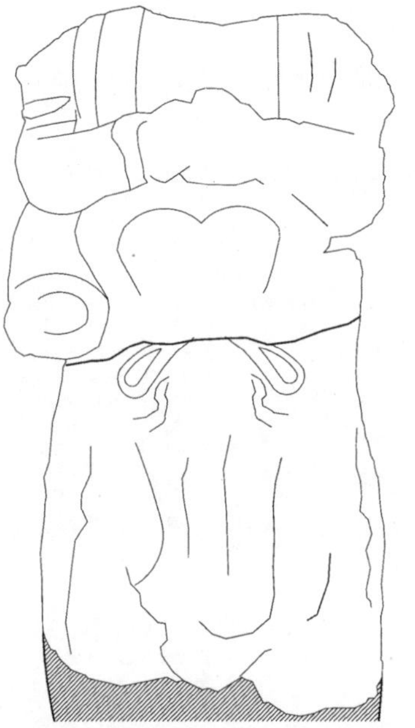

图3　两腿部塑形并连成整体

图4　两腿部分别塑形

3）支撑体质感与颜色

此件石刻的支撑体部分外观协调性应有一定的限度，要靠近原始状态但不能以假乱真，要尊重文物的原始部分，不能损害文物的历史信息，做到“远看一致，近看有别”。

结　语

石质文物的补全和陈列是需要不同学科之间相互配合、紧密联系才能得以实现的，是技术、理念、审美的有机结合。补全的效果是无法在短时间内做出评价，因为这涉及黏接剂、补全材料的耐老化性和兼容性问题。陈列的方式也在不断发生变化，因为这涉及陈列的理念与科技发展，但我们面对的是不同石质、不同年代、不同功能、不同制作工艺、不同病害特征、不同修复经历、存放于不同环境之中的石质文物，所以我们不可能按照一成不变的思维方式去寻找一种或几种固定的材料与方法，来解决纷繁复杂的残缺和陈列问题。文物是不可再生的，所有的解决措施都必须以此为前提，必须把文物的安全放在第一位，唯此才有可能实现文物修复、展示的目的，才能将携带大量历史、科技、艺术信息的文物良好地保存下去。当然在今天并非所有的难题我们都能够解决，在我们无法解决的时候可以把部分问题留下来，不要强行实现而造成保护性破坏。我们可以通过与不同学科之间的配合，推动新技术、新材料的研究与发展；同时在发展的过程中或许会发现残缺文物原来遗失的信息。我们只有把中西方文物保护、陈列的理念和方法相结合，取长补短，才能更好地促进文物保护事业的发展。

参考文献

[1] 布兰迪. 文物修复理论. 意大利非洲与东方研究所出版社，1963.

[2] 曾中懋. 化学材料在大足石刻维修保护中的选择和应用. 四川文物，1986，（石刻研究专辑）：98.

[3] 杨溯. 试论博物馆文物陈列. 徐州师范大学学报（哲学社会科学版），2008，（2）：78-81.

[4] 王宏钧. 中国博物馆学基础. 上海：上海古籍出版社，2001.

[5] 侯晓斌. 现代修复理论中的影线法在中国古代壁画残缺补全中的思考与应用. 文博，2012，（3）：83-88.

[6] 张乃军. 高新技术打造现代博物馆. 科技潮，2002，（5）：12-38.

[7] 齐扬，周伟强，薛烨，周萍. 文物三维彩色数字化模型实现方式探讨. 文博，2009，（6）：492-495.

基于BP神经网络的饱水木质文物脱水后的预后评价

陈子繁

（湖北省博物馆，湖北武汉，430077；北京科技大学，北京，100083）

摘要 漆木器脱水是一个十分复杂的过程，所受影响因素十分多，是非线性的，而人工神经网络尤其是BP神经网络对于处理非线性问题有着良好的基础和效果，所以BP神经网络可以有效地处理漆木器脱水问题，使饱水漆木文物的保护有据可依。

关键词 漆木器 脱水 BP神经网络

引 言

目前国家文物局在文物保护专项中重点抓标准化，各种文物保护修复都按照标准严格操作，但是对于饱水木质文物脱水后的预后评价还没有可以参照的标准。目前所能见到的预后质量评估体系中往往含有许多非定量的因素，体系的输入和输出之间呈复杂的非线性关系，难以建立一个合理的、科学的数学模型。从目前各单位预后质量评估方法上看，很多测评采用了绝对评估法、相对评估法、综合评分法等简单方法，这些方法或者过于主观，或者通过简单的几项检测指标来评价预后质量效果，忽视了各评价指标和材料效果之间的非线性关系，其结果难以真实反映预后质量状况，也难以被人们接受。单项因子评价法、模糊数学评价法、运筹学方法、多元统计分析方法、层次分析法等现代数量统计方法虽然也在材料质量评价时被使用过，在不同程度上也取得了一定效果，但这些方法仍然存在很多不完善的地方，如在确定各项二级指标的权重方面有一定困难，通常凭借专家经验的评估，导致评估主观随意性大，评价结果与实际值存在一定的误差；用传统的方法评价某些指标的结果很难做出精确的评价并且计算复杂，求解烦琐。由于漆木器脱水的过程所受影响因素十分多，是一个非线性的复杂过程，而人工神经网络尤其是BP神经网络对于处理非线性问题有着良好的基础和效果，所以BP神经网络可以有效地处理漆木器脱水问题，使饱水漆木文物的保护有据可依。

1　人工神经网络基本原理

人工神经网络（artificial neural network，ANN）是近年来兴起的一种新的理论方法，具有分布并行处理、非线性影射、自适应学习和容错等特性，并有独特的信息处理和计算能力，较其他方法具有不需要预先假设只需要学习训练样本，能很好地适应有噪声数据等优势。其优点具体体现在：可以充分逼近任意复杂的非线性关系；所有定量或定性的信息都等势分布存储于网络内的神经元中，故有很强的鲁棒性和容错性；采用并行分布处理方法，使得快速进行大量运算成为可能；可学习和自适应不知道或不确定的系统；能同时处理定量、定性知识。ANN的功能主要体现在三个方面：自学习能力、联想存储能力和具有高速寻找优化解的能力。因此，ANN在图像处理、模式识别、语音综合及智能机器人控制等领域得到了广泛的应用。

BP神经网络是目前应用最为广泛和成功的神经网络之一。它是在1986年由Rumethart和McClelland提出的，是一种多层网络的“逆推”学习算法。其基本思想是：学习过程由信号的正向传播与误差的反向传播两个过程组成。这种信号正向传播与误差反向传播的各层权值调整过程是周而复始地进行、权值不断调整的过程，也就是网络的学习训练过程。此过程一直进行到网络输出误差减少到可以接受的程度或进行到预先设定的学习次数为止。对于给定的一组训练模式，不断用一个个模式训练网络，重复正向传播和误差反向传播过程，当各个训练模式都满足要求时，就认为BP神经网络已经学习成功。

2　脱水预测实验

2.1　BP神经网络系统的预测方法

BP神经网络是具有S型隐含层的神经网络加上一个线性输出，那么网络可以逼近任何有理函数，为了进一步降低误差提高精度可增加层数，但这样会使得网络复杂化而增加训练时间，所以可采用增加隐含层神经元数方法。我们选取的BP神经网络为三层结构，3∶n∶1的三层形式。

但是这样选取隐含层的数量是无法确定的，一般来说隐含层不得少于2个，在本文的学习中分别选取隐含层的个数为2、3、4、5、6、7、8、9、10进行反复测量，由于事先设定好初始的学习速率、训练步长、训练终止次数和训练精度。所以在已知设定的基础上隐含层哪个个数的运算时间最短、迭代次数最短就选用哪个数值作为隐含层。

2.2　实验仪器

本次实验采用的仪器主要有水浴锅、温度计若干、液体密度计、恒温干燥箱。

检测仪器主要有：精度为0.01g的电子天平一台；精度为5g的电子秤一台；红外线测温仪一台；10探头多点温度计一台；高周波数字水分仪一台；三维扫描仪一台。

2.3 实验材料

此次实验材料为湖北出产的沙木，为干燥实验板，其规格为长100mm，宽50mm，厚30mm，实验材料经过紫外照射及氢氧化钠溶液浸泡等程序进行老化处理使木板达到100%饱水。

2.4 实验数据收集

本研究的木材干脱水实验过程约120h，每个阶段为24h，前24h是PEG的渗透呈线性关系不计入数据的采集中，脱水实验在实验开始前在设备上做好相应的记录输入工作，待24h，每隔1h一次对实验材料进行质量和含水率的测量，记录所测的时间。实验共收集120组木材质量、木材体积、溶液浓度、平衡溶液浓度、干燥木材含水率和干燥木材收缩率测定值，在此我们分别取它们的平均值。我们只记录96h的实验数据。（实验数据略）

2.5 实验数据处理

饱水木材脱水主要分为填充溶液的浸入和木材干燥两个部分。脱水过程中主要监控参数为木材的质量以及所测定的溶液浓度。由于脱水木材的脱水时间和木材的收缩率序列存在比较强烈的非线性关系，而BP神经网络具有较好的拟合非线性数据功能，所以运用BP神经网络方法预测掌握此时间段内的变化规律，实行脱水过程中的有效控制。

木材的收缩率与木材的质量等参数变化有着密切的关系。根据工作经验，这种腐蚀程度的木材脱水在实验室完成一次完整的时间大约为4天（96h），所以我们把每1h作为一个时间序列，把每24h作为一个计算周期T，$T=1$即前24h，把前2天木材质量、溶液的浓度，以及稳定状态下含水率这5组数据当作训练样本，48h测得的240个即时数据作为建立模型和修正模型的基本数据，用来预测$T=3$到$T=4$之间的木材收缩率变化。

通过实践与分析，本文即选取输入变量指标为：x_1为$T=1$到$T=2$溶液浓度1，x_2为$T=1$到$T=2$木材质量1，x_3为$T=3$到$T=4$溶液浓度2，x_4为$T=3$到$T=4$的木材质量2，x_5为$T=1$到$T=2$的木材收缩率；输出向量指标只考虑$T=3$到$T=4$的木材收缩率。

按照以上的方法运用MATLAB程序进行试验，设定初始的学习速率为0.1，训练步长为50，训练终止次数为10^5次，训练精度0.0001。在已知设定的基础上，隐含层哪个个数的运算时间最短、迭代次数最短就选用哪个数值作为隐含层。但是所测定的数据不能作为实验数据，现在我们运用归一化信号方法进行归一化处理。

利用MATLAB软件对指标数据进行归一化处理，使归一化的输入向量和目标向量的取值范围都在［-1，1］区间。

通过Premnmx对数据处理的表达式为

$$PN=2\times(P-\min p)/(\max p-\min p)-1$$

$$TN=2\times(T-\min t)/(\max t-\min t)-1$$

这样我们的输入值和输出值都会落在［-1，1］。

由于此次实验未知隐含层的个数，所以我们分别选取9个不同隐含层（隐含层迭代次数见表1）代入分别进行归一化的处理，最终实验隐含层有10个节点最好，最终分别选取输入层5个节点、中间层10个节点、输出层1个节点最好。

表1　迭代次数统计表

隐含层层数	迭代次数	隐含层层数	迭代次数
2	大于 100000	7	87643
3	90978	8	793658
4	67543	9	586580
5	78765	10	10857
6	99877		

2.6　脱水实验结果

运用三层BP神经网络和MATLAB程序，输入修正数据，经过反复实验10857次，训练终止即可以得到输出，其中W_1输入层至隐含层的最优权值矩阵，A_1表示隐含层的最优阈值矩阵，W_2表示隐含层至输出层的最优权值矩阵，A_2表示输出层的最优阈值矩阵。

$$W_1=\begin{bmatrix} 3.3276 & -1.4476 & 1.2351 & -1.6370 & -0.7240 \\ 6.5393 & -3.7537 & 3.7052 & -1.4259 & 1.0718 \\ -4.8088 & -3.7537 & 0.6555 & 0.0636 & 5.8167 \\ 2.8342 & -2.6638 & 1.2834 & 2.3001 & 3.3850 \\ -5.3529 & -1.3001 & 0.7099 & 1.7633 & 1.1306 \\ -3.6002 & -0.1686 & -0.4913 & 0.8465 & -0.5379 \\ 0.1932 & -0.7516 & 2.9309 & -0.7677 & 0.8045 \\ 6.9948 & 1.2953 & 0.7660 & 0.6034 & 0.6753 \\ 2.2065 & 0.3956 & 1.3843 & -5.3491 & -3.7343 \\ -3.5455 & -3.3251 & 3.4532 & 0.5379 & -1.4440 \end{bmatrix} \quad A_1=\begin{bmatrix} -1.2867 \\ 1.9832 \\ -0.7472 \\ 1.6537 \\ 2.5444 \\ -0.2743 \\ 0.5440 \\ 0.5909 \\ -1.3466 \\ 2.3820 \end{bmatrix}$$

$$W_2=[0.8614 \quad -0.5287 \quad 0.6531 \quad -0.2929 \quad 0.3883 \quad -0.3921 \quad 0.8376 \quad -0.3965 \quad -0.2141 \quad -0.4484]$$

$$A_2=[-0.376]$$

由于所得到的数据均在［-1，1］区间内，数据没有实际意义，所以现在进行反归一化处理，使数据重新回到所在实际区间。

由此得到的输出值和实际值，经过反复训练终止可以得到输出，即可以得到预测的收缩率结果（表2）。

表2　收缩率结果

脱水时间/h	预测收缩率/%	实际收缩率/%
49	17.2	16.9
51	16.4	15.8
53	14.5	15.2
55	15.1	15.3
57	13.2	14

2.7 实验结论

经预测木材收缩率的误差区间为［–0.6，0.7］，实验具有一定的实际意义。

3 讨 论

上述的实验只是针对单一品种相同木材，腐蚀度也是人为控制，但是在实际工作中饱水漆木器的脱水有着很多的影响因素，如对于木质文物可以选用的种材、年代、质量和制作工艺，预聚物、催化剂、表面活性剂、稀释剂和辅助剂为影响因素。

饱水漆木器的脱水定型性能在理论上属于结构动力学的研究范畴，但由于高腐蚀饱水木质文物材料的非线性和诸多影响因素的不确定性，以及结构本身的复杂性，运用传统的解析方法难以准确地对文物的预后性能进行评估。

填充材料是主剂与多种添加剂构成的多相体系，材料中各个组分之间存在着复杂的化学和物理作用，目前尚不能用理论计算的方法推导出配方用量与其力学性能之间复杂的非线性定量关系，在一定程度上仍以经验为主。对于填充材料配方而言，通常要求几项主要力学性能指标的综合平衡，但由于材料组成成分与不同力学性能指标之间存在着不同的相关性，很难达到材料各力学性能的理想平衡，并且这种方法受到实验因素和水平的限制，实验次数较多、数据处理量大且性能指标参数和因素之间存在复杂的非线性关系，难以准确描述，故实际应用中有一定的局限性。经验设计是出土饱水木器的一种常用方法。将人工神经网络技术引入饱水漆木器脱水分析中，结合传统的多元经验方法，为饱水漆木器方案设计、配方优化提供了新的分析方法和途径。

安阳西北绕城高速辛店村商代晚期漆器保护与研究

孔德铭　陈　杰

（安阳市文物考古研究所，河南安阳，455004）

摘要　2016年4～6月，安阳市文物考古研究所配合安阳西北绕城高速公路建设，在安阳县辛店村西南地发现一处规模较大的商代晚期聚落基址和大型铸铜遗址。其中发掘的商代晚期M21和M41中发现漆豆、漆罍、漆觚等漆器9件。由于商代漆器发现得较少，为了保护这批漆器，我们采取了整体搬迁、实验室清理及多种传统方法和现代科技手段，基本上达到保护的目的和要求。

关键词　安阳　商代晚期　漆器　保护

引　言

我们的祖先是世界上最先制作并使用了漆木器。它以木为胎，以漆液为涂层原料，当涂层干燥后，漆木器耐酸、耐热、耐腐、异常牢固。从距今7000年浙江余姚河姆渡新石器时代遗址中出土的一件木胎漆碗，经历夏、商、周、春秋、战国，到汉代发展为辉煌时期，至唐宋漆器地位下降，明清时代又有所发展并且以传世品为主。漆器生产从中国原始社会人们以满足实际生活需要为目的，逐步发展出现漆器工艺品，它不仅仅体现在实用价值上，还以其亮丽的色泽和精美的彩绘纹饰所能带来的艺术价值更胜一筹。漆木器是中华民族的一项伟大发明创造，是灿烂文化中一个光彩夺目的明珠，在中国社会发展史上占极其重要的地位。

1　漆器出土的背景

2016年4～6月，安阳市文物考古研究所配合安阳西北绕城高速公路建设，在安阳县辛店村西南地发现一处规模较大的商代晚期聚落基址。经过考古发掘，发现商代晚期铸铜遗址，包括作坊、铸造熔炉、烘范窑、阴干范窖穴、陶范、道路、灰坑、水井等，出土了一批与铸铜相关的遗迹遗物。发现商代晚期（殷墟二期至四期）墓葬40座，其中保存完整出土商代青铜礼器的墓葬5座，出土青铜鼎、簋、觚、爵等及青铜戈、矛、刀、镞，青铜工具锛、凿、削、刨刀、铲及玉器。该项目共计出土陶范500余块，青铜、玉石、陶器等文物200余件。特别重要的是在M21和M41还发现漆器。该遗址距殷墟宫殿宗庙区直线约10km，是近期安阳商代晚期考古的重要发现之一，具有重要的考古价值。

2 漆器的出土现状与病害调查

分别对墓底中漆器露出部分表面的遗迹做了直观上的观察和测量，M21共出现7处漆器遗迹（图1），第1处“椭圆形”，最宽处16cm，最窄处14cm，其“类似口沿”约70%残缺，有少许的黑漆、红漆显示出来；第2处“圆形”，中间有圆形凹陷，外径10cm，中间凹陷径5cm，有少许黑漆显示出来；第3处“圆形”，内有一圈凸起，外径16cm，内径9cm，有少许黑漆显示出来；第4处“长方形”，宽3cm，长10cm，可见黑底红彩云雷纹；第5处“正方形”，边长约10cm，可见红漆黑漆；第6处“正方形”，边长11cm，有红漆显示出来；第7处“长方形”，长10cm，宽4cm，有黑漆显示出来。M41共出现两处漆器遗迹（图2），第1处是“长方形”，长为15cm，宽为10cm，可见黑底红彩云雷纹显示出来；第2处“椭圆形”，最宽处16cm，最狭处为13cm，可见一圈黑漆显示出来。

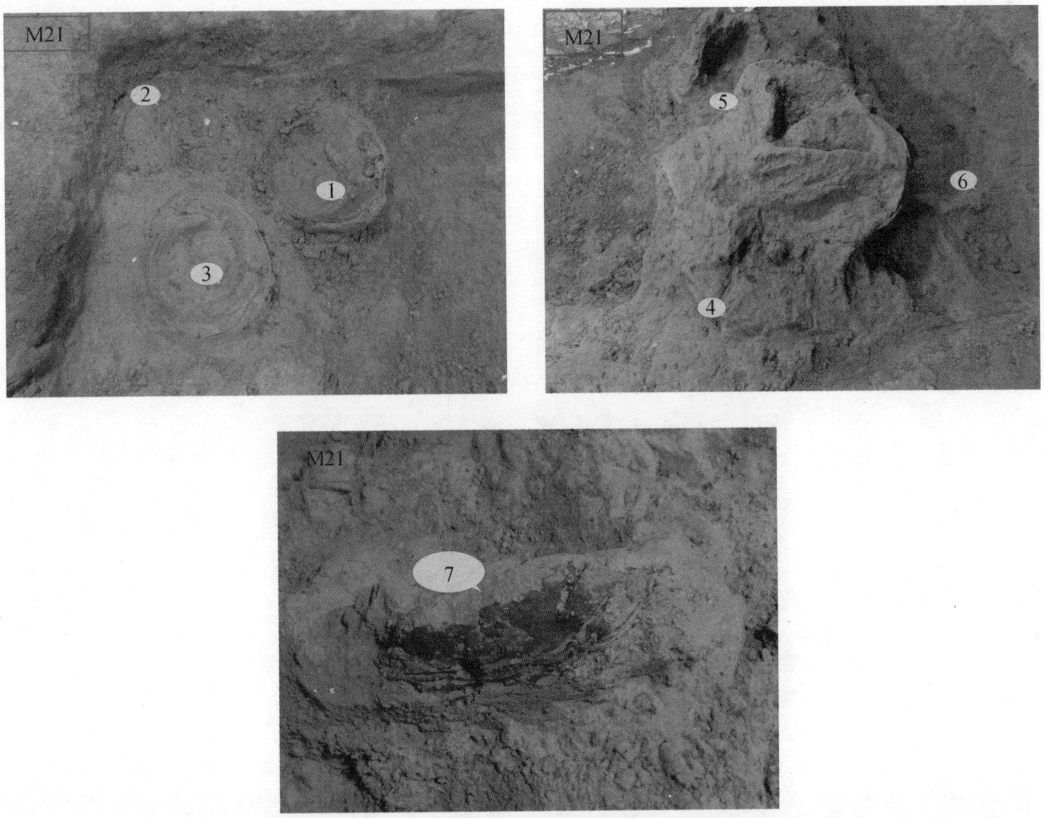

图1 M21的7处漆器遗迹

这两个墓葬共出现9处漆器遗迹，全部木胎腐蚀殆尽，只剩下一层薄薄的漆皮。初步对这些遗迹进行观测，漆器漆皮有变形、裂缝、龟裂、残缺、脱落等病害（图3）。其劣化的原因有三个：①在长期的埋藏的环境中，漆器木胎的分子受到了地下水的侵蚀，地下水中所含的各种酸碱盐等化学物质，使漆器木胎所含纤维素、半纤维素、木胎素遭到破坏和流失；②墓葬中的潮湿环境和适宜

图2　M41的两处漆器遗迹

图3　漆器病害种类

的温度，极容易滋生各类细菌，细菌从木胎上获取养料，从而使木胎糟朽；③在安阳半干半湿的埋藏环境中，没有充足的水分子填充到木胎腐蚀后产生的空隙中，漆器不能处在饱水状态，也不可能像南方水坑环境下水的浮力使漆器能处在平衡状态，再加上墓葬坍塌、地层挤压等原因，漆器就会产生坍塌、扭曲、变形、龟裂、裂缝、残缺等病害。

3　漆器的保护思路与工作流程

这批漆器在出土时，它作为异常脆弱的文物，在田野工地相对简陋的工作环境下，考古现场不能提供有效的保护条件和设施，决定将其整体搬迁到室内进行清理和保护。我们遵循的保护修复原则：对文物最小干预，保持文物的真实性，使用保护的材料具有可逆性。基于上述原则，最大限度地把漆器文物本体上所承载的文化信息固定并保存下来。

北方商代漆器保护没有现成的经验。为了加强对商代出土漆器的保护，我们根据商代漆器的保护现状和现场工作的实际需要，并征求中国社会科学院考古研究所文物保护专家的意见后，制订了较为可行的方案，其工作流程包括：①建立原始档案记录；②工地的套箱整体提取；③实验室考古清理；④保湿处理；⑤渗透加固；⑥脱水定型；⑦建立保护修复档案。

4　保护处理过程

4.1　套箱整体提取（图4）

图4　套箱整体提取

在考古现场发掘出漆器遗迹并确认有漆器存在后，这批漆器文物的一个重要成分必然有大漆的存在，据秦始皇陵博物院夏寅研究员的研究结果表明，大漆形成的漆片对失水的反应尤其敏感，漆片在几分钟内就可以由于脱水而发生卷曲开裂现象，因此在考古现场采取保湿措施就显得异常重要，主要用喷壶朝上喷射去离子水雾，然后均匀地落在漆皮及其周围土壤之中，定时反复喷水，并覆盖上保鲜膜，使漆器处在湿润状态，防止水分的快速蒸发给漆器带来不可挽回的伤害。

在套箱整体提取前，先对漆器存在的位置和范围进行测量，在这个区域充分的润湿饱水后，在覆盖保鲜膜的前提下，再覆盖上一层10～20cm的细土，夯实后作为漆器上面的一个保护层。

根据漆器的位置范围数据，设计尺寸为3～5cm的木质套箱，并对这个位置区域的带土遗迹切割成土台，套箱套在这个区域上后，箱体和土台之间的缝隙用聚氨酯发泡剂产生的硬质泡沫进行填充，这种硬质泡沫形成的网状海绵结构既可以保湿，还可以作为填充物起到了固定作用，减少震动产生的各种摩擦。土台切割的深度要穿过墓底到生土层，并且这个生土层要有一定的深度，可作为漆器下面的一层保护层。然后用扁铲掏底，边掏底边垫上木板，考虑到底板承重受力最大，因此要比箱体其他板材厚一些。

在打箱完毕后，考虑到M21套箱尺寸大、质量大，采用吊车吊装到运输车辆上，运回单位文物保护修复实验室。

4.2　实验室考古清理

在田野考古工地上，挖掘清理过程容易受到工程期限、文物安全、天气状况等多种因素影响，很多很细微的遗迹现象被忽略和舍弃。实验室考古清理的最大优势就是环境可控，使精细的文物清理成为可能。

清理使用的工具有竹刀、竹签、钢签、刷子、软排笔、羊毫软毛笔、洗耳球、滴管、针管、喷壶、海绵、卫生棉等。

清理工作是把漆器尚存的漆皮表面从土里清理出来，这批漆器在开箱后先用喷壶喷去离子水充分润湿软化覆盖在漆器上的土质，利用自制小竹刀很轻很浅地扎下去，然后一点一点地把土挑出来，在出现漆皮现象后，顺着现象的走势进行清理，针对最贴近漆器表面的土覆盖层，采用滴管边滴去离子水，边用羊毫软毛笔轻轻刷，让这层土随着水流到低洼处，并用海绵或卫生棉吸走。

清理工作是不可逆的，每一步都要小心谨慎，多采集音像资料，绘制漆器遗迹位置和纹饰图纸，并做好每天的工作日志。

4.3　保湿处理（图5）

图5　保湿处理

为了防止由于清理过程中水分子快速蒸发产生的应力导致漆皮卷曲、龟裂、脱落，一方面经常采取喷去离子水雾的方法保湿，另一方面也使用了20%和40%聚乙二醇（PEG200）保湿材料。聚乙二醇不易受微生物的侵害，易溶于水和乙醇有机溶剂，无色无臭，是一种稳定的水溶性高分子材料，具有保湿和增塑的双重作用，既可以达到漆皮缓慢干燥的作用，又可以增强漆皮的结构强度。具体操作：PEG200用滴管进行滴注渗透，并覆盖保鲜膜1～2天，用PEG200的高分子材料代替漆皮中的水分子，针对PEG200在漆器表面的残留沉积要用棉球、棉签等工具擦拭去除，防止它影响加固剂的渗透。

4.4 渗透加固（图6）

图6 渗透加固

在土中的漆器属于含水的潮湿文物，不宜使用有机溶剂加固材料：一是会发生泛白现象，二是有机溶剂大多污染环境。于是我们就采用了SF016丙烯酸乳液，SF016作为水溶性的丙烯酸加固材料，有优异的光稳定性、良好的耐水性、优良的保色性以及耐碱耐化学品，通过渗透作用可在文物本体内部和表面形成连续的保护膜，从而使文物的物理结构得到加固，在壁画和彩绘的加固中得到广泛应用。我们针对这批漆器分别配制成了1%、2%、3% SF016加固液，多次对漆皮用滴管滴注渗透，对清理过程中起翘的大漆彩绘使用小拓包进行按压回贴，并用小针管对起翘边缘进行SF016加固液的注射。SF016乳液的膜黏接加固性能要发挥出来，需要脱水干燥这个缓慢的过程以后才起作用，于是针对已经剥离脱落的碎片就采取10% B72乙酸乙酯液的快速紧急固定粘贴，防止这些碎片的灭失，避免丢失碎片的具体位置。

4.5 脱水定型

控制漆器脱水的环境：室温20℃左右，湿度55%左右，在这种温湿度情况下，细菌微生物不容易滋生进而危及漆器安全。在漆器表面覆盖上保鲜膜，大箱的漆器可以放在实验室环境中，小件可以直接放入恒温恒湿箱中，通过极其缓慢地脱水，逐步释放水分子蒸发的张力，随着含水率的逐步降低直到基本干燥后，前期使用过的加固剂SF016的分子，才发挥出膜黏接作用，加强了漆器的物理强度的同时，又实现干燥定型。

4.6 清理保护后的漆器（图7）

这批漆器经过了清理保护后，其“真面目”初步呈现出来，强度也得到一定的提高。其中M21最初的4号、5号遗迹在清理中发现应该为一件器物，在3号遗迹的一侧新出现一块雕花彩绘漆皮，于是对M21的漆器重新进行了编号（图7），并测量了数据：1号最大径16.5cm；2号最大径12cm；3号外径16.4cm；4号长约17cm，宽约12cm；5号长约35cm，宽约25cm；6号边长12cm。M21漆器为3件豆、1件罍及其他等漆器约6件。M41在清理后，在最初的1号、2号漆器遗迹中间又出现一件器物，重新进行了编号（图7），并测量了数据：1号长16.5cm，宽14.7cm；2号长约19.5cm，宽约5.4cm；3号最大径17.4cm。M41漆器为豆、觚、爵3件。由于保护脱水尚未完全结束，漆器照片所显示的色彩为半湿润状态的颜色，待完全干燥后，颜色会变得黯淡不再那么新鲜，这属于正常现象。

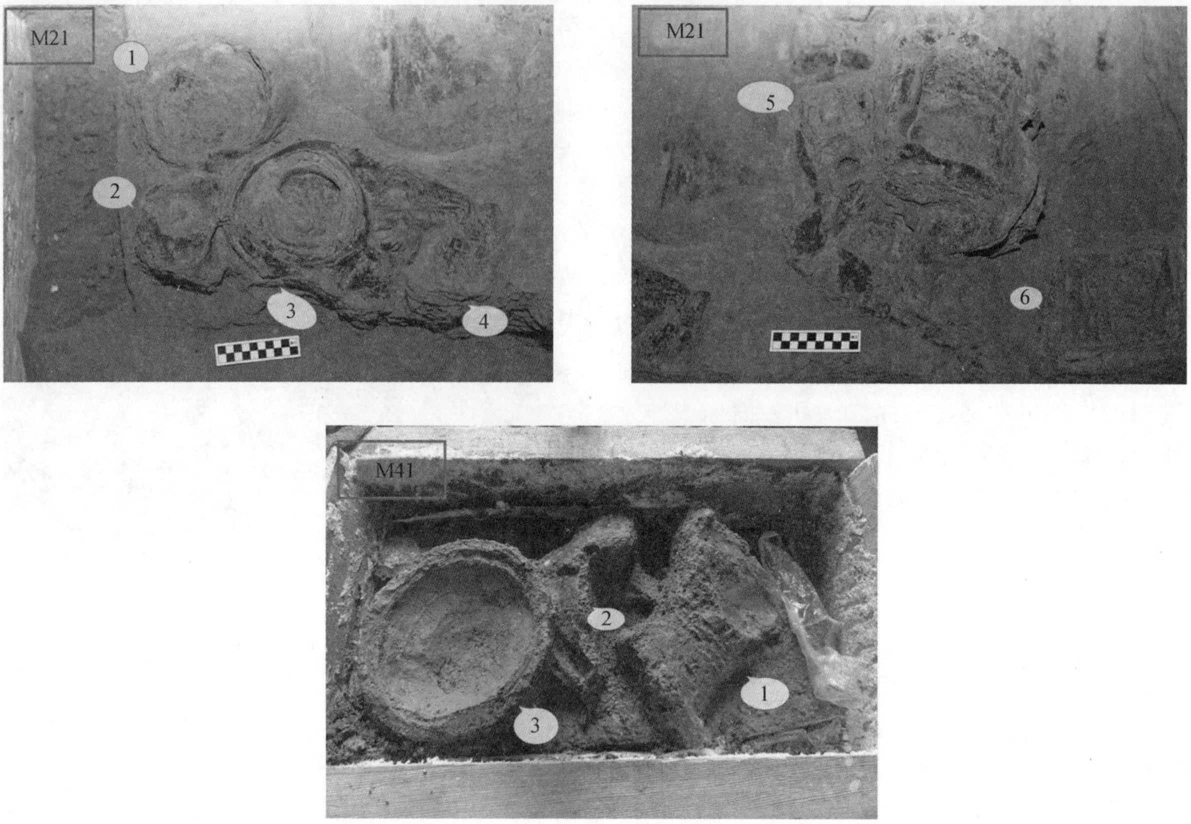

图7　清理保护后的漆器遗迹

5　漆木器保护后的保存环境

漆木器的保存环境要求恒温恒湿：温度20℃，湿度55%，这样的环境适宜于漆木器的长期稳定。科研需要及展示时要避免物理伤害、化学和强光污染，要严格控制温湿度变化在规定的范围内，给漆器提供一个比较合理的保存空间。保存环境的控制最为重要，只有环境控制住了，才能使这批脆弱的漆器裂化进程延缓，才能使其“延年益寿”。

6　问题与思考

中国传统保护修复木胎糟朽殆尽的漆器的一种方法称为“脱胎换骨法”，即重新制作仿制的木胎，并把原件上的漆皮剥离下来，黏接到新仿制木胎上，该种方法也起到保护漆皮的作用，但是只能针对木胎糟朽而漆皮完好的漆器，根据这批商代晚期漆器漆皮的保存现状，不宜采取这种方法，而采取现状保存的方法更为合理科学，使用必要的加固保湿材料加固漆器外漆形成的脆弱漆皮，保护好漆皮上所承载的文化信息，使研究和展示的目的能够得以实现。同时根据清理保护中采集到的数据和绘制的图纸，也可以制作出仿制品，也能起到部分研究和博物馆展示的目的。

我们在以往考古中发现的商代晚期漆器主要有棺、椁及豆、罍等，种类少，数量不多，且未曾进行系统的科学的清理保护与研究。此次发现的商代晚期数量较多，地点重要，漆器保存相对较好。但对于商代晚期漆器的保护，由于历史方面和技术方面的原因，无现成的经验与方法可供借鉴。商代漆器的保护存在问题较多。

（1）M21出土的漆器数量多，器形较大，且与铜簋相互叠压。目前清理仅仅完成正面的清理，暂停其他保护。待制订出来详细的保护方案后，才可进行翻箱，并清理保护其底面。

（2）在清理的过程中，提取了若干检验样品，待检验样品的结果出来以后，再根据漆器矿物成分、木胎、土壤、水分等检测结果，进一步制订科学的保护和展示、利用的方案，一次性完成相关课题的研究，使这批漆器达到永续保护利用的目的。

（3）研究实验背衬体、支架、底座等形状、材质等，把仅剩漆皮和土质的漆器进行加固，使每一件漆器单独成器，并且可站立起来、可进行移动，达到原件就可以直接研究、直接到博物馆展示的目的。这也是我们下一步要开展的重点工作。

结　语

安阳西北绕城高速辛店村出土的这批漆器胎质虽然均腐朽无存，但外漆以朱、黑等为主体色彩的兽面纹、云雷纹基本保存完好，整体漆器纹饰精美、色彩艳丽，形状保存较好。这是商代晚期漆器发现最多的一次，形制保护较为完整，具有重要的考古与文物价值。这次出土的商代漆器，均是与青铜礼器同出，在商代应该与青铜礼器具有同等重要的地位，是墓葬随葬礼器的重要组成部分，也是墓主人身份地位的象征。它为研究商代墓葬的等级制度、随葬风俗等提供了新的资料。

致谢：在这批漆器的清理保护过程中，加拿大英属哥伦比亚大学人类学系终身教授荆志淳先生、“台湾中央研究院”历史语言研究所研究员李永迪先生、中国社会科学院考古研究所文化遗产保护中心副主任梁宏刚及文物保护专家李存信、王浩天，中国社会科学院考古研究所安阳工作队唐际根、岳洪彬、何毓灵、岳占伟、牛世山，浙江大学张秉坚教授等亲临现场指导，并拟定漆器保护方案。

传世漆器文物概述和修复保护实例

华春榕

（故宫博物院，北京，100009）

摘要 本文根据故宫博物院院藏漆器藏品的器形特点和工艺种类，结合实际修复案例，简要总结了传世漆器文物的保护修复流程。较为科学的漆器文物保护修复流程涵盖了修前记录、检测、除尘加固、漆面修复、装饰层修复、整体维护、修后记录这几个步骤。其中漆面修复和装饰层修复同传统漆器制作工艺密切相关。经过相关案例实践，该修复流程具有较好的修复效果，可以为传世漆器文物的标准化修复流程提供借鉴和参考。

关键词 漆器文物 保护修复流程

引 言

故宫博物院院藏漆器类藏品数量众多、种类丰富，是明清皇家收藏的重要组成部分。其中绝大部分漆器为元明清三代的器物，有官造和民造两大来源。目前对漆器文物的保护和修复是建立在对传统漆器工艺科学化研究和重现的基础上；同时也需要对大漆材料本身性质进行科学化总结。之前学者对漆器文物的保护和修复比较注重出土漆器的保护，特别是经过地下水长期浸泡后漆器的脱水处理。这类漆器文物的保护技术难度大，所涉及的工艺步骤复杂。而对于传世漆器的保护和修复，也需要科学化的研究。

在这个前提下，笔者根据院藏漆器文物的器形和工艺特色，结合修复师前辈多年的保护修复经验，试图对传世漆器文物进行概述以及对修复主要流程做出一些探讨。

1 故宫馆藏漆器文物的器形特点

漆工艺在明清时期主要出现在生活用具、家具陈设、建筑装饰三大类器物上，故宫馆藏漆器制品根据器物量的大小还可以在上述三类的基础上细分为饮食用具、日常用品、文房用品、陈设器、家具、宗教礼仪用具、乐器和建筑装饰八个小类别[1]。这些类别中的文物器物体积和存放状态有较大的差别，直接影响对其的保护和修复，所以必须进行详细的分类。

1.1 饮食用具和日常用品

干燥后的漆器，作为饮食器具有一定的局限性，其受热后会散发出一定的气味，而且容易磨损，因此通常所见壶、碗、杯、盘等多是在其他种类胎体的基础上施以漆的装饰工艺，便于实用的一般设计是器形较小且以金属为器里。如图1所示，剔红盖碗用的是金属胎，这样能达到实用且美观的效果。

图1 剔红盖碗

日常用品则是以盒、匣、唾盂、香盒、手炉居多，也有小箱、小柜等。如图2所示，描金山水图手炉，在餐饮用具和日常用品的保护和修复过程中必须要注意过去的使用痕迹对保护修复过程的影响。通常使用过的漆器需要更加细心的维护。

图2 描金山水图手炉

1.2 文房用品

漆工艺的文房用品主要有毛笔、笔架、笔筒、臂搁、镇纸、砚盒和漆砂砚等。多以竹木为胎，加以髹漆、彩绘、描金等工艺。

如图3所示，彩漆双龙纹管笔运用了彩绘描金的工艺，细腻生动，惟妙惟肖。如图4所示，黑漆描金宝座式笔架造型精美，黑漆描金的工艺手法细腻，颜色沉稳内敛。

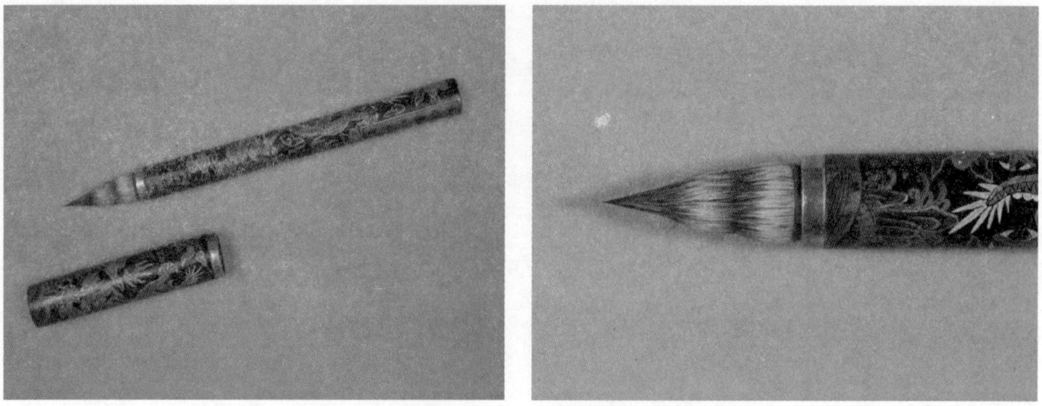

图3　彩漆双龙纹管笔

图4　黑漆描金宝座式笔架

1.3　陈设器和家具

陈设器主要有花瓶、仿古尊、彝等器物，以体形大的居多，也有小型插屏、挂屏以及脱离实用范围的碗、盘等，如图5所示。馆藏漆器家具的典型特点为体积大、工艺精致且多样，能够达到很好的装饰效果。这在无形中提高了保护修复技术难度。如图6所示，要在不易翻转搬运的情况下做复杂的漆表面装饰效果的修复，则需要更加规范的操作。

图5　描彩漆四顶篷式三轮车

图6　黑漆嵌螺钿书案

1.4 宗教礼仪用具和乐器

清皇室以信仰藏传佛教为主，金漆造像成为宫廷中较常见的漆器品种之一，有木胎、金属胎和夹贮胎等。还有一些其他的礼仪用器，如祖庙和佛堂内供奉的牌位、漆钵、供碗、香案、五供等，如图7所示。

图7 剔红佛钵

作为古琴、瑟等乐器的表面装饰工艺，漆不仅有装饰效果，上漆的薄厚均匀度还直接影响了乐器的音色和演奏效果。这对我们的修复技术提出具体的要求。在对乐器及乐器附属物品的漆的修复中，一定要充分考虑其演奏效果。

1.5 建筑装饰

漆工艺特别是螺钿工艺在清代宫廷室内装饰中也有较多的体现，如宁寿宫区域的几个宫殿中，在隔扇、门框、窗框等位置都有相应的螺钿工艺，而且在一些室内的对联、门楼上都有金箔罩漆工艺，甚至在建筑柱子和室外屋脊、椽子上都有漆彩绘工艺。

2 故宫馆藏的漆器文物类别

明朝黄成所著《髹饰录》中，将漆器按制作方法及工艺特点细分为14大类，101种，每个小种都有自己的工艺特色，所以针对每个小种类的保护都十分重要。根据漆器的制作工艺和相对应的保护方法对元明清三代的文物进行大致分类，分为素漆漆器、雕漆漆器、金漆彩绘漆器、镶嵌类漆器四大类。其中素漆漆器和雕漆漆器主要是针对漆材料本身的保护和修复，而金漆彩绘漆器和镶嵌类漆器在对漆材料本身的保护处理之外，还要对颜色层及镶嵌材料进行相应的保护。

2.1 素漆漆器

素漆又分为单色漆和犀皮漆。单色漆在唐宋时最为盛行，至元朝接近尾声。胎体多用薄木条曲叠，造型规矩灵秀。清代素漆漆器常见于大型家具类，也有少量的杯盘器皿，采用脱胎技法，胎体

图8　犀皮漆圆笔筒

轻巧，造型美观。犀皮漆也称菠萝漆或斑纹漆，在胎体上先涂几层不同的色漆，用特殊技法使漆干后出现不同的纹路，再把漆面打磨平整。如图8所示，素漆器物主要是针对光滑漆表面的操作。

2.2　雕漆漆器

雕漆漆器先在木胎、金属胎等胎体上髹漆到一定厚度，之后在漆上雕刻图案，是髹漆、绘画、雕刻相结合的工艺。主要有剔红、剔黑、剔犀三种，以剔红居多。形制以盘、盒为主，其次有尊、盏托等（图9、图10）。

2.3　金漆彩绘漆器

金漆彩绘工艺根据装饰彩绘层次变化和描绘方式方法具体分为以下几个大类别，每个类别都有自己的工艺特点，相应地在保护修复时必然有对应的注意要点。

金漆彩绘主要分为描金漆、泥金漆（含贴金和上金）、识文描金、罩金漆等。描金漆：漆地上加描金花纹，先用色漆描绘花纹，待漆干后再于花纹上打上金胶漆贴金或上金，如图11黑漆描金花卉圆盘所示。泥金漆：将金箔研成极细的粉末，入箩筛选后散在金胶上。技术的关键在于控制金胶的干湿度。识文描金：分屑金和泥金两，屑金识文描金是在用漆堆成的花纹上洒屑金，泥金识文描

图9　剔红牡丹纹圆盒

图10　剔红花卉纹葵瓣式盏托

图11　黑漆描金花卉圆盘

金是在用漆堆成的花纹上贴金或上金。识文描金因为有高低起伏感，比描金显得精巧。罩金漆：在金粉上好之后表面罩一层透明漆。总体颜色加深，效果不仅显得更加稳重，且金色持久，起到固粉固色的作用[2]。在体量较大的家具中常见这种技法。

戗金漆器：戗金是指先雕花纹，然后再填彩漆，再对图纹边缘勾划轮廓线，最后在轮廓线内戗金，作品色调明快，更显金碧辉煌，如图12戗金彩漆龙凤纹菊瓣式盘所示。

彩绘漆器：用彩漆或者矿物质颜料描绘的图案会略高于漆面，以手触之有一定的起伏感，如图13彩绘花卉圆盒所示。

图12　戗金彩漆龙凤纹菊瓣式盘

图13　彩绘花卉圆盒

2.4　镶嵌类漆器

镶嵌类漆器以黑漆或朱漆为地，嵌以宝石、牙骨、金属、螺钿等各种珍贵材料，显出不同的艺术风格和审美情趣。嵌螺钿漆器，有厚螺钿和薄螺钿之分。故宫珍藏黑漆嵌螺钿花卉纹舟式洗（图14）形如小舟，图纹用螺钿条勾填而成，十分精美。再如图15剔红落花游鱼纹嵌玉盒所示，在雕漆盒上嵌入玉石，让器物更加体现出宫廷器物的华贵。

图14　黑漆嵌螺钿花卉纹舟式洗

图15　剔红落花游鱼纹嵌玉盒

3　漆器文物保护修复步骤

总体来说，漆器文物的保护修复遵循以下步骤：修前记录、检测、除尘加固、漆面修复、装饰层修复、整体维护、修后记录。根据漆器工艺种类的不同，在检测、除尘加固、漆面修复和装饰层修复这四个步骤中有很大的区别。

首先在修前记录伤况查验的前提下，我们可以着手漆器文物的检测。漆器文物的无损检测主要是放大观察。首先我们要对漆器表面的龟裂情况进行相应的放大测量，估计其胎体的裸露程度，以便于在除尘步骤中适当地选用清洁溶剂。其次，如果漆器有较小的剥落样片或者有露胎的部分，我们也可以对其进行剖面观察，并且尝试分析每一个漆层的工艺及材料。再者我们也可以使用X射线照相对漆器内部情况做一个了解。如果有实验条件，还可以进一步对其进行其他测试。在检测分析结束之后，要对下面步骤的处理做出一个基本的方案，在制订方案时应该着重考量各个操作的安全性。

接下来是除尘加固。漆器作为有机溶剂的装饰工艺，在其成品的存放过程中必然容易受到外界环境的影响。漆器最主要伤况除了尘污以外，就是其表面的开裂和由开裂造成的漆面同胎体的剥离，所以在除尘的同时必须对有必要处理的表面进行加固。这两个步骤的先后顺序因不同文物的具体伤况而定，除尘加固所要用到的专业工具包括吸尘器、笔刷、脱脂棉、专业清洗试剂、专业加固胶、镊子等。在弯曲剥离漆小块的加固时，要适当通过提高湿度的办法来进行漆面的矫形。

漆面的修复根据漆颜色和纹样的不同，修复过程中也采取不同的漆或颜料，由于天然大漆的干燥具有一定的不确定性，所以在漆面修复的过程中要进行漆色的调试，做到与原有漆面色彩最接近的漆色。

表面装饰层的修复分为彩绘装饰修复和镶嵌装饰修复。彩绘装饰修复先识别器物的工艺属于前文所述的哪一类彩绘工艺，接着根据具体的工艺种类选择相应的金粉、矿物颜料配合色漆做彩绘的补绘。有一些彩绘漆器需要做一些特殊的装饰效果，如金粉的铺洒，则根据相应的技术工艺做处理。镶嵌装饰修复中主要涉及螺钿、蛋壳、金片、玉石等几种材料，其中螺钿又分为薄螺钿和厚螺钿。蛋壳漆的处理则需要提前对蛋壳进行颜色挑选和裂纹模仿，最后回粘于修复处。

4　文物修复案例

案例1　漆器的除尘加固

以表面具有起伏的雕漆器物的除尘为例，可以归纳漆器除尘的工具主要包括笔刷、棉花、吸尘器、镊子等（图16、图17），在日常文物保养过程中，还有可能用到乙醇和一些中性活性剂。雕漆相对于平面漆器而言，具有更高的除尘难度，主要与雕刻的精细程度以及尘污的具体性质有关系。

图16　修复工具（一）

图17　修复工具（二）

以剔红四知书屋长方匣的除尘保养过程为例，这件文物保存较完好，但器物表面有尘土，内里有霉斑（图18）。因此要先进行除尘工作，用笔刷轻扫配合吸尘器进行初步除尘。接下来用笔刷配合少量清洁试剂进行进一步的除尘，最后再给器物上蜡保养（图19）。

图18　剔红四知书屋长方匣（修前）

图19　剔红四知书屋长方匣（修后）

案例2　金箔罩漆——屏风局部修复

金箔罩漆工艺被广泛地运用在清代文物中。在修复该类工艺的器物时，需要先把素漆底打磨后，之后把调好的金漆用平笔刷均匀地刷在需要贴金处（图20），待漆即干未干之时贴上金箔，用软笔刷再轻压表面使箔与漆更加充分地贴合（图21），待漆干透再把多余的箔收集整合，没有完全贴合处再次进行补金。

图20　漆底处理

图21　贴金箔

案例3 金漆彩绘云龙纹瑟修复

此件文物是一件金漆彩绘云龙纹乐器——瑟。伤况存在漆皮起翘、脱落、彩绘缺失、胎体破损多处，木结构开裂、残缺，弦全无等（图22、图23）涉及多种修复工艺。

图22 漆皮开裂起翘

图23 彩绘缺失

在对文物伤况准确充分对了解前提下制订合理修复方案，首先对漆皮起翘及胎体松动部分进行除尘工作，用吸尘器配合软毛笔刷进行初步除尘，再使用脱脂棉配合清洁试剂对漆面进行进一步的除尘。除尘结束之后使用鳔胶黏合开裂的胎体和漆皮（图24）。加固工作完成之后用血料灰补全缺失的灰胎（图25）。

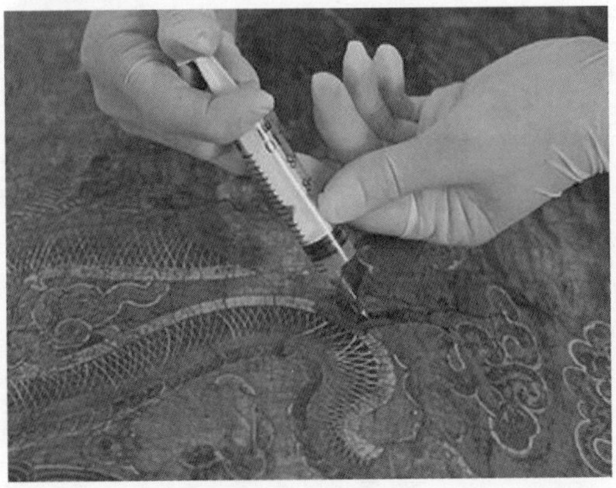

图24 彩绘加固

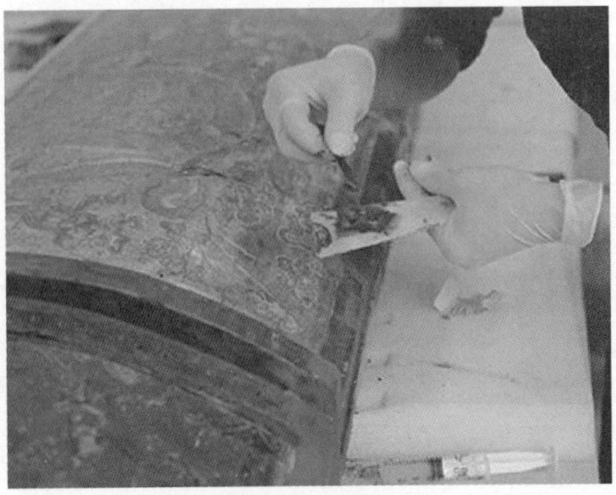

图25 补全灰胎

胎体以及地仗层修复完整之后进行漆面修补，根据金漆彩绘云龙纹瑟原保留的漆色调试了相匹配的深栗色漆，补全缺失漆层（图26）以及用矿物颜料补全缺失的彩绘层，完成了装饰层的修复。最后为金漆彩绘云龙纹瑟配上弦（图27），恢复这件乐器的完整性，完成这件文物的修复工作（图28）。

图26　补漆

图27　上弦

图28　修后照片

结　　语

（1）根据故宫博物院院藏漆器文物的情况，可以将漆器器物分为生活用具、家具陈设、建筑装饰三大类并细分为饮食用具、日常用品、文房用品、陈设器、家具、宗教礼仪用具、乐器和建筑装饰八个小类别。而根据漆器的制作工艺和相对应的保护方法对元明清三代的文物进行大致分类，分为素漆漆器、雕漆漆器、金漆彩绘漆器、镶嵌类漆器四大类。这些类别中的文物器物体积、存放状态和工艺特征都有较大的差别，直接影响对其的保护和修复技法的选择。

（2）根据故宫博物院院藏漆器藏品的器形特点和工艺种类，结合实际修复案例，简要总结了较为科学的漆器文物保护修复流程，涵盖了修前记录、检测、除尘加固、漆面修复、装饰层修复、整体维护、修后记录这几个步骤，其中漆面修复和装饰层修复同传统漆器制作工艺密切相关。经过相关案例实践，该修复流程具有较好的修复效果，可以为传世漆器文物的标准化修复流程提供借鉴和参考。

参考文献

[1]　李久芳. 清代漆器. 北京：商务印书馆，2006：24-26.

[2]　王世襄. 髹饰录解说. 北京：生活·读书·新知三联书店，2013：52，58，60，84.

桦树皮文献保护修复概述

吕晓芳

（中国国家博物馆文物科技保护部，北京，100006）

摘要 桦树皮曾在印度西北部、阿富汗、北美、俄罗斯、蒙古等地作为书写载体材料，现存有很多重要的桦树皮文献。以文献调研为基础，主要介绍针对印度桦树皮写本、亚洲中部和南部早期桦树皮手稿、北美印第安桦树皮卷开展的保护修复工作和成果，以期引起国内对桦树皮文献的重视，并提供保护修复借鉴和参考。

关键词 桦树皮 文献 印度写本 早期佛教手稿 北美桦树皮卷 文献保护修复

引 言

桦树是桦木属（*Betula*）植物的通称，广泛分布于北半球的温带和寒温带，在高海拔地区也有生长。桦树皮具有容易剥离、质地坚韧、防水性好、可塑性强等特点，很早以前就被广泛用于建造房屋、制作用具，以及书写记录，形成了具有世界区域特征的桦树皮文化。其中，作为纸张广泛应用之前的重要信息载体，桦树皮文献对于研究人类历史和语言具有极高的价值。

目前已知重要的桦树皮文献有：①印度留存的大量较为完整的桦树皮写本；②19世纪前后在巴基斯坦、中国新疆等地发现的早期桦树皮手稿；③20世纪90年代以来在阿富汗、巴基斯坦等地出现的早期桦树皮佛教手稿；④北美五大湖地区奥吉布瓦族印第安人使用的桦树皮卷；⑤1951年以来出土于俄罗斯诺夫哥罗德等地的1000余件11～14世纪的桦树皮信件；⑥1970年出土于蒙古哈喇布罕·巴尔嘎松古城遗址的1000多块17世纪左右的桦树皮文书；⑦中国西藏、四川等地保存的桦树皮经书及残片等。

随着桦树皮文献的不断发现，各国相关机构逐渐开展了保护修复研究和实践探索。不同地区、不同时代的桦树皮文献在原料来源、制备方法、保存状况等方面多有所不同，进而研究工作也各有侧重。鉴于此，本文以文献调研为基础，分别介绍针对印度桦树皮写本、亚洲中部和南部早期桦树皮手稿和北美印第安桦树皮卷开展的保护修复工作和成果，而俄罗斯和蒙古的桦树皮文献及保护修复，囿于语言障碍，可参考资料有限，暂只作简要介绍。

1　印度桦树皮写本

桦树皮，在印度被称为*bhoja-patra*，是古代印度北部高山地区普遍使用的书写材料。据文献记载，公元前4世纪印度已经使用桦树皮进行书写，一直持续到莫卧儿王朝时期。直到现在，克什米尔地区仍然使用桦树皮书写宗教祷语。早期桦树皮写本大多已经无法见到，但是印度国家档案馆等机构及克什米尔地区保存有大量稍晚期的桦树皮写本。

早在20世纪50年代之前，印度国家档案馆等机构已经展开了对桦树皮文献的修复实践[1]，20世纪80年代以来，印度国家保护文化财产研究实验室的Agrawal和Suryawanshi开展了一系列针对桦树皮写本机械性能、化学构成、防霉性能，以及清洁、黏合、加固等保护问题的专项研究[2-8]。

1.1　制作与形制

印度桦树皮写本使用的是糙皮桦的内皮。糙皮桦（*Betula utilis*），也称喜马拉雅银桦，主要生长在喜马拉雅山脉高海拔地区。内皮剥下后先阴干、上油，然后用光滑的石头打磨，最后裁切成一定尺寸即可用于书写。书写用的墨是一种印度炭墨，这种墨是将杏仁壳烧成炭后，和牛尿一起煮制而成，据说有一种独特的光泽。现在所见的印度桦树皮写本大多类似贝叶经，即长条状的散页（有的有穿绳的孔洞）按顺序放在两块木板之间，外面以绳索、布带捆扎，也有一些装订成图书的形式[2]。

1.2　性能与劣化

桦树皮两面呈深浅不同的黄褐色，表面不规则布满深褐色皮孔。桦树皮并非单层结构，而是由多个薄层通过天然树胶的黏合以及贯穿各层的条状节点结合在一起。其中树胶随着时间逐渐老化，失去黏性，导致薄层之间分离，但是由于节点的连接作用仍旧牢固，分层又不是彻底的。桦树皮的物理强度并不是很大，耐折度远远低于同厚度的纸张，而且具有明显的方向性，老化后的桦树皮抗张强度和爆破强度显著下降[3]，因此桦树皮手稿多脆弱、易碎。分层、卷曲、撕裂、缺损等往往从边缘开始，延伸至桦树皮内部。

桦树皮具有很好的抗水性，因此不太容易受到水溶性污染，但是如果长期与油脂类物质接触，也会形成污渍，有时桦树皮表面会有一些沉积物。由于墨迹或树胶的原因，手稿之间经常发生粘连。印度炭墨相对稳定，但有时也会出现磨损、褪色、变色等问题。另外，装订成图书形式的桦树皮手稿，书脊的缝线和折页处容易断裂，通常保存状况都不是很好。

由于良好的抗湿性以及桦木脑等具有杀虫效果的有机成分的存在，桦树皮能够很好地抵抗化学、昆虫和霉菌的侵害。实验表明，即使在极为潮湿的环境中，桦树皮样品上也未生长真菌[4]。另外，桦树皮不存在严重的酸化问题[5]。

1.3 保护修复

1.3.1 表面清洁

一般认为有机溶剂不能用于桦树皮手稿的清洁[6]。实验表明，有机溶剂的清洁效果较好，但是大多数有机溶剂都会对桦树皮产生影响，尤其会将树皮内一些有益成分析出，影响桦树皮的抗菌性能和薄层间的黏合，并在表面形成斑渍。只要墨迹不溶于水，水对于桦树皮基本是安全的。但是热水也会析出桦树皮中的一些成分[2]，酸碱溶液对桦树皮的伤害很大[7]，尤其碱性溶液会影响薄层之间的连接，引起或加剧分层[8]。

1.3.2 黏合分层

天然树胶老化后失去黏性导致薄层分离，但节点处的连接往往十分牢固，脆弱易碎的薄层很难完全分开以方便填胶，使得黏合分层成为桦树皮修复最棘手的问题之一。

如果分层只出现在边缘部分，用细笔刷填胶即可。或者有时节点处的连接不是非常强，可以尝试将各薄层分离，重新填胶黏合。常用的黏合剂是低浓度的甲基纤维素或羧甲基纤维素，另外，罗望子胶（罗望子去掉外壳后浸煮成的胶液）效果也很好，尤其具有独特的柔软性[7]。

但多数情况下，薄层很难安全地完整分离，Agrawal尝试用罗望子胶或5%聚乙烯醇乙醇溶液进行浸泡，使胶液渗入薄层之间，实验证明后者效果较好[2]，但乙醇是否会对桦树皮造成影响是需要考虑的问题。

1.3.3 加固和支撑

破损严重或极度脆弱的桦树皮为了避免在保存和取用过程中进一步破坏，需要进行整体加固或外部支撑。早期曾经使用的丝网加固[1]、乙酸聚酯纤维膜法现在证明十分不可取。Agrawal提到一种类似剖纸法的方法，是在薄层之间夹黏一层日本纸，但只适用于薄层可以安全分离的桦树皮手稿。将桦树皮手稿放入两块玻璃板之间进行保存对手稿本体干预较小，但是玻璃板自重较大、不便取用、占用空间，不太适用于尺寸较大且数量较多的情况。对于大尺寸、大批量的印度桦树皮写本，用透明聚酯薄膜进行塑封是一种比较好的临时方案[2]。

2 亚洲中部和南部早期桦树皮手稿

19世纪前后，在巴基斯坦、中国新疆、克什米尔等地发现了大量早期手稿，其中一些是书写在桦树皮上的，如巴克沙利手稿、鲍尔文书、佉卢文《法句经》和吉尔吉特写本。20世纪90年代以来，从巴基斯坦和阿富汗陆续流出一些桦树皮早期佛教手稿，从1994年大英图书馆获赠29件法卢文残片到现在，流散在英国、美国、日本、挪威等地的早期桦树皮佛教手稿已有76件，年代分布在公元前1世纪到公元3世纪之间[9]。2003年和2005年，日本东京文化财研究所（NRICP）在清理巴米扬洞窟时又意外发现了共计965块桦树皮佛教手稿碎片，时间在公元7世纪左右[10]。

这些手稿发现时保存状态极差，20世纪90年代，大英图书馆的Barnard等对新入藏的29件早期犍陀罗佛教手稿进行了展平和封装[11]。1998年，Batton[12]对一批来自巴米扬的桦树皮手稿进行了展平修复。随后，巴基斯坦白沙瓦大学Nasim Khan[13]、美国国会图书馆Krueger[14]均借鉴大英图书馆的方法对早期佛教手稿进行了修复。2005年巴米扬佛教手稿发现后，NRICP随即对手稿进行了初步处理，而后在分析检测和实验研究的基础上，对148件（截至2007年底）手稿碎片进行了展平、修补和封装处理[10]。

这些桦树皮手稿均来自阿富汗、巴基斯坦等亚洲中部和南部地区，从地缘角度可以推测其树种来源和制作方法与印度桦树皮写本大致相近。但是相比印度写本，这些手稿保存状况极差，发现时大多严重破碎、卷曲折叠，加之年代较早，价值极高，使得针对这些手稿的保护侧重和处理方法都与印度写本有所不同。尤其在保护研究和方法选择上相对更为细致和谨慎，多数只是进行必要的平整、展平和封装，保证其在存放过程中尽可能安全，足够数字化或满足研究的需求即可，尤其不再使用不可逆的方法进行本体的加固。

2.1　软化展平

早期手稿最主要的问题是褶皱、折叠、卷曲、变形，在展开之前需要先进行软化，确保展开过程中不会发生断裂、破损。由于桦树皮的抗水性，用水进行软化的效果和效率并不理想[10]，但是有机溶剂会对桦树皮产生诸多影响，出于安全考虑，一般仍采用增湿或润潮的方法。

将手稿放入相对湿度70%～80%的密闭容器内，使水分缓慢进入树皮内部，从而达到软化目的，Barnard、Batton、Krueger均使用这种方法成功展开了层层卷曲的手稿。巴米扬手稿碎片尺寸较小，主要问题是局部折叠和变形，因此NRICP将碎片放在垫有透气不透水膜的潮纸上进行整体润潮，对于折叠、变形严重的碎片，则使用水和乙醇1∶1混合溶液，将用混合溶液润潮的纸放在局部进行增强润潮，从预实验到实际操作都取得了理想的效果。

软化完成后，立即进行展开操作，可以通过增加操作环境的湿度，或局部使用超声波加湿器来延长软化效果，并不强制将其完全展开，一般打开至可识别文字内容即可。

2.2　局部修补

Barnard等对于揭展开来的手稿不再进行本体的修补和加固，而是从外部进行固定和支撑。NRICP同样将修补控制在最低程度，一般只对即将分离的碎片或处理过程中造成的破碎进行连接。连接用的日本纸并非整面涂胶，而是只在纸块两端点涂以最小量的胶，并从桦树皮表面进行连接。

在黏合剂的选择上，通过对几种黏合剂进行比较，NRICP认为聚乙酸乙烯酯会改变树皮性状，鱼胶很难渗入树皮，淀粉糨糊容易滋生霉菌，羧甲基纤维素钠化学稳定性不及甲基纤维素，而甲基纤维素稳定、可逆，通过选择合适的取代度、聚合度和浓度，可以获得所需的黏性和柔软度，是较为理想的黏合用胶。

2.3　支撑防护

手稿的外部支撑和防护，普遍采用的是将手稿夹入两块玻璃板（或类似材质）之间进行封装保存的方法。对于脆弱的桦树皮手稿来说，采用这一方法需要考虑的问题是，如何在固定手稿位置避免滑动的同时保持其三维体积，尤其不会因为过度压力造成进一步破损。Krueger认为将手稿固定在某一块玻璃板上只会增加撕裂的隐患，关键在于通过经验控制封边产生的压力，最终通过玻璃板的质量和合适的封边压力来达到两者的平衡。NRICP则是在两板之间夹入与手稿碎片厚度相适应的无酸纸板，纸板中间开窗供放入碎片，合适的厚度和开窗，保证碎片在其中既不会受到挤压，又不会任意滑动。

3 北美印第安桦树皮卷

北美五大湖地区的奥吉布瓦族印第安人长期以来使用桦树皮进行记录。桦树皮卷在奥吉布瓦语中称为Wiigwaasabak，内容主要与其宗教团体Midewewin（大药师会，Grand Medicine Society）有关。20世纪加拿大安大略省出土了两批桦树皮卷及相关人工制品[15]，通过放射性碳测年[16]，证明北美印第安人使用桦树皮卷的历史已经超过400年。目前加拿大格林堡博物馆、美国国立印第安人博物馆、加拿大文明博物馆等机构，尤其五大湖地区，保存有大量印第安桦树皮卷。

3.1 制作与形制

北美桦树皮卷使用的是北美白桦（*Betula papyrifera*，也称纸桦）的外皮。一般沿着树干一圈将外皮横向剥取下来，偶尔也有纵向剥离的情况。剥下的树皮并不需要过多处理。用骨头、硬木等制成的尖锐工具在光滑、有弹性的内侧面刻划出图形文字的印迹，有的卷子表面发现赭石、朱砂等颜色痕迹[17]。一张树皮不够时，用树根绳或树皮绳将几张树皮缝在一起使用，而且多张树皮组成的卷子更为普遍。

由于外表面长期承受较多树干生长的张力，剥下后的桦树皮应力释放，会出现反卷现象（即外表面向内卷起），但是新鲜桦树皮具有足够的柔韧性，一般稍加外力将写有文字的内表面向内卷起进行收藏。为方便展卷，卷子两端用木质尾杆固定，通常每端各两根尾杆，用树根绳或树皮绳将卷子末端绑在两根尾杆之间。

3.2 劣化

一般来说，桦树皮的耐腐蚀性比较好。但是随着水分的流失和性能的老化，桦树皮失去了大部分的柔软和弹性。交替生长的夏季层和春季层机械强度不同，使得桦树皮具有明显的分层倾向。更重要的是，桦树皮在干燥过程中切线收缩从内层向外层依次增加[18]，其天然具有的反卷趋势将会一直存在，造成桦树皮卷卷曲、变形，尤其外表面向内收卷的卷子将会很难打开，并出现严重的分层。

作为一种各向异性材料，桦树皮横向抗张强度较强，纵向抗张强度较弱，因此很容易发生横向断裂。某些特殊的卷子结构会加剧这种情况，如多张树皮缝合成的卷子，如果纤维方向不同，各部分呈现出不同的卷曲趋势，或者纵向剥离的树皮制成的卷子，有上下卷曲的趋势，而两端又有尾杆固定，都会造成卷子局部承受过多应力而发生断裂。

3.3 保护修复

早期对于桦树皮卷的修复处理多是经验判断和借鉴。专门针对这一特殊材质的研究主要在20世纪80年代，加拿大文物保护中心、格林堡博物馆等机构对桦树皮卷的展开、修补和支撑方法进行了探索，加拿大文物保护中心的Gilberg还专门针对桦树皮的增塑问题进行了试验研究，但是此后从文献中暂未见到新的研究活动和成果。

3.3.1 增塑、展开

由于树皮具有热塑性，一般使用热蒸汽法进行增塑，其中热量是关键因素，单纯加湿效果较差，只适用于很薄的卷子。但热蒸汽法的增塑作用有限，卷子一离开水蒸气，立即回到原来的僵硬状态，缺少足够的展开时间，还会有一定程度的回弹，而且很难避免水分的凝结和水渍的出现[18]。

Gilberg初步研究认为，将桦树皮置于甲醇或乙醇环境中可以获得很好的增塑效果，树皮可以从蒸汽中移出一段较为充足的时间进行展开操作，并且不会引起树皮表面明显的变色[18]。美国国立印第安人博物馆的Kaminitz[19]也尝试了乙醇或甲醇蒸气法，但是发现会引起一定的分层、变白（乙醇更为显著）和撕裂。另外，他还尝试了热风枪加热法，但是会造成严重分层、剥落，且存在烧焦的风险。

3.3.2 局部修补

早期修复桦树皮卷时广泛使用各种动物胶和硝酸纤维素、乙酸纤维素，黏合剂老化后变黄、发脆，形成难以去除的沉积。到20世纪80年代时，更多使用聚乙酸乙烯酯、羟丙基纤维素、丙烯酸树脂和羧甲基纤维素等较为稳定的合成高分子材料，其中聚乙酸乙烯酯尤其适用于需要较强连接或注射黏合的情况。较大的断裂通常在背后用日本纸进行加固[17]。针对文字处的修补，Selick提出用染色的稀丝网和聚乙酸乙烯酯乳液预制补料，使用时用乙醇激活，此方法操作方便，不会遮挡字迹，且黏合只发生在丝线处[20]。

3.3.3 支撑固定

桦树皮卷通常具有一定的起伏形状，即使修复后的卷子也并非完全平整，因此，将卷子直接夹在玻璃板中的做法并不推荐，往往会造成表面磨损或断裂。一般来说，对桦树皮卷的支撑固定应当统一、均衡，避免应力集中，而且不能过于强硬，要保证卷子一定程度的活动自如。

加拿大文物保护中心较常用的方法[17]，是通过日本纸条将卷子固定到纸板上。日本纸条的一端用羧甲基纤维素粘到卷子背面上下边缘，另一端塞入背后纸板的狭缝内，并用聚乙酸乙烯酯乳液粘贴固定，最后将纸板和卷子整体放入定制盒内保存。这种方法简便、经济，日本纸条完全隐藏在背后，不会影响外观，更重要的是，卷子有足够的自由度，可以随着环境湿度的波动移动或卷曲。

该中心在处理纵向剥离树皮制成的桦树皮卷时（如上文所说，这种卷子上下反卷），使用了一种随型背衬支撑法。用环氧树脂通过浇筑的方法制作出与卷子背面形状完全相同的背衬，并在卷子和背衬加入乙炔泡沫缓冲层，四周用树脂玻璃夹进行固定。这种方法既能够实现一致均衡的支撑，又可以预防卷子的进一步卷曲[21]。

针对多张树皮制成的桦树皮卷，格林堡博物馆使用了类似的方法[17]，制作与卷子形状随合的缓冲层，边缘用带有衬垫的树脂玻璃夹固定，夹子的压力可以根据卷子的形状进行调整。这种方法可以直接从正面完成操作，不需要翻动卷子，也适用于表面带颜料的桦树皮卷（通常这种卷子是需要非常小心对待的）。

4 俄罗斯和蒙古桦树皮文献

4.1 俄罗斯桦树皮信件

1951年在俄罗斯诺夫哥罗德14～15世纪的地层中发现了一件桦树皮手稿，之后，更多手稿陆续在诺夫哥罗德和其他城市出土，目前总数已经超过1000件，多是11～15世纪的私人信件，内容包括契约、债务、协议等，一般称为桦树皮信件或桦树皮契约（birch deeds）[22]。

用于书写的桦树皮需要进行一定的处理，首先去掉内层韧皮纤维和外层表皮，然后放入碱水中浸煮以增加弹性。文字是用骨质或铁质的尖笔刻划在光滑、有弹性的内表面，目前发现的桦树皮信件中，只有两件是用墨书写的[23]。

早期对出土的桦树皮信件一般进行缓慢干燥，必要时用低黏度的聚甲基丙烯酸丁酯进行加固，然后放在玻璃板间密封保存。后来发现这些桦树皮信件出现了脆化、黄化，从玻璃板内取出后，有的甚至直接成了碎片。为此，俄罗斯艾尔米塔什博物馆的Mikolaychuk对包括桦树皮在内的弹性有机材料加固剂进行了试验研究，筛选出较为理想的三种加固材料，并在几件12世纪桦树皮信件上进行了加固操作，几年内没有发现劣化现象[22]。

4.2 蒙古桦树皮文书

1970年，蒙-苏历史文化考察队在蒙古国哈喇布罕·巴尔嘎松（Xarbuxyn Balgas）古城的一座佛塔基座中发掘出约1000块书有蒙古文和藏文的桦树皮手稿，时间大致在17世纪早期，内容包括佛教经文、民间宗教文书、法律文书等。文字用黑色墨汁书写在桦树皮两面，其中有的字迹比较整齐、清晰可辨，可能是用削修的木头和竹笔书写的[24]。

这批桦树皮文书发现的时候大多已成碎片，表面沾染土壤、动物粪便和油脂，并有烧焦、粘连。20世纪80年代苏联专家修复了一小部分，1993年开始，波恩大学的Ivan Bentchev和科隆应用科技大学的Eva-Katharina Nebel用两年半时间对剩余文书碎片进行了修复，包括揭粘、清洁、润滑、补缀等。此外，对这批文书还借助红外线反射仪对辨认不清的字迹进行了识读[25]，对文书上的墨迹以及桦树皮结构进行了分析[26]。

除上述外，1930年在苏联伏尔加河下游发现了25页14世纪左右的《金帐桦皮书》，乌兰巴托公共图书馆、塔利亚特研究中心等机构也都保存有少量桦树皮文献[25]。

结　语

国内目前发现的桦树皮文献并不多，除上述在新疆发现的鲍尔文书、佉卢文《法句经》（均收藏于国外）外，西藏博物馆还保存几件桦树皮经书，其中一件是约11世纪，皮革封面、装订成册①的梵文经书[27]。另外，近年来四川丹孜发现几件桦树皮残页[28]，西藏图书馆、国家图书馆也入

① 关于装订形式，Kawasaki在文中描述为西式装订，但据笔者对图片的观察，更具有传统伊斯兰装订的特征。

藏几件桦树皮小经卷[29]。关于桦树皮文献保护修复的研究国内目前尚未开展。

鉴于一直以来桦树皮文献在国内未得到足够的关注和重视，相信西藏、四川等地寺庙或其他机构中还保存有其他尚未发现或未被报道的桦树皮文献。从地缘上，可以推测，西藏、四川桦树皮文献在树种原料和制作方法上与印度、阿富汗等地较为接近。因此，印度关于稍晚期大尺寸桦树皮写本的保护，以及日本、英美关于较早期桦树皮手稿的保护都可作为有利的借鉴。

参考文献

[1] Majumdar P C. Birch-bark (bhurjapatra) and clay-coated manuscripts in the Gilgit Collection: Their repair and preservation. Indian Archives, 1957, (11): 77-83.

[2] Agrawal O P. Conservation of Manuscripts and Paintings of South-east Asia. London: Better Worth-Heinemann, 1984: 11-23.

[3] Suryawanshi D G. Like paper: birch bark and its mechanical properties. Restaurator. International Journal for the Preservation of Library and Archival Material, 2004, 25(2): 75-80.

[4] Agrawal O P, Dhawan Shashi. Studies on Fungal Resistance of Birch-bark. Reprinted from the Proceeding of the ICOM Committee for Conservation: Copenhagen, 1984.

[5] Suryawanshi, D G. Like paper: birch bark and its chemical composition. Restaurator. International Journal for the Preservation of Library and Archival Material, 2006, 27(2): 103-113.

[6] Suryawanshi D G. Studies on the Effect of Cleaning Agents on Birch Bark. Reprinted From Conservation of Cultural Property in India, 1985: 71-73.

[7] Agrawal O P. Conservation of Birch-Bark Manuscripts – Some Innovations. International Preservation News, 2010, (50): 36-38.

[8] Suryawanshi D G. An ancient writing material: Birch-bark and its need of conservation restaurator. International Journal for the Preservation of Library and Archival Material, 2000, 21(1): 1-8.

[9] Gāndhāri Unicode. The Early Buddhist Manuscripts Project. http://ebmp.org/. 2016-11-03.

[10] Afghanistan I R O. Preliminary report on the conservation of the Bamiyan birch bark Buddhist manuscripts. Japan Center for International Cooperation in Conservation, National Research Institute for Cultural Properties, 2009.

[11] Salomon R, Allchin R, Barnard M. Ancient Buddhist Scrolls from Gandhāra: The British Library Kharosthī Fragments. Seattle: University of Washington Press, 1999: 15-17.

[12] Batton S S. Seperation Anxiety: The Conservation of a 5th Century Buddhist Gandharan Manuscript. Waac Newsletter, 2000, 22(2).

[13] Ingo Strauch. The Bajaur collection: A new collection of Kharosthī manuscripts (Online version 1.1), 2008: 7.

[14] Krueger H K. Conservation of the Library of Congress' Gandhara scroll: a Collaborative Process. International Preservation News, 2013, (59-60): 23-27.

[15] Kidd K E. Birch-bark scrolls in archaeological contexts. American Antiquity, 1965, 30(4): 480-483.

[16] Kidd K E. A radiocarbon date on a midewiwin scroll from Burntside Lake, Ontario. Ontario Archaeology, 1981(35): 41-43.

[17] Gilberg M R, Grant J. The care and preservation of birch bark scrolls in museum collections. Curator: The Museum Journal, 1986, 29(1): 67-80.

[18] Gilberg M R. Plasticization and forming of misshapen birch-bark artifacts using solvent vapours. Studies in Conservation, 1986, 31(4): 177-184.

[19] Unrolling birch bark scrolls. http://mailman.yale.edu/pipermail/nhcoll-l/2000-March/000000.html. 2015-10-25.

[20] Selick M. Birchbark repair. ICOM Ethnographic Conservation Newsletter, 1987, 3: 12-13

[21] Gilberg M R, Barclay K L. A mounting system for birch bark scroll. ICOM Ethnographic Conservation Newsletter, 1987, 3: 10-12.

[22] Mikolaychuk E. Investigations on Birch Bark: the Ground of Old Russian Letters and Documents. Proceedings of the 9th ICOM Group on Wet Organic Archaeological Materials Conference: Copenhagen, 2004: 661-669.

[23] Ianin V L. Novgorod birchbark letters. Anthropology & Archeology of Eurasia, 1997, 35(4): 14-41.

[24] 乔吉，乌力吉. 关于德国出版的桦树皮蒙文文献——兼评《蒙古科学院收藏的从哈喇布罕·巴尔嘎松发现的桦树皮文献》一书. 蒙古学信息，2001，（3）：16-19，29.

[25] Elverskog J. The Mongolian Manuscripts on Birch Bark from Xarbuxyn Balgas in the Collection of the Mongolian Academy of Social Sciences, Part 1. The Mongolian manuscripts on birch bark from Xarbuxyn Balgas in the collection of the Mongolian Academy of Sciences. Harrassowitz, 2000: A-6.

[26] 齐木德道尔吉. 蒙古国出土的桦树皮文书. 蒙古学信息，1995，（1）：19-21.

[27] Kawasaki K. On a birch-bark sanskrit manuscript preserved in the tibet museum. Journal of Indian & Buddhist Studies, 2004, 52: 905-903.

[28] 桦树皮上到底记录的是什么？甘孜日报，2007-08-04.

[29] 潜水娃. 西藏图书馆为国家图书馆捐赠12件桦树皮藏文经卷. http://blog.sina.com.cn/s/blog_59fa5b700100l30g.html. 2015-05-26.

一幅油画藏品微生物病害的检测分析

唐　欢[1]　范文奇[1]　王　春[1]　徐　研[2]

（1. 重庆市文化遗产保护科研基地，重庆中国三峡博物馆馆藏文物有害生物控制研究中心，重庆，400015；2. 中央美术学院美术馆，北京，100102）

摘要　本文对于一幅美术馆油画藏品的霉变进行了病害检测分析，利用纯培养的方法从该油画藏品表面及背面分离得到10株霉菌，通过培养特征、显微形态检测和rDNA转录间隔区序列ITS（internal transcribed spacer）测序分析表明：10株霉菌分属小穴壳菌属、芽枝霉属、毁丝霉属、枝顶孢属、节菱孢菌属、短梗霉属等。这些霉菌与常见传统书画表面污染霉菌存在较大的种属差异，此外，这幅油画的正面与背面的霉菌种类并不一致。

关键词　霉菌　油画　文物　rDNA-ITS　木腐菌

引　言

长期以来，我国文物保护修复者对于馆藏纸质书画的霉菌污染已相当重视，但对于油画藏品的微生物病害调查及研究则开展极少。随着博物馆内油画藏品数量的逐年增加，油画的保存和防霉处理也会逐渐成为不能忽视的问题，而油画的微生物病害调查是油画防霉变处理的基础工作之一，建立相应的菌种库可为除霉剂的筛选提供有针对性的靶标。基于此，对一幅美术馆油画藏品的霉变部位进行了病害检测分析。

1　材料与方法

1.1　样品采集

有霉变现象的油画由中央美术学院美术馆提供。该幅油画创作于1900年，在入藏前受到过严重的水害，油画正面及背面均可见大片水浸的痕迹，并且随着水流痕迹形成十分明显的白色印渍。背面除画布上有大片水渍外，边缘画框上也留有水痕（图1、图2），部分采样位置如图3和图4所示。

利用一次性无菌拭子取样器单一方向轻拭疑似霉变处，拭子头在沙氏葡萄糖琼脂平板上反复擦拭，在平板表面标明采样编号、采样时间，置于冰盒中，迅速带回实验室进行分离培养。

图1　油画正面

图2　油画背面

图3　采样位置（2-3）

图4　采样位置（2-4）

1.2　试剂及主要设备

霉菌分离、纯化用的沙氏葡萄糖琼脂平板购自重庆庞通医疗器械有限公司。真菌DNA提取试剂盒购自Omega公司（E. Z. N. A. Fungal DNA Kit），Taq DNA聚合酶、缓冲液体系、引物定制均由TAKARA公司提供。

真菌培养用人工气候箱为Binder公司KBF240（E5.2）型，PCR仪为Bio-Rad C1000型，核酸定量仪为Nano-Drop 2000C型，凝胶成像系统为Bio-Rad Gel Doc XR^+，测序仪为ABI公司Applied Biosystems 3730XL，显微镜为尼康公司Ni-U型。

1.3　霉菌的分离、纯化

将采集后的样品于25℃，RH 70%倒置培养3 天，选择分离效果清晰、菌落形态和颜色多样的平板，分别挑取菌落进行划线纯化。对得到的纯化霉菌，使用瓷珠菌种保存管，将其冻存于–20℃备用。

1.4　霉菌的形态观察

1.4.1　菌落形态观察

在沙氏葡萄糖琼脂平板上划线培养的霉菌，于25℃、RH 70%倒置培养，观察菌落的生长速度、外观形态、湿润程度、颜色变化等情况。

1.4.2　菌落显微形态观察

在载玻片上滴加乳酸酚棉兰染液，用解剖针从菌落的边缘挑取少量带有孢子的菌丝浸入染液，加盖玻片，用光学显微镜观察菌丝和孢子形态，并显微照相保存。

1.5　霉菌基因组DNA的提取

根据真菌DNA提取试剂盒提供的提取说明进行。

1.6　真菌ITS基因片段的PCR扩增及测序[1]

真菌ITS基因片段扩增的引物序列为ITS1（5′-TCC GTA GGT GAA CCT GCG G-3′）和ITS4（5′-TCC TCC GCT TAT TGA TAT GC-3′），扩增序列为内转录间隔区1和2，PCR片段长度大小为600bp左右。

PCR反应体系为25μL，其中模板DNA量为50ng，10×PCR buffer（with Mg^{2+}）2.5μL，dNTP（各2.5mmol/L）用量为μL，^{Ex}Taq 0.2μL，引物ITS1、ITS4（10mmol/L）各0.5μL，添加无菌双蒸水至终体积25μL。PCR循环条件为94℃预变性4min；94℃ 45s，55℃ 45s，72℃ 1min，30个循环；最后72℃延伸10min。PCR扩增完毕，产物用1.5%的琼脂糖凝胶电泳检测。经切割胶回收后，PCR产物送生工公司进行测序。

1.7　序列比对

测序返回的序列，其同源性通过互联网与Genbank进行比对，网址为www.ncbi.nlm.nih.com。

2　结果与讨论

2.1　分离纯化

通过分离纯化，从该幅油画正面及背面获得10株霉菌。

2.2　形态观察

10株霉菌经多次纯化培养后，菌落呈现不同颜色、不同形态特征。如菌株2和菌株3，菌落颜色为橄榄褐色，表面不平滑，堆积呈现疣状突起，菌落背面在沙氏培养基呈现黑褐色，在显微镜下观察发现，分生孢子梗未见分枝，有隔膜，（28～150）μm×（2.5～4.2）μm，分生孢子呈椭圆形，有隔胞，（9～10）μm×（3～4）μm。又如，来自同一采样位置的菌株5、菌株6、菌株7，在培养基上的菌落形态与镜下形态十分一致，菌落为白色，培养3天后呈现绒毛状，中心厚，外层菌丝较中心轻薄，在沙氏培养基背面菌落中心呈现黄褐色，周边呈乳白色。镜下观察，培养3天后涂片多次均未找到分生孢子，分生孢子梗直立或弯曲，透明，光滑，有明显分隔，宽（4.5～6.4）μm。菌株8 在沙氏培养基上表现为黄绿色，很平展，表面黏稠感强。显微观察见大量长椭圆形分生孢子，（2.0～4.1）μm×（4.9～13.8）μm（培养形态与镜下显微形态见表1）。

表1　霉菌形态观察结果

编号	位置	纯化培养后形态	显微形态（×40）
1	2-2	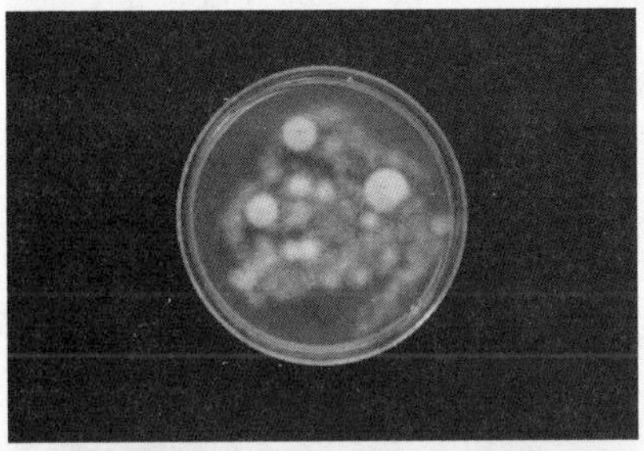	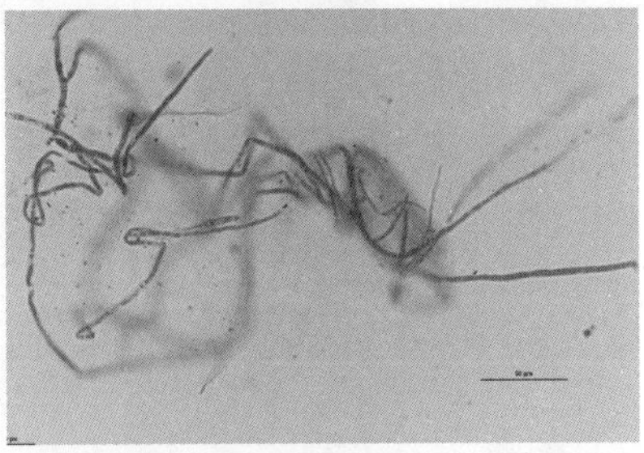
2	2-2	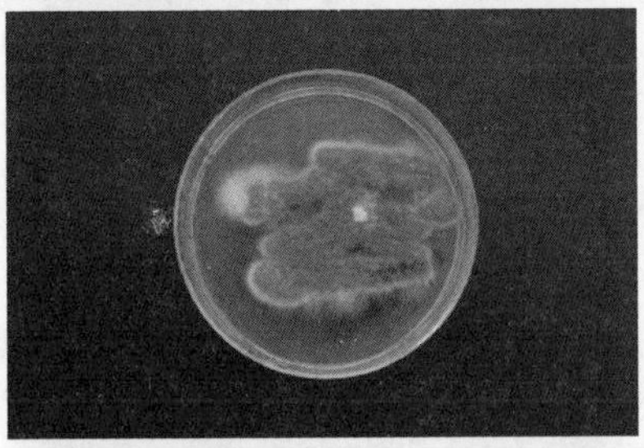	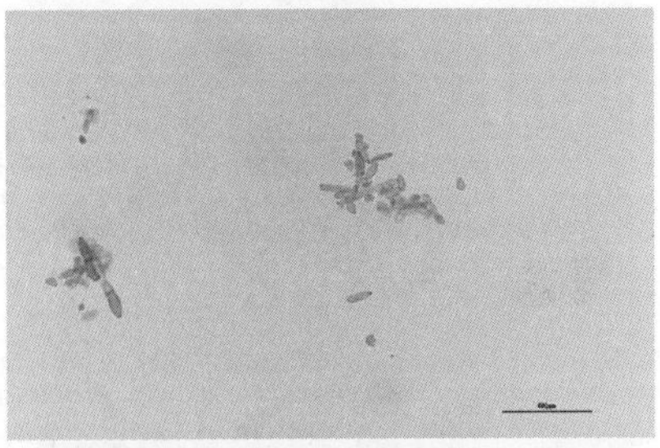
3	2-3	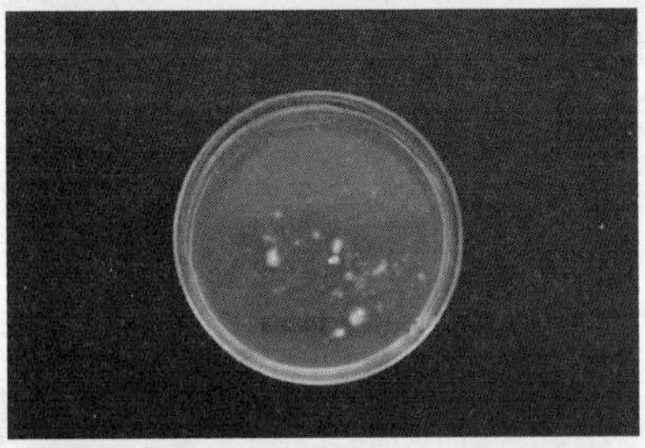	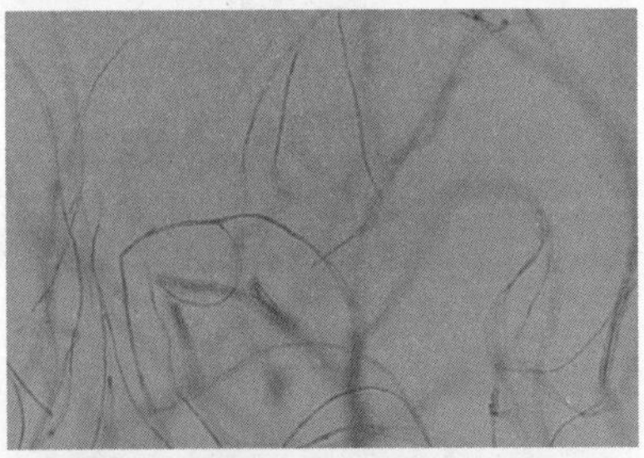
4	2-3	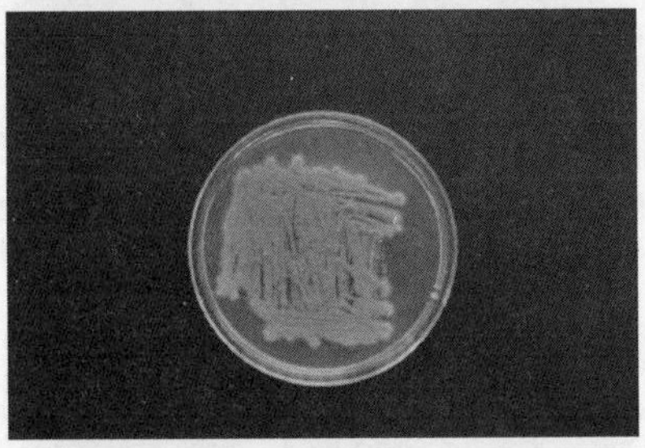	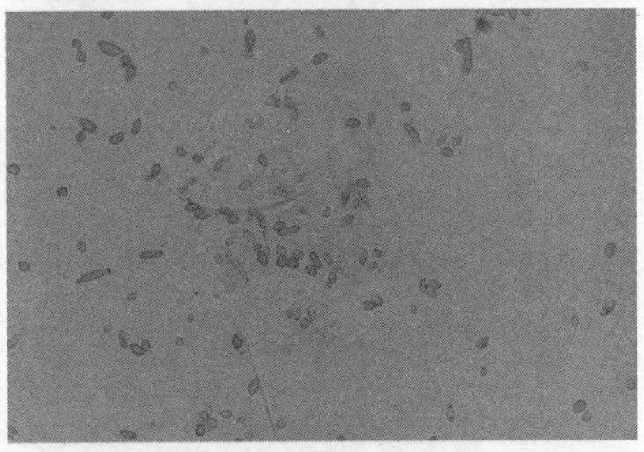
5	2-3	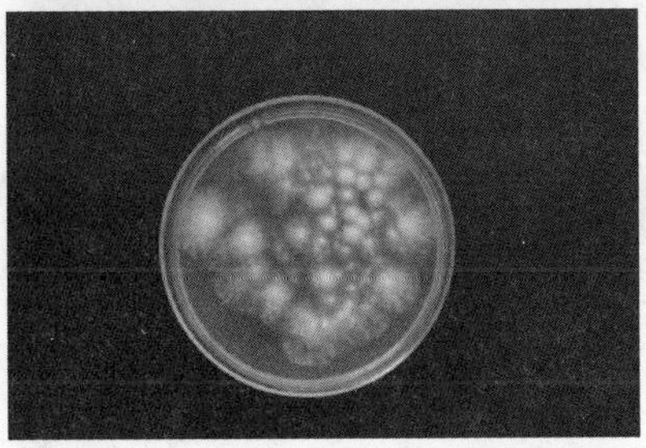	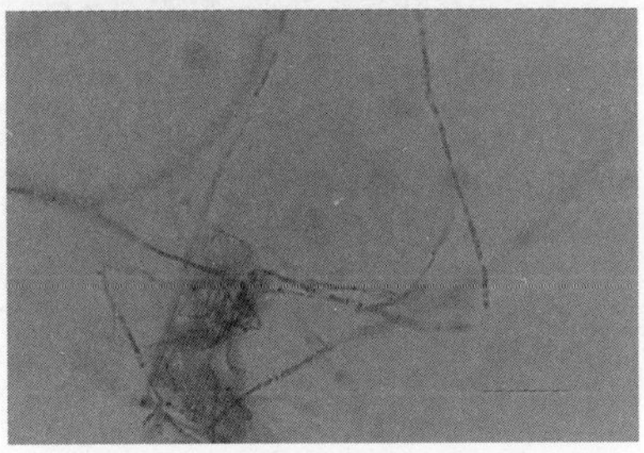

续表

编号	位置	纯化培养后形态	显微形态（×40）
6	2-3	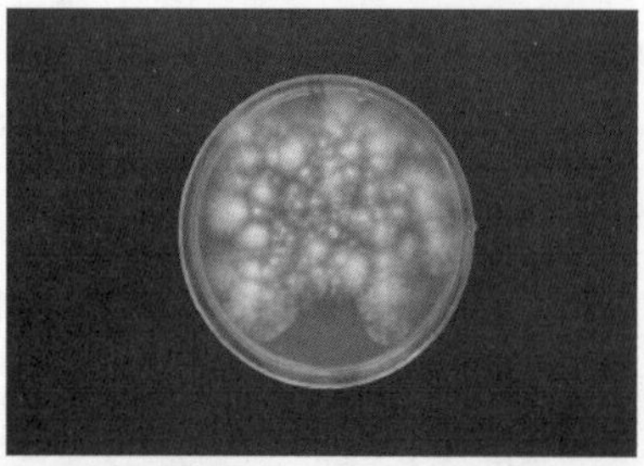	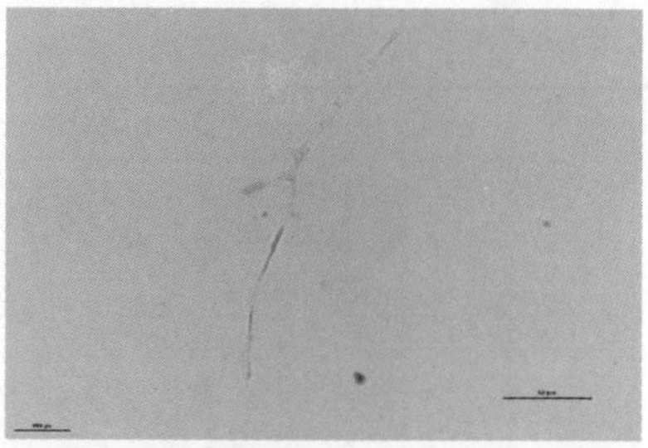
7	2-3	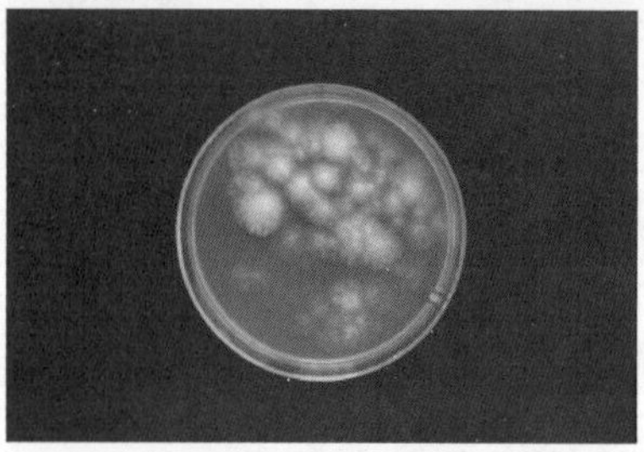	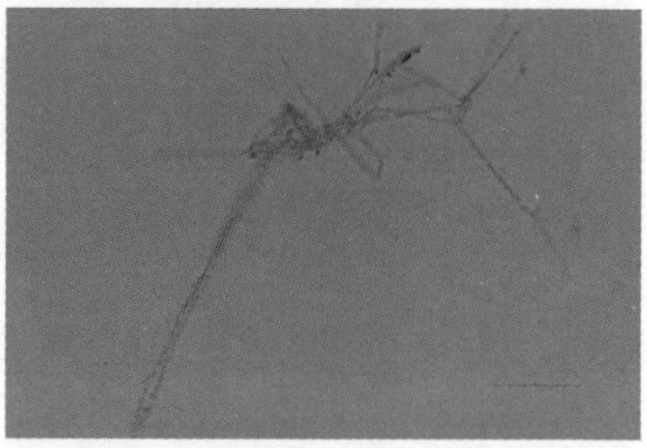
8	2-4	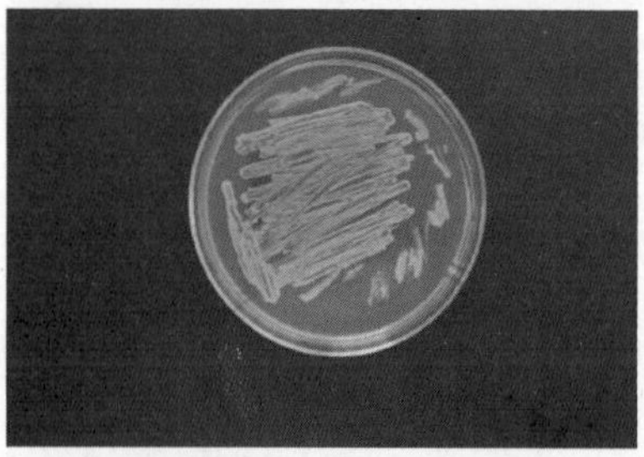	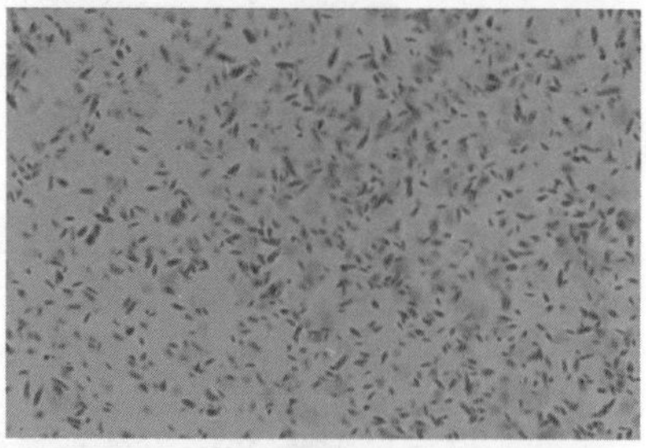
9	2-4	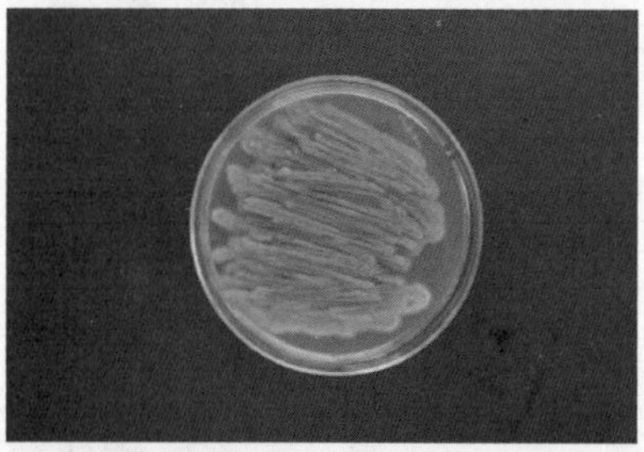	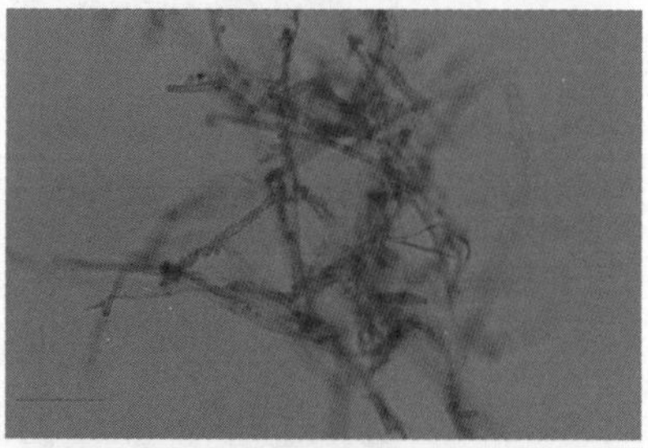
10	2-4	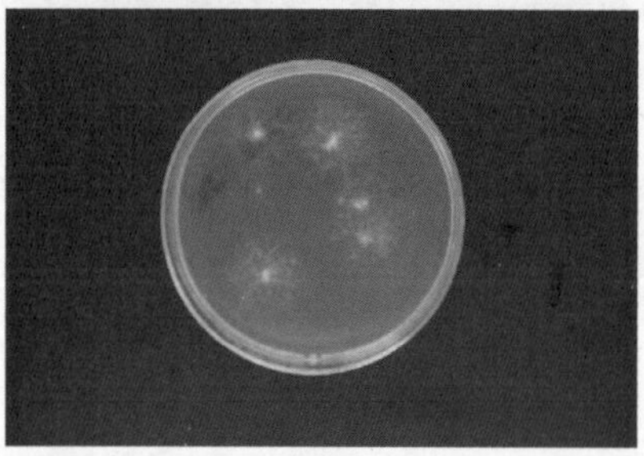	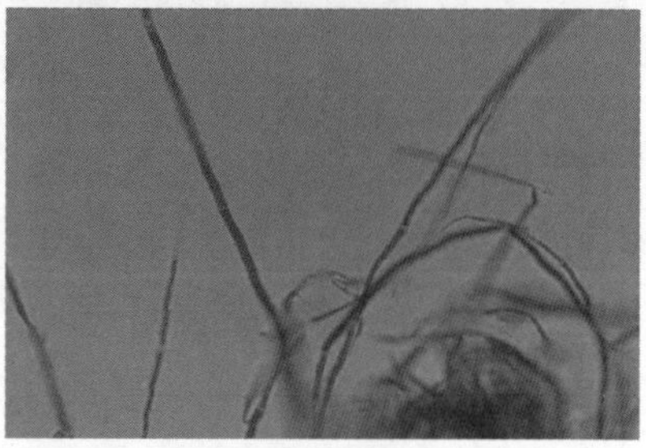

2.3 分子生物学鉴定结果

将分离获得的10株真菌的ITS序列上传至Genbank，与Genbank 数据库中已知的ITS序列进行同源性比对，结果表明，提交的10个序列与数据库中参照序列的同源性大于或等于98%（表2），其中聚生小球壳菌2株（编号1、编号3），芽枝霉属2株（编号2、编号4），毁丝霉属3株（编号5、编号6、编号7），出芽短梗霉属1株（编号8），尖孢枝孢属霉菌1株（编号9），甘蔗节菱孢属1株（编号10）。

表2 真菌序列同源性比对结果

编号	长度/bp	同源菌株	相似性/%
1	527	*Dothiorella gregaria* strain PZ-ZG-2-1（聚生小球壳菌）	100
2	523	*Cladosporium* sp. 1 SDM-2014（芽枝霉属）	99
3	516	*Dothiorella gregaria* strain PZ-ZG-2-1-2（聚生小球壳菌）	100
4	523	*Cladosporium* sp. 1 SDM-2014（芽枝霉属）	100
5	539	*Myceliophthora verrucosa* strain MHJ3（毁丝霉属）	98
6	538	*Myceliophthora verrucosa* strain MHJ3（毁丝霉属）	98
7	539	*Myceliophthora verrucosa* strain MHJ3（毁丝霉属）	98
8	560	*Aureobasidium pullulans* strain RChB006（出芽短梗霉）	99
9	528	*Cladosporium oxysporum* isolate MS3（尖孢枝孢）	99
10	583	*Arthrinium saccharicola* culture-collection CPC:18977（甘蔗节菱孢）	100

3 讨 论

目前，国内博物馆开展纸质书画表面污染霉菌的研究报道逐步增多，首都博物馆、南京博物院以及重庆中国三峡博物馆等都开展过相关研究。从鉴定结果可以发现，纸质文物霉变的主要污染菌是曲霉属，如烟曲霉、棒曲霉、黑曲霉、杂色曲霉等，其次是青霉属，有报道的为草酸青霉、产黄青霉、宛氏拟青霉等，也有少量其他种属的丝状真菌，如根霉、木霉[1-3]。从本研究的比对结果可以明显发现，这幅油画作品正面及背面分离得到的污染菌与常见纸质书画文物表面来源的常见霉菌种类存在明显不同，10株霉菌中没有出现纸质文物表面最常见的曲霉和青霉，而以芽枝霉、毁丝霉、枝顶孢霉以及节菱孢菌属为主。

常见的油画支撑物有画布或木板，自支撑（support）向上，分别是基底层、颜料层和光油层。而一般的书画文物则是纸本或绢本。因材料的不同，霉菌可生长利用的营养成分就存在差异，进而可能造成表面污染菌有所差异。一些毁丝霉属的霉菌具备极强的纤维素降解能力[4]，枝孢霉也可以代谢产生高活性的纤维素酶[5]，而分离自油画背面靠近木质画框处的节菱孢菌是造成竹材霉变致霉性较强的种属[6]。因此，我们的结果提示，这些霉菌的污染对于该油画的保存极为不利，可能进一步造成画面的腐朽、破损以及油画画框的深度霉腐，需要尽快对其进行消杀处理。

结　语

本研究分离得到的污染霉菌种类包括小穴壳菌属、芽枝霉属、毁丝霉属、枝顶孢属、节菱孢菌属、短梗霉属。这些种类的霉菌与常见纸质书画文物表面来源的常见霉菌种类存在明显不同，具有较强的纤维降解能力。

参考文献

[1] 唐欢，王春，范文奇，周理坤，马冠华. 馆藏纸质书画文物上霉菌的分离与鉴定. 文物保护与考古科学，2015，27（2）：40-46.

[2] 闫丽，高雅，贾汀. 古代书画文物上污染霉菌的分离与鉴定研究. 中国文物科学研究，2011，1：78-82.

[3] 张慧，张金萍，朱庆贵. 古旧纸本字画孳生霉斑的鉴定. 文物保护与考古科学，2016，28（1）：108-111.

[4] 詹发强，崔卫东，周亚飞，王炜. 降解棉秸秆耐热菌株的鉴定及降解条件优化. 微生物学通报，2012，39（1）：44-54.

[5] 甄静，王继雯，谢宝恩，李冠杰，刘莹莹，周伏忠，陈圆参. 一株纤维素降解真菌的筛选、鉴定及酶学性质分析. 微生物学通报，2011，38（5）：709-714.

[6] 付惠，陈玉惠，王文久，杨宇明，辉朝茂. 云南五种用材竹的致霉菌及其致霉特性研究. 竹子研究会刊，1999，18（1）：16-22.

馆藏油画保护在实例修复中的应用

陈晓琳

（河南博物院，河南郑州，450002）

摘要 油画是博物馆展品展示的一部分，本文通过博物馆馆藏油画保存的现状与保护修复分析，探讨了博物馆馆藏油画在保护修复中所遵循的修复保护原则，提出了在环境条件允许及保护手段可行的基础上，要因地制宜建立博物馆科学展示模式及相关适宜保护系统，科学地把握修复的度，最终达到延年益寿的目的，实现馆藏油画的预防性保护功能。

关键词 博物馆 油画 修复 保护

引 言

油画是舶来品，大约在16世纪由意大利传教士利玛窦带进中国，油画在我国的发展不过100多年的历史，我们在博物馆或美术馆很难看到传统的古典油画作品。目前国内发现最早的古典油画是广东省江门市新会博物馆收藏的明代时期的两幅作品。国内各大博物馆及艺术馆收藏的大都是近现代油画作品，随着时间的推移，这些油画作品的保存状态却成为不容忽视的问题，由于历史特定原因，油画作品都已经开始出现各种病害，进入了修复保护的时期。虽然油画在我国已发展了100多年，但是随之配套的油画修复保护工作起步很晚，在国内许多大型博物馆都还没有专门的修复机构和修复人员。如何遵循修复保护理念科学地保护和修复油画作品，减小毁灭性损失的危险，提供最节约和最有效的保存手段，使之延年益寿，给我们文物保护工作者带来了新的研究方向。

1 馆藏油画的保护

油画是以快干性的植物油（亚麻仁油、罂粟油、核桃油等）调和颜料，在画布、亚麻布、纸板或木板上进行制作的一个画种。导致油画老化和损毁的因素很多，由于所在地域不同、环境不同等所形成的状态不同，本体构成的成分具有自身的特殊性。首先，一幅画作在艺术家的第一个笔触落地的瞬间，绘画技法如果没有遵循绘画颜料的金字塔“肥盖瘦”原则（即上层颜料与下层颜料之间的含油量不同，其材质自身的特性便无法改变），老化病害就会随之而来。基底层厚薄与黏接力的不均匀，都会导致颜料层的收缩形成画面龟裂起翘。其次，画作完成后，凡尼斯未经过稀释就直接涂于画面，干燥后也会引起画面龟裂。最后，绘画中过量使用的挥发性油或者使用未经清理的画布直接作画，也有可能引起画布和颜料层之间形成空隙导致颜料层剥落。

1.1　温湿度

温湿度与颜料的耐久性有着密切的关系。当环境中相对湿度过高，画布吸收过多的湿气和水分，首先会引起画布分层、水溶胶膨胀软化，画布松弛变形，画布与颜料之间会形成张力，进而产生龟裂，最后导致画面颜料层剥落。过低的湿度又会造成木板收缩和分裂。有些含有蛋白质成分的颜料（如象牙黑或古黑）对湿度非常敏感，极易滋生霉菌，所以必须控制温湿度的变化方能防止发霉。一般而言，博物馆最适宜的温度控制在18～24℃的标准范围内，相对湿度保持在50%～60%，确保油画处于通风、干净、光线又不直射的环境。

1.2　光照影响

年久的油画都已经看不到原来的画面色彩，画面变色严重，就是光辐射对其造成的危害。不同的光线和辐射具有不同的光能，导致油画的媒介（亚麻仁油）有逐渐变黄的倾向，早期有些画家把亚麻仁油当凡尼斯使用，其目的是提亮画面亮度，但随着时间的推移，亚麻仁油逐渐发生光氧化反应，导致画面慢慢发黄，变成褐色，甚至完全看不出原来的颜色。因此油画一定要避光储存，在展示中要减少光照，大部分时间应处于黑暗状态，以免对油画造成伤害。为降低自然损坏程度，应用现代技术、加大科技含量、对藏品进行保护是现代化博物馆实现长期保护藏品的必要手段。

1.3　有害气体的污染

随着工农业生产、交通运输业的发展以及城市人口的急剧增加，空气污染日趋严重，造成大量有害气体的排放，附着于空气的污染物乙酸、硫化氢、二氧化碳、臭氧、二氧化硫、微粒（煤灰、烟尘、灰尘、沙土）、水蒸气等，更易黏附在含有油脂颜料的画面上，形成大量的污垢沉淀，而油画里的铅质颜料又与空气中的硫化物结合引起画面的变色、暗化。

1.4　人为损坏

绘制多年的油画，因为颜料干燥，如不小心受到外力的压迫，画面就会形成一点集中型的龟裂。油画颜料非常脆弱，卷收方法不当就会对画面造成致命损坏，画面产生横纹龟裂，导致颜料层剥离脱落。特殊情况下需要卷收时，画面一定要外卷收藏。

2　保护修复的基本方法与手段

油画修复本身是一项专业性很强的行业，油画修复应严格遵循原真性原则、最小干预原则、可识别原则、可逆性原则，提倡预防性修复，使得一幅画作修复保护完成后保持其真实的历史与文化价值。下面介绍的是油画修复技术在安徽博物院馆藏油画《静物》实际应用的实例（图1、图2）。该作品画布受潮，边缘有霉斑，因不当卷收，画面上有横向通体的裂痕，画面油料挥发，颜料老化，局部颜料龟裂、起翘、剥落，因运输或保管不当碰到尖利的器物上，致使画布左上角有一块2～3cm的横

图1 《静物》修复前正面

图2 《静物》修复前背面

向断裂。基底画布纤维老化，布边过窄。我们对本次修复制定了详尽的修复方案：拆框除尘，拍照记录，画面颜料层加固，画面清洗，画布接边，填平塑形，画面补色，装框入库等。

2.1 文物调查阶段

在对任何一件文物进行修复之前，首先要做的是仔细对该作品的保存现状作全面的调查，这种调查就是要了解构成该作品的各个材质层的情况，确定该作品的创作年代，做好文字记录工作。

2.2 拍照记录

对于待修复作品来说，修复前的记录相当重要。经自然光局部正面特写拍摄、侧光局部拍摄（图3），观察到画布松弛呈波浪状，画面凸凹起伏、颜料层大面积龟裂起甲（图4、图5），进而

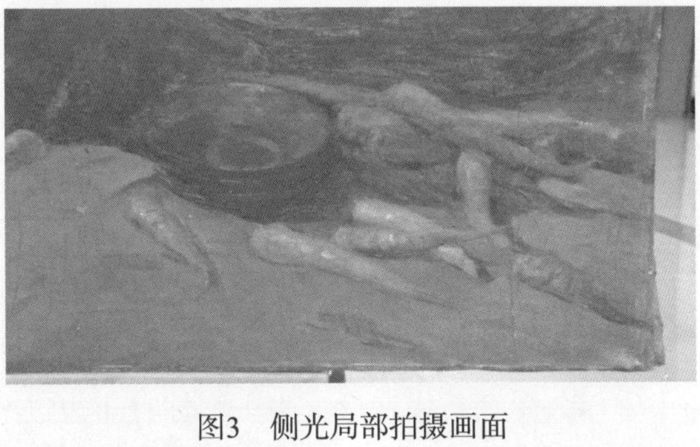
图3 侧光局部拍摄画面

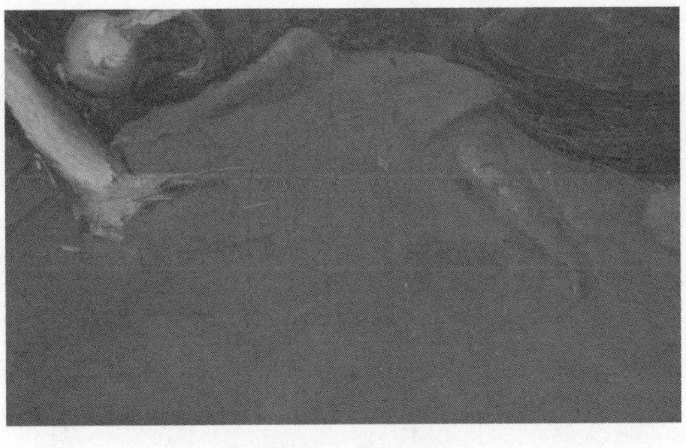
图4 横向褶皱

图5 画面局部龟裂

通过特殊光源（紫外灯、红外灯）拍摄进一步确认修复的位置，以避免后期过度的清洗干预，另外还观察到画面之前有一处补笔、改画的痕迹。

3 具体实施

3.1 对画面进行颜料层加固

画面颜料加固有两种方式：直接加固和间接加固。该作品画面多处龟裂起甲，我们直接加固，在黏合剂的选用上依据安全性的原则，选用了蜂蜡。用蜂蜡作为黏合剂，其优点是加热后渗透性好，可以很好地将颜料层与画布黏合起来，材料是可逆的，而且操作安全可控。

3.2 拆框除尘

画面颜料黏合加固后拆框。电熨斗加温把滑冰熨平。顺木板纹路用棕毛刷清扫灰尘污物，年久牢固的污物用手术刀刮掉。

3.3 画面清洗

清洗是油画修复的重要步骤，画面的清洗要注意颜料结构，清洗的原则是既要把需要清洗的部分清除掉，又不能伤害油画本身的颜料层。从这张画的色泽看，一是凡尼斯老化，二是亚麻仁油发黄变色。针对此画根据具体情况选用了自制的几种清洗剂进行清洗（表1）。画背面的污染主要是灰霾，因此选用自制清洁剂清洗，清洁剂的选用原则上都是以不伤害画面为标准。

表1 自制修复清洗材料清单

种类	三合一	牛油皂	凝胶	其他
制作方法	乙醇，水松节油+亲油性乳化剂	牛脂肪+肥皂	卡波姆（高分子胶）+水+乙醇（只能小面积使用）	松节油 松节油+牛油皂

3.4 画布接边、补洞

绷在画框边缘上的画布由于年久受潮朽烂变形，失去弹性且布边过窄，这就需要对画布进行接边处理。接边有多种方法，冷接法、热接法、动物胶法。冷接法是把蜡液直接涂到画布上，再把亚麻布条贴上。动物胶常用的都是兔皮胶，缺点是干燥慢。本次修复选用了热接法。把亚麻布条用蜂蜡加热黏接在画布边上，压平即可。

图6 基底层加固填充

3.5 填平塑形

颜料基底层加固填充法有蜂蜡填补、碳酸钙填补。本次修复小面积的脱落使用碳酸钙填补（图

6），补平之后，顺纹路做出油画肌理。大面积脱落的画面，使用蜡质填补材料。蜡质材料的好处：一是可逆，有较强的抗潮性，填补后不会引起龟裂；二是比较容易做出油画的肌理。

3.6 修补底色，涂上光油

根据画面情况用修复颜料进行补色，先调出与待修复区域周边颜色相近的色调。根据画面纹路肌理，按照线条来进行补色，要注意原作的笔触、色调和技法。注意补底色需从浅到深补，干后再补第二层色。对于不能一次到位的补色，第一遍颜色补完需上一遍凡尼斯做颜色校正，看是否接近原色调，待彻底干透后再做最后一次补色。上底色时要用同色系中略深点的颜色，遮蔽性会更好一点。这样修复最终达到了和原作画面协调一致的效果。所有底色补完之后，要给画面喷一层上光油，即凡尼斯，它既能使画面上的颜色沉稳清晰，光泽柔和均匀，也防止油画受到有害气体的影响，尤其是防尘，对画作起很好的保护作用。凡尼斯一般可以薄涂多层。上凡尼斯要选择比较干燥的天气在室内进行，注意要自然干透，不能用任何催干的方法，如吹风机、日晒等。

3.7 装框入库

画面修复工作完成后，修复前后的对照也是一项很重要的工作。为长期更好地对该油画进行预防性保护，把画作装入外框后，将整个背面用双层纱布包裹好，这样就起到了防尘、隔尘作用，利于长期保管。本次修复过程严格按照油画修复原则，采取了安全有效的油画修复工艺，做了翔实的文字修复记录，使用的材料具有可逆性，修复后的作品恢复了原有的面貌，为以后的修复保护工作提供了资料参考。

结　　语

文物保护是社会科学和自然科学高度相关的综合性交叉学科，要建立博物馆科学展示模式及相关适宜保护系统，实现馆藏油画的预防性保护功能。中国目前有大量的油画传世品，大都已出现各种各样的病害，这就需要对其进行必要的保护和修复。要做好它的历史沿革调查，借助多学科的知识及科技手段，识别文物经历的历史变迁的信息，才能够对文物有比较准确的认识，文物修复与保护工作者的任务就是通过各种方法和手段，坚持预防性保护第一、安全性、真实性及最小干预的保护原则，使这些珍贵而不可再生的文物得已延年益寿，提高博物馆藏品的保护、展示效能。

试论纸质文物的病害因素及防护方法

赵晓龙

（湖北省博物馆，湖北武汉，430077）

摘要 纸质文物因其材质因素，容易老化、变黄、变脆、发霉、虫蛀等，是各类文物中较难保存的藏品之一。最常见的因素包括：干燥脆化、光照、酸性物质、污染、虫害等。因此，必须加强主动性保护才能延长纸质文物的寿命和保持材料成分的稳定性。本文就这些因素对纸质文物的病害原因及保护方法展开讨论，寻求最佳的解决办法。

关键词 纸质文物 病害因素 防治方法

引 言

造纸是我国古代杰出的四大发明之一，自西汉以来，各地遗留和保存着大量的纸质文献资料及图书档案等，它们是人类极其宝贵的文化遗产财富，对于研究人类社会的进步和科学技术的发展有着十分重要的价值。纸质文物通过各种形式，承载着漫长的文学发展历史，承载着漫长的绘画艺术发展历史，承载着漫长的书籍发展历史……它不仅信息量庞大，也是不可再生的宝贵文化遗产。自我国发明纸张以来，书籍、字画、碑帖、经卷等便成为历代文人的一大雅藏。大量纸质文物发展至近现代，已然成为博物馆近现代类别的主要藏品，具有相当的比例。所以，纸质文物的保管与保护极其重要。

纸质文物是以纸为主要材质的文物，其中包括传统书画作品、古籍善本、碑刻拓本及近现代文物中的纸质文物等。由于纸张及其装潢材料均为有机材料，它不像金、石和陶瓷那样质地坚固，因此，纸质文物的收藏保护有其特殊性。

纸张受自然因素的影响较大，对温湿度的变化很敏感，光照、尘埃及有害气体等都会对其造成明显的损害，直接影响纸张的保存寿命。纸张的保护在很大程度上受所处环境的影响与制约。因此，创造良好的保存环境，使纸张处于相对稳定、适宜的保存环境中，阻止或延缓其自然损坏过程，是纸张保存的主要目标任务。而针对目前纸质文物出现的各种病害如何防治是我们文物保护工作者亟须解决的问题。

1 纸质文物的病害因素

1.1 温湿度

环境中温湿度过低或过高，都会促使有机材料趋于劣势，导致纸张自身老化加剧。尽管温度和相对湿度都会影响藏品，但是对于纸质文物而言，相对湿度是更重要的影响因素。高的相对湿度可以引起纸质文物中霉菌和虫害的滋生，这种情况多发生在高温潮湿的地方。低的相对湿度可引起纸质文物收缩、变脆。太高或者太低的相对湿度，或快速波动的相对湿度都会给纸质文物带来极大的风险。纸质文物容易吸收和释放水分，会随着相对湿度的波动而膨胀或收缩，由此产生的压力导致纸质文物出现裂纹或者开裂。因此，纸质文物保存环境的恒温恒湿是非常重要的，在24h之内相对湿度的变化不能超过±5%。

1.2 光照

光照会使纸质上的水彩和墨水褪色，使含高木质素的纸张发黑。光照主要有自然光照和人造光照，自然光照中含有大量的紫外线，是加速纸质文物腐化、絮化和脆化的重要原因之一，它对纸质文物的伤害非常严重。阳光的直射对任何纸质文物都是致命的，它比大多数人造光源损害更大。

相对自然光而言，文物受影响较多的是来自灯光照明的危害，库房里的照明以及展示空间的照明，都会对纸质文物造成伤害。光照对纸质文物的影响是累积的，过多地暴露于光照之中，纸张的化学反应速率会加快，从而导致纸质文物的损害或退化。

1.3 酸性物质

近现代纸质文物所用纸张多为机器制造，少数契约、民间文书为传统手工纸。其中，传统手工纸因采用天然植物纤维做原料，纤维较长，纸张呈中性或偏碱性，如果保存得当，可在较长时间内保存完好。然而近现代机器造纸，纸浆纤维短而粗，且含有较多非纤维素，物理强度较低，制造过程中还不可避免地携入酸性物质。因为纸张的耐久力与它的酸度有密切关系，这些酸性物质将直接对纸张造成损害。纸质文物中含有的酸性物质，不仅不会消耗，还会越积越多，危害也就越来越大。常见的黄斑、脆化现象发展到严重时会将纸张腐蚀成小洞，使耐酸性差的纸质文物出现字迹褪色、变色等问题。此外，纸张中的酸在加速文物老化、损毁的同时还滋生虫蛀和霉斑。如果纸质文物还未来得及实现介质转存或信息转录，就会因为酸化而导致其提前消亡，其承载的研究价值和教育价值损失则将永远无法弥补。

1.4 有害气体

有害气体是对纸张起破坏作用的又一重要因素。有害气体主要包括酸性气体和氧化性气体，主要来自城市内的汽车尾气、居民采暖、工厂废气、蛋白质等有机物分解等，也有的来自文物展室内和储藏文物的囊匣。它们直接作用于纸质文物，极易被纸张上潮湿的纸张纤维素所吸收，使纤维素水解和氧化。同时在潮湿的条件下，纸张字迹和颜料发生变色与褪色，最终加速纸张的损坏，从而缩短纸张的寿命。

1.5 尘埃污染

污染物质可以分为两类，即气体和微粒。这两种污染来自文物存放的内部环境和外部大的地区环境，都会对纸质文物造成物理和化学上的改变。灰尘和污垢又是颗粒污染最常见的。这些污染首先会对纸质文物的外观造成磨损和损伤，同时灰尘会吸收周围空气中的潮气，并附着在纸质文物的表面，如果再加上保存环境中温湿度调节不当，就会变为霉菌或者其他真菌滋生的温床。微粒会集中或者残留在文物的表面，时间长了会成为文物表面的一部分。随着相对湿度和温度的变化，表面空隙的膨胀和收缩，灰尘就粘在文物的表面上，很难清除。

1.6 虫害

纸质文物由于纸张的原材料以及墨、颜料等原材料均为有机物，非常容易受到一些生物，如老鼠、昆虫的破坏，文物收藏单位常见的昆虫包括书虱、蠹虫、窃蠹、粉蠹、地毯圆皮蠹、衣蛾、木蚁等。物理上的损害（搬挖、被抓、被咬）和化学的损害（害虫的唾液、消化液、粪便等的污染）会导致纸质文物从弱化到污损，最后变为粉末等各种程度的损害，这种损害通常是不可挽回的严重损害。

1.7 霉菌

当纸质文物感染霉菌时，霉菌就会以纸、淀粉糨糊、胶料以及油墨等作为养料，毁掉纸质文物制成材料。据试验，霉菌在3个月内能毁坏纤维的10%～60%，由于纸的纤维素被破坏，纸的机械强度降低。据资料介绍，长了霉的书籍在5天内纸的坚韧性降低50%。霉菌在吸取营养过程中，会分解出有机酸，使纸张的酸性剧烈增加，实验证明长了霉的书籍纸张在几个月内酸性增加了两倍。霉菌孢子在生长、繁殖过程中，会分泌出各种色素，以致在绘画、书籍上出现各种颜色的斑点（红、黄、灰、紫、棕、黑、褐等色）。这些斑点不仅污染绘画、书籍，掩盖图案、字迹，而且使纸张变脆、腐烂。霉菌在纸上繁殖时，使纸纤维变得湿润和胶黏，以致造成书页黏接。尤其在高湿、堆压的情况下，黏接成纸砖，难以揭开。而且霉菌还会产生有害毒素，危及人体健康。

1.8 人为因素

纸质文物是很脆弱的，在纸质文物保护工作中，人为损害一般包括水浸、褶皱、撕裂等。画面上的指纹污渍是最常见的损伤形式，而且也是很难修复的一种损伤。汗水、油污、酸性、污垢结合在一起，不仅导致外观的损害，也会导致纤维断裂，粗心大意的处理会导致污损纸质文物、留下指纹甚至撕裂。

2 纸质文物病害的防护

2.1 改善文物保存环境

2.1.1 温湿度

纸质文物比其他文物藏品“娇贵”，潮湿了可以引起纸质文物中霉菌和虫害的滋生，干燥了又可引起纸质文物收缩、变脆。要获得稳定适宜的气候环境，仅靠自然调节是不够的，可在库房内放置恒温恒湿机。库内若未设此设备则需利用测量温湿度的仪器，经常观察记录。检测环境的温湿度是防止损害的第一步，从环境监测中得到的数据通常是重要的辅助性信息，也是改善文物保存环境的根据。为了达到最高的效率，检测方案应该详尽全面，并持续经过一轮季节的变化，需要记录在文物库房和展示空间中的季节性和日常的温湿度波动。根据获取的信息，利用去湿机和空调机来调节控制室内温湿度。最适合存放纸质收藏品的温度是15～21℃，相对湿度介于50%～60%，在这种条件下，纸质文物的自然退化速度最慢。研究显示，在温度为38～98℃范围内，每升高15℃，纸张老化速度平均增加到原来的4.8倍，相当于每升高10℃，老化速度就增加1.8倍。保存的原则是要避免极端的湿度低于30%或高于70%的相对湿度，尽可能使相对湿度保持稳定，另外还要加强通风，防止因湿度的下降或者调节不当引起反复变化而导致纸质文物的破裂、变脆，直至成为碎片。

2.1.2 光照

对纸质文物起破坏作用的光线主要是紫外线，它对纸质文物中的有机成分有分解作用：可以使纸质文物中纸张、绫绢老化，发黄变脆。因此，为了尽可能避免对纸质文物的光线破坏，保管书画的库房必须采取防光措施，降低环境中紫外线的照射量。这一点可以通过在库房、展室内安装无紫外线的人工光源和安置滤紫外线的玻璃解决。

另外，可见光对纸张也有一定的破坏作用，可根据具体情况，尽可能少使珍贵纸质文物暴露于可见光下。最有效的保护方法就是让纸质文物一直藏于黑暗封闭的空间，如果因宣传展览的需要，必须将纸质文物进行展示，那么在灯光的选择、光照时间以及开关灯次数上要严格把关，如采用光纤照明、减少进入库房和陈列空间的光照、减少开灯时间、减少纸质文物在展厅展示的时间等，或者直接用复制品替代。

2.1.3 大气环境

在纸张保存的环境中，要注意控制有害气体在大气中的含量。有条件的文物库房、展室应安装空气净化装置，净化环境中的有害气体，使用去酸纸板制作文物储存囊匣，在文物囊匣内放入活性炭吸附有害气体，必要时在碱性条件下对纸质文物进行熏蒸。同时要对博物馆所处环境进行绿化和整治，大量植树种花，不仅美化环境，而且能吸收空气中的有害气体和灰尘。在防治有害气体的同时，还应注意灰尘对纸张的破坏作用。书画上的灰尘积累过多，不仅影响其本来面目，而且损其质地，经常清理库房，扫除灰尘，是库房必不可少的工作。

尽可能保持密闭，防止灰尘和微粒接触到纸质文物，是最直接和简单的方法。同时，保持文物库房和展厅清洁无尘的环境，在有文物的区域不允许抽烟和饮食，在建筑环境安装新鲜空气的通风过滤系统，定期更换空调过滤器，密闭门窗，尽量减少进入藏品区域的污染等，都是比较有效的解决办法。另外，在纸质文物储藏保管过程中，控制室内空气洁净度与控制室内温湿度有着同样重要的意义，应在库房入口处安装风淋门。

2.2　采用物理化学手段防护

2.2.1　去除虫害

纸质文物一旦发生虫害，损害速度就会发展得非常快。防止害虫接触到文物是保护纸质文物最有效的方法。传统的控制虫害的方法是使用化学熏剂，但往往会使纸质文物发生污损，使纸张发生化学改变，对接触藏品的工作人员带来短期或者长期的健康威胁，应减少使用。利用真空原理杀虫，对人体和文物都不会造成伤害，是目前最有效的方法之一。另外，应尽可能杜绝虫害进入文物库房，严格检查建筑是否有老鼠能进入的空洞，并进行必要的维修，外部的门窗应该严实，可以安全地关牢。所有的通风口和通道应该罩以电镀的金属丝网，防止动物进入。除去鸟巢，外面的鸟粪也要尽量降到零点，因为鸟粪容易吸引皮蠹的幼虫。定期扫除地板上的灰尘，擦拭照明设施，因为这些地方容易积聚昆虫的尸体，同时也要清理掉所有的食物源。库房内必须保持干爽、清洁、整齐。

2.2.2　灭菌

2.2.2.1　物理方法

物理方法有低温冷冻法、缺氧法、微波辐射法、γ射线辐照法等，但它们的技术性都比较强，耗资大，在具体实施中有一定的难度。

2.2.2.2　化学方法

化学方法现在比较常用的是乙醇擦除法、熏蒸法。因为二氧化碳、环氧乙烷与二氧化碳混合气体和磷化氢气体等不仅价格便宜，而且在常温下是液体，使用起来比较安全，所需要的熏蒸设备要求也不高，适宜的温湿度（温度20℃以上，相对湿度为70%以上）也较易达到，因此此法应用较多。

2.3　其他操作

2.3.1　重新装裱

古书画入库前，若发现有破损现象，应及时送去重新装裱，以恢复其原貌入藏保管。送去装裱前，一定要将实物拍照（尤其是珍贵的文物），然后造好清册和做好送装裱的准备工作。

2.3.2　科学入藏

书画作品长期处于挂起状态时，纸张要承受下垂的拉力和张力，使纸张的强度减弱，在悬挂、展示一段时间后，就应当卷放起来使字画处于休息的状态，使其恢复原来的拉力和张力。对于库房内的书画，尤其是不常提用的，要适当地挂出去通风透气。通风时应选择温湿度适宜的时期，在室内进行，同时还需要及时发现字画在存放过程中不明显的变化。

另外，近现代纸质文物在装具运用方面，应尽量选取无酸材料，给文物的保存创造一个有利的小环境。20世纪80年代以前，博物馆大量使用酸性牛皮纸制作的文件袋作为保存近现代纸质文物的装具，这不仅不利于其保存，而且会雪上加霜。我们可从以前保管员遗留在文件袋里，已经发黄、变硬、易脆的字片方面得到印证。如今，根据近现代纸质文物的不同尺寸，分别配备合适的无酸纸盒成为文物装具改进方面的一大趋势。

2.3.3 减少人为失误

在纸质文物的移动、存放过程中，使用正确的拿取方法，矫正不良的工作习惯，可以预防对纸质文物的损害。如拿取时动作尽量要轻缓，移到桌子上或者地上时，确保轻放。不能把尚未装裱的纸质作品拿着角举起来。在拿取纸质文物之前一定要摘除戒指或其他首饰，洗手并带上无酸棉质手套，因为手套在防止对文物的伤害的同时，也能保护操作者的安全。在查看纸质文物时，要平放，最少离桌子边沿5cm以上，不要把其他物件放在纸质文物上，需要记录的时候只能用铅笔等。

结　语

纸质文物是以纸为主要材质的文物，其中包括传统书画作品、古籍善本、碑刻拓本及近现代文物中的纸质文物等。这些都是中华民族在数千年历史发展过程中创造的重要文明成果，蕴含着中华民族特有的精神价值、思维方式和想象力、创造力，是中华文明绵延数千年、一脉相承的历史见证，是人类珍贵的物质文化遗产，也是人类文明的瑰宝。

纸质文物的保护保管工作是博物馆的一项重要工作，它直接关系到文物的安全问题。要做好这项工作，不能只凭过去的老经验，而要不断探索和学习，要有科学的管理头脑，不断找出一些适应馆内现有条件的方法，解决保养和使用的矛盾，尽可能减少对纸质文物藏品的损害，还应在不断的实践中，探索出更好的方式、方法来为文物营造更为合适的保存环境，延长其寿命，从而有效地保护好我国的优秀文化遗产。

《青绿仙寿图》的保护修复研究

李晓晨

（山西博物院，山西太原，030024）

摘要 《青绿仙寿图》是山西省闻喜县博物馆藏的清代设色绢本书画作品，该书画为绢本贴画，局部为剪花粘贴，该形式明清时期较为流行。由于原件残破严重，老化严重，有大量污渍、断裂、脱落等病害，画面受损，掉渣严重，无法卷舒。通过检测分析研究，制定科学保护修复方案，修复过程通过清洗、拼对、揭褙、补配、贴折条、全色等传统修复方法，最大限度地还原书画原貌。

关键词 清洗 拼对 揭褙 全色

引 言

《青绿仙寿图》，绢本，山西省闻喜县博物馆收藏，清代，画芯残长29cm × 104cm，该书画为绢本设色贴画，局部为剪花粘贴，该形式明清时期较为流行。由于年代久远，文物本身自然老化，纸张和绢变黄、脆化。该书画是闻喜县博物馆从民间征集而来，文物有明显使用痕迹，通体受灰尘污染严重，同时有蝇屎和鸟粪污染物。不断地人为干预，使文物产生一定的损伤，如不断地展卷文物，使文物产生大量的褶皱、折痕、起翘、断裂、天头缺失等病害。该书画保存于山西省闻喜县博物馆大成殿改建的库房中，文物先用报纸包裹，再用塑料布包裹，堆放在地面上，保存条件较差。库房内温湿度随季节变化而变化，夏季潮湿，冬季干燥，温湿度变化较大，加速了文物的老化，致使书画不能安全打开，掉渣严重。画芯污渍严重，已经看不清楚画意。通过对《青绿仙寿图》的保存现状及病害分析，制定出详细的保护修复方案，并根据保护修复方案进行保护修复。

1 前期准备

修复前，需对《青绿仙寿图》进行资料采集，测量尺寸、记录数据。整体状况、局部病害、画意部分都要进行拍照记录。拍照记录对修复工作有指导作用，修复过程中可根据修复前的影像资料恢复书画原貌。

通过显微镜对残渣进行观察发现，该书画绢丝横纹较粗，由双股丝线组成，竖纹较细，为单股丝线，绢丝均出现松散断丝。根据纤维观察结果，寻找尽可能接近的绢做补绢。

2 修复过程

该书画要经过拼对、清洗、揭褙、补配、贴折条、全色等传统修复工序，尽可能复原书画原貌。

2.1 回潮、舒展、除尘

该书画残缺、掉渣严重，卷舒困难，拼对是一大难点。首先在案子上喷少许水分，将一块面积大于书画面积的塑料布在案子上刷平，将整幅画面朝上用少量水回潮展平。该书画灰尘较多，用干净的羊毛板刷扫去上面的浮尘。画面上的动物粪便，用小竹片轻轻刮掉，以不伤害画作绢丝为好。

2.2 检查写印是否掉色

为了保证文物安全，清洗前需要检查写印是否掉色。前期准备中发现，书画上的石青由于年代久远，已出现失胶现象，有明显掉色迹象。所以清洗前必须对书画进行固色处理。固色使用浓度为5%的黄明胶水，在掉色部位用小毛笔蘸黄明胶水涂刷，干后再检查是否掉色，直到不掉色为止。

2.3 拼对、清洗

由于该书画有较多处断裂和残片，清洗前先对书画进行拼对。在书画上喷上水，使残片可以在塑料布上游动，用毛笔将残片游到预定位置，拼接好断裂处，再用毛巾吸去水分，固定残片位置。

清洗采用传统的书画装裱流程中的物理清洗法进行清洗。清洗使用去离子水。水可以去除一般无机盐类或其他类似的物质，但是也有一些污渍无法去除，污渍氧化过程中形成不可逆的产物，如沁入纤维的霉斑。为了文物的安全，本次清洗中不使用化学试剂，不能为了追求干净而过度清洗。清洗液的温度、浸泡的时间、按压的时间都会对书画的纤维有一定的影响。清洗使用不超过37℃的去离子水淋洗，浸泡的时间越短越好，用白毛巾卷成柱形，挤出书画上的水分，吸水按压不可用力过猛。

绢是蛋白质纤维的蚕丝织物，清洗过程中纤维的含水量发生变化，脆弱部分容易受到损害，清洗过程一定要小心谨慎，谨防损伤书画纤维，随时观察书画有无绢丝错、乱位和写印晕染。《青绿仙寿图》是丝织品贴画，清洗过程中贴画部分容易开粘，对开粘部位及时填稠浆回贴。

2.4 揭褙、补配

清洗完画面后，接下来的步骤就是揭去书画的覆褙纸。该书画是贴画设色绢本画，画面上的贴画绢丝松散、空鼓，采用传统的“水油纸吸附法”在“出浆”过程中有可能会伤害贴画部分，所以本次修复不采用传统的“水油纸吸附法”，而是使用塑料布进行吸附。其方法是：将一块面积大于书画面积的塑料布刷在画面上，然后在将书画连同下面的塑料布一起“翻身”，揭掉覆背纸上的塑料布，并将书画连同塑料布一起刷实在桌子上，进行揭褙。由于书画的绢质地较为稀薄，揭掉命纸有可能会使书画“失神”，所以本次修复不揭去命纸。命纸和画芯有缺浆空鼓的部位进行填浆。

画芯残破部位进行补配，选用和画芯材质、织法、颜色相近的绢补配。揭开残缺处边缘的命纸，用马蹄刀在残缺的边缘刮出斜口，把与画芯材质、织法、颜色相近的绢剪成比残缺处稍大一些的小片，对准画芯的经纬线粘贴，再用糨糊加以固定。

2.5　贴折条

在画芯断裂处背面贴上折条。将画芯背面向上铺在拷贝台上，通过拷贝台灯光可以清楚地看到画芯断裂处，在断裂处贴上2～3mm宽的纸条，对断裂处进行加固。

2.6　打胶矾、全色

书画打过胶矾水后变得比较脆，不利于书画的保护，如果不打胶矾就没有办法全色，根据最小干预原则，本次修复只对需要全色的部位打胶矾。将画芯背面向上铺在拷贝台上，在残缺、断裂处用毛笔蘸胶矾水涂刷，并垫上水油纸排实。局部打胶矾水有可能会出现水渍，待画芯残破处都打完胶矾水之后，画芯喷水上墙吸平，这样可以避免局部出现水渍。

根据最小干预原则，只对画面进行全色，残破处全部与周围颜色接近即可，不对画意进行“接笔”。全色坚持宁浅勿深的原则。

2.7　研活

古代绢本画修复是否应该研活，每个修复专家都有自己的见解。有专家认为绢的材质比较脆弱，加之残破严重，研活容易损伤纤维。也有专家认为，绢本画经修复后，残破处因使用糨糊，局部可能比较硬，卷舒过程中书画更容易受到损伤。本次修复中，书画进行了轻微的研磨。因为该书画局部贴画，更使得局部厚、硬，为减少卷舒造成更大伤害，对书画进行了轻微的研磨。

3　修复结果讨论

修复过程使用了透明塑料布作为修复的辅助材料。塑料布具有光滑、易剥离、柔韧性好、工作强度大、不易破裂、不透水、易清洗、透视效果好的特点，更能满足书画修复的需要。

《青绿仙寿图》的修复采用传统修复方法，最大程度地还原书画原貌。通过对《青绿仙寿图》的修复，积累了绢本贴画的修复经验。修复前后对比见图1和图2。

图1　修复前

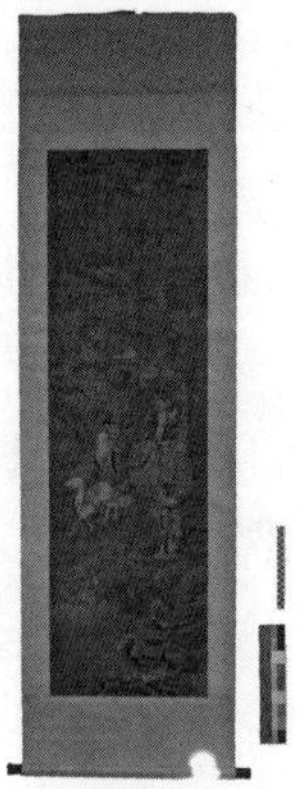

图2　修复后

浅谈馆藏书画文物的保护

毛　芳

（荆州博物馆，湖北荆州，434020）

摘要　荆州博物馆在可移动文物普查过程中，对20世纪六七十年代封存的一批古书画进行了清理，发现二、三级文物128件（套），其时代包括明、清和近代，书画内容丰富，具有很高的历史价值、艺术价值和研究价值。在对这批珍贵书画文物保护修复过程中，对其保存环境、病害类型和病害原因进行了分析研究，针对不同书画文物的病害类型采取不同的保护修复工艺，使这批珍贵书画文物得到妥善保护，并为此类文物的保存提供合理建议。

关键词　书画文物　保护修复

引　言

荆州博物馆在可移动文物普查过程中，对20世纪六七十年代封存的一批古书画进行了清理，共清理出书画文物1361件（套），经湖北省文物局专家鉴定小组的鉴定，二级文物3件（套），三级文物125件（套），一般文物832件（套），其时代包括明、清和近代。这些书画文物内容丰富，大多保存较好，但有部分古书画由于保存环境的影响已经出现不同程度的损害。为了保护好这批古书画，使之不仅能长久妥善保存，而且能更好地展示其历史价值、艺术价值和文化价值，我们针对这批书画文物的保存现状，选择了其中118套书画文物实施了保护修复。

1　书画文物的价值评估

此次保护修复的馆藏古代书画118套224件，其中二级文物3套5件，三级文物115套219件，其时代包括明、清和近代，其中书法作品84套，绘画作品34套，包含了明、清、民国各时代主要流派书画家的作品。有明代著名书画家张瑞图的作品，以及清代书画名家朱偁、张之万、王素、张名倬、戴熙等的作品，此外也不乏本地书画名家的作品，如杨守敬（湖北宜都人，清末著名历史地理学家、书法家）、甘鹏云（湖北潜江人，近代著名藏书家、学者）、王柏心（湖北监利人，晚清刑部广西清吏司主事）、徐中铨（湖北当阳人，清朝政治人物）、贺寿慈、张国溶、胡德增（湖北天门人，道光年间著名书画家）、余联沅［湖北孝感人，光绪三年（1877年）进士］。其作品各具特色，有的笔势雄健，自然流畅；有的运笔娴熟，苍劲豪迈，具有很高的历史价值和艺术价值。

2　荆州博物馆馆藏书画保存现状

荆州博物馆馆藏古代书画主要由民间征集及捐赠而来，专库专人保管，库房的文物都是自然存放，库房没有恒温恒湿系统，更没有空气净化过滤系统，监测结果表明库房温湿度呈周期性变化，波动幅度较大，不利于文物的存放。年温度0～37℃，湿度30%～90%，日温度差约10℃，湿度差约10%（图1）。

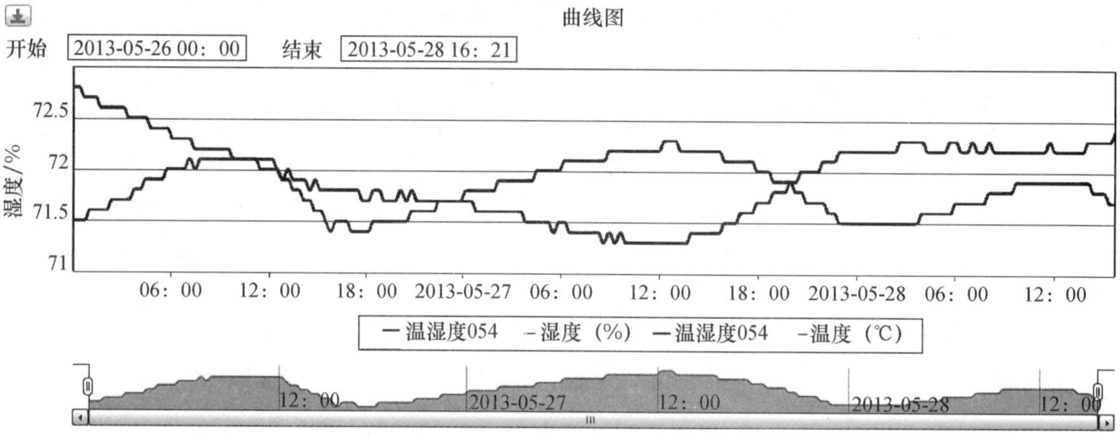

图1　书画库房温、湿度变化曲线图

另外，书画文物大多放置在专用木柜内，柜内放置袋装樟脑丸防虫，但也有部分文物摆放在开放式藏品架上，大部分书画裸露放置，未配置专用囊匣（图2）。

图2　馆藏书画文物存放情况

荆州市属于亚热带季风气候，四季分明，春暖夏热，秋凉冬冻，雨量丰沛。年平均气温15.9～16.6℃，相对湿度75%，间有大风，冷冻、旱、涝灾害性天气发生。正是由于这样高温高湿大气环境的影响，再则荆州博物馆基本上没有任何改善大气环境的措施，书画文物处于一种自然放置状态，已出现各种不同程度的病害，主要表现为污渍、折痕、脱壳、断裂、残缺、脆化等，部分文物伴有微生物损害和动物损害，还有一些装裱缺损或未做装裱。这些患有病害的文物不便于展陈和研究，也无法在现有环境下长期保管，应及时进行保护修复并改变保存环境。

3　荆州博物馆馆藏书画病害种类

参照中华人民共和国文物保护行业标准WW/T 0026—2010《馆藏纸质文物病害分类与图示》和中华人民共和国文化行业标准WH/T 22—2006《古籍特藏破损定级标准》，我们按照保护文物修复所使用的主要方法以及受损文物经过修复后可恢复原状的程度，将书画类文物病害现象分为以下12种。

（1）起皱：画芯表面形成凹凸皱纹［图3（a）］。

（2）折痕：外力在画芯上形成的线状痕迹［图3（b）］。

（3）脱壳：画芯与裱褙局部分离［图3（c）］。

（4）断裂：画芯局部断开，相互无连接［图3（d）］。

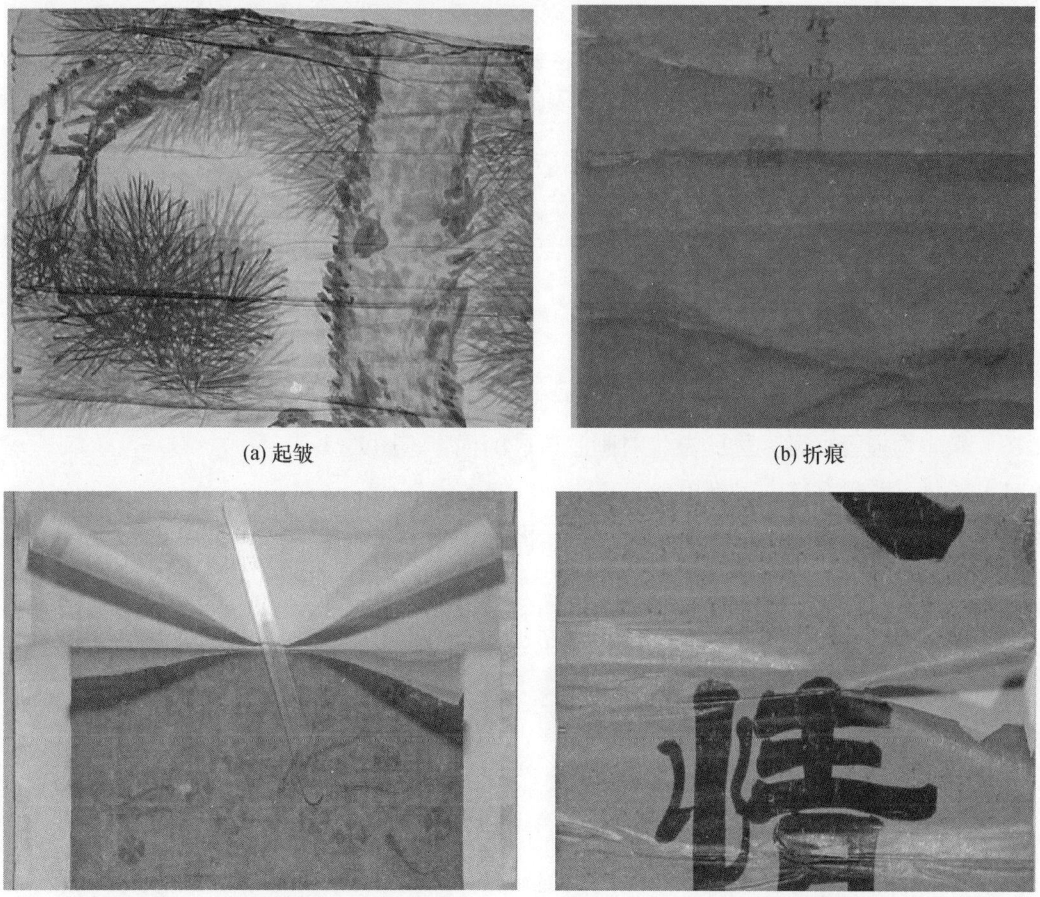

(a) 起皱　(b) 折痕

(c) 脱壳　(d) 断裂

图3　书画病害情况（一）

（5）污渍：画芯上各种被污染的痕迹［图4（a）］。

（6）变色：画芯上颜料(各种天然及合成的绘画书写材料)的颜色发生变化［图4（b）］。

（7）磨损：机械性摩擦在画芯上形成的痕迹［图4（c）］。

（8）残缺：画芯局部缺失［图4（d）］。

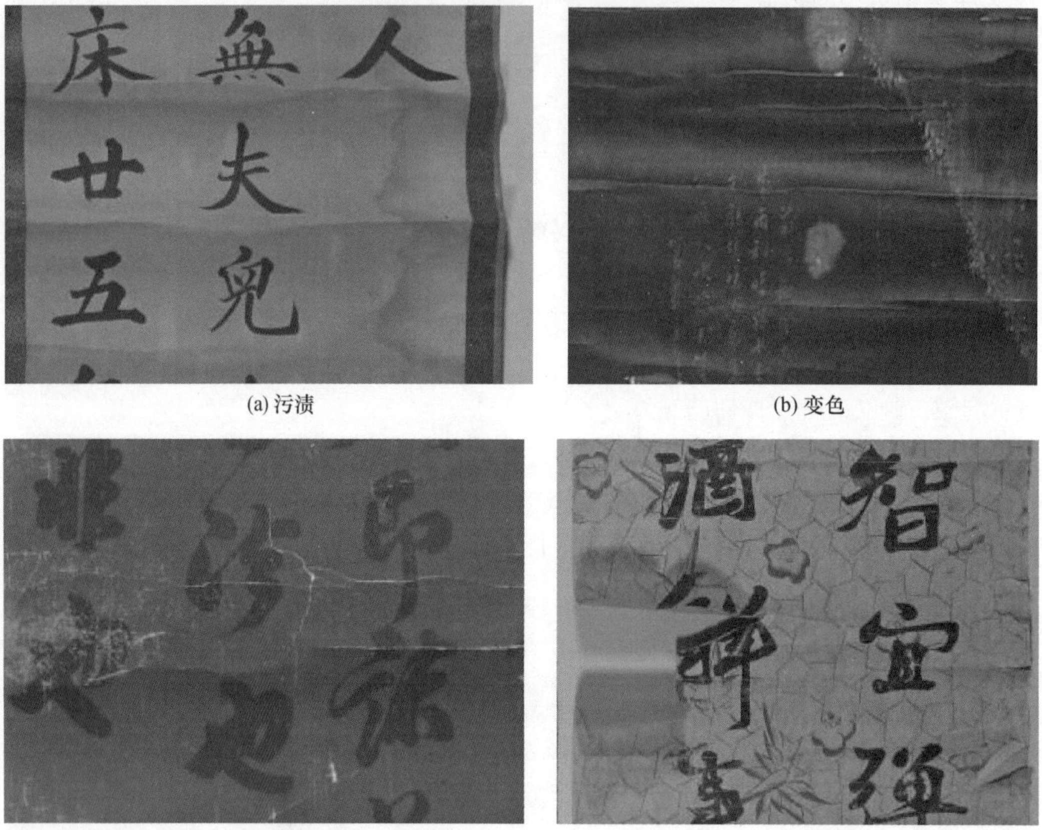

(a) 污渍　(b) 变色　(c) 磨损　(d) 残缺

图4　书画病害情况（二）

（9）动物损害：昆虫、鼠类等动物活动对画芯造成的污染或损害［图5（a）］。

（10）微生物损害：微生物的滋生对画芯造成的损害［图5（b）］。

（11）脆化：颜料载体、颜料酥松易碎［图5（c）］。

（12）媒体脱落：颜料从颜料载体上脱落［图5（d）］。

4　病害原因分析

4.1　自然老化

历代书画作品的载体不外乎是纸绢材质，无论是纸还是绢都属于有机物，保存是有年限的，虽说“绢寿八百，纸寿千年”，但是如果不经妥善地保存，也很难传承于世，或有损于藏品品相，影响其历史价值，科学的保管环境尤为重要。

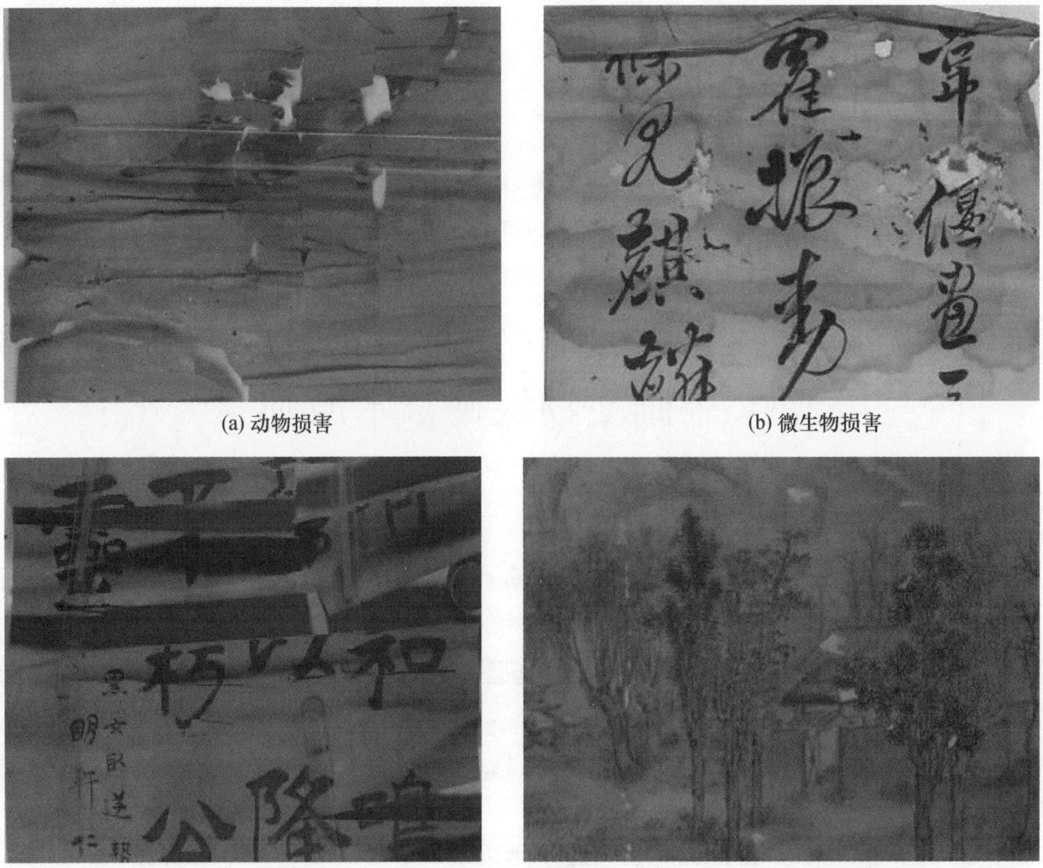

(a) 动物损害　(b) 微生物损害

(c) 脆化　(d) 媒体脱落

图5　书画病害情况（三）

纸主要由纤维素［（$C_6H_{10}O_5$）$_n$］、半纤维素、木质素等成分组成。纤维素是纤维二糖脱水聚合而成的生物多糖，在阳光或空气的作用下发生氧化，其中葡萄糖残基的C2原子和C3原子上的羟基氧化生成羰基，导致纸张物理强度降低、泛黄、脆化、断裂、破损。

绢的主要材料是蚕丝。蚕丝是蚕体内绢丝腺分泌出液状绢凝固后形成的纤维物质，主要有丝素（70%～75%）、丝胶（25%～30%）及微量的蜡质、脂肪、色素及灰分等。丝素为纤维状蛋白，丝胶为非纤维状复合蛋白，同大多数蛋白质物质一样，遇到光和热会发生降解，从而使丝织品的拉伸强度、断裂伸长率和弹性降低。阳光还可以使丝素肽链断裂、纤维变脆，氧化变黄。

4.2　生物破坏

危害书画文物的生物，据资料介绍有70多种，最为常见、危害最大、数量最多的就是蠹虫、烟草甲、皮蠹和白蚁等。它们均以纸张纤维素和淀粉为食料，一般喜欢栖生于阴暗、潮湿或密闭处，怕光怕震动，在通风不良之地生长繁殖。有的将书籍蛀蚀成洞，由里向外形成不规则的孔道；有的将书画蛀成碎片，使整幅画、整本书遭到破坏。生物对书画文物的巨大危害，由此可见一斑。

霉菌是丝状真菌、多细胞的低等植物。凡生长在营养基质上，形成绒毛状、蜘蛛网状的絮状菌的真菌，称为霉菌。常见危害书画文物的霉菌有：霉属、短梗孢属、枝孢霉属、青霉等。霉菌在纸张上繁殖时，使纸纤维变得湿润和胶黏，以致纸页黏接成砖，尤其在高湿、堆压的情况下造成难以揭开。

4.3　保管不当

除了上述的自然因素外，由于长期保存、翻阅次数过多，在观赏时漫不经心，有的指甲刮破画面，有的拿取时不戴手套，致使汗渍、油渍污染画面；另外保存文物的环境不佳，不能有效控制温湿度，也无法防止紫外线、灰尘、害虫及有害气体的侵害；文物展示或保管时处置不合理，都有可能造成文物的损伤。

5　书画文物保护基本原则

5.1　基本原则

针对纸质文物由于内因和外因引起的损坏，就需要传统保护方法和现代科学技术手段加以结合进行修复。为此，要研究纸张的材料成分，了解其受自然力破坏的量变到质变的过程，探索各类材料的变化规律，采取相应的技术措施，阻止或延缓文物的质变。因此文物保护必须遵循以下基本原则：

（1）真实、全面地保存并延续文物的历史信息及全部价值，使保护后的文物可以为陈列、研究服务。

（2）尽可能减少干预，采用的保护措施以延续现状、缓解损伤为主要目标，不得改变文物原状。

（3）以现存有价值的实物为主要修复依据，一切技术措施不得妨碍对原物再次进行处理，经过处理的部分既要与原物相协调，又可识别。

（4）优先使用传统工艺技术和材料，所有新材料和新工艺都必须经过前期试验和研究，以对文物最无害的工艺技术用于保护修复，并做好详细的档案记录。

5.2　工艺流程

书画文物保护修复工艺流程图如图6所示。

6　书画文物的保护修复方法

根据馆藏书画文物的病害种类，目前采用的保护修复方法有以下几种。

6.1　画芯表面除尘和污渍清除

除尘可用软毛刷轻轻拂去画芯表面的尘垢，尘垢结实的，用排刷顺着画芯纤维方向或裂纹方向刮除。

去污时先用蘸水的滤纸或棉签印在颜料上，观察是否褪色和扩散，褪色则要用胶矾水加固，胶矾水配制比例为：胶3、矾1、水15。清洗时，装裱台一头垫高，将画芯置于装裱台上，一边在画

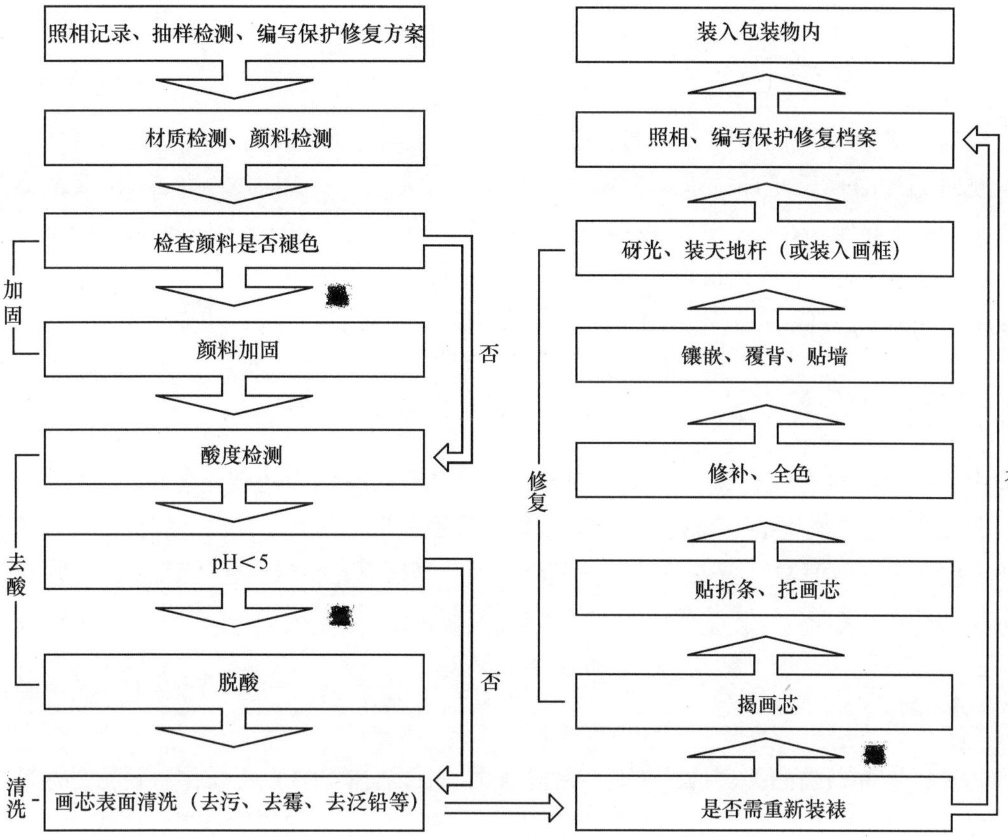

图6 书画文物保护修复工艺流程图

的上方淋水，一边用排笔擀压画面，借助水的流动带走污渍。去污后用滤纸吸取水分并将画芯压平阴干。污渍严重的如《简国丰花卉条幅》先将书画放入洗画槽内，用温度40～50℃的纯净水浸渍15～30min，使污渍溶解到水中，然后采用常规步骤进行处理。因纯净水呈弱酸性，使用时可适量加入小苏打（$NaHCO_3$），加入量以水呈碱性为宜。

6.2 脱酸处理

参照污渍的去除方法，书画冲洗后用酸度仪检测，如脱酸效果不明显，小苏打比例可适当增加，直到满意为止。

6.3 去油渍

如能获得足够样品，建议用气相色谱法检测油渍种类，对于动物油、植物油、香精油，可将吸油纸放在油渍上方，用电熨斗轻熨几遍即可去除。严重者可用棉签蘸2%～5%小苏打溶液擦拭，使油渍转移到棉签上，清除后立即用纯净水冲洗干净。矿物油可用正乙烷或汽油等清洗剂去除，清除时应先做试验，具体方法参见中国文化遗产研究院编写的《中国文物保护与修复技术》（科学出版社，2009年，第424～426页）。

6.4　微生物损害的清除

主要针对书画上霉斑的清除，荆州博物馆部分书画文物画芯表面有微生物损害的痕迹（霉斑）。修复时用纯净水反复冲洗霉斑，如冲洗不能去除霉斑，则用棉棒蘸0.5%浓度的高锰酸钾（$KMnO_4$）溶液擦拭霉斑部位，待霉色褪去后，用棉棒蘸0.5%浓度的亚硫酸氢钠（$NaHSO_3$）溶液清除高锰酸钾与霉反应后的棕色沉淀，再用加小苏打的纯净水冲洗干净。

草酸腐蚀性强于高锰酸钾，应慎用。使用后仍用试纸测试反应结果，使$pH>7$。

6.5　变色的修复方法

书画中的白色颜料有的含碳酸铅（$PbCO_3$），碳酸铅在空气中的硫化氢（H_2S）或细菌作用下，会转化成黑灰色的硫化铅（PbS），此现象称为“泛铅”。

用3%的过氧化氢（H_2O_2）涂在泛铅处，片刻之后，即能氧化生成白色的硫酸铅（$PbSO_4$），再以加小苏打的纯净水洗净。

6.6　揭画芯

揭画芯是修裱古书画的关键性的工序，“书画性命，全在于揭”，操作时要格外小心。揭裱时，先在画芯空白处找出易揭之处，根据背纸的情况，顺着一个方向循序渐进，能揭则揭，不能揭则搓。对于材质稀薄的绢本画芯，为了避免原画失去神采，不揭命纸，命纸已脱落的从正面施一些稀糨糊，使绢与纸黏合结实。

6.7　修补

主要针对断裂残缺等病害进行修补。修补前，根据文物质地、帘纹、包浆、色泽四个方面选配补料，绢质补料的绢丝经纬应与原画一致，染色宁浅勿深。修补时，用锋刀沿着破洞边缘轻轻制出0.1～0.2cm的坡度，用毛笔抹上四级糨糊，把补纸润湿后合上轻轻抹压，补缀完毕即可上浆托芯。断裂处，根据画芯质地，选薄型纸或绢条黏合。

6.8　托画芯

托画芯是书画装裱的一道重要工序，在书画背面覆加一层适当的宣纸托出的画芯，要求厚薄均匀平整干净，有干托和湿托两种方法。

材料柔韧性较差的画芯采用干托，将糨糊涂在托纸上再裱于画芯背后，有效控制水分与上糊量。大幅面、材质柔韧性好的画芯，采用湿托，直接将糨糊刷在画芯背面，然后覆托纸托裱，简便易行。从未做过装裱的书画，应先去污、修补，然后再托画芯。

6.9 全色

全色包括接笔和补色两个部分，就是用笔墨把古画上残缺的地方补好，接笔时要符合古人的笔法，但大多数专家认为一般情况下不用接笔，需慎用。艺术品的创作，代表各个时代不同作者的不同风格、特点和流派，这些残缺部分经后人之笔，人为添加无异是对原作整体风格的破坏，若接笔不得法，反而使其原有的神韵发生改变，所以只需补全作品载体（选取相类似的纸张即可）。

6.10 镶嵌

原裱镶料完整或残破不严重的（如《张善子老虎图轴》），镶料清洗后还原使用。原裱镶料无法继续使用的（如《陈鸿寿隶书对联》），可参照原裱的形制、色泽、质地进行染配和制作，揭取下来的镶料，应妥善保管。以往没有装裱的（如《刘树屏花鸟四条屏》），需要参照作品创作时代的流行款式进行装裱。

6.11 覆背、贴墙

选择质地柔软、洁净的纸托裱于画芯背后，待裱件完全晾干后，贴到壁上自然阴干。贴墙前要检查粘贴折条处，如膨胀不平，则扯线取直左右两口，松弛中间部分，待覆背后完全晾干，再润水上墙挣平，避免直接贴墙而发生崩裂，俗称“拔墙”。选用质地匀称密实的丝绢作为包首，颜色与轴头、签条、绳带协调。

6.12 砑光

使用蜂蜡或石蜡，用砑石砑光覆背，使画背平整光滑。重彩、绢本及经修补的画芯，砑光前，先在裱件下铺垫干净、细腻的宣纸，以免画芯受损。

6.13 装天地杆、扎带

先制作纸样，确保夹口纸的平直，然后用“正裱法”装杆，包粘密实。天地杆选用经烘干、杀虫处理、有韧性、无木油、杆身直、粗细相等、弧面角度相同、表面光滑无棱痕的红、白松木料，扎带选用2cm宽的丝带。

7 书画文物的保管

书画文物的包装，与一般意义的包装不同，不仅需要考虑包装对文物的完好性防损坏保护作用，而且还需要特别考虑包装材料对书画文物本体的无有害影响，缓冲文物保存微环境波动等预防性保护功用。因此，文物包装材料性能和包装方式具有特别需求和更高的要求。

书画文物存放要用专用库房和专用的文物储藏柜（图7），存放书画文物应维持相对稳定的环境，尽量减少空气中的有害气体、尘埃、昆虫、微生物对书画的破坏，严格控制库房保管环境的密

(a) 书画专用库房　(b) 抽屉式书画文物储藏柜

图7　书画文物保管

封性，要有必要的防尘和恒温恒湿的设备，良好的保护环境对书画文物的收藏起着关键作用。

中国历代书画文物是中华文化博大精深、源远流长的物证之一，是人类宝贵的历史文化遗产。书画藏品更要科学保护，温度、湿度、光照、有害气体、昆虫、霉菌、人为损坏等外界因素都会对书画作品造成较为严重的损失，而且随着时间的推移，受害的范围和程度也可能扩大和加深。

在收集信息、整理编写《馆藏书画文物保护修复》方案的过程中，深刻体会到预防性保护的重要性，正所谓 “一针不缝、十针难补”，意思是提早发现问题，以免造成更大的麻烦，文物保护也如此，这就要求我们要采取及时而有效的防治措施，避免损害进一步蔓延。

总之，文物保护工作要从细微处做起，认真对待每件藏品，经常检查文物安全，及时发现问题、解决问题才能确保文物安全做到万无一失。

谈谈古籍修复中保护技术的运用

李爱玲
（广西壮族自治区博物馆，广西南宁，530022）

摘要 本文根据历史文献和实践工作，综合阐述了古籍修复中保护技术的运用，如黄柏水、椒汁配制，利用黄柏水、椒汁制糊及染纸等综合技术运用，使修复后的古籍具有杀虫、防菌、抗老化效果。

关键词 古籍修复 保护技术

引　　言

古籍虫蛀、霉变、老化是保存古籍文献常见的问题，对在修的古籍文献如何运用杀虫、防菌、脱酸等综合保护技术，使修复后的古籍具有保护作用，这关系到修复后古籍的保存效果，也是古籍修复保护工作的重要研究课题。本文根据工作实践并结合有关古籍修复的历史文献记载，介绍古籍修复中保护技术的运用，并提出了既要继承古代技法的优点，也要合理利用现代技术，以提高古籍修复保护的综合技术水平，使古籍得到良好的保存。

1　古代防虫技术的运用

古文献早有记载，我国东汉末年就已经发明黄柏避蠹的方法，从东汉到南北朝三四百年间，人们已经积累了“入潢染纸”的经验，唐代之后，染黄技术更加盛行，并诏立为制度，《文房四谱》卷四载：贞观中始用黄纸写敕制。高帝上元二年诏曰：诏敕施行，既为永式，此用白纸，多有虫蠹。宜令今后尚书省颁下诸州并宜用黄纸。甘肃敦煌藏经洞发现的大量唐人写经，至今保存完整无损，就是用“染以黄檗”的黄纸。宋元明清，染纸入潢，防虫避蠹，从未间断。明朝人在继承染潢技术的同时，又大胆创新，加进了橡子角水和胭脂水。

古代糊方中添加花椒等药物的运用，宋代就发明用胡椒、花椒、辣椒等药材浸出液染纸防蠹的技术。到了明代，扬州人周嘉胄在《装潢志》[1]中详细地记载花椒在制浆中的做法：“先以花椒熬汤，……入白矾，末乳香少许……”

1.1 黄柏

黄柏又称黄檗，是一种常见的中药材，它含有小檗碱、黄柏酮等主要成分，用于保护纸质古籍文献，同时具有杀虫、防菌、染色等作用。

1.2 花椒

花椒即是川椒，椒中所含的茴香醚、柠檬烯、枯醇、龙牛儿醇等多种化合物，其中散发出来的强烈辛辣气味都对蠹虫有驱避作用。因此，糊中加入花椒水，以解决虫蛀的难题。

白矾，从元到清一直被用作添加剂使用于糨糊中。一般认为白矾用于糨糊，是为了防霉防腐。现代研究表明糊中加白矾不可取，白矾为酸性，糊中掺入矾类的添加剂，对文献的长期保存有害。因此，制糊中慎用矾作为添加剂。

虽然黄柏、花椒杀虫抑菌效果不如现代合成的化学药物，但把天然植物运用在古籍修复中，在当今古籍保护仍然具有一定的现实意义。

2 现代古籍修复中保护技术的运用

2.1 “黄柏水”的提取

将黄柏药材打碎成粉末状，然后用冷水浸泡，黄柏与蒸馏水比例为1∶6，浸泡24h后，大火煮沸后文火煮30min，反复提取2～3次，滤去药渣取其药汁即为黄柏水。待黄柏水冷却后，装入玻璃容器并加盖密封，放入冰箱冷藏室保存备用。

2.2 “花椒水”的提取

同理提取花椒水。

2.3 药糊的制作

将已提取面筋的小麦淀粉与黄柏水、花椒水按一定的比例调制粉浆，边撒小麦淀粉边用小木棒搅匀。入冷锅用电磁炉加热（以80℃为宜），边煮边搅拌，直至颜色由不透明的黄褐色变为半透明状黄褐色时，说明糨糊已熟，要立即停止加热，以确保浆糊黏度适中，避免锅底浆糊焦结。糊煮好后，拍平表面，直接将清水注入覆盖浆面，这称为“养浆”。南方初春、秋末、冬，每天要换水一次；暮春、夏、初秋，气温高，每天换2～3次水，可保存7～10天。

也有以备制的黄柏水、花椒水直接调制煮好的糨糊，发现药汁和糨糊分离或着色不均匀，故未采用。

操作时要注意以下几点：一是托裱返酸脆化严重的书页，应先对书页的酸碱度进行测定，以此结果，作为判断调制糨糊的生物碱浓度的依据。pH越低，则适当增大生物碱浓度。二是预处理的糨糊颜色，要略浅于破损古籍书页的纸色。此药糊易使纸张白度下降，仅适用发黄、褐色等较深颜色的纸张。

2.4 纸张染潢浸椒染色处理

以染褐黄色为例，把赭石、藤黄加入黄柏水椒汁溶化，把染液调至弱碱性，颜色欲深可多加赭石，更深者（如褐黄）可略兑徽墨。在兑的过程中要不断地用纸试色，至所配颜色合适为止。将染料水倒入染槽，把棉纸一叠一叠放入槽内，用木棒在纸上压一压，使水分浸透棉纸，然后把水放掉，把纸一叠一叠取出放在倾斜的木板上，以利于控水。然后置于通风处阴干或晾在竹竿上，待七八分干时，把每叠打开晾干，以便着色均匀。

染潢浸椒的纸张主要用在托裱虫蛀严重的古籍。操作时注意控制黄柏提取液的浓度，浓度过大，液体过于黏稠，不适宜染纸。染色处理后，修复用纸的颜色略浅于待修复的破损古籍的纸张的颜色即可。

3 实践结果的分析

为了证明黄柏水、椒汁制糊和纸张浸椒染潢等保护技术处理及运用是否达到预计的目的，把2011年修复的几本古籍作对比。

A组：黄柏水椒汁等处理的古籍。使用黄柏水椒汁制糊和纸张浸椒染潢等保护技术处理修复的古籍，分别把样本放置于普通的书柜上和密闭的玻璃器皿里。

B组：常规修复的古籍。即没有经过保护处理常规修复的古籍，分别把样本放置于普通的书柜上和密闭的玻璃器皿里。

经过几年的观察（从2011年3月起），A组普通柜、玻璃器皿的古籍均未受虫蛀，但颜色稍变，而B组普通书柜的古籍出现轻微虫蛀，但均未变色。实验结果表明：利用黄柏水椒汁制糊和纸张浸椒染潢等保护技术处理修复的古籍较常规修复的古籍，防虫防蛀的效果好，但颜色掌握未娴熟，至于防虫防蛀时效有多长，还有待观察。

结　语

杀虫、防菌、抗老化是古籍保护的关键。对破损的古籍进行修复时，应该综合合理地运用具有杀虫、防菌、抗老化的修复技术。保护技术的运用，宜综合现代科学技术和古代技法，即把继承古人的经验智慧与现代文明相结合，以更好地提高古籍修复保护的综合技术水平。古人长时间的实践证明，用黄柏水椒汁制糊、染纸有很好的防虫效果，特别是黄柏水是碱性的，有利于古籍保护。防虫防菌添加物的运用，除了古人明示和今人已研究的，的确有益无害，才可以利用。对于尚未明确的，则需进一步的研究，防虫防菌技术的继承，应采取科学的态度。

参考文献

[1] 周嘉胄. 装潢志. 丛书集成初编第1563册. 北京：中华书局，1985：1-2，8-9.

纸质文物酸化原因及防治*

王欢欢

（山西大学，山西太原，030006）

摘要 纸质文物种类丰富，包括书籍、报刊、档案、字画等，其构成以有机质为主，质地脆弱，容易受到自然和人为等多种因素的破坏，其中纸张酸化是导致纸质文物损坏的主要原因之一。引起纸张酸化的机制复杂，微生物病害、纸张纤维老化、明矾的引入、金属离子的腐蚀等是常见的促使纸张酸化的原因。剖析纸质文物酸化的原因，便于在保护过程中施行针对性的脱酸方案，为纸质文物的保护提供参考。

关键词 纸质文物 酸化 防治

引 言

造纸术是我国的重要发明之一，经蔡伦改进后，纸张逐渐替代竹简成为主要的书写载体。经过长期的文化积累，我国的纸质文物浩如烟海、种类丰富，包括书籍、报刊、档案、字画等，其承载了大量历史、文化和科技信息，具有重要的社会价值。

纸质文物成分复杂，纸张是基础，为有机质，容易受到自然和人为等多种因素的破坏，其中纸张酸化是影响纸质文物长期保存的原因之一。酸催化纤维素水解产生氢离子，氢离子吸引纤维素糖苷键上的氧原子，降低糖苷键的稳定性，导致其断裂。糖苷键断裂后，氢离子与氧原子结合形成羟基，剩下的碳原子与羟基结合，促使水分子的加入，加速纤维素的水解，此过程中酸自身并不消耗，其催化作用仍存在[1]，持续危害纸质文物，造成纸张颜色加深、力度下降等。

引起纸张酸化的因素众多，其中微生物制造的代谢物、纸张木质素老化生成酸性物质、纸张制造和使用过程中添加明矾以及鞣酸铁墨水和铜基颜料的应用等是常见原因。

1 纸质文物酸化原因

1.1 微生物与纸质文物酸化

构成纸质文物的纤维为多糖结构，能为真菌的生长提供丰富的营养物质，在适宜温湿度条件

* 2015年文化部科技创新项目“苏州桃花坞木刻年画保护研究”成果之一。

下，空气中的真菌孢子容易在纸质文物中滋生，导致纸质文物产生霉菌病害。纸质文物中常见的真菌种类有黑曲霉、黄曲霉、米曲霉、根霉、木霉、链格孢、毛壳菌、枝状枝孢、撕裂蜡孔菌、聚多曲霉和瘤孢棒囊孢壳等[2-4]。霉菌会在纸质文物上留下难以去除的色斑，还会减少纸张的α-纤维素含量、降低纤维素聚合度、增加木素和羧基的含量，加速纸张老化[5]。

霉菌本身即为文物病害，学界关注热点是霉菌的去除，目前霉菌导致纸张酸化的研究较少，被霉菌污染的纸张如不进行脱酸处理，将持续加速文物的酸化。霉菌引起纸张酸化的机理与其代谢产物有关。链格孢和瘤孢棒囊孢壳代谢产生水分，水分既是纸张酸化的条件，也提供了适宜霉菌生长的环境[4]，造成恶性循环。更为糟糕的是，黑曲霉、枝状枝孢、瘤孢棒囊孢壳等代谢产生的纤维素酶系，能够分解纤维素，直接产生酸性物质，其中黑曲霉情况尤为特殊，具有多种活性强大的酶系，除了可以代谢产生纤维素酶外，还可代谢产生淀粉、酶、蛋白酶和果胶酶等，这些酶分解有机质产生葡萄糖酸、柠檬酸、没食子酸和抗坏血酸等多种有机酸，增加纸张的酸性[6, 7]。

1.2 纸张纤维老化

纸张的主要成分是纤维素、半纤维素及木质素，其中纤维素为长链多糖分子，相对稳定；半纤维素是由木糖、阿拉伯糖和半乳糖等几种多糖组成的异质多聚体，相较于纤维素，更易在酸性环境中分解；木质素是一种广泛存在于植物体中的芳香性高聚物，结构不稳定，经过氧化后会形成有机酸，导致纸张酸化。

手工纸和机制纸是构成纸质文物的两大体系，这两类纸张的原料和加工工艺不同，导致二者在老化机理和保存状况上存在差异。中国传统手工纸以麻、桑皮、构皮、檀皮等韧皮纤维为主要原料，木质素含量低，通过长期浸泡、高温蒸煮、反复捶打等手工方式脱胶，脱胶后留下的韧皮纤维较长，残留的酸性物质少。此外，脱胶过程中会加入生石灰或者草木灰等弱碱性物质辅助脱胶，因而韧皮纤维类手工纸的pH为7～9，能够缓冲环境中的酸性物质，具有优良的耐久性，有“纸寿千年”的美誉。手工纸中还有一类纸张的原料为竹子茎秆，其木质素高于韧皮纤维纸[8]，pH一般为6～8，保存状况相较于韧皮纤维纸稍差，但是优于机制纸。手工纸自然酸化的过程比较缓慢，导致其酸化的主要因素是装裱或者熟化纸张等工序中添加的明矾。

现代机制纸原料是用机械或者化学方法处理的木纤维，与韧皮纤维相比，木纤维含有大量性质不稳定、容易氧化成酸的木质素。机制纸加工过程中使用物理或者化学方法分散纤维，常用物质包括硫酸盐、亚硫酸盐等酸性物质，导致机制纸酸度较高，老化迅速，保存状况较差，是需要引起重视的一类纸质文物，多见于近现代的档案、信件、报刊和书籍等。

1.3 明矾的引入

明矾的引入方式同样存在手工纸和机制纸的差异，手工纸中明矾的引入与中国传统书画创作和观赏方式有关，包括调制颜料、书画装裱、书画用纸熟化等；机制纸中的明矾是造纸过程中使用的明矾-松香施胶剂。清朝末期，机制纸开始在我国纸质文物中出现，以书籍和档案为主，偶见书画作品，这批纸张的酸度高，老化腐蚀严重。

手工纸中的明矾以胶矾水的形式引入，胶矾水由明矾和胶料按照一定比例配制而成，是古代书画装裱、全色、调配颜料、熟化纸张必不可少的材料。中国工笔画大师于非闇认为中国画“除了水墨画和着色的大写意画外，差不多都要利用矾水来固定颜色”[9]。现代学者也认为胶矾水能固定颜色、防止洇染，在古旧书画重新装修和修复过程中发挥了重要作用[10]。胶矾水就像一把双刃剑，既为绘画和装裱提供了保护，又容易导致传统手工纸纸张的酸化，《芥舟学画编》就曾提到："作画家宜痛绝矾纸，矾纸作画，笔意涩滞，墨色浮薄，且不百年而碎裂无寸完。余蓄夏太常墨竹，是散金矾纸本，笔墨尚好，而纸本遍体破碎，不可装璜，惜哉”[11]，现代研究也证实胶矾水对纸绢书画有负面作用[12-14]。

机制纸中的明矾是造纸过程中添加的松香-明矾施胶剂。施胶剂能够阻止或减缓水向纸张中渗透，增加纸张的强度和平滑度。1807年，松香-明矾施胶法发明，1850年之后的机制纸皆用松香-明矾进行施胶。造纸过程中，水中的纤维及松香胶都是带负电荷的，两者之间存在着静电相斥的作用，加入的硫酸铝作为沉淀剂，把松香胶沉淀物附着在纤维上[15]。施胶后，明矾中的硫酸根残留在纸张中，在潮湿环境中加剧纸张的酸化，导致“酸化纸”危机，经检测，1700～1900年所制的欧洲及美国文化用纸酸碱度为4.0～4.9，我国大陆及台湾地区在该时期生产的机制纸的pH也在5以下，19世纪及20世纪以前所造的机制纸文物酸化问题十分严重。

明矾引起纸张酸化的原理是先电离后水解，其在水中首先发生不可逆的电离反应产生大量Al^{3+}：

$$KAl(SO_4)_2 = K^+ + Al^{3+} + 2SO_4^{2-}$$

电离出的Al^{3+}进一步发生可逆的水解反应：

$$Al^{3+} + 3H_2O \rightleftharpoons Al(OH)_3 + 3H^+$$

发生这两种反应后，H^+增加，导致纸张的pH降低。

1.4　金属离子的腐蚀

纸张中的金属离子基本上来源于含铁和铜的颜料和染料。含铁材料在纸质文物中以鞣酸铁墨水为主，多见于近现代的书写档案。鞣酸铁墨水主要成分为硫酸亚铁、没食子酸或鞣酸，酸度较高，pH在1.6～1.8之间，属于强酸性，对纸张有明显的腐蚀作用[16]。在保藏过程中，墨水进一步分解，没食子酸水解成为鞣酸和葡萄糖；鞣酸和墨水中的硫酸亚铁生成无色水溶性鞣酸亚铁，鞣酸亚铁氧化成为蓝紫色非水溶性焦棓酸亚铁，在反应过程中，从焦棓酸上分裂下来的羟氧基和硫酸离子形成硫酸，导致纸张酸化[17]。

铜基颜料包括天然矿物和人工合成的含铜颜料，天然矿物包括氯铜矿、蓝铜矿、孔雀石、青金石等，在中国古代工笔重彩画中应用较多；人工合成的含铜颜料包括酞菁铜和乙酸铜等，多见于20世纪30年代后的印刷品。在光照较少的环境下，含铜绿色颜料涂覆的纸张常发生氧化作用形成醛基和酮，进一步形成羧酸，这是纸张酸化降解的原因之一，此外含有乙酸铜的颜料，游离出的乙酸根离子也能导致纸张酸化[18]。

2　纸质文物酸化防治

对待酸化的文物，脱酸是直接的处理手段，常用的方法包括液相脱酸法、气相脱酸法和固相脱酸法三种。液相脱酸法是将纸质文物浸泡在液体中进行脱酸，常用的液体包括水溶液和加入碳酸钙或碳酸镁的弱碱性溶液，使用液相脱酸容易造成纸张变形、破坏书写痕迹等。气相脱酸法是在真空条件下用二乙基锌等可气化或者挥发的碱性气体处理酸化的文物，可批量处理，兼具杀菌和消毒的功效，但是造价高，对设备和环境要求较高。固相脱酸法是在潮湿环境中，用固体碳酸钙接触式除酸，操作简便，除酸效果较差[19]。

上述除酸手段从宏观上针对酸化的纸张进行处理，但是如前文所述，纸张酸化原因众多，如果只是提高纸张的pH，而不是从根本上去除导致酸化的因子，只能说是治标不治本，除酸后的效果持续较短，随着时间的流逝，纸张会继续酸化，陷入循环往复的脱酸之中。

综上建议，脱酸过程辨证施治，在提高pH的基础上，去除导致纸张酸化的病因。对于产生微生物病害的纸张，第一步是去除微生物，去除后进行脱酸处理；纸张自身氧化降解造成的酸化，主要是含木质素较多的纸张，木质素含有发色基团，对紫外线比较敏感，机制纸脱酸后应当注意避光保存；针对可能含有明矾的纸张，先用明矾检测笔进行检测，确认是否含有明矾，如含有明矾则着重于明矾的去除；具有颜色尤其是近现代的书写和印刷文物，应当注意其使用的墨水种类，重点提高笔迹的稳定性，减缓酸性。

参考文献

[1] 徐兵. 旧新闻纸酸性成分分析与脱酸加固研究. 广州：广州工业大学，2015：1-76.

[2] 唐欢，王春，范文奇，周理坤，马冠华. 馆藏纸质书画文物上霉菌的分离与鉴定. 文物保护与考古科学，2015，27（2）：40-46.

[3] 杨娟. 一幅霉变书画的扫描电镜分析. 电子显微学报，2015，34（5）：438-442.

[4] 姚娜，闫丽，吴若菲，李婷，王纪刚，周文华. 早期霉变纸币霉菌分离与鉴定研究. 中国钱币，2015，137（6）：44-49.

[5] 张慧，张金萍，朱庆贵. 霉菌对纸张化学性能影响的研究. 中国造纸，2015，34（3）：31-34.

[6] 李娜. 耐热真菌纤维素酶基因的克隆与序列分析. 泰安：山东农业大学，2013.

[7] 张华姣，王永宏，韩立荣，王智辉，张兴. 枝状枝孢菌F4-1液体发酵产纤维素酶及部分酶学性质研究. 西北农业学报，2012，21（9）：149-153.

[8] 高洁，汤烈贵. 纤维素科学. 北京：科学出版社，1996：12-13.

[9] 于非闇. 中国画颜色的研究. 北京：北京联合出版公司，2013.

[10] 严桂荣. 图说中国书画装裱. 上海：上海人民美术出版社，2008：8-9.

[11] 王伯敏，任道斌. 画学集成（明—清）. 石家庄：河北美术出版社，2002：633.

[12] 陈春上. 中国书画耐久性问题研究. 台湾：云林科技大学文化资产维护系研究所，2003.

[13] 王亚龙. 明矾在纸质文物中的应用研究. 南方文物，2013，（1）：154-156.

[14] 徐文娟. 明矾对宣纸耐久性影响的研究. 文物保护与考古科学，2008，20（4）：47-50.

[15] 冯改灵，朱雁，谢青，和世宝. 松香胶的施胶理论. 河南科学，2002，20（3）：242-244.

[16] 邢惠萍，李玉虎，马静，郭竟，张卓卓. 蓝黑墨水对档案纸张耐久性的影响. 档案学研究，2013，（5）：51-53.

[17] Albeck M, Benbassat A, Lewin M. The yellowing of cotton cellulose 11. The influence of functional groups and the nature of yellowing. Schocken Books, 1965, 10: 935-942.

[18] 赵嫣一，陈刚. 铜离子对纸张的腐蚀降解作用综述. 文物保护与考古科学，2015，27（1）：109-115.

[19] 奚三彩. 纸质文物脱酸与加固方法的综述. 文物保护与考古科学，2008，20（S1）：85-94.

现代夹江书画纸与安徽宣纸纸张性能的比较

黄怡凡[1]　韦　荃[1]　罗雁冰[2]

（1. 四川博物院，四川成都，610071；2. 四川大学历史文化学院，四川成都，610064）

摘要　传统夹江书画纸同安徽宣纸一样，均是我国重要的非物质文化遗产，但目前发展并不理想。纸张质量问题是目前影响现代夹江书画纸发展的主要原因。我们对现代夹江书画纸和安徽宣纸的理化性能进行了对比分析，研究发现近年的两种纸张除在原材料来源上有较大差别外，夹江纸的耐干热老化性能明显比安徽宣纸差；但时间稍早的1990年的夹江书画纸则表现出较好的耐干热老化性能。研究初步表明，安徽宣纸较好地保持了传统工艺，但夹江书画用纸在发展过程中逐渐走向了衰退。

关键词　夹江书画纸　安徽宣纸　性能分析　干热老化

引　　言

传统夹江书画纸同安徽宣纸一样，均是我国重要的非物质文化遗产。翻看历史，传统夹江抄纸工艺的起源可追溯到两晋时期，元明之后蓬勃发展，并成为当地经济的主要支柱。特别是清代时所抄“方细土帘”和“长帘文卷”，由于质量上乘被钦定为贡纸，从此夹江纸名声大噪，产地四川夹江也被誉为“蜀纸之乡”。20世纪40年代，我国著名书画家张大千先生还亲赴夹江，对原抄纸工艺和配方进行改进，制“大千书画纸”并行销全国。就此传统夹江纸也正式更名为“夹江书画纸”。

尽管传统夹江书画纸有过辉煌的过去，但目前发展并不理想。从使用情况来看，现代传统夹江书画纸主要用于一般绘画、书法练习，极少用于精品书画作品或纸质文物的修复。这种选择多基于经验判断或用纸习惯，认为夹江书画纸性能不如安徽宣纸。为什么宣纸已形成了品牌效应和经济效益？还是确因夹江抄纸张性能欠佳？它与安徽宣纸在性能上究竟有何区别？是否能作为纸质文物修复用纸？这是值得思考和研究的问题。

为了更加科学、客观地评价现代夹江书画纸，本文通过对比现代夹江书画纸与安徽宣纸理化性能上的差异，初步分析研究造成夹江书画纸质量问题的主要原因，为夹江书画纸工艺改进和纸质文物修复用纸选择提供依据。

1 实验样品和方法

1.1 实验样品

为提高实验的准确性，选用实地调查中所采集到的、同一年抄制的夹江书画纸和安徽宣纸（红星牌）。从性能要求上来讲，纸质文物修复用纸要求最高，且以棉料和净皮为主，所以本次实验选取夹江和安徽手工纸中的棉料纸和净皮纸作为主要测试样品。目前，国内博物馆主要使用的安徽宣纸除红星宣纸外，还有汪六吉宣纸[1]，可以作为对比样品。在四川博物院书画装裱室库房中存有1990年抄制的夹江手工纸和安徽小岭宣纸，两种纸张在相同的自然环境下保存了25年，可以作为参照对比样品。具体纸张样本采集整理见表1。

表1 纸张样品基本信息

样品	编号	来源	纸种	抄制年份	采集方式	尺寸
现代夹江书画纸	1	石志华	净皮	2012年	实地取样	四尺
	2		棉料	2012年		
	3	杨某	净皮	2012年		
	4		连史纸	2012年		
	5	大千纸（20世纪90年代仿制）	棉料	1990年	博物院库存	
安徽宣纸	6	红星宣纸	棉料	2012年	实地取样	四尺
	7		净皮	2012年		
	8	汪六吉	棉料	2014年	市场采购	
	9		净皮	2014年		
安徽宣纸	10	小岭宣纸厂	棉料	1990年	博物馆库存	

1.2 仪器与试剂

仪器：长江牌厚度仪，XWY-VI型多功能造纸纤维测量仪，WTW pH3310 SET2酸度计，DRK 108B 电子撕裂度测定仪，DRK103B白度颜色测定仪（德瑞克），DRK 119柔软度测定仪，NCY系列自动黏度测定仪，WGLL-230BE 干热老化箱。

试剂：赫兹伯格（Herzberg）染色剂（根据标准配制），铜乙二胺1mol/L（美国SIGMA-ALDRICH）。

1.3 实验方法

（1）纸张纤维观察：测定方法参照GB/T 10336—1989《造纸纤维长度测定》、GB/T 4688—2002《纸、纸板和纸浆纤维组成的分析》、GB/T 2828—2003《抽样国家标准》。采用Herzberg染色剂对纤维进行染色观察。

（2）纸张定量：测定方法参照GB/T 451.2—2002《纸和纸板定量的测定》。

（3）pH：测定方法参照标准GB/T 1545.2—2003《纸、纸板和纸浆 水抽提液pH的测定》。

（4）撕裂度：测定方法参照GB/T 455.1—1989《纸撕裂度的测定法》。

（5）白度：测定方法参照GB/T 7975—2005《纸和纸板　颜色的测定（漫反射法）》。

（6）柔软度：测定方法参照GB/T 8942—2002《纸　柔软度的测定》。

（7）纤维聚合度：测定方法参照GB/T 1548—2004《纸浆　粘度的测定》。

（8）老化方法：参照GB/T 464—2008《纸与纸板的干热加速老化》对本次样品进行老化，老化温度为105℃±2℃。老化实验分组参见表2。

表2　实验分组处理

编号	纸张处理	实验环境控制
A组	相同自然条件下存放30天，不经过人工老化	相对湿度：55%±2%，温度：25℃±2℃
B组	连续干热老化3天	老化温度：105℃
C组	连续干热老化7天	老化温度：105℃
D组	连续干热老化15天	老化温度：105℃
E组	连续干热老化30天	老化温度：105℃

2　结果与讨论

2.1　样品定量

对样品进行定量，并按照标准计算纸张紧度和松厚度，其结果见表3。松厚度和紧度是纸张性能的重要性能指标，两者互为反比。紧度可以预测纸张机械强度的变化[2]，纸张的松厚度在很大程度上决定了纸张的不透明度和挺度。对于造纸生产者来说，若能达到高松厚度、挺度和不透明度，就有可能使用较少的纤维材料来达到同样的纸张质量指标，从而可以大大节约成本[3]。但对于传统手工纸来讲，较高的松厚度能使纸张结构较疏松，不仅使纸张有较好的延展性，还有助于墨色的附着。

对比现代夹江书画纸和安徽宣纸，1、3、7和9号样品均为净皮纸，但紧度和松厚度差异较大，夹江净皮纸紧度较高，理论上应具有较好的机械性能；2、4、6、8和10号样品为棉料纸，2、4、6号样品紧度和松厚度值相差不大，8号和10号样品紧度较低而松厚度较高，纸张纤维明显较疏松。由于夹江棉料纸和宣纸棉料纸原料成分有不同，不能够仅从定量分析来判断纸张优劣。

表3　样品定量、紧度和松厚度测试结果

编号	厚度/mm	定量/（g/m^2）	紧度/（g/cm^3）	松厚度/（cm^3/g）
1	0.074	34.90	0.472	2.120
2	0.079	25.84	0.327	3.057
3	0.086	27.24	0.317	3.157
4	0.088	33.59	0.382	2.620
5	0.087	26.79	0.308	3.247
6	0.092	29.04	0.316	3.168
7	0.098	27.60	0.282	3.551
8	0.087	22.84	0.263	3.809
9	0.086	24.06	0.280	3.574
10	0.108	29.06	0.269	3.716

2.2 纸张纤维结构观察

用Herzberg染色剂对纸张纤维进行染色观察，通过纤维颜色的不同和深浅，不仅可以区分纤维种类，还可以推断漂白剂对纤维的漂白程度[4]。

从纤维染色图（图1～图10）可见，不同纸张由不同的纤维组成，整理结果见表4。现代夹江书画纸和安徽宣纸均为混料纸，且同样具有一定的规律性。安徽宣纸中均含有草浆纤维和檀皮纤维，净皮纸有且仅含有这两种纤维，与“宣纸”国家标准中的定义所一致，而棉料纸类中在宣纸的基础上添加了一定量的棉纤维。夹江纸中均含有竹纤维和草浆纤维，但不同纸张中还含有不同的韧皮纤维，棉料类纸张中同样含有一定量的棉纤维。从4号夹江连史纸中还观察到了针叶木纤维，纸张中含有少量木浆。

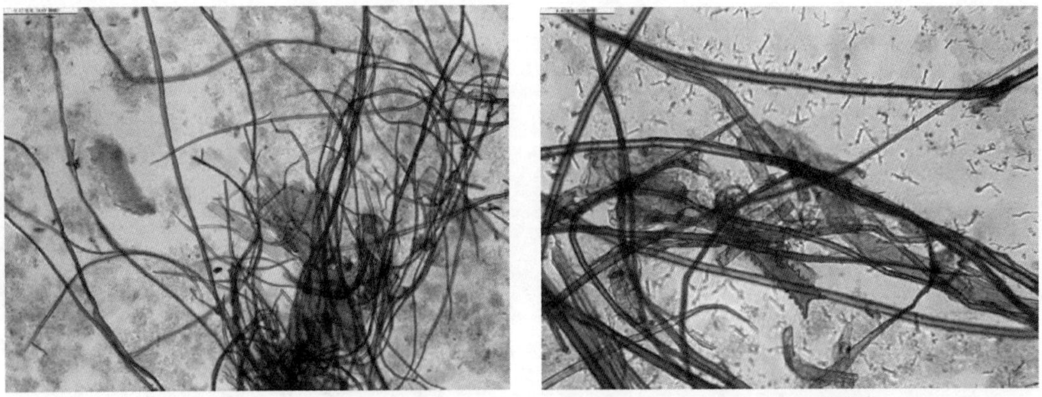

(a) Herzberg 染色 (×10)　(b) Herzberg 染色 (×20)

图1　石志华抄夹江净皮纸纤维染色图（样品1）

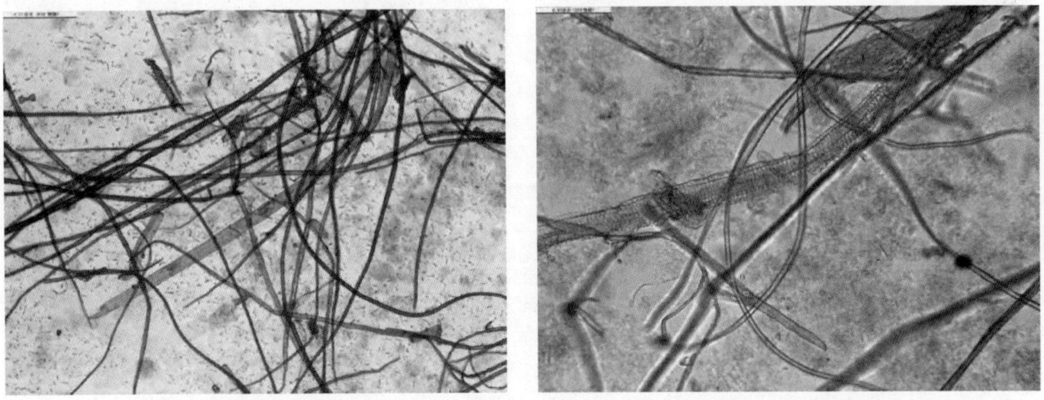

(a) Herzberg 染色 (×10)　(b) Herzberg 染色 (×20)

图2　石志华抄夹江棉料纸纤维染色图（样品2）

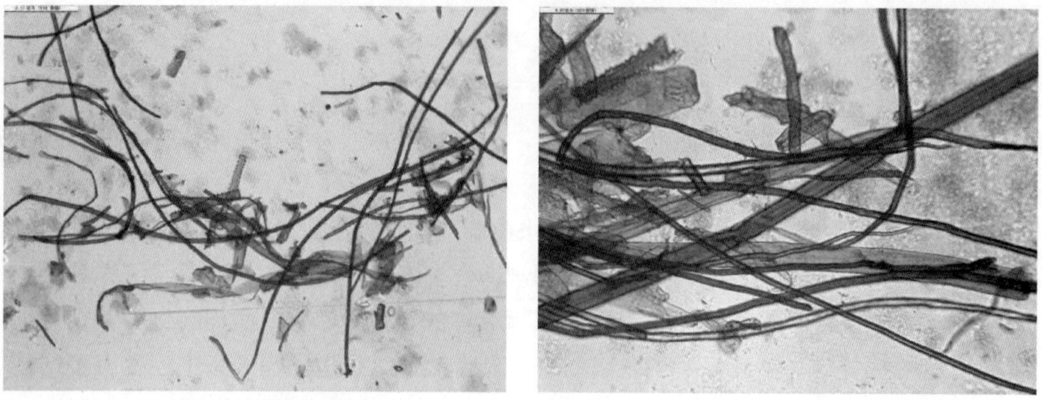

(a) Herzberg 染色 (×10)　　(b) Herzberg 染色 (×20)

图3　杨某抄夹江净皮纸纤维染色图（样品3）

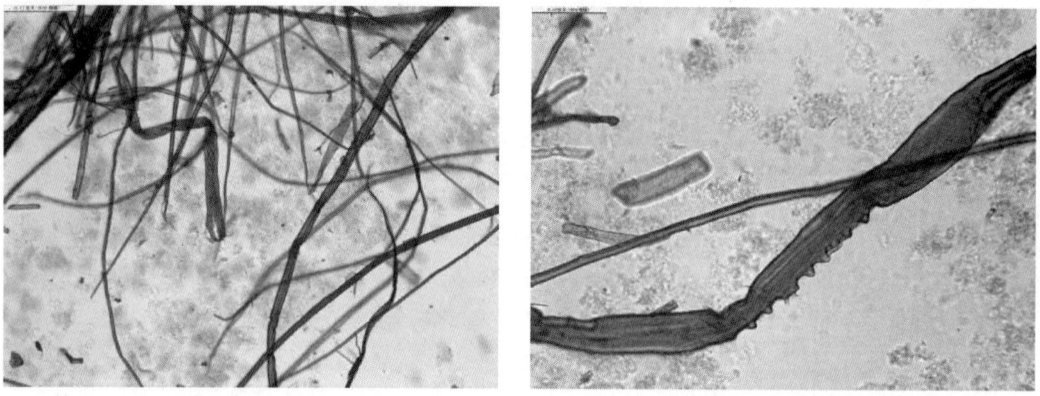

(a) Herzberg 染色 (×10)　　(b) Herzberg 染色-1 (×20)

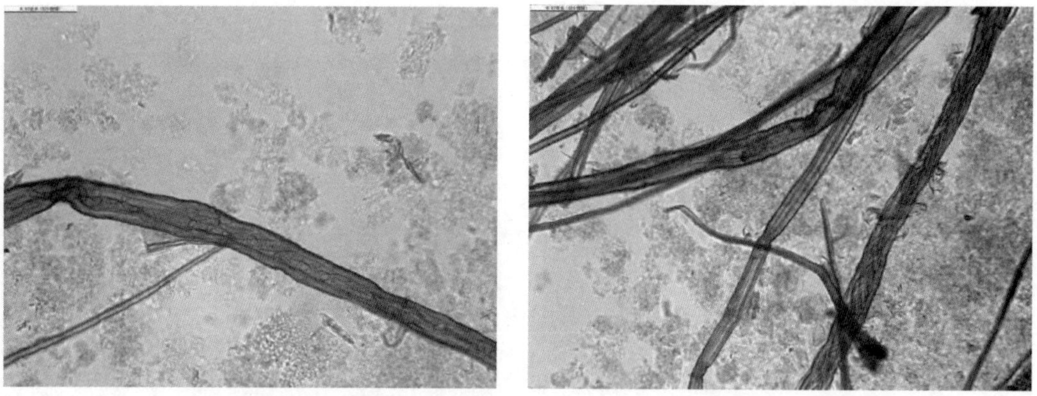

(c) Herzberg 染色-2 (×20)　　(d) Herzberg 染色-3 (×20)

图4　夹江连史纸纤维染色图（样品4）

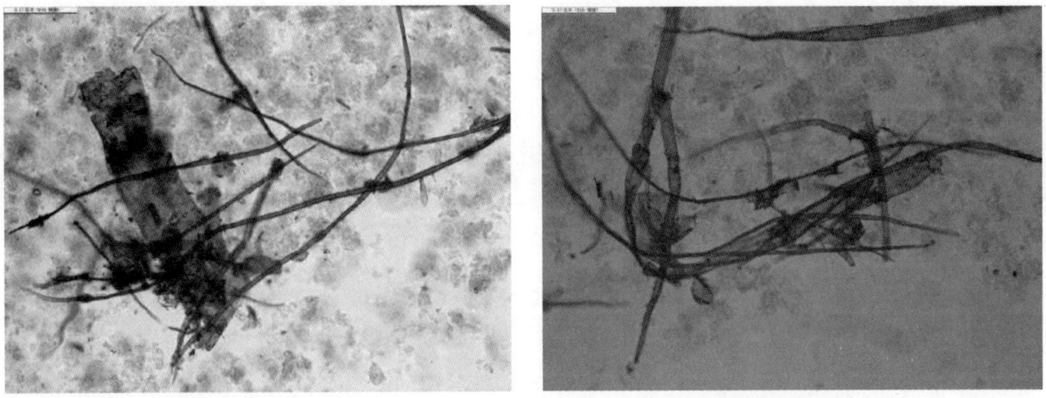

(a) Herzberg 染色 (×10)　　(b) Herzberg 染色 (×20)

图5　夹江大千纸纤维染色图（后期仿制，样品5）

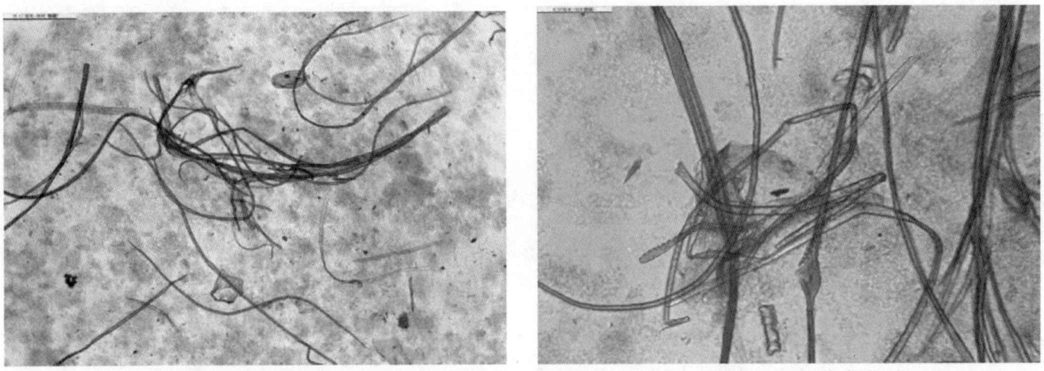

(a) Herzberg 染色 (×10)　　(b) Herzberg 染色 (×20)

图6　红星宣棉料宣纸纤维染色图（样品6）

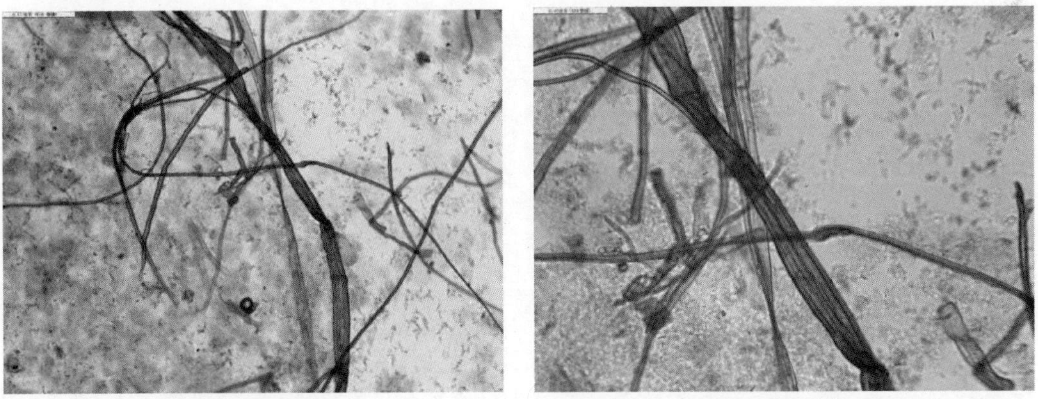

(a) Herzberg 染色 (×10)　　(b) Herzberg 染色 (×20)

图7　红星宣净皮宣纸纤维染色图（样品7）

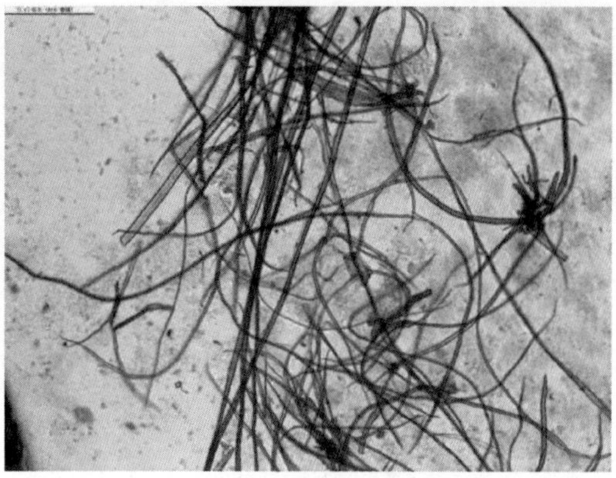
(a) Herzberg 染色 (×10)

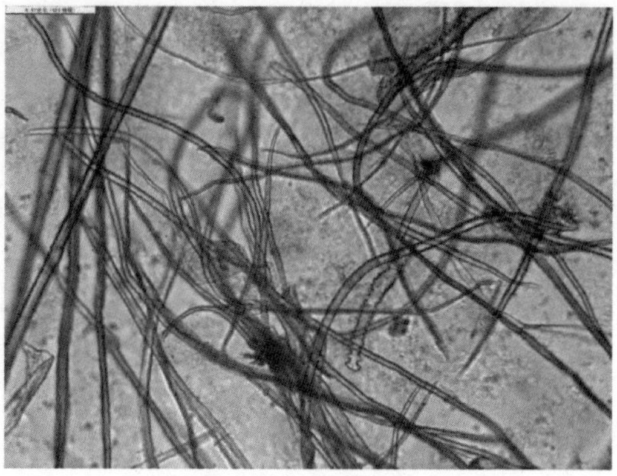
(b) Herzberg 染色 (×20)

图8　汪六吉棉料宣纸纤维染色图（样品8）

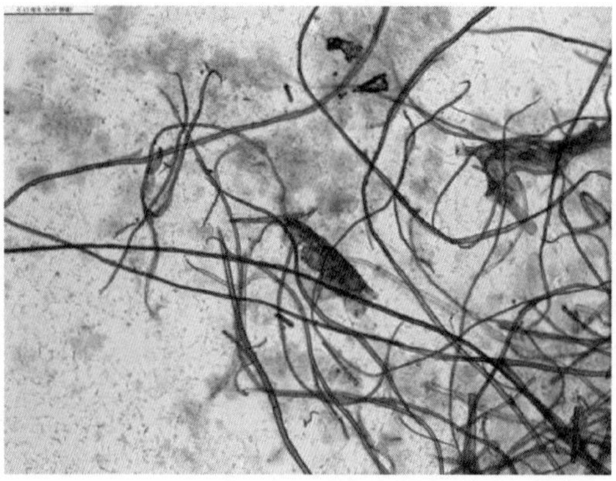
(a) Herzberg 染色 (×10)

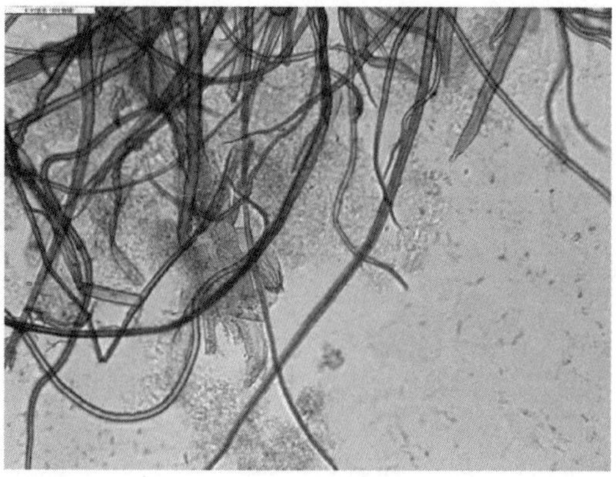
(b) Herzberg 染色 (×20)

图9　汪六吉净皮宣纸纤维染色图（样品9）

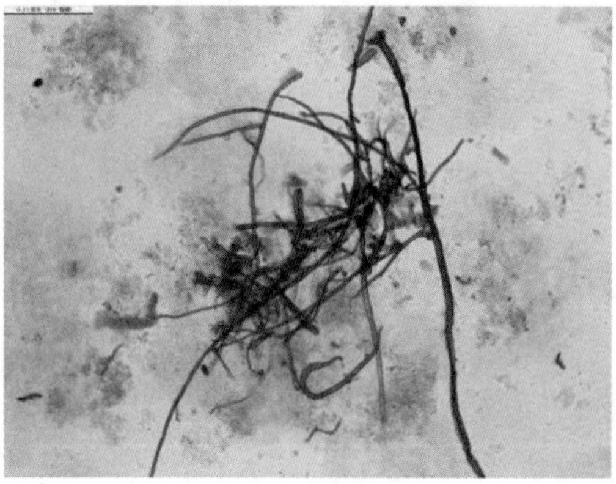
(a) Herzberg 染色 (×10)

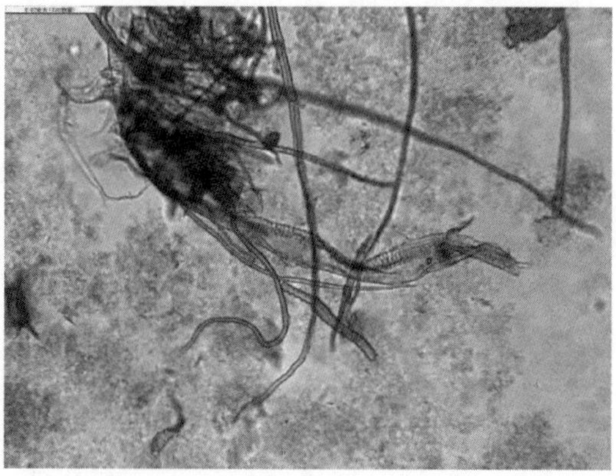
(b) Herzberg 染色 (×20)

图10　小岭宣纸厂棉料宣纸纤维染色图（样品10）

表4 原料纤维种类构成

编号	品类	纤维1	纤维2	纤维3	纤维4
1	净皮	竹纤维	草浆纤维	桑皮纤维	—
2	棉料	竹纤维	草浆纤维	棉纤维	—
3	净皮	竹纤维	草浆纤维	构皮纤维	—
4	连史纸	竹纤维	草浆纤维	麻类纤维	针叶木纤维
5	棉料	竹纤维	草浆纤维	桑皮纤维	棉纤维
6	棉料	草浆纤维	檀皮纤维	棉纤维	—
7	净皮	草浆纤维	檀皮纤维	—	—
8	棉料	草浆纤维	檀皮纤维	棉纤维	—
9	净皮	草浆纤维	檀皮纤维	—	—
10	棉料	草浆纤维	檀皮纤维	棉纤维	—

由此可见，宣纸对纤维组成的要求更为严格和规范，而夹江纸相对要随意得多。其原因可能在于，夹江纸是以竹纤维为主要抄纸原料，从纤维性能上较檀皮纤维差，所以会添加不同成分的韧皮类纤维以提高纸张韧性，增加机械强度。而所有的棉料类纸张中均含有棉纤维，根据棉纤维的性能推测，添加不同比例的棉纤维可以增加纸张的柔软度。

仅从纤维角度观察不能够说明现代夹江书画纸和安徽宣纸的性能差异。通过调节纤维组成配比，可以改变纸张性能，如提高夹江纸韧皮纤维或棉纤维的含量。

通过显微镜观察，还发现夹江纸中竹纤维普遍较硬直，能观察到明显的细胞壁，可见纸张在制浆过程中竹纤维破壁程度不够，会阻碍水分进入纤维细胞中，纸张柔软度会降低。

2.3 纸张耐老化性能对比分析

2.3.1 连续干热老化对纸张pH的影响

老化程度对纸张pH有影响，随着老化程度增加，pH降低，其原理是温度加快了纸张中纤维素、半纤维素的降解反应[5]，但这种降解反应同环境温湿度和纸张含水量有一定关系。测试结果（图11）表明，所有纸张样品未老化前均呈弱碱性，pH为7.8～8.1，这与纸张碱法制浆有关。干热老化后pH下降不明显，纸张依旧处于中性或弱碱性。

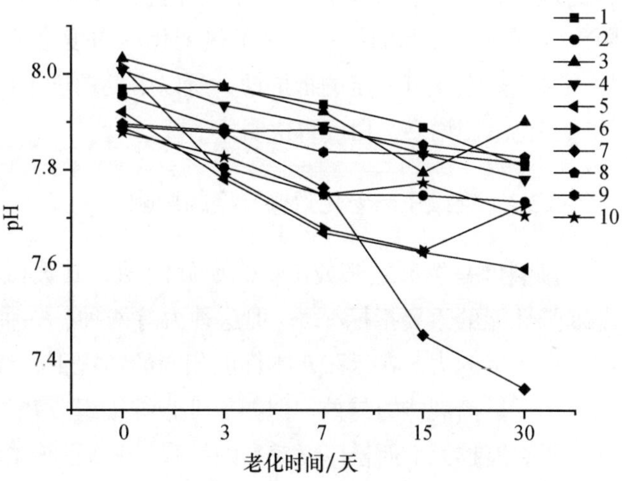

图11 干热老化对纸张pH的影响

2.3.2 连续干热老化对纸张白度的影响

白度是指纸张受单色光照射后对光的全反射能[6]，常用来表征老化效应引起的物体表面色的变化，是纸张老化的重要指标。纸张白度的下降，也称“返黄”现象，指纸张在老化过程中发生了氧化显色等化学反应，生成了有色物质[7]。目前主要认为是纤维素和半纤维素的氧化和水解反应，形成了有色基团，从而白度下降[8]。

从图12可以看出，经过老化后的纸张白度普遍下降，但大部分纸张样品白度在前期明显下降后会出现一定阶段的平缓期，然后白度会再次明显下降（主要集中在干热老化15天后）。现代夹江书画纸和安徽宣纸比较，干热老化后白度变化没有明显差异，但夹江书画纸中3号和安徽宣纸中6号，干热老化对白度的影响较小，表现出较好的耐久性；8号和9号汪六吉宣纸白度下降较明显，表现出较差的耐久性；在相同条件下存放了25年的5号样品和10号样品白度变化较小，表现出较好的耐久性。

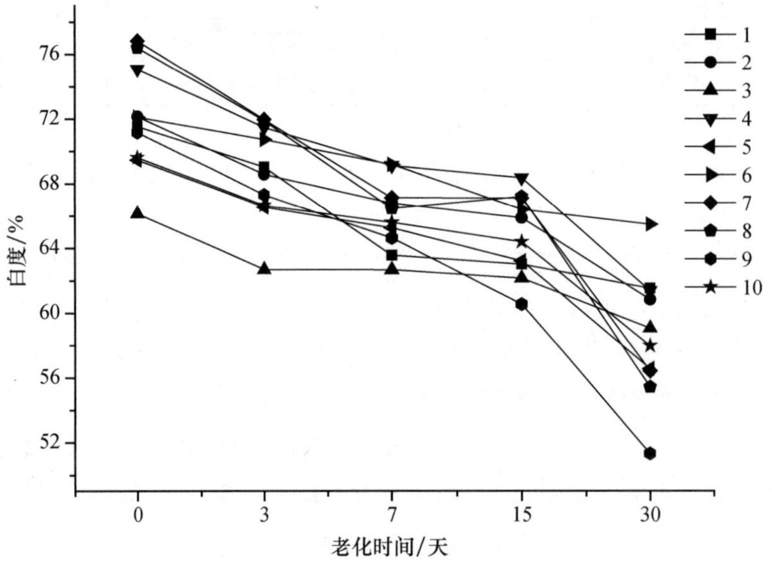

图12　干热老化对纸张白度的影响

肖青[9]对纸张的研究表明，半纤维素含量较高的纸张对光和热有一定的稳定性。不同纸张原料处理工艺不同，纤维素和半纤维含量有较大差异，所以干热老化对白度影响程度不同。由此推断，含纤维素较高的纸张样品干热老化后白度会明显下降；待纤维素降解后半纤维素相对比值增加，对干热老化有一定的抵抗性，所以中期白度下降平缓；后期随老化程度增加，半纤维素大量降解，有色基团增多，白度再次明显下降。

2.3.3　连续干热老化对撕裂度的影响

撕裂度是撕裂纸张或纸板时所做的功，其数值反映了纸张在接受外力撕裂时所能承受的力，是纸张性能的重要指标[10]。但这种力有两种，一种为使纤维从纸张中抽离时的力，另一种为使纤维断裂产生的力。在纸张基本性能相同的情况下，纸张纤维性能越差，撕裂时更容易断裂，其撕裂度越小，抗撕裂能力越差。但如果纸张纤维组成和配比等条件相同时，纸张紧度越大，机械性能越好，撕裂度越大；而松厚度较高的纸张，其纸张较酥松，纤维容易抽离，撕裂度会降低。

对比图13的结果，可知紧度较高的夹江纸在未老化前撕裂度明显较高，而安徽宣纸中除7号红星净皮宣纸外，其他纸张撕裂度差别不大，均较低。但经过干热老化后，夹江纸撕裂度下降明显，

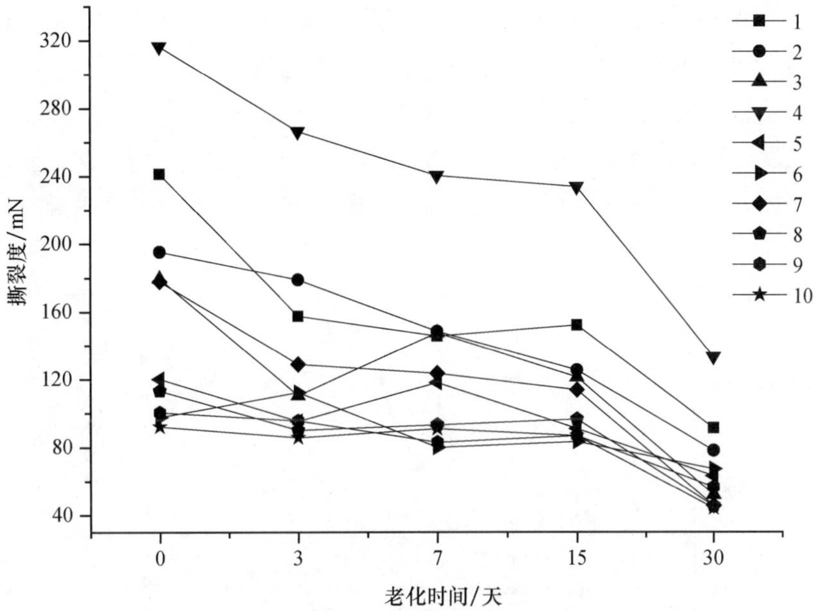

图13 干热老化对纸张撕裂度的影响

而宣纸撕裂度普遍下降较小，表现出较好的抗老化性能。大部分纸张样品在干热老化开始后撕裂度明显降低，但干热老化3天、7天和15天之间的撕裂度下降较平缓，在干热老化30天后样品撕裂度再次明显下降。

新抄制的夹江书画纸同1990年抄制的夹江书画纸相比，未老化前撕裂度差别明显，且新抄制的纸张耐老化性能较差，而新抄制的安徽宣纸同1990年抄制的宣纸相比差别不大。可见相比安徽宣纸，新抄制的夹江书画纸由于工艺和配方的变化，其性能差别较大，经过20多年的发展，其抄纸技艺没有进一步改进或提高，反而出现下降趋势，纸张性能降低。

5号和10号样品分别为1990年抄制的夹江手工纸和安徽宣纸，未老化前两者撕裂度较低，但干热老化对其的影响较小，撕裂度变化较小，表现出较好的抗老化性能。可见经过了20多年的自然老化，纸张性能趋于平衡稳定，反而表现出较好的抗老化性。

2.3.4 连续干热老化对纸张柔软度的影响

柔软度是反映纸张手感、柔软性能的重要指标，其大小与纸浆种类、厚度、挺度等特性相关。根据标准GB/T 8942—2002对柔软度的定义，试样本身的抗弯曲力和试样与缝隙处摩擦力的最大矢量和称为柔软度。所以柔软度值越小，说明纸样越柔软。

由于传统手工纸张随竹帘帘纹方向有横向帘纹和纵向帘纹之分，不同帘纹方向对纸张卷曲有影响，所以在测试柔软度时，对纸张样品横向和纵向分别进行测试。

帘纹横向方向（图14）：现代夹江书画纸1、3、4号样品横向柔软度高于安徽宣纸，其柔软性能较差，且柔软度变化曲线随老化程度增加而变化明显，耐久性能也较差。现代夹江书纸中5号样品柔软度最低，其柔软性能最好且表现出较好的耐久性；2号夹江棉料纸柔软度随老化程度增加变化不明显，表现出较好的耐久性。安徽宣纸老化前和老化30天后相比，柔软度普遍差距较小，表现出较好的耐久性，特别是6号红星棉料宣纸纸张最为柔软。

帘纹纵向方向（图15）：现代夹江书画纸除5号外，柔软度值均较现代安徽宣纸高，安徽宣纸更加柔软，其中现代夹江书画纸中以1号和4号样品柔软性能较差。干热老化后，除4号样品外，其余夹江书画纸纵向柔软度随老化程度增加变化不明显，表现出较好的抗老化性能。安徽宣纸纵向柔软度也较低，且表现出较好的耐久性。

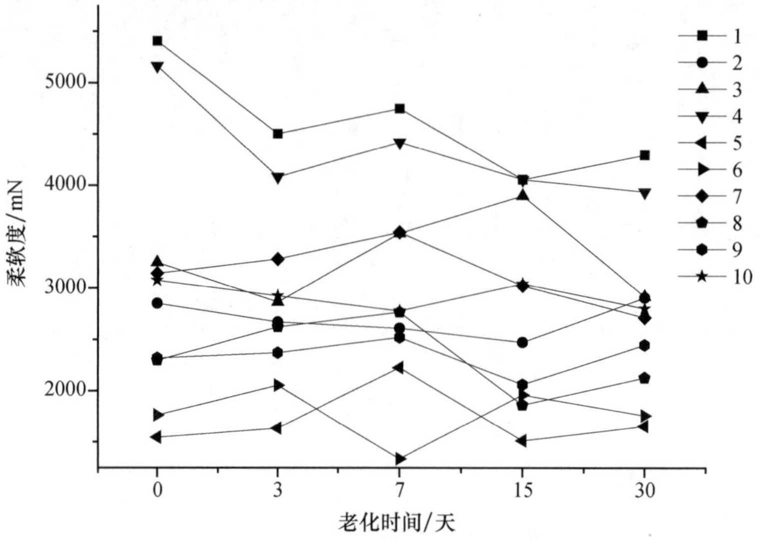

图14　干热老化对纸张柔软度的影响（横向帘纹）

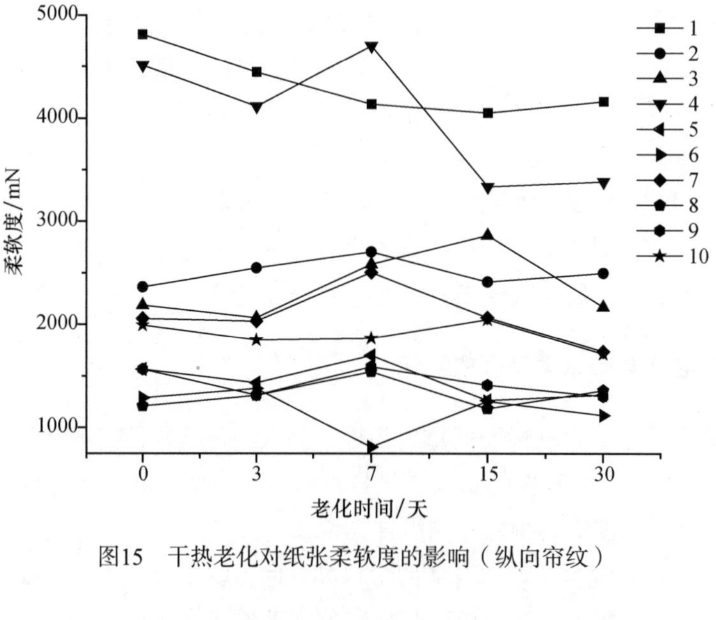

图15　干热老化对纸张柔软度的影响（纵向帘纹）

对比帘纹纵向和横向柔软度，纸张横向柔软度要高于纵向柔软度，可见纵向更加柔软，利于纸张蜷曲。经过干热老化后，安徽宣纸柔软度不论横向还是纵向变化差异较小，但夹江纸中的1号和4号样品柔软度却明显不同。棉料类纸张较净皮类纸张不论纵向还是横向柔软度值相差也不大，且随老化程度增加，变化较小，可见棉料纸耐老化性能较好。

5号和10号样品分别为在相同条件下保存了25年的夹江书画纸和安徽宣纸，两者横向和纵向柔软度变化曲线几乎相同，但10号样品柔软度变化不明显，表现出较好的耐老化性能，5号夹江书画纸更加柔软。

2.3.5 连续干热老化对纤维素聚合度的影响

传统手工纸纸张主要成分为纤维素和半纤维素，而纤维素的分子式为（$C_6H_{10}O_5$）$_n$，其中n为葡萄糖基的数目，称为聚合度（DP）[11]。纤维平均聚合度即纤维素分子链的平均长度，其长度大小及其分布会直接影响材料的强度、模量和挠度等力学性能及溶解性能、老化性能、化学反应性能[12]。在抄制制浆的过程中，不同的加工方式对纤维素聚合度都有不同程度的降解。当纤维素分子被降解时，其链状分子即被断裂，纤维素平均长度降低，聚合度变小，纸浆黏度下降。纤维素聚合度在700以下时，机械性能明显下降，下降到200时，则碎成粉末[13]。可见纸张抄纸工艺对纸张聚合度有较大影响，同样会影响成纸质量。

从图16可见，除9号样品外，其余纸张样品未老化前纤维聚合度均在1000以下，是化学浆的平均聚合度[14]。纸张未老化前聚合度明显低于纤维本身的聚合度（棉麻类聚合度约10000），可见纸张原料在沤制、蒸煮和打浆等加工过程中受外力影响，纤维会发生不同程度的降解，成纸聚合度大幅下降。但安徽宣纸纤维聚合度普遍较夹江手工纸高，可见成纸性能上，安徽宣纸较好。

图16结果显示，所有样品随干热老化程度增加聚合度均呈不同程度的下降。部分样品未老化前有较高的纤维聚合度（如8号和9号样品），但经过干热老化后，聚合度明显下降，耐老化性较差；还有部分样品未老化前聚合度偏低，但老化过程中聚合度下降平缓，反而表现出较好的耐老化性，如5、6、7和10号样品。可见对于传统手工纸来讲，纤维聚合度高并不代表有较好的耐久性，耐久性和纤维中纤维素、半纤维素的比值有一定关系。

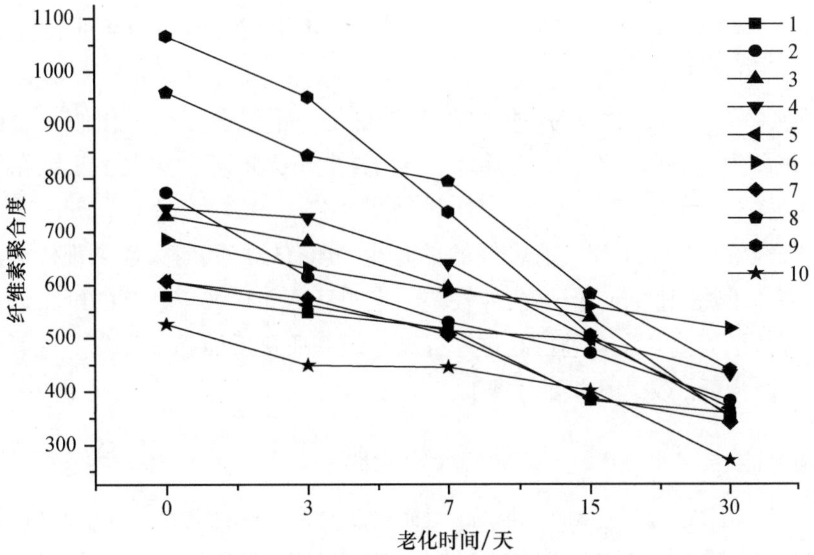

图16 干热老化对纸张纤维素聚合度的影响

安徽宣纸中，8号和9号样品聚合度随老化程度增加下降明显，而6号和7号样品聚合度下降较平缓，特别是6号样品最为平缓，表现出较好的耐老化性能。6号和7号样品为红星宣纸，8号和9号样品为汪六吉宣纸，红星宣纸耐老化性能较好。

5号和10号样品为1990年抄制的，其聚合度曲线变化均较平缓，且变化曲线相似。可见两种纸张在自然条件下老化了25年，纤维聚合度虽然已经大量降解，但纸张性能趋于稳定，聚合度随老化时间增加平缓下降。

结　语

通过对采集到的现代夹江书画纸和安徽宣纸进行纤维观察，并对其理化性能进行比较，从纸张定量和在不同干热老化时间下纸张pH、撕裂度、柔软度、聚合度等进行了比较分析。

通过纤维观察，理清了不同纸样中纤维结构组成。安徽宣纸相比夹江书画纸，其纤维组成严格按照“宣纸”的国家标准要求，但不同厂家纤维配比不同，纸张性能不同。而不论安徽宣纸还是夹江纸，棉料类纸张中均添加一定量的棉纤维，可见“棉料纸”是以添加棉纤维、从纤维组成上进行命名的。

现代夹江书画纸尽管是以竹纤维作为主要抄纸原料，但通过添加不同种类和配比的韧皮纤维，纸张可以表现出较好的物理性能。但通过干热老化实验可以发现，夹江纸耐久性能较差。

在干热老化条件下对纸张理化性能进行测试，结果表明干热老化对纸张pH影响较小，碱式制浆方法特别是传统石灰沤制能够对纸张酸化起到缓冲作用。

对比纸张横向和纵向的柔软度，横向柔软度普遍高于纵向柔软度。这一测试结果表明，纸张纵向较为柔软，如果顺帘纹纵向卷曲纸张，纸张受力将更小；即在不考虑其他外在影响下，如果采用传统手工纸作为命纸或者腹背纸时，选择纸张帘纹纵方向作为卷曲方向，较利于书画卷曲，对保护画芯本身有重要意义。

在干热老化的过程中，纤维聚合度变化是纸张性能变化的本质原因，纸张柔软度、撕裂度及白度等性质会随纤维聚合度变化而变化。纸张中的半纤维素和纤维素比例对纸张聚合度等性能有较大影响。纤维种类、配比、制浆工艺等也会对纤维聚合度造成影响，对纸张性能的评价需要综合考虑。

经过长时间的存放，不同纸张的性能已经趋于稳定，不仅性能趋于相似，而且具有较好的耐老化性。可见传统所说“纸张”存3年“退火”再用并非不无道理，建议手工纸在使用时尽量使用陈纸。

总体来讲，安徽红星宣纸不仅具有较好的柔韧性，还有较好的耐久性。现代夹江书画纸尽管通过改变纤维配方提高了物理性能，但耐久性较差，且明显不如1990年抄制的纸张。可见夹江纸在20多年的发展中，其抄纸工艺并没有进行改进和提高，纸张质量反而趋于下降，这可能是造成现代夹江手工纸在市场中沦为低端文化用纸的主要原因。

参考文献

[1] 徐文娟，吴来明，裔传臻，陈刚. 书画修复用宣纸性能的研究. 文物保护与科技考古，2016，28（1）：33.
[2] 于钢. 纸张紧度与机械强度关系探讨. 造纸科学与技术，2009，28（2）：24-26.
[3] 彭金勇，刘洪斌，李甘霖，邹学军. 影响纸和纸板松厚度的主要因素. 中国造纸，2014，33（6）：64-69.
[4] 石淑兰，何福望. 制浆造纸分析与检测. 北京：中国轻工业出版社，2003：165.
[5] 陈港，刘玉莎，何北海. 基于热重法的纸张热老化特性分析及其评价模型. 华南理工大学学报（自然科学版），2012，40（1）：19-23.
[6] 朱宜. 扫描电镜图象的形成处理和显微分析. 北京：北京大学出版社，1991：8-9.
[7] 潘吉星. 中国造纸技术史稿. 北京：文物出版社，1979：13.
[8] 刘仁庆. 造纸与纸张. 北京：文物出版社，1977：88-91.

[9] 肖青. 纤维化学组分变化对纸张物理强度的影响研究. 湖北造纸，2008，（4）：12-13.
[10] GB/T 455.1—1989. 纸撕裂度的测定法. 北京：中国标准出版社，1989.
[11] 孟朝阳. 铜乙二胺粘度法测定纸张纤维素聚合度推断纸张相对制成时间的研究. 中国人民公安大学学报（自然科学版），2010，16（1）：12-15.
[12] 陈守清，田月云. 乌氏黏度计铜氨溶液法测定棉纤维的聚合度. 化学分析计量，2015，24：79-82.
[13] 陈国符，邬义明. 植物纤维素化学. 北京：中国轻工业出版社，1986：127-229.
[14] 石淑兰，何福望. 制浆造纸分析与检测. 北京：中国轻工业出版社，2010：65.

颐和园对彩绘、佛像及书画藏品使用改性莜麦面团进行表面除尘的效果评价

王敏英[1]　何秋菊[2]　吕高强[3]　何海平[2]　闫　丽[2]　李　林[3]

（1. 颐和园管理处文物部，北京，100080；2. 首都博物馆文物保护修复中心，北京，100045；
3. 颐和园管理处保卫部，北京，100080）

摘要　颐和园智慧海和香岩宗印之阁位于万寿山山顶和后山区域，为坐北朝南和坐南朝北朝向，殿内有30多尊佛像均处于迎风状态。受气候四季温湿度变化和风向的影响，以及古建筑内檐门窗挡风防尘的软硬博缝设备缺失，风力夹杂着灰尘进入殿堂，造成佛像上短时间内积聚大量灰尘。降尘日积月累，形成积尘，黏附在佛像表面。在高湿高温条件下，加速了灰尘与佛像腐生关系的形成，造成对佛像的伤害。

针对佛像制成材料的具体情况，我们采取了普通除尘方法和药剂莜麦面团蘸取积尘的方法进行除尘，并进行了相关检测，经试验检测证明，改性莜麦面团除尘是一种有前景的无损除尘方式，值得推广。

关键词　佛像　室内陈设　改性莜面团　无损除尘评价

引　　言

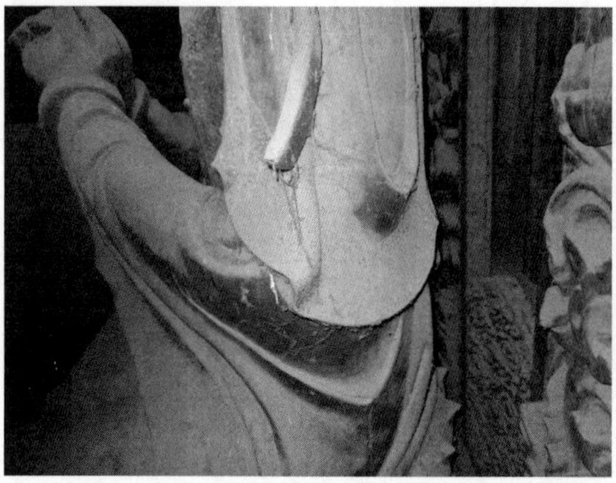

图1　短时间内积聚大量灰尘

颐和园智慧海、云会寺和香岩宗印之阁位于万寿山山顶和后山区域，为坐北朝南和坐南朝北朝向，殿内有30多尊佛像均处于迎风状态。多处原状陈设的殿堂也属于开敞性的开放形式，内檐装饰书画（贴落、匾联类展品）是直接粘贴或悬挂于殿内的，由于原状陈设的特殊性，这些展品难以在展览中进行封闭隔尘。受四季气候温、湿度变化和风力的影响，以及古建筑内檐门窗挡风防尘的软硬博缝设备缺失，风力夹杂着灰尘进入殿堂，造成佛像、殿内彩绘及建筑内檐装饰书画（贴落、匾联）在短时间内积聚大量灰尘（图1）。

悬浮在空气中的尘埃直径超过15μm时会沉降形成降尘（图2）。存在于大气环境中的古建油饰彩画、彩绘泥塑等彩绘文物以及年代久远的古书画受降尘影响较为严重。降尘的形态以棱角状和次棱角状为主（83%），圆状等仅占3%。这种棱角状与高硬度的石英颗粒在湍流的作用下，对彩绘表面磨蚀严重。而且降尘中携带的酸性及霉菌等物质促使了颜料及其胶结物质的劣变，引起了颜料的褪色、变色甚至影响基体材料。

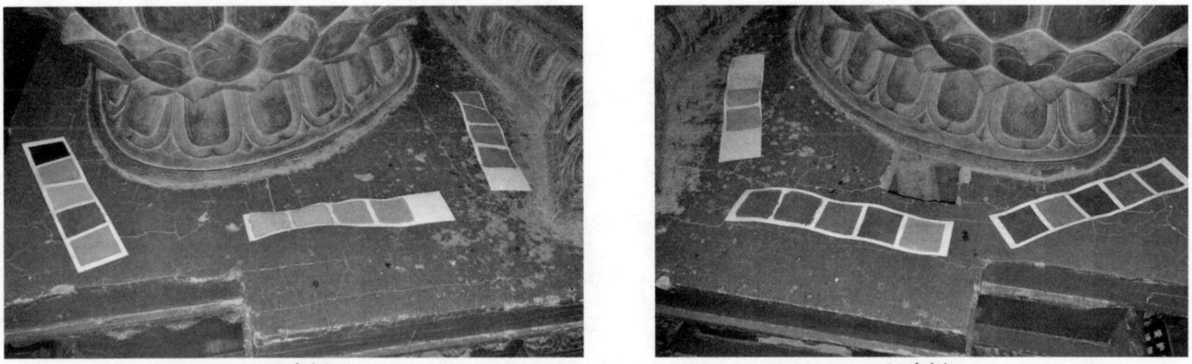

(a)左侧 (b)右侧

图2 云寺降尘试验地点

除尘是文物保护中的一项最基本的工作，看似简单但要选择一种合适的除尘方式却比较困难。降尘由于粒径比较小（10Å～100μm），在静电作用、极化作用、氢键以及范德华力的作用下与颜料颗粒紧密结合。不适当的除尘方法不但清洁效果不好，还会导致颜料层的脱落。传统的手工除尘方法有鸡毛掸子除尘、除尘刷除尘、面团除尘等。其中，面团法较适合于表面光滑、体积较大的文物，如建筑彩绘、壁画等。小麦面团因为黏度大，已被应用于文物表面除尘，但容易将绘画表面的颜料黏附下来，造成颜料层松动或脱落。

面团除尘法在我国应用很早，面团材料多为就地取材。西藏地区就有使用青稞制作面团进行唐卡除尘的方法。北方地区多使用小麦面粉或荞麦面粉制作面团。但因园内的佛像、彩绘及内檐装饰书画等陈设品年代逐渐久远，存在表面斑驳起翘、书画纸绢材料酥脆等情况，使用黏度较大的小麦面粉面团除尘容易将陈设品表面的颜料黏附下来，造成颜料层松动或脱落。又因面团除尘法只是通过面团在物体表面滚动，将灰尘蘸取下来，故不需要能够黏接物体的黏度。因此，我们做了小麦面粉面团和莜麦面粉面团的黏度对比测验。

1 实　验

1.1 莜麦面团制备

天然植物提取物以花椒、黄柏为例，采用水煮法提取花椒、黄柏的有效成分，加热至水沸腾后保持15min，放置待用。称取一定量莜麦面粉（市购武川莜面粉）后，将过滤后的花椒、黄柏的药汁（$T=70\sim80$℃）缓缓注入面粉中。注入药汁的同时需要不停地搅拌。待干面粉全部渗透药汁，边搅拌边加入甘油，不断搅拌，待温度逐渐降低，双手和面，将面团揉合均匀、分团放置，面团表面蒙上湿棉布待用。注意在使用时，需要将面团在手中简单揉合后再用于除尘。

1.2 模拟样板制备

1.2.1 彩绘文物模拟色卡

利用多层宣纸托裱后的纸板作为载体，熬制浓度为2%的骨胶水，在研钵中配制群青、石青、石绿、铁红、酞菁绿、土红、洋红（马利牌国画颜料）等七种色系的颜料，用羊毛刷均匀涂刷于样板上，样品分为两组，共14个样品。

1.2.2 古书画模拟色卡

制作古书画常用颜料色卡，包括靛蓝、赭石、朱磦单色色卡以及复色色卡，见表1。

表1　古书画模拟色卡颜料配比

颜色	配比
红色	单色：朱砂；朱磦；赭石
蓝色	单色：靛蓝
紫色	复色：靛蓝：朱砂（1：1）；靛蓝：朱砂（1：3）；靛蓝：赭石（1：1）；靛蓝：赭石（1：5） 天蓝：大红（1：1）；胭脂：朱磦：花青（5：4：1）

2　实验结果与讨论

2.1 颐和园降尘特点分析

利用离子色谱仪（IC，美国ICS-2100型）分析云会寺油饰彩画以及山门殿彩塑护法金刚力士上收集的降尘颗粒离子组成。云会寺降尘取样点选在右侧屋梁，山门殿彩塑护法金刚力士取样部位选在左臂衣襟飘带转折部位、右手小臂以及双脚部位，用软毛刷轻轻刷取降尘约1g。

IC测试条件为：F^-、Cl^-、NO_3^-、SO_4^{2-}阴离子色谱分离柱为IonpacAS11阴离子分离柱和AG11阴离子保护柱，ASRS300连续自动再生电解微膜抑制器；DX-600型离子色谱仪测定Na^+、NH_4^+、K^+、Mg^{2+}、Ca^{2+}阳离子，色谱分离柱为Ionpac CS12A阳离子分离柱和CG12A阳离子保护柱，CSRS300连续自动再生电解微膜抑制器。称取0.5g样品于100mL烧杯中，加入50mL纯水，超声浸提15min后，静置片刻，取上层清液用离子色谱进行分析。测试结果见表2，山门殿和云会寺降尘中SO_4^{2-}、Ca^{2+}含量均较高，其次是NO_3^-、Mg^{2+}、Cl^-，可见主要为含硫酸盐或氮化物等的盐碱粉尘，其有很强的化学腐蚀性和污染性。

2.2 降尘样品取样点

表2　降尘试验阴阳离子测试结果　（单位：mg/kg）

阳离子	Na^+	NH_4^+	K^+	Mg^{2+}	Ca^{2+}
山门殿	838.94	246.04	289.76	1478.87	15215.58
云会寺	1346.89	1006.81	607.74	2752.70	19574.52

续表

阴离子	F^-	Cl^-	NO_3^-	SO_4^{2-}	
山门殿	457.00	1136.36	3473.88	16709.51	
云会寺	441.29	1713.61	3073.70	27187.87	

2.3 除尘前后显微观察

在三维视频显微镜下（放大200 ~ 300倍）对比洋红、群青、石青三种颜料样品在采用莜麦面团和除尘刷（猪鬃毛刷）除尘前后的显微照片，可见在处理相同时间（5s）后，莜麦面团除尘较干净，显微照片中灰尘中的颗粒几乎看不到。除尘刷除尘会导致颜料层不同程度的脱落，特别是与胶水融合性不好的有机颜料洋红样品脱落最为严重，露出宣纸纤维基体。莜麦面团除尘过程温和，对画面颜料层影响较小。

2.4 不同除尘方式显微照片对比

色差及反射光谱分析，降尘试验前与除尘后样品的色差ΔE反映了除尘的效果，色差越小说明越接近于样品原始表面状况，除尘效果越好。表3为模拟彩绘样品集尘76天后除尘前后的色差变化。对比莜麦面团除尘和除尘刷除尘前后的色差变化可知，除尘刷除尘前后色差变化较大，特别是洋红、铁红、酞菁绿、石青等颜料，而莜麦面团除尘后，洋红色彩改变最大，ΔE为3.58；其他颜料样品ΔE均小于3，可见莜麦面团除尘较为温和，除尘后的样品和降尘试验前的原始样品表面状况较为接近。酞菁绿（phthalocyanine green）、群青（ultramarine blue）、石绿（malachite green）及洋红（carmine）采用莜麦面团或除尘刷除尘前后的反射光谱变化。可知，各颜料样品均有相同的规律，莜麦面团除尘前后反射光谱比较接近，而除尘刷除尘前后反射光谱差异较大，说明除尘刷对模拟彩绘颜料样品表面影响较大。

表3　彩绘样品集尘及除尘前后的ΔE值

第一组		酞菁绿	群青	石青	石绿	铁红	土红	洋红
莜麦面团	ΔL^*	0.26	0.32	0.65	−0.26	−0.18	−1.04	3.15
	Δa^*	0.77	0.95	−0.89	−1.84	−0.98	−1.35	−1.56
	Δb^*	2.85	−0.56	−0.48	1.16	1.92	−0.97	−0.69
	ΔE	2.96	1.14	1.20	2.19	2.16	1.96	3.58
第二组		酞菁绿	群青	石青	石绿	铁红	土红	洋红
除尘刷	ΔL^*	1.13	2.06	2.21	−0.23	3.92	2.06	10.11
	Δa^*	7.01	−3.01	−0.57	1.08	4.8	−3.34	−0.77
	Δb^*	2.44	1.11	3.88	0.64	7.07	−1.94	−1.62
	ΔE	7.50	3.81	4.50	1.27	9.40	4.37	10.26

利用莜麦面团处理书画模拟色卡后的色差变化情况，可见除了易于脱落的靛蓝外，其他色卡除尘前后ΔE变化均小于3.5，大多数ΔE在3以下，可见莜麦面团除尘对色彩影响较小。

2.5　除尘前后微生物菌群变化

对比采用改性莜麦面团和除尘刷对彩绘文物除尘前后微生物菌群数量的变化。在颐和园云会寺古建及山门殿泥塑彩绘表面，采用无菌棉签在5cm × 5cm范围大小内取样，将样品连同采样棉签放入有10mL生理盐水的无菌瓶中密封。在实验室将有样品的生理盐水摇匀作为原液，将原液用无菌水稀释成10^{-1} ~ 10^{-5}五个浓度梯度，用移液器取稀释液0.2mL分别涂布到PCA细菌及PDA真菌培养基中，在恒温恒湿培养箱（德国，3M Climacell 222型）中培养。细菌培养温度37℃，培养2 ~ 4天；真菌培养温度28℃，培养5 ~ 8天。具体的取样点及分析结果见表4，细菌及真菌菌落总数统计见表5。由分析结论可知，相对于除尘刷除尘，改性莜麦面团对真菌的清除效果明显，对细菌的清除效果并没有明显优势。分析可能由于改性莜麦面团中花椒及黄柏的生物碱产生了一定的抑菌效果，对霉菌等真菌的清除效果优于除尘刷除尘。

表4　取样点及分析结果

编号		取样点	结论
1	未除尘	云会寺木质背光右半部分由上至下第三个祥云和第四个祥云之间，带状平台处	莜麦面团除尘对真菌、细菌清除效果相比除尘刷较明显
	莜麦面团	云会寺木质背光右半部分由上至下第三个祥云和第四个祥云之间，带状平台处	
	除尘刷	云会寺木质背光右半部分由上至下第六个祥云和第七个祥云之间，带状平台处	
2	未除尘	云会寺观音像背光顶端木质房檐彩绘	莜麦面团除尘对真菌的清除效果明显，对细菌的效果不明显
	莜麦面团	云会寺观音像背光顶端木质房檐彩绘	
	除尘刷	云会寺观音像背光顶端木质房檐彩绘	
3	未除尘	云会寺观音像左侧膝盖处	莜麦面团除尘对真菌和细菌的清除效果相比除尘刷没有明显优势
	莜麦面团	云会寺观音像左侧膝盖处	
	除尘刷	云会寺观音像左侧膝盖处	
4	未除尘	山门殿彩绘泥塑东侧像右侧大臂	莜麦面团除尘对真菌的清除效果明显，对细菌的效果不明显
	莜麦面团	山门殿彩绘泥塑观音像左侧膝盖处	
	除尘刷	山门殿彩绘泥塑观音像左侧膝盖处	

表5　不同方法除尘前后真菌及细菌菌落总数统计表（个/m^2）

1号	真菌	细菌	2号	真菌	细菌
1-1	2.4×10^4	4×10^5	2-1	3.96×10^7	4.8×10^5
1-2	0	0	2-2	0	8×10^3
1-3	2.0×10^4	1.2×10^4	2-3	1.6×10^5	6.4×10^4
3号	真菌	细菌	4号	真菌	细菌
3-1	1.2×10^6	5.2×10^4	4-1	1.2×10^6	2.08×10^5
3-2	0	8×10^3	4-2	4.08×10^5	4×10^4
3-3	0	8×10^3	4-3	1.2×10^6	2×10^4

2.6 莜麦面团的黏度及拉伸强度分析

莜麦面团的除尘能力与其黏度有着直接关系，可通过测试面团对相邻物体的接触部分的分离能力表征其黏度。在本次试验中利用TA.XTplus质构仪（台湾超技仪器有限公司）测试莜麦面团的黏度，黏度通常用圆柱形探头（P/50）测试。设置以2.0mm/s的速度接近样品，直到探测到5gN的接触力，然后开始压缩样品当接触力达到300gN时，保持5s，使探头和样品良好接触，然后探头以10mm/s的速度，撤离样品15mm，这时产生的分离探头与样品的力为最大黏度，即为最大的力量转折点。各测试莜麦粉和小麦粉（市购富强粉）样品做3个面团，面团大小约为20mm × 60mm，求平均值计算。表6为各测试面团样品的黏度及黏丝距离测试结果。可知，本次除尘的莜麦面团黏附力为15.89gN。对比小麦面团可知，相同配比的小麦粉黏度以及黏丝距离为莜麦面团的几十倍；水增加5mL，莜麦面团黏度增加不到2倍，而小麦面团增加5倍多。黏度越大，除尘效果越好，但同时也容易引起颜料层脱落或者使面团黏到文物的缝隙中，因此小麦面团并不适合于彩绘及书画文物除尘。

表6 各测试样品的黏度及黏丝距离测试结果

样品	最大黏度/gN	面团黏附性/(gN/s)	面团黏丝距离/mm
除尘用莜麦面团	15.89	0.90	1.11
莜面100g，水100 mL	33.43	2.37	1.30
莜面100g，水105 mL	64.68	5.52	1.58
小麦粉100g，水100 mL	549.224	429.999	24.203
小麦粉100g，水105 mL	2956.865	584.777	26.221

拉伸强度反映了样品的抗拉伸阻力，可表示面团面筋网络结构弹性、筋力。将面团制成大小约为20mm × 60mm的长条，以夹具夹持（A/TG），测试直到面团条断裂得到面团的抗拉伸力、延伸度。为了避免样品在夹持钳口断裂，在试样与钳口间垫上绢布，各制作三个面团，求平均值计算。表7为各测试面团样品的拉伸强度及延伸度测试结果。由表可知，本次除尘用改性莜麦面团的拉伸强度为80.3gN，不改性莜麦面团的拉伸强度为140gN，大于相同配比小麦粉的拉伸强度。改性莜麦面团延伸度为6.9mm，延伸度为未加甘油莜面团的2倍，可见甘油的加入改善了莜麦面团的网络结构，增加了黏弹性，在除尘时较为温和，对画面影响较小。

表7 各测试面团样品的拉伸强度及延伸度测试结果

样品	拉伸强度/gN	延伸度/mm
除尘用莜麦面团	80.3	6.9
莜面100g，水100 mL	140	3.57
小麦粉100g, 水100 mL	37.8	6.83

3 讨　论

古建彩绘或纸质绘画由于时代久远，胶结材料老化流失，在清理尘土的同时，伴随着颜料层的脱落，因此彩绘类文物除尘难度相对较大。在常用的几类方法中，如清水、羊毛刷、猪鬃刷、吸尘器、鸡毛掸子等方式中，清水除尘改变了绘画颜料表面湿度，在干燥的过程中引起二次伤害；羊毛刷虽然柔软，除尘却不干净；猪鬃刷质地稍坚硬，对绘画层破坏明显；吸尘器在吸走灰尘的同时，难免会吸走一些脆弱的颜料颗粒；鸡毛掸子容易导致颜料粉化脱落。莜麦面团是在除尘过程中易于人为掌控的一种方法，相对来说较为温和，除尘干净。

事实上，彩绘类文物除尘没有一个完全理想的方式，每一次除尘都会产生一定程度的伤害。利用莜麦面团除尘可根据彩绘文物表面保存的具体情况筛选不同的黏度配比，加入中药材可以起到防腐防霉的作用，加入的防静电材料，可以在除尘后对尘土起到排斥的作用，以便延长除尘的周期。所以，莜麦面团除尘是一种有前景的除尘方式。

结　语

本文通过显微观察、色差及反射光谱分析、除尘前后微生物菌群变化对比了改性莜麦面团和除尘刷两种除尘方法对自然降尘后的彩绘及书画模拟样品的除尘效果。结果表明：

（1）改性莜麦面团除尘较干净，且除尘过程温和，除尘前后色差变化小于3.5；除尘刷除尘会导致颜料层不同程度的脱落，特别是与胶水融合性不好的洋红颜料脱落最为严重；由于花椒及黄柏的抑菌效果，改性莜麦面团对霉菌等真菌的清除效果优于除尘刷除尘。

（2）物性仪分析表明，改性莜麦面团所测黏度为15.89gN，相同配比的小麦粉黏度以及拉丝距离为莜麦面团的几十倍，黏度越大，除尘效果越好，但同时也容易导致颜料层脱落或者使面团黏到文物的缝隙中，因此小麦面团并不适合于彩绘及面团的弹性，延伸度为未加甘油莜麦面团的两倍，除尘温和，对绘画颜料的影响小。

（3）利用莜麦面团除尘可根据彩绘文物表面保存的具体情况筛选不同的黏度配比，加入中药材可以起到防腐防霉的作用，加入的防静电材料，可以在除尘后对尘土起到排斥的作用，以便延长除尘的周期。莜麦面团除尘是一种有前景的除尘方式，值得推广。

不可移动文物保护技术研究

大型石窟寺石质本体保护修复
——以大足千手观音造像为例

陈卉丽　冯太彬　韩秀兰　彭柳升
（大足石刻研究院，重庆，402360）

摘要　中国的石窟分布广泛，历史悠久，因我国南北方气候环境的差异性，导致南北方石窟寺保存现状的差异，但主要病害类型和保护修复技术有共通性。本文以处于南方湿润气候环境下的彩绘贴金石质文物大足千手观音造像为例，对石质本体的保护研究、修复技术以及典型病害修复案例等进行详细论述。在石质修复中，始终秉承"思与行"的工作思路与研究方法，最大限度地保留了千手观音原始雕刻形态以及表面贴金层等历史信息。通过石质本体修复，有效消除或缓解了石质本体病害，确保了千手观音雕刻品的稳定性，恢复了千手观音造像的完整性，满足了文物的审美需求，同时为千手观音造像贴金、彩绘的修复提供了良好的操作条件。

关键词　大型石窟寺　千手观音　石质本体　保护修复

引　言

中国的石窟分布广泛，历史悠久，气势恢宏，是中华民族的瑰宝。我国南北方气候环境的差异性，导致南北方石窟保存现状的差异。北方石窟由于北方风沙大、气候干燥、温差变化大、冬季结冰等因素影响，其风化破坏基本以物理性破坏为主。而南方石窟处于南方高温高湿、雨水充沛、生物生长活跃、酸雨的环境，其风化破坏更多的是化学、生物性的。但主要的病害类型（岩体失稳、水害侵蚀、石质风化等）与保护的技术方法（危岩加固、水害治理、石质加固等）有共通性。石窟寺本体石质病害的发生发展，损伤的是石材，破坏的是其所承载的历史、艺术等信息。

处于南方湿润气候环境下的大足千手观音造像位于大足石刻宝顶山大佛湾南崖，编号第8号，开凿于南宋淳熙至淳祐年间（1174～1252年），是我国最大的集雕刻、贴金、彩绘于一体的摩崖石刻造像，占崖面积88m^2。石质本体修复是千手观音保护工程的重要环节，对造像的稳定性和完整性有着极其重要的作用，同时也是造像表面贴金层和彩绘层的载体。千手观音造像历经八百载沧桑岁月，病害严重多达34种，其中石质存在风化、残缺、断裂、空鼓、剥落、溶蚀、污染、生物病害和盐晶花9种病害。千手观音石质病害不仅影响造像的长久保存，还导致其所承载的历史、艺术等多种信息丢失。2008年国家文物局将千手观音保护项目列为全国石质文物保护一号工程加以保护，同年6月国家文物局以文物保函〔2008〕611号文件正式批准开展大足千手观音造像抢救性保护工程。2008年7月～2015年5月，项目承担单位中国文化遗产研究院联合国内多家科研院所一起针对千手观音保护修复复杂问题，对其进行了集体“把脉会诊”的前期勘察研究，为千手观音造像的修复寻求到了“千金良方”。在总体保护修复方案获得审批后，分区域开展石质本体加固、补形等修复工作。

1　千手观音的保护修复研究

千手观音造像在长期自然营力和人类活动的影响下，造像本体产生了石质风化，雕刻品断裂、脱落，金箔开裂、起翘，彩绘粉化、起甲等多种病害，同时因地质、水文、大气等复杂的影响因素，千手观音保护项目是一项集保护修复与研究于一体的大型文物保护工程，其复杂性和艰巨性在国内文物保护工程中罕见。为此，先期开展了大规模勘察研究工作。

1.1　岩土体工程地质详细勘察

了解岩体的稳定性和渗水状况是石窟寺文物保护的基础，采用物探、钻探、坑探与地质测绘相结合，多种技术手段交替使用、互相验证、综合分析，建立三维水文地质仿真模型，以查明千手观音造像崖壁岩体内地下水的分布和渗流情况，为千手观音造像的保护工程设计提供科学依据。勘察表明，千手观音造像区内岩体完整，不受地下水影响。千手观音造像区的潮湿主要由凝结水导致的。

1.2　保存现状及主要病害调查

以千手观音本体表层现状为对象，将石质、彩绘、金箔作为病害分类的材质基础，确定了三类材质的基本病害术语及图示。通过将考古探方立面化的形式，将千手观音立面划分为9层11列共计99个单元，分别以单元格、造像、手为调查单位，针对文物病害种类与面积、手臂数量和残缺数目、法器数量三方面进行了调查（图1～图4）。

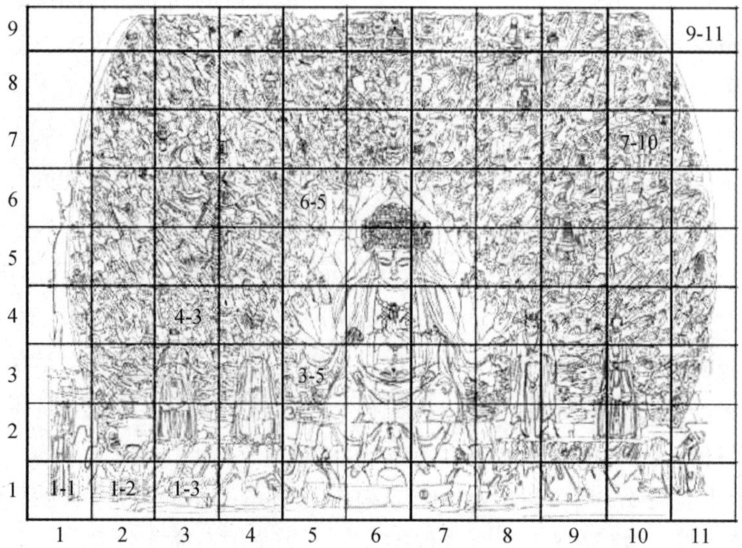

图1　现状调查：网络布控+区域编号（手臂编号、法器编号）

图2　风化

图3　残缺

图4　裂隙切割

调查结果（图5）显示，千手观音现存手臂数量为830只，其中手817只，臂13只，石质存在风化、残缺、断裂、裂隙、空鼓、盐析、涂覆、尘土、补塑材料劣化等多种病害。石质风化面积约91m^2，断裂和裂隙约有90处，据统计千手观音手指总数3840只，有残缺的手指3015只，占手指总数

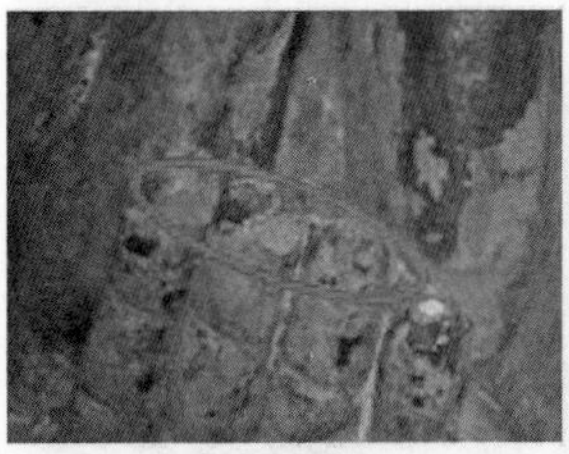

指尖残缺

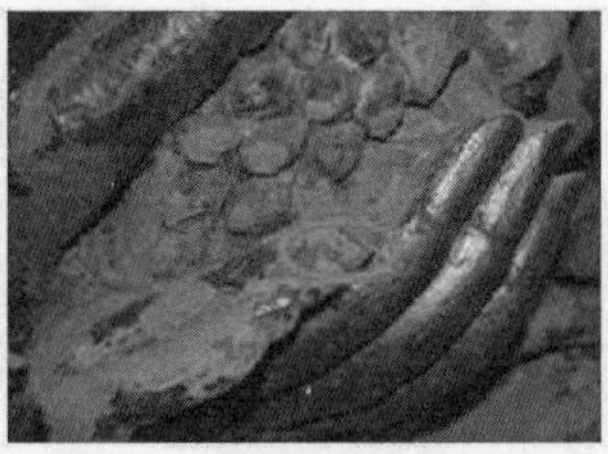

残缺1个指节

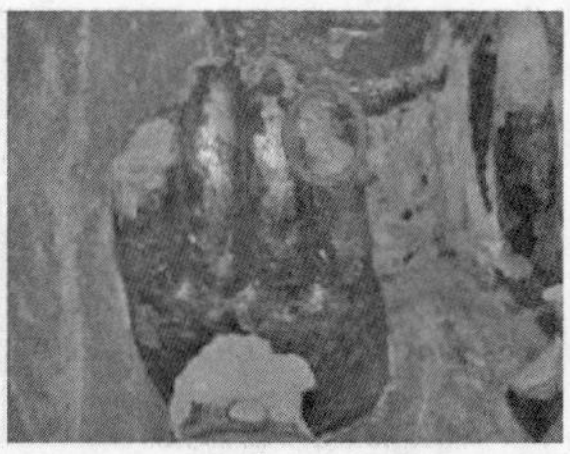

残缺2个指节

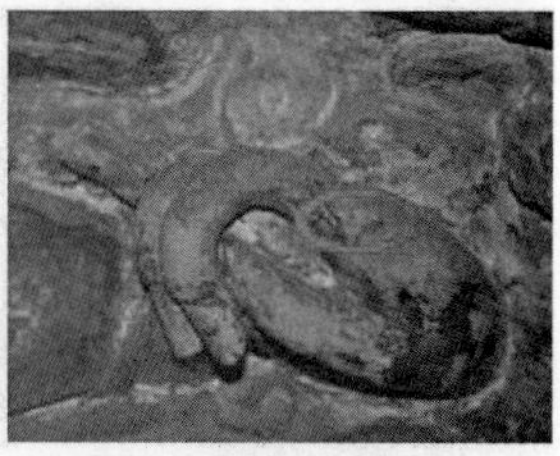

残缺3个指节

1个指节泥塑

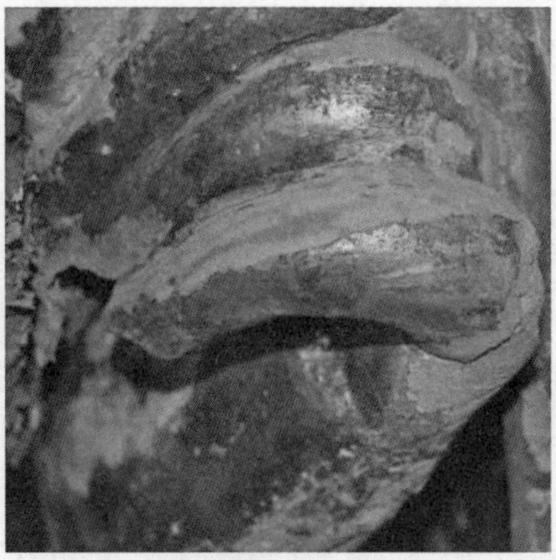

2个指节泥塑

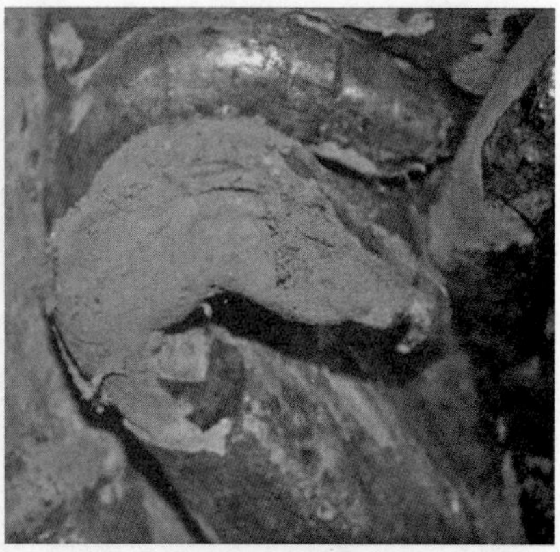

3个指节泥塑

指甲泥塑

泥修补残缺

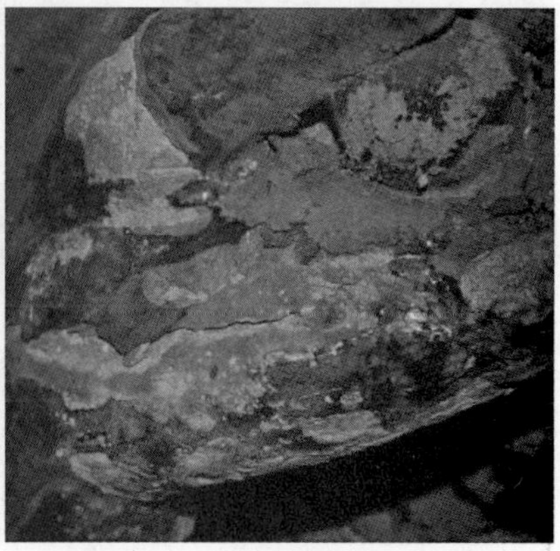

泥地仗

图5　调查结果

的78.52%，其中残缺1个指节966只，残缺2个指节319只，残缺3个指节52只，指尖残缺1676只，手残缺2只。在揭取手表面不稳定金箔层后，展露出的泥塑手指数量大大增加，泥塑手指多达429只，占手指总数的11.17%，其中1个指节为泥塑的294只，2个指节为泥塑的109只，3个指节为泥塑的26只。

1.3　历史修复调查

千手观音造像历史上经历了4次修复，有明确记载的最后一次大规模修复在大清光绪十五年（1889年），新中国成立后持续开展保养维护工作。本次使用X射线探伤检测结果表明，看似完好的手指，其内部存在风化、断裂等病害，同时还获得了古人大量使用的楠竹缠麻锚杆以及部分手指使用木、铁、石等材质锚杆，黄泥、黏土混合物补塑材料等诸多信息（图6）。

石质表面涂刷铜粉　　石质表面涂黄色颜料　　修补体涂红色颜料　　泥补塑手指

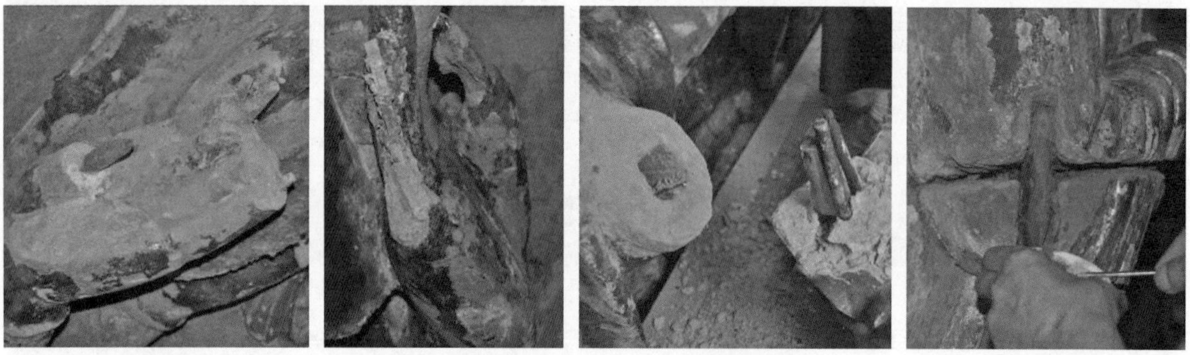

木质锚杆　　楠竹缠麻锚杆　　铁质锚杆　　石质锚杆

图6　千手观音历史修复痕迹类型

1.4　雕刻品稳定性调查

采用便携式X射线探伤仪，结合前期现状勘察记录和地质环境勘察评估报告，对手（手掌、手臂、手指）的裂隙病害和风化病害情况进行测试分析并开展初步评估研究。

检测结果（图7）显示，千手观音雕刻品整体稳定性较差。中部发生裂隙的情况最严重，法器发生严重风化的情况比手指严重。

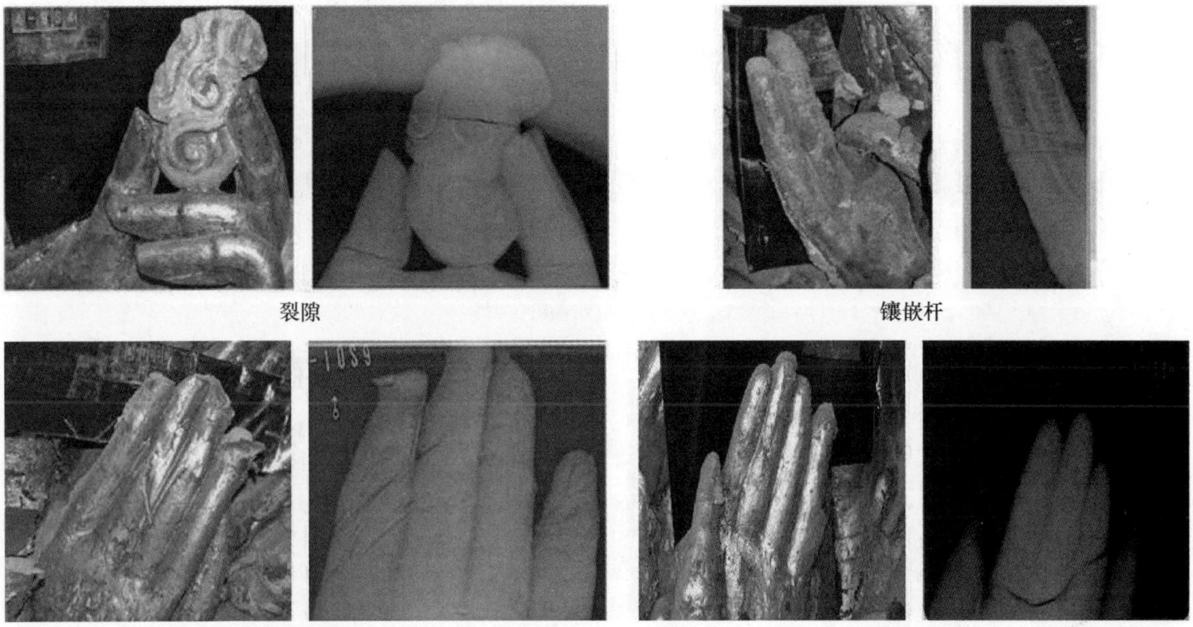

图7　X射线探伤结果

1.5　石质劣化机理分析

千手观音造像材质为砂岩，硬度适中便于雕刻，但易于风化。不可移动文物千手观音受气候环境、地质及水文环境复杂因素的影响。①千手观音砂岩化学成分主要为SiO_2，其次为Al_2O_3和一定量黏土矿物，砂岩中Al_2O_3含量比较高，抗风化能力较弱。胶结类型为孔隙式胶结，胶结物主要为易风化的钙质。②千手观音风化砂岩中主要成分为石英和长石，另有一定量的黏土矿物，胶结物方解石含量最低为3%，最高为18.4%，石膏为风化产物，含量低于1%。③水和以硫化物为代表的酸性阴离子以及可溶盐的协同作用是石质本体劣化的主因。④环境中干湿交替和酸雨作用加速石质风化。

1.6　保护修复试验

经过砂岩试块的实验室和现场试验，以及2008年、2009年和2010年三次千手观音局部本体试验、专家的评审之后，最终确定风化砂岩加固材料为专门研制的纤维素ZB-WB-S砂岩加固材料，石质补形材料为ZB-WB-S石粉砂浆；补形锚杆选择楠竹和现代材料碳纤维作为备选材料，在使用时根据补形量大小及位置关系，确定是否钻锚孔，置入经脱盐、灭菌、加固处理的楠竹或碳纤维锚杆作为连接件，钻孔时应根据石质断面及补形量确定孔深和孔径，避免对石材造成新的损伤。

2　石质修复工艺及重要案例分析

2.1　石质修复工艺

2.1.1　除尘

遮护未修复面，毛刷、洗耳球配合去除手金箔表面尘土。

2.1.2　不稳定金箔层的揭取

镊子、修复刀配合揭取造像表面分层开裂卷曲、起翘、空鼓等不稳定金箔层至稳定层位，揭取的金箔按手的编号装入密封袋中。

2.1.3　劣化材料的去除

用竹签、手术刀去除石质表面劣化材料，棉签蘸2A溶液（乙醇：纯净水＝1：1）清洗残留的劣化材料。

2.1.4　脱盐

用竹签去除石质表面盐析产物，纯净水浸湿多层棉纸贴敷需要脱盐的基岩部位，并用排刷轻轻拍打，让棉纸紧贴石质，待棉纸自然干燥后，将其取下，重复操作2～3次，直至盐析物减少或消失。通过测定吸附材料棉纸的电导率，来检测脱盐效果。

2.1.5　风化石质加固

修复效果跟踪监测表明，严重风化石质保留过多，在加固和补形后，该部分石质极易形成类似于岩石的软弱夹层带，影响石质本体的稳定性，为此，对严重风化石颗粒予以去除。同时根据石质风化程度，分别使用3%或5% ZB-WB-S砂岩加固材料渗透加固至不再渗透为止。

2.1.6　残缺石质补形

根据造像保存现状的潜在一体性，对有据可循的石质残缺部分进行补全修复，尽可能实现千手观音雕刻形态以及艺术的完整性，满足文物的审美需求。手形的补全是此次修复中的重要基础层面。

补形的主要依据和重要参考：①照片类资料；②佛教造像的手印规制；③千手观音造像三维激光扫描信息图；④千手观音造像主尊两侧手的对称关系；⑤手形走向（残缺较少的手）和手指（粗细、长短）协调性判断等。

补形工艺：

（1）手指残缺量在1个指节以内：用8% ZB-WB-S石粉砂浆直接多次补形。

（2）手指残缺量在1个指节以上：为了增加补形部位的稳定性，需在补形部位钻锚孔，置入不同形状、大小、长度经处理后的楠竹缠麻锚杆，用10% ZB-WB-S石粉砂浆固定锚杆，用8% ZB-

WB-S石粉砂浆多次补形，雕刻刀对补形部位修形，砂纸打磨光滑。

2.1.7 石质断裂、裂隙、空鼓的修复

为保留千手观音雕刻品的原始形态，用3% ZB-WB-S砂岩加固材料渗透加固石质断裂面，在黏接断面钻锚孔并植入楠竹锚杆，用10% ZB-WB-S石粉砂浆进行原位或复位黏接，用8% ZB-WB-S石粉砂浆修补黏接缝。石质空鼓部位采用较稀的10% ZB-WB-S石粉砂浆多次灌注，干燥后用8% ZB-WB-S石粉砂浆找平石质空鼓边缘。10% ZB-WB-S石粉加麻砂浆填充石质裂隙，8% ZB-WB-S石粉砂浆修补裂隙边缘。

2.1.8 泥塑手指修复

千手观音历史修复中的泥质手指，在大足常年湿度较大的环境中变形、风化，对造像胎体稳定性造成危害，需用石粉砂浆替换泥塑。

修复方法：①将泥塑手指取下存放，做补形参考依据；②保留泥塑手指表面金箔层，掏空泥塑材料，用石粉砂浆填充修复。

修复工艺：用10% ZB-WB-S石粉砂浆更换泥质胎体。

2.2 重要案例分析

2.2.1 残缺手指修复（案例：9-4-S9）

2.2.1.1 保存现状

拇指指甲局部残缺，无名指第一二指节残缺，残留第三指节向手心弯曲并与拇指相连，小指第一指节残缺，第二指节残缺1/3。

2.2.1.2 补形依据

①缺失部位残留痕迹。小指靠岩体有第一二指节残缺后的痕迹，无名指与拇指间残留部位有叠加相连的关系。②千手观音造像左右对称手形。该手与9-8-S7手形对称（图8）。所以拇指、小指残缺部分可参考9-8-S7手的拇指、小指走向，按照残缺石质补形工艺进行延伸补形；无名指残缺部分依据残留部位的弯曲程度，按照9-8-S7手无名指与拇指的叠加关系，进行残缺石质补形。

2.2.1.3 补形工艺

修复刀将较稀10% ZB-WB-S石粉砂浆涂抹于残缺断面，增加砂浆与本体的结合度；稍干，配制10% ZB-WB-S石粉砂浆多次粗补形，根据补形量大小及位置关系，确定是否置入锚杆作支撑体，用8% ZB-WB-S石粉砂浆塑形，干燥后，用修复刀修形，砂纸打磨光滑，修复前后见图9和图10。

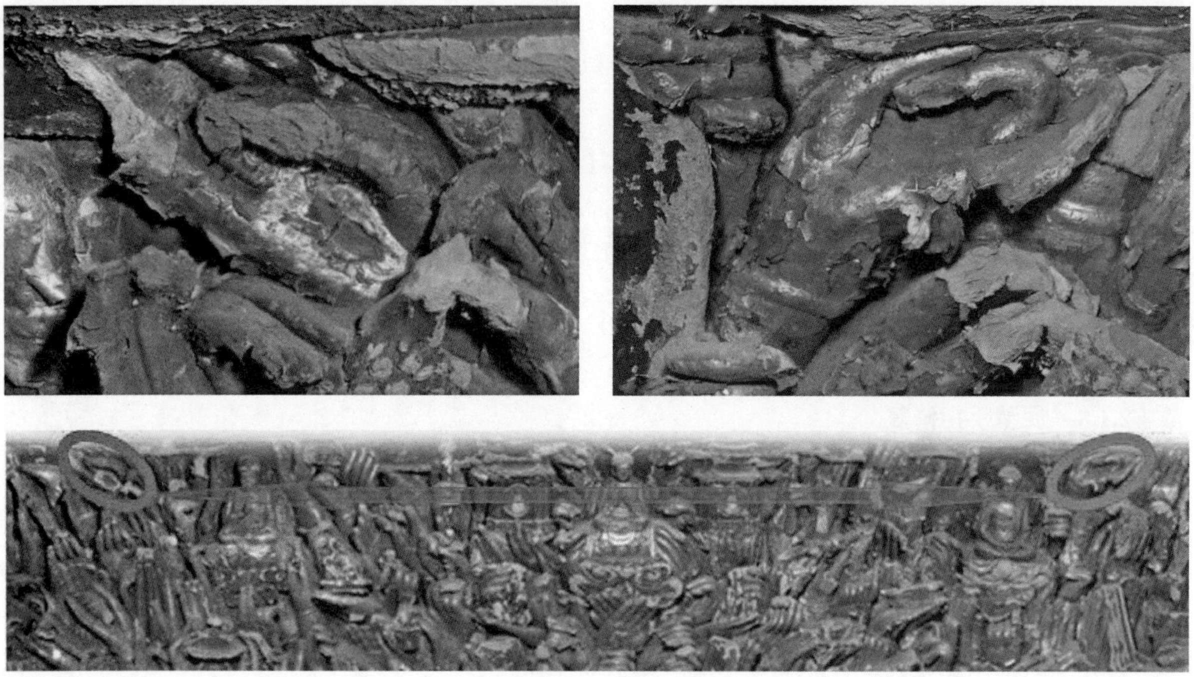

图8　对称关系的手指

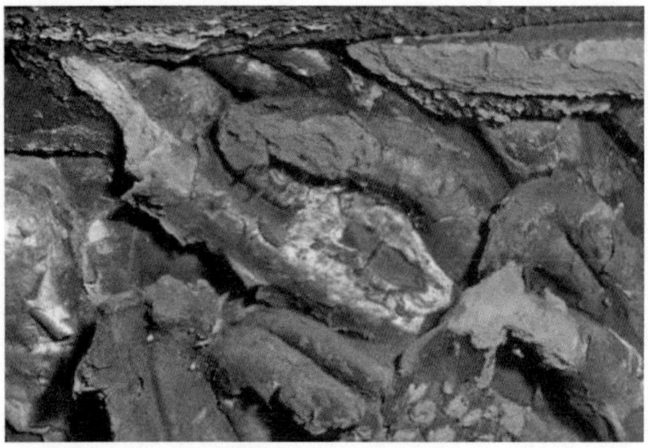

图9　9-4-S9修复前

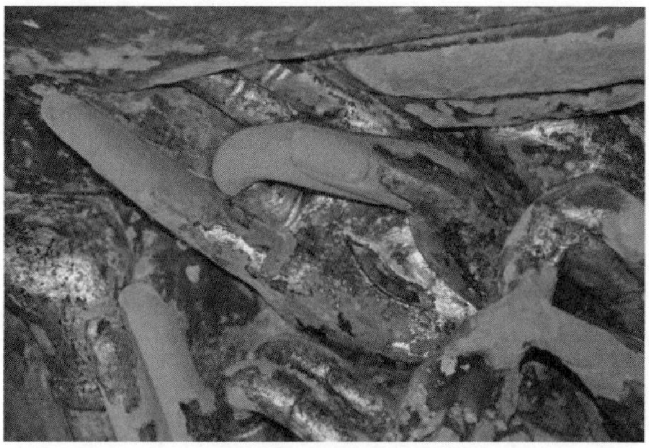

图10　9-4-S9修复后

2.2.2　残缺手的修复（案例：4-6-S1）

2.2.2.1　保存现状（图11）

此手位于主尊像胸右侧，与4-7-S1呈对称分布，臂向前伸，为原雕刻；手自腕部残缺，现存手掌及所持物是后期用黏土材料做的想象补塑。

2.2.2.2　修复依据研究

（1）川渝地区以及南北方石窟不同时期手观音造像调查研究。

（2）查阅同类造像和文献记载的相关图像资料。

（3）千手观音造像对称性和手形研究。

（4）三维扫描及虚拟修复效果（图12～图14）。

三维虚拟修复过程如图15～图17所示。

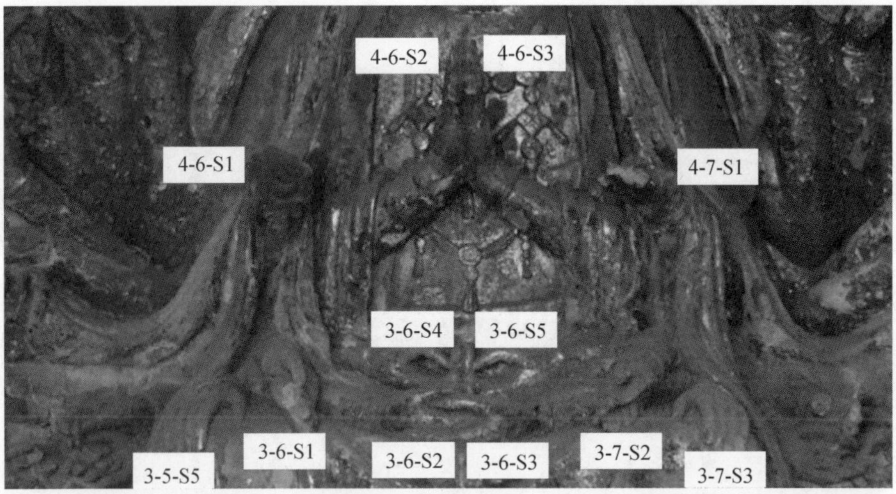

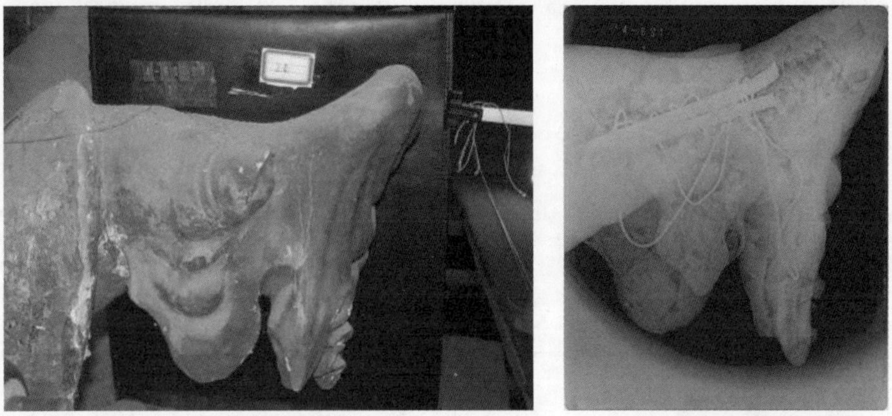

4-6-S1 现状　　4-6-S1 X射线探伤图片

图11　4-6-S1残缺手的现状与X射线探伤

图12　对称手4-7-S1如意珠手现状

图13　4-6-S1线图

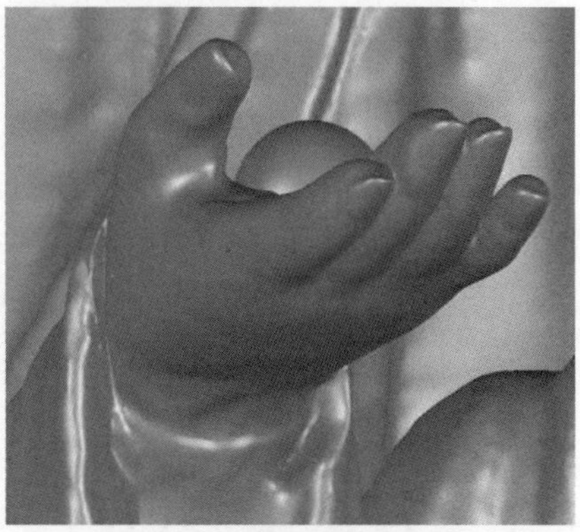

图14　4-6-S1如意珠手白模图

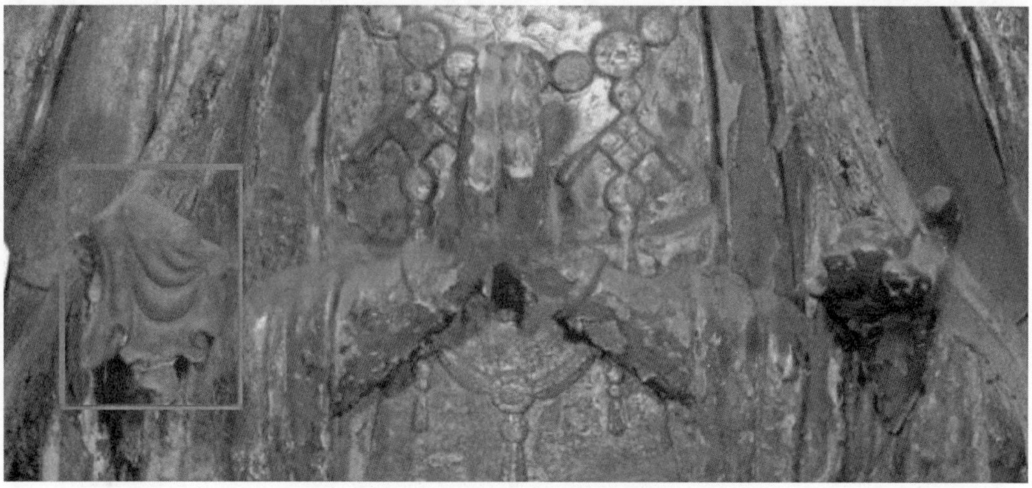

图15　主尊手部修复前彩色正射影像图（2011年）

图16　主尊手部修复前白模图（2011年）

图17　4-6-S1如意珠手与4-7-S1如意珠手组合虚拟修复效果图

（5）油土模拟试验修复效果。

根据相关调查结果，使用精雕硬油土对主尊残缺手及手指进行模拟修复（图18）。

图18　4-7-S1如意珠手和4-6-S1如意珠手油土模拟修复效果

（6）4-6-S1作为如意珠手存在的问题。

①千手观音手腕戴手镯，手镯开口（接口）方向与手心方向一致（图19），由此可确定手心、手背的方向。

图19　手镯开口方向与手心方向

②仅剩手臂的4-6-S1手镯开口向右偏下约30°，因此，4-6-S1手心向上握如意珠存在问题（图20、图21）。

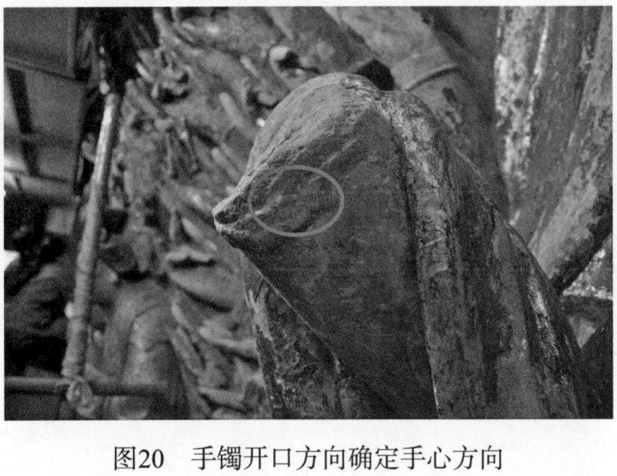

图20　手镯开口方向确定手心方向

图21　如意珠手手心方向在上

（7）研究成果。通过对4-6-S1手形的研究，以及2013年7月17日和2014年7月11日2次专家评估会的意见，基于对文物修复的真实性要求，对历史价值和艺术价值的综合考虑，为恢复千手观音造像的完整性，确定4-6-S1手修复参考依据为具有对称关系的4-7-S1如意珠手，并采取可拆卸式的修复方法来修复此手，以利于后期找到更确凿更科学的依据再次修复处理。

2.2.3　4-6-S1修复方法

（1）雕刻4-6-S1如意珠手。参照4-7-S1如意珠手形，用雕塑油泥复制4-6-S1如意珠手模型并用玻璃钢翻模；使用"点线机"在选定砂岩上雕刻4-6-S1如意珠手，待后期补接使用。

（2）去除补塑材料。4-6-S1现存手掌及所持布帕为20世纪80年代用黏土混合材料进行的想象补塑，补塑部位缺乏科学依据。使用修复刀、凿子等去除补塑材料。

（3）石质断面加固。清除石质断面尘土，使用3% ZB-WB-S砂岩加固材料对断面进行多次渗透加固，直至不再渗透为止。

（4）补接如意珠手。

① 特制螺纹钢套管的固定。

a. 不锈钢锚杆的固定：根据4-6-S1手腕断面残留锚孔及按照石质断面黏接吻合线，找出新雕刻如意珠手黏接面对应连接锚孔位置，使用电动磨钻钻锚孔，孔深11cm，孔径3.5cm；清洁锚孔后用3% ZB-WB-S砂岩加固材料多次渗透加固，再在锚孔内灌入丙烯酸快干胶调制的石粉砂浆，把准备好的不锈钢锚杆安装在锚孔内，调整好锚杆角度待固化（图22）。

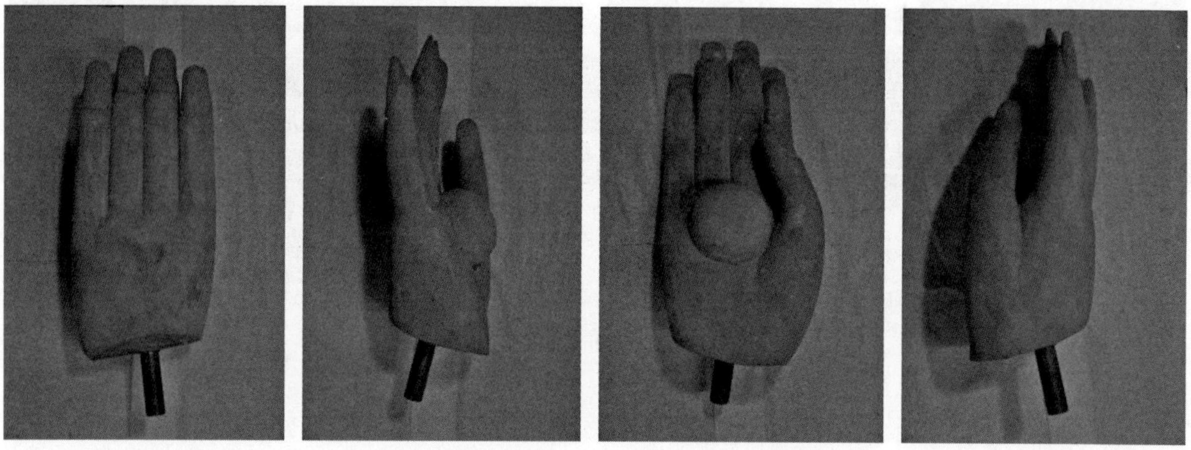

图22　4-6-S1新雕手不锈钢锚杆安装固定后

b. 套管的安装固定：利用4-6-S1手腕残缺断面残留的锚孔安装套管（图23）。在残留锚孔内灌注10% ZB-WB-S石粉砂浆（图24），再把准备好的套管植入该锚孔内，24h固化后，套管安装完毕。

注：为实现该手补接部位的可逆修复，在手腕断面残留的锚孔内使用10% ZB-WB-S石粉砂浆固定套管，在需要拆卸时，用专用稀释剂注入锚孔内，砂浆失去黏接作用，套管就很容易取出来。

② 调整手的位置并固定。

完成以上所有工序后，实施4-6-S1的拼对、黏接及补塑工作。调整对接手的上下左右位置后卸下，在黏接石质断面涂抹10% ZB-WB-S石粉砂浆（图25），将新雕刻的手置入手腕断面已固定好的

图23　利用4-6-S1断臂原来锚孔安装套管

图24　4-6-S1断臂涂抹石粉砂浆

套管中，用砂浆固定（图26）。

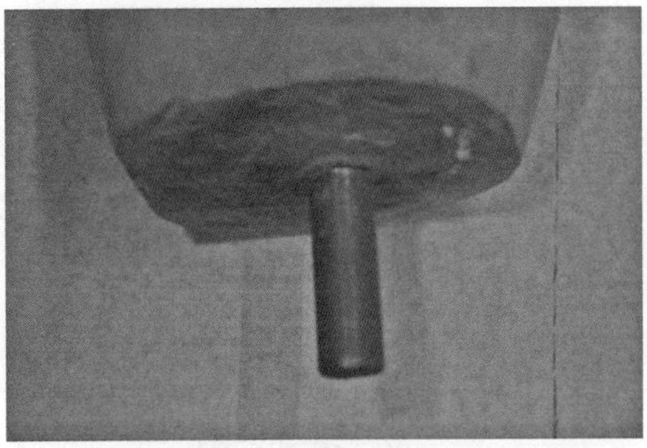

图25　4-6-S1新雕手黏接断面涂抹砂浆

图26　4-6-S1新雕手黏接中

③ 勾缝、补塑。

为使黏接面更牢固，对4-6-S1起到更好的黏接作用，待黏接材料固化后，把丙烯酸快干胶加石粉调成合适黏稠度的砂浆后，涂抹在黏接缝处。黏接材料完全固化后，用10% ZB-WB-S石粉砂浆进行细部补形和修形（图27、图28）。

图27　4-6-S1修复前

图28　4-6-S1修复后

注：这种黏接方法也是考虑到修复的可逆性，要想拆卸此手，只需将接缝处的丙烯酸快干胶轻轻敲掉就可以取下补接的4-6-S1手掌部分，也不会损伤原有的石质胎体。

2.2.4　断裂手指修复

为保留手指等雕刻品的原始形态，增强其稳定性，以9-3-S11断裂手指修复为例，对断裂手指进行原位或复位黏接。

2.2.4.1　保存现状

X射线检测表明，无名指、小指第二三指节部位存在贯通性裂隙，且裂隙面石质粉化严重，无名指、小指贯穿性裂隙：长21.5cm，宽1mm（图29、图30）。

图29　9-3-S11现状

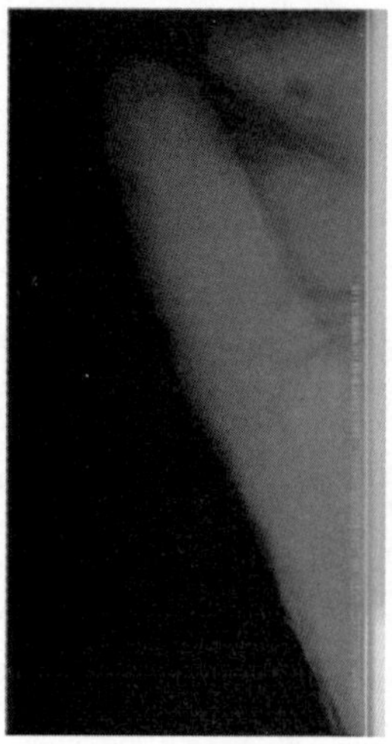

图30　9-3-S11 X射线探伤图片

2.2.4.2　修复方法

①手术刀沿裂隙切开取下无名指、小指第一二指节，用毛笔去除断面粉化石颗粒。②用3% ZB-WB-S砂岩加固材料加固断面至不再渗透为止。③按照手指断裂吻合线，用电磨钻在断面钻锚孔，孔深2cm，清洁孔后，用5% ZB-WB-S砂岩加固材料加固锚孔。④将10% ZB-WB-S石粉砂浆灌注锚孔，在孔内置入5cm长缠麻楠竹锚杆，黏接断面填补10% ZB-WB-S石粉砂浆使手指黏接为一体并固定。⑤达到一定强度后，用8% ZB-WB-S石粉砂浆修补黏接缝（图31、图32）。

图31　9-3-S11修复前

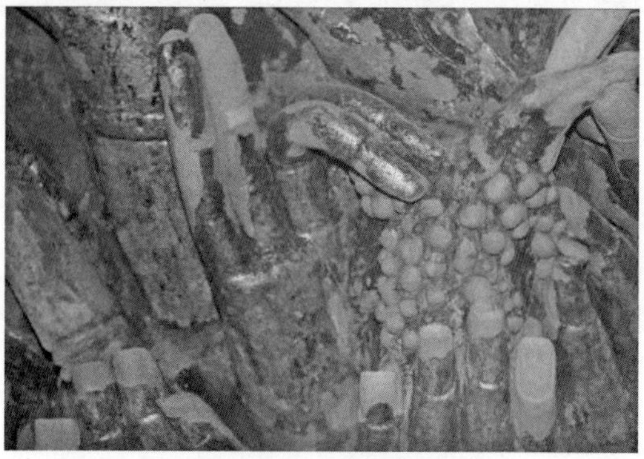

图32　9-3-S11修复后

2.2.5 脱落手的修复（案例：6-5-S2）

2.2.5.1 6-5-S2现状

此手在历史上受到外力作用，从手腕处断裂脱落，手臂断面石质风化。脱落手长35cm，宽20cm，厚25cm，断裂面长16cm，宽11cm。脱落手局部残留环氧树脂黏接材料（图33、图34）。

图33 6-5-S2手臂现状

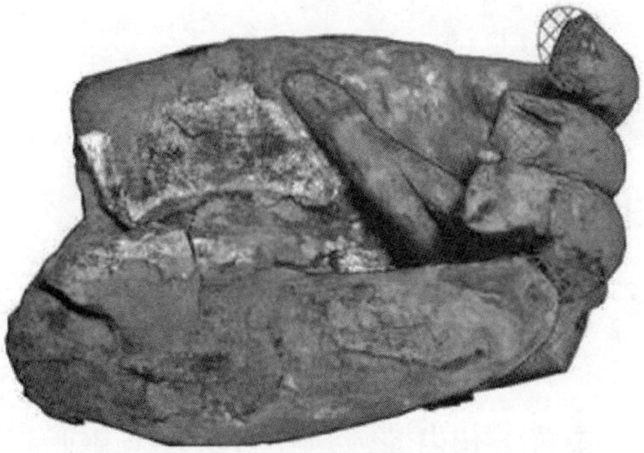

图34 6-5-S2脱落手现状

2.2.5.2 修复历史记录

此手在历史上实施过多次黏接修复，为给千手观音本体修复积累经验，2009年10月，将此手带到中国文化遗产研究院实验室进行修复试验（图35），试验内容有：开裂金箔揭取，劣化材料去除，风化石质加固，残缺石质补塑，髹漆、回贴金箔等。2013年8月，再运回到千手观音现场实验室。

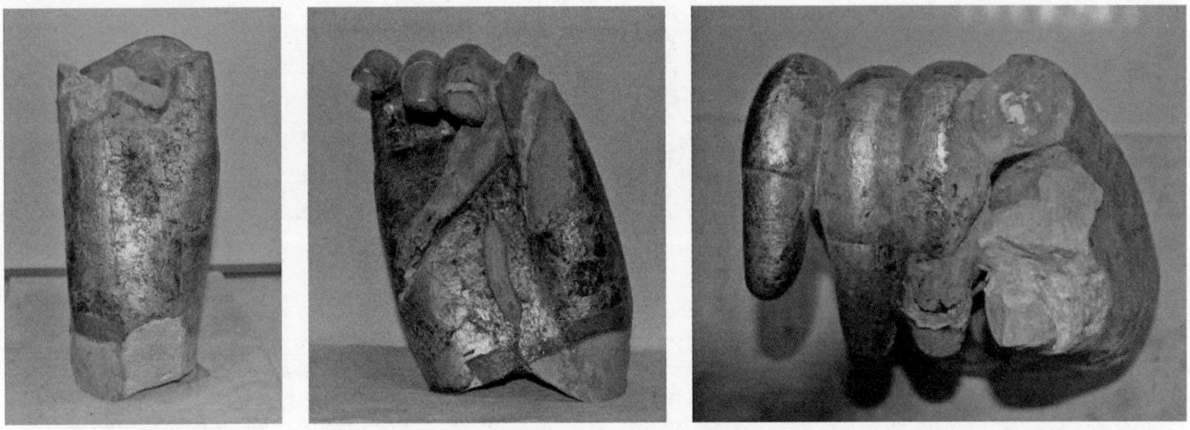

图35 6-5-S2修复试验后

2.2.5.3 修复方法

1）去除残留黏接材料

用125W小型电动磨棒机以及合金钢特制修复刀，小心谨慎地去除石质断面残留的以及高出石质本体表面的环氧树脂黏接材料。

2）钻黏接锚孔

用125W、钻头4～7cm的小型电动磨棒机，在手臂断面开孔2个且间距为4cm，孔深10cm，孔径2.5cm；根据断裂黏接缝以及锚孔的对应位置，在脱落手石质断面钻2个锚孔，孔深8cm，孔径2.5cm。

3）石质加固

3% ZB-WB-S砂岩加固材料多次渗透加固石质断面及锚孔，至不再渗透为止。

图36　缠麻碳纤维锚杆

4）复位锚杆选择及制作

（1）锚件选择：因需要黏接复位手的体积和质量较大，故使用合成材料碳纤维作为6-5-S2手黏接复位锚杆。

（2）锚件的制作：根据锚孔尺寸截取合适长度的2根碳纤维锚杆，靠近拇指底部第一根锚杆长17cm，靠近小指底部第二根锚杆长16cm。在锚杆上缠绕少量麻纤维后放入较稀10% ZB-WB-S石粉砂浆里浸泡24h（图36），使碳纤维锚杆和麻及砂浆达到很好的黏接效果。

5）锚杆安装及固定

在手臂锚孔内灌入调制好的环氧树脂材料，将制作好的缠麻碳纤维锚杆植入锚孔内固定并待固化；在脱落手断面锚孔内灌入环氧树脂材料，按照断裂黏接缝使其固定在手臂的锚杆上并适当支撑，待黏接材料完全固化后去除支撑（图37）。

图37　6-5-S2断手黏接后

6）残缺手指的修复（图38～图41）

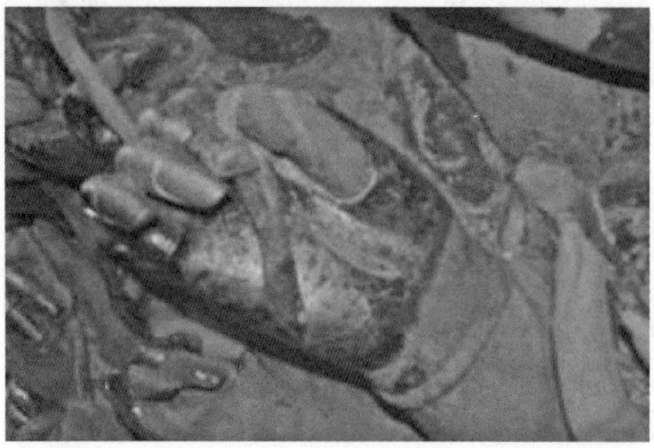

图38　6-5-S2断手黏接后

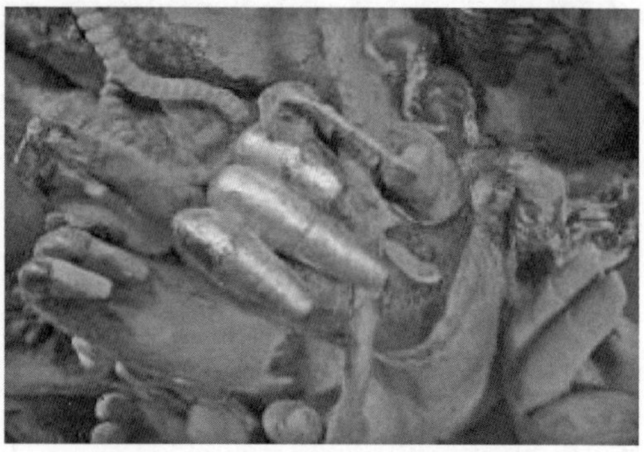

图39　残缺手指植入补塑楠竹锚杆

图40 6-5-S2修复前

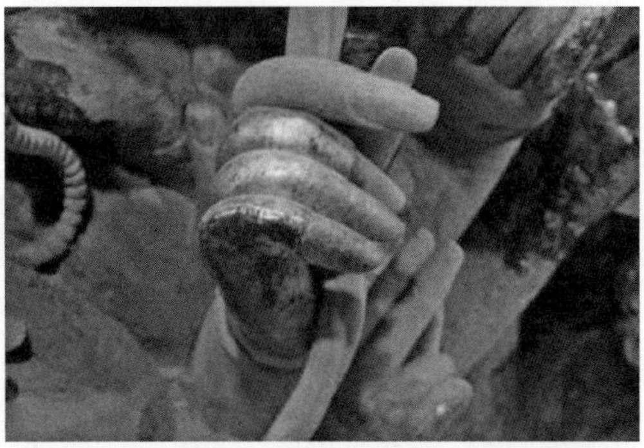

图41 6-5-S2修复后

①电动磨钻在食指断面钻锚孔，3% ZB-WB-S砂岩加固材料渗透加固锚孔。②将预先制作好的缠麻楠竹锚杆，置入灌有10%ZB-WB-S石粉砂浆的锚孔内并固定。③待锚杆固定后，10% ZB-WB-S石粉砂浆多次粗补形，8% ZB-WB-S石粉砂浆塑形。④补塑材料干燥后，用雕刻刀修形，砂纸打磨光滑。

2.2.6 泥塑手指修复

2.2.6.1 案例1：9-4-S4

（1）保存现状：小指指形完整，第一指节、第二指节1/2为泥补塑，泥补塑部位与石质结合部位存在明显分界面，泥塑材料老化失效（图42）。

图42 9-4-S4修复前现状

（2）修复方法：为保证小指泥塑部位的形状，暂保留金箔层。

①修复刀与凿子配合掏空手指泥塑部位。②电动磨钻在小指断面钻锚孔，用5% ZB-WB-S砂岩加固材料加固锚孔。③锚孔内灌入10% ZB-WB-S石粉砂浆，接着在锚孔和金箔空腔中置入缠麻“L”形楠竹锚杆，10% ZB-WB-S石粉砂浆固定锚干。④达到一定强度后用10% ZB-WB-S石粉砂浆多次填补塑形。⑤干燥后，去除因形态保留的金箔层，用8% ZB-WB-S石粉砂浆塑形。

修复前后见图43和图44。

图43 9-4-S4修复前

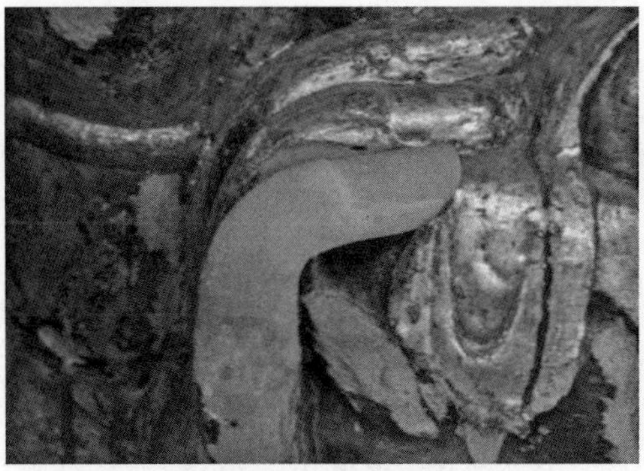

图44 9-4-S4修复后

2.2.6.2　案例2：8-4-S4

（1）保存现状：小指第一指节为泥补塑，泥补塑部位与石质结合部位存在明显分界面，且泥塑材料老化失效（图45）。

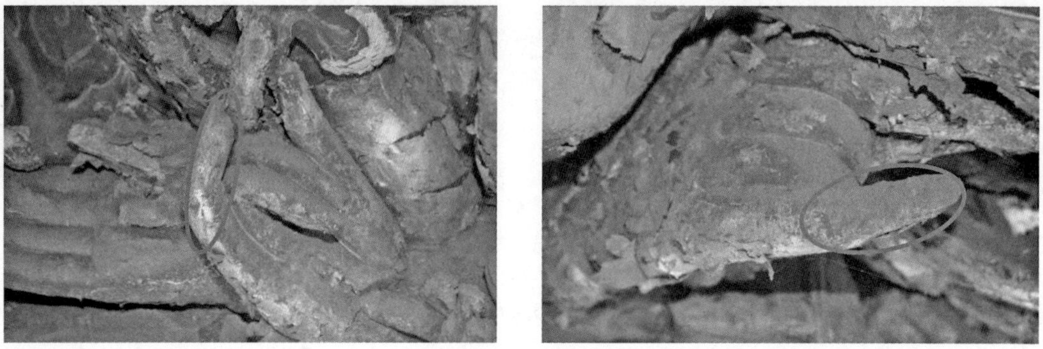

图45　8-4-S4修复前

（2）修复方法：将泥塑手指取下存放，做补塑参考依据。

①手术刀沿石质与泥质分界处切取手指泥塑部分，并放于密封袋留存做补形参考依据。②毛笔去除石质断面粉化石颗粒，用5% ZB-WB-S砂岩加固材料渗透加固石质断面。③电动磨钻在石质断面钻锚孔，清洁锚孔，用5% ZB-WB-S砂岩加固材料加固锚孔。④锚孔内灌入10% ZB-WB-S石粉砂浆，接着置入缠麻楠竹锚杆。⑤待锚杆固定后，10% ZB-WB-S石粉加麻砂浆，根据泥塑手指的形状粗补形，再用8% ZB-WB-S石粉砂浆塑形。⑥补塑材料干燥后，用雕刻刀修形。

修复前后见图46和图47。

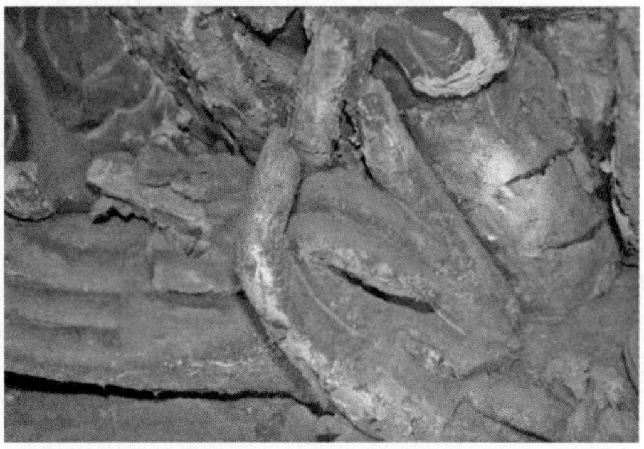

图46　8-4-S4修复前

图47　8-4-S4修复后

3　修复效果评估

为了跟踪监测千手观音造像石质胎体修复效果，评估修复质量，在修复过程中，通过Equotip R3硬度仪、Sint DRMS Cordless阻尼抗钻仪、DDS-11A型电导率仪等多种技术手段对石质胎体加固强度、补塑及脱盐效果等进行科学检测。检测结果表明，千手观音风化石质使用3%或5% ZB-WB-S砂岩加固材料渗透加固后，其强度为未风化石质强度的50%以上，并随时间推移趋于稳定；石质残缺部位使用8%或10% ZB-WB-S石粉砂浆补塑后，补塑部分与原石质结合密实，无明显分界面，其补塑部位强度为未风化石质强度的50%以上，并随时间推移趋于稳定，达到预期修复效果。

在千手观音造像石质本体修复实践中，秉承“思与行”的工作思路与研究方法，在具体修复实践中，千手观音造像呈现的病害比前期调研的结果更为严重和复杂，石质风化和残缺面积增大。在许多细节问题，如加固材料浓度、黏接材料配比、补塑材料配比以及补塑依据等仍需进一步研究，根据修复中面对的具体情况随时进行再讨论、再研究，用研究的成果指导修复。在石质修复中，最大限度地保留了千手观音原始雕刻形态以及表面贴金、彩绘等历史信息。通过石质胎体修复，确保了千手观音雕刻品的稳定性，恢复了千手观音造像的完整性，满足了文物的审美需求，为下一步贴金层修复提供了良好的操作条件。

大足千手观音修复的带漆金箔回贴材料选择实验

周双林　杨　琴

（北京大学考古文博学院，北京，100871）

摘要　重庆大足千手观音石刻是我国珍贵的历史文化遗产，历代都对其进行过翻修，当下石刻表面金箔的起翘脱落是千手观音面临的亟须解决的病害，本文通过实验室模拟和现场实验来研究不同胶结材料对金箔的回贴效果。实验证明多种天然材料与有机合成材料都能达到将金箔回贴到砂岩上的效果，但现场实验中出现的问题却会缩小可选择的范围，因此我们除了选择黏接材料，还要找到合适的黏接操作方法，同时也有必要进行更长期的观察来进一步确定合适的黏接材料。

关键词　千手观音　金箔　回贴

引　　言

2008年起，中国文化遗产研究院开始了大足千手观音石刻的修复保护工程。石刻表面金箔的脱落是千手观音的明显病害，因为千手观音古代历次修整时，常将新金箔直接粘贴于旧金箔之上，而未将旧金箔彻底铲净，这就导致千手观音表面金箔多处分层起翘脱落①。表层金箔连带下层原有的作为胶结材料的漆层与更底层的金箔的粘贴就不牢固，容易整体脱落，导致明显的病变。根据观察，脱落下来的金箔片表面为金箔，下层连带有漆皮，金箔片硬且脆。按照文物保护的最小干预等原则，根据初期的保护设计，要将这些脱落的金箔片进行回贴，达到金箔稳定、外观和原来接近的目的。为了初步筛选用于回贴的胶结材料，挑选有代表性的常用材料，进行了实验室内实验和现场试验。

1　材料和实验方法

1.1　室内实验

1.1.1　实验材料

从千手观音上脱落的金箔片：上层为金箔，下层为漆皮。

---

① 参考《大足石刻千手观音造像抢救性保护工程前期研究报告》。

大足新鲜砂岩块：从大足石刻附近采集的砂岩，切割成10cm × 10cm × 10cm的立方体实验块。

选用一些常见胶结材料进行试验，包括如下的几种：

（1）大漆：普通生漆，福建产。

（2）贴箔胶和贴箔乳胶：金箔粘贴专用材料，南京金箔厂生产。

（3）10%的聚乙烯醇缩丁醛/乙醇溶液（以下简称PVB/乙醇）。

（4）20%的Paraloid B72丙烯酸树脂/丁酮溶液（以下简称B72/丁酮）。

（5）20%的Paraloid B72丙烯酸树脂/乙醇溶液（以下简称B72/乙醇）。

（6）环氧树脂：302环氧树脂。

其中大漆是在潮湿条件下有较好黏接效果的传统天然材料，贴箔胶和贴箔乳胶是贴金箔专用的树脂类材料，PVB和B72都是文物保护中常用的溶剂型的合成胶黏剂，环氧树脂也是文物保护中常用的合成材料。

1.1.2 实验方法

取7片从千手观音上脱落的金箔片，有些金箔有起翘不平现象。

用工具分别将大漆、贴箔胶、贴箔乳胶、PVB/乙醇、B72/丁酮、B72/乙醇、环氧树脂这7种材料涂抹到7块干燥处理的砂岩表面上。

将背面清理干净的金箔片分别覆在涂有黏接材料的新鲜砂岩块上，为将其尽量铺平展，使用另外一块砂岩作为重物压在金箔片上，保证金箔和胶之间不出现脱离的情况。

放置一周，这个时间足够使选择的胶结材料固化。贴箔胶、贴箔乳胶都是可用于迅速粘贴的材料，PVB/乙醇、B72/丁酮、B72/乙醇都会随着溶剂的蒸发而具有较大黏度，环氧树脂需要若干小时固化，实验室内空气湿度较大，在75%～80%之间，在这样的空气湿度下大漆是可以固化的。

7天之后，将反压的石块去掉，用手指按压和手术刀撬边缘的方法来检验金箔片的粘贴牢固程度。

1.2 现场实验

1.2.1 实验材料

从千手观音石刻上脱落的金箔片：上层为金箔，下层为漆皮。

使用的黏接剂与实验室内实验的相同，包括大漆、贴箔胶、贴箔乳胶、PVB/乙醇、B72/丁酮、B72/乙醇、环氧树脂。

辅助材料：不干胶带。

1.2.2 实验方法

在大足石刻大佛湾千手观音修复区不远的参观走道下面，有陡立的砂岩面，选择该处作为实验区域。实验区域的岩石有一定风化，但不太严重；游客稀少，较为隐蔽，不容易被人为破坏，可做长期观察。

实验前首先去除岩石表面的泥土和风化粉末，划定实验区域。

取7片从千手观音上脱落的金箔片。

将大漆、贴箔胶、贴箔乳胶、PVB/乙醇、B72/丁酮、B72/乙醇、环氧树脂这7种材料分别涂抹所选的砂岩表面上。

将7片金箔片逐片贴在实验区域的石壁上，并紧压使尽量服贴。由于胶结材料流动性较大且金箔起翘，为了固定金箔，使用不干胶带做临时固定。在每片金箔片的上方标注上这片金箔片所用胶结材料的种类。

大漆的金箔遇见大漆有卷曲的情况，丁酮稀释的B72也有类似情况，其余实验材料对带金箔漆皮影响不大。

24h之后，取下不干胶带，固定作用不强。

经过2天后，检查金箔片的情况。

之后将金箔片留在原处，长期观察金箔片的状态，隔数年记录一次金箔片的情况。

2　实验结果

2.1　实验室内实验

实验室内实验提供了将金箔片紧压在实验块表面的外压力，并有充足的使胶结材料固化的时间，实验室空气湿度在60%～75%之间。

这样的实验室条件下，7种胶结材料均能使金箔片在砂岩实验块表面粘贴牢固。用手指按压和手术刀轻撬的方法均不易使金箔脱离实验块，这就证明7种胶结材料有黏接带金箔漆皮的能力。

在粘贴实验过程中发现大漆可使带金箔的漆皮软化卷曲，黏接不易控制；PVB/乙醇、B72/丁酮、B72/乙醇等材料能将金箔片的漆皮软化，使之服贴地贴在实验块上；贴箔胶和贴箔乳胶没有软化漆皮的能力，所以抹上之后漆皮仍保持原本的弧度和硬度，无法与实验块表面贴合，所以粘贴后金箔片边缘是翘起的。

用大漆黏接溢出的部分会在实验块上留下暗色，用贴箔乳胶和B72粘贴会使金箔片表面显示额外光泽，而影响外观。

2.2　现场实验

实验过程中发现贴箔胶、贴箔乳胶能够迅速将金箔片粘在石壁上，操作较为方便，只需按压住金箔片数分钟，胶结材料的黏度就足够将金箔片固定在石壁上。PVB/乙醇作为黏接剂，需要反压的力量和固定带金箔漆皮，才能实现黏接；大漆、B72/乙醇、B72/丁酮和环氧树脂则在短时间内无法固定住金箔片，需要用不干胶带做临时固定。尤其是大漆和B72/丁酮会使漆皮强烈褶皱卷曲，特别需要临时固定。带金箔的已固化大漆遇到未固化的生漆时，卷曲特别厉害，反压困难。由于现场实验条件所限，不易从外部持续紧压住金箔片，给粘贴造成困难。现场实验结果见表1。

表1　不同胶结材料粘贴效果记录表

胶结材料	照片	效果描述	备注
大漆	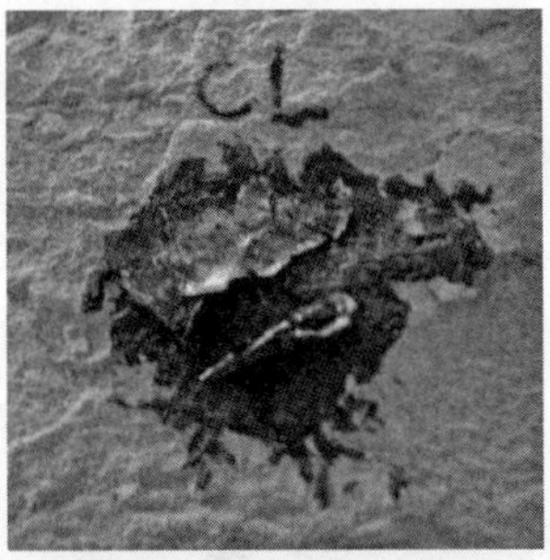	带金箔片的漆皮被软化后，在干燥过程中发生强烈卷曲	大漆在岩石上呈现暗色
贴箔胶		不能软化漆皮，所以金箔片的边缘无法服贴，有起翘	
贴箔乳胶		不能软化漆皮，所以金箔片的边缘无法服贴，有起翘	表面略有多余光泽
B72/乙醇	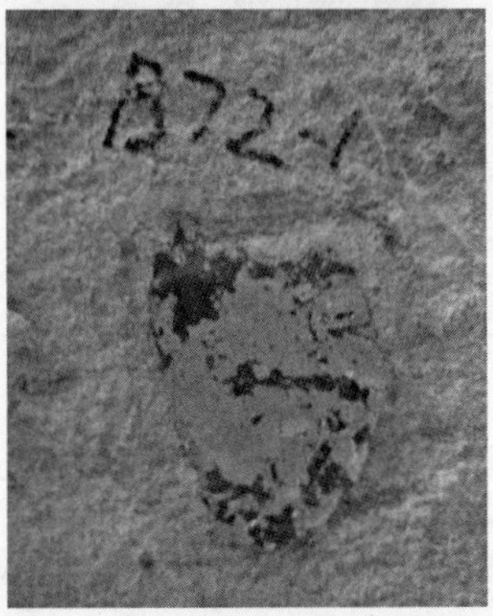	漆皮软化之后在干燥过程中未有明显起翘	表面略有多余光泽

续表

胶结材料	照片	效果描述	备注
B72/丁酮		丁酮使漆皮皱缩卷曲，有不干胶带做临时固定也无法压制住，干燥后漆皮边缘卷曲	接触胶结材料后皱缩卷曲，另外表面也有多余光泽
PVB/乙醇		漆皮软化后在干燥过程中未有明显起翘	
环氧树脂	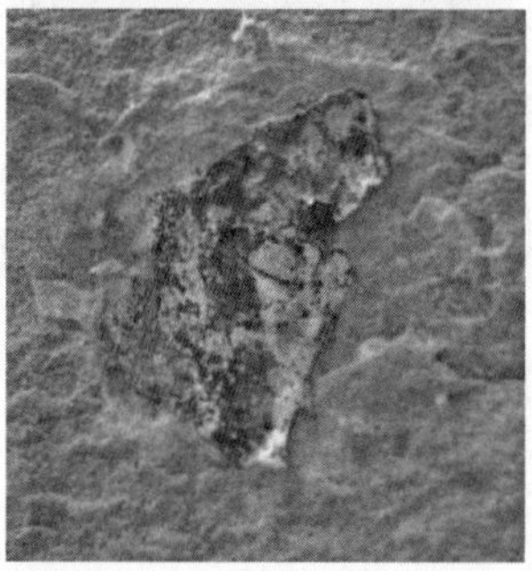	不能软化漆皮，所以金箔片的边缘无法服贴，有起翘	环氧树脂溢出使周围石壁变白

在2009年10月、2011年4月、2015年6月的三次后续观察中，观察到贴回的金箔片并无明显变化，依然较为牢固地粘贴在选定实验区域的石壁上。

3　结论和讨论

3.1　结论

综合实验室内实验和现场实验的结果，可知在提供较好外压力，有充足固化时间，空气湿度适宜的情形下，实验所用不同胶结材料都有足够黏度将金箔片牢固粘贴在砂岩表面。

在操作中，不同黏接剂对带金箔漆皮的软化，是黏接中出现的问题。使用大漆作胶结材料在固化过程中会使漆皮有强烈卷曲的倾向，同时大漆固化较慢且黏度不足，所以它会使漆皮卷曲，即使有不干胶带做临时固定也很难阻止。另一个会使漆皮卷曲的是B72/丁酮，它与大漆的情况又有所不同，B72/丁酮只要涂抹在漆皮上，就会引起漆皮褶皱卷曲，这是因为丁酮能够溶胀漆皮。其他几种材料中，贴箔胶、贴箔乳胶和PVB/乙醇都能迅速具有固定金箔片的能力，在受限的现场操作条件中比较方便。B72/乙醇和环氧树脂黏接的金箔片虽然不会明显卷曲，但是在刚粘贴时黏度较低，必须用不干胶带临时固定。

贴箔胶、贴箔乳胶和环氧树脂均无软化漆皮的能力，所以当用它们直接粘贴金箔片时不能使之非常服贴，边缘会有起翘。

贴箔乳胶和B72/乙醇、B72/丁酮都会使金箔片表面带上多余光泽，大漆溢出的部分会使背景石壁呈暗色。在现场实验时，环氧树脂会使石壁呈白色，这是因为现场实验所处的空气湿度比实验室内更大，环氧树脂在湿度很高的环境可能变白。

3.2 讨论

若仅从粘贴强度上来说，多种材料都能达到将金箔片牢固粘贴在砂岩上的目的，但是在实际使用时，却又有诸多限制。

在实际的现场操作中，要使带金箔的漆皮回贴到砂岩上，不只是考虑黏接强度的问题，还要考虑操作的难易程度。具体的旧金箔（带金箔漆皮）的回贴，包括砂岩基础的处理，带金箔漆皮的清理，胶黏剂的涂刷量，胶黏剂的固化时间，固化期间对带金箔漆皮的固定，弯曲表面回贴中反压的处理等。

金箔片的漆皮硬且脆，若想使其服贴地粘在砂岩表面，需要先软化漆皮，尤其金箔片来自千手观音，造像上很多弧面，更需要金箔片能按照期望有一定形变。能软化漆皮的常用材料除了大漆还有如醇类、酮类的溶剂，如果使用的材料如贴箔胶和贴箔乳胶，无软化漆皮的能力，那就要在使用之前先用乙醇软化漆皮再进行粘贴。同时选用的溶剂要特别注意，不能选用丁酮这样能强烈溶胀漆皮的溶剂，这些溶剂甚至可能破坏金箔片。

现场粘贴时，提供外部压力紧压住金箔片是重要环节，如果能够找到适宜方法，那就能有更多、更好的材料选择。例如，大漆本身是在高湿条件下非常适宜的天然材料，传统上就使用且非常环保，在能解决外压问题时会是很好的选择，但如果能达到很好的反压，使带金箔漆皮与岩石界面达到很好的接触，那么使用大漆的金箔片就会在固化过程中卷曲。

贴箔乳胶和B72材料会在金箔片表面留下多余光泽，在能有其他选择时应尽量避免这样的材料。而溢出部分会改变石壁颜色的材料则无影响，因为在给千手观音回贴金箔时，只要小心操作不会露出太多背面的石壁。

各种胶结材料在不同的粘贴条件下，粘贴效果不同，所以使用任何材料之前一定要进行现场实验。如选定的实验区域和实际千手观音所在位置的环境也有一些差别，所以当进行了回贴之后应继续观察后续。

本文仅从粘贴操作的角度讨论了筛选材料的方法，但仍需在实际回贴后长期观察，留意长时间粘贴后是否有生霉、强度下降等现象，来进一步确定应该使用何种材料，调整粘贴方法。

关于文物建筑保护中实施可识别原则的思考

王 从
（故宫博物院，北京，100009）

摘要 对文物建筑的干预需具备可识别性，归因于不改变文物建筑原状，是出于对文物真实性的考虑。但当前可识别原则在文物建筑修缮实施中存在实施范围不普遍、原则不明晰、方法不科学等问题。因受到传统文物建筑维修讲求原材料、原工艺、原做法，相关法规、准则对可识别原则的要求不明确，中国传统美学观念的束缚，某些维修内容不易在建筑本体上做到可识别标识等影响，可识别原则一直以来并未得到应有的重视，处于被忽视的处境，未能妥善广泛实施。文物建筑保护中施行可识别原则的实施方法需不断探讨。

关键词 可识别性 文物建筑保护 真实性 修复

引 言

在古建筑勘察时，经常可以发现建筑历次修缮的痕迹。这些痕迹有的可以在历代相关维修文献记录中得以确认；有的则查不到任何文献记录，但能从老一辈古建专家、工匠口中可以得到证实，得以了解一二；还有的便无从考证。由此，常出现不能准确判断建筑构件是否为始建构件的情况。

如故宫养心殿区内一座建筑燕喜堂，经勘查发现其瓦顶勾头纹饰细分有15种，滴水纹饰有20种。这些不同的纹饰瓦件的存在，可以说明该建筑瓦顶曾经历了多次修缮。修缮时更换了破损、缺失的勾滴瓦件，致使纹饰如此丰富。但这些瓦件是何时更换的？更换时是使用了新烧制的瓦件还是使用了其他建筑上拆除的旧瓦件？这些问题一时均不能得出令人信服的答案。这不由让我想起古建维修保护中经常提到的新添加构件应区别于原有构件，具备“可识别”这一保护原则。

1 可识别原则的目的和必要性

2015年版《中国文物古迹保护准则》[1]（以下简称《准则》）的第10条“真实性是指文物古迹本身的材料、工艺、设计及其环境和它所反映的历史、文化、社会等相关信息的真实性。对文物古迹的保护就是保护这些信息及其来源的真实性。”阐释“……文物古迹经过修补、修复的部分应当可识别；所有修复工程和过程都应有详细的档案记录和永久的年代标志；……”

《准则》第14条阐释中讲“……增补和加固部分应当可识别，并记入档案。……”

《准则》中又特别强调文物建筑遇到如下情况，维修时应“可识别”。

《准则》第26条是对“加固”的说明。在该条款的阐释中讲“非临时性加固措施应当做出标记、说明，避免对参观者认识文物古迹造成误解。”

《准则》第27条“修缮：包括现状整修和重点修复。现状整修主要是规整歪闪、坍塌、错乱和修补残损部分，清除经评估为不当的添加物等。修整中被清除和补配部分应有详细的档案记录，补配部分应当可识别。”在该条款的阐释部分讲：“重点修复应遵守以下原则：……允许增添加固结构，使用补强材料，更换残损构件。新增添的结构应置于隐蔽部位，更换构件应有年代标志；……修复可适当恢复已缺失部分的原状。恢复原状必须以现存没有争议的相应同类实物为依据，不得只按文献记载进行推测性恢复。对于少数完全缺失的构件，经专家审定，允许以公认的同时代、同类型、同地区的实物为依据加以恢复，并使用与原构件相同种类的材料，但必须添加年代标志。……”

《准则》第36条“近现代史迹及代表性建筑的保护：近现代建筑、工业遗产和科技遗产的保护应突出考虑原有材料的基本特性，尽可能采用不改变原有建筑及结构特征的加固措施。增加的加固措施应当可以识别，并尽可能可逆，或至少不影响以后进一步的维修保护。”

《准则》第43条的阐释中讲“重建项目实施过程中必须确保文物古迹，特别是建筑遗址不受损害。重建的建筑必须有清晰的标记。”

即《准则》中明确指出在进行非临时性加固措施、现状修整中补配的部分、重点修复中新增添的结构和恢复缺失的构件、近现代史及代表性建筑增加的加固措施、重建的建筑这几种维修干预时要求具有可识别性。

对文物建筑实施这些干预时为何要强调需要具备可识别性？这要从可识别的目的来考虑。

《准则》第4条中讲，保护必须按照规定的程序进行，其中“价值评估应置于首位”。

如何评价文物的价值，其建筑构件的时代无疑是一个重要的评判价值。因此，维修时新更换的构件必须可以区分，为日后同行对该建筑的认识不产生误导作用。“修复应该旨在重建艺术品的潜在统一性，只要不造成艺术造假或者历史造假，而且也不要抹杀艺术品在时间长河中留下的痕迹。”[2]

《准则》第9条中讲到“不改变原状：是文物古迹保护的要义。它意味着真实、完整地保护文物古迹在历史过程中形成的价值及体现这种价值的状态，有效地保护文物古迹的历史、文化环境，并通过保护延续相关的文化传统。”其阐释中讲道：“文物古迹的原状是其价值的载体，不改变文物古迹的原状就是文物古迹价值的保护，是文物古迹保护的基础，也是其他相关原则的基础。……历史上多次进行干预后保留至今的各种状态，应详细鉴别论证，确定各个部位和各个构件的价值，以确保原状应包含的全部内容。”

修复工作的基本原则是尊重、保护文物构成元素的真实性，应该在这个原则的指导下选择保护措施[2]。

《威尼斯宪章》第十二项讲，补足缺失的部分，必须保持整体的和谐一致，但在同时，又必须使补足的部分与原来部分明显地区别，防止补足部分使原有的艺术和历史见证失去真实性。

《奈良真实性文件》中讲，对文化遗产的所有形式与历史时期加以保护是遗产价值的根本。我们了解这些价值的能力，部分取决于这些价值的信息来源是否真实可靠。对这些与文化遗产的最初与后续特征有关的信息来源及其意义的认识与了解，是全面评估真实性的必备基础。

判断文物古迹的修缮是否正确，要看它是否保持了“原状”即“原真性”[3]。所谓“原真性”，即探讨和研究的对象的发生和起源具有原生性、原创性、非复制性等特征，从而有了真实性、确定性和可靠性等特征[4]。对于文物建筑保护修复而言，要保护文物的价值，首要的就是要保护历史信息的原真性，失去了原真性，文物建筑各方面的价值都失去了依托，文物也就没有多少价值可言了[5]。

文物建筑的保护，“目的是真实、全面地保存并延续其历史信息及全部价值”[6]。要想达到真实性，就要求在具体的修复过程中遵循可识别性原则，因为在修复时，无论何种类型的建筑都不可避免地进行局部的更换、添配或复原，只有当新换或新增部分与原有部分区别开，不发生混淆，材料与实体的真实性才能保留下来，建筑的真实性也才能得到完整的体现。由此可见，真实性的显现及其程度往往依赖于新旧部分的可识别性，两者密不可分[6]。

以上说明，对文物建筑的干预需具备可识别性，归因于不改变文物建筑原状，是出于对文物的真实性的考虑。

2　当前文物建筑修复中实施可识别原则的概况

当前在文物建筑修缮中，可识别原则的实施存在实施范围不普遍、原则不明晰、方法不科学等问题。实际设计施工也仅能在个别几个方面贯彻了可识别原则。目前的实现方法有如下几类：

第一类，依靠修缮材料与原材料明显的材质差异体现可识别性，即因材料不同自带的可识别性因素。如在有些木柱柱根糟朽的位置以水泥柱墩接，或在木柱柱根糟朽高度较矮的位置用钢板衬垫的做法（图1）；用碳纤维加固木构件的方法等干预，使新材料从感官上明显具备了可识别因素（图2）。

图1　钢板衬垫柱根

图2　碳纤维加固

第二类，通过简化新添配构件的施工工艺达到可识别的目的。

在隐蔽部位更换的檩子采用与周围梁架木构件明显不同的表面处理方法。例如，顶棚内的不露明梁架中，原有梁架上绘制彩画的，新更换的木构件表面不做任何处理维持木本色，从感官上直接与原始构件区别开来（图3）。

通过简化木装修和石构件新添配部分雕刻花纹的方式与原有构件加以区别，保证了可识别性，又达到了整体协调的效果。

在油饰、彩画的修复中，有些工程采用了断白手法。断白指在建筑物新木碴上刷一道油漆，使之与周围油活颜色协调。彩画部位有时为了保存其历史价值，而在找补新木碴上随色也称断白。凡做断白处理的一般都不再进行其他工序[7]。这也是一种通过简化工艺做法的方法，达到了可识别的目的（图4）。

图3 顶棚内新更换的檩子不按原形式做彩画

图4 新做彩画断白

第三类，通过对干预部位表面进行处理，体现可识别性。在重庆湖广会馆的维修保护中，曾对构件表面的油饰、彩画施以不同的涂抹浓度，或通过调节色调的方法，体现新、旧构件可识别性[8]。

第四类，在新添构件上标识文字体现可识别性。把维修中新加入的构件标注上文字标识加以区别，可以有效避免日后同行在勘察时对该新添构件的错误判断。这种可识别的处理方法最直接和明确，不易产生歧义和误读。如在新添瓦件上标注时间和厂名（图5），在新更换的木构件上用文字标识等。

图5 新烧制的有可识别款识底瓦

3 可识别原则实施现状的弊端和产生原因

鉴于对可识别性的目的是对文物真实性的重要和必要保障，而文物的真实性不仅仅局限于对临时性加固措施、补配构件、新添加结构、重建建筑的明确标识，还应涉及维修保护时对建筑进行干预的方方面面，如重做的瓦顶的灰背层、添配金属连接件或者墙体重新抹灰等。现有的可识别方法并未涵盖所有维修干预内容，不能满足真实、准确地反映文物建筑真实性的需求。

依靠修缮材料与原材料明显的材质差异和通过简化新添配构件的施工工艺达到可识别的方法，存在对干预时间不明确的缺点。若实施干预的构件多于保持原有工艺的构件，可能会产生误读。

通过对干预部位表面进行处理体现可识别性，其耐久性还有待考量。

在新添构件上标识文字体现可识别性的方法，施用范围有很大局限，对于不能以“块”“根”等可数名词计量的维修范围均不适宜使用，如抹灰层等。它也不适用于隐蔽构件，如墙体内的木构、隐蔽部位的砖石等。对于目前标识文字的位置也存在问题，上文提到的瓦件上的文字标识标注在瓦件的内侧面或隐蔽不漏明的位置。当瓦件安装完毕后，文字标识完全被遮挡了，丢失了可识别信息。

总体来讲，可识别原则一直以来并未得到应有的重视，处于被忽视的处境，未能妥善广泛实施。究其原因，主要是以下几方面。

（1）可识别性与传统文物建筑维修讲求原材料、原工艺、原做法存在矛盾。

如《准则》第31条讲“油饰彩画……重绘部分必须尊重原设计、使用原工艺并尽可能使用原材料。”其阐释中讲“重新油饰彩画必须对原有油饰彩画材料和工艺进行分析，严格按照原形式、原题材、原风格、原材料、原工艺进行恢复。”《准则》第14条中“……对原有科学的、利于文物古迹长期保护的传统工艺应当传承。……”而原材料、原工艺、原做法旨在最大限度地再现原有的工艺手法，强调修缮位置与周围的协调和美观。可识别原则是要求维修干预的位置肉眼可识别，易识别。因而，维修效果是做到“以假乱真”，还是易于区分，一直是文物建筑保护工作者不断探讨和困惑的问题。

传统工艺的传承与可识别原则的实施之间也存在矛盾。可识别原则的实施，会省略或改变部分传统工艺做法，传统技艺可能因为这种故意的变化而遗失。保护文物建筑原真性，还是保护传统技艺和传承？两者之间难以取舍。因此，可识别性修复原则的实施需要注意平衡东方文物建筑文化内涵、传统技艺的传承。

然而，对于保护材料而言，保护、修复使用的一切添加材料都并非用来替代文物的原材料，而是要更有效地保护原工艺、原材料所固有的一切历史信息、工艺技术信息。因此，没有必要过多地强调原工艺、原材料。

（2）相关法规、准则对可识别原则的要求不明确，未提及具体实施范围、内容和措施，导致从业人员对可识别的理解和适用范围上存在差异。在工程中，维修干预内容、维修材料和维修工艺均不同程度地影响可识别原则的实施。

中国文物修复与现代修复理念的接触进程始于20世纪80年代。中国文物修复的方法论正逐渐形成，如重新定义真实性的概念，以及尊重时间的过渡在过去留下的证据[2]。文物建筑保护涉及范围较广，巨大的地域差异导致遇到的问题也千差万别，因此短时间内难以统一要求。

（3）突兀的可识别做法，其修复效果不符合中国传统美学观念，遭到了摒弃。

关于对文物建筑修复或修补部分在表面观感上如何处理的问题，西方建筑体系强调采用修复的部分要与原来的有鲜明对比，有可识别性，在色彩和材料的选择上都采用完全不同的方式[9]。

而中国文物建筑修复受传统审美观念的影响，追求修缮完成后的协调和美观，以及修旧如旧的效果，如瓦顶修缮时把旧瓦集中在一个区域使用。因而，可识别原则被有意或无意地规避了。

（4）一些维修内容不易或不能做到可识别标识。

如维修中的灌浆、勾缝、苫背、墙体抹灰等，由于其施用部位、材料不耐久和施用范围很难表述，因此不易做出可识别标识。在实际维修保护中，这些维修内容大多未实施可识别原则。

4 对改善方法的思考

可识别原则的必要性是毋庸置疑的，疑问的关键是如何妥善做到可识别。

（1）可识别原则应当涉及、覆盖所有干预类型、范围和内容。

前面讲到的目前使用可识别方法的，仅限于某些新添构件和构件表面的处理，少有涉及其他的维修干预环节。

维修干预的内容涉及外观可见的新构件、隐蔽部位新构件、隐蔽部位黏接材料（主要指灰浆、灰背等）、外观可见的新装饰构件、外观可见的涂刷层（主要指墙体抹灰、地仗、油饰、彩画等）等。鉴于维修保护不应对建筑真实性造成影响的基本原则，以上干预均应具备可识别性，而非仅针对外观可见的新添构件和构件表面的处理上。

（2）因上述干预位置及内容的情况不同，也应采取恰当的可识别方法。

在添加外观可见的新构件时应做可识别文字标识。标识位置应做到远观和谐，近观肉眼可识别、易识别。标识内容应简洁明了，远观和谐近观可明显区别。“可识别”存在相对人群差异性，不同的人群对差别的辨识能力是不同的[10]。因而文字标识是最明确和普适的可识别方法。

新更换、添配的装饰构件采取简化装饰细部特征的方法，使建筑远观一致，近看有别，既保持了整体的协调又区别于原物。其存在误读的可能性，因而应做好相应的档案记录标识工作。

对于一部分材料的不耐久的外观可见的涂刷层，以及隐蔽部位的维修干预不适宜采用文字标识，应将所有维修干预做文字记录，做好文献记录标识。以文字、图纸、影像等记录方法，将维修位置、内容、工艺做法、范围等信息记录在案，并做到易于检索、查询。

（3）应通过不断探索，逐步在行业内形成同一类修复内容所采用的可识别方法的统一，从而易于识别。例如：

①应该在对墙体装饰面的替换和修补中，在替换、修补的边缘做一种较浅且不会脱落的标记以示区别。根据不同的情况，使用适当的金属片和一系列极薄的砖屑，或者使用较宽、较深的槽来区别[2]。

②应该在添加起加固作用的辅助部分，或对有历史依据的部分进行补全时，要根据情况，或留出明显的补全界线，或采用协调但不同于原来的材料，尤其是与原来部分的连接点，应可用肉眼清楚辨认，另外，在适当的地方签名并注明日期[2]。

③应该在修复中将新添加砖、石构件表面稍稍凹下去，采用轮廓线来界定修复区域或加入一点不同的材料以示区别。

④应该在每一个被修复的地方放置一个写有日期的小牌子，或刻上缩写及专门记号。

如何认识和取舍种种这些处理方法均需要行业内达成共识。

（4）对文物建筑外观影响大的可识别方法应慎用。

“补全总是应当容易认出，但不能为此就破坏补全旨在重构的统一性。因此，补全应当在艺术品被观赏的距离内看不到，但稍微靠近观看，不需要借助特殊工具就立即被略微认出。”[2]

可识别性，不能破坏建筑的文化内涵和意境，破坏建筑精神与感受方面的真实性。不能为了达到“材料与实体”的真实性而以其他属性的真实性受损为代价[8]。一目了然、突兀地呈现可识别信息显然不适合中国传统的审美需求。

结　　语

对文物建筑修缮保护中的可识别原则是不改变文物原状，保证文物建筑的真实性。当前对原则的理解、贯彻和方法的选择均有待探讨。对建筑真实性的保护，应体现在忠实记录对建筑采取干预的方方面面，不仅有对新添构件的文字标识，还有对新添配装饰构件的简化、对构件表面的处理等隐晦的方法。将所有干预原原本本明确、详实地记录在案，并将这些作为建筑档案保存好、完善好，供人们查阅和不断如实更新。同时建筑上的种种可识别标识可作为“索引”，不仅让我们更直接了解建筑的原本，也便于我们理解和查找建筑档案中的记录内容，从而最大限度地体现文物建筑修缮的可识别原则。

参考文献

[1] 国际古迹遗址理事会中国国家委员会. 中国文物古迹保护准则. 2015.

[2] 布兰迪. 文物修复理论. 意大利非洲与东方研究院出版社，1963：7，16，40，141，147-148.

[3] 马炳坚. 走出认识误区，坚持科学保护——关于近年来我国文物古建筑保护领域若干争议问题的思考. 古建园林技术，2008，（1）：54-58.

[4] 孙洁. 原真性解读——德国柯伦巴艺术博物馆. 山西建筑，2012，（4）：19-21.

[5] 杨竹. 历史建筑保护与修复研究. 重庆：重庆大学，2012.

[6] 郭黛姮. 关于文物建筑遗迹保护与重建的思考. 建筑学报，2006，（6）：21-24.

[7] 王效青. 中国古建筑术语辞典. 太原：山西人民出版社，1996：369.

[8] 冷婕，张兴国. 探索木构建筑修复中的可识别性原则——以重庆湖广会馆修复工程为例. 新建筑，2011，（2）：46-49.

[9] 陈蔚，胡斌. 对文物建筑修复原则运用尺度的几点看法. 新建筑，2006，（5）：4-6.

[10] 路智勇. 试论“可识别”原则的相对性——兼论文物保护修复中可识别程度的把握. 中国文物科学研究，2010，（4）：31-35.

大高玄殿乾元阁修缮保护工作中的传承与创新

张　典

（故宫博物院，北京，100009）

摘要　大高玄殿建筑群是我国唯一曾被明、清两代皇家作为御用道观的地方，乾元阁位于该建筑群第四进院最北端。2011年，故宫博物院收回了大高玄殿区的产权，并首先对乾元阁启动了修缮保护计划。此次修缮保护在采用传统修复方法的同时，也在重要部位借助了科技分析的手段，并在部分区域进行了试验性修复。例如，对威胁建筑稳定性的西侧承重大梁进行的科学抢险保护，对残损严重的外檐彩画采用的传统保护和修复，以及对建筑琉璃宝顶的试验性修复。通过对这三个具有代表性的部分进行具体的分析和记录，横向比较了文物建筑修复过程中针对相关问题常用的技术手段和修复方法，总结了其各自的特性，为未来的文物建筑修缮保护提供了新的参考。

关键词　乾元阁　修缮保护　继承与创新

大高玄殿建筑群是我国现存的唯一曾被明、清两代皇家作为御用道观的地方，因种种原因，自建成以来一直鲜为外界所知。2011年，故宫博物院收回了大高玄殿区，先期启动了乾元阁修缮保护计划，笔者参与了前期的勘察工作，并作为项目负责人主持大高玄殿乾元阁的修缮保护工作。现结合相关实例，对乾元阁修缮保护工程中传承与创新的相关问题进行讨论。

1　建筑形制及历史沿革

1.1　建筑形制

大高玄殿位于紫禁城神武门西北方向，东面隔街与景山相望，西接北海东岸建筑，南临紫禁城北护城河岸，北止景山西“山里右门”到北海“陟山门”东西连线前。该建筑群呈南北向长方形，占地1.38万m^2，现存古建筑面积3308m^2（图1）。

大高玄殿建筑群现存共五进院落。第一、二座山门均为绿琉璃瓦盖顶的仿木结构券洞式大门，各有门洞三座。第二座山门的后面，为一座过厅式的大门，歇山黄琉璃瓦顶，门上高悬“大高玄门”四个大字。大高玄门两侧各有钟鼓楼一座，后面是一座重檐庑殿顶建筑，即大高玄殿。该建筑面阔七间，黄琉璃瓦盖顶，殿前有月台，殿的两侧各有配殿五间。大高玄殿后殿是一座面阔五间的绿琉璃瓦黄剪边庑殿建筑，殿前悬匾额，上书“九天应元雷坛”六个大字。雷坛两侧各有绿琉璃瓦覆顶的配殿，雷坛之后便是乾元阁（图2）。

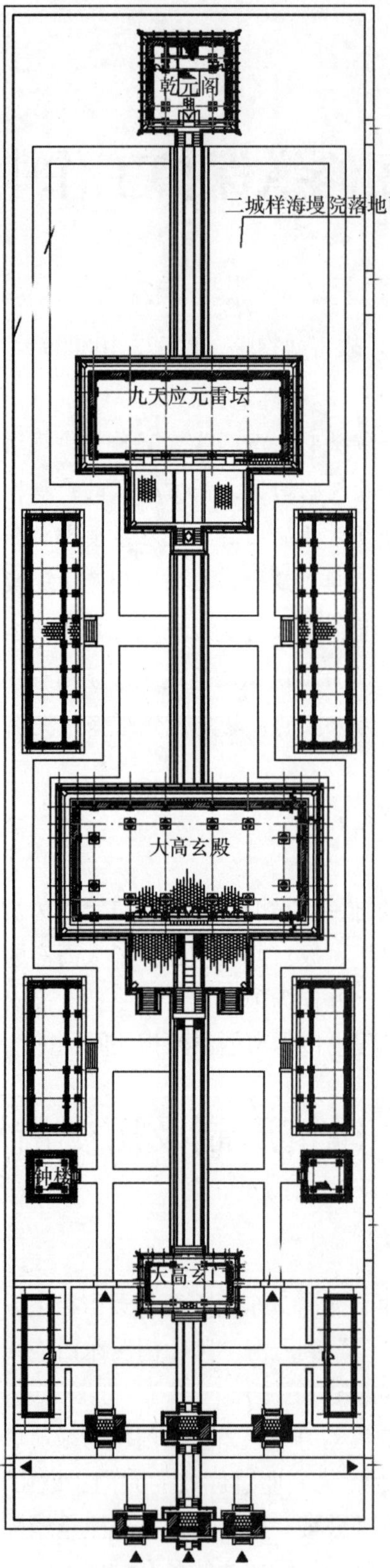

图1　大高玄殿平面图

图2 修缮前的乾元阁

乾元阁独特的建筑形制为国内仅见。外观为上圆下方两层阁楼，进入后可发现实际为三层结构。上层平面呈圆形，室内尽高约为4m（本文中室内尽高指实际使用高度，即地板上皮至天花下皮）。屋顶为圆形攒尖顶，覆以五样蓝琉璃瓦，象征“天”，下为方形，边长15m，尽高约为5m。屋顶覆以五样黄琉璃瓦，象征“地”。上下两层之间藏一个暗层，尽高约为2.7m，此层在建筑构架上将底层方形梁架转换为上层的圆形柱网结构。该建筑现存上、下两块牌匾，上为“乾元阁”，下为“坤贞宇”。由于建筑整体为阁楼形制，一般以“乾元阁”称之，而将阁楼的下半部分习惯称为“坤贞宇”（图3、图4）。

图3 乾元阁牌匾

图4 坤贞宇牌匾

从现有建筑残存可见，坤贞宇面阔三间，明间设四抹隔扇门，次间为槛窗。檐下施以单翘重昂五踩斗栱，绘金龙和玺彩画。明间上部悬挂满、汉两种文字书写的云龙斗匾“坤贞宇”。基础为汉白玉须弥座，四周以三幅云宝瓶栏杆，龙鹤望柱头，明间前出御路踏跺，中间丹陛雕刻龙凤、仙鹤图案。内部井口天花，方砖铺地，有木楼梯转折通往二层。二层设平座及周围廊，以八根圆柱分隔，环护以荷叶宝瓶桪杖栏杆。檐下施以重昂五踩斗栱，绘金龙和玺彩画。南面正中悬挂用满、汉两种文字书写的云龙斗匾“乾元阁”。前面五楹每间以隔扇门窗装修，三交六椀菱花格棂心。北面三楹为木板墙。室内为团龙井口天花，顶部有盘龙藻井，披麻加漆木地板。阁内后部现存木质神龛一座，圆形八面，毗卢帽顶，后五面是木板，前有垂幔。龛内又置一圆形小亭，六面攒尖顶，有重昂七踩斗栱，每间四攒，四周置栏杆，下部为木须弥座，十分精美。

1.2　历史沿革

关于大高玄殿，《明世宗实录》卷二六〇有载：“嘉靖二十一年四月庚申，初，上于西苑建大高玄殿奉事上玄，至是工完，将举安神大典……”[①]由此可知大高玄殿建成于嘉靖二十一年。关于大高玄殿的修缮情况，明人杨爵《杨忠介集》附录卷一曾提到，嘉靖二十六年十一月时，大高玄殿曾遭火灾[②]。此次遭灾事，清人夏燮于《明通鉴》中也有记载[③]。关于大高玄殿修缮确实的文献记载，包括《明神宗实录》卷三四七“万历二十八年五月丁卯”条、卷三六九“万历三十年闰二月壬寅”条、卷三七二“万历三十五年五月丙戌”等，从中可知，当时万历皇帝曾三次敕命修缮大高玄殿。

而明确提到乾元阁修缮之事的文献记载，较早见于雍正七年八月的一份奏销档中：“十八日奏。总管内务府谨奏：为遵旨修理事。雍正七年闰七月十一日，……臣详加查勘得：于大高殿南栅栏两侧，增砌看墙，两侧接墙拿梁砌筑，覆琉璃瓦，牌楼加支撑，大高殿、雷坛殿、无上阁（即乾元阁）、庑殿及其房屋等处，粘补修理，脱落之石灰找补夹灰，照旧样粘补油画，补墁院砖，两侧大墙，以红砖补墁刷浆。工程需用银八千六百五十二两七千四分六厘。殿内供奉玉皇等众神，俱谨上色油画见新，龛、供桌亦油画见新，需用银三千二百八两一钱五分七厘；至于修理所用琉璃瓦，除向工部取用外，共计用银一万一千八百六十两九钱三厘，欲向广储司取用，修理悬挂欢门及幡时，交广储司等兴工，俟修理完毕，令道士等办吉祥道场九日。为此谨奏。”[④]可知，此次修缮中，仅对乾元阁等处房屋进行粘补修理，脱落石灰找补，并照旧样粘补油画，从修缮保护的角度来看，该工程应属日常维护范畴。

乾隆一朝，土木繁兴，很多宫殿都在这一时期或被拆除，或被改造。奏销档记载：“乾隆八年五月初四日，（海望、三和谨奏）……大高殿前添建四柱九楼牌楼一座，拆去栅栏门一座，看墙二堵。自大山门至无上阁中一路甬路、散水换墁新砖，两边甬路散水即将本工旧砖改砍铺满。其余海墁俱拆去，铺垫黄土。并将无上阁（乾元阁）前东西配房四，连雷坛殿、前大殿两山值房俱行拆去。”[⑤]此次拆改后，乾元阁周边环境大致与今所见相同。

此外，嘉庆一朝的《内务府呈稿》中也可见乾元阁修缮保护的一些记载。“大高殿乾元阁上

---

① 《明世宗实录》卷二六〇“嘉靖二十一年四月庚申条”，中华书局，2016年。

② （明）杨爵：《杨忠介集》附录卷一，文渊阁四库全书本。亦见《明史·杨爵传》。

③ （清）夏燮：《明通鉴》卷五九，中华书局，1959年，2241页。

④ 中国第一历史档案馆藏奏销档177—214长编69267，奏为修理大高殿估需工料银两事折。

⑤ 奏销档209—006，奏请领取大高殿修缮工程所用银两折。此次改造后发生的变化，对照康熙《衙署图》和乾隆《京城全图》也可以清晰看出。

层栏杆并音乐亭窗户等油什（饰）清册，嘉庆元年十二月二十七日戊戌。……乾元阁上周围栏杆糟朽闪裂。请交营造司修理可也。等因踏勘得所有油什修理之处，开列于后。”①“大高殿一座计七间，前东西配殿各计五间，后东西配殿各计九间，雷坛一座计五间，坤贞宇一座计三间，俱油饰柱木槛框窗槅。大高殿三面栅栏九座，共拆换棂十二根，各长六尺五寸，宽二寸五分，厚二寸……”“嘉庆二十三年查验中正殿、大高殿等工程、嘉庆帝喻大高殿乾元阁琉璃圆顶裂损著承修官员赔修事。”②

通过文献可知，乾元阁自建成以来历经多次修整保养。然进入民国后，由于大高玄殿建筑群长期为军方占用，其在使用过程中对建筑形制虽未有大动，但仍有不少改造之处。各建筑外檐装修部分尤为突出。坤贞宇隔扇几乎不存。勘查中仅发现其中一堂隔扇被长期堆弃于建筑夹道之中，为后期补配提供了依据（图5～图9）。

图5 弃至夹道堆放的隔扇

图6 清出乾元阁北临建房下煤渣中所埋琉璃瓦完整件

图7 乾元阁北临建房下煤渣中所埋琉璃瓦完整件装车

图8 乾元阁北临建房插入建筑墙体，堆煤渣，其中埋琉璃瓦

图9 清理乾元阁与城墙夹道

① 《内务府呈稿》嘉营8 长编67145。

② 《内务府呈稿》嘉营131。

2　乾元阁残损状况及修缮过程中的传承与创新

图10　乾元阁宝顶

由于乾元阁长期未被纳入文物部门的保护监测范围内，建筑材料普遍存在老化、变质、腐朽、性能丧失等问题，木结构约束力降低，刚度不足，部分构件挠度过大，建筑稳定性减弱。根据前期测绘发现，建筑二层8根金柱已有5根外倾，已出现反向侧角。平座斗栱外倾，最大处达到12cm。内檐彩画普遍褪色、粉化，部分区域开裂、起翘、空鼓、脱落。琉璃宝顶开裂，部分缺损，存在釉面脱落的情况（图10）。鉴于此，为排解该建筑整体结构的危险和隐患，进行安全设防，决定对局部缺损做初步修复，以保证建筑完整性，使其得以长久保存。

在乾元阁的修复过程中，针对不同建筑构件的残损情况，采用了不同的修复方法及理念，其中既有传承又有创新，如对内檐彩画回贴是对传统工艺及材料的传承，对大梁的加固修复则是传统方法与科学实验相结合的结果，对宝顶部分的修复无论是理念还是方法都是一种新尝试。

2.1　外檐彩画回贴

2.1.1　残损细节

乾元阁外檐彩画受外界环境、气候等因素干扰影响较大，均有不同程度的褪色、脱落、翘起，存在地仗整片空鼓或离骨现象（图11）。

图11　乾元阁外檐起甲彩画

2.1.2 修复目的

此次对乾元阁外檐彩画的修缮和保护旨在修复、完善油饰彩画，使其在具备保护木构功能的基础上，尽可能留存更多的历史信息。

2.1.3 修复方式

经过前期勘察分析，决定将该区域彩画进行除尘、清洗，对已经空鼓、剥离的地仗进行软化回贴钉固，局部缺失、脱落按原形制、原工艺补绘。

2.1.3.1 除尘

除尘所用工具包括软毛刷、专用吸尘器、镊子、手术刀、莜麦面团、脱脂棉签等。对已经离骨、起翘的部分，用软毛刷清除表面浮土。利用吸尘器对软毛刷无法触及的细小部位除尘。彩画画面起翘不严重的部位，使用莜麦面团将尘土滚粘干净。另外，对保存状况极差的彩画，则采用先回贴后除尘的方式进行保护。

2.1.3.2 回贴

在彩画回贴过程中，经常用到的材料有以下几种。

（1）骨胶。骨胶作为一种可生物降解的水溶性天然胶黏剂，已有3000多年的应用历史，是中国文物建筑中的传统修复材料。其最大的优点在于其操作的可逆性，当骨胶凝固后再次加热，依然可以恢复液态。其次，作为蛋白质的骨胶，属于天然的、来源广泛的可再生复合物。由于骨胶结构中含有大量的羟基、氨基等极性基团，故对极性材料（木材、纸张等）具有良好的干胶强度。骨胶另一个优点是既可溶于水，在固化过程中，亲水性官能团彼此之间以氢键形式结合在一起形成复合体，其憎水性官能团则排斥并分布在外表层，从而又使骨胶具有一定的抗水性。

当然，在长期的实践工作中，骨胶的缺点也显而易见。例如，骨胶易腐败变质。而且骨胶的黏度随温度变化而显著变化，给实际操作带来了一定难度。有研究显示：当温度高于40°C时，骨胶黏度较低;随着温度的逐渐降低，黏度急剧上升；但当温度低于30°C时，骨胶基本上失去流动性而呈凝胶态。这就要求操作时严格按照准确的温度和时间进行，且骨胶在黏性较好时流动性都不佳，不能用于注射。如需修复处过于细小，则无法使用骨胶。

（2）乳胶。通常用小毛笔将其沿龟裂、起翘的缝隙处涂抹，或用注射器将其注入颜料层和地仗层结合面，然后轻压，使起翘部位回贴。此种方式一般会以白乳胶、纯水或AC33等配比使用，其优点在于流动性较好，便于注射，可用于起翘不太严重和不能深入涂抹之处。

（3）水性丙烯酸乳液（环氧树脂类）。丙烯酸具有良好的化学稳定性、耐热性、耐候性等特点，通常用小毛笔对轻微开裂、空鼓的地仗及游离、粉化的颜料层进行涂刷，以恢复或加强地仗层及颜料颗粒之间的结合力，防止其进一步粉化。水性丙烯酸乳液具有明显环氧树脂类胶结剂的特点，它黏性强，但老化后会有颜色的改变，且韧性会随时间降低。

（4）Paraloid B72。Paraloid B72在彩画回贴工作中也日趋流行，是丙烯酸酯和甲基丙烯酸酯的共聚物，具有丙烯酸的优点。业界曾用漫反射光谱技术对Paraloid B72做过耐光性测试，实验表明：Paraloid B72在光照射的初期，反射系数变化非常小；照射40h后反射系数的相对变化仅为7%，其性质比较稳定，具有优良的耐光性[①]。然而，Paraloid B72的黏度有限，所以它更多的是作为防护层使用。

上述材料中，前者是传统的工艺材料，后三者也是近年常用的文保材料。乾元阁外檐彩画存在地仗离骨现象，考虑到骨胶作为传统材料，对地仗和木构的黏接有很好的黏接强度，且具有可逆性等优势，此次修复便以熬制的骨胶作为黏合剂进行回贴。

回贴工具包括手术刀、镊子、脱脂棉签、软毛刷、吹气球等。回贴之前，用软毛刷和吹气球再次清洁缝隙粉尘，再用热蒸汽软化画面层，趁着鳞片软化，涂抹骨胶液，逆翘起方向进行赶压、回贴，使翘起部位复原。骨胶在操作中，对温度和湿度要求较高，吸收水分时会软化，温度升高，软化速度加快，所以软化和回贴工作一般要求一次完成，避免对旧彩画的多次扰动。

2.1.3.3　修补

修补包括对缺失地仗的修补和颜料层的修补。

乾元阁上架外檐地仗的修补工作中，遵循传统一麻五灰工艺操作。但不同的是，由于修补工作要尽量保留现存地仗，因此需要处理好新老地仗的交接，补配地仗在扎抹工具的选用上也多以小号为主，便于施工。

颜料层的修复也就是彩画的补绘过程。补绘之前首先要对旧彩画进行描拓，然后请设计人员将缺失图案补齐。通过现场核对、修改后，确定彩画的基本纹饰。在起谱子环节，依据设计图案，结合现场遗存确定谱子后，按照传统彩绘工艺进行施工。

2.2　大梁加固

2.2.1　残损细节

乾元阁二层8根金柱已有5根外倾，出现反向侧角。平座斗栱外倾，最大处达到12cm。在卸去屋面荷载详查隐蔽部位后发现，支撑二层金柱的4根大梁已出现沉降，南侧最大沉降为5cm，东侧大梁为4cm，北侧为6cm，西侧大梁尤甚，沉降超过8cm。4根木梁均出现弯曲、劈裂、拔榫、梁底压溃等损伤现象。

2.2.2　修缮目的

为防治建筑二层结构继续倾斜，加强乾元阁建筑的稳定性，需对大梁进行加固处理，以防止梁底压溃范围继续扩展，降低大梁挠度，提高木梁承载力。

2.2.3　修缮方式

关于大梁的加固，通常有数种方式。

2.2.3.1　支顶

通常情况下，当建筑大梁下沉，引起屋面变形或威胁到建筑结构稳定时，最常使用的是利用加柱支顶的方式来分担大梁承重，对结构进行加固。根据需修缮的大梁位置不同，支顶有长短之分。为尽可能不破坏建筑可见外观，若承载力不足的不是最下方的大梁，通常会将支顶柱架在下层梁架

---

① 王丽琴. 漫反射光谱技术对文物保护及相关问题的研究. 光谱学与光谱分析，2005，（8）：1293-1296.

之上，如此使天花以下可见部分无改变。此修缮方式可见于紫禁城太和门、2004年太和殿修缮等工程中。另外，2009年在慈宁宫正殿七架梁修缮时，由于与天花梁距离较近，直接采用在天花梁和五架梁之间加墩的做法，以及20世纪50年代对午门城楼的修缮中，在五架梁中段加片梁和木质斜撑的方式，将三架梁重量部分直接传递至与天花梁相叠的管脚梁上等方式，都与此异曲同工。当然，也有初期采用支顶方式，后来随着损伤加剧，不得不以建筑整体构架为重，撤换掉原有大梁的情况。例如，武英殿正殿明间东一缝的五架梁原所用木材截面较小，跨度过大，致使在长期承重的过程中挠度越大。在1956年修缮时，采用以两根梅花柱通高支顶的方式帮助其受力，并变相减小了大梁跨度。然而在2002年再次修缮时，发现该五架梁在上次修缮之后的50多年里，依然持续形变，且有加剧之态，梁内也已糟朽，在现有材料不能满足新梁体制作时，遂选用材性相近的松木以钢芯拼合梁做法替换（图12、图13）。

图12　修缮前武英殿大梁

图13　松木拼接大梁

2.2.3.2　替换

简而言之就是将已无法再保证结构受力的木构件从建筑上取下，用与之相同或材性相近的木料，按其形制外观新做该构件，并安放到原位置。此方法的优点是由于它的选料经过精挑细选，在受力方面最大可能地保证了文物建筑的结构稳定。当然，缺点也显而易见。首先，它对建筑本身的扰动较大，特别是当需要更换的是主要承重构件时，往往需要对建筑进行挑顶、局部进行落架维修。然而，本着对文物建筑修缮应遵循的最小干扰原则，如果不是亟须对建筑本体进行结构性修缮，通常是避免将建筑挑顶大修的。其次，它将造成至少关于此构件的历史信息的缺失。虽然与保存整体建筑的诸多历史信息相比，换构件无疑为抓大放小的举措，然而，如果能用其他方法满足其受力承重功能，通常尽可能保存原构件。

在乾元阁大梁加固的修缮过程中，考虑到该建筑主要梁架结构均为楠木材质，方案确定格外小心。在确定修缮方式之前，通过力学测算，先选定了几种备选方案，并用材性相似的木材制作了试样，进行了木梁抗压、木梁下加钢筋、加钢板等试验。通过前后七次的试验结果比对，综合考虑对其他构件的干预程度，才最终选定了修缮方案。

对开裂程度大于2cm的裂缝，先用传统方式，楦缝填实，再用环氧树脂灌实。小于2cm的缝隙，直接灌缝填实加固。水平通缝先以抱箍方式用螺栓加固，在梁下与抱柱之间垫钢板，再用扁铁拉结，调整挠度。然后，适度调整沉降，减小对上部结构的影响。木结构建筑构件在长期的内外力影响下，会缓慢形变，直至临界值发生险情，或带来结构性损伤。而此形变过程绝不会是单独发生在某一个或几个构件之上。因此，如果将某一个构件强行调至初始位置或完全恢复原形，都会造成其他一系列构件无法榫卯相接。最后，为防止木梁底部压溃范围继续发展，在大梁两端端头使用钢套，从两侧卡住梁端，钢套箍与底面垫板用钢带牵拉固定，起到保护和承托、拉结作用。以上整修工序之后，对梁体做防腐、防虫、防霉处理。此做法主要用于东、西、南三根承重梁上，北侧由于变形不大，且有栈板、间柱支撑，故未添加垫钢板等工序，只做抱箍补强。虽然，也许这并不算是最传统的古建修缮方式，但有了科学的计算方法，对结构稳定性的保护就有了更可靠的量化依据。有了对材料铁靴、钢板、环氧树脂等的发展和利用，在尽最大可能保留原始构件的基础上，对建筑观感的保护也能同时兼顾。这是此次抢险修缮过程中，传统与科学实验相结合的典型案例，也是现阶段古建修缮中已较为成熟的方式，类似情况已在诸多修缮工程中普遍使用（图14～图16）。

此次修缮在大梁挠度已经过大，且出现拔榫，甚至劈裂，沉降达到8cm等严峻情况下，即未支顶（不破坏原建筑形制），也未将其替换，而是通过反复的结构计算及多次力学试验确定后，用特殊的、可逆的加固和套铁靴方式，将其完整地保留了下来，在保护历史信息和保护建筑原始观感两方面都取得了成效（图17）。

图14　采用材性相近的木料制作试样

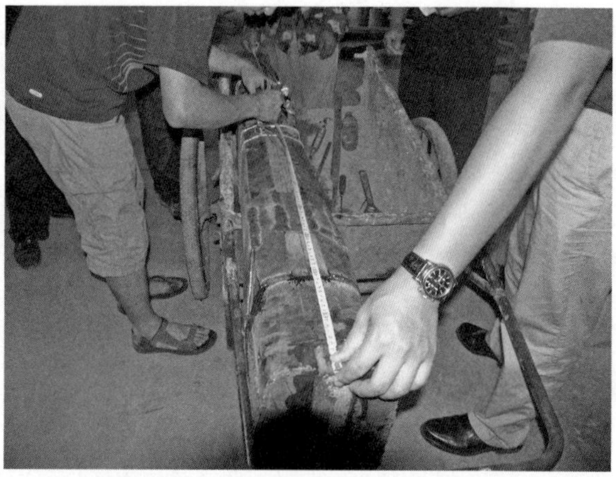

图15　采用多种加固方式进行试验

图16　试验加固方式的力学强度

图17　加固中的乾元阁大梁

2.3 宝顶修复

2.3.1 残损细节

乾元阁琉璃宝顶做工精美，为黄色釉面，历经数百年，色泽依然靓丽。围长3.9m，直径1.24m，高1.03m，内有8道肋，厚约8cm，中部设孔4个。表面釉面有剥落，体表有明显碰撞痕迹，裂纹、暗纹随处可见（图18）。

图18 修缮前的乾元阁宝顶

2.3.2 修复目的

排除险情，防止因自然外力劈裂或剥落。修复其残损裸露胎体，防止雨水等继续冻融侵蚀，恢复其原有外观。

2.3.3 修复方式

长久以来，针对残损琉璃构件，依据损伤程度，通常采用以下处理方式。

2.3.3.1 裸胎

瓦件承受着自然界的风吹日晒，雨打雷劈。它是建筑中极易风化损坏的构件之一。但由于其本身的胎体、釉面、形制等也承载着无数历史信息，在我们的保护工作中，不到万不得已，一般不得轻易以新件更换。为了保留这些蕴含丰富历史信息的构件，在维修过程中总是坚持着最小干预原则。如果遇到瓦件脱釉严重，但胎体非常完好（外形及质地）的情况，为了保留土质及烧制技术等信息，有时也会酌情经过除污后施涂防风化涂料继续使用。

在裸胎使用之前，首先会针对构件表面污染严重的情况使用物理方法、软介质喷砂方法进行清洗。针对琉璃构件断裂以及风化严重的现象，对其使用有机硅强化剂进行渗透加固。或对之前有过修补的大型琉璃构件，剔除已锈蚀的旧锔子，在断面重新安装不锈钢芯子和锔子，保留其原始外观形态。最后涂刷憎水剂进行防水保护。

2.3.3.2 复烧

有文献记载，乾隆四十年（1775年）在对紫禁城内雨花阁进行修缮时，就曾对4593块剥釉琉璃瓦件进行施釉重烧①。在《乾隆会典则例》②中规定："用旧琉璃色釉脱落重新挂釉，照前定例价值铅斤，俱七折覆给"，嘉庆年间的《钦定工部续增则例》③也有类似的规定："用旧琉璃色釉脱落重新挂釉照定例价值铅肋俱七折核给"，可见在清代对剥釉琉璃瓦件进行施釉重烧已经成为一种常规的做法。但是当时施釉重烧的具体做法以及重烧后的质量效果，文献没有记载，目前即使采用现代科技方法，也难以对此进行揭示和加以验证。在近些年的古代琉璃构件保护工作中，山西古建筑保护研究所曾做过施釉重烧的尝试，北京颐和园管理处也做过类似的探索，故宫博物院古代琉璃

---

① 《奏销档》乾隆四十年五月十六日奏案05—0319—070。

② 《乾隆会典则例》卷一二八《工部营缮清吏司物材》。

③ 《钦定工部续增则例》卷九嘉庆二十四年（1819年）刻本。

构件保护与研究课题组也为此做了专项研究，对剥釉机理和施釉重烧问题进行了初步的研究①。虽然仍有部分问题有待深入的研究，但可期在未来，在琉璃构件的保护方面可以更加科学、合理地继承和发展这项传统的修缮技艺。在此次修缮中，考虑到构件体大，单件形态各异，量少且无法代替或复制，因此未尝试此种方式。

2.3.3.3 更换

屋顶上的琉璃构件，除了美观和彰显等级形制外，对建筑来说，最大的功能就是防水，它是保护木结构不受雨水侵蚀的第一道屏障。但瓦件的功能性随时间推移，已经消失殆尽。而同批同类瓦件以科学方式留下遗存信息时，为了保证建筑的结构主体的安全性，使文物建筑整体能够延年益寿，也会酌情采取更换的方式。此方法的优点在于对建筑主体有排险安保之功，缺点是在一定程度上丢失了部分历史信息的遗存。因此，使用此法往往慎之又慎。

在此次修缮工作中，由于乾元阁宝顶构件体大量少，胎体虽有小部分受损，但仍未全部丧失其功能性，既不适合复烧，也不应更换，为保留原始构件的同时，使其延年益寿，经过实验后，决定采用尝试性的修复方式，具体如下：

首先将宝顶琉璃瓦件编号，按照层次由上至下逐件拆下，按顺序码放（图19）。

图19 按顺序码放宝顶构件

然后逐件使用棕刷、去离子水对瓦件进行清洗，并晾干。清洗时除了瓦件表面，裂纹、缝隙里的尘土也选用大小合适的毛刷去除尘土，胎体酥粉层一并清除。

待瓦件完全干燥后，对胎体进行加固。选择天气温度在15～25℃之间时，将雅科美黏接增强剂以1：2的配比调配后，用注射器对裂纹、鸡爪纹区域进行注射，直至饱和为止。在注射过程中对溢流在外的胶进行及时清理。

对风化酥粉处，用KSEOH300碧林岩石增强剂涂刷三遍，每遍间隔时间为10～15min，达到逐渐强化的效果（图20）。

加固完成之后，对瓦件进行拼接。拼接时要对接碴处再次仔细清理，待其干燥后对齐黏接。风化和酥粉至缺失的部分，用碧林无水泥石粉修复，但每遍厚度不得大于1mm，且每次间隔需24h。

① "古代琉璃构件保护与研究"课题组. 清代剥釉琉璃瓦件施釉重烧的再研究. 故宫博物院院刊，2008，（6）：123.

图20　修复宝顶残损

修复完成后，干燥强固也需7天以上，再进行下一道工序。

待外形复原完成后，对宝顶修复部分进行了补色。补色时采用矿物颜料调配，颜色比对吻合后，一次性上色完成（图21）。

最后，全顶涂刷有机硅，以达到防水目的。

从完成的结果来看，此次创新性的方法得到了良好的修复效果，也符合最小干预和不改变文物原状的原则。当然，也存在诸如对有机硅材料的防水持久性的问题，在后续的保养工作中弥补这一缺陷（图22、图23）。

图21　宝顶找色

图22　修复前宝顶

图23　修复后宝顶

结　语

本文以乾元阁抢险修缮工程中实际操作的三个小例，分别讨论了在文物建筑修复过程中对古老技艺的沿用、继承传统的同时与科学实验的结合，以及在保护的过程中，对性能稳定的新型材料创新性使用的三种情况。三种情况出现在一个工程中并不奇怪，这正是我们的文物建筑，甚至文物修复本身在现阶段的真实写照。当然继承古老的工艺或是与科学的实验结合或是使用新型材料，最终目的都是让文物建筑延年益寿，将更多的历史文化信息传承下去。笔者除了分析和记录了在乾元阁工程中对这三处的修缮方式，还将我们所使用的方法和现阶段同类情况中常用的保护修复方式进行了横向对比（表1），对它们各自的优缺点进行了反思和尝试性的总结（图24、图25）。

图24　乾元阁修缮前全貌

图25　乾元阁修缮后全貌

表1 几种针对文中涉及的残损现状常用修缮方式对比表

残损现状		优点	缺点
大梁挠度过大、拔榫、劈裂	修缮方式一：支顶	对构件干预小（保留历史信息）、可逆	改变了建筑原有空间面貌
	修缮方式二：更换	有利于保证建筑结构的稳定	（1）造成历史信息的缺失 （2）如无法保证（因诸多原因的确很难保证）所更换的木材在一个合适的含水率范围内，修缮后仍存在诸多隐患
	修缮方式三：套靴、钢带	不改变建筑原有面貌，通过力学实验，满足结构要求，加强了建筑的稳定性	此方式在修缮过程中，需对残损大梁卸荷载，工程量巨大
彩画剥落	修缮方式一：动物胶	（1）传统修复工艺的传承和运用 （2）对木质材料及地仗层有很好的黏接强度 （3）可逆	在操作中对温湿度要求严格控制
	修缮方式二：Paraloid B72	无色、耐酸碱温差、可逆	阳光老化和色变问题需进一步研究
	修缮方式三：重绘	（1）如重绘纹饰颜色有据可考，则能一窥某个历史阶段初绘时的风貌 （2）更好的保护木构	历史信息丢失
琉璃构件褪色	修缮方式一：更换	防水性能强，保护了木结构的安全	一定程度上丢失了历史信息
	修缮方式二：裸胎使用	保留了完整的胎体信息	现针对无釉裸胎，惯用涂刷有机硅的方式对其做防水保护层。然而有机硅会在3年左右需要重新涂刷
	修缮方式二：复烧	一定程度保留了历史信息，继承并改良了古老技艺	对温度等条件的把握不慎，瓦件外形易变形，胎质变脆，成功率低，损失大，不可逆
	修缮方式三：修补+矿物颜料+防护层	保留了胎体信息，保证了其功能性。对构件干预小	后期效果待观察

浅谈科技在古建筑本体病害监测中的应用程度和深度

孟诚磊　傅峥嵘
（浙江省文物考古研究所，浙江杭州，310014）

摘要　本文结合古建筑本体病害监测的实际工作情况，通过调查和统计整理，试图将科技在古建筑本体病害监测中的应用程度加以介绍。用在文物监测领域的技术主要是科学技术中的检测技术类。在文物病害监测使用时往往考虑安全性和实用性，选择成熟的、无损的技术加以合理应用。同时由于文物现场监测的难度，监测设备的环保性和便携性也是需要重点考虑的因素。

选择了适用的技术和设备之后，对于技术使用的程度也应加以研究。监测工作，作为文物保护工作中对于技术要求比较高的一个组成部分，开展的历史并不算长久。目前根据不同的文物类别和材质，采用针对的监测技术已经成为文物保护工作者们的共识。

随着技术水平在文物保护领域的不断开展和深入，监测技术所触及的核心也在转变。曾经只进行环境指标监测和文物静态指标监测工作，现在越来越多地向文物本体指标和动态指标靠拢。

最后，本文对于监测技术的发展进行了探讨。监测工作发展至今，比较擅长于对于文物本体病害症状的释读。表征的指标是文物本体病害最直接的反映，在此基础上有部分工作开始对病害症结进行探索研究，并取得了一定的成果。

知古通今，以察未来。对于文物病害的预测和防治，是监测工作的终极目标，也是本工作研究最深层面能取得的成果。

关键词　文物保护　监测技术

古建筑本体的监测，是古建筑保护工作中对于科技水平要求较高的一个部分。我国古建筑监测工作起步较晚，新中国成立后其相关实践才出现，直至20世纪70年代，才逐步建立了科学监测体系[1]。

我国古建筑遗存分布较广，其所处环境各异，各自的本体特点差异较大，这便要求我们监测的手段和方法多样化，如对大型古建筑变形可采用三维激光扫描技术监测[2]和光纤光栅传感技术[3]；对于木结构的缺陷位置范围及程度，可采用雷达超声法[4]；对木结构强度和腐朽程度的判断，可采用皮罗钉法进行监测[5]；对于建筑整体变形、节点变形、材质损毁变化等问题，可采取现场监测和实验室模型监测相结合等方式进行[6]。根据古建筑的不同材质和灾害，对其采取针对性的监测技术目前已经成为文物保护工作者的共识。同时，我们不仅考虑对单个古建筑进行监测和管理，也需考虑古建筑之间的联系，将所有的古建筑或者其他的任何文化遗产均在一张图里进行监测[7]。

用在古建筑监测领域的技术主要是科学技术中的检测技术类。在古建筑病害监测使用时，往往考虑安全性和实用性，选择成熟的、无损的技术加以合理应用。

激光扫描作为一种直接获取物体表面三维信息的手段，可以快速生成地物的高精度点云模型，已广泛应用于古建筑保护[8]。数字图像技术可以应用于古建筑的墙体开裂观测[9]。古建筑的损毁大多缘起于木构件的损毁，目前世界上木材无损检测仪器有多种，如超声波、生长锥、X射线、应力波、核磁共振、阻抗仪等，作为现场试验仪器，应力波和阻抗仪具有轻便、易操作、无需偶合剂等优点[10]。对于古建筑石质构件，通过超声波仪、视频显微镜、回弹仪等无损检测手段测定构件的风化指标和安全指标，评价出构件目前所处的风化等级和安全等级[11]。

环境污染是古建筑病害产生的重要原因之一，绿色环保的监测设备才能有效避免对古建筑产生二次破坏。不同古建筑内部结构的复杂性加大了监测的难度，因此监测设备必须适应不同的古建筑的内部结构和方便技术人员操作，具有便携性。超声波、微钻阻力仪[12]、无线测试分析系统、全站仪[13]等传统检测设备均具有使用便捷的特点，不会对建筑周边环境造成污染。跨学科的技术手段更有利于建设高效环保的监测系统。原用于医疗手术的便携荧光显微影像系统则能实时清晰地显示建筑各个角落的细节[14]。虚拟仪器（virtual instrument）技术根据用户需求通过个人电脑设计适用于特殊建筑和环境的仪器系统，成本低廉、维护方便、开发周期短[15]。

过去较为典型的古建筑监测多对其环境中的各种因素如温度、相对湿度等进行监测[16]。尽管环境对古建筑病害的发生有较大影响，但仅进行环境监测是不够的[17]，对建筑结构及表面风化等相关病害的监测还需从建筑本体入手，现在逐步发展形成了环境监测、材质检测和结构监测三管齐下，从空气温湿度、震动、生物危害，建筑材质残损勘察，建筑结构变形、位移、沉降等方面对古建筑进行全方位监测[18]，并尽可能在古建筑适当位置设置较为隐蔽的监测点对其进行实时监测[1]。早期监测工作主要作为修复保护的前期工作，监测时间短，获得的数据少且数值变化小，参考价值小。而现在古建筑监测逐步向预防性保护发展而非依附于某个孤立的保护性工程，因而要求监测向全面化、系统化、日常化发展，对各项指标进行长期连续性监测，以测定其变化范围及幅度，从而获得更为完整的波动变化的数据。对古建筑进行整体预防性监测，长期周期性观测与实时监测并重[19]，在线测试与实时分析并重[20]，可以对结构损伤情况、表面风化情况等进行评估，为日常维护与修复提供依据[21]，避免严重异常的情况出现。

古建筑的监测是一项需要长期投入、持之以恒的工作。在我国，监测技术在文化遗产建筑上的应用逐渐发展，一些病害监测有了一定的效果，但也存在很多不足之处。

针对古建筑病害的问题，国内相关科研院校和文物保护部门早有研究，但相关的技术研究都没有形成一个完整的监测体系。适用于遗产建筑的结构健康监测系统[22]的使用尚处于初步阶段，尤其是针对遗产建筑结构分析的理论和状态评估体系的不完善和不成熟，目前尚缺乏对古建筑的安全性能做出综合判断的评估体系。另外，很多遗产地仍然在使用双轨制的监测方法，一方面采用高科技手段采集数据，另一方面还在用人工巡视的方式为决策提供依据。如何将监测技术真正应用到古建筑病害上，不断完善监测技术和手段，这是亟待解决的问题[23]。

总而言之，各遗产地已经开始意识到监测工作的重要性，开始根据自身的价值确定监测重点，专门的遗产监测队伍也正在逐渐建立和壮大中[24]。随着时代的发展和科技的不断进步，相信这一技术能取得更大的成就。

参考文献

[1] 肖金亮. 中国历史建筑保护科学体系的建立与方法论研究. 北京：清华大学，2009.

[2] 周伟，李奇，李畅. 利用激光扫描技术监测大型古建筑变形的研究. 测绘通报，2012，（ 4 ）：52-54.

[3] 符映红，柳盛霖，毛江鸿，董亚波. 台风作用下的木构古建筑变形监测与特征研究. 山西建筑，2016，42（11）：30-31.

[4] 张珏，林锦涛，张世民. 雷达和超声波法无损检测木构件. 山西建筑，2012，38（14）：33-34.

[5] 尚大军，段新芳，杨中平，王平，周冠武. 西藏部分古建筑腐朽与虫蛀木构件的PILODYN无损检测研究. 林业科技，2007，32（5）：53-55.

[6] 吴美萍. 中国建筑遗产的预防性保护研究. 南京：东南大学出版社，2014.

[7] 北京颐和园管理处，中国科学院遥感与数字地球研究所. 颐和园佛香阁测绘报告. 天津：天津大学出版社，2014.

[8] 周伟，李奇，李畅. 利用激光扫描技术监测大型古建筑变形的研究. 测绘通报，2012，（4）：52-54.

[9] 奥村运明，林颖文，李宁，孙亚军. 数字图像技术在古建筑裂缝监测中的应用. 河南科学，2008，26（2）：212-214.

[10] 戴俭，常丽红，钱威，李鑫. 古建筑木结构无损检测方法及震害分析//中国建筑设计研究院（集团），东南大学，《建筑结构》杂志社. 第四届建筑结构抗震技术国际会议论文集. 2014：4.

[11] 李杰. 古建筑石质构件健康状况评价技术研究与应用. 北京：北京化工大学，2013.

[12] 朱磊，张厚江，孙燕良，闫海成，王喜平. 基于应力波和微钻阻力的古建筑木构件材料力学性能检测. 东北林业大学学报，2011，39（10）：81-83.

[13] 张国伟. 古建筑的健康监测与保护研究. 聊城：聊城大学，2015.

[14] 叶建. 一种便携荧光显微影像系统的设计与应用研究. 合肥：中国科学技术大学，2016.

[15] 袁素梅. 结构健康监测的数据采集与损伤识别研究. 大连：大连理工大学，2008.

[16] 王方. 故宫古建筑内温湿度问题初探. 文物保护与考古科学，2014，26（13）：85-93.

[17] 孟昭博. 西安钟楼的交通振动响应分析及评估. 西安：西安建筑科技大学，2009.

[18] 孙英杰，周晓忠. 在古建筑变形监测中些许问题的浅析. 科技展望，2014，（9）：116.

[19] 汤众，路杨. 江南木构文物建筑保护监测系统建构//建筑历史与理论第九辑. 北京：中国科学技术出版社，2008.

[20] 李秋萍. 古桥结构体系及石拱桥的分析、监测评估与保护. 杭州：浙江大学，2011.

[21] 林冬勇. 木结构变形监测与节点损伤识别研究. 福州：福州大学，2014.

[22] 王娟，杨娜，杨庆山. 适用于遗产建筑的结构健康监测系统. 北京交通大学学报，2010，34（1）：100-104.

[23] 郑军. 世界遗产监测常见问题刍议. 中国文物报，2014-07-11（6版）.

[24] 单霁翔. 世界文化遗产保护事业的回顾与展望. 中国文物报，2011-05-31.

浙江砖石古城墙的典型病害与科学保护初探*

崔　彪[1]　傅峥嵘[1]　张秉坚[2]

（1. 浙江省文物考古研究所，浙江杭州，310014；2. 浙江大学文物与博物馆学系，浙江杭州，310027）

摘要　浙江省现存许多具有较高文物价值的明清砖石古城墙。通过对其调研可知，其中很多都存在一定的残损病害状况，主要有风化酥碱、片状剥落、植物生长、表面泛盐、灰浆流失等砌筑材料的劣化，以及局部的臌闪、开裂、坍塌等结构的变形与损伤。针对这些病害的类型和产生机理，在城墙顶部构建有效的防排水措施，合理利用糯米灰浆等传统的工艺和材料，采用适当的工程技术手段来减弱本身结构缺陷带来的影响，对一些结构病害并不严重的部位进行加固和补强，以及加强日常的保养与监测，将有效地促进这些砖石古城墙的科学保护。

关键词　古城墙砖石　砌体病害　糯米灰浆

引　言

古城墙作为一种具有军事防御功能的独特建筑形式，是城市发展的显著标志，在建筑史上占有重要的地位。我国早期城墙均为夯土筑成，后期开始包砌砖石。四川广汉的雒城遗址的发掘表明，最晚到在东汉时期，城墙就已经开始包砖了[1]。明清时期以后，砖石城墙的修筑发展到高峰。至今在浙江省，还保留大量砖石城墙的城垣、城楼和城址。笔者根据第三次全国文物普查结果进行了初步统计，全省现存县级以上的砖石城墙遗产点有40多处，绝大部分为明清时期所筑。除此之外，还有数十处官方和民间修筑的卫所、城堡等。这些古城墙对研究浙江各地的建制沿革、筑城技术、军事历史等均具有重要意义，其中台州府城墙、衢州城墙、安城城墙、桃渚城、永昌堡、蒲门所城等均已被列入全国重点文物保护单位。

然而，由于历经数百年沧桑，在自然风化和人为破坏的双重作用下，许多留存至今的古城墙出现了不同程度的残损状况，大大影响了这些古城墙的文物价值。受浙江省文物局委托，笔者对省内二十余处砖石城墙进行了实地调研，现对调研中所发现的典型病害状况以及相应的科学保护方法进行如下的初步总结和讨论。

* 本文受浙江省文物保护科技项目“浙江古代城墙保存现状及砌筑工艺研究”（编号2012002）资助。

1　浙江砖石古城墙典型残损病害

砖石城墙作为一种砌体结构，或者砌体-夯土复合结构，其出现的残损病害具有一定的复杂性。除了人为的拆除破坏之外，大致可以分为两类：一是砌筑材料的劣化，二是结构的变形与损伤。两类病害往往又有相互加剧的作用。

1.1　砌筑材料的劣化

砖石城墙的砌筑材料，除了墙芯内部的填土之外，主要包括砖、石等砌块以及灰浆等胶凝材料。其中砌块由于暴露在城墙外表，劣化现象最为普遍。常见的砌块病害有以下几种。

（1）砖石表面风化酥碱：呈粉状或小颗粒状剥落，以砌块棱角处最为严重，多发生于质地较为疏松的沉积岩石材或砖块上（图1）。

（2）石质表层片状剥落：多发生在纹理较为发达、夹杂物较多的沉积岩石材上，并且多伴随有臌闪现象（图2）。

(a)　(b)

图1　砖石表面风化酥碱

（a）镇海后海塘城墙条石；（b）临海台州府城墙城砖

(a)　(b)

图2　石质表层片状剥落

（a）富阳新登城墙；（b）安吉孝丰城墙

（3）植物生长：浙江气候温暖湿润，墙体表面极易滋生草本植物以及苔藓之类低等植物，其繁衍生长容易导致砖石墙体开裂、变色、风化（图3）。

（4）表面泛盐：由于毛细水和可溶盐活动，部分盐分在砖石表面富集析出的现象，是导致砖石风化剥落的重要原因之一，多发生在靠近地面或者上部有渗水现象的拱券部位（图4）。

出现这些病害现象的原因，主要是周期性的温湿度变化、冻融和盐结晶循环、风雨冲蚀等[2]。浙江属于亚热带季风和季风性湿润气候，雨量充沛，气温适中；加上处于沿海地区，土壤、雨水和地下水中盐分偏高，故相比内陆，更容易出现上述病害现象。一般来说，浅层的表面劣化对城墙结构安全并无太大影响，但由于砖石是脆性材料，抗拉、抗剪强度低，自重又大，因此一些风化剥落较为严重的砌块容易发生断裂、崩解，进而导致整体结构的变形和损伤。

胶凝材料用于黏接砌块，起到维持砌体结构的整体性、均匀传递荷载、封闭外立面缝隙的作用[3]，是古城墙的重要组成部分。浙江在明清时期县级以上的砖石城墙，大多采用石灰砂浆砌筑；沿海地区的卫所城堡以及规格较低的城墙，大多采用块石干摆砌筑，仅在城门等重要部位施用灰浆。灰浆的劣化，大多发生在砌块不够规整、灰缝较大、容易被雨水冲蚀和侵入的部位，或者是上部有渗水现象的拱券等处。灰浆劣化主要表现为强度下降，最后松散、流失。笔者在调研时采用贯入式砂浆强度检测仪对部分古城墙灰浆进行了检测，结果显示不同城墙的不同部位，灰浆强度有很大差别。部分灰浆质量较好的，如临海台州府城墙临江大桥东侧某检测点，平均贯入

(a) (b)

图3 墙体表面植物生长

（a）安吉安城城墙；（b）金华环城北段城墙

(a) (b)

图4 砖石表面泛盐

（a）兰溪古城墙门洞条石；（b）安吉安城宝成门砖砌拱券

图5　临海桃渚城东城门内门拱券灰浆流失

深度仅3.9mm，折合水泥砂浆抗压强度为9.4MPa；而图5所示的临海桃渚城东城门内门拱券处，平均贯入深度达16.9mm，折合抗压强度仅为0.4MPa，不到前者的1/20。之所以出现这一情况，是由于传统石灰砂浆中的主要成分石灰是典型的气硬性材料，其硬化速度较慢[4]；且在没有其他有机添加成分的情况下耐水性较差，潮湿环境对其硬化有较大影响[5]；再加上砌筑工艺水平参差不齐，故在长期的风雨侵蚀之下，部分砌筑灰浆难免出现松散流失的现象（图5），使得墙体结构强度下降。

1.2　结构的变形与损伤

砖石城墙常见的结构病害，与其他砖石砌体文物类似，常见的有臌闪、开裂、局部坍塌等，其中臌闪现象最为普遍。就笔者曾调研的古城墙来看，一半以上都有明显的臌闪变形现象。由于砖石结构部分主要用于包砌在墙芯填土外层，受到内部填土产生的侧向压力。正常情况下，砖石包砌墙体的自重和整体强度，足够使其保持在一个稳定的状态；但在填土大量吸水、砌块风化严重、灰浆黏接力丧失、植物根系挤压等内外因素的综合作用下，容易出现局部向外臌闪的情况（图6）。

(a)　(b)

图6　局部向外臌闪

（a）镇海后海塘城墙；（b）临海桃渚城东城墙

开裂现象多发生在城墙用砖砌筑的部位，这是由于石砌部位单个砌块的尺寸较大，具有较高的强度，而且砌块间的缝隙也较大，具有一定的位移空间，相比开裂更容易出现变形。浙江由于多山，石材资源丰富，故大部分城墙均为条石或块石砌成，仅在城垛、拱券等少量部位，以及台州府城、衢州府城、安吉安城等少数城墙的部分墙体采用青砖砌筑。在基础沉降、长期荷载、植物根系挤压以及周边大型建设工程影响等因素的作用下，一些部位便出现裂缝（图7）。

局部坍塌是古城墙可能出现的最为严重的结构病害状况，大多发生在结构变形严重、已经濒临失稳的部位。在遇到突降暴雨，城墙上部又没有防排水设施的情况下，雨水大量渗入墙芯填土，便容易引发坍塌。此外，大型木本植物根系的生长，也有可能导致墙体的坍塌。近年来，浙江省内已有多座古城墙出现坍塌状况，如苍南蒲门所城、临海桃渚城等，大多出自以上原因（图8）。

(a) (b)

图7 砖砌墙体局部开裂

（a）临海台州府城镇宁门瓮城上部；（b）衢州城墙大南门砖砌拱券

(a) (b)

图8 古城墙局部坍塌

（a）苍南蒲门所城东瓮城；（b）临海桃渚城东瓮城

2 浙江砖石古城墙科学保护的思考

近年来，浙江省各地对部分保存状况较差、残损较为严重的砖石古城墙，展开了大量的保护工作，主要是对存在严重结构病害的部位的修缮和对缺失部位的复原。考虑到文物保护有最小干预的原则，对不影响结构安全的砖石本体的浅层劣化，一般不做处理；对于结构病害的常规修缮措施，主要有对坍塌的部位进行重砌，对影响结构安全的大型植物进行移除，对臌闪的部位进行摘砌和归安，对结构松散的部位进行灌浆加固等。针对浙江砖石古城墙常见的病害类型和产生机理，借鉴国内其他地区已经实施的工程实例，笔者认为，对这些古城墙的科学保护，以下几点值得重视。

2.1 加强城墙顶部防排水措施

前文所述浙江古城墙常见的病害，其产生和发展的过程大部分与水有关。许多古城墙由于年久失修，顶部土质墙芯直接裸露，没有防水层和砖石铺装，导致落在城墙顶部的雨水直接渗入填土内部，一是使其质量增加、体积膨胀，加大了对包砌墙体的侧向压力；二是改变了填土的重度、黏聚力、内摩擦角等力学指标，使城墙更容易出现滑坡、坍塌；三是城墙内部长期处于潮湿环境，更容易导致植物生长、砌块劣化和灰浆强度下降。因此，在古城墙顶部构建有效的防水排水体系十分有必要。在浙江明清砖石城墙上较为常见的排水做法一般是通过砖石铺装封闭表面使雨水难以直接下渗，设置一定的坡度将雨水汇集至檐部内侧的排水沟，然后导流至泄水孔排出。近年来在一些城墙修缮工程中，为了增强封闭效果，在砖石铺装层下还另加现代防水隔层，如南京城墙、广州城墙的部分城墙段[6, 7]，具有一定的借鉴意义。有些古城墙，如大部分沿海地区的卫所，顶部原本便是裸露的填土，出于不改变文物原状的考虑，不宜采用砖石铺装方法。针对这种情况，浙江省外一些古城墙采用添加了桐油或糯米浆等有机成分的三合土来封护，如广东肇庆古城墙、山东岱安古城墙等[8]。浙江也有类似的案例，如苍南蒲门所城近年来在修缮时在顶部做了一层有一定防水作用的三合土，中间略高于两侧，能够将绝大部分落在城墙顶部的雨水迅速排走（图9）。

图9　苍南蒲门所城顶部三合土防水层

2.2　合理利用传统工艺与材料

这里主要指的是传统糯米灰浆的使用。从历史文献和考古证据来看，出现于至少1500年以前的以糯米灰浆为代表的中国传统灰浆是我国古代建筑技术史的一项重大发明，代表了我国古代石灰基胶凝材料的最高成就[9]。浙江大学文物保护材料实验室的相关研究表明，将一定比例的糯米浆与石灰两者混合使用时，其加固性能，包括黏接性能、抗压强度、表面硬度和耐水浸泡性等相比纯石灰都有很大的提高[10]。浙江的明清砖石城墙，采用糯米灰浆砌筑已经十分普遍。在调研过程中，笔者与浙江大学联合对几个古城墙的灰浆材料进行了采样和初步检测，发现安城城墙、孝丰城墙、镇海后海塘城墙、台州府城墙的砌筑灰浆里均含有糯米成分[11]。这些传统糯米灰浆经历了数百年的考验，耐久性、黏合力以及与古城墙的砖石相容性好，完全可以作为古城墙的修复材料使用，同时也符合文物保护原则中尽可能使用原工艺、原材料的要求。然而，在前几年浙江古城墙的修缮工程中，很少采用糯米灰浆这一优良的传统材料，有的甚至采用水泥砂浆，给古城墙的传统风貌和文物价值造成了一定的破坏。出现这一情况的原因，除了跟设计和施工单位对传统糯米灰浆材料性能的认识不足有关之外，主要还是由于传统糯米灰浆有工序复杂耗时、成本相对较高、固化速度较慢等缺点。针对这一问题，浙江大学文物保护材料实验室以古代典型糯米灰浆配方为基础，从石灰原料、糯米种类、填料和添加剂等方面开展了一系列配方优化研究，并研制出“即开即用”的糯米灰浆粉，将石灰陈化和糯米熬浆等复杂的传统工艺预先在工厂中完成，使传统糯米灰浆的使用能与现代水泥一样便捷，大大促进了这一传统材料的推广应用[12]。在2013年实施的嵊州（别名为嵊县）古城墙修缮工程中，笔者在部分城墙段试用了这种新型糯米灰浆，经过一年时间的跟踪观察，在力学强度和观感效果上均优于普通的石灰砂浆。

2.3　采用适当的工程技术手段

浙江古城墙所存在的这些病害，一方面是由于风雨侵蚀、植物生长等外部因素，另一方面也与古城墙砌体-夯土二元复合结构本身容易出现问题有关。尤其是一些块石干砌的古城墙，如大多数沿海卫所城墙，包砌层墙体不用灰浆，砌块之间无拉结作用，使得墙体整体强度较差，其形态完全靠自重和砌块间的摩擦力保持，容易发生形变、失稳。因此，目前浙江发生的城墙局部坍塌事故，基本都发生在此类城墙之上。考虑到文物保护原则有“不改变文物原状”和“最小干预”的要求，有必要采用合适的工程技术手段来减弱本身结构缺陷带来的影响，并对一些结构病害并不严重的部位进行加固和补强，以避免坍塌之类更大损伤的发生。对于较为薄弱的包砌层墙体，浙江省外有的古城墙修缮工程中在块石包砌层与填土之间增加一层墙体，使其能够起到挡土墙的作用，代替原包砌层承受填土压力，对城墙的风貌外观没有影响[13]。对于出现臌闪但不严重的部位，可考虑采用锚杆加固的方法。如某古城墙采用的方法是埋设一根直径20mm FRP筋横穿墙体，两端加垫圈与外包砖部分锚固旋紧，起到防止外包砖外闪的作用[14]；荆州古城墙采用的方法是用锚杆一端加垫圈固定住墙体，另一端与土城垣内的基坑相连，将外闪的墙体锁住[15]。除了包砌层墙体之外，对墙芯填土的加固和改良，也能有效地减少结构病害的发生。如在襄阳古城墙保护工程中，回填时选用了浸水后可保持较大抗剪强度的土质，并掺入适量石灰以增加土中的钙离子，加快土体板结[16]；某古城墙采用的方法是对原城墙内筑土采用石灰浆液进行压力渗透加固处理，以提高原土体的物理力学性能[17]；南京城墙部分城墙段采用了现代堤坝和挡土结构物中广泛使用的加筋土以及锚杆加固技术[18]，也取得了较好的效果。

2.4 注重日常的保养与监测

古城墙的病害是一个由轻到重、由量变到质变的发展过程，这就决定了对它们的保护是一项长期的工作，任何一种保护措施都不可能一劳永逸。在平时对古城墙定期进行观察，在病害发生的初始阶段及时采取一定的保养性措施，如修补顶部防水、清除杂树杂草、对灰浆流失的部位进行勾缝等，能够有效地延缓病害的发展，其效果远远好于出现严重残损时的抢救性修缮，也更符合最小干预的文物保护原则。有条件的话，还可以建立必要的监测体系，对城墙进行长期的、定量的观测，以便对其产生的变化、病害状况及时做出反应。南京城墙便有一套全面的安全性监测系统，利用现代测绘技术对城墙本体裂缝、臌闪、位移和沉降进行稳定性监测[19]，能够为城墙的保护和修缮提供科学依据。

结　　语

浙江的古城墙是古代两浙大地城市高度发展的标志，是对浙江作为“文物之邦”的证明，是各地悠久历史和深厚底蕴的载体，对延续城市历史文脉具有重要的意义。近代以来的大规模拆除，使得全国大部分城市的城墙已经不复存在，更加凸显了浙江仅存的这些古城墙的价值。然而，在自然和人为因素的双重作用下，这些仅存的古城墙面临的破坏风险也日益增大，对它们的保护和修复也有了更高的要求。由于各个古城墙的形制、工艺、材料、赋存环境均不尽相同，其病害类型和产生机理具有一定的复杂性，因此需要针对具体情况来进行科学保护。本文对浙江若干典型的明清砖石古城墙出现的病害现象进行了调查和分析，并结合省内外城墙保护和修缮的工程实例，对浙江古城墙科学保护的方法和应当注意的问题进行了初步探讨，旨在为浙江古城墙的保护修缮工作起到一定的借鉴参考作用。

参考文献

[1] 沈仲常，陈显丹. 四川广汉发现的东汉雒城遗迹//中国考古学会第五次年会论文集. 北京：文物出版社，1988.

[2] 冯楠. 潮湿环境下砖石类文物风化机理与保护方法研究. 长春：吉林大学，2011.

[3] 中国文化遗产研究院. 中国文物保护与修复技术. 北京：科学出版社，2009.

[4] 贾永辉，贾潇姮，徐超. 石灰抹灰砂浆增强技术. 中国科技纵横，2013，（20）：164.

[5] 陈斌. 建筑材料. 重庆：重庆大学出版社，2008：4-5.

[6] 马俊. 南京狮子山段损伤城墙的加固对策研究. 文物保护与考古科学，2011，（4）：71-75.

[7] 邹歆. 广州古城墙（越秀山段）保护初探. 广州：华南理工大学，2011.

[8] 付晓渝，鲁京慧. 肇庆古城墙的保护和维修. 山西建筑，2007，（10）：22-23.

[9] 杨富巍，张秉坚，潘昌初，曾余瑶. 以糯米灰浆为代表的传统灰浆——中国古代的重大发明之一. 中国科学（E辑：技术科学），2009，（1）：1-7.

[10] 杨富巍，张秉坚，曾余瑶，潘昌初，贺翔. 传统糯米灰浆科学原理及其现代应用的探索性研究. 故宫博物院院刊，2008，（5）：105-114.

[11] 刘效彬，崔彪，张秉坚. 浙江古城墙传统灰浆材料的分析研究. 光谱学与光谱分析，2016，（1）：237-242.

[12] 张雯. 传统工艺科学化的糯米灰浆. 中国文物报，2014-08-22（第007：科技）.

[13] 尹谊，谢永生. 寿县古城墙的加固与维修. 治淮，1994，（11）：15-16.

[14] 陈李锋. 某古城墙安全评估及加固设计. 福建建设科技，2011，（2）：28-31.

[15] 王新生. 古城墙修缮技术及运用初探. 古建园林技术，2004，（1）：20-22.

[16] 聂维中，张平乐，郭声波，刘怀鸿. 影响城墙结构性能的因素及其对策——以襄阳古城墙为例. 襄樊学院学报，2007，（11）：66-69.

[17] 陈李锋. 某古城墙安全评估及加固设计. 福建建设科技，2011，（2）：28-31.

[18] 杨明. 浅谈南京城墙的维修与加固. 建筑结构，2010，（S2）：291-294.

[19] 马俊. 南京城墙安全性监测初探. 江苏科技信息，2011，（7）：27-29.

安岳千佛寨摩崖造像的病害调查及分析

肖林芝[1]　罗雁冰[2]

（1. 广安市博物馆，四川广安，638000；2. 四川大学历史文化学院，四川成都，610064）

摘要　安岳千佛寨摩崖造像属于全国重点文物保护单位，具有重要的历史、艺术和科学价值。由于潮湿多雨的气候环境，以及千百年来的岁月沉淀，摩崖造像饱受病害侵蚀，主要病害有动植物病害、微生物病害、残缺、表面泛盐、表面粉化剥落、鳞片状起翘与剥落、彩绘颜料脱落等。使用FTIR、SEM、XRD等分析手段对代表性样品进行了检测分析，结果表明：千佛寨摩崖造像为钙质泥质岩屑长石石英砂岩；产生病害的主要原因是砂岩本身易风化的特性和自然环境的影响，其中影响最大的环境因素是水，只有解决了水的问题，其他病害才可以得到有效抑制。

关键词　摩崖造像　病害　检测分析　砂岩　水

引　言

千佛寨摩崖造像位于四川省资阳市安岳县县城西郊的大云山上（图1），属于全国重点文物保护单位。千佛寨唐名为“栖岩寺”，清康熙年间更名为“千佛寺”，因有山寨，又称千佛寨。现存大小窟龛85个，大小佛像3061尊，规模恢宏壮观，分布于南北两岩长达705m的造像区。千佛寨摩崖造像历经唐、五代、两宋、明、清，各代均有造像，其线条流畅，古朴典雅，被誉为“安岳石刻历史的长廊”“石刻艺术的博物馆”。自雕刻以来，造像一直处于室外，一方面受限于本体脆弱的岩性，另一方面受自然风化营力的破坏，使得其病害严重，出现残缺、粉化、开裂、鳞片状起翘与剥落、颜料脱落与酥粉、动植物侵蚀等病害。其中，少量窟龛及造像整体保存较好，大多数龛窟及造像存在不同程度的病害，甚至几近风化殆尽，这使得保护千佛寨摩崖造像的工作迫在眉睫。本文通过对千佛寨摩崖造像的病害情况进行详细的调查与统计，探讨了产生病害的原因，并提出了初步的保护建议。

1　千佛寨摩崖造像现状

安岳县属于亚热带季风性气候，夏季高温多雨，冬季寒冷干燥，春秋多雨雾，其主要气候气象值如表1所示[1]。潮湿多雨的气候环境为动植物的滋生提供了必要条件，同时千佛寨摩崖造像位于森林公园内，丰富的动植物资源给摩崖造像的保存带来了不利影响。此外，作为佛教圣地、旅游胜地，信众及游客的常年活动对造像本体的保存也产生了不利影响。

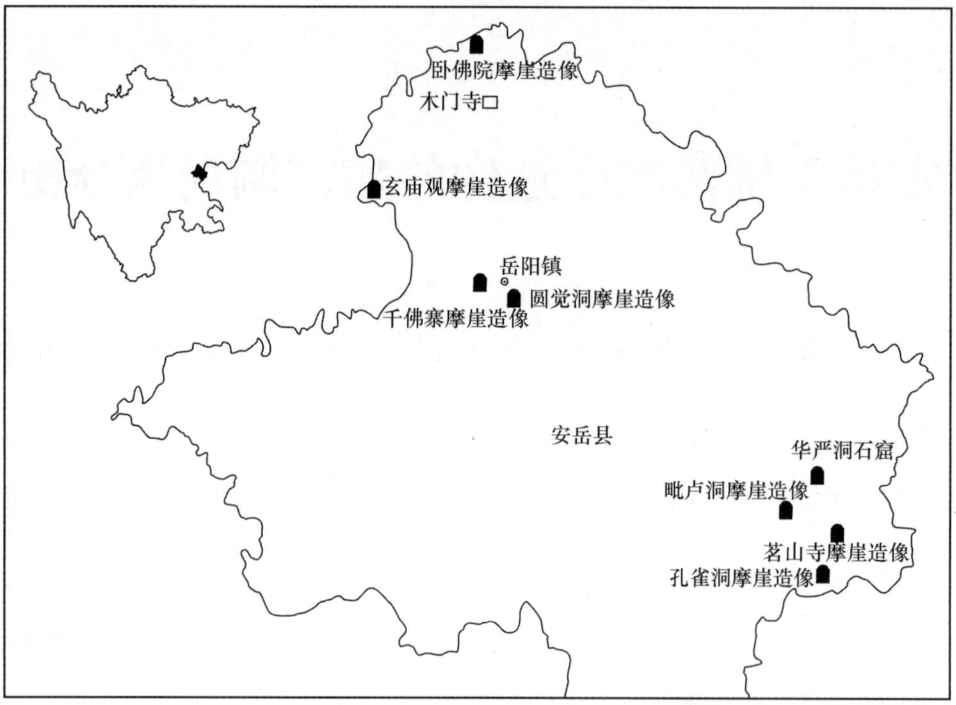

图1　千佛寨摩崖造像位置示意图

表1　1986～2005年安岳县平均气候气象值

参数值 / 年份	日照/h	气温/℃	地温/℃	降水量/mm	蒸发量/mm	湿度/%	风速/（m/s）
1986～2005	1156.8	17.3	19.7	969.4	991.8	82.7	1.6

千佛寨摩崖造像主要雕刻于一大石包的四周，窟龛面积大小不同，檐面深浅不一，大者可作居室，小者难容一人。大部分窟龛都沿岩面走势而雕，层理发育处所雕造像风化尤其严重，几乎消失殆尽。其余窟龛造像表面泛盐、动植物病害、颜料脱落与酥粉、鳞片状起翘与剥落等病害严重；其中两龛单独雕刻，面积较大，开裂严重，保存状况不甚理想；另有几窟平行于南部岩面雕刻，几乎被苔藓和泥土覆盖，难以辨析；另有几座圆雕，生物病害、雨水溶蚀、烟熏等严重。

2　病害类型

通过对千佛寨摩崖造像的实地调查，发现整个造像群基本囊括了石质文物七大类病害，二十种具体病害[2]。主要包括：植物病害、微生物病害、动物病害、残缺、表面泛盐、表面粉化剥落、鳞片状起翘与剥落、水锈结壳以及彩绘表面颜料脱落等。千佛寨摩崖造像常见病害如图2所示，病害统计如表2所示。

图2 千佛寨摩崖造像病害照片
（a）应力裂隙、生物病害、粉化剥落、彩绘颜料脱落、残缺、溶蚀；（b）层状剥落、人为破坏与污染、空鼓、彩绘颜料脱落；（c）水泥修补、粉化剥落、风化裂隙、片状剥落、彩绘颜料脱落、残缺；（d）人为破坏与污染、残缺、空鼓、动物病害、溶蚀、鳞片状起翘与剥落、彩绘颜料脱落

表2 千佛寨摩崖造像病害统计表

病害名称	石窟数量/个	比例/%	病害名称	石窟数量/个	比例/%
植物病害	66	77.65	表面溶蚀	49	57.65
微生物病害	85	100	应力裂隙	40	47.06
动物病害	79	92.94	风化裂隙	22	25.88
断裂	32	37.65	原生裂隙	5	5.88
残缺	70	82.35	表层空鼓	52	61.18
表面泛盐	67	78.82	水锈结壳	65	76.47
表面粉化剥落	69	81.18	人为污染	27	31.76
表层片状剥落	22	25.88	彩绘表面颜料脱落	64	75.29
鳞片状起翘与剥落	67	78.82	彩绘表面颜料酥粉	10	11.76
孔洞状风化	9	10.59	水泥修补	9	10.59

由于各窟龛檐面深浅不一、雕刻位置不同、植物影响各异等所表现出来的病害有所差异。图3是病害较为典型的窟龛病害示意图，其中第3窟较深，龛内不受雨水直接淋蚀，但龛外受雨水淋

蚀、风力侵蚀等影响，已经霉斑滋生，残存轮廓。龛内主佛有一条应力裂隙直接贯穿全尊，另外粉化剥落、泛盐情况也较为严重［图3（a）］。第6窟位置较高，人为难以触碰，但造像雕刻深度较浅，受雨水侵蚀影响较大，溶蚀现象严重，微生物恣意横生，另外鳞片状起翘与剥落也十分明显［图3（b）］。第8窟为大龛，龛内正面三主尊，两侧雕刻造像众多。龛外围有栅栏，底部曾经水泥平整。该龛常年香火不断，受到烟熏影响较大。龛背部一构造裂隙，直接穿过主佛颈部，另有几条相对较小的应力裂隙。三尊脚部为薄层黄砂、灰砂和红砂互层发育，风化极其严重［图3（c）］。第23窟为大龛，因坍塌龛形基本不可见。现三尊主佛头部皆为现代水泥修复，佛像腿部

病害：表面溶蚀、表面粉化剥落、微生物病害、表层片状剥落、水锈结壳、动物病害、残缺、鳞片状起翘与剥落、空鼓、彩绘表面颜料脱落、植物病害、应力裂隙、表面泛盐

(a)

病害：表面溶蚀、表面粉化剥落、微生物病害、表层片状剥落、水锈结壳、动物病害、鳞片状起翘与剥落、表层空鼓、彩绘表面颜料脱落、植物病害、应力裂隙、表面泛盐

(b)

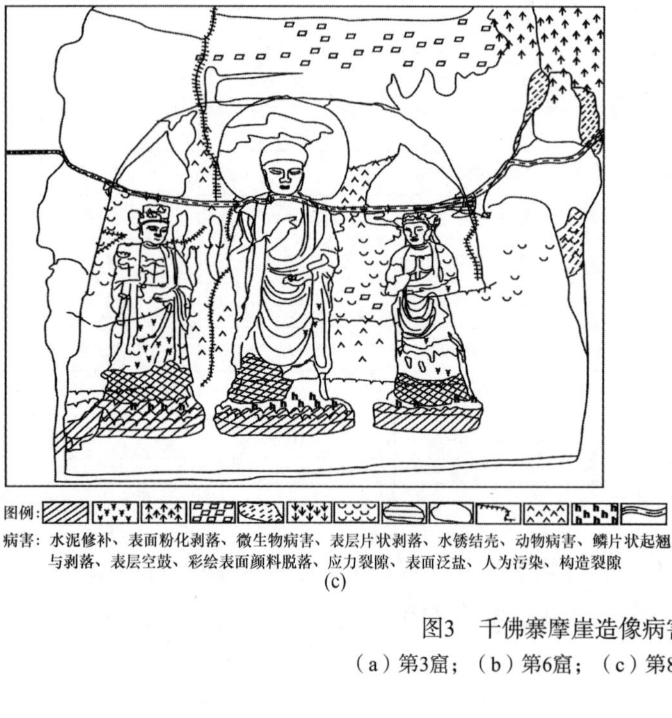

病害：水泥修补、表面粉化剥落、微生物病害、表层片状剥落、水锈结壳、动物病害、鳞片状起翘与剥落、表层空鼓、彩绘表面颜料脱落、应力裂隙、表面泛盐、人为污染、构造裂隙

(c)

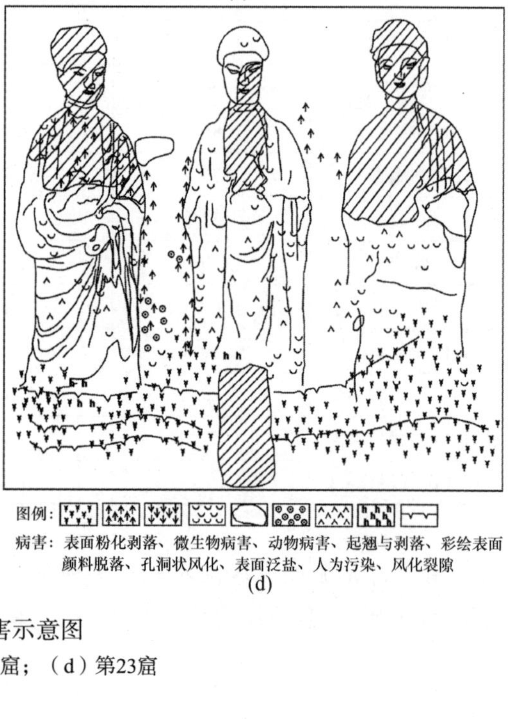

病害：表面粉化剥落、微生物病害、动物病害、起翘与剥落、彩绘表面颜料脱落、孔洞状风化、表面泛盐、人为污染、风化裂隙

(d)

图3　千佛寨摩崖造像病害示意图

（a）第3窟；（b）第6窟；（c）第8窟；（d）第23窟

皆位于节理发育带，风化严重，中间佛像用一水泥柱支撑，保存情况差［图3（d）］。

3 检测及结果分析

3.1 岩相鉴定

在摩崖造像剥落的岩块中采集了两个样品（样品38和样品48），采用Olympus BX51偏光显微镜进行岩相分析，显微结构如图4所示。结果表明：两个样品皆为风化细粒岩屑长石石英砂岩，细粒砂状结构，块状构造。由于遭受风化，岩石孔隙较多，比较松散。碎屑占80%左右，主要为石英、长石，其次为岩屑，少量硅质岩岩屑、黑云母和白云母，偶见电气石。粒度以0.12～0.18mm为主，次棱角状，分选好。填隙物主要是黏土、方解石和少量硅质胶结物和不透明矿物。孔隙主要为填隙物风化形成，约占5%，有少量裂隙。

图4 样品的偏光显微镜照片

（a）样品38（单偏光）；（b）样品38（正交偏光）；（c）样品48（单偏光）；（d）样品48（正交偏光）

3.2 矿物组分X射线分析

在摩崖造像剥落的岩块、粉化颗粒中采集了四个样品（样品8、10、50和51），采用DX-1000衍射仪进行矿物成分测试（图5）。

结果表明：四个岩样出峰位置基本相同，表明岩样的组成与晶型结构基本相同。2θ为21°、26.5°、50°、60°、68°附近是石英的特征峰；30°、36°和40°附近是方解石的特征峰；在23.5°、27.5°、51°附近是微斜长石和钠长石的特征峰；在9°、46°附近是白云母的特征衍射峰；25°、37.5°附近是高岭石的特征峰；41.5°左右是赤铁矿的衍射峰。由此可知千佛寨风化砂岩样品的主要矿物成分是石英、高岭石、微斜长石、白云母、赤铁矿等。

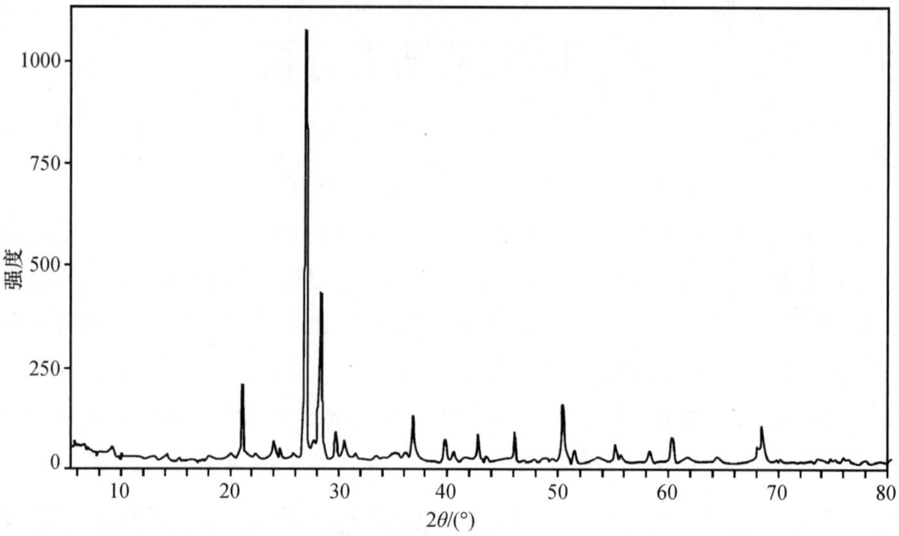

图5　样品8的XRD图谱

3.3　傅里叶红外光谱分析（FTIR）

在摩崖造像剥落的岩块、粉化颗粒中采集了四个样品（样品1、3、8和18），采用Nicolet iZ 10傅里叶红外光谱仪进行了测定（图6）。结果表明：四个样品出峰位置基本相同，在3466.48cm^{-1}附近是H_2O的特征峰值，1651.52cm^{-1}附近为OH—的弯曲振动[3]；在2927.98cm^{-1}附近出现少量的—CH_3饱和键致伸缩振动带，说明样品中存在有机物[4]；1317.45cm^{-1}附近的强烈峰值推测为草酸盐类物质[5]，浙江大学张秉坚教授研究发现一些年代久远的含钙岩石表面有一层天然生成的矿化膜，膜下的石刻文字等可以历经上千年而保持完好，该膜就是天然的草酸钙。天然草酸钙是微生物分泌的有机酸中草酸与岩体中钙离子反应产生的稳定沉淀晶体[6]；1078.12cm^{-1}和1035.73cm^{-1}附近出现SO_4^{2-}的对称伸缩振动，691.69cm^{-1}、669.25cm^{-1}附近为SO_4^{2-}的弯曲振动，表明样品中存在硫酸盐

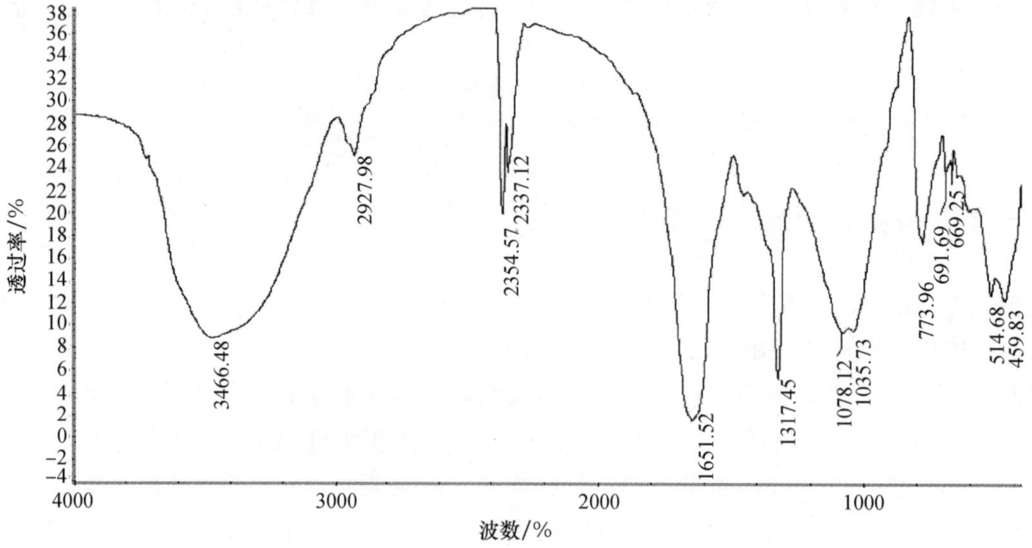

图6　样品3的红外图谱

类物质[7]；773.96cm^{-1}、514.68cm^{-1}和459.83cm^{-1}附近是石英的吸收谱带[8]。

3.4 扫描电子显微镜（SEM）

在摩崖造像掉落的岩块采集了两个样品（样品2和样品53），采用S4800扫描电子显微镜进行了微观结构观察（图7），并对样品53结合EDS进行了元素分析（图8、表3）。

图7 安岳千佛寨摩崖造像岩样SEM图

（a）样品2中的绿泥石；（b）样品2中的植物纤维；（c）样品53中的长石溶蚀；（d）样品53中的云母片

图8 千佛寨样品53 EDS选定区域图

表3 千佛寨样品53选定区域元素及含量

元素	C K	O K	Al K	Si K	S K	Ca K	Fe K	总计
含量/%	8.37	45.08	2.99	9.02	1.81	19.96	12.79	100.00

结果表明：大量绿泥石附着于岩样表面，且在残存植物纤维及云母片的干预下，颗粒间孔隙较多、较大。在岩样中还可见片状、丝缕状伊利石分布于粒间孔隙中，部分伊利石已经形成“桥”接。岩样中还可看见薄六片状高岭石散布，并呈不规则排列[9]。此外长石已经发生蚀变，沿节理开始分裂为板状、长条状，甚者已经完全矿化[10]。元素分析表明该样中主要有Ca、C、O、Si、Al、S、Fe等元素。其中，Fe元素含量异常高，初步推测Fe来自某种矿物颜料，使得岩样表面呈红色。

4 病害原因初探

4.1 石材性质

千佛寨摩崖造像为沉积作用下形成的长石石英红砂岩，胶结物以钙质、泥质为主，碎屑以石英和长石为主。泥质胶结物易被淋溶，钙质胶结物易被酸蚀。故千佛寨摩崖造像所在岩体的耐风化性能较差，加之岩体孔隙率较大，水分、可溶性盐类及大气中的悬浮颗粒等容易进入岩体内部，造成破坏。

4.2 气候条件

安岳位于四川省东部边陲，地貌类型复杂，山区面积较大，水热的垂直分布差异较为显著，属亚热带季风性气候区。摩崖造像常年暴露于自然环境中，丰富的雨水加快了各种物理、化学风化的速度。水的侵蚀作用极其显著，首先在于水是其他物质损害摩崖造像的媒介，如没有水的存在，像NO_x、SO_x等有害物质腐蚀的化学反应将无法进行[11]；同时水的冻融作用造成岩体体积膨胀与收缩，这对孔隙率较大的红砂岩影响非常明显；雨水使石质表面溶蚀，为水进入岩体内部创造了有利条件；水使石质内部泥质、钙质等胶结物产生水化作用，造成高岭石、伊利石等黏土矿物体积膨胀，进而发生粉化、空鼓和剥落；雨水的流动在造像表面反复冲刷，使得表面因风化而松动的岩石颗粒脱落；多雨潮湿的气候还为动植物、微生物等的生长提供了条件[12]。

4.3 环境污染

环境污染问题对文物的损害日益突出，已成为各国普遍关心的问题之一。资料表明，我国同类型文物10年内风化的程度相当于日本和韩国100年内风化的程度[13]。随着城市的建设和发展，工业活动和居民日常生活等造成的污染日益加剧。安岳紧邻重庆大足，根据以往天气统计，大足乃酸雨重污染区，pH年平均值不超过5.0[14]，酸雨问题比较严重，毗邻安岳县必然受到影响。酸雨逐渐使岩石中的胶结物溶蚀，造成石质表面风化解体。同时大气中悬浮颗粒直接吸附于窟龛造像本体上，日积月累，影响美观。

4.4 人为破坏

人为破坏包括拓印、不当修补、香火烟熏、人为刻画等。由于摩崖造像重要的历史、艺术和科学价值，众人造访对其进行拓印，造成有题记的造像窟龛墨迹污染。不当修补体现在早年因坍塌而用水泥进行的失真修补。此外，摩崖造像旁有千佛寺，香火旺盛，信众经常在造像底部焚香化纸，烟熏必然使得造像表面泛黑，影响美观。

4.5 生物危害

千佛寨摩崖造像位于森林公园之中，动植物资源丰富。动物及微生物排泄物中含有机酸等物质，对造像具有腐蚀作用。而植物腐烂后的分解物一是直接腐蚀岩体；二是为微生物等的生长提供养分。根系发达的黄葛树直接深入岩体或者完全覆盖窟龛造像，影响岩体的稳定性和美观。

4.6 自然力破坏

一是地震的影响，安岳本地虽未有过地震，但“5.12”汶川大地震和“4.20”芦山地震多少都对龛窟的稳定性带来不利影响。二是在夏季暴雨的冲刷下，位于斜坡上的窟龛容易发生崩塌、泥石流等地质灾害，对造像造成毁灭性的破坏。三是太阳辐射，就岩体而言，它可以使岩体表里层产生温度差异，造成矿物颗粒的松动离解，并使表层彩绘发生变色、褪色等现象[15]。

5 保护对策初探

通过以上分析，千佛寨受石材本身性质及外部环境因素的影响，亟须开展一系列保护工作。首先是严禁信众、游客等直接在造像底部焚香化纸；对于还没有用栅栏进行保护的窟龛，及时补充；采取相应措施避免黄葛树等植物对岩体的根劈作用；对彩绘的鳞片状起翘与剥落采取相应的加固措施，提高彩绘层和基底的黏接强度；及时清理被埋窟龛，还原本来风貌；对岩体开裂的窟龛进行加固工程；加强造像区域空气质量、大气降水、粉尘等环境因素的监测。

结　　语

通过对安岳千佛寨摩崖造像病害调查及分析，可以得出以下结论：

（1）千佛寨摩崖造像目前保存状况极差，病害复杂多样，几乎涵盖了石质文物所有病害种类。其中微生物病害、动物病害、残缺、表面粉化剥落等为主要病害，病害发育程度均大于80%。

（2）摩崖造像本身抗风化能力差。岩性本身决定了摩崖造像较差的抗风化能力，岩样检测分析表明，造像本体岩性为细粒岩屑长石砂岩，胶结物以钙质、泥质为主，矿物成分以石英和长石为主，岩石多孔隙。

（3）造像所在安岳地区潮湿多雨的环境是摩崖造像病害严重的根本原因。潮湿多雨的环境为动植物的生长、微生物的繁衍提供有利条件，交替的水循环以及恶化的大气环境加速造像岩石的风化。

（4）在后期的保护中应从造像本体的加固与环境的监测入手，从根本上延缓摩崖造像的风化，延长宝贵文化遗产的寿命。

参考文献

[1] 安岳县地方志编纂委员会. 安岳县志1986—2005. 成都：电子科技大学出版社，2001，2：747-782.

[2] 中华人民共和国国家文物局. 中华人民共和国文物保护行业标准——石质文物病害分类与图示WW/T0002—2007. 北京：文物出版社，2009.

[3] 曹建劲，蒋宗涛，熊志华，杨燕娜，陈师乐. 硫化物矿床断层微粒的红外光谱分析. 光谱学与光谱分析，2009，4：956-959.

[4] Mallakpour S, Khani M. Construction and characterization of poly(amide-ester-imide) nanocomposites containing *N*-trimellitylimido-L-leucine toughened with a combination of bioactive surface-grafted TiO_2. Progress in Organic Coatings, 2003, 76(11): 1608-1615.

[5] Liu Q, Zhang B J, Shen Z Y, Lu H. A crude protective film on historic stones and its artificial preparation through biomimetic synthesis. Applied Surface Science, 2006, (253): 2625-2632.

[6] 张秉坚，尹海燕，沈忠悦，卢唤明. 草酸钙生物矿化膜的形成机理和化学仿制——一种新型石质文物表面防护材料的开发研究. 矿物学报，2001，3：319-322.

[7] Gulotta D, Bertoldi M, Bortolotto S. The Angera stone: a challenging conservation issue in the polluted environment of Milan(Italy). Environmental Earth Sciences, 2013, 69(4): 1085-1094.

[8] 张秉坚，刘仁植，沈忠悦，张润平，石美风. 云冈石窟污染物与砂岩结合状态的分析检测研究. 石窟寺研究，2012，00：332-355.

[9] 邹春艳，罗蓉，李子荣，陈盛吉，万茂霞. 电镜扫描在碎屑岩储层黏土矿物研究中的应用. 天然气勘探与开发，2005，4：4-8，69.

[10] 李黎，谷本親伯. 龙游石窟砂岩的泥质胶结物研究. 工程地质学报，2005，2：189-194.

[11] 张建华. 纯阳宫石质文物保护与修复. 文物世界，2006，2：70-72，80.

[12] 宗静婷，王淑丽，张忠永. 四川广元千佛崖石窟造像表面风化的环境地质问题分析. 地球科学与环境学报，2011，2：185-190.

[13] 黄继忠. 云冈石窟主要病害及治理. 雁北师范学院学报，2003，19（5）：57-59.

[14] 汪东云，张赞勋，付林森，姚金石. 大足县酸雨形成分布特征及其对石刻造像的破坏作用. 水文地质工程地质，1995，3：9-15，24.

[15] 段爱军. 龙山石窟病害调查及保护初探. 文物世界，2012，5：28-31.

中国古建筑彩画的传统工艺
——以山东曲阜孔庙为例

张晓珑
（湖北省博物馆，湖北武汉，430077）

摘要 本文通过对山东曲阜孔庙的实地调查，总结了曲阜孔庙彩画的地仗工艺、颜料工艺，结合访问记录与文献记载复原了曲阜孔庙彩画施工步骤，以此为例介绍了古建筑彩画的传统工艺，并以曲阜孔庙彩画工艺与北京官式彩画工艺做对比，为中国古建筑彩画传统工艺的研究提供了支持。

关键词 古建筑彩画 曲阜孔庙 传统工艺

引 言

中国古建筑彩画是中国建筑史上特有的一种装饰艺术，它具有悠久的历史和卓越的艺术成就。建筑彩画起源于何时，历史为我们提供了较为清晰的描述。我国最新考古发现，在泥灰的墙面上描绘形象始于新石器时代。而在春秋时期又有鲁国记载的“丹桓公之楹，而刻其桷”，还有藏文仲“三节藻梲”之说。上述考证足以证明我国建筑彩画的渊源历史，为我们了解中国古建筑彩画的成就打开了思路的大门。

真正较翔实地提供建筑彩画实例和记载的是唐时期敦煌遗迹和宋《营造法式》。明代的彩画是清代某些彩画定格的前奏。清代建筑彩画可以说是我国建筑彩画发展的繁盛阶段，继承和发展了历代彩画的优良传统，从构图、彩画内容、施色特征及装饰方式上都极为成熟，在建筑装饰方面充分体现了中国传统彩画的成就以及中国传统文化特点，在一定意义上也可以理解为“中国建筑彩画”。

每种彩画都是通过各种特定工艺流程而实现的。同样的花纹，因施以不同的工艺，可形成很多不同的装饰效果，既可以很素雅，也可以很华丽，最终可以形成千变万化的装饰。因此研究中国古建筑彩画的传统工艺对我们了解中国古建筑彩画的发展乃至中国古代文化内涵都具有非常重要的意义。各地的彩画工艺略有不同，本文选取中国思想文化的源头儒家文化的发祥地、我国三大古建筑群之一——山东曲阜孔庙的彩画为例作如下介绍。

1　山东曲阜孔庙简介

孔子是中国历史上伟大的思想家、儒家学派的创始人。孔庙是祭祀孔子的纪念性建筑。公元前479年，孔子去世，享年73岁，他的弟子将其安葬在鲁城北泗上。鲁哀公在忧伤之余，第二年在陬邑（曲阜东南），将孔子的“故堂所居”用来陈列孔子生前所用的“衣冠琴车书”，“立庙旧宅，置卒守，岁时奉祀”。当时的“庙屋三间”，这个纪念性的祭祀场所就是中国最早的孔庙。

据《史记》记载，2000多年前的汉高祖刘邦在即位12年时，亲自到曲阜祭祀孔子，开创了帝王祭孔的先河，从此孔子所倡导的儒家文化在中国思想文化史上逐步占据了主导地位。孔庙作为传播儒家文化的载体，将儒家思想通过祭祀孔子的活动传向千家万户。通过纪念孔子活动，儒家学说中的治国安邦、伦理道德、修身养性等学术思想被人民群众所接受，儒学影响了中国历史两千多年，并成为中国民族文化的主流。随着学校教育的兴起，以“四书”“五经”等儒家经典为主要内容的科举取士，贯穿于学校教育的始终，因孔庙而设立学校或因学校而设立孔庙的“庙学制度”成为中国孔庙发展的基本制度。唐贞观元年（627年）唐太宗李世民下诏：“天下学皆各立周、孔庙，赠孔子为司寇，谥‘文宣’，旋准房玄龄议停周公祀，专祀孔子，尊为先圣，以颜回为先师，配享孔庙。”

唐贞观四年（630年）又诏：“州县皆特立孔子庙，四时致祭，以左丘明等廿二人从祀。”诸儒名流从此也被纳入孔庙，与孔子共同被祭。中国孔庙所包含的内容由此不断扩大，上到统治者的治国思想，下到乡贤名宦的功德，孔庙的功能已经远远超出了纪念性建筑的本身含义。孔庙的影响已经遍布全国并发展到东亚、东南亚地区。其礼制结构严谨、模式稳定、式样规范。据记载，到清末，全国已经有孔庙1560座，以山东曲阜孔庙为代表，孔庙成为中国最杰出的古建筑之一。

现存曲阜孔庙占地327.5亩，建筑物466间。前为神道，两侧栽植桧柏，营造出庄严肃穆的气氛，培养谒庙者崇敬的情绪。孔庙的主体贯穿在一条中轴线上，左右对称，布局严谨。前后九进院落，前三进是引导性庭院，只有一些尺度较小的门坊，院内遍植成行的松柏，浓荫蔽日，创造出使人清心涤念的环境，而高耸挺拔的苍桧古柏间辟出一条幽深的通道，既使人感到孔庙历史的悠久，又烘托了孔子思想的深奥。第四进以后庭院，建筑雄伟，黄瓦、红墙、绿树交相辉映，既喻示出孔子思想的博大高深，也喻示了孔子的丰功伟绩；而供奉儒家贤达的东西两庑，分别长166m，又喻示了儒家思想的源远流长。

孔庙的主要建筑有金、元碑亭，明代奎文阁（图1）、杏坛（图2）、德侔天地坊等，清代重建的大成殿（图3）、寝殿等。金牌亭大木做法具有不少宋式特点，斗栱疏朗，瓜子栱、令栱、慢栱长度依次递增，六铺作里跳减二铺，柱头铺作与补间铺作外观相同等。正殿庭采用廊庑围绕的组合方式是宋金时期常用的封闭式祠庙形制中少见的遗例。大成殿、寝殿、奎文阁、杏坛、大成门、十三碑亭（图4）等建筑采用木石混合结构，也是比较少见的形式，这是孔庙建筑的独特做法。孔庙内建筑彩画经过多次大修，表现出多个朝代彩画形式的混搭风格。其各个时期的彩画又代表了各个时期彩画的传统工艺。

图1 奎文阁

图2 杏坛

图3 大成殿

图4 十三碑亭

2 孔庙彩画的传统工艺

中国古建筑彩画的传统工艺是独特的。这也是区别于其他任何一种装饰艺术的标志，从原始材料的炮制，使用的工具，以至绘制程序的编制都自成体系，其中包括了彩画的地仗工艺、颜材料工艺、彩画的绘制工艺三部分。

2.1 孔庙彩画的地仗工艺

地仗是指在未刷油之前，木质基层与油膜之间的部分，这部分由多层灰料组成，并钻进生油，是一层非常坚固的灰壳。这部分不仅包括各灰层，还包括麻层、布层。这部分工作便为地仗工艺。

2.1.1 古建筑彩画的地仗材料

（1）白面：即普通食用白面，另有一种土面质量次之。白面是地仗中打满的主要材料，起胶结灰壳的作用。

（2）血料：经加工的动物血，主要指猪血、牛羊血等经加工也称血料，但黏性较差。血料呈紫红色，挑起带血丝，味微腥，呈胶冻状，密度略大于水，具有耐水、耐油、耐酸碱等特点，可作为胶结材料，古建中广泛用于地仗壳中。血料不宜长期存放，尤其是高温天气，极易变质、发霉、腐臭，夏季一两日即变质。

（3）砖灰：即青砖经碾压分箩后的不同粒度的粉末及颗粒，有粗籽粒砖灰、中籽粒砖灰、呈粉末状的细灰等不同规格。砖灰呈灰色，抗腐蚀性强，亲油性好，既作为地仗的填充材料，也是结壳的主要材料，工程中用量非常大。

（4）灰油：是一种很黏稠的油质材料，由生桐油加土籽粉、章丹等催干剂经熬炼制成。灰油具有干燥快、防潮、防水性强等特点，是古建地仗中调油满的主要材料，并专用于古建地仗，起胶结砖灰的作用，增加地仗灰壳的强度，并使其防潮、耐水、延年。灰油不能作为面层涂料，易起皱、无光。在高温天气下，灰油的油皮受热可自燃。

（5）生油：即生桐油，以区别熟桐油（光油）。生油油质透明，略带黄色，耐候性好，不易老化，较光油稀，干燥慢。利用其特点可将其渗透到地仗灰壳中，起增加其强度、防水、防潮的作用。

（6）石灰：均用生石灰，有块状和粉状两种，具有防腐、防潮和烧结作用。地仗中石灰水调和白面打满用。石灰水也是粉刷低等级墙面的涂料。

（7）线麻：以纤维长、拉力强、黄白干净、光亮、直顺、无杂质为上。在地仗灰壳中起增强拉力、防裂的作用。灰涩无光、变霉的麻不能使用。

（8）夏布：用麻纤维织成的布，布丝粗，有一定空隙，夹在地仗的灰壳中使用，起增强拉力的作用。

2.1.2　古建筑彩画地仗材料的预加工

2.1.2.1　熬灰油

熬灰油的主要材料为生桐油，另有土籽粉和章丹作为催干剂。其比例因季节不同有所变化，如表1所示。

表1　熬灰油材料配合比

季节	生油	土籽粉	章丹
春秋	100	7	4
夏	100	6	5
冬	100	8	3

熬制过程主要分为三个步骤：①炒土籽粉和章丹；②加油熬炼（熬油的温度一般在180°C左右）；③试油。

2.1.2.2　熬光油

熬光油的材料仍为生桐油与催干剂，另也有在生桐油中加入一部分苏子油的。熬光油的催干剂为土籽与密陀僧（一氧化铅）。另据资料介绍还有在光油中加入少量松香粉的。传统熬光油一般以二八油最为普通，具体方法如下：将苏子油（20%）、原生油（80%）倒入锅内，加火同时熬炼，当温度升至150～180°C时，开始烧土籽。所放土籽比例为油（包括苏子油）：土籽＝100：2～100：3。土籽放入锅内后，将油继续升温，当温度升至230～250°C时，基本开锅，这时将土籽捞出，随即改为慢火熬，并随时搅动，待油温升至260°C时，把密陀僧投入锅内，及时撤火即成。

2.1.2.3　制血料（图5）

血料是由生血制成的材料，必须加工后才能正式使用，否则黏度差，也不好用。制血料的过程称为“发”血料，分两种情况：①用生血发制；②用血粉发制。前者，血料的质量好，黏接力强；后者，血粉原多作饲料所用，袋装，便于运输，但用其发制的血料品质较差，既不黏也不好用，但在无生血的地方可用其代替生血。

2.1.2.4　打满（图6）

满用白面、石灰水、灰油调成，调制满的过程称为打满。满三种材料的配合比为灰油：白面：石灰水＝150：26.7：100（质量比）。满的制作方法为：先将白面（如有杂质需过箩）与石灰水调和，先少量放入，调匀后再加足，随加随用力搅拌。白面在石灰水的烧结下，很快成为糊状，之后再按比例倒入灰油，搅拌均匀后即成。满具有干燥快、黏接力强、不怕水、不怕油、防潮、防霉等特点。满中灰油与石灰水之比在工程中称为油水比，重要的古建地仗工程，其油水比可达2：1，即俗称“2油1水”。

图5　制血料

图6　打满

2.1.2.5　梳理麻（图7）

古建筑中所用线麻原料有丈余长，麻缕粗硬，皮子、麻根又混杂其中（图8），不能直接使用，需经加工整理，去掉杂质，梳理细软方可使用。过程为：先将麻适当截短，截成60～70cm长的断，再将麻拧成卷，按实，用斧剁即可。然后将麻断挂起分梳，去掉皮、梗、杂质，并使麻经细软、直顺。在正式使用前还要用两根竹竿将麻挑起，然后杆碰杆将麻抖松，最后摆成整齐的卷状即成“麻铺”，待用。

图7　梳理麻

图8　粗灰、中灰、细灰

2.1.3　孔庙彩画油满配比

油满是古建彩画地仗中最重要的材料之一，各灰层中均含有不同比例的油满。根据询问当地老工人，结合文献资料，自清代以来曲阜地区建筑彩画油满各成分的配比约为石灰：白面：灰油＝1.5：1：2，根据实际情况各成分添加量可作微小调整，但大致比例不会发生改变。

2.1.4　孔庙彩画的地仗类型

（1）衬底：于大木上直接涂刷一层刮浆灰。经调查此类地仗广泛存在于“仰高门”（图9）、“快睹门”（图10）等侧门或“启圣门”等中路偏门中。由此可总结出，衬底这种简单的地仗主要运用于建筑群中低等级不重要的门殿。

图9　仰高门南次间北缝瓜柱

图10　快睹门北次间檐檩（衬底地仗）

（2）单披灰：即不使麻的地仗，不使麻的大木由四道灰完成，即捉缝灰、通灰、中灰、细灰，所以传统单披灰均指四道灰而言。但现在人们常常将所有不使麻的地仗均称为单披灰（图11、图12），包括三道灰，甚至两道灰。

图11　8号碑亭一层西檐下大额枋（单披灰）

图12　启圣祠内檐（单披灰无麻）

不使麻的地仗由于省去使麻、轧麻和其他主要程序，所以具有施工简化、灰壳干燥快的特点，适用于各种不易使麻的细小部位，如椽头、椽子、望板、斗栱、连檐、瓦口以及各种雕刻花活（雀替、花板、浮雕云龙）等部位。在某种情况下，外檐上架大木和室内大木也常用此工艺。

孔庙中各种大木构件某些细小部位均采用的是此单披灰地仗，其中两道灰、三道灰的情况均有。而“十三碑亭”也是单披灰地仗。

（3）一麻三灰：即地仗中有一层麻和三层灰，是一麻五灰的变体。

一麻五灰包括捉缝灰、扫荡灰、使麻、亚麻灰、中灰、细灰、磨细灰、钻生油等几个主要工序。各种不同层次的灰壳工艺，都与一麻五灰的工艺原理相一致，是一麻五灰工艺的增减，一麻三灰中少了捉缝灰与中灰两层，即在木材上先上通灰，再使麻，麻上铺亚麻灰，最后是一层细灰。

资料记载显示孔庙中圣时门、弘道门、奎文阁为一麻四灰的地仗，而大成门、大成殿内檐、金丝堂、启圣殿均为灰七道三麻一布的地仗。但实际观察来看孔庙中老地仗均未超过一麻三灰（图13～图16）。那么究竟是资料记录错误，又或是修建时工匠偷工减料，现在也无从得知。

图13　启圣殿明间前廊内檐（麻灰地仗）

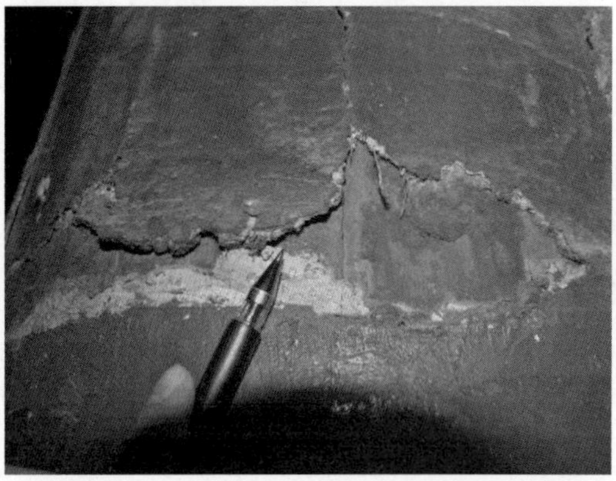

图14　金丝堂内檐明间西缝金柱柱头

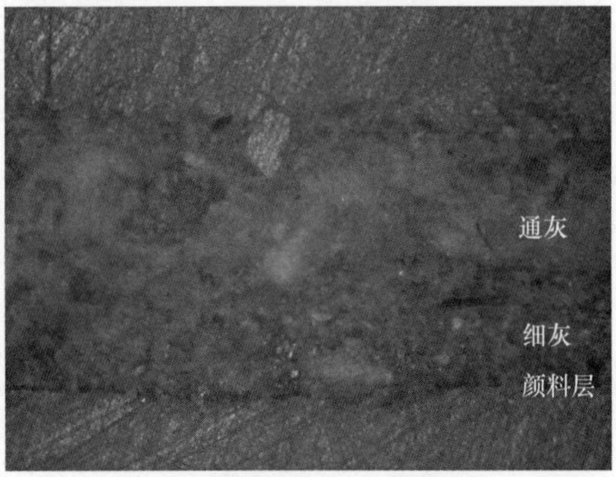

图15　金丝堂明间西缝插金六架梁金相显微镜（50×）

图16　启圣祠内檐西稍间前檐中金檩随檩枋海底

2.2　孔庙彩画的颜材料

2.2.1　古建筑彩画颜材料介绍

我国古建筑彩画所运用的颜色，是青、黄、赤、白、黑五色俱全的，在鲜艳色彩的对比调和方面形成了自己民族的特点，在建筑上施色彩，“最初是为了实用，为了适应木结构上防腐防虫的实际需要，普遍地用矿物原料的丹或朱，以及黑漆桐油等涂料敷饰在木结构上；后来逐渐和美术上的要求统一起来，变得复杂丰富，成为中国古建筑装饰艺术中特有的一种方式”（引自林徽因先生为《中国建筑彩画图案》所写的序）。

古建筑彩画颜料包括两个部分：一部分是图案部分大量使用的颜料；另一部分是绘画部分用量较少的颜料。对于用量大的色，彩画行业界称为大色，用量小的色称为小色，大色全是矿物质颜料，小色有矿物质颜料也有植物质颜料和其他化学颜料，但主要也用矿物质颜料，现代成品国画颜料集中地代表了小色的种类和特征。另外，在彩画中某些图案花纹体量很小，用的颜料也不多，虽然也使用大色调配（一般较浅）也称小色。彩画在绘制前颜料分为若干层次，同一种颜色，可分为深浅不同的几个层次，其中常用的为在原颜料中加入白色调和成较浅的各种色，彩画称之为晕色。加入白的成分少些，比晕色深的色，彩画称之为二色。二色用量较大，但不叫大色，如果用在体量小的部位上则称小色，也是矿物质颜料调成。

除颜料之外，由于装饰和工艺的需要，彩画还包括一些其他材料，如纸张、大白粉、滑石粉、胶、光油等，这些统称彩画的颜材料。

2.2.2　古建筑彩画颜料调配工艺

2.2.2.1　胶液的配制

彩画颜料及其他材料需加胶后才可使用，胶使用前需熬化，然后按一定比例与彩画颜料调和。熬胶方法较简单，以彩画常用的骨胶粒为例，将其杂质去掉，之后按比例加入清水，用水煮沸，使其化解，即可使用。熬胶的胶粒量与水量的比因用途和气候不同而不同，一般天气热时胶量大些，天气冷时，胶量小些，用于调制沥粉材料的胶要浓些，调颜料的胶浓度要小些，矾纸所用胶浓度更小。在实际运用中，虽然胶较浓，但在加色调和之后，还常加入适量清水调和，所以一般熬胶时，干胶与水的比例仅为参考。一般在加入颜料后，以颜料使用效果和质量而定，要求做到以下几点：

（1）颜料在胶干后，用手擦拭，绝不掉色，但远不仅此一项。

（2）第一层颜色涂上之后，再涂第二层颜色，无渗混现象。

（3）各层颜料重叠，不会发生起皮翘裂现象。

（4）用毛笔渲染、纠粉上层的色不会把底色“翻起”。

熬胶时在胶粒放入水中之后，要勤于搅拌，直至全部化解，否则底部易熬糊（焦），影响调色质量。

2.2.2.2　大色的配制

调制颜色，术语还称为“跐色”。为防止颜色与器皿间产生化学反应，调制彩画颜色用的器皿传统上用瓷盆、瓷碗或瓦盆等。

由于每种大色的性质各不相同，因而调制的方法也有所不同。以下就彩画基本常用的几种主要大色的调制方法，做些代表性说明。

1）香色

香色即土黄色，有深浅之分。彩画不直接用土黄色颜料加胶调制，而是用石黄，加少许红、黑或蓝调成烧香上供的“香”的颜色，因此无固定色标，常分为深香色与浅香色两种，香色既可以作为大色用于大量的底色涂刷，也可做小色运用，浅香色也可以与深香色对照视为晕色运用。

2）群青

将群青干粉置于容器中，边搅拌边加入胶液，使群青和胶液先黏接成较硬的团状，之后用力反复地跐搅，将团内未浸入胶液的干粉全部跐拉开，然后再加足胶液及适量的清水调拌均匀，经试刷，以颜色干燥后，色彩亮丽，遮地不虚花，色面整洁美观结实，手触摸不落色粉，重叠涂刷它色时不混色为基本标准。此标准也适用于其他大色。调制群青用胶量忌过大，否则颜色呈暗黑。

另外，凡易被雨淋部位的群青色，一般都要通罩光油，应单独调配罩油群青。罩油群青是在已调制好的群青内加入适量的调配好的定粉混合而成，加入适量定粉是为提高群青的明度，以取得罩油群青与不罩油群青色度大体一致的效果。如果在纯群青面上直接罩油，则色度会变暗，形成与古建筑彩画的群青不同的色差。

3）石山青

石青山即浅蓝、偏绿的蓝色，用绿加群青再加适量白调成，石山青不常做大色调配，只在某种彩画需要时调用。

4）洋绿

传统调洋绿之前，都用开水将其冲解，之后静置数小时再将水澄出，加胶。洋绿密度较大，涂刷时极易沉淀，为缓解沉淀现象及确保颜色的牢固耐久，调制时还要加入2%～3%（质量分数）的清油或光油。洋绿覆盖力较弱，为涂刷美观达到刷色标准，一般要涂刷两遍，因此调制洋绿，一般都调得稀些。目前调巴黎绿均不用水沏，直接加胶与颜料调和，方法同调制群青。

5）定粉（中国铅白）

定粉密度比其他颜料都大，涂刷该色时不但会有涩皱感，而且色面还极易刷厚，从而产生龟裂、爆皮等现象，因此调制定粉用胶量不要过大。为增强定粉的覆盖力，取60%～70%定粉，30%～40%土粉子一并入胶调制，术语称此为“鸳鸯粉”。调制定粉极容易将颜色“跐泡”。所谓被跐泡了，即在入胶调制过程中，由于操作草率或方法不对，水胶、定粉、清水未能较好地融于一体，颜色表层浮现许多水胶气沫，颜色中有许多细小颗粒及涂刷颜色不遮地等。在入胶调制定粉过程中，当胶量已基本加足，且已经过充分的跐制并拧结成硬团后，还需经手工反复地搓成条状，然后浸泡在清水中2～3天，用时捞出，并再略加些水胶及适量清水，加热化开调匀后使用。

6）黑烟子

黑烟子体质极轻，极易飘散，而且不易与胶结合，故在加胶时应先少加，可从占黑烟子体积的5%～10%的胶量加起，之后轻轻用木棍搅和，如同和面，使胶液将黑烟子全部粘裹其中，再加足胶液并加适量清水稀释之后使用。开始时少加胶液为调配黑烟子的关键，否则黑烟子极轻，飘在胶液上面之后很难与胶结合。

7）章丹

传统认为章丹中含有某些有害成分，故加胶前也用开水沏，有时沏2～3遍，之后漂净浮水，再加入胶液，目前多直接加入胶液，开始量少，搅和均匀，再加足。

8）银朱

银朱加胶方法介于黑烟子与群青之间，银朱多体松轻，所以入胶量也由少到多。银朱加胶量的多少影响银朱的色彩，加胶多，色彩浓重，反之色彩淡而轻飘，所以彩画俗有“若使银朱红，务必用胶浓”的说法。

2.2.2.3　小色的配制

1）粉三青

由洋青（群青）加一定量的定粉（白色）调成。三青晕色不宜偏重，否则彩画不明快。

2）粉三绿

由洋绿加一定量的定粉调成，后用巴黎绿加白调成。三绿晕色不宜太浅，否则发白，色略比三青重，涂上可使彩画更加艳丽，故彩画调晕色有“浅三青、深三绿”之说，但要注意晕色应与原绿有明显的差别。

3）粉紫

有两种配法：一种用氧化铁红加白调制；另一种由银朱加一定量的群青和一定量的定粉调成。前者方法简单，但色彩不鲜艳；后者色彩鲜艳，近似俗称的藕荷色，且由于其中红与群青的比例不同，有偏蓝与偏红两种紫的效果。

4）浅香色

由石黄或其他黄色加适量群青、黑色、银朱或丹色调成。

2.2.2.4　颜料调配注意事项

（1）彩画中的很多颜料含有毒性，有些甚至为剧毒品，如洋绿、藤黄、石黄、铅粉、章丹等，其中洋绿和藤黄毒性最大，材料调配时就应注意，对于质量差的绿，传统需将其碾压，过箩之后再用。此过程中，吸入粉尘会使人口鼻发干、流血，接触后，会对皮肤某些部位如汗腺产生过敏反应，红肿瘙痒，因此要注意防护。如筛绿时将其放置在特制的箱子里进行，必须戴手套、口罩，穿防护服，并随时注意洗手等。

（2）彩画的胶传统多为骨胶，骨胶及其所调制的颜料在夏季炎热天会发霉变质，产生腐臭味，故在运用时应按需分阶段调用，不可一次调制过量，如有用不完的胶，出胶方法是将颜料用开水沏，再使颜料沉淀将胶液澄出，使用时再重新入胶。另外，由于夏天天气炎热，胶的性能也随之改变，即黏性减弱。有时不出胶，材料也无腐味，使用前也需另补少量新胶液，以保证其黏度。

（3）各种颜料入胶量按层次而定，一般底色胶量可大些，上层色的胶应小些，否则易发生起皮、崩裂现象。

2.2.2.5　其他材料的调制

1）沥粉材料

清式各种贴金彩画，其贴金部位大部分都要沥粉。纹饰一经沥粉，则凸起于彩画表面，形成浅浮雕式的立体花纹，同时还可以衬托金箔的光泽效果。

彩画沥粉凡用水胶作为黏接胶的，称为“胶砸沥粉”，凡用油满作为黏接胶的，称为“满砸沥粉”。

以胶砸沥粉为例，沥粉材料所选用的大白粉或滑石粉应精细无杂质，需先过筛。胶砸沥粉是以土粉子为主（约占70%）、青粉为辅（约占30%）、少许光油（占沥粉总质量的3%～5%）、水胶及适量的清水调和而成。土粉子质地较粗硬，可起到骨料作用；青粉质地较细软，不仅起到填充料作用，还利于出条，干燥后粉条面光滑美观，光油可起到增加粉条韧性，缓干，防止粉条断裂，使沥粉持久延年的作用；水胶主要起黏接作用；清水可起调解稀稠的作用。调配时先将水胶倒入粉料中搅和，传统做法为使粉料与胶结合密实，在搅和过程中反复用木棍捣砸，所以俗称“砸沥粉”。

砸沥粉分为大粉和小粉两种，大粉较稠用胶量较大，气候偏凉且干燥的季节，沥粉用胶量相对宜小些稀些，以防粉条断裂；气候炎热且潮湿的季节，为防沥粉走胶及坠条，用胶量相对大些，粉宜浓些。

砸沥粉的程度（稠度）需随砸随加胶液随试，方法是：用木棍将粉糊挑起，再“滴”入容器，如木棍所挂粉料很慢又能很均匀顺利地流坠下去则为合适；如果不往下流或断断续续地、一块一块地往下掉，说明太稠，需再加胶砸；如果调试流坠速度过快，像稠油一样，说明粉太稀，应少加胶。粉砸稠了可以用胶调稀再砸，砸稀了再加粉料则很困难，所以要从稠开始逐渐加胶使其适度。

满砸沥粉遇冷不易凝聚，适合天冷时使用，而且干后很坚固，不过不如胶砸的沥粉使用得流畅，效果好。

2）配胶矾水

胶矾水由水胶、白矾及清水配制而成。配制方法为：将白矾砸碎并用开水化开，水胶也须加热化开，再按所需要的浓度，加入适量的清水，将三者相混合调制均匀即可。

配制胶矾水的基本要求是：胶、矾、水各自的用量适宜，清洁无杂物。在某层地子色上过胶矾水后，确能起到阻隔作用，若在该地子色上再染色时，不吸附不混淆再渲染色。在生纸过该胶矾水后，可使生纸转变成可用的熟纸，且其熟纸的手感不脆硬，着色时不洇化、不漏色。

2.2.3 孔庙彩画所用的颜料

根据激光拉曼光谱仪测试出孔庙内几处彩画中所用绿色颜料为氯铜矿［$Cu_2(OH)_3Cl$］、羟氯铜矿［$Cu_2Cl(OH)_3$］；蓝色颜料为青金石$(Na,Ca)_{7\sim8}(Al,Si)_{12}(O,S)_{24}$［$(CSO_4),Cl_2,(OH)_2$］；红色颜料为银朱（HgS）；白色颜料为白土粉（$CaCO_3$）；黑色颜料为炭黑（C），具体部位如表2所示。

表2　孔庙彩画颜料成分分析

	成分	化学式	部位
绿色颜料	氯铜矿	$CuCl_2$	金丝堂内檐明间西缝金柱柱头
（浅绿色）	羟氯铜矿	$Cu_2Cl(OH)_3$	启圣祠殿内西山脊部殿内大额枋临后金柱、启圣祠中金檩中金爪柱
蓝色颜料	青金石	$(Na,Ca)_{7\sim8}(Al,Si)_{12}(O,S)_{24}$［$(CSO_4),Cl_2,(OH)_2$］	金丝堂内檐明间西缝插金六架梁海底、启圣祠外檐东次间大额枋、启圣殿西稍间东缝东立面、神庖已门内侧、神龛明间东立大额枋
（蓝黑色）	靛蓝	植物染料	启圣祠殿内中金檩随檩枋
红色颜料	银朱	HgS	大成门西次间西缝檐住、启圣殿西稍间东缝东立面白色下层红色
白色颜料	石膏	$CaSO_4$	启圣祠外檐东次间大额枋背面地仗
	白土粉	$CaCO_3$	神龛明间东立大额枋
黑色颜料	炭黑	C	神庖已门内侧

2.3 孔庙彩画的绘制工艺

古建筑彩画仅常用的绘制工艺就多达十几种，如沥粉（图17）、刷色、剔地、包胶、拉晕、拉粉、压老、攒色、退晕、行粉、纠粉、作染、拆垛等都是极具代表性的、极有特色的工艺，这些工艺在特殊的施工环境中，在表达特殊的装饰格式上起着特殊的作用，它能使许多难以表现的效果得以实施完善。

经调查研究，孔庙中各种彩画所使用的绘制工艺如表3所示。

图17　沥粉工艺

表3　孔庙各种彩画主要绘制工艺流程表

工艺流程	和玺彩画	旋子彩画					
		金线大点金	墨线大点金		小点金		雅五墨
	金龙方心	一字空方心	龙方心	一字空方心	龙锦方心	一字空方心	一字空方心
拓描老彩画	√	√	√	√	√	√	√
丈量	√	√	√	√	√	√	√
起扎谱子	√	√	√	√	√	√	√
磨生过水	√	√	√	√	√	√	√
合操	√	√	√	√	√	√	√
分中	√	√	√	√	√	√	√
拍谱子	√	√	√	√	√	√	√
摊找活	√	√	√	√	√	√	√
号色	√	√	√	√	√	√	√
沥粉	√	√	√	√	√	√	√
刷大色及垛抹各种小色	√	√	√	√	√	√	√
包黄胶	√	√	√	√	√	√	√
贴金	√	√	√	√	√	√	√
拉大黑	√		√	√	√	√	√
拘黑	√	√	√	√	√	√	√
拉晕色							
细部花纹等纹叠晕							
拉大粉	√	√	√	√	√	√	√
行粉	√	√	√	√	√	√	√
做细部锦纹					√		
细部写生绘画	√		√				
切活	√	√	√				
压黑老拉黑掏及刷黑老箍头	√	√	√	√	√	√	√
打点活	√	√	√	√	√	√	√
备注部位	大成门、大成殿、杏坛	诗礼堂	圣迹殿	承圣门、启圣门	奎文阁、启圣殿、崇圣祠	金丝堂、寝殿	大中门、同文门

3 孔庙彩画传统工艺的独特之处

3.1 重彩现象

在孔庙中大量出现外层彩画部分脱落、内层彩画显露出的重彩现象（包括两层、多层，图18），其中快睹门、弘道门较为明显（图19）。上述现象均是由一种特殊的彩画传统绘制工艺——“过色见新”造成的。

图18 重彩现象

图19 弘道门东梢间前檐随上金檩枋底

过色见新：即在原有彩画上直接作画或涂刷一层白灰后开始作画。这种做法在清乾隆时期就开始出现，直到道光时期变得较为普遍。在国库不充足时，使用这种方法能大量节省资金；在有重大节日须赶工期大修时，这样做也能节约很多时间。

3.2 孔庙与北京故宫官式彩画传统工艺的异同（以地仗为例）

孔庙大成门有麻地仗只有1cm厚度，相较于北京故宫中的5cm厚度薄很多。且木材丝缝未下竹钉，之后直接做刮浆，无捉缝灰，再通刷披麻浆披麻，麻上再上一层灰。启圣祠中地仗为油满披麻，血料少，麻小且麻上下灰料薄。

总体而言，曲阜孔庙地仗较薄于北京故宫官式地仗。究其原因主要有以下两点：①山东曲阜全年温湿度稳定且变化较小，湿度大于北京。气候原因对木材影响不大，而北京地区木材易糟朽需拿厚地仗找平。②北京故宫资金充足且装饰要体现皇家气派，故完全按照标准一麻五灰地仗做法进行，而山东曲阜孔庙几次大修存在资金短缺、赶工期的情况，几处后殿、偏门做出艺术性差、不伦不类的彩画。在文献记载中多处地仗应为一麻四灰实际却只有一麻三灰，其中不乏偷工减料的情况。

孔庙的地仗虽然薄，但并非没有好处。少了两层灰的阻隔，使得空气易于流通，水分易于流出，反而保护了木构件，使其不易糟朽，保存的时间更长。

结　语

古建筑彩画是我国传统建筑特有的一种建筑装饰艺术，随着科技的进步与经济社会的发展，彩画的传统材料与技法不断地流失，有些材料和工艺已经失传。曲阜孔庙由于其历史地位与社会关注度，很大程度上还保留着一些已失传的材料与工艺。本文以曲阜孔庙的调查研究作为例证，总结古建筑彩画传统工艺，希望能对今后中国古建筑彩画传统工艺的保护作出贡献。

预防性保护

关于博物馆文物预防性保护措施个性化的探讨

唐 铭

（金属文物保护国家文物局重点科研基地中国国家博物馆，北京，100006）

摘要 文物预防性保护已经成为博物馆文物保护工作中的重要内容。在对博物馆进行文物预防性保护设计时，应该充分考虑博物馆所在区域自然环境、不利因素、博物馆建筑特点和馆藏文物实际状况等这些影响博物馆预防性保护措施的“个性化因素”，从而实现针对不同博物馆的实际特点和存在的重点问题，提供具有个性化的有效解决方案。

关键词 博物馆 预防性保护 个性化

引 言

文物预防性保护已经成为当前文物保护工作中的重要内容，就博物馆而言，对博物馆内的文物保存环境实施有效的监测和控制，提升博物馆珍贵文物的风险预控能力，最大限度地防止或减缓环境因素对文物材料的破坏作用，是博物馆文物预防性保护工作的关键。近年来，国内多家博物馆和文博单位已经或正在进行文物预防性保护工程的建设，其中的一些问题值得思考和讨论。

1 预防性保护的相关指标

环境因素是引发博物馆馆藏文物受损的主要原因，对博物馆文物环境的监测和控制是预防性保护的基本内容。博物馆文物环境，包括博物馆建筑外部的大环境、博物馆建筑室内展厅和库房的小环境，以及展柜和文物储存柜的微环境。涉及的指标有温湿度、光照、震动、大气污染物、虫害微生物等。

温湿度是最基础也是最重要的指标。温度对于文物的影响，一方面是温度变化可能引起材料的热胀冷缩；另一方面，温度升高会加快文物材料的化学反应速率。温度变化会引起相对湿度的变化，湿度控制不当，会使金属文物加速腐蚀、纸质文物和纺织品出现霉变、木质文物出现变形等。温度和湿度既可以各自影响文物，也可二者协同，并且结合光照、氧、污染性气体等因素，加快对文物破坏的速度。因此，对温湿度的监控是博物馆预防性保护的基础工作。

光照、震动、大气污染物、病虫害等指标，也是博物馆预防性保护中应当重点监控的内容。

2 关于预防性保护的个性化

在对博物馆文物进行预防性保护设计和实施时，既要做到共性化的基础保护工作，又要根据某一个博物馆的具体特点和问题，给出具有个性化和针对性的预防性保护解决方案。以环境监测为例，在博物馆建立环境监测体系是共性化的需要，但具体建立多大规模的监测体系、建立何种方式的监测、重点监测哪些指标等，就需要因博物馆而异，不宜盲目照搬和效仿。2013～2016年，对国内一些已建成或正在进行预防性保护工程建设的文博单位进行调研时发现，从规划设计到项目实施，普遍都存在“个性化”不足的状况。

3 文物预防性保护个性化的影响因素

3.1 区域自然因素

博物馆所在区域的自然因素，如气候特征、气象条件、地质与水文特点等这些因素的影响范围是对整个地区的，当然也避免不了对博物馆产生影响。

北京、河北与河南等地，属于温带季风气候，冬季总体寒冷干燥，夏季又会出现湿热。四季分明，全年温湿度变化很大，因此这些区域的博物馆对温湿度的监测和调控是极为重要的。

在我国华南地区，每年3～4月份从中国南海吹来的暖湿气流，与北方南下的冷空气相遇，在岭南形成准静止锋，使天气阴晴不定、非常潮湿，其间有小雨或大雾，也就是俗称的“回南天”现象。在这种气候环境下，文物表面容易出现小水珠。所以这些地区的博物馆在这个季节要特别注意对湿度的控制，采取措施进行除湿。

对于拥有特殊地质环境的博物馆，如江西庐山博物馆、九华山历史文物馆等这类位于自然风景区的博物馆，除了考虑文物保存小环境和微环境稳定以外，还建议考虑建立地质灾害预警监测和水文环境监测。而对于位于地震多发带的博物馆，应该做好文物防震措施。

3.2 外部污染与不利因素

博物馆所在地区的大气污染物主要类型、污染分布特征、博物馆附近是否有污染源和风险源等，同样是文物预防性保护中应当个性化考虑的问题。

例如，我国华北地区在冬季的燃煤污染普遍严重，会带来大气污染物中$PM_{2.5}$和硫氧化物浓度的升高。那么相应地，这些地区的博物馆在冬季室内环境监测与控制中，要加强对这类污染物的关注。以SO_2为例，它对文物的危害作用十分严重，易使金属文物发生酸性腐蚀，使纺织品变脆、破裂，使纸张变黄、褪色、发脆。在SO_2浓度偏高的地区，除了要控制博物馆室内SO_2的浓度，还要注意控制湿度，当空气中相对湿度达60%以上时，SO_2对金属文物的腐蚀作用将明显增强。因此，我们可以通过对外部污染物季节和浓度等特点的把握，适当调整不同材质文物的展出时段和展出周期，即使“适合”的文物在“适合”的环境中展出“适合”的时长，也尽量避免让敏感脆弱材质文物过多时间暴露在不良外部环境中。

除了考虑大区域的污染物背景以外，博物馆附近是否有污染源、博物馆是否处于污染物扩散的下风向等，都是影响博物馆预防性保护措施的因素。例如，毗邻城市交通主干道的博物馆，可能需要考虑汽车尾气（氮氧化物、硫化物等）对博物馆室内环境的影响；而在没有工业污染源并且污染物扩散条件良好的地区，博物馆则没有太大必要去建设硫化物、氮氧化物等气体污染物的监测系统。

3.3 博物馆建筑特点

博物馆建筑本身的特点包括博物馆的朝向、博物馆建筑空间大小、博物馆建筑内部有无环境缓冲区、博物馆内展厅的联通方式、博物馆库房的所在位置、博物馆建筑的开窗情况等，这些也决定了博物馆文物预防性保护措施。例如，博物馆大门的朝向恰好是迎着当地主导风向，那么就不太利于博物馆建筑内的环境控制。通过近年来对国内多家博物馆的预防性保护现状进行调研，发现位于地下的文物库房，温湿度稳定度要明显优于地面上的文物库房；如果库房周围有环廊设计，那么环境稳定性的控制更容易实现。对于密闭性能较好的博物馆建筑（如新式建筑），可以首要控制建筑内的小环境；对于密闭性能较差的博物馆（如老旧博物馆建筑），室内小环境难以控制，只能侧重控制文物展柜、储存柜内的微环境。

博物馆建筑空间的大小和楼宇控制能力，也很大程度上决定了博物馆内的环境容量大小。博物馆可根据自身实际情况，科学计算博物馆的环境容量，从而确定博物馆的参观接待承载力。

3.4 文物材质和病害状况

博物馆的类别不同，其藏品的材质和种类会有很大差异。例如，自然类博物馆和历史类博物馆、综合类博物馆和专题类博物馆，它们的预防性保护措施的重点和难点都是不同的。即使是在同一家博物馆内，针对不同材质的文物，也需要采取有差异的预防性保护措施。

从环境监测角度看，对于青铜器，为防止其出现锈蚀，应严格监测其保存环境的相对湿度变化；对于银器而言，对光照和硫化物敏感，所以应该关注其展陈环境中的光照强度和硫化物气体浓度；对于纸质类文物，要同时做好温湿度、光照紫外和酸性污染物的监控；对于纺织品、棉麻类的文物藏品，要特别做好霉菌和虫害工作；而对于瓷器、玉器等文物，温湿度、光照、微量的气态污染物等因素则不那么重要。

从环境控制角度看，对于环境因素敏感的文物，要加强其保存环境的控制，如要保持其温湿度的平稳，光照环境的达标，以及空气的洁净度。对于环境不敏感的文物，可以适当放宽一些要求。例如，很多博物馆拥有恒温恒湿空调系统，从技术上可以实现展厅常年保持各自所需的温湿度，但从节约能耗的角度出发，对瓷器、玉器等非环境敏感文物的展厅的温湿度调节可适当放宽。

除了文物材质以外，文物当前的病害状况也是预防性保护措施个性化的考虑因素。如果将文物保护比作是给文物“治病”，正如医生面对病情危重程度不同的患者采用的治疗方式不同，文物病害的程度不同，所采取的相应保护措施也自然不相同。

4 结论与建议

博物馆的预防性保护是一项复杂系统工程，涵盖技术和管理等多个层面的内容。近年来，国内博物馆开始重视文物预防性保护，也有一些预防性保护工程陆续完成，但存在的问题是缺少针对性和个性化。具体表现在预防性保护从规划到后续实施，没有充分考虑区域环境、博物馆建筑和本馆的文物状况等因素，无法很好地做到使文物预防性保护“因地制宜、因时制宜、因自身特点而异”，对此提出以下建议。

4.1　预防性保护规划是源头

如果说预防性保护是文物保护的“上游”，那么预防性保护规划则是预防性保护工作的源头，是后续开展预防性保护建设的依据。只有根据不同博物馆的具体特点和主要矛盾，制定出科学合理、有针对性的预防性保护规划，才可能在后续的实施过程中，让预防性保护工程发挥出良好的效果。因此，建议文博单位要重视预防性保护规划和设计，做好预防性保护的源头工作。

4.2　预防性保护与可持续发展

在构建博物馆文物预防性保护体系时，应该尽可能做到低碳节能，综合考虑保护工作和能耗成本之间的关系，建设符合可持续发展理念的博物馆预防性保护系统。例如，中小博物馆由于人力和经费的制约，不适合建立大规模的无线环境监测系统；恒温恒湿系统可以较稳定地控制室内环境，但运行成本高，未必适合于所有博物馆；博物馆可根据自身建筑特点和藏品类型适当借助自然光，在营造更佳视觉效果的同时降低能耗。总之，博物馆在探讨个性化的预防性保护体系时，低碳节能和绿色环保应当成为未来关注的热点。

4.3　交流与合作

首先，文博单位之间通过业务交流与合作，可以相互借鉴预防性保护的经验，共同探讨解决具有代表性的问题。

其次，由于博物馆的预防性保护涉及诸多因素，所以有必要加强相关领域间的交流合作。例如，如果能与当地气象和环保部门建立合作，了解与把握气象数据、污染物特征和环境风险因子，及时做好相关预案，从而有助于博物馆的预防性保护工作的实施。

最后，从技术装备发展现状看，虽然市场上有不少文物保护设备和工具，但很难找到完全满足实际工作需要的理想产品，这就需要文博单位与生产企业之间加强技术交流与合作，通过产学研用的结合，解决好文博技术产品与文物保护之间对接问题。

浅谈馆藏文物预防性保护项目建设对文物科技保护的意义

雷 淑

（四川博物院，四川成都，610071）

摘要 四川博物院珍贵文物预防性保护项目的实施，利用无线传感网络技术手段，对馆藏文物保存环境质量因素进行数据采集、备份和区域内的联网运行，建成了全国首个馆藏文物保存环境监测区域中心，为进一步采取合理调控措施提供了数据支撑。该项目不仅有利于本院文物保存环境整体水平的提高，也对加强区域环境监测的运行管理和技术创新，推动文物保护科学和技术进步具有十分重要的意义。本文重点阐述了项目实施过程以及馆藏文物科技保护水平的提高两部分。

关键词 四川博物院 预防性保护 无线传感 环境监测

引 言

为全面提升四川博物院文物保护修复能力，2011年11月召开了文物保护修复中心能力提升项目专家论证会，在会上确立了四川博物院“十二五”期间文物保护工作的两个重点方向，即纸质文物保护研究和文物保存环境研究。2014年，四川博物院与上海博物馆合作编制的《四川博物院珍贵文物预防性保护方案（可移动文物预防保护方案）》获国家文物局批复（文物博函〔2014〕619号），以加强陈列展厅和文物库房中馆藏文物环境质量及其风险监测与调控能力的提升。四川博物院作为西南地区最大的综合性博物馆，按照国家文物局以及四川省的统一部署，被确定为“四川省可移动文物环境监测区域中心”，不但肩负着保管本院珍贵文物的重任，还有义务带动区域文物保存环境检测工作的快速发展，提高文物预防性保护的整体水平。

四川博物院珍贵文物预防性保护项目采用分期实施的原则，最终完成馆藏文物保存环境监测平台建设和文物保存环境的改造治理工作。目前，项目一期建设“馆藏文物保存环境监测平台”已基本完成，包括四川博物院文物保存环境监测站、四川省馆藏文物保存环境监测区域中心总控制机房和网络监测系统平台建设等，主要采用无线传感网络技术手段，对馆藏文物保存环境进行实时监测，不但可满足区域内所有博物馆监测站的联网运行、数据备份、技术指导和环境监控服务，还能通过管理和技术的应用，加强环境质量评估和风险预警，并及时采取必要的调控措施，提高文物预防性保护能力。同时，为下一步进行文物保存环境的改造治理工作提供了依据和支撑，有利于推动文物保护科学技术的进步。

1　四川博物院文物预防性保护需求及现状

1.1　文物资源概况

自古以来，四川就享有“天府之国”的美誉，优越的地理条件和经济条件，使其成为中华文明的重要起源地之一。考古证明，旧石器时期四川境内就有人类活动[1]，悠久的历史和丰厚的人文积淀，给我们留下了珍贵的文化遗产。截至2015年全国可移动文物普查可知，四川省馆藏文物达到315万件（套），其中珍贵文物17万件（套）[2]，文物种类丰富且数量众多。四川博物院是我国西南地区门类齐全的综合性文博单位之一，现收藏馆藏文物共计26万余件（套），其中国家三级以上珍贵文物76800余件（套），国家一级文物1400件（套）。这些珍贵文物是不可再生的文化资源，传承了四川悠久的历史，也是文化软实力的重要体现。

1.2　文物预防性保护需求

在种类繁多、材质不一的馆藏文物中，特别是珍贵文物，由于所处环境和人为因素的长期影响，加之自身材质脆弱、老化等原因，大多数文物受损状况相当严重。根据“全国馆藏文物腐蚀损失调查”项目研究结果显示[3]，在各地国有博物馆收藏文物中，有50.66%馆藏文物存在中度以上的病害，其中重度以上腐蚀馆藏文物占16.5%，尤其是对环境因素作用敏感的纺织品、纸质、竹木漆器等有机质文物，中度以上病害发生率占半数以上，并且还呈现加重的趋势，这已经成为馆藏文物保护中迫切需要解决的问题。

四川省受盆地气候季节性因素的影响，湿度较大，而文物保存环境条件有限，工作人员在整理馆藏文物库房时，发现大量文物因为环境控制不当而引起金属的腐蚀、丝织品的褪色和书画的虫霉等（图1～图4），造成了珍贵文物不可挽回的损失，甚至部分文物已经濒临毁灭的危险，特别是一些经过抢救性保护修复的文物，必须保存在适宜的环境中，才能防止其继续劣化变质。

1.3　预防性保护工作现状

文物预防性保护就是以文物为本，重在预防，主要通过控制环境，为文物提供合适的保存条件，使藏品延年益寿，即对可能出现的种种损坏文物的情况进行科学预测、分析、研究，最大限度地避免人为因素、自然因素及其他不可预知因素对文物的损害[4]。

四川博物院文保中心自成立以来，每年均由工作人员定期对库房和展厅的文物保存环境质量进行检测，并提供相应的检测报告，但是对馆藏文物环境监测调控及风险评估方面，还有许多不足的地方，主要体现在：①环境监测手段比较单一，仅限于几种手持式仪器对温湿度、光辐射的检测，因为受采样点的限制而不能全面、实时监测文物保存环境状况；②对环境调控缺乏更有效的措施，造成博物馆微环境温湿度的大幅度波动，加之部分展柜密封性不好，展柜微环境与展厅环境相通，导致大气污染或展陈装饰材料所散发的高浓度污染物破坏文物保存环境空气质量。因此，根据四川博物院的现状，结合未来的发展规划，对四川博物院珍贵文物预防性保护项目的实施，只有在全面

图1　书画的霉变

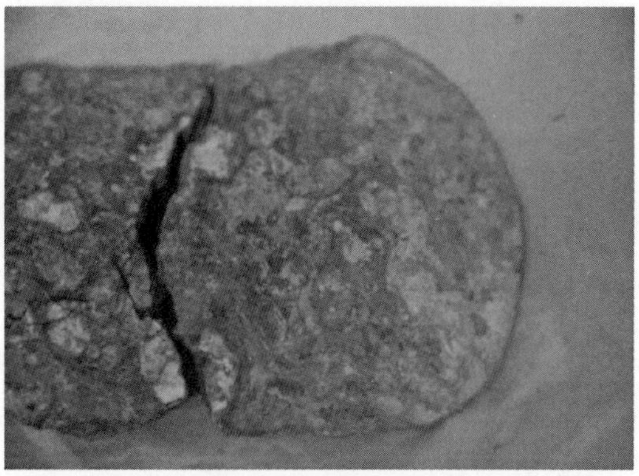

图2　金属的腐蚀

图3　丝织品的变色

图4　碑帖的虫蛀

监测文物保存环境现状的基础上，才能客观采取及时有效的保护和调控措施，并进一步完善风险管理及评价机制，做到“防患于未然”，达到长久保存这些珍贵文物的目的。

2　馆藏文物预防性保护项目建设

根据四川博物院馆藏文物预防性保护工作的需求和现状分析，项目具体实施如下。

2.1　专家技术论证

馆藏珍贵文物预防性保护项目建设是国家文物局在“十二五”期间的重要部署，四川博物院作为西南地区最大的综合性博物馆，有义务搭建起区域内的文物保存环境在线监测平台，并承担起四川地区文博单位环境监测的运行管理和技术指导工作。为此，四川博物院专门成立了“四川博物院珍贵文物预防性保护”项目实施小组，明确分工，各负其责，有力促进了项目的实施和推进，还邀请上海博物馆、陕西省文物保护研究院等国内著名的文物保护专家进行项目的论证和运行评估，使其实施过程有科学依据。

2.2　平台建设实施

2.2.1　无线传感网络技术

四川博物院珍贵文物预防性保护项目中，“馆藏文物保存环境监测平台”的建设主要采用无线传感网络技术，它是一种短距离、低功耗、低速率的数据传输网络技术，依靠数据节点之间特有的无线传输芯片进行连接和转发，形成大范围的覆盖，容纳大量的节点，而各传感器节点之间的网络可以智能地形成网络连接，并且具有自维护特征，即当某些节点发生问题时，不影响网络其他传感器节点的数据传输。

无线传感网络技术对馆藏文物环境质量进行实时监测，主要是利用传感器、中继和网关等节点，使布置在展厅和库房内的各种传感器自动采集文物环境数据信息，包括温湿度、光照、紫外线、CO_2浓度和污染物浓度等，并将采集的数据通过无线网络经中继传送至网关，最后，网关将最终接收到的信息实时地传输至环境监测总控制机房的文物保存环境监测平台，不但完成了对文物保存环境的实时监测（图5），还能将区域内所有博物馆监测站数据汇总到“区域中心文物保存环境监测平台”，实现了数据的联网运行及分析评估（图6）。

图5　四川博物院文物保存环境监测平台

图6　四川省区域中心环境监测评估系统

2.2.2　文物保存环境的实时监测

由于不同材质的馆藏文物对各种环境因素的敏感程度不同，同时，多种环境影响因素并存时还会产生协同作用效应，将加速文物的劣化速度和受损程度。按照文物保存环境的规范和要求[5]，四川博物院根据文物材质的不同，有针对地在各个展厅、展柜和库房内放置满足检测精度的传感器设备（图7、图8），实现对展厅和库房文物保存环境监测的大部分覆盖，监测内容包括温湿度、光照、紫外线、CO_2、挥发性有机化合物、有机酸和含硫物等。此外，室外环境变化直接影响整个博物馆建筑空间的环境变化，对分析和评估文物保存环境质量有着直接影响，四川博物院专门在主楼顶层的宽敞平台上安装了室外环境超声波气象站（图9），对博物馆所处大气环境质量进行实时监测，主要包括风速、雨量、光照、紫外线、CO_2等参数，为进一步对所监测大数据的分析和运用提供支撑。

2.3　运行机制建立

文物预防性保护工作，是一项积极主动对文物非本体实施干预的行为，它不仅仅是监测和调

图7 张大千艺术馆展柜内光照监测

图8 青铜馆展柜内温湿度监测

图9 室外超声波气象站

控，更重要的是要强化意识，加强管理，形成长期有效的运行管理机制。四川博物院在文物保存环境的全面监测基础上，建立了有效的运行管理机制，使文物的保护管理有章可循，主要包括制定预防性保护管理制度、环境监测机房管理及预警应急处理办法，设立博物馆环境监控岗位职责和设备的运行维护管理程序等，从文物保护意识、制度预案、设施设备、人员培训和改善文物保存环境等诸多方面出发，形成藏品保护的管理协调、监测调控、分析处理、风险预案等一系列管理机制，保障文物预防性保护工作的顺利开展，进而实现藏品的科学化、规范化管理利用。

3 馆藏文物科技保护水平提高

四川博物院珍贵文物预防性保护项目的实施，历时2年，完成了馆藏文物保存环境监测、微环境调控、柜架囊匣配置等内容，不仅完善了本院文物预防性保护的设施设备，还提高了对文物预防性保护的认知水平，有力促进了文物科技保护工作的开展，主要表现在以下几方面。

3.1 环境监测技术水平提高

利用馆藏文物保存环境监测平台，不但可以实时感知文物保存环境状况，还实现了各种检测数据的及时储存和整理，并以图表的形式显示出来（图10、图11）。通过长期监测数据的积累，便于对各种环境因素变化规律的分析，解决了手持式设备瞬时采样的缺陷和人工检测带来的不便。同时，根据设定的参数范围，在平台上会以闪动的形式提供报警提示（图12），有利于工作人员及时采取有效的保护和调控措施进行处理，还能进一步研究和应用与博物馆环境相关的科学技术，提高文物科技保护的研究能力。

该项目的实施完善了四川博物院文物预防性保护的设施设备，采用无线传感在线监测与手持式设备或者无动力扩散采样等离线检测相结合的方式，有针对性地进行文物保存环境检测分析，既可以全面监测对文物损害作用最显著的环境因素，又可以进行历史监测数据的查询和对比分析。通过多种环境检测手段，建立比较完备的馆藏文物保存环境监测技术体系，使得环境监测技术水平大大提高。

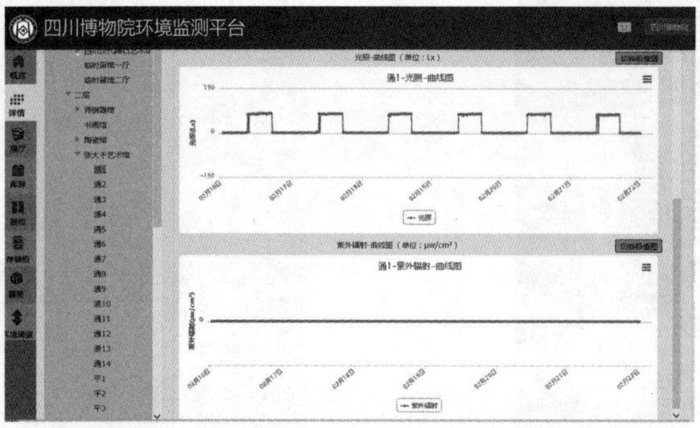

图10　张大千艺术馆柜内光照监测数据

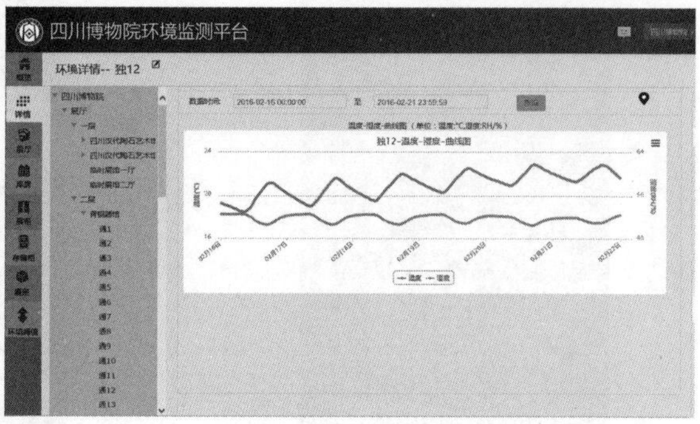

图11　青铜馆展柜内温湿度监测数据

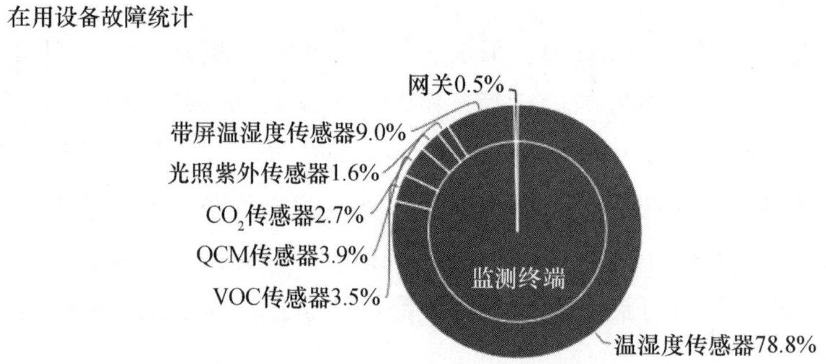

图12　环境监测平台报警提示图

3.2　微环境调控措施完善

文物直接接触的微环境是否“稳定、洁净”，是关乎其能否长期保存的重要因素。文物展陈和保存材料比较复杂，主要包括聚酯板材、木质囊匣和布绒包装等，而文物保存空间相对密闭，空气流动性较弱，加上文物自身老化降解所散发出的各种物质，导致展柜和库房内的污染物浓度偏高。

在文物保存环境连续监测的基础上，能有针对性地加强文物微环境的调控与治理，对馆藏文物的长期保护具有十分重要意义。项目的实施，使得微环境调控措施更加完善，体现在以下几个方面。①配置调湿设备或放置调湿剂、吸附剂等被动调控材料进行微环境调控（图13、图14），避免温湿度的大幅度波动和污染气体对文物的危害；②更换不合格的藏展材料或包覆污染源来净化和降低污染物的浓度（图15），并改进展柜密封性，防止展柜外的污染物通过渗透、交换等方式进入展柜；③在每次新的展陈装饰装修时，对展陈用料经过评估筛选，尽可能选用检测合格的无污染材料，从源头上改善文物保存环境；④库房内适当通风换气，并配置文物存放所需的专用储藏柜（图16）来确保文物安全，给文物存放创造一个良好的环境空间。从图17可知，采取相关措施进行微环境调控后，展柜内的温湿度比调控前更加平稳，达到了为文物创造相对“稳定、洁净”保存环境的预期目标。

图13　展柜微环境净化调湿一体机

图14　展柜微环境放置调湿剂

图15　展柜内板材的更换和包覆

图16　配置文物专用储藏柜

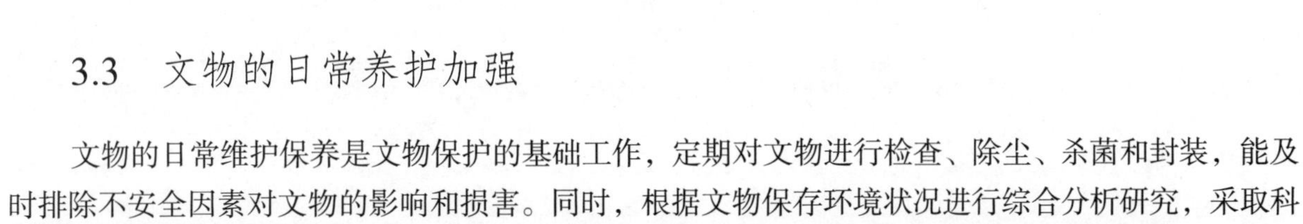

图17　展柜微环境调控前后的温湿度对比

3.3　文物的日常养护加强

文物的日常维护保养是文物保护的基础工作，定期对文物进行检查、除尘、杀菌和封装，能及时排除不安全因素对文物的影响和损害。同时，根据文物保存环境状况进行综合分析研究，采取科学合理的保养和修复处理措施，还可以节约维修成本，使国家保护专项经费得到充分利用。

四川博物院文保中心一直配合文物库房的清理整理工作，定期对库房清理出来的部分文物进行消毒杀虫处理（图18），并采用快速成型（RP）技术进行封存（图19），防止有害气体及微生物等进一步损害文物，改善文物保存“微环境”，从而减缓文物的自然损坏。此外，为提高设备的有效利用和资源共享，四川博物院文保中心还承担了省内外文博单位所提供文物的预处理消毒杀菌服务和技术指导工作，使得区域内文物保护水平大大提高。

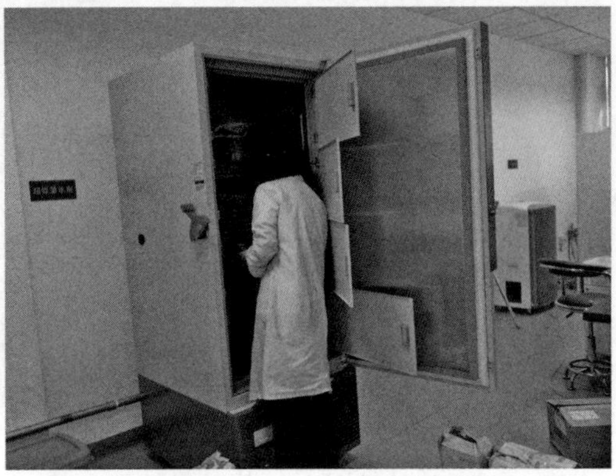

图18　超低温冰箱杀虫

图19　RP技术封存文物

结　语

四川博物院馆藏珍贵文物预防性保护项目的实施，不仅提升了本院的文物预防性保护能力，也为四川地区文博单位环境监测的运行管理和技术创新起到了良好的示范作用，为全国馆藏文物预防性保护工作的快速发展奠定了坚实的基础。通过项目的实施，将文物保存环境研究与文物抢救性保护修复有机结合起来，为下一步进行文物保存环境的改造治理工作提供了依据和支撑，促进了馆藏文物从抢救性保护向预防性保护的主动转变和文物保护科技的进步。

参考文献

[1] 刘化石，陈卫东，周科华，任江，刘睿. 四川省文物考古研究院考古60年. 四川文物，2014，（1）：80-96.

[2] 腾讯网. 调查：四川文物应该这样传承文化根脉. http://cd.qq.com/a/20160303/021860.htm. 2016-03-03.

[3] 赵国兴，刘建忠. 浅析影响馆藏文物保存的环境因素及预防性保护. 文物世界，2015，（2）：70-73.

[4] 郭智勇. 博物馆展际交流中文物预防性保护策略应用探讨. 文物世界，2015，（5）：70-72.

[5] WW/T 0016—2008. 馆藏文物保存环境质量检测技术规范.

浅谈文物预防性保护在博物馆的实际应用

王　滨

（大连现代博物馆，辽宁大连，116023）

摘要　1930年在意大利罗马召开的关于艺术品保护国际研讨会上，第一次提出了“预防性保护”的概念，至今已经成为国际文化遗产科学保护的共识和发展方向。经过几十年的发展，这一概念已经涉及博物馆的所有领域。上至博物馆的选址、建筑材料的选择、博物馆展厅展材的使用，下至文物保存所处环境的温湿度、光辐射、空气污染、虫霉危害等方面。本文将文物预防性保护的理念与博物馆的实际工作相结合，简要地介绍了文物预防性保护在博物馆日常工作中如何发挥其重要作用。希望与业界同仁共同研究与探讨，文物预防性保护在文保设施不完备的条件下，如何在实际工作中发挥作用，为更好地保护文物积累更多的工作经验。

关键词　文物保存　环境温湿度　调控　无酸文物　包装材料

引　　言

“预防性保护”[1]的概念是1930 年在意大利罗马召开的关于艺术品保护国际研讨会上第一次提出的，当时主要指博物馆、图书馆和档案馆的温湿度控制。1963 年，意大利学者布朗迪在《文物修复理论》[2]中首次断言：“文化遗产保护最重要和优先的原则应该是对艺术品采取预防性保护措施，其效果极大地优于在紧急情况下的抢救性修复。”从20世纪 70年代开始国际文化遗产保护与修复研究中心（ICCROM）在全球范围内11个国家的26个博物馆推广预防性保护理念。到了20世纪90年代，这一理念逐渐成熟，并有了相对统一的阐述。ICCROM 把预防性保护概括为：在不危及文物真实性的前提下，延迟任何形式的、可以避免对文物的损害所采取的必要的措施和行动。预防性保护的核心内涵是：对馆藏文物保存环境实施有效的监测和控制，抑制各种环境因素对文物的危害，努力使文物处于一个“稳定、洁净”[3]的环境，尽可能阻止或延缓文物的物理和化学性质改变乃至最终劣化，达到长久保存和保护文物的目的。这一理念的提出，使文物保护由“抢救性”向“预防性”转变，从以往对文物的被动修复变为主动预防，不仅大大降低了文物受时间、环境、不可抗力等因素条件下产生劣化的概率，而且最大限度地提高了文物的保存寿命，一举数得。

从博物馆实际工作的层面上看，文物预防性保护与正常的工作流程是相辅相成的，在文物征集、入藏、登记、保存、展览、运输等各个环节，均起到了改善和优化文物保护条件的作用。

1 文物入藏前的清理与消毒

在文物征集入藏之前，进行必要的清理和消毒是必不可少的一个环节。在各类材质的文物中，纸质、皮革、纺织品这类文物相对于石质、金属、陶瓷等类别的文物，受生物、霉菌病害侵蚀的概率成倍提高。这类藏品如果未经处理直接入藏，自身会随着时间的推移开始劣化，更加不利的是它们会成为生物、霉菌等病害的传染源，对其周围的藏品造成二次污染，扩大文物病害的范围和数量，这是对藏品保存极其不利的。因此，文物入藏前的清洁和消毒是非常重要的。以往的文物消毒技术，存在效率低、使用有害有毒气体、对环境有污染等各种弊端。如传统的熏蒸剂环氧乙烷易燃易爆、溴甲烷破坏大气层，已被禁止使用，硫酰氟毒性较大等。因此随着技术的不断创新，对文物消毒达到的效果都提出了更加严格苛刻的要求。上海博物馆的文保团队最近提出了一种基于蒜素及其衍生物等化合物的新型文物熏蒸消毒技术。这种技术通过杀虫、灭菌、毒性安全等专业测试后，对消毒后的纸质、纺织品等进行了色差、残留物、纸张拉力强度、耐折度等测试。结果显示，其对于文物虫霉的熏蒸效果良好，对文物本体无影响，具有高效、快捷、低毒性、环保、无残留等优点，这些技术也是文物保护未来的发展方向。

2 文物的保存环境

2014年在国务院新闻办公室新闻发布会上，时任文化部副部长、国家文物局局长励小捷介绍，2002～2005年，国家文物局组织过一次馆藏文物腐蚀损害情况调查，调查结论是50.66%的馆藏文物存在着不同程度的腐蚀情况。受重度腐蚀的文物达到230万件，占馆藏文物总量的16.5%。励局长认为，作为馆藏文物的保护，其保护措施首先是改善其保存环境。

文物预防性保护的核心主题是“稳定、洁净”，“稳定”是指文物本身已经长期良好地适应了环境状态；“洁净”是环境空气中特征污染物浓度达到科学合理的安全极限值以内。因此馆藏文物预防性保护，其实质就是对文物保存环境的管理与控制。馆藏文物保存环境按空间可分为以下四类。①室外环境：博物馆建筑之外的空间；②大环境：覆盖整个博物馆建筑的空间；③小环境：以库房、展厅等室内空间为代表；④微环境：以展柜、储藏柜、囊匣内的空间为代表。馆藏文物保存环境监控则是指对收藏与展示各类可移动文物在相对封闭空间内环境的监测，以库房、展厅、展柜、储藏柜、囊匣等空间中的各种物理、化学、生物等条件的控制为主要内容。

要达到文物保存环境的稳定与洁净，需要通过多种技术手段来实现。对馆藏文物保存环境的控制，我们认为应该结合博物馆的实际情况，主要针对与文物保存密切相关的小环境和微环境，进行有效和切实可行的控制与操作。

2.1 文物保存小环境的控制

温度和相对湿度，是文物保存最基本也是非常重要的要素。温湿度变化对文物保存的影响十分巨大，主要体现在以下几方面：①温度升高，会加速文物老化速率、加速水汽渗透、加速污染物的挥发，会引起文物的热胀冷缩、增加生物的活性、加快霉菌滋生和昆虫繁殖的速度；②湿度变化会引起文物变形（湿胀干缩）、发生化学反应（如文物常见的青铜病、铁器腐蚀、玻璃病、染料的褪色等病害[4]）、纸张丝绸的强度损失、引起生物腐蚀等。

因此，对温湿度的控制就显得尤为重要。而对温湿度控制的前提条件，一定要在一个相对密闭的环境中，否则无法达到理想的调控效果。这就对文物库房、储藏柜、文物包装囊匣以及文物展出时所涉及的展厅、展柜等提出了比普通材料更高的要求。文物库房的优势在于其固定性，通过在文物库房内增设恒温恒湿设备、空气净化过滤等设备后，将温湿度、空气净化过滤指标设定在适宜文物长期保存的范围内，基本可以保证文物保存环境的稳定。在基本陈列展出或对外交流展出时，其保存环境就会受到很多不确定因素的影响。例如，展厅展柜没有恒温恒湿设备，使用普通展材密闭性不佳，导致其内部环境受季节变化影响巨大；文保配套设备无法保证24h运行，导致工作与闭馆时段，展厅和库房内温湿度差值波动巨大，非常不利于文物保存。

在相同条件下，湿度变化造成的劣化远大于温度的影响。以象牙为例：温度相差30℃，其体积变化小于0.2%，而相对湿度波动10%，其体积就有0.3%～0.4%的变化幅度[5]。因此，在对温湿度的控制中，提出了优先调湿的概念。结合博物馆的实际情况，没有配备恒温恒湿或空气净化系统的单位，可以通过已有的空调系统来实现以温度调整相对湿度。在干燥的季节，通过降低温度提高库房、展厅内的湿度；在潮湿的季节，可通过升高温度降低湿度，以保证文物保存环境内湿度的相对平稳。而在相对密闭的环境中，可以在库房和展厅内加装恒湿机等设备，来维持相对湿度的稳定，避免湿度的大幅度波动。

2.2 文物保存微环境的控制

文物保存微环境，是直接作用在文物本体的空间范围。主要以展柜、储藏柜、囊匣内的空间为代表。改善文物保存微环境，尽量延缓文物的老化是文物保护的重中之重。目前各大博物馆的优秀做法是，保护性无酸纸、无酸纸盒（囊匣）等文物包装材料的使用，以及调湿剂、调湿器等对文物保存微环境的局部调控，与恒温恒湿和空气净化过滤系统的整体调控相辅相成。

文物包装材料，作为与文物接触的保护载体，它们与文物本体几乎是相伴终生。我们在这里讨论的主要是馆藏文物在库房内的包装材料，其自身的材质对文物本体影响巨大。博物馆早期用来包装文物的有牛皮纸、硫酸铝施胶纸、再生纸、档案袋、普通塑料密封袋、黄板纸（马粪纸）囊匣、木质囊匣等。这些材料在制作过程中残留的酸、碱、氯、漂白剂、甲醛、重金属颗粒等有害物质，以及经年累月后，由于自身老化而释放出的有害气体，都会造成文物以极快的速度劣化、发霉、变黄，大大减损了文物的价值，缩短了文物的寿命。

近年来，国家已经开始大力推动保护性无酸材料在博物馆、图书馆、档案馆等领域对传统包装材料的替代，尤其是珍贵文物较多的博物馆已经基本完成了这项工作。美国TAPPI标准对无酸纸有两种解释：①一种包装或保护性纸张，被包装物（产品）易受纸张包装材料酸度危害时，采用无酸纸；②一种耐久性的记录用纸，此种纸张不具酸性且可防止过早劣化的发生[6]。作为保存文物的保护性包装材料，它具有以下优点：①不含酸性物质，不会因为酸性迁移对文物造成酸性损害；②纸中的缓冲剂可以中和纸张文物中的酸性成分，同时能缓冲环境中酸性气体对馆藏品的侵蚀，以此延长纸质文物寿命，起到更好的保护文化遗产的作用；③可以再利用和被生物分解，用无酸纸还有利于保护环境[7]。我国自主研发的无酸纸盒（囊匣）结合调湿板这一生产工艺，具有防潮、防霉、防尘、自调节和自稳定等功能，对有机质文物自老化产生的酸性气体有一定的吸收和缓冲作用，可以有效地控制文物保存微环境[8]。并且可以通过盒型设计软件，为形状各异的文物量体裁衣，确保文物保存稳妥。

调湿材料常称为调湿剂（被动调湿材料），是指不需要借助任何人工能源和机械设备，依靠自身的吸放湿性能，感应所调空间空气湿度的变化，自动调节空气相对湿度的功能材料。当空间湿度偏高时能吸附环境中水蒸气而使空间相对湿度降低，反之则释放出水蒸气而提高空间相对湿度，如此吸放湿起到缓和及平衡环境相对湿度波动的作用[9]。调湿剂的缺点在于：需要定期更换，调节湿度的面积和范围与使用量成正比，使用成本较高；在湿度较大的环境中，一旦超出其饱水范围后会有水分析出，可能会造成对文物的污染；在干燥的环境下，其完全失水后，无法进行湿度调节。相对于被动调湿材料，目前国内又自主研发了一种主动调湿器，其优势在于：湿度控制范围大，精度高，控制能力强（1.5～2m^3/台，可多台设备级联，实现更大空间的调控），免补水免除水，而且具备净化功能，可以通过无线接入博物馆文物保存环境监控平台。其缺点是必须借助人工能源和设备本身来实现对湿度的控制，也存在无法确保24h运行的操作难题。因此在博物馆实际工作中，可以根据其各自特点，在库房储藏柜和展柜内，使用最适合的材料或设备，达到最理想的湿度调控效果，确保文物保存微环境的稳定。

2.3 关于文物预防性保护在实际工作中的建议

在馆藏文物的保存环境中，对一般藏品存储及展出的温度要求为15～20℃，可接受波幅为±4℃/24h；相对湿度为40%～55%，可接受波幅为±5%/24h。若储存环境及展出环境受季节性气候的影响，相对湿度允许在40%～60%范围内逐步调整。保存文物的温度和相对湿度参数，应根据其材质、制作工艺和状况而有所不同，但大部分文物均能在上述参数下维持稳定。因此在相关设施不完备的情况下，可以结合博物馆自身实际情况，运用已有的设备和材料，参照以上温湿度技术参数，最大限度地保持文物展出和保存环境的稳定。在保证安全的前提下，能够确保文保系统和设备24h运行是最理想的状态。

结　语

文物是不可再生的历史文化资源，是国家文明的“金色名片”。近年来，在党中央、国务院的高度重视下，我国文物事业取得了显著成就。2016年2月24日，李克强总理在主持召开国务院常务会议上，就加强文物保护和合理利用、传承文化根脉、凝聚民族精神进行了重要部署。在2016年3月4日下发的《国务院关于进一步加强文物工作的指导意见》中指出：到2020年，馆藏文物预防性保护进一步加强，珍贵文物较多的博物馆藏品保存环境全部达标。因此，很多国家一级博物馆已经完成或正在进行馆藏文物预防性保护设备、设施的升级改造。但是与我国目前庞大的博物馆数量相比，文物预防性保护的相关配套系统及设备不健全，甚至没有资金更换传统文物包装材料，这是绝大多数博物馆普遍存在的现象。随着文物保护方向由注重抢救性保护为主向抢救性与预防性保护并重转变，以及国家对文物事业投入的不断加大，我们将有能力为文物保存提供更加适宜和稳定的环境，让这些珍贵的历史文化资源更好地延续下去。

参考文献

[1] 汤姆森. 博物馆环境. 2版. 甘肃省文物局，译. 北京：科学出版社，2007.

[2] 布兰迪. 文物修复理论. 意大利非洲与东方研究所出版社，1963：16.

[3] 吴来明，周浩，蔡兰坤. 基于“洁净”概念的馆藏文物保存环境研究. 文物保护与考古科学，2008，（S1）：136-140.

[4] 徐方圆，解玉林，吴来明. 文物保存环境中温湿度研究. 文物保护与考古科学，2009，21（S1）：69-75.

[5] Lafontaine R H, Wood P A. The stabilization of ivory against relative humidity fluctuation. Study in Conservation, 1982, 27 (3): 109-117.

[6] Dictionary of paper. U. S. A. ATPPI Perse, 1996.

[7] 徐文娟，吴来明，解玉林，戴红旗. 无酸纸的发展及其在文物保护中的应用. 文物保护与考古科学，2009，（S1）：76-79.

[8] 李文怡，杨洁，韩建武，郑龙亭，江勤，吴来明，徐文娟. 文物无酸纸质囊盒制作. 文物保护与考古科学，2014，（2）：104-108.

[9] 罗曦芸，吴来明，张文清，夏玮，曹嘉洌. 馆藏文物保存环境调湿材料研究进展. 文物保护与考古科学，2009，（S1）：11-17.

熊家冢遗址博物馆车马坑展厅环境监测研究

陈　华[1]　胡塔峰[2]　曹军骥[2]

（1. 荆州文物保护中心，湖北荆州，434020；2. 中国科学院地球环境研究所，陕西西安，710061）

摘要　2006年熊家冢墓地发掘的大车马坑是迄今发现规模最大的车马坑，具有重大的保护意义和展示价值。2012年建成的车马坑展厅，将车马坑遗址保存环境由“室外”转变为“室内”。本文针对遗址保存环境研究中的微气候因素、大气组分、大气污染物、气溶胶进行了监测，为车马坑遗址得以长久保存的环境控制提供了科学依据。

关键词　熊家冢墓地　大车马坑展厅　环境　监测

引　　言

熊家冢墓地距荆州城45km，是楚国高等级贵族墓地，也是春秋战国时期楚文化最高水平的杰出代表。整个墓地由主冢、祔冢、殉葬墓、车马坑、祭祀坑等组成。2006年以来在主冢和祔冢西侧，发掘出1座长132.6m、宽11.6～12m、深约1.7m的特大型车马坑和排列有序的39座小车马坑，该大车马坑是迄今发现规模最大的车马坑，具有重要的研究和展示价值。2012年熊家冢遗址博物馆建成类似于汉阳陵地下博物馆的封闭式玻璃围护的车马坑展厅，在游客通道中安装了天花板嵌入式空调，在大车马坑遗址区装有除湿机和机械通风系统。

1　采样及分析方法

1.1　遗址博物馆展厅特点及采样时间

表1为熊家冢遗址博物馆展厅特点及采样时间。

表1　熊家冢遗址博物馆展厅特点及采样时间

采样时间	建筑结构	地理位置	典型病害	备注
2016.08.19～2016.08.25	全封闭式	农村地区	开裂、霉菌	采样期间除湿机24h运行
2016.04.06～2016.04.13				4月6日和4月12日降雨

图1为熊家冢遗址博物馆监测布点及现场采样图。

(a)

(b)

图1　熊家冢遗址博物馆监测布点及现场采样图
（a）大车马坑展厅内；（b）博物馆外

1.2　监测项目及采样方法

表2为本研究中采集的大气样品及分析方法。

表2　大气样品采集及分析方法一览表

<table>
<tr><th colspan="3">监测项目</th><th>采样/分析方法</th></tr>
<tr><td rowspan="7">在线监测</td><td rowspan="2">微气候因素</td><td>温度（T）</td><td rowspan="3">Q-Trak空气质量监测仪</td></tr>
<tr><td>湿度（RH）</td></tr>
<tr><td>大气组分</td><td>二氧化碳（CO_2）</td></tr>
<tr><td rowspan="4">大气污染物</td><td>二氧化硫（SO_2）</td><td rowspan="2">Interscan气体分析仪</td></tr>
<tr><td>二氧化氮（NO_2）</td></tr>
<tr><td>臭氧（O_3）</td><td>2B臭氧监测仪</td></tr>
<tr><td>颗粒态污染物（$PM_{2.5}$/PM_{10}）</td><td>Dust-Trak</td></tr>
<tr><td rowspan="4">离线采样与分析</td><td rowspan="4">气溶胶</td><td>元素组成</td><td>XRF分析</td></tr>
<tr><td>水溶性离子</td><td>IC分析</td></tr>
<tr><td>碳组分</td><td>OCEC热光分析</td></tr>
<tr><td>形貌与元素分析</td><td>CCSEM分析</td></tr>
</table>

1.2.1　在线监测

1.2.1.1　微气候条件

Q-Trak（TSI Inc., Model 7575）空气质量检测仪实时测量室内外环境空气的温度、湿度、CO_2浓度的仪器，包括利用非分散红外（NDIR）感应器测量CO_2浓度，电化学（EC）感应器测量CO_2浓度。CO_2的监测范围是0～5000ppm，精确度为25°C时±3%（每变动1°C，变化±0.36%），解析度为 1ppm。温度感应器属于热感应器，检测范围是0～50°C，精确度为±0.6°C，解析度为 0.1°C。湿度的感应器属于热膜电容式感应器，它的监测范围为5%～95%，精确度为0.1%相对湿度。设定Q-Trak每分钟记录一组在线数据（温度、湿度、CO_2等），借助仪器配置的通用型TrakPro数据分析软件对数据做进一步分析。

1.2.1.2　气态污染物采集方法

SO_2监测仪（Interscan 4240-1999b型）和 NO_2监测仪（Interscan 4150-1999b型）均由美国Interscan公司生产，基于电化学传感器原理，响应时间短，采用连续泵吸式采样（流速为1L/min），可以实现实时监测。量程为0～1999ppb，分辨率为1ppb，精度均为0.01ppm。每次使用之前进行标准气体校准，开机后和监测期间每8h调零。同步使用无纸记录仪（北京昆仑天辰仪表科技有限公司，XSR10R 系列）与传感器配合进行数据记录。

2B O_3监测仪（2B Technologies, Model 205）由美国2B公司生产，采用最新技术的254nm紫外双光束光源技术及设计，仪器量程为1ppb～100ppm。该仪器具有精度高（1ppb）、体积小、质量小及耗电量低的特点。每次使用时先预热30min，之后加调零头调零。同时借助仪器配置的通用型2B Technologies分析软件，对数据进行分析。

1.2.1.3　气溶胶在线监测

Dust-Trak（TSI Inc., Model 8532）气溶胶（粉尘）质量浓度测量仪，切割头有1.0μm、2.5μm、10μm三种，测量对应粒径的气溶胶的质量浓度，质量浓度测量范围为0.001～150mg/m^3。本研究中Dust-Trak使用2.5μm切割头，采样间隔设定为每分钟记录一个质量浓度值，每次采样前进行校准。

1.2.2　离线采样

便携式大气气溶胶颗粒采样器（MiniVol TAS型）由美国Airmetrics公司生产，该采样仪由撞击式采样切割头、进出气口、采样泵、气体压力传感器以及空气流量传感组成。空气动力学切割器每周用去离子水清理一次，其流量应用 BIOS Defender500质量流量计进行采样流量矫正。本研究所用切割器的切割空气动力学粒径为 2.5μm，流速为5L/min，采样时间控制在18～24h。

1.3　$PM_{2.5}$滤膜样品分析方法

1）气溶胶质量浓度

$PM_{2.5}$气溶胶样品的质量浓度分析使用灵敏度为±1μg的微电子分析天平（Sartorius Microbalance, ME5-F, Germany）进行称量。

2）气溶胶有机碳/元素碳

气溶胶样品中有机碳（organic carbon, OC）与元素碳（elemental carbon, EC）分析使用热-光碳分析仪（Thermal/Optical Carbon Analyzer, DRI Model 2001）。

3）气溶胶水溶性离子组成

石英滤膜采集到的样品切 1/4，用于水溶性离子的分析。样品经溶解、超声振荡、过滤（孔径0.45μm）后，使用Dionex-600型离子色谱（Dionex Inc., Sunnyvale, CA, USA）的AS11-HC分析柱检测6种阴离子（F^-、Cl^-、Br^-、NO_2^-、NO_3^-、SO_4^{2-}），用CS12A分析柱检测5种阳离子（Na^+、NH_4^+、K^+、Mg^{2+}、Ca^{2+}）组分浓度。使用Chameleon软件进行谱图分析，得到 11 种水溶性离子的质量浓度。

4）气溶胶元素组成

$PM_{2.5}$的石英滤膜气溶胶样品采用能量色散X 射线荧光光谱分析仪（Energy Dispersive X-Ray Fluorescence spectrometer, EDXRF）（PANalytical Corp., Netherlands）定量分析51种元素。

1.4 室内外空气交换分析方法

本研究中计算博物馆大车马坑展厅内外空气交换率（ACH）采用浓度衰减法，即在大车马坑展厅内释放一定量的示踪气体（CO_2），待测室内释放的示踪气体与室内空气混合均一后，随着大车马坑展厅内与外界的空气交换，示踪气体浓度随时间延长呈指数衰减。通过浓度的测量和计算，得出空间与外界的空气交换率。

2 结果与讨论

2.1 室内外空气交换率

通过浓度衰减法，采用回归方程得到的夏季采样期间大车马坑展厅内外空气交换率为0.035h^{-1}，表明每小时内外的换气次数为0.035，即每小时大车马坑展厅中有3.5%体积的气体与外界发生了交换。此空气交换水平相当于每经过28.6h，大车马坑展厅内的空气与外面气体的交换量相当于整个大车马坑展厅的体积。而春季采样期间大车马坑展厅内外空气交换率比夏季稍大，为0.06h^{-1}。

2.2 微气候环境分析

表3为采样期间大车马坑展厅内外温湿度均值。表4为采样期间大车马坑展厅内温度和湿度波动极差值。图2为采样期间大车马坑展厅内外温湿度变化曲线图。图3为温湿度日内变化图。

表3 采样期间大车马坑展厅内外温度和相对湿度值

监测时间	监测地点	T/°C			RH /%			备注
		平均值 ± 标准差	最大值	最小值	平均值 ± 标准差	最大值	最小值	
2016.08.19 ~ 2016.08.25	展厅内	29.5 ± 0.1	29.9	29.3	84.6 ± 1.6	87.6	81.0	夏季采样
	室外	30.1 ± 2.0	34.6	25.6	82.0 ± 9.4	95.0	57.5	
2016.04.06 ~ 2016.04.13	展厅内	16.5 ± 0.6	17.4	15.4	89.7 ± 2.1	95.0	84.1	春季采样
	室外	18.3 ± 2.4	25.8	13.0	87.3 ± 9.3	95.0	43.3	
2013.07.19 ~ 2013.07.20	展厅内	28.0 ± 0.2	—	—	92.3 ± 2.1	—	—	参考文献［1］
	室外	28.6 ± 0.3			85.3 ± 3.2			
2014.01.13	展厅内	8.7 ± 0.3	—	—	69.7 ± 2.8	—	—	
	室外	8.0 ± 0.4			69.8 ± 6.3			

表4 采样期间大车马坑展厅内温度和湿度波动极差值

监测时间	建筑结构	地理位置	Δ T/°C	Δ RH/%	参考文献
2016.08.19 ~ 2016.08.25	全封闭式	农村地区	0.6	6.6	夏季采样
2016.04.06 ~ 2016.04.13			2.0	10.9	春季采样
2013.07.19 ~ 2013.07.20			1.1	8.3	参考文献［1］
2014.01.13			1.1	11.0	
美国加热冷冻及空调工程师学会（ASHRAE, 2011）推荐值			2	5	

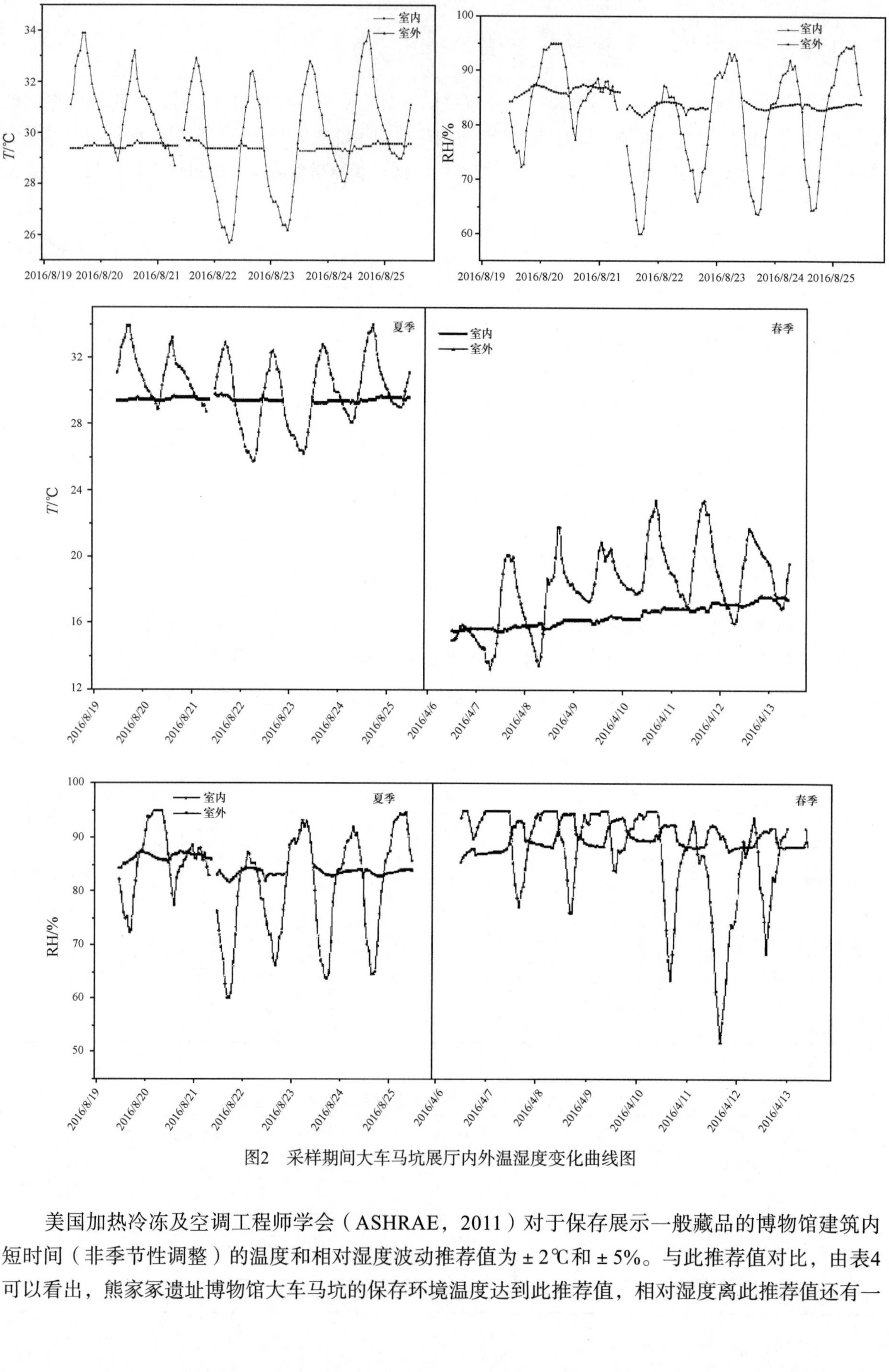

图2　采样期间大车马坑展厅内外温湿度变化曲线图

美国加热冷冻及空调工程师学会（ASHRAE，2011）对于保存展示一般藏品的博物馆建筑内短时间（非季节性调整）的温度和相对湿度波动推荐值为±2℃和±5%。与此推荐值对比，由表4可以看出，熊家冢遗址博物馆大车马坑的保存环境温度达到此推荐值，相对湿度离此推荐值还有一

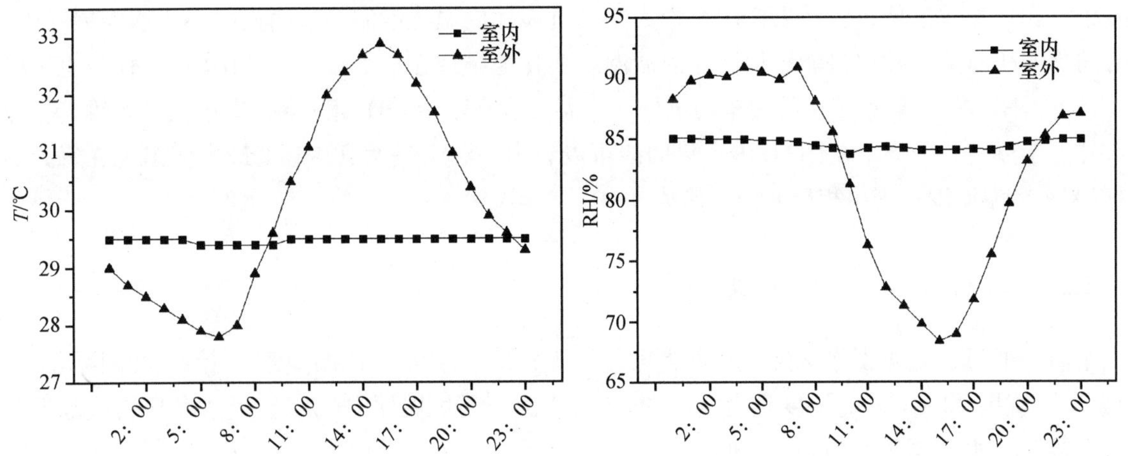

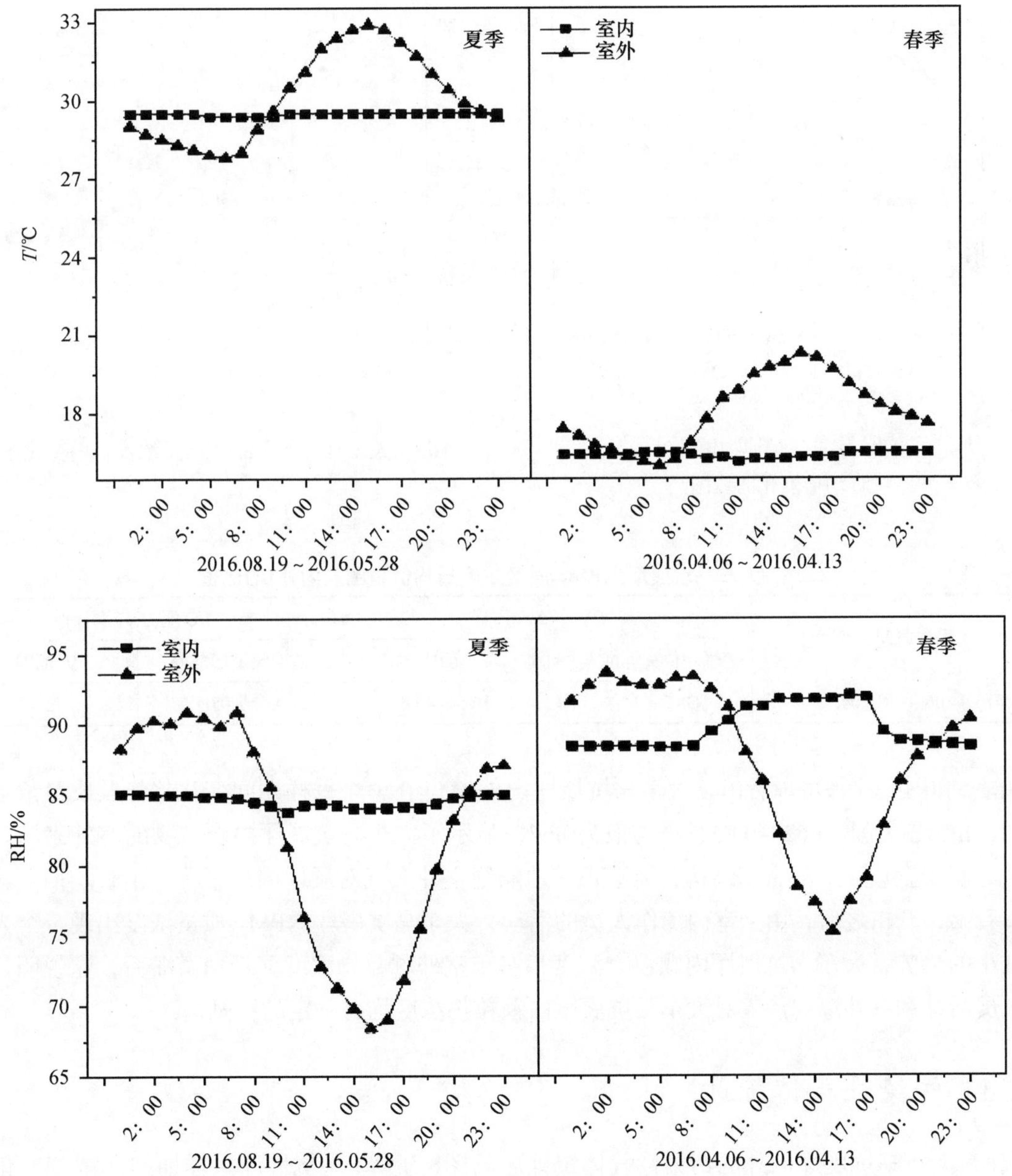

图3　采样期间大车马坑展厅内外温湿度日内变化图

定差距。相比春季采样，夏季采样研究中大车马坑展厅内温湿度波动值明显减小，这与展厅内24h运行的除湿机有关，除湿机能够使展厅内温湿度变化值维持在一个较小的范围内。由图2也可以看出，具有密闭式的玻璃罩结构的大车马坑展厅内温湿度在整个采样期间变化很小，基本维持不变。而室外温湿度变化较大。从图3日内变化曲线可以看出，温度最大值和湿度最小值出现在每天的下午3点左右。温湿度表现出相反的变化趋势。

2.3　颗粒物浓度及I/O比值

本研究通过石英滤膜称重获得采样期间大车马坑展厅的$PM_{2.5}$质量浓度日均值，如图4所示。图5为大车马坑展厅$PM_{2.5}$质量浓度日内变化图。表5为大车马坑展厅内$PM_{2.5}$质量浓度日均值范围及大车马坑展厅内外颗粒浓度（I/O）比值。

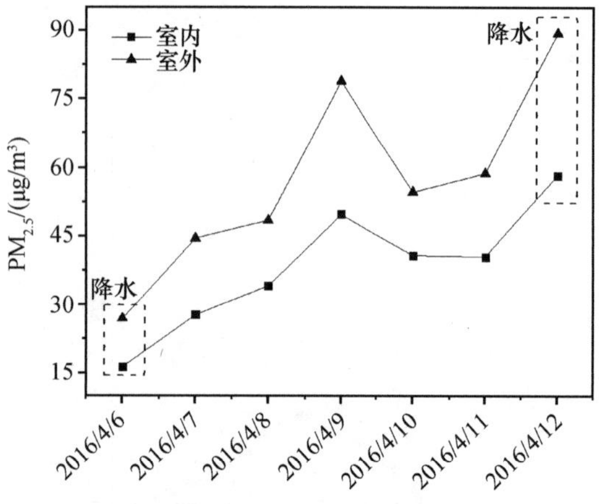

图4　采样期间熊家冢遗址博物馆的$PM_{2.5}$质量浓度日均值变化曲线图

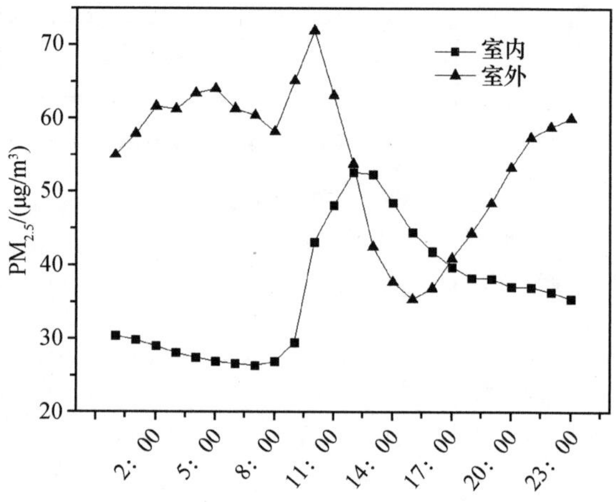

图5　大车马坑展厅$PM_{2.5}$质量浓度日内变化图

表5　大车马坑展厅内$PM_{2.5}$质量浓度日均值范围及内外I/O比值

采样时间	$PM_{2.5}$/(μg/m³)		I/O (除去降水日)	
	平均值 ± 标准差	范围	平均值 ± 标准差	范围
2016.04.06 ~ 2016.04.13	38.3 ± 13.8	16.5 ~ 49.8	0.67 ± 0.05	0.62 ~ 0.75

由表5和图4、图5可以看出，大车马坑展厅内外$PM_{2.5}$在整个采样期间变化趋势及质量浓度值极为相似，I/O比值范围0.62 ~ 0.75，平均值为0.67，显示了大车马坑展厅内颗粒物的室外来源。大车马坑展厅属于全玻璃式的密闭结构，能够很好地隔绝室外大气对展厅内的影响。由日均值变化趋势图可以看出，开馆之后，由于室内工作人员的活动，大车马坑展厅内$PM_{2.5}$质量浓度出现一个先增大之后减小的趋势，大车马坑展厅内颗粒物浓度相对于室外颗粒物浓度下降稍微滞后，这说明开馆后室内人员活动和室外源的渗入对大车马坑展厅内颗粒物浓度均有一定的贡献。

2.4　污染性气体统计

表6为大车马坑展厅内外的污染性气体统计表。图6为大车马坑展厅采样期间O_3浓度变化曲线

图。图7为采样期间O_3浓度的日内变化。

表6　大车马坑展厅内外的污染性气体统计

监测时间	监测地点	SO_2/ppb	NO_2 /ppb	O_3 /ppb	备注
		Avg. ± S.D.	Avg. ± S.D.	Avg. ± S.D.	
2016.08.19 ~ 2016.08.25	展厅内	3 ± 4	0	9.2 ± 1.5	夏季采样
	室外	9 ± 6	17 ± 12	27.0 ± 12.1	
2016.04.06 ~ 2016.04.13	展厅内	5 ± 3	0	6.7 ± 2.4	春季采样
	室外	8 ± 6	10 ± 8	15.1 ± 13.0	
2014.01.10 ~ 2014.01.11	展厅内	21 ± 5	1 ± 1	2 ± 1	文献［1］
	室外	44 ± 13	2 ± 4	1 ± 2	
2013.07.19 ~ 2013.07.20	展厅内	20 ± 11	1 ± 1	1 ± 1	
	室外	34 ± 15	5 ± 3	7 ± 4	

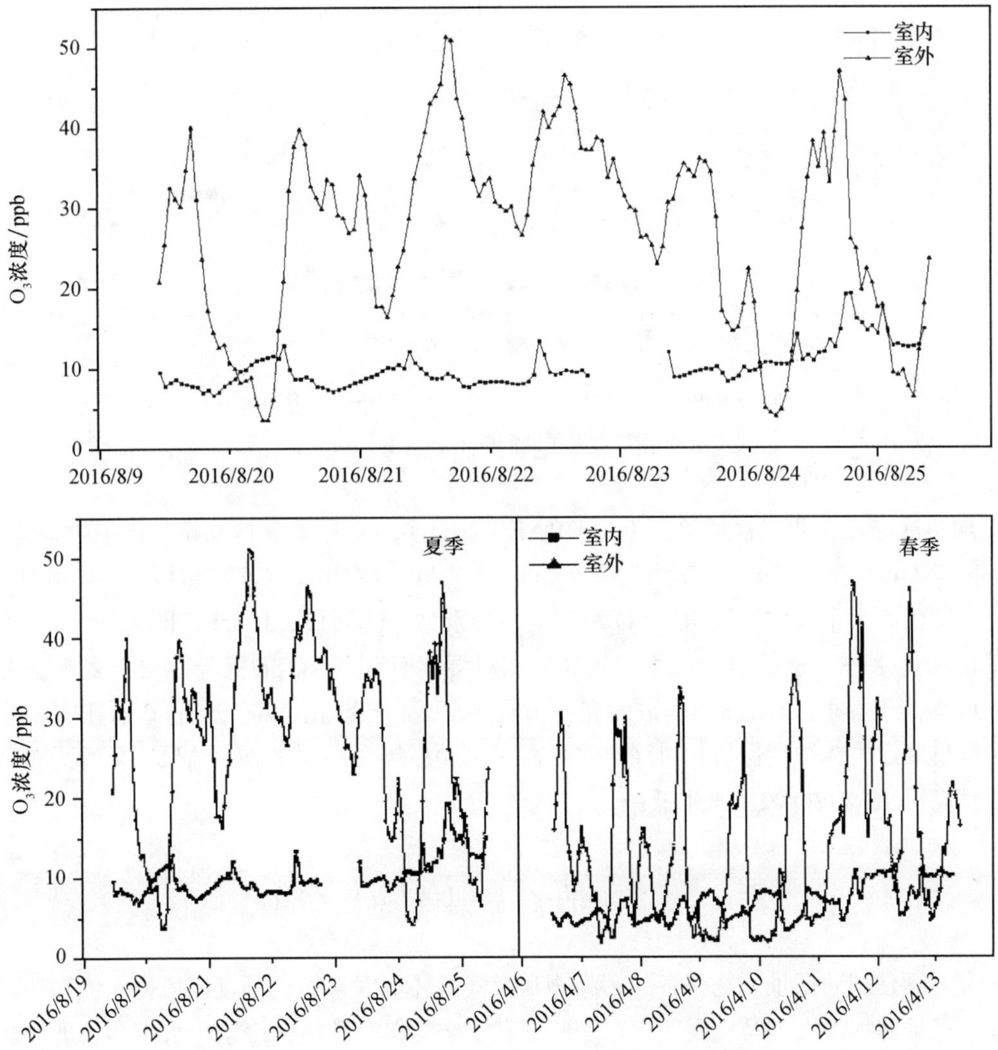

图6　大车马坑展厅采样期间O_3浓度变化曲线图

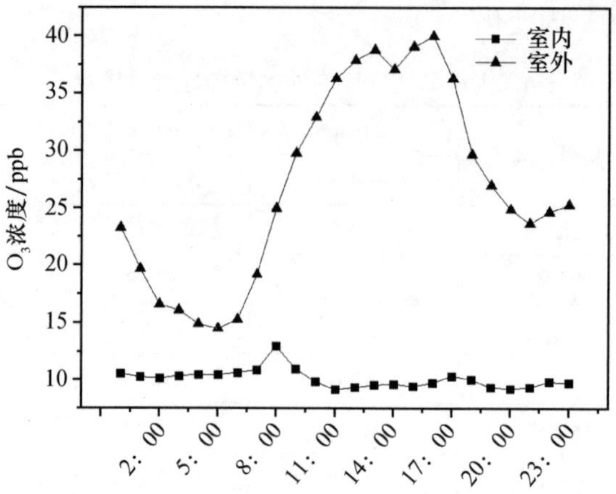

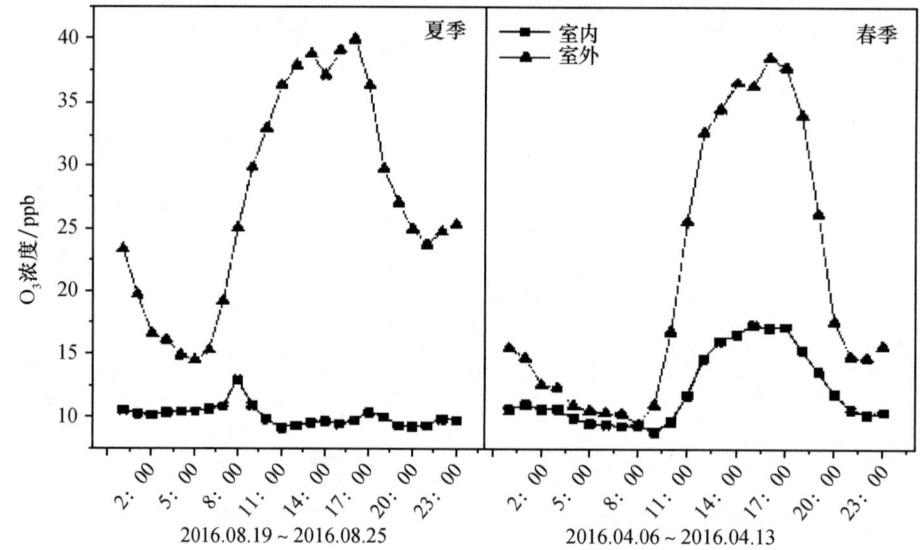

图7　采样期间O_3的日内变化

美国加热冷冻及空调工程师学会（ASHRAE，2011）对普通藏品博物馆的污染物限值：SO_2浓度应<2ppb、NO_2浓度应<10ppb、O_3浓度应<5ppb。由表6可以看出，大车马坑展厅内O_3和NO_2浓度值均低于此推荐值。大车马坑展厅内外NO_2浓度均值分别为0ppb和17 ± 12ppb，即车马坑展厅内的NO_2处于极低的浓度水平，这是因为展厅内较高的相对湿度有利于NO_2的沉降。由于夏季温度高，室内外O_3浓度均高于春季采样，而SO_2浓度和春季监测水平相当。由图6和图7可以看出，整个采样期间，大车马坑展厅内O_3浓度保持相对稳定水平。对比2013年和2014年监测结果，夏季大车马坑展厅内O_3浓度稍高，NO_2和SO_2浓度水平低。

结　　语

此研究对评估威胁遗址文物保存的污染物和微气候环境因素给出了直接依据，依据环境监测结果，熊家冢遗址博物馆大车马坑展厅存在一些不利于文物保存环境的因素。大车马坑展厅短时间内的温湿度波动、污染气体的渗入、高浓度的颗粒物污染对文物具有潜在的威胁。尽管遗址区内酸性气体（NO_2和SO_2）浓度水平很低，但是大车马坑展厅内空气交换比较快，通过气体交换进入室内的酸性气体在反应消耗的过程中会对文物造成酸蚀影响。该研究为当前熊家冢遗址博物馆车马坑展厅环境调控提供了可行性参考，为编制遗址展厅预防性保护方案、为遗址文物保护修复和环境控制技术研究提供了基础数据，这将为潮湿环境地区遗址保存环境研究提供借鉴。

参考文献

[1] Hu T F, Jia W T, Cao J J, Huang R J, G H, Liu S X, Ma T, Zhu Y Q. Indoor air quality at five site museums of Yangtze River civilization. Atmospheric Environment, 2015, 123: 449-454.

[2] 李莹莹，曹军骥，李库. 示踪气体浓度衰减法定量评价汉阳陵地下遗址厅的空气渗漏. 中国粉体技术，2010，（1）：93-95.

[3] 陈华. 熊家冢车马坑展厅温湿度研究. 江汉考古，2015，（1）：107-111.

昆明市博物馆馆藏文物保存环境初探

陈　颢

（昆明市博物馆科技保护部，云南昆明，650041；云南大学化学科学与工程学院，云南昆明，650091）

摘要　为全面了解昆明市博物馆的馆藏文物保存现状，采用相关分析检测手段，对文物库房、展厅中的温湿度、污染气体及光照水平情况进行了检测，结果显示，现有的文物保存环境中局部光照水平及污染气体浓度普遍偏高，温湿度呈现周期性波动等情况。为更好地改善昆明市博物馆文物保存环境，笔者提出一些建议及对策。

关键词　昆明市博物馆　文物保存环境　分析检测　初探

引　　言

为全面了解昆明市博物馆的馆藏文物保存现状，主要针对展厅、陈列展柜、库房内的环境质量，了解其中的装修现状、环境调控设备及其使用以及日常环境监测与调控等情况，现场检测环境温度、相对湿度、可见光照度等指标，并对环境中的甲醛浓度、总挥发性有机物（TVOC）浓度、酸性气体［甲酸（HCOOH）、乙酸（CH_3COOH）、二氧化氮（NO_2）、二氧化硫（SO_2）等］进行了采样分析。

1　温湿度检测

1.1　检测方法

使用TESTO Set 174H型温湿度连续记录仪检测展厅、库房等地点的温湿度（图1），选择了10个检测点，记录了2015年12月21日～2016年1月12日的温湿度变化情况（每30min记录一次）。

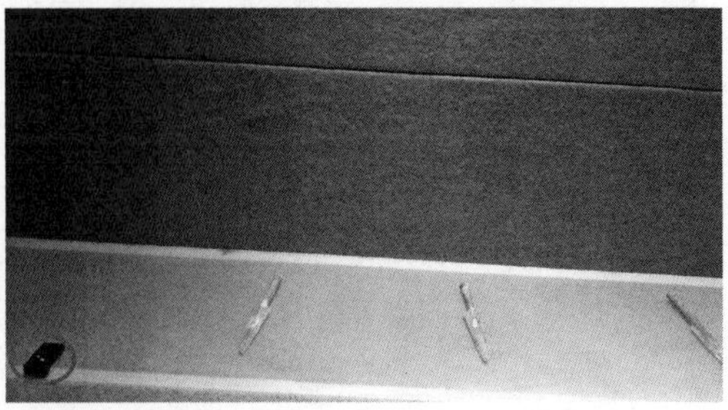

图1　温湿度连续记录仪监测展柜内温湿度变化

1.2 检测结果

检测结果如表1和图2 ~ 图11所示。

表1 温湿度检测结果图

编号	位置	项目	最高值	最低值	平均值	幅度
1	二楼民族服饰库房	温度/℃	17.00	11.40	12.30	5.60
		湿度/%	69.80	44.80	56.78	25.00
2	二楼精品库房	温度/℃	13.1	12.10	12.66	1.90
		湿度/%	67.40	55.50	57.93	11.9
3	三楼书画库房1	温度/℃	17.30	10.90	12.46	6.40
		湿度/%	86.90	41.30	83.67	45.60
4	三楼书画库房2	温度/℃	16.80	11.40	12.94	5.40
		湿度/%	88.20	45.60	84.17	42.60
5	三楼青铜库房	温度/℃	17.10	11.20	12.41	5.90
		湿度/%	72.60	42.60	68.30	30.00
6	三楼精品库房	温度/℃	16.70	11.20	12.24	5.50
		湿度/%	79.20	43.10	69.32	36.10
7	四楼库房1	温度/℃	18.10	12.50	13.67	5.60
		湿度/%	81.20	61.50	80.11	19.70
8	二楼杂项库房2	温度/℃	16.10	11.00	12.23	5.10
		湿度/%	62.50	54.70	59.27	7.80
9	扇面精品展厅	温度/℃	16.5	12.50	13.35	6.10
		湿度/%	76.50	30.40	52.21	46.10
10	滇池地区青铜文化精品展厅	温度/℃	18.90	12.90	14.16	6.00
		湿度/%	78.30	31.90	50.25	46.40

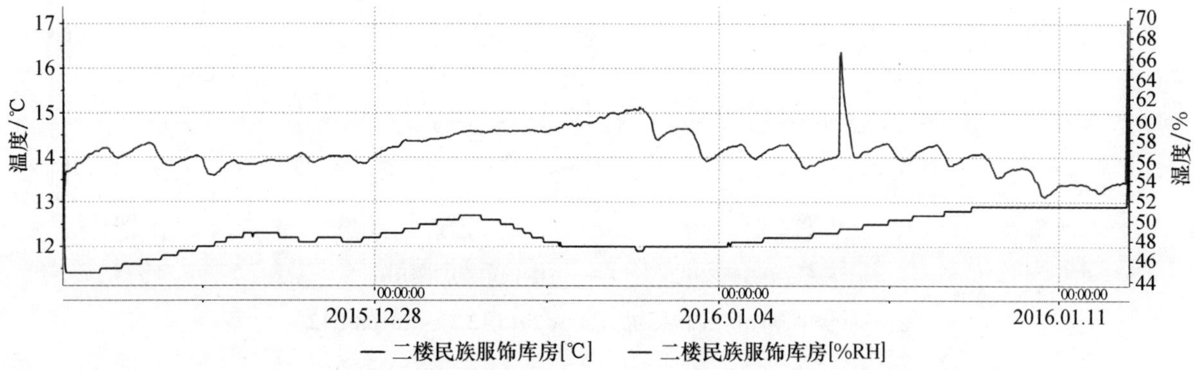

图2 二楼民族服饰库房内温湿度记录（2015.12.21 ~ 2016.01.12）

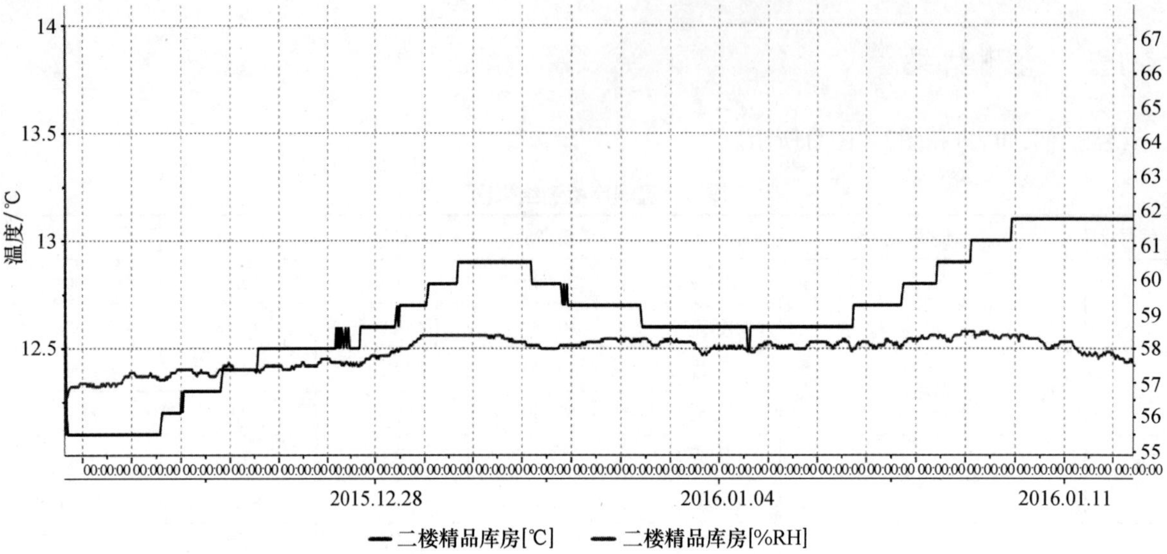

图3　二楼精品库房内温湿度记录（2015.12.21～2016.01.12）

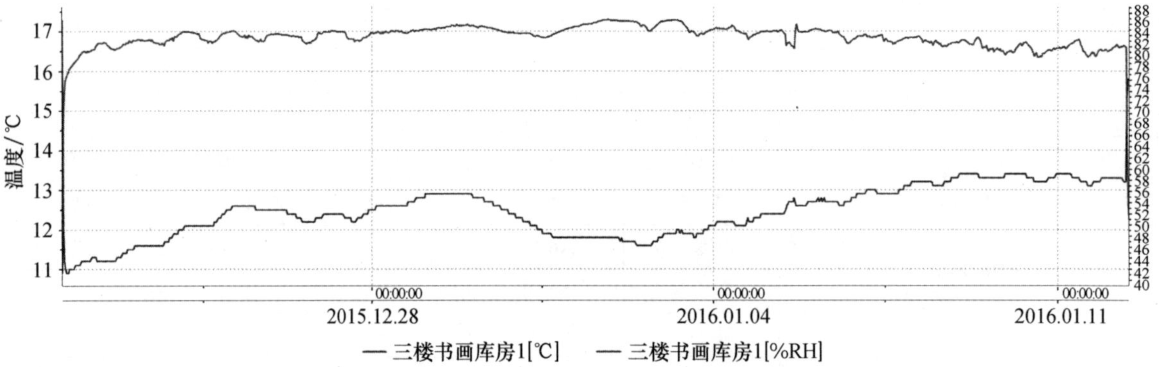

图4　三楼书画库房1内温湿度记录（2015.12.21～2016.01.12）

图5　三楼书画库房2内温湿度记录（2015.12.21～2016.01.12）

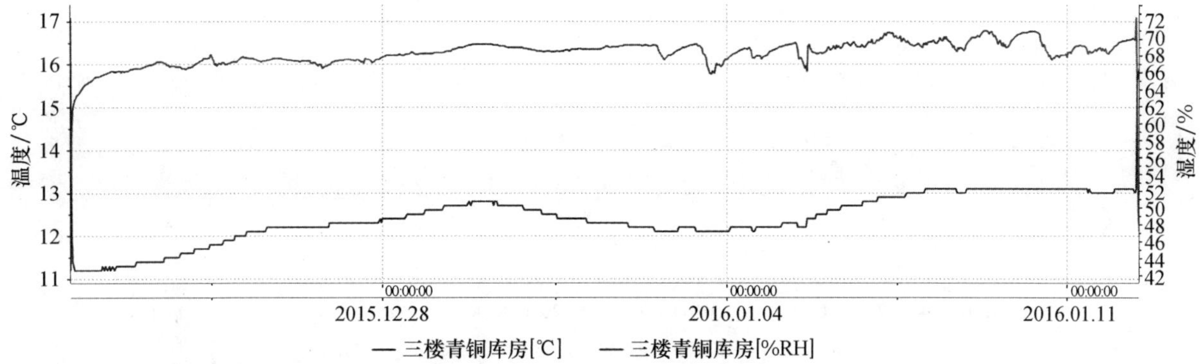

图6 三楼青铜库房内温湿度记录（2015.12.21～2016.01.12）

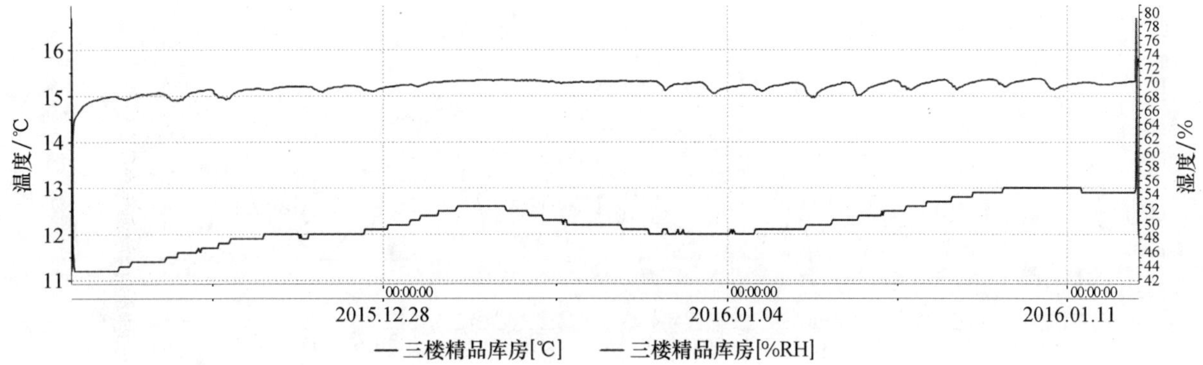

图7 三楼精品库房内温湿度记录（2015.12.21～2016.01.12）

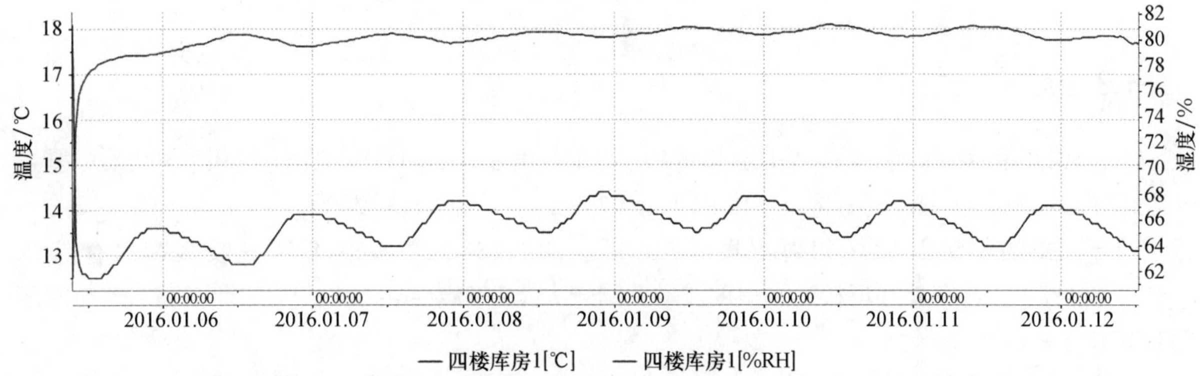

图8 四楼库房1内温湿度记录（2016.01.05～2016.01.12）

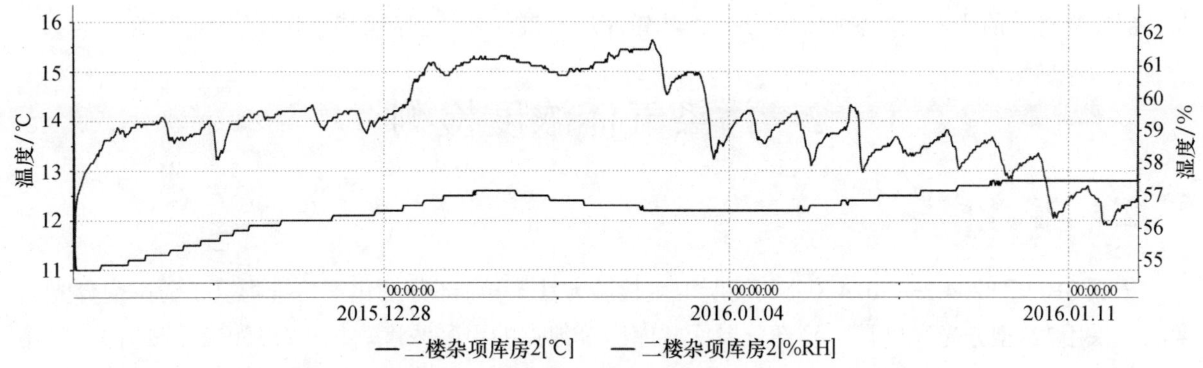

图9 二楼杂项库房2内温湿度记录（2015.12.21～2016.01.12）

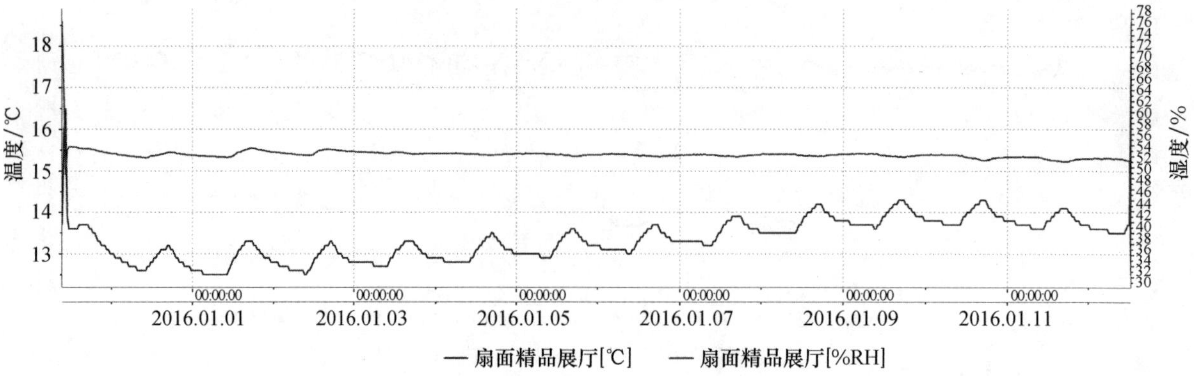

图10　扇面精品展厅内温湿度记录（2015.12.30～2016.01.12）

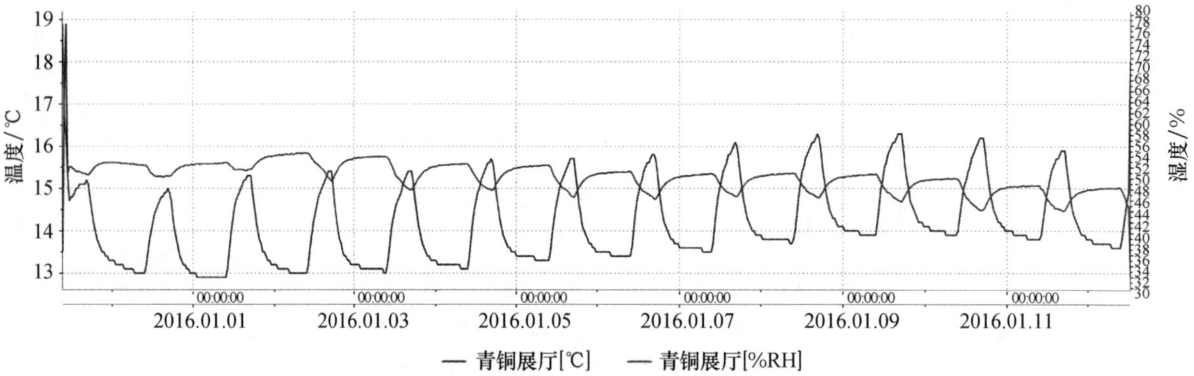

图11　滇池地区青铜文化精品展厅内温湿度记录（2015.12.30～2016.01.12）

1.3　结果分析

（1）结果显示，文物库房、展厅选取的10个点的温度在11.0～18.9℃之间，低于室外温度，基本未达到馆藏文物保存环境推荐标准［（19±1）～（24±1）℃］，波动范围略大（5.1～6.1℃）[1,2]。

（2）文物库房、展厅相对湿度（30.4%～88.2%）基本达不到一般文物保存要求（35%～65%），与室外环境接近，湿度波动范围较大（7.8%～46.4%），均匀性不够，这与库房相对密封有关[3,4]。

（3）从预防性保护的理念出发，文物的保存需要"稳定、洁净"的环境。其中，"稳定"是指控制温度、湿度等环境因素在适宜指标下的平稳性，防止出现较大幅度的波动。鉴于湿度指标对大多数文物材质的严重破坏影响，昆明市博物馆库房、展厅环境温湿度控制应以湿度为优先。

2　污染气体浓度检测

2.1　检测方法

依据GB/T 18204.2—2014《公共场所卫生检验方法》第2部分"化学污染物 7.2 酚试剂分光光度法"采用723型分光光度计检测部分展厅、库房等地点的甲醛浓度。依据GB50325—2010《民用建筑工程室内环境污染控制规范》附录G"室内空气中总挥发性有机化合物的测定方法"，采用

GC9560型气相色谱仪检测部分展厅、库房等地点的TVOC浓度。并运用无动力扩散采样器，选择了10个监测点，对其中的酸性气体进行采集后，依据HJ 479—2009《环境空气　氮氧化物（一氧化氮和二氧化氮）的测定　盐酸萘乙二胺分光光度法》及HJ 482—2009《环境空气　二氧化硫的测定甲醛吸收-副玫瑰苯胺分光光度法》，采用723型分光光度计检测部分展厅、库房等地点的酸性气体二氧化氮、二氧化硫浓度。依据GBZ/T 160.59—2004 参照工作场所空气有毒物质测定羧酸类化合物，采用气相色谱仪检测部分展厅、库房等地点的酸性气体甲酸、乙酸浓度。

2.2　检测结果

甲醛、TVOC浓度检测结果见表2。

表2　甲醛、TVOC浓度检测结果

编号	位置	甲醛/（mg/m³）	TVOC/（mg/m³）
1	二楼民族服饰库房	0.064	0.0482
2	二楼精品库房	0.048	0.0329
3	三楼书画库房1	0.055	0.0375
4	三楼书画库房2	0.034	0.0512
5	三楼青铜库房	0.037	0.0419
6	三楼精品库房	0.036	0.0271
7	四楼库房1	0.097	0.0779
8	二楼杂项库房2	0.068	0.0344
9	扇面精品展厅	0.010	0.0142
10	滇池地区青铜文化精品展厅	0.010	0.0119

酸性污染气体检测结果见表3。

表3　酸性污染气体检测结果

编号	位置	乙酸/（mg/m³）	甲酸/（mg/m³）	NO_2/（mg/m³）	SO_2/（mg/m³）
1	二楼民族服饰库房	<0.069	<0.36	0.013	0.016
2	二楼精品库房	<0.069	<0.36	0.014	0.017
3	三楼书画库房1	<0.069	<0.36	0.017	0.014
4	三楼书画库房2	<0.069	<0.36	0.015	0.011
5	三楼青铜库房	<0.069	<0.36	0.011	0.015
6	三楼精品库房	<0.069	<0.36	0.018	0.021
7	四楼库房1	<0.069	<0.36	0.017	0.025
8	二楼杂项库房2	<0.069	<0.36	0.014	0.018
9	扇面精品展厅	<0.069	<0.36	0.006	0.008
10	滇池地区青铜文化精品展厅	<0.069	<0.36	0.008	0.009

2.3　结果分析

（1）酸性污染气体NO_2的检测结果显示，NO_2浓度基本都在6μg/m³以上，虽然低于国家室内空气质量标准（GB/T 18883—2002）（1h均值为0.24mg/m³），但是远远高于推荐的文物保存环境质量一级（5μg/m^3）、二级（1μg/m^3）标准。SO_2浓度基本都在10μg/m^3以上，低于国家室内空气质量标准（GB/T 18883—2002）（均值为0.50mg/m^3），远远高于推荐的文物保存环境质量标准（每小时平均值：0.007mg/m^3，日均值：0.004mg/m^3）。结果偏高可能与库房周围环境有关（如汽车尾气等）[5-7]。

（2）酸性污染气体甲酸、乙酸检测结果表明，库房及展厅内文物保存环境中的甲酸、乙酸浓度偏高，远远高于文物保存环境推荐要求——碳基化合物浓度（包括甲酸、乙酸等化合物浓度的总和）<0.01mg/m^3，结果偏高可能与装修材料、周围环境污染有关[8]。

（3）甲醛的检测结果显示，甲醛浓度均低于0.10mg/m^3，达到我国室内空气质量标准（GB/T 18883—2002）。但远远高于馆藏文物保存环境推荐标准0.005mg/m^3。结果偏高主要与文物库房装修时的现代装饰材料有关[9]。

（4）TVOC的检测结果显示，文物库房展厅TVOC总浓度符合国家室内空气质量标准（GB/T 18883—2002）（8h均值为0.6mg/m^3）。能检出一定量的TVOC浓度，可能与地处市中心、汽车排出的尾气有关，还有就是有机溶剂在装修过程中的应用，残留在建材体内、装饰层中不断散发所致[10, 11]。

3 光照水平

3.1 检测概况

依据GB/T 18204.1—2013《公共场所卫生检验方法》第1部分“物理因素”照度计法，使用台湾泰仕（TES）电子照度计对部分展厅、库房内的光照水平进行检测。

3.2 检测结果

光照水平检测结果见表4。

表4　光照水平检测结果

编号	位置	检测部位	照度/lx
1	二楼民族服饰库房	灯下 离地1m	640
		灯间 离地1m	80
2	二楼精品库房	灯下 离地1m	500
		灯间 离地1m	19
3	三楼书画库房1	灯下 离地1m	560
		右灯间 离地1m	20
		左灯间 离地1m	430
4	三楼书画库房2	太阳直射 离地1m	810
		灯下 离地1m	270
5	三楼青铜库房	灯下 离地1m	660
		灯间 离地1m	68
6	三楼精品库房	灯下 离地1m	62
		灯间 离地1m	25

续表

编号	位置	检测部位	照度/lx
7	四楼库房1	灯下 离地1m	190
8	二楼杂项库房2	灯下 离地1m	500
		灯间 离地1m	50
9	扇面精品展厅	展柜上部	123
		展柜中部	114
		展柜下部	73
		展柜间	30
10	滇池地区青铜文化精品展厅	展柜上部	123
		展柜中部	31
		展柜下部	14
		展柜间	10

3.3 结果分析

灯下离地1m检测结果显示，除了三楼精品库房和滇池地区青铜文化精品展厅符合国际博物馆学会（ICOM）推荐的文物保存照明要求（对光非常敏感的藏品照度<50lx，年累计照度<120000lx·h；对光不敏感的藏品照度<200lx，避免太阳光直射文物），其余库房和展厅均未达到文物保存照明要求。灯间离地1m基本达到文物保存照明要求[12-14]。

4 结论与对策

（1）现场取样检测和调研表明，昆明市博物馆在检测期间的馆藏文物保存环境大部分不能满足文物保存的要求（如书画、青铜库房等）。但是，本次检测结果仅代表检测期间的环境质量状况，尚不能代表气象环境条件比较复杂的秋季、夏季、春季阶段的博物馆文物保存环境状况。同时检测发现，因多种原因致使部分库房、展柜内温湿度波动较大，或污染物浓度偏高，或照度偏高或偏低。因此，需要依照“稳定、洁净”原则加强对馆藏文物保存环境的调控。

（2）昆明市博物馆可移动文物库房所使用的藏品储存设施主要有木质柜及开放式藏品架两种。但绝大部分文物直接摆放在木质柜台面上，大部分藏品裸露放置，未配置合格的囊匣及专用密集柜，不利于馆藏文物的防尘和安全防护，也不利于抵御环境因素对文物的破坏影响。

（3）昆明市博物馆文物保存库房缺少温控设备，随外部环境的变化，温湿度在一定范围内呈周期性波动且周期较短，库房内存在一定的有害气体。在这种情况下，除库房室内环境需要改善外，迫切需要采取文物保存微环境调控措施，配备对文物环境友好的包装囊匣及密集柜，为馆藏文物营造相对密闭的保存空间，同时配合调湿材料和吸附材料，避免和减缓温湿度波动及污染气体的影响，提升馆藏文物微环境的“稳定、洁净”质量调控水平，增强馆藏文物收藏保管能力，达到预防性保护馆藏文物的目的。

（4）昆明市博物馆现有环境监测手段比较简单，仅配备少量精度不高的简易温湿度表，无法全面、实时感知馆藏文物保存环境中温度和湿度变化状况，更不能对环境中污染物进行科学监测。因此有必要在馆内建立一套文物保存环境监测系统及其管理机制，以实现对全部文物库房、展厅等文物保存温度、湿度、污染物环境质量的及时感知和风险预控。

参考文献

[1] 戴子佳. 甘肃博物馆馆藏文物保存环境现状调查与保护技术的应用研究. 兰州：西北师范大学，2014.

[2] 徐方圆，解玉林，吴来明. 文物保存微环境用调湿材料调湿性能研究. 文物保护与考古科学，2009，21（增刊）：18-23.

[3] 柴长路. 干燥缺氧型微环境保存金属文物初步研究. 西安：陕西师范大学，2015.

[4] 徐方圆，吴来明，解玉林. 武汉博物馆文物保存环境研究. 文物保护与考古科学，2007，19（1）：8-17.

[5] 陈仲陶. 从青铜器地子的腐蚀谈文物保存环境中的“防”与“治”. 中国文物科学研究，2009，（1）：76-78.

[6] 吴来明，徐方圆，周浩. 预防性保护理念下的博物馆藏品保存环境对策与实践//东亚文化遗产保护学会第二次学术研讨会论文集，2011：172-187.

[7] 徐方圆，吴来明，解玉林，白宁. 文物保存环境中温湿度评估方法研究. 文物保护与考古科学，2012，24（增刊）：6-12.

[8] 黄河，吴来明. 馆藏文物保存环境研究的发展与现状. 文物保护与考古科学，2012，24（增刊）：13-19.

[9] 徐方圆，吴来明，解玉林，施超欧. 基于被动采样的馆藏文物保存环境中多种污染气体检测技术研究//东亚文化遗产保护学会第二次学术研讨会论文集，2011，330-338.

[10] 朱莉.《武汉博物馆文物保存环境监测评价报告》结论分析及其思考. 文物保护与考古科学，2007，19（1）：46-50.

[11] 吴来明，周浩，蔡兰坤. 基于“洁净”概念的馆藏文物保存环境研究. 文物保护与考古科学，2008，20（增刊）：136-140.

[12] 解玉林，徐方圆，吴来明. 馆藏文物保存环境检测用无动力扩散采样器初步设计. 文物保护与考古科学，2009，21（增刊）：1-6.

[13] 陈元生，解玉林. 博物馆文物保存环境质量标准研究. 文物保护与考古科学，2002，14（增刊）：152-191.

[14] 吴来明，徐方圆，黄河. 博物馆环境监控及相关物联网技术应用需求分析. 文物保护与考古科学，2011，23（3）：96-102.

环境保护对纸质文物的重要性

程　廉

（重庆红岩革命历史博物馆，重庆，400043）

摘要　纸质文物和其他文物同样是一种不可再生的文化资源，是人类社会信息资源与知识的载体，具有历史再现性、知识性、信息性、政治性、文化性、社会性、教育性、原始性和唯一性的特点，是见证社会进步的第一手资料，要科学有效地保护好纸质文物，必须对库房内的温湿度、光照、大气污染、微生物等进行有效的防范，来确保纸质文物不受损、不破坏，发挥它应有的价值与作用。

关键词　纸质文物　环境　危害　保护

引　言

什么是文物？联合国教科文组织把文物看作是“文化财产”，印度、希腊认为是“古物”，西班牙认为是“历史遗产”。联合国教科文组织在巴黎召开的第17届大会上通过了《保护世界文化和自然遗产公约》，规定了“文化遗产”是从历史、艺术、和科学观点看来具有突出的普遍价值的建筑物、雕刻和绘画，具有考古价值的古迹遗存等。2002年10月28日，第九届全国人民代表大会常务委员会第三十次会议通过的《中华人民共和国文物保护法》第二条明确规定，具有历史、艺术、科学价值的古文化遗址、古墓葬、古建筑、石窟寺和石刻、壁画；与重大历史事件、革命运动和著名人物有关，具有重要纪念意义、教育意义和史料价值的近现代重要史迹、实物、代表性建筑；历史上各时代珍贵的艺术品、工艺美术品；历史文献资料以及具有历史、艺术、科学价值的手稿、古旧资料等；是反映历史上各时代、各民族社会制度、社会生产、社会生活的代表性实物。同时还规定了具有科学价值的古脊椎动物化石和古人类化石同文物一样受到国家保护。

1　文物在保护中的重要性和必要性

文物是文化的产物，是人类社会发展过程中的珍贵历史遗存物。每件文物都是历史长河中的幸存者，都承载着不同的时间、地域、事件中真实的记录，反映了人类社会发展过程中不断改进和提高的生活方式、生产形势、价值体系、传统和信仰，它从不同的领域和侧面突破时间和空间的限制，镌刻了当时的人类为适应生产生活的烙印，反映出历史的本来面目。

两个公约明确地指出文物的范畴及具备的特征和特点。由文物的特殊性决定文物的价值是因为文物蕴含了时代的特征和各方面的信息，这些特征和信息是不可能再生产再制造的，这就决定了文物保护的重要性和必要性。

我们要了解过去，就需要对文物精心研究，去伪存真，才可能探寻到历史的本来面目，而不是将民间传说、闭门造车推想的故事、文学艺术品等作为历史。尽管各个时代的历史文献资料都很丰富，但也不可忽视文物对历史的补阙和纠正作用。不仅是这些文献资料，在其社会发展中、文物本身的历史价值自然彰显了文物的科学性、艺术性、教育作用性，是历史的真实凭证，是文物研究者极为重要的实物资料。文物是不可再生的，可想而知，如果这些资料没有了，我们的历史将出现很多空白，将无法正确认识历史，那又怎样向后代进行爱国主义教育、科学和文化艺术的教育，又怎样使全国人民继承和发扬爱国主义和革命传统呢？综上所述，保护文物是非常重要和必要的，是我们每个文物工作者的重任。

2　文物工作者怎样保护好文物

为了保护和研究的需要，众多的文物按其化学结构分为有机质和无机质两大类。有机质文物中包括纸张、纺织品、古木、竹、漆器、古骨、角、牙、琥珀等文物；无机质文物包括陶瓷器、青铜器、铁器、金银锡和铅器、古玉器、玻璃器、石质文物等。不同质地的文物有不同的保护方法，同质地文物也因每一件有不同的“病情”，保护的手段和实施的方法也不同，千篇一律、万篇一章的捷径是没有的。但是同类的文物对环境有着同样的要求，因为笔者的工作对象是有机质文物，就先谈谈这些年来对纸质文物保护的认识。

我国是世界上最早发明纸张的国家，为人类社会的文明发展作出了卓越的贡献。纸的种类很多，可分为手工纸和机械纸。手工纸包括棉纸、皮纸、宣纸、麻纸、藤纸、竹纸、毛边纸等，在不同时期，选用不同的原料和不同的工艺，其纸张的成分、性能就不同。随造纸业的发展，新闻纸、打字纸、印刷纸等机械纸逐渐取代了手工纸。

造纸的主要原料是植物纤维，其化学成分为纤维素、半纤维素和木质素，其他还有单宁、果胶、树脂、脂肪等。纤维素为单一多聚糖，在酸的介质中能水解成葡萄糖。半纤维素由两种以上的糖基组成为复杂的多聚糖分子的混合物，在酸、碱的作用下容易水解。木质素又具有芳香族的特征，其化学性质活泼，如发生磺化反应使木质素变成可溶性木质素磺酸盐，氧化作用变成可溶性氯化木质素，使纸张氧化变黄变脆。由此可见，纸张材料的原料构成，给纸张埋下了易腐、易霉、易被虫咬的隐患。

2.1　温湿度对纸张的危害

2.1.1　高温环境

文物保存环境的好坏与库房温湿度的控制有着密切的关系，文物材料、质量和性质各异，所表现的环境承受力也不同。如纸质材料，在造纸工业中，使用最多的是植物纤维，而植物纤维主要由纤维素、半纤维素、木质素构成，纸张是一种吸湿性材料，如果空气中温度越高，纸张的化学反应越快，破坏性越强，纸张就加速老化。研究表明，在规定温度的基础上，温度每升高10℃纸张老化速度平均增加为原来的1.8倍。

2.1.2 低温环境

低温有利于纸质文献档案的保管，对延长档案的寿命有积极的作用，档案最理想的保存温度在-10℃，但是这并不意味着温度越低越好，纸质文献档案材料与其他的材料一样含有一定的水分，当环境温度低于结冰温度时，纸张中的游离水会结冰，导致氢键结合力下降，材料内部会遭到破坏，容易形成档案砖头，强度下降，发脆而受到无法估量的损坏。

2.1.3 湿度的危害

手工纸纤维交织中总有些空穴，在较高湿度环境中，纸张四边加速了膨胀和收缩，而与中间纤维又不同步，使其纸张纤维受到损害，纸张就发硬发脆，严重影响了纸张的耐久性和机械强度，当湿度从50%增加至90%，纸张的耐折度可降低42%，湿度由50%增加至95%，纸张的结合力可降低75%，撕裂度、抗拉力、耐久性极度下降，使一些有机材料或无机材料中的有机胶黏剂等发生脱胶变化，同时有害物质也会随着温湿度的变化而增加，成为霉菌、微生物良好的营养源，导致文物材料的变质损坏，由于湿度大，一些耐水性较差的字迹发生扩散，造成字迹褪变模糊不清，降低了文物的使用寿命。

2.2 光对文物库房的危害

光在文物保存与使用中的危害不言而喻，光破坏纸质文献档案的方式及危害程度与光的特性、文物材料、环境因素等密切相关。光具有一定的能量，能与物质材料发生能量传递，改变物质内部能量，引起物质结构与性能的变化。纸张中的亚麻、大麻纤维，在阳光照射100h后，其强度下降一半，即使是优质的棉纤维，在阳光暴晒940h后，强度保留率也仅为50%，字迹中的色素吸收光能后，引起字迹发生不同程度褪色，光中的紫外线又是高能量的辐射线，对材料的稳定性有较大的破坏作用，使其纸张强度减弱，造成纤维的削弱和变质，加速纸张的酸化，使字迹材料发生化学变化，纸张发黄，脆弱变质等破坏速度加快。当光照射到纸张上时，发生氧化反应，木质素氧化，纤维素分子活化，使纤维素、半纤维素氧化降解，造成一些化学键断裂，加速纸张酸化速度，直接破坏了纸质文物。

2.3 文物库房内的空气污染

大气污染使文物植物纤维发生降解，主要受空气中二氧化硫、硫化氢、氯气、二氧化氮、臭氧等的影响。特别是硫的氧化物，它是无色、有刺激性臭味的气体，它不仅危害人体健康和植物生长，还会腐蚀设备、建筑物和名胜古迹，它能在潮湿空气自由流通的条件下变质，对纸张的破坏能起到催化作用。

而灰尘和污垢，也是文物变质的根源，灰尘本身就有一定的黏性，它的吸附能力强，一旦落到文物上，无论呈酸性或碱性，容易使文物黏接在一起，形成砖头状，还能破坏文物库房载体材料的结构，使纸张的白度逐渐下降，影响字迹的清晰度，如果长期得不到有效的清理和保护，易滋生霉菌，并促使其他微生物繁殖、传播，使其文物受到重大破坏。

2.4　微生物及害虫对文物库房的危害

2.4.1　微生物

微生物是用肉眼无法看清的微小生物，是丝状真菌的总称，是一个非常复杂的群体。微生物不仅分布广泛，适应能力强，而且具有生长、繁殖、发育、代谢等生命活动现象，有害微生物以文物材料为培养基取得营养物质，使纸张含有的纤维素、半纤维素、木质素、骨胶、皮胶、蛋白质、淀粉等发生霉烂、分解或液化，彻底破坏纸张的纤维结构，导致纸张的机械强度严重下降、字迹褪色，照片霉变、文物斑痕累累、腐烂等危害。

2.4.2　害虫

档案害虫属昆虫的一种，生命活动与环境密切相关，常见的害虫有窃蠹、毛衣鱼、德国小蠊、书虱，文物害虫属于变温性动物，喜温畏寒，喜湿畏干，受周围的环境温湿度影响而生长、繁殖，适应于高温30～40℃，低温8～22℃，它们以库房文物本身为取食对象，啃食纸质文物材料，将文物咬成孔眼状，蛀成孔洞并排出孔屑，这是直接的破坏作用（图1）。虫害在文物库房上留下的排泄物，直接造成文物受损，发霉、产生气味，使文物库房字迹蜕变、洇化，形成各种污斑，很难清除，轻者洞孔丛生，残缺不全，重者化为纸屑，使文物无法进行修复，严重影响文物的观赏和阅读。经我国档案害虫种类分布的调查显示，我国危害档案的害虫有54种。

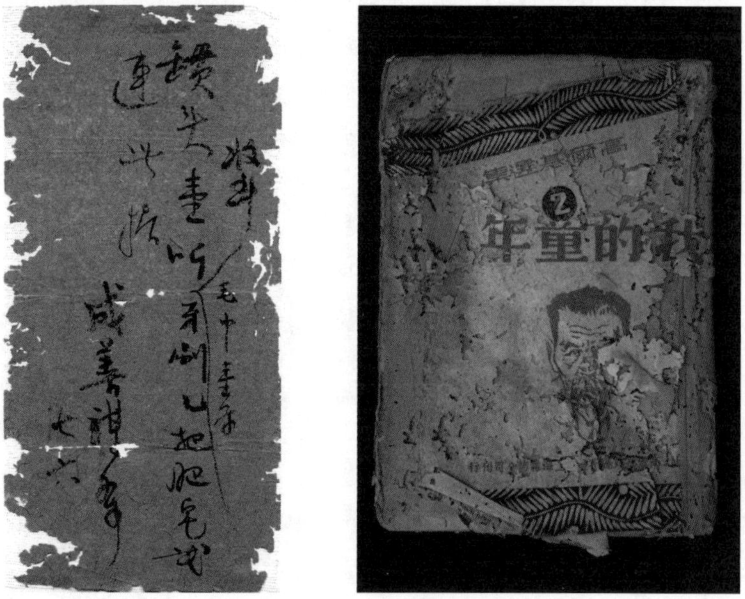

图1　虫害给文物造成的损害

2.4.3　鼠类

鼠类也是造成文物库房破坏非常严重的动物类，全世界有2800多种，我国已知175种。由于文物库房环境安静、温差不大，是鼠类理想的栖息之地。它们有非常锐利的牙齿，到处觅食，随处排泄，啮咬文物边缘成为碎片，形成各种污斑使文物黏接成“砖”，残缺不全，对文物的安全造成无法弥补的威胁，给文物的保管带来极大的麻烦。

2.5 人为保存因素对文物库房的影响

档案文物收藏非常重视选址、设计和制造。对于各种自然和人为因素造成档案文献的损坏，主要体现在，人们对纸质文物保护意识比较淡薄，缺乏应有的应对损坏的处理能力，由于管理不善及没有合理的提取，纸质文物在利用过程中被涂改、撕碎、摩擦受损，不恰当地处置或疏失，如搬运不慎、包装材料不当、持拿失衡、倒置、放置不稳等，都可能造成文物的损毁。同时文物库房建筑的防热、防水、防潮、防盗、防火、防震、防尘都会影响文物库房安全保护工作的开展。

3 文物库房温湿度如何调整与控制

博物馆是保存珍贵文物的重要场所，而文物的保存对环境有着复杂而严格的要求。要使库房环境条件达到标准， 需要对库内环境气候、空气污染、光线辐射、昆虫危害、微生物等进行合理的调节和控制，制定档案库房温湿度标准，对档案库房温湿度管理科学化、现代化，档案库房的温湿度调控是档案保护工作中最基础的业务工作，如果只控制不调节或只调节不控制，都不能收到较好的效果，温湿度的控制与调节是改善文物库房温湿度状况不可缺少的两项措施，二者是相辅相成的，缺一不可，只有两者结合，才能取得事半功倍的效果。

3.1 密闭

库房密闭非常重要，防止或减弱库外不适宜的温湿度和尘埃对库内的影响，尽量使库内温湿度处于相对稳定的状态，库房的温度决定文物寿命。库房密闭的重点是门窗、管道，考虑到自然通风的需要，尽量将门窗做成活动形式，做到密闭时不透气，需要时又可敞开，有利于通风、通行。

3.2 通风

利用空气流动的规律，有计划地对库内外空气进行交换，以达到调节库内温湿度的目的。通风可采用自然通风和机械通风两种方式，自然通风是借助于风压或库外温度对库内空气进行调节，机械通风是利用机械设备实现通风的目的。库房应设立进风口和排风口，这样有利于空气的对流。目前博物馆、档案馆使用较多的方式为机械通风，它具有通风速度快、风量大的特点，可以及时抓住时机，对库房的温湿度进行调控。

3.3 控温

如果在密闭和通风都很难达到库房理想温湿度效果的情况下，根据各单位的实际情况可以采取一些调控温湿度的措施，如安装恒温恒湿调节设备、空调，在环境允许的情况下种植一些绿色植物，可以起到防风、净化空气、调节湿度、吸收热量等作用。在纸质文物库房中，气温要控制在不超过10℃的低温线下，杜绝蠹虫生长。单体纸质文物可制作成防虫纸进行虫害的控制，如雄黄纸、万年红纸、烟叶、芸香、麝香等 。每件文物要有固定的量身定做的外包装给予保护。

3.4　文物库房光照要防范

《档案馆建设设计规范》（JGJ 25—2000）中规定，库房应选用乳白色灯罩的白炽灯，由于白炽灯转化光能效能低，寿命短，逐步退出历史舞台，文物库房部门应选用荧光灯（日光灯）或者LED等作为库房照明光源，荧光灯亮度低，发光效率高，而且紫外线含量比自然光源低很多，品种规格很多，便于设计使用，如果经济条件较好的博物馆，库房使用的光源最好选择LED灯，LED灯性能稳定，使文物库房的保存、展览和利用都处于安全的状态。

良好的照明环境在博物馆库房建设中占有重要的地位与作用，光对所有有机材料珍贵文物、实物、模型等都具有破坏作用，不可能长时间照射，纸张最怕长时间的光照射，尤其是紫外光，是库房首先要防备的光源。

3.5　文物库房空气净化

文物库房空气污染的防治是一项长期的工程。空气污染对文物的破坏是显而易见的，要防止和降低污染的危害，一要杜绝有害气体进入库房；二要杜绝灰尘进入库房内；三要定期清扫库房，制定卫生管理制度。清洁卫生是库房防止污染的根本，文物入库前要进行严格检查和清洁处理，避免将新的灰尘带入文物库房内，造成二次污染，工作人员进出库房更换工作服和鞋的制度要严格遵守，有条件的单位可以在库房入口处加设风浴设备，以吹除工作人员身上附着的灰尘颗粒。不能小看灰尘，其表面是有棱角的，会与文物的材料摩擦导致文物损坏。

3.6　文物库房微生物及害虫的防治

霉菌、真菌、放线菌是危害文物最主要的微生物，它具有体积小、生长繁殖快、适应能力强等特点。要防止文物被微生物破坏，首先需要净化库房空气，做好环境绿化工作，维持库房的清洁卫生，控制和调节好库房温湿度，然后通过投放杀虫药剂，使其药剂中的气味或毒性挥发出来，并驱赶害虫，阻止微生物和害虫在文物库房中蔓延，如果整个库房被污染，必须对整库进行消毒灭菌，如部分文物库房被污染，则需要将被污染的文物移出库房隔离，然后采取消毒灭菌办法。治理好文物库房中微生物和害虫可以采用化学灭菌法和物理灭菌法，化学灭菌法有涂抹法、喷雾法、浸渍法、熏蒸法等多种方法；物理灭菌法有真空灭菌、冷冻灭菌、干燥灭菌、微波灭菌、射线辐照杀菌等方法。

结　　语

纸质文物保护的目的是最大限度地延长文物的寿命，要保护好纸质文物不是一句泛泛而谈的空话。文物是重要的历史文化和珍贵的记忆遗产，“保护为主，抢救第一”是文物保护工作的原则，文物既要在利用中体现价值，又要在利用中防止不利因素的破坏，因此，文物保护的环境尤为重要。既然要保护好、管理好文物，就要依法行使自己的职责，做到维护好历史的真实面貌；树立高度的法制意识和观念，在日常管理、使用和流通的安全环境中，来确保文物不受损、不破坏、不丢失，来达到延长文物寿命的目的。

随着国家重点文物抢救与保护工程的出炉，文物遗产保护不仅面临新机遇，也必须面对新挑战。如何调节和治理好库房环境，保护好历史留下的珍贵遗产，这项工作给文物工作者留下一个新的思考。

广西民族博物馆展柜空气中霉菌的分离及鉴定

田双娥

（广西民族博物馆，广西南宁，530028）

摘要 本文选取广西民族博物馆两个曾发现霉斑的展柜对空气中的霉菌进行分离纯化，获得30株霉菌，通过形态特征观察和rDNA转录间隔序列ITS（Internal Transcribed Spacer）测序分析。结果表明，展柜中的空气分离到的30株霉菌分属于青霉属（*Penicillium*）、枝孢霉属（*Cladosporium*）、曲霉属（*Aspergillus*）、棒孢属（*Corynespora*）、帚霉属（*Scopulariopsis*）、弯孢属（*Curvularia*）、木霉属（*Trichoderma*）、链格孢属（*Alternaria*）、镰孢菌属（*Fusarium*）、壳针孢属（*Septoria*）、茎点霉属（*Phoma*）、赤霉属（*Gibberella*）、白腐真菌（*Phanerochchaete*）、刺盘孢属（*Colletotrichum*）、尾孢属（*Cercospora*）、黑孢属（*Nigrospora*）、附球霉属（*Epicoccum*）、笄霉属（*Choanephora*）18个属。

关键词 展柜空气 霉菌 分离与鉴定

引 言

广西民族博物馆春季潮湿，展厅展柜中陈列的展品易滋生霉菌，污染了展陈文物的表面以及展柜的玻璃，严重影响了馆藏展品的展示。

霉菌是丝状真菌的俗称，意即“会引起物品霉变的真菌”，通常指菌丝体发达又不形成大型肉质子实体结构的真菌。霉菌常在营养基质上形成绒毛状、网状或絮状菌丝体。霉菌在自然界中的分布最广，以孢子方式繁殖和传播，孢子是空气中数量最多的气传生物学微粒[1]，孢子抗干燥，质量小，随气流、物质运输到处传播。霉菌分解能力强，能在各种环境中生活。霉菌是单细胞或多细胞生物，不需要光源就能够存活。孢子在空气中广泛存在，在足够潮湿和获取营养的情况下，孢子会被激活，霉菌则滋生起来。由于不同的真菌孢子含有不同的色素，所以菌落可呈红、黄、绿、青绿、黑、白、灰等多种颜色。霉菌产生的色素覆盖在文物表面致使文物表面变色，破坏原有的画面，严重影响了展品的美观和展示。

为了提供更适宜的展柜微环境，避免微生物病害影响展品的展示，为后续的微生物病害防治提供靶标，本文对春季污染坭兴陶的展柜空气霉菌进行了分离和鉴定，以期为后续文物的霉害防治提供依据。

1 材料与方法

1.1 样品采集

展柜空气中霉菌的取样采用自然沉降法[2]。共选取了两个展柜进行取样试验。培养皿做好标记后带回实验室培养。

1.2 实验试剂及设备

霉菌的分离、纯化用沙氏液体培养基和葡萄糖琼脂（PDA）固体培养基。真菌提取试剂盒购自天根生化科技（北京）有限公司，引物由生工生物工程（上海）股份有限公司合成，DNA聚合酶购自Takara。

真菌培养用LRH-250HS型培养箱；PCR（聚合酶链式反应）仪为国产DTC-3G型，恒温振荡器为TS-100C型，凝胶成像系统为国产山富850型，离心机为TGL-16G型。

1.3 霉菌的分离、纯化

真菌分离纯化培养基为沙氏葡萄糖液体培养基（葡萄糖40g，蛋白胨10g，琼脂20g，溶于1000mL蒸馏水中，pH为5.6±0.2）和PDA固体培养基，分别灭菌后备用。

从展厅带回的平板置于28℃、70%RH的培养箱中培养5～6天。提取优势菌落进行多次划线，至少划线5次，得到纯菌落。

1.4 真菌DNA的提取

将平板上纯化的单菌落接种于液体培养基中，置于28℃摇床中180r/min培养。将过滤后的菌丝体烘干，使用液氮研磨后采用天根试剂盒提取霉菌DNA。将获得的DNA用1%琼脂糖凝胶电泳检测。PCR产物与载体连接克隆，挑取阳性克隆子测序，测序由生工生物工程（上海）股份有限公司完成。

1.5 真菌ITS基因片段的PCR扩增及测序

真菌ITS基因片段扩增的引物序列[3]为5′-TCC GTA GGT GAA CCT GCG G-3′ 和ITS45′-TCC TCC GCT TAT TGA TAT GC-3′。

PCR循环参数：94℃ 5min —PCR 94℃ 30s —53℃ 30s—72℃ 45s—72℃ 5min，循环35次。PCR扩增体系见表1。

表1 PCR扩增体系

成分	体积/μL	成分	体积/μL
Premix PCR Taq酶	12.5	基因组	2
引物（ITS1、ITS4）	0.5	ddH_2O	9.5
总体积	25		

2　结果与讨论

2.1　分离纯化结果

通过分离纯化，从空气分离得到30株优势菌株。

2.2　形态观察

获得的菌株纯培养后观察，发现不同的菌株在培养基上呈现不同的菌落颜色和形态特征。部分形态学观察结果见表2，部分菌株显微观察结果见图1，部分菌落平板图见图2。

表2　部分形态学观察结果

编号	培养96h后菌落形态特征描述
1	绿色菌落，放射状，边缘略整齐，直径0.9cm
2	黄绿色，菌落绒毛状，边缘整齐，直径1.1cm
3	背面黄色，正面白色，绒毛状，直径1.1cm
4	灰绿色，绒毛状菌丝，直径2.2cm
7	绿色，菌丝呈分枝状，放射状，菌落绒毛状，直径1.15cm
8	灰绿色孢子，直径1.2cm
9	菌丝发达，蔓延快，白色菌落，网状，直径4.4cm
10	灰绿色，孢子呈灰色，菌落突起，绒毛状，直径2.2cm
11	灰绿色孢子，直径1.1cm
13	灰绿色孢子，直径1.2cm
14	黑色孢子，丝状菌丝，直径2cm
15	菌丝发达，灰绿色，放射状，绒毛状菌丝，直径2.7cm
16	淡绿色，粉状孢子，直径1.2cm
17	青色孢子多、粉状，直径2cm

2.3　分子生物学鉴定结果

对展柜空气中分离纯化的菌株进行测序，测序获得500～600bp的ITS序列，把获得的序列在GenBank中进行BLAST比对（http://blast.ncbi.nim.nih.gov/Blast.cgi），所有序列对应Genbank中已知的参考序列的同源性≥98%，具体比对结果见表3。

表3 展柜空气中分离菌株同源性比对结果

编号	长度/bp	相似种	参考序列号	相似度/%
1	512	*Cladosporium cladosporioides* strain SR10-CJR4	KP900273	99
2	511	*Cladosporium* sp. CX-2011a	JN227055	99
3	534	*Alternaria longissima* isolate ZJ8	KJ572139	98
4	523	*Corynespora cassiicola* strain NEHU.ANSRJ.14	KF928292	99
5	529	*Fusarium* sp.02	AJ222809	99
6	535	*Septoriella oudemansii* strain CBS 138012	KR873250	99
7	528	*Cladosporium* sp. TA26-6	JF819132	99
8	520	*Phoma* sp. GAH7	FJ950743	99
9	518	*Gibberella moniliformis* strain P6-26	GU723435	99
10	538	*Corynespora cassiicola* isolate SCSB15	KF913519	99
11	592	*Penicillium oxalicum* strain BGPUP4	KP780809	99
12	595	*Scopulariopsis croci* genomic DNA, strain FMR 4004	LM652406	99
13	592	*Penicillium oxalicum* strain QRF392	KP278189	100
14	577	*Aspergillus* sp. 2011.9	KP668958	99
15	564	*Curvularia lunata* strain PSU-ES195	JN116704	100
16	592	*Penicillium* sp. BAB-5444	KT355727	99
17	596	*Aspergillus oryzae* isolate F5-03	JN561266	99
18	587	*Hypocrea lixii* strain Th 47	GU046487	100
19	593	*Penicillium* sp. BAB-1995	KM066554.1	99
20	553	*Fusarium equiseti*	FJ459976.1	100
21	643	*Phanerochaete sordida*	AB210078.1	98
22	644	*Trichoderma harzianum* strain MGQ2	KC342029.1	99
23	557	*Cladosporium cladosporioides*	KJ767066.1	100
24	585	*Colletotrichum gloeosporioides* strain CGM45	JX669445.1	99
25	543	*Cercospora lagenariae* strain IPBCC 13.1010	KC776155.1	99
26	594	*Penicillium* sp. 2 AE-2013 strain F4884	KF746134.1	99
27	563	*Nigrospora sphaerica* strain H2	KU878079.1	99
28	550	*Epicoccum nigrum* strain HBE	KU254609.1	100
29	640	*Choanephora infundibulifera*	KJ461159.1	99
30	579	*Aspergillus japonicus* strain VIT-SB1	KC128815.1	99

结合培养性状，由表3可知空气中分离获得的真菌分属于青霉属（*Penicillium*）、枝孢霉属（*Cladosporium*）、曲霉属（*Aspergillus*）、棒孢属（*Corynespora*）、帚霉属（*Scopulariopsis*）、弯孢属（*Curvularia*）、木霉属（*Trichoderma*）、链格孢属（*Alternaria*）、镰孢菌属（*Fusarium*）、壳针孢属（*Septoria*）、茎点霉属（*Phoma*）、赤霉属（*Gibberella*）、白腐真菌（*Phanerochchaete*）、刺盘孢属（*Colletotrichum*）、尾孢属（*Cercospora*）、黑孢属（*Nigrospora*）、附球霉属（*Epicoccum*）、笄霉属（*Choanephora*）18个属。其中，最多的是青霉

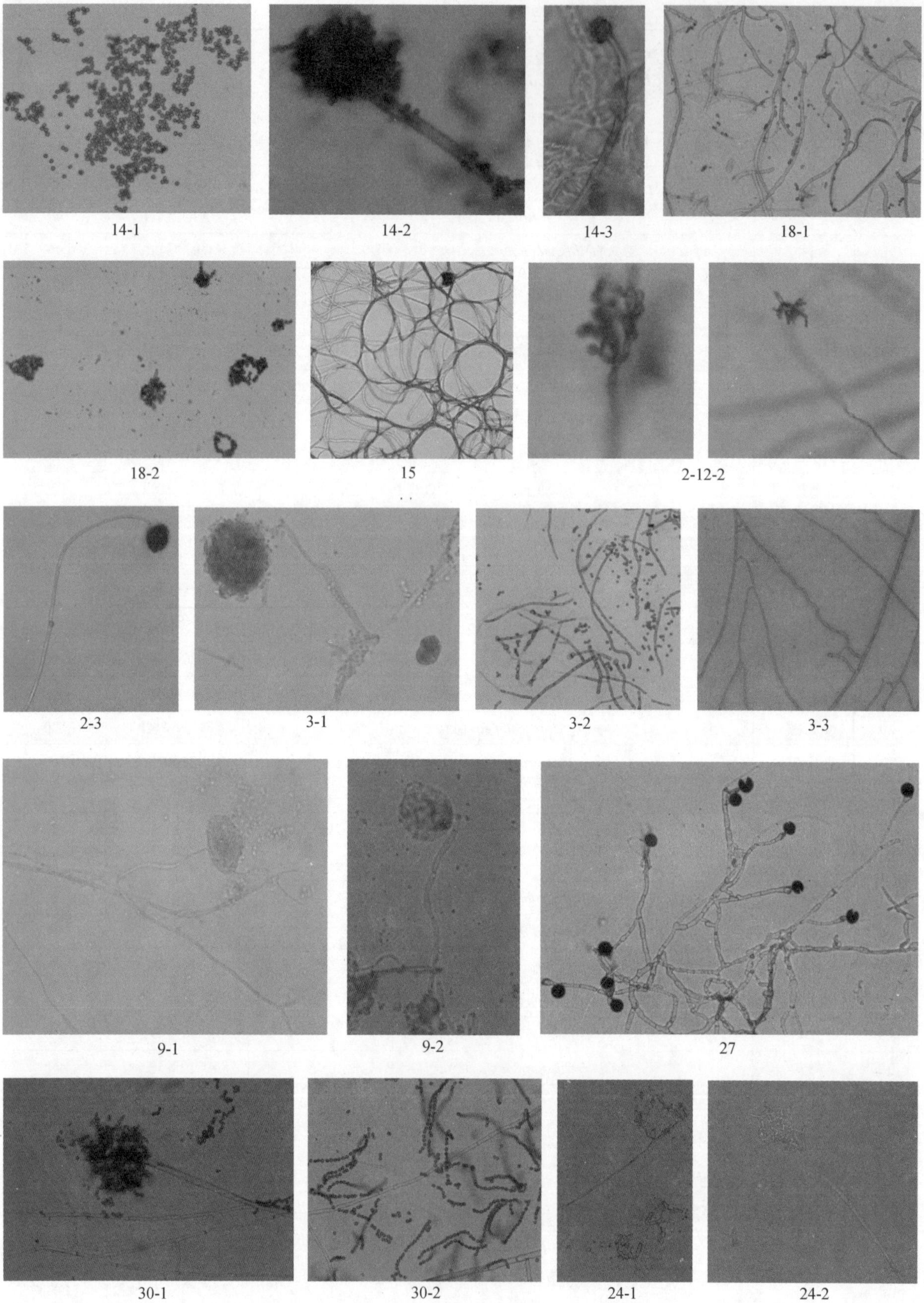

图1　部分菌株显微观察图

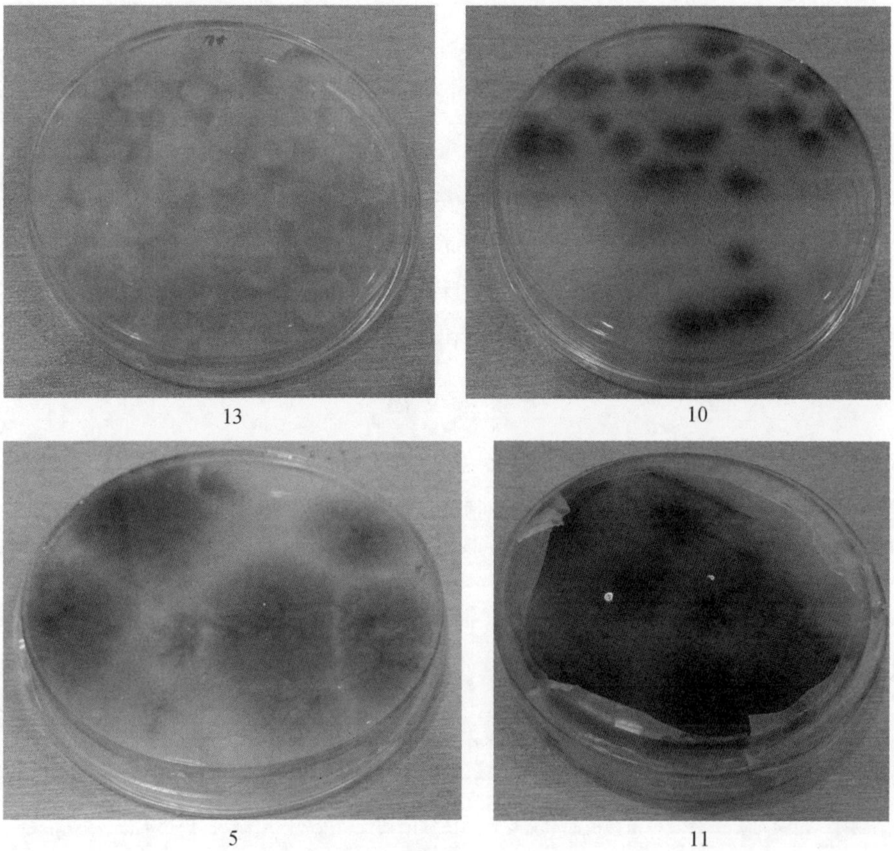

图2　部分菌落平板图

属，枝孢霉属和曲霉属次之。青霉来源极为广泛，可生长在任何含有机物的基质上；青霉属和枝孢霉属都是敦煌壁画颜料分离得到且在敦煌壁画颜料变色过程中起到了一定的作用[4, 5]，枝孢霉和黑曲霉分泌的可溶性色素和代谢产物草酸等能造成颜料色度的改变[6]；曲霉分解淀粉和蛋白质。此外，木霉具有较强分解纤维素的能力，也可产生如柠檬酸、葡萄糖酸等有机酸。

空气中悬浮着霉菌的孢子，孢子具有小、轻、干、多的特点，还具有休眠期长和有较强的抗逆性的特点。空气流中含有霉菌生长所需的营养物质吸附于纺织品和坭兴陶表面，春季南方气候温暖潮湿，为吸附于展品表面孢子的发芽及霉菌的生长繁殖提供了条件。

霉菌危害的对象主要是有机质文物，如丝织品、纸张、漆木器和皮革等；无机质文物如石刻、陶器等。霉菌会给提供养分的藏品带来永久性损害，会使木质和织物出现污点，结构强度降低，更加容易渗水，破碎；引起纸张纤维素、淀粉及动物胶丢失，对纸质文物造成严重破坏等；霉菌的代谢产物有机酸会腐蚀无机物材料，如金属、石质藏品等；霉菌同样也会代谢出可溶解或者不可溶解的色素物质，代谢产物随着时间的推移发生颜色改变；用于消化有机物质的酶，损害有机质文物。因此鉴定损害馆藏文物的霉菌，研发防霉剂，综合防治文物霉菌的损害是文物保护工作的重要工作内容[7-10]。

对文物生物病害的防治核心是通过温湿度控制、通风和环境整洁来达到控制生物病害的生长，而对于环境友好型杀菌剂、文物友好型防霉剂的研发是文物保护者在文保工作中的研究方向之一。国内重庆中国三峡博物馆、上海博物馆、南京博物院、浙江博物馆、首都博物馆等多家单位开展了天然植物成分运用于文物防霉的相关研究和探讨。

结　语

鉴于空气中存在大量霉菌孢子，为了展品的安全，应对保存环境的温度和湿度进行控制，减少有害霉菌的生长繁殖，并有针对性地选择和使用防霉剂。本文通过形态学观察和真菌ITS区rRNA基因序列进行测序及比对，获得的结论如下：从展厅选取的两个展柜空气中获得的霉菌种属多样化，分属于18个真菌属，其中青霉菌最多，枝孢霉属和曲霉属次之。

参考文献

[1] Lacey J. Allergy and Allergic Disease. London: Black Science, 1997: 858-883.

[2] 国家文物局. 馆藏文物保存环境质量检测技术规范. 北京：文物出版社，2009：30-31.

[3] White T J, Bruns T D, Lee S B, Taylor J W. Amplification and direct sequencing of fungal ribosomal RNA genes for phylogenetics. PCR Protocols: A Guide to Methods and Applications, 1990: 315-322.

[4] 冯清平，张晓君，马晓军，杨玲. 敦煌壁画色变中微生物因素的研究. Ⅲ. 枝孢属在石窟壁画铅丹变色中的作用. 微生物学报，1998，（5）：365-370.

[5] 张晓君，冯清平，杨玲. 枝孢霉在敦煌壁画颜料变色过程中的作用. 应用与环境生物学报，1998，（3）：277-280.

[6] 杨玲，冯清平，张晓君，马晓军. 一株使敦煌壁画红色颜料变色菌株氧化铅丹特性的研究. 兰州大学学报（自然科学版），1999，35（1）：145-148.

[7] 唐欢，周丽坤，范文奇，王春. 7种植物精油对青霉抑菌活性的初步研究//中国文物保护技术协会第八次学术年会论文集. 北京：科学出版社，2015：327-331.

[8] 王克华，周新光，吴来明，谢燕. 三种植物成分防霉活性及其对纸张、颜料影响的实验研究. 文物保护与考古科学，2012，24（3）：67-71.

[9] 周新光，吴来明，王克华，谢燕. 植物中药成分应用于文物虫霉病害防治中的适用性探讨. 文物保护与考古科学，2012，24：20-24.

[10] 郑冬青，张金萍，王鹤云，何子晨，云悦，鲁钢. 几种常用馆藏文物防霉剂的抑菌效果比较研究. 文物保护与考古科学，2014，26（1）：42-45.

滚珠式文物展柜隔震装置性能试验

周　乾[1]　闫维明[2]　纪金豹[2]
（1. 故宫博物院，北京，100009；2. 北京工业大学，工程抗震与结构诊治北京市重点实验室，北京，100124）

摘要　为有效减小馆藏浮放文物的震害，研制了一款滚珠式文物展柜水平隔震装置。制作了2个展柜模型，并在各模型内浮放文物仿品。分别考虑展柜底部安装隔震装置、展柜底部浮放地面，进行了振动台对比试验，检测了隔震装置的效果。结果表明：与非隔震条件相比，隔震体系的基频减小，阻尼比增大；地震作用下，隔震体系中的文物仿品产生的位移、加速度峰值明显减小。但是隔震条件下，文物仿品的动力放大系数仍有大于1的情况，且隔震装置的复位能力尚需提高。建议对隔震装置采取的改进措施主要是：适当减小基频、增大阻尼比、提高加工精度等。

关键词　滚珠式　水平隔震　文物展柜　振动台试验

引　言

博物馆文物是人类重要文化遗产，保护意义重大。包括我国在内，世界上很多国家位于地震带上。地震的不可预见性及巨大的破坏性对馆藏文物安全构成严重威胁。近几年地震活动频繁，造成众多文物的破坏。如2011年3月11日发生的日本东北关东地区9级的特大地震和海啸，造成295件（处）日本文物严重受损[1]。2013年4月20日，四川雅安芦山县发生的7.0级地震，至少造成349件可移动文物破坏[2]。2015年4月25日在尼泊尔发生的8.1级地震，造成至少12座文化遗产建筑及内部文物损毁[3]。由此可知，文物防震工作任务艰巨而紧迫。

从当前我国博物馆在陈文物采取的措施来看，一些博物馆内的文物直接浮放在展柜内，而展柜则浮放于地面。发生地震时，地震波携带的能量直接传递给展柜及文物，很容易把地震能量转化为动能和变形能，进而使文物产生摇晃、滑移、开裂、倾覆等震害。如图1（a）所示某博物馆纯浮放文物，在2008年5月12日汶川地震中，文物因滑移、摇晃而从陈列台掉落，并产生破坏（震害烈度6～7度）[4]。部分博物馆采取了传统的文物防震措施，如拴线法、胶黏法、卡固法、侧支法、磁吸法等[5]。这些方法可在一定程度上减小文物震害，但上述方法主要依靠加固材料提供的附加力来抵抗地震力，而这种附加力往往很小，文物仍很可能产生震害。如图1（b）所示的某博物馆文物，已采取塑料卡侧支加固措施，但是在2013年4月20日的雅安地震中，仍产生倾覆（震害烈度为6～7度）[2]。另外在地震作用下，有展柜产生摇晃、颠簸，会使柜内文物产生震害[6]。

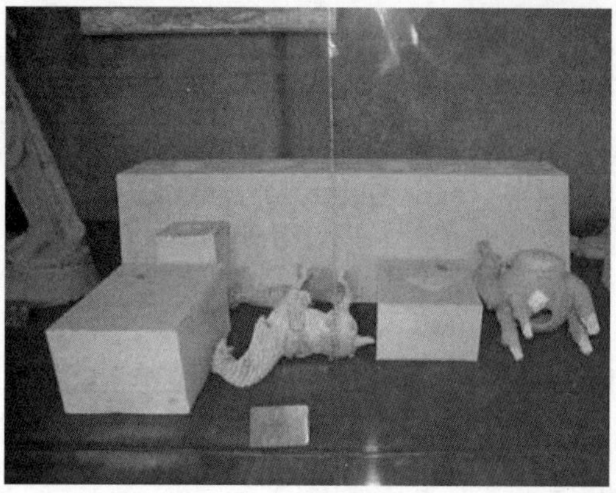

(a)

(b)

图1　馆藏文物震害照片

（a）纯浮放；（b）传统方法加固

隔震技术在土木、机械、航空等领域的应用，使得该技术用于馆藏浮放文物防震成为可能。在日本、美国等国家，已先后研发出不同类型的文物或展柜隔震装置。这些装置安装在文物或展柜底部后，使地震作用下文物的振动性质发生改变。即文物由原来的摇晃、滑移变为与隔震装置一起平动，展柜本身与隔震装置几乎不产生相对运动，且隔震体系的运动周期远远避开了地震特征周期，因而文物受到的震害迅速减小。文献［7］归纳了近年来国外研发各种文物（展柜）隔震装置，如滚轴式、滚轮式、滚珠式、滑块式、SMA丝式、磁石式、恒力弹簧式、叠层橡胶式、平行链杆式、负刚度机构式、空气弹簧式、线性导杆式、扭簧式等隔震装置，均能在不同程度上减轻或避免文物的震害。相比而言，国内的相关研究成果比较少。

本文基于国外已有成果，开发出一种滚珠式水平隔震装置，拟用于博物馆展柜防震保护。下面将对本隔震装置的构造、机理进行说明，并通过振动台试验来检测其隔震效果，提出可行性建议，结果可望为我国博物馆文物防震提供技术参考。

1　装置构造

本滚珠式文物展柜隔震装置由项目组闫维明教授指导研发。其构造的主要构件包括底板、顶板、滚珠、阻尼物等，其中底板上部和顶板下部均为凹形面，见图2（a）。隔震装置材料以钢为主，尺寸为600mm×600mm×75mm（长×宽×高），容许行程为105mm，由株洲时代新材料科技股份有限公司加工制作，照片资料见图2（b）。

本滚珠式隔震装置与展柜、文物组成的隔震体系应满足以下4个特性[8]：

（1）竖向承载性能，即位于底部的滚珠式隔震装置具备充足的竖向承载能力，能够承担上部展柜、文物传来的竖向力以及竖向地震力，在地震时不会产生变形、开裂等问题，能处于正常工作状态。

（2）良好隔震效果，即在地震力较小时，展柜能保持静止状态；地震力较大时，滚珠式隔震装置中的钢珠产生滑动，隔震体系的自振周期增大，并错开场地的特征周期，从而有效隔离地震动，降低文物及展柜的地震响应。同时，由于隔震体系的水平刚度远小于非隔震体系（文物—展柜），前者的地震运动状态与后者有了明显区别。前者为平缓的整体平动，文物、展柜相对于隔震

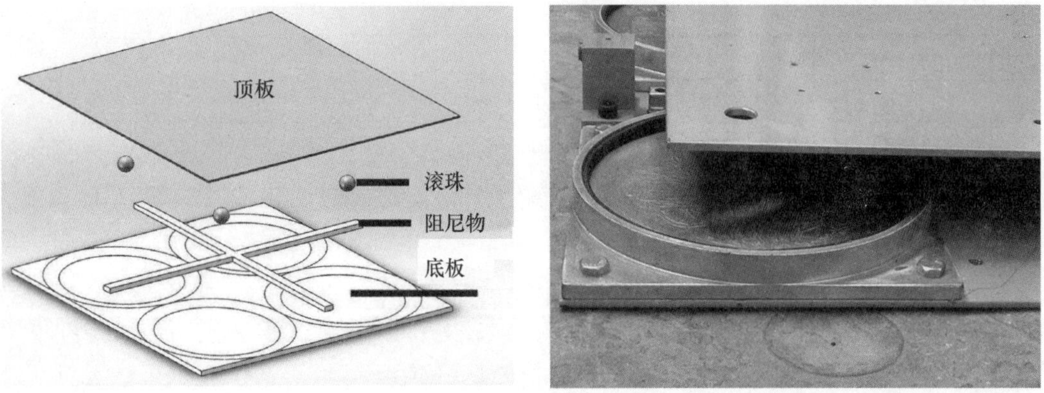

(a)　(b)

图2　滚珠式文物展柜隔震装置构造示意图

（a）构造示意图；（b）照片资料

装置产生的位移很小；后者则为剧烈的摇晃型运动，文物、展柜相对于地面产生明显摇晃、颠簸（图3）。显然，后者更容易遭受地震的破坏。

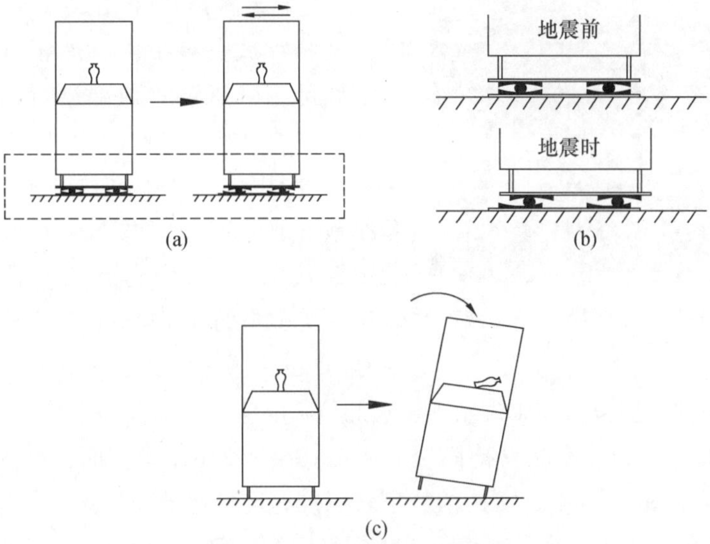

图3　文物及展柜运动示意图

（a）隔震体系；（b）隔震体系局部；（c）非隔震体系

（3）复位特性，即地震结束后，隔震体系会恢复到初始位置。这主要依靠隔震装置的弹性恢复力提供。本研究中，滚珠式隔震装置的恢复力主要源于滚珠的重力（由任意位置回到最低点）。

（4）阻尼特性，即隔震体系具有一定阻尼，在地震作用下产生运动时，隔震装置会因阻尼作用而使得运动减弱，且隔震装置上部构件的位移相对于非隔震条件要小。本隔震装置的阻尼由顶板与底板之间的阻尼物提供。

图4为结构自振周期和阻尼变化对其地震响应的影响[9]，可简单说明本滚珠式隔震装置的理想效果。一般刚性大的结构自振周期短，因而进入结构的加速度增大，而位移反应小，如图4中*A*点所示。若延长结构周期，并保持阻尼不变，则结构加速度响应减小，但位移反应增大，如图4中*B*点所示。若结构阻尼增大，则结构加速度及位移响应均减小，如图4中*C*点所示。

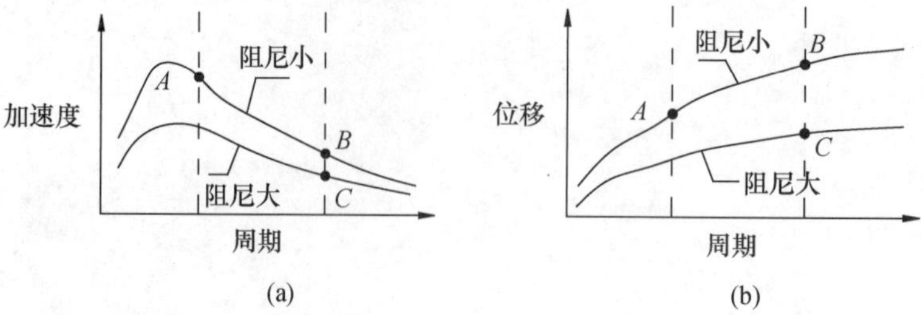

图4　结构地震响应与周期及阻尼的关系

（a）加速度反应谱；（b）位移反应谱

2　试验概况

为探讨所研发隔震装置的有效性，采用对比方法进行试验研究。即将两组震动体系同时置于震动台面，通过施加地震激励，研究其震动响应。这两种震动体系分别是隔震体系与非隔震体系，见图5。其中，隔震体系由文物、展柜、隔震装置组成；文物浮放在展柜内，展柜置于隔震装置之上，展柜底部与隔震装置顶部进行固定连接，隔震装置底部浮放在振动台面（图5右）。非隔震体系由文物、展柜组成，其中文物浮放在展柜内，展柜底部浮放在振动台面（图5左）。展柜底板、顶板均采用钢板制作，4块立板为玻璃制作。展柜尺寸为625mm×625mm×1645mm（长×宽×高），重心高度为762mm，质量为212kg。

图5　两种震动体系照片

本试验主要采集的数据包括滚珠式隔震装置的位移响应、文物及展柜典型位置的加速度响应。所采用加速度传感器型号为北京法易德商贸有限公司生产的ICP型，而位移测量采用的是拉线式位移计。各测点布置见图6。其中，阿拉伯数字表示加速度传感器布置位置，即1（2）表示振动台面，3（4）表示隔震装置顶板，5（6）表示隔震体系文物上部，7（8）表示非隔震体系文物上部；

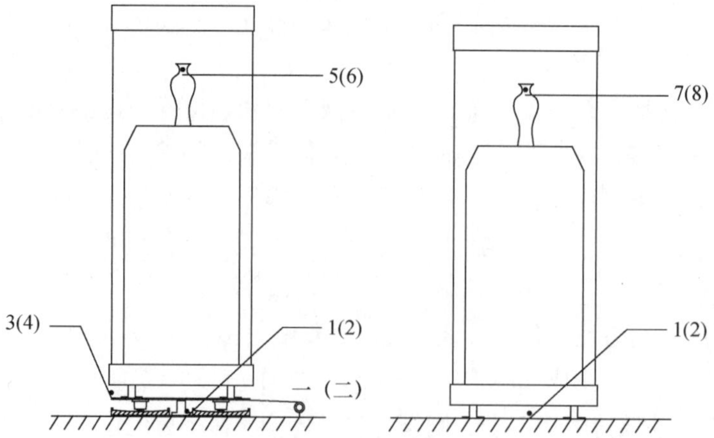

图6　测点布置图

汉字数字“一（二）”表示拉线式位移计布置位置。括号外的数字表示传感器（位移计）为东西向布置，括号内数字表示上述测定装置为南北向布置。

试验时，首先对2种震动体系输入PGA＝0.05g的白噪声，以测定上述隔震体系与非隔震体系的基本动力特性。然后输入不同场地类别、不同强度等级的人工波，x、y双向作用，加速度峰值在x向与y向之比约为1∶2，以研究不同震动体系的动力响应，并探讨隔震装置的隔震效果。将上述地震波信息建成不同的工况，相关信息见表1。

表1　有效地震波工况表

工况号	地震波类型	场地类别	作用方向	持时/s	时间间隔/s	x向强度/g	y向强度/g
1	白噪声	—	x、y	50	0.01	0.05	0.1
2	人工波	Ⅱ类	x、y	20	0.01	0.1	0.2
3	人工波	Ⅱ类	x、y	20	0.01	0.2	0.4
4	人工波	Ⅲ类	x、y	20	0.01	0.1	0.2
5	人工波	Ⅲ类	x、y	20	0.01	0.2	0.4

水平地震作用下，浮放文物产生摇晃的条件为[10]

$$\sqrt{\left(\ddot{x}_g\right)^2+\left(\ddot{y}_g\right)^2}\Big/\left|\ddot{z}_g+g\right|>B/H,\quad \mu>B/H \tag{1}$$

式中，$\ddot{x}_g$、$\ddot{y}_g$、$\ddot{z}_g$为传到文物底座上的水平双向及竖向地震波加速度值；g为重力加速度；μ为文物与台座之间的静摩擦系数，经测定，取值$\mu=0.3$；B为文物底部半径，$B=30$mm；H为文物的重心高度，$H=165$mm。本研究仅考虑水平地震作用，因此$\ddot{z}_g=0$。由式（1）可知，$\sqrt{\left(\ddot{x}_g\right)^2+\left(\ddot{y}_g\right)^2}>0.18g$时，文物即产生摇晃。需要说明的是，本研究中，输入振动台面的地震波加速度峰值范围为PGA＝0.1～0.4g，且地震波从振动台面往上传递到文物底座时，其加速度要有一定程度放大。因此上述输入地震波条件下，文物均有可能产生摇晃。而当文物摇晃至重心与转动点在竖向共线时（此时文物的水平位移为$B/2=15$mm），即文物将进入倾覆状态[11]。

3　试验现象

本研究主要讨论文物在隔震、非隔震条件下的地震响应，并评价隔震装置的性能。然而由于文物处于展柜中，地震波从展柜底部传至文物时要产生放大，因而试验现象的描述中包括了展柜地震响应的内容。

3.1　工况2

3.1.1　文物

在非隔震条件下，地震波一施加，文物即可见到轻微的颠簸，主要表现在文物上部。地震波强度增大，文物的运动形式变成摇晃，但幅度不是很明显。随着地震波持续输入，文物做不稳定的摇晃运动（幅度时而大时而小）。在$t=15.34$s附近，文物因摇晃幅度过大而产生倾覆。此外，由于地震波是双向输入，文物产生的摇晃方向具有一定的随机性。

在隔震条件下，地震波施加后，文物开始无明显试验现象，几乎与陈列台座保持相对静止。地震波持续作用，文物发生非常小的颠簸，且处于非常稳定、轻微的摇晃状态。地震波持续输入，在非隔震条件下文物产生倾覆的时刻，隔震条件下的文物并不因为地震波的强度增大而产生剧烈摇晃，其震动仍然是极其轻微的。这种摇晃，不会使文物产生倾覆。随后，地震波强度逐渐减弱，文物震动衰减，逐渐恢复静止状态。

3.1.2　展柜

首先，文物放置于展柜内部（中上部），因而展柜的震动会对文物起到不利作用（有一定程度放大）。其次，非隔震条件下展柜底部直接浮放于振动台面，因而振动台面的地震波会直接传至展柜并放大；隔震条件下的展柜底部与隔震装置顶板固定，因而其受到的地震力由隔震装置传来并产生放大。因此，两种不同的底部边界条件下，展柜的震动应该有所区别。

在非隔震条件下，地震波施加初始阶段，展柜底部保持稳定，但上部的玻璃侧板有轻微的摇晃，可反映地震波由振动台面传至展柜上部的放大情况。地震波强度增大，展柜底部仍保持静止，可反映展柜本身的抵抗弯矩大于地震力产生的倾覆弯矩；而展柜上部的玻璃侧板摇晃较为明显。地震波持续输入，展柜上部的文物产生倾覆，可反映传至展柜上部的地震力增大，而展柜本身则下部稳定、上部玻璃侧板摇晃明显。随后，地震波逐渐衰减，展柜趋于静止。

在隔震条件下，地震波输入后，展柜底部与隔震装置顶板一并产生滑移，展柜上部的玻璃侧板可见轻微颠簸。地震波强度增大，展柜底部保持较为稳定的滑移，而其上部的玻璃侧板产生极小颠簸，可反映传至展柜上部的地震力（相对于非隔震条件）明显要小。地震波持续输入，展柜底部与隔震装置顶板继续做往复滑移平动，上部玻璃侧板颠簸很小。随后，地震波衰减，展柜运动趋于停止。

分析认为：在隔震条件下，展柜的震动形式为平动；而非隔震条件下，展柜的震动形式为摇晃。由于地震波峰值较小，因而尚不引起非隔震条件下展柜产生明显摇晃。但由于两种震动条件下展柜的震动状态根本不同，因而地震力由展柜传至文物上部的放大情况亦差别明显。其中，在隔震条件下，展柜本身受到的地震力相对更小，因而传至文物上部的地震力也很小。

3.1.3　隔震装置

开始时地震力较小，滚珠处于静止状态。随着地震波强度增大，滚珠在凹形面内产生往复运动，方向随机。地震波持续输入，滚珠运动不剧烈，幅度也较小，隔震装置顶板始终保持水平，可反映装置的良好工作状态。地震波继续加载，滚珠保持在凹形面内做幅度比较小的滚动，且4个滚珠运动步调一致，隔震装置顶板始终保持平整。随后，地震波强度逐渐减弱，滚珠运动趋于静止。

地震波作用结束后，滚珠由于重力作用回到最低点（平衡位置）附近。隔震装置残余位移不明显。

工况2条件下的试验照片如图7所示。

图7 工况2试验现象

3.2 工况3

3.2.1 文物

在非隔震条件下，由于地震波峰值相对工况2明显增大，因而文物一开始就产生颠簸。随后，文物颠簸加剧，并很快发展为幅度较大的摇晃。在历经几次摇晃后，文物因重心偏离，无法复位，并产生倾覆（$t=5.35$s时）。

在隔震条件下，地震波输入后，文物无明显反应，几乎与陈列台座保持相对静止。地震波继续加载，其在强度增大过程中，文物偶尔出现轻微颠簸，但迅速恢复到初始位置，可反映文物处于稳定的震动状态。随后，地震波强度趋于减弱，文物颠簸几乎停止，并与陈列台座保持相对静止状态，直至试验结束。

3.2.2 展柜

在非隔震条件下，地震波施加后，展柜玻璃侧板很快产生明显晃动，而展柜的四个底座则与振动台面保持相对静止。该现象反映地震波由振动台面通过展柜底座传至上部后，很快产生放大。而展柜底座保持稳定的原因在于，地震力产生的倾覆弯矩小于展柜自身重力产生的抵抗弯矩。地震波持续输入且强度增大，展柜底座开始出现颠簸（原本浮放于振动台面，因地震作用而局部脱离振动台面），展柜上部的玻璃侧板晃动剧烈，可反映传至展柜的地震力明显增强。需要说明的是，该情况对文物是严重不利的。文物一方面因受到地震力过大而剧烈摇晃，另一方面因展柜的摇晃加剧了文物的地震响应，并使其很快倾覆。随后地震波减弱，展柜摇晃趋于停止。

在隔震条件下，地震波施加后，展柜与隔震装置一起平动，即未产生摇晃。展柜上部的玻璃侧板有轻微晃动，可反映地震波由隔震装置传至展柜后无明显放大。地震波强度增大，展柜平动幅度增大，上部玻璃侧板晃动仍不明显。其主要原因在于，隔震装置改变了展柜的震动形式（由摇晃变为平移），使得展柜的地震响应很不明显，相应地对柜内的文物也起到一定保护作用。

3.2.3 隔震装置

地震波输入后，一开始隔震装置无明显运动，可反映装置顶板与底板之间的静摩擦力大于地震力。随后，地震波强度增大，装置开始产生平动，即由4个滚轮同时产生同向运动。装置运动的幅度随着地震波强度增大而增大，但是装置本身始终保持平动及稳定状态，且运动并不剧烈，可反映装置的性能较好。地震波作用结束，隔震装置运动逐渐停止，并回到平衡位置（初始位置）附近。

工况3条件下的试验照片见图8。

图8　工况3试验现象

3.3　工况4

3.3.1　文物

在非隔震条件下，在地震波输入2～3s后，文物上部有轻微的颠簸。地震波强度增大时，文物颠簸略变明显，但不至于达到晃动地步，因而可认为文物处于安全状态，并保持较为稳定的震动。其主要原因在于，输入的地震波峰值较小，传至文物上部的地震倾覆弯矩小于文物自身的抵抗弯矩。随后地震波强度衰减，文物逐渐静止。

在隔震条件下，地震波施加后，文物与陈列台座几乎保持相对静止。地震波持续输入，文物未见明显运动，其颠簸幅度几乎可以忽略不计。整个地震过程中，文物始终保持稳定，并与陈列台座几乎相对静止。该现象可反映隔震条件下文物受到的地震力比非隔震条件更小。

3.3.2　展柜

在非隔震条件下，地震波施加后，展柜底部较为稳定，而玻璃侧板可显示出晃动，且越往上越明显。该现象可反映地震波由振动台面传至展柜过程中，产生了地震力放大作用。地震波持续输入，且强度增大，展柜上部的玻璃侧板晃动较明显，而底部的支座几乎保持静止。由于展柜本身浮放地面，因而该现象可反映展柜受到的地震力较小，不至于引起本身的晃动。另外，展柜是由支座、底框、侧板、陈列台座组成的组合体，因而尽管其底部保持稳定，但上部组件在地震作用下产生程度不一的摇晃。

在隔震条件下，地震作用下，展柜底部与隔震装置同步平动，上部玻璃侧板也可见晃动，但远小于非隔震条件。该现象可反映隔震条件下展柜本身受到的地震力要小。与非隔震条件相比，隔震条件下，展柜底部为平动，而非隔震条件的展柜底部未不明显地摇晃。随着地震波强度增大，展柜底部与隔震装置做较大幅度的平动，但其上部玻璃侧板晃动仍不明显，可反映隔震装置起到了一定作用。

3.3.3 隔震装置

在地震作用下，隔震装置产生运动，主要表现为其4个不同凹形面上的滚珠做同步运动，并带动上部顶板及展柜平动。隔震装置的运动幅度随着地震波强度增大而增大，但始终未超出凹形边界，且其运动是稳定的。与非隔震条件相比，由于两种条件下文物均能保持稳定状态，因而隔震装置的隔震效果未能明显体现。随后，地震波逐渐减弱，隔震装置运动变缓，并趋于静止，但其未能完全恢复到平衡位置，而是有较小的偏差。由此可知，本隔震装置的精度设计尚需改进。

图9　工况4试验现象

工况4条件下的试验现象见图9。

3.4　工况5

3.4.1 文物

在非隔震条件下，地震波强度一开始就有明显加大，而文物则表现为明显的颠簸。随后，地震波强度增大，文物的颠簸立刻转换为不稳定的摇晃。地震波持续输入，文物的摇晃变得非常明显，很快（t=6.61s）就产生倾覆。该现象反映地震波强度增大时，由振动台面上传至文物的地震力明显放大。地震力产生的倾覆弯矩大于文物自身重力产生的抵抗弯矩，文物因摇晃幅度过大而产生破坏。

在隔震条件下，文物一开始仍与陈列台座保持相对静止。随着地震波强度增大，非隔震条件下的文物产生倾覆，而该条件下的文物与陈列台座一并平动，文物与陈列台座几乎无相对运动。地震波强度进一步增大，文物开始做轻微摇晃运动，但很快又回到平衡位置，可认为文物保持近似稳定运动状态。在地震过程中，隔震装置的运动偶有接近容许边界情况（滚珠轻微撞击凹形面边缘），对文物的稳定不利，但不至于文物产生过大摇晃。地震波作用结束时，文物也完全恢复到静止状态。

3.4.2 展柜

在非隔震条件下，由于该工况条件下地震力较大，因而一开始，展柜底座以上的部分就有摇晃现象，尤其是玻璃侧板晃动明显。地震波强度增大，展柜上部晃动明显，可反映地震波上传至展柜上部时的放大现象。需要说明的是，展柜底座近似保持静止，而上部组件做摇晃运动，展柜地震响应明显。

在隔震条件下，展柜与隔震装置同步做运动，其幅度随着地震波强度增大而表现明显。展柜上部的侧板晃动比较轻微，反映隔震装置可减小振动台面传至展柜上部的地震力。需要说明的是，地震作用下，展柜及上部文物一起，与隔震装置做平动运动，即运动面始终在水平面内。展柜的底部保持稳定，而上部玻璃侧板的摇晃也很轻微，地震响应明显小于非隔震条件。

3.4.3　隔震装置

图10　工况5试验现象

一开始，隔震装置内的滚珠即做幅度较大的同步滚动，可反映该工况条件下的地震力较大。随着地震波强度增加，隔震装置的平动幅度增大。滚珠偶有轻微撞击凹形面边界现象，但未引起文物过大摇晃。分析认为，隔震装置阻尼比偏小导致其行程过大是主要原因。这是在隔震装置深入研发时所需改进的部分。地震波继续输入，隔震装置基本上能保持稳定的平动，也能减小传递至文物的地震力，体现了一定的隔震性能。地震结束后，隔震装置基本能回复到平衡位置。

工况5条件下的试验现象见图10所示。

各工况条件下的试验现象可简化为表2所示。

表2　各工况试验现象统计

工况	展柜		文物		隔震装置复位情况
	非隔震	隔震	非隔震	隔震	
1	轻微颠簸	轻微平动	轻微颠簸	轻微颠簸	较好
2	轻微颠簸	轻微平动	倾覆	轻微摇晃	较好
3	较明显颠簸	较明显平动	倾覆	轻微摇晃	较好
4	轻微颠簸	轻微平动	轻微颠簸	保持稳定	较差
5	明显颠簸	大幅度平动	倾覆	轻微摇晃	较好

4　试验分析

4.1　动力特性

本试验测定的结构动力特性主要包括基频 f_0和阻尼比ξ。首先对振动台施加PGA＝0.05g（1g＝9.8m · s^{-2}）白噪声激励，x、y向同时施加，获得隔震和非隔震两种条件下展柜上部节点的加速度响应。然后对各加速度数据进行傅里叶变换，可获得各节点的频谱（频率-傅里叶谱）曲线，则曲线峰值点对应的频率即为震动体系的基频 f_0。图11和图12分别为隔震体系及非隔震体系的频谱曲线，其中I表示隔震条件，N表示非隔震条件（下同）。由图可知，隔震体系在x、y向的基频均为 f_{0I}＝3.50Hz；而非隔震体系的基频在x向与y向的基频并不一致，其中 f_{0Nx}＝6.28Hz，f_{0Ny}＝6.58Hz。这主要是因为对于展柜-文物-隔震装置体系而言，其基频主要由下部的滚珠振动特性决定，由于滚珠运动的表面是均匀对称的曲面，即滚珠在各个方向的滚动半径相同（其基频由曲面半径决定），因而隔震体系在各个方向的基频相同。对于非隔震体系而言，其并非完全对称结构，其自振特性与体系的质量、刚度密切相关。地震作用下，其在x向与y向的振动特性是有一定的差别的，其中在x向的基频略小，该特性可反映非隔震体系在该向的刚度略小。

结构体系的阻尼比ξ可采用自由振动衰减法、共振放大法、半功率法等方法测定。本研究采用

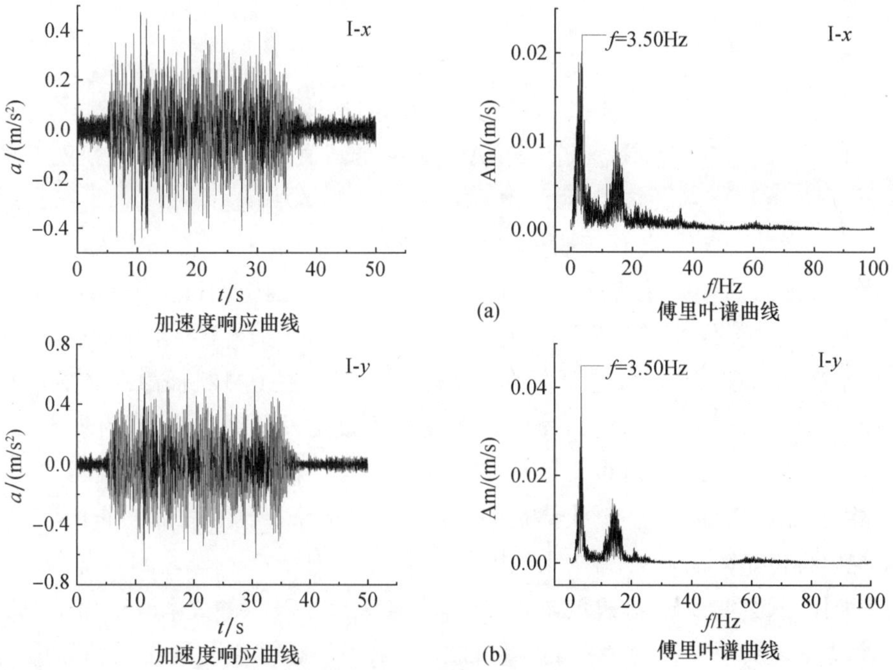

图11 隔震装置频谱分析曲线

（a）x向；（b）y向

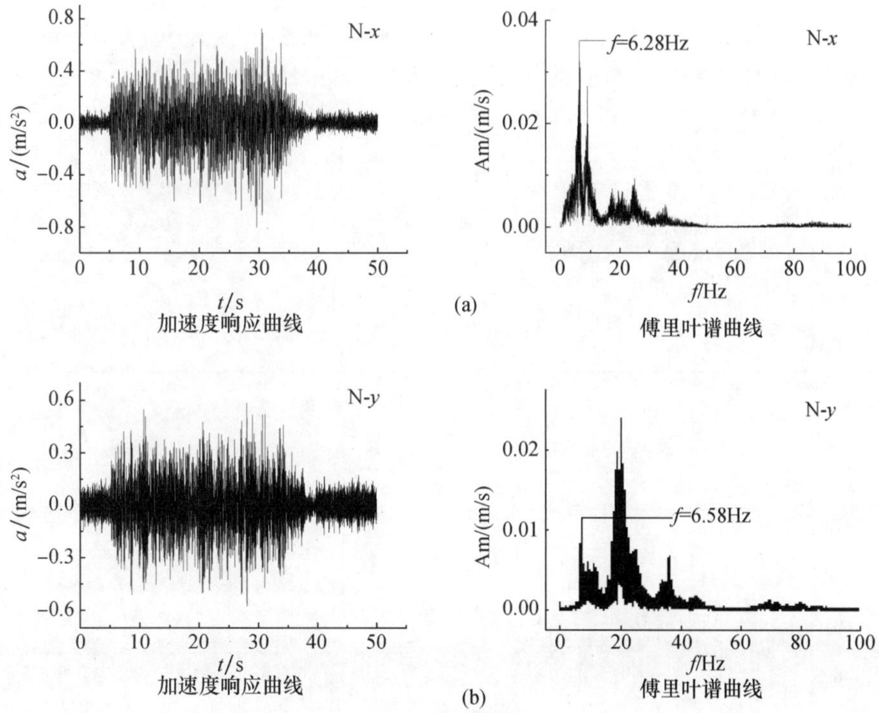

图12 非隔震体系频谱分析曲线

（a）x向；（b）y向

半功率法测定上述两种体系的ξ值，其基本原理为：对于结构的频率-振动响应曲线而言，当结构振动响应的幅值降至$2^{(-1/2)}$时，其对应的频率条件下，输入功率为响应功率峰值的一半。由上述关系

可得[12]

$$\xi = (f_2 - f_1) / (f_2 + f_1) \tag{2}$$

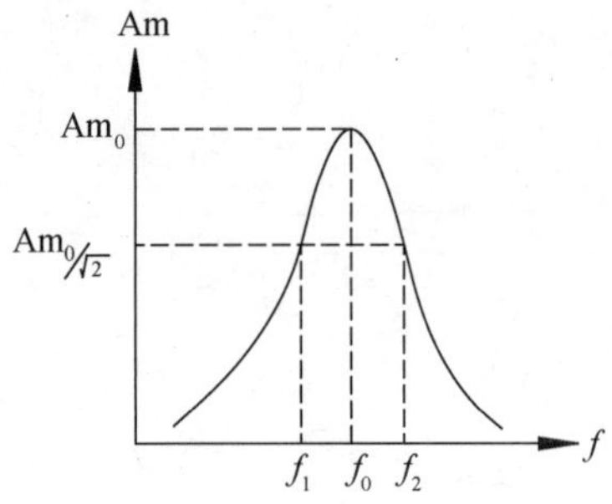

图13　阻尼比计算方法

式中，ξ为震动体系的阻尼比，f_1、f_2分别为震动体系频谱曲线中基频f_0对应峰值Am_0下降至其值的$2^{(-1/2)}$后，分别对应的频率值，见图13所示。

利用上述方法求得：ξ_{Ix}=4.3%，ξ_{Iy}=4.5%，ξ_{Nx}=1.9%，ξ_{Ny}=2.2%。易知，隔震体系的阻尼比要比非隔震体系大，这有利于隔震体系运动衰减。分析认为：结构体系的阻尼因素主要与体系变形过程中的内摩擦（主要取决于材料耗散系数的大小和影响此系数的因素）、各构件连接处及体系与支承面的摩擦、地基散失的能量、体系周围介质对体系振动的阻力等因素相关[13]。隔震体系与非隔震体系相比，在其他阻尼影响因素相近的条件下，前者由于在底部增加了隔震装置，底板与顶板之间的阻尼物提供了附加阻尼，因而其阻尼比更高。

以x向地震波作用为例，研究地震波基频f_{0g}与两种震动体系基频的关系。绘出工况2、工况4下，x向地震波加速度曲线及傅里叶变换后的频谱曲线，见图14。标注两种震动体系的基频值于图14中，以对比其与地震波基频对应的傅里叶谱关系。其中，f_{0g}=2.80Hz是地震波的基频，f_{0I}=3.50Hz是隔震体系的基频，f_{0N}=6.28Hz是非隔震体系的基频。易知，就隔震基频f_{0I}而言，本隔震装置的基频略偏大，f_{0g}/f_{0I}=2.80/3.50，隔震效果不甚理想［理论上，隔震装置的基频应较低，建议在图14线框范围内（该范围内对应的基频值很小），且f_{0g}/f_{0I}应大于1.414[12]］。但隔震体系的基频f_{0I}对应的傅里叶谱值要比非隔震体系基频f_{0N}对应的傅里叶谱值小，即隔震展柜及文物受到更小地震力。

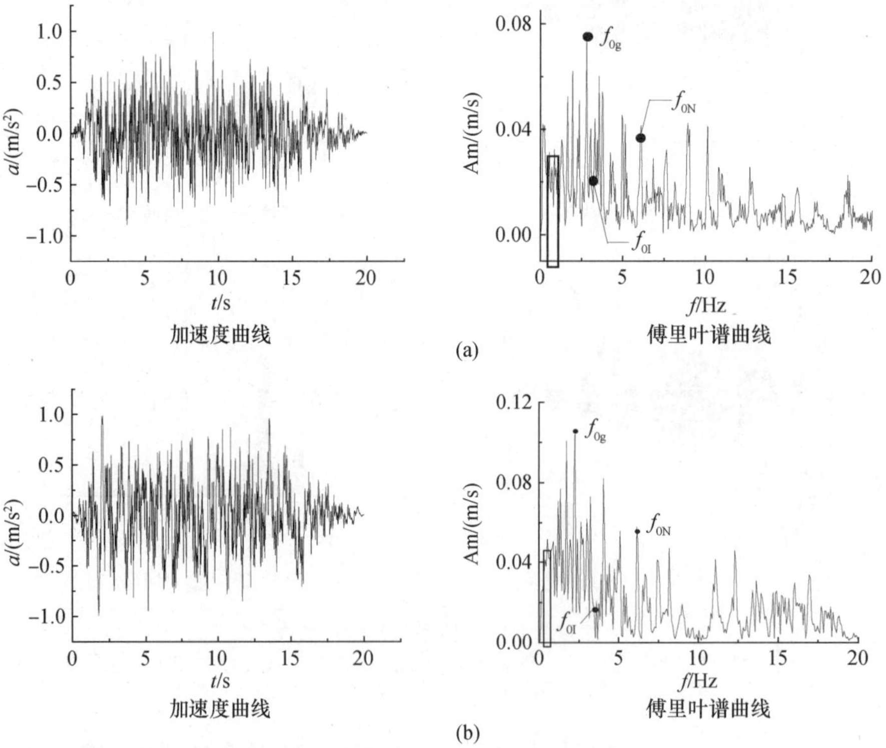

图14　地震波加速度曲线及频谱曲线

（a）工况2，地震波x向；（b）工况4，地震波x向

4.2 文物加速度响应

文物加速度大小可反映文物本身受到地震力的大小，并直接影响文物摇晃的剧烈程度。基于此，试验获得了不同工况条件下文物的加速度响应曲线，见图15，相关峰值见表3。

表3 文物加速度峰值绝对值表

工况	a_5	a_6	a_7	a_8
2	t=10.18,a=0.69	t=15.19,a=0.84	t=15.39,a=3.89	t=15.35,a=4.59
3	t=11.25,a=1.80	t=11.22,a=2.50	t=5.37,a=6.69	t=8.09,a=11.11
4	t=19.72,a=1.32	t=19.72,a=1.34	t=6.75,a=1.46	t=6.81,a=2.71
5	t=9.20s,a=2.58	t=9.20,a=3.34	t=6.85,a=4.85	t=5.18,a=5.70

注：t的单位为s，a的单位为m/s^2。

各工况条件下，文物的加速度响应曲线特点如下：

（1）工况2，Ⅱ类场地人工波，PGA=0.1g（x向）。文物在水平双向的加速度响应曲线特点相似，下面以东西向的加速度响应为例进行说明。非隔震条件下，t=8.85s之前，文物的加速度响应曲线基本与x轴重合，可反映传到文物上部的地震力很小。而后曲线表现为以平衡位置为中心的不均匀波动，并在t=15.39s时出现高耸点（峰值）。结合试验现象来看，可认为是文物因地震力过大倾覆，并碰撞陈列台座所致。对于隔震条件下的文物而言，其加速度曲线约在t=8.85s后产生明显波动，但整个过程的曲线形状与非隔震条件完全不同。相对于非隔震条件而言，隔震条件下文物的加速度响应曲线更加均匀、稳定，无明显高耸点，可反映文物稳定的震动状态。这是因为二者的受力状态并不相同。尽管均于展柜内陈列台座上处于浮放状态，但非隔震条件下展柜因地震作用而摇晃，隔震条件下的展柜产生平动。后者受到的地震力明显要小于前者，传到文物上部的地震力也更小。

（2）工况3，Ⅱ类场地人工波，PGA=0.2g（x向）。该工况条件下，地震力明显增大。各文物的加速度响应曲线产生明显波动的时间明显提前。非隔震条件下，文物在水平双向的加速度响应并不稳定，节点7的响应曲线在t=5.37s时即开始出现明显高耸点。结合试验现象分析，可认为是文物因摇晃幅度过大、碰撞陈列台座产生。而节点8的响应曲线在t=8.09s时产生峰值，是文物倾覆后与台座的二次碰撞所致。对于隔震条件下的文物而言，由于隔震装置的运动，展柜传至文物上部的地震力增长并不明显。尽管文物的加速度响应曲线并不均匀，但由于文物并没有产生倾覆（未与陈列台座碰撞而产生较大内力），因而其加速度峰值很小，文物处于安全状态。由此可以认为，本隔震装置可以减小文物的加速度响应。

（3）工况4，Ⅲ类场地人工波，PGA=0.1g（x向）。与工况2相比，该工况条件下文物所处的场地类别发生了变化，其加速度响应曲线也明显不同，亦即场地条件对文物的加速度响应有明显影响。无论展柜是否采取隔震措施，各文物的加速度响应曲线基本均匀、稳定，无明显高耸点出现。结合试验现象来看，各文物保持稳定的震动状态。另外，隔震条件下文物的加速度响应曲线形状与非隔震条件完全不同，这主要因为二者处于不同的受力状态。非隔震条件下，由振动台面传至文物上部的地震波产生放大；隔震条件下，振动台面的地震波传至隔震装置顶部时受到削弱，且隔震装置运动改变了地震波波形特性，使得地震波再上传至文物上部时，其特性与非隔震条件明显不同。

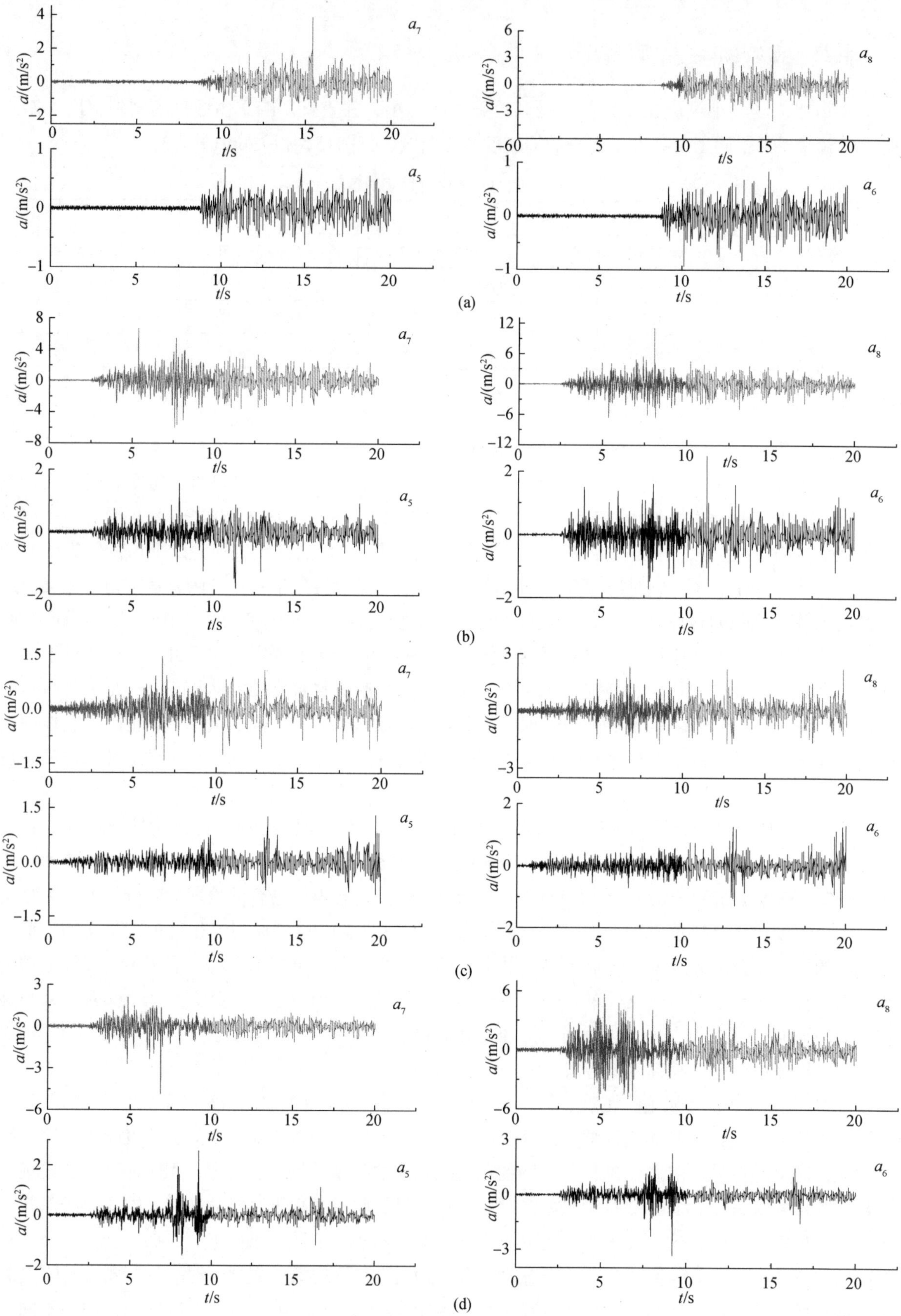

图15　文物加速度响应曲线

（a）工况2；（b）工况3；（c）工况4；（d）工况5

从表3中的加速度峰值来看，隔震条件下，文物在水平双向的加速度峰值相对略小。分析认为，地震力强度较小时，传到无隔震措施文物上部的地震力尚不至于引起文物的剧烈晃动；而当文物（展柜）采取隔震措施后，其受到的地震力进一步得到削弱，只不过在地震强度较小时，隔震装置的隔震性能发挥不明显。

（4）工况5，Ⅲ类场地人工波，PGA＝0.2g（x向）。相对工况4而言，地震波强度明显增大。非隔震条件下，文物的加速度响应曲线并非均匀、稳定，而是有明显的高耸点，峰值明显大于工况4条件。该特点可反映地震波强度增大时，非隔震文物受到的地震力产生明显放大的情况。结合试验现象，可认为文物做较为剧烈的摇晃运动，并倾覆及碰撞陈列台面。对于隔震条件下的文物而言，其加速度响应曲线不稳定，可反映文物在较高烈度地震作用下的摇晃（未倾覆）过程。从峰值来看，隔震条件下文物的加速度响应峰值远低于非隔震条件，可反映隔震装置起到了隔震作用。另外，相对于工况4而言，其加速度响应明显增大，可反映地震波强度增大时，隔震装置上部文物受到的地震力也有所增大。由于隔震条件下，文物在水平双向的加速度峰值均比非隔震条件要小，因此，可以认为，在地震波强度较大时，本滚珠式隔震装置在水平双向均能发挥隔震效果。

4.3 位移响应

4.3.1 文物位移响应

试验获得了不同工况条件下文物的加速度响应曲线，对它们进行二次积分，即可获得文物的位移响应曲线（相对于陈列台座），见图16。其中，u_5、u_6分别表示隔震条件下文物在x、y向的位移响应；u_7、u_8则分别表示在非隔震条件下文物在x、y向的位移响应。

（1）工况2，Ⅱ类场地人工波，PGA＝0.1g（x向）。对于非隔震条件下的文物而言，其摇晃响应在初始阶段并不明显；t>10.15s后，文物在x、y双向晃动剧烈，曲线出现多个高耸点。t＝15.34s时（该时刻文物对应的水平位移绝对值为：u_7＝17.67mm，u_8＝1.39mm），文物因晃动幅度过大而发生倾覆，其在该时刻以后位移响应无对比意义，因此在曲线中略去。易知，即使在地震波烈度较小时，缺乏隔震措施的文物也会由于晃动幅度过大而倾覆。其主要原因在于，文物浮放于展柜内的陈列台座上。该烈度的地震波从振动台面上传至陈列台座时会产生放大。同时展柜本身也浮放在地面，展柜的轻微晃动加剧了文物的摇晃，并导致文物产生倾覆。

对于隔震条件下的文物而言，该烈度地震作用下，其位移响应曲线是稳定的、近似均匀的。文物在整个地震波作用过程中保持稳定的震动状态，并以平衡位置为中心，产生近似均匀的往复运动。其位移响应峰值绝对值（t＝15.46s，u_5＝1.57mm；t＝15.32s，u_6＝2.22mm）很小，可反映文物的摇晃并不明显。其主要原因在于，展柜底部安放了滚珠式隔震装置。地震作用下，滚珠产生运动，改变了展柜的震动周期及震动状态。一方面，展柜随隔震装置产生运动，其基本周期相对于非隔震条件而言，明显延长，有利于避开地震波峰值。另一方面，展柜的震动形式发生了改变。非隔震条件下，展柜产生的震动形式为摇晃，该形式会加剧柜内文物的晃动；而隔震条件下，展柜的震动形式变成了平动，其本身基本上不产生摇晃，因而对柜内文物的晃动影响很小，有利于减小文物的震动。

（2）工况3，Ⅱ类场地人工波，PGA＝0.2g（x向）。该工况条件下，地震波强度增大。对于非隔震条件下的文物而言，其位移响应曲线一开始就出现x轴向幅度较大的波动，且很快在y轴上产生高耸点。t=5.35s时（对应的位移绝对值为：u_7=9.04mm，u_8=19.80mm），文物产生倾覆，其在该时刻以后位移响应曲线略去。该曲线可反映地震波强度增大时，非隔震条件下，文物晃动剧烈，并且很快产生倾覆。其主要原因在于：一方面地震波烈度增大，文物受到的地震力增大，加剧了其摇晃幅度；另一方面展柜颠簸要比工况2明显，对文物的震动产生了极为不利的影响，并相应加速了文物的倾覆。

隔震条件下，文物的位移响应曲线仍然很稳定。从曲线形状来看，其在整个震动过程中无明显高耸点，仍表现为近似以平衡位置为中心的均匀往复运动。曲线峰值的绝对值（t=19.20s，u_5=3.45mm；t=5.95s，u_6=3.32mm）远小于文物产生倾覆时的水平位移（B/2=15mm），可反映文物在地震波强度增大时的摇晃响应仍不明显。分析认为，隔震装置中的滚珠在地震作用下产生运动，增大震动体系的基本周期，改变了展柜的运动形式（由摇晃变为平动），并降低了传至文物上部的地震力。因此，地震波强度增大时，本隔震装置仍能发挥有效作用。

（3）工况4，Ⅲ类场地人工波，PGA=0.1g（x向）。对于非隔震条件下的文物而言，其位移响应曲线为一条近似均匀振动的曲线，可反映文物的摇晃响应不明显。该条件下，文物的位移响应峰值绝对值（t=19.83s，u_7=4.30mm；t=19.83s，u_8=4.14mm）远小于文物产生倾覆的水平位移，意味着该工况条件下，文物摇晃幅度很小，不会产生倾覆。由于工况2条件下，非隔震文物产生倾覆，因此可知，文物所处的场地类别对其地震响应有一定的影响。

对于隔震条件下的文物而言，其位移响应曲线近似均匀、稳定，可反映文物较为稳定的震动状态。其位移响应峰值绝对值（t=20.00s，u_5=2.65mm；t=19.97s，u_6=2.91mm）小于非隔震条件，可反映隔震装置在低烈度地震作用下可减小文物的位移响应。另外，由于该条件下文物的位移响应很小，可反映文物摇晃响应很小。其主要原因在于，滚珠的运动错开地震波的峰值输入，且改变了展柜的震动状态。

（4）工况5，Ⅲ类场地人工波，PGA=0.2g（x向）。该工况条件下，地震波强度增大。对于非隔震条件下的文物而言，其位移响应曲线很不稳定。在t=6.61s（该条件下文物产生对应的水平位移响应绝对值：u_7=10.43mm，u_8=10.77mm）时，文物发生倾覆，其在该时刻以后位移响应曲线略去。该位移响应曲线可反映地震波烈度增加时，文物位移响应明显增大。除文物自身受到的地震力过大导致其摇晃剧烈外，展柜本身的摇晃对文物也产生不利影响。

隔震条件下，文物并未产生倾覆。其位移响应曲线仍表现为近似均匀、稳定的振动曲线，可反映文物所处稳定状态。文物的位移响应峰值绝对值（t=9.44s，u_5=4.88mm；t=8.18s，u_6=5.05mm）远小于文物的倾覆值，可反映文物处于安全状态。分析认为，由于隔震装置的作用，展柜产生平动。即使其平动幅度较大（相对振动台面），但其相对于文物的运动幅度仍不明显。同时，由于隔震装置的运动，传至文物上部的地震力得到了明显的削弱，使得文物的摇晃响应仍不明显。因此，该工况条件下，本滚珠式文物隔震装置仍能发挥很好的效果。

4.3.2 隔震装置位移响应

为研究隔震装置位移响应、分析其行程及震后恢复原位性能。由于国内关于隔震装置复位能力相关要求的规范或文献很少，因此本研究以隔震装置的残余变形不超过其容许行程10%（<11mm）。基于试验数据，绘制了各工况条件下隔震装置的位移响应曲线，见图17。其中x、y分别表示隔震装置在上述2个方向的位移。

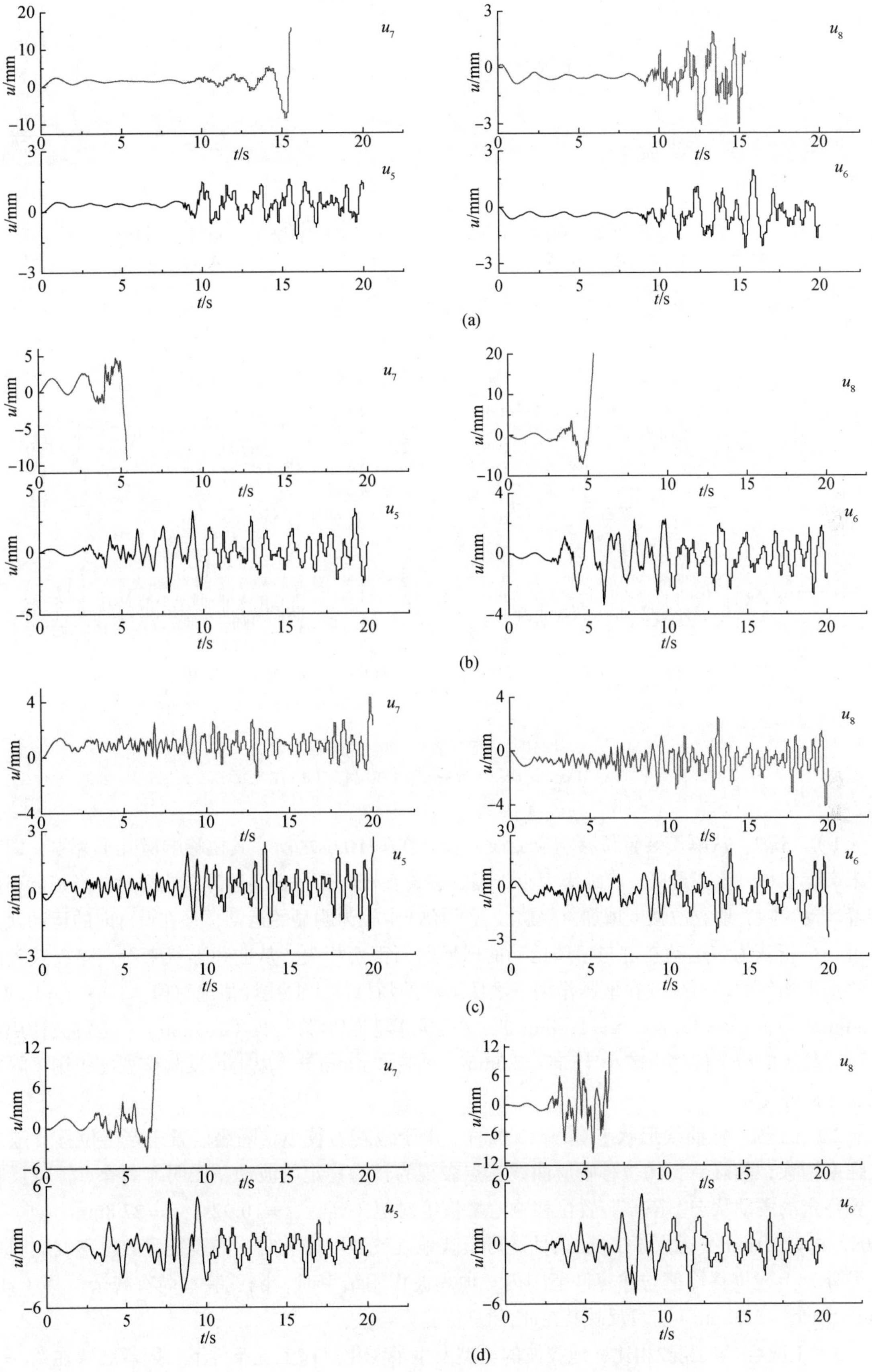

图16 文物位移响应曲线

（a）工况2；（b）工况3；（c）工况4；（d）工况5

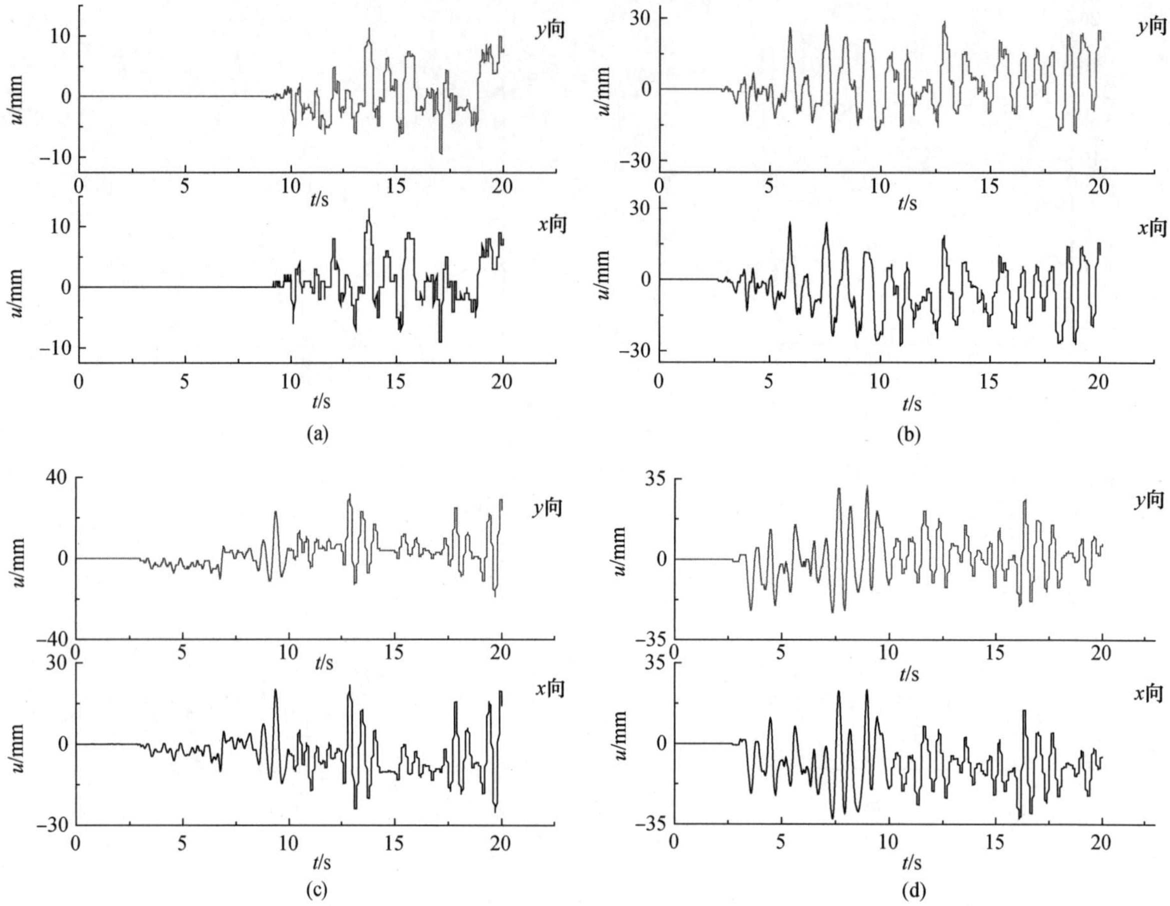

图17　隔震装置位移响应曲线

（a）工况2；（b）工况3；（c）工况4；（d）工况5

（1）工况2：从隔震装置位移响应曲线来看，在$t=10.0$s之前，其位移响应几乎为零，即隔震装置未产生位移。该特点可反映地震力小于隔震装置底板与顶板之间的静摩擦力时，尚不能引起隔震装置运动。随着地震波强度增加，隔震装置开始产生较为明显的运动，且在x、y向的运动轨迹高度相近。分析认为该运动轨迹与滚珠运动的球形曲面密切相关。从曲线形状来看，隔震装置的水平位移是不均匀的，可反映在地震作用下滚珠运动的随机性。曲线峰值绝对值（x向：$t=13.71$s，$u=13.0$mm；y向：$t=13.69$s，$u=11.4$mm）远小于隔震装置容许行程（105mm）；地震波作用结束后，隔震装置的残余位移也较小（x向：7.0mm，y向：7.4mm）。以上可反映该烈度作用下隔震装置能发挥良好性能。

（2）工况3：从曲线形状来看，$t<3.0$s时，由于地震力较小，隔震装置未产生位移。随着地震波强度增大，隔震装置的位移响应曲线特点表现为较为稳定的波动，无明显高耸点，可反映隔震装置稳定的震动状态。隔震装置位移响应峰值绝对值（x向：$t=10.92$s，$u=27.8$mm；y向：$t=12.90$s，$u=29.1$mm）远大于工况2条件，可反映地震波烈度增大时，隔震装置的位移响应明显增强。另外，上述位移峰值均在容许范围内。地震波作用结束时，隔震装置尚有残余位移（x向：10.8mm，y向：21.0mm），可反映其在y向的复位能力略差。

（3）工况4：与工况2相比，地震波的类型发生了变化。该工况条件下，隔震装置在约$t=3.0$s

时开始产生运动，即明显要比工况2产生运动的时间早，可反映其受到的地震力比工况2要明显。曲线可反映隔震装置运动的随机性，其峰值绝对值（x向：t=19.69s，u=25.4mm；y向：t=12.89s，u=31.3mm）远大于工况2条件，可反映场地类别条件对隔震装置的位移响应影响明显。另外，隔震装置的位移峰值在容许行程范围内，可反映隔震装置处于安全状态。地震波作用结束时，隔震装置的残余位移（x向：14.3mm，y向：24.2mm）略超过预定的许可范围，因而需要在设计方面进行改进。

（4）工况5：从曲线形状来看，隔震装置在约t=3.0s时产生可见运动（与工况4相近）。曲线形状近似均匀，无明显高耸点，可反映隔震装置在x、y向做较为均匀的往复运动，并保持稳定的震动状态。隔震装置的位移峰值绝对值（x向：t=7.36s，u=32.7mm；y向：t=8.95s，u=32.2mm）要大于工况4条件，可反映地震波强度增大时，隔震装置的位移响应要更加明显。上述位移峰值在隔震装置的容许行程范围内，可反映其发挥隔震性能的有效性。地震波作用结束时，隔震装置的残余位移（x向：5.6mm，y向：6.1mm）小于工况4条件，可反映该残余位移与地震波强度并非呈正比关系。

4.4 文物动力放大系数

为研究不同震动条件下，文物受到的地震力放大情况，定义文物动力放大系数：

$$\gamma = a_i / a_j \tag{3}$$

式中，γ为文物动力放大系数；a_j为传到振动台面的地震波加速度峰值；a_i为传至文物上部的加速度峰值。当研究文物在x向的动力放大系数时，取值j=1，i=5、7；当研究文物在y向动力的放大系数时，取值j=2，i=6、8。γ值可反映地震波从振动台面传至文物上部的放大情况。γ越小，则文物的地震响应放大越不明显，对减小文物的震害越有利。基于试验数据，绘制不同条件下文物的γ变化趋势，见图18。

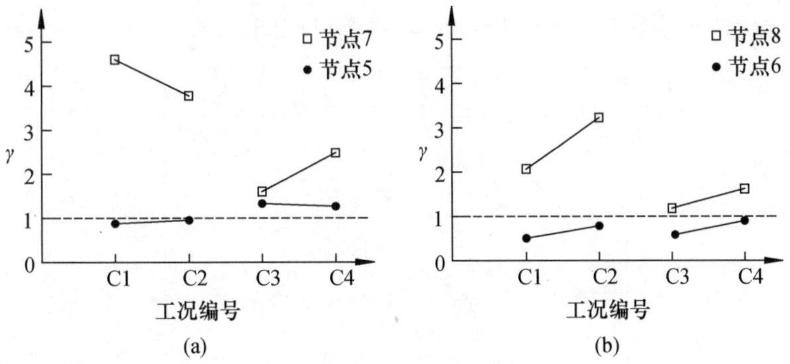

图18 γ线段图

（a）x向；（b）y向

图18可反映文物的动力放大系数有以下特点：

（1）x向：工况1、工况2为Ⅱ类场地。隔震条件下，文物的γ值小于1（γ=0.80～0.96），可反映地震波经过隔震装置后，其强度衰减，文物摇晃响应受到了控制，亦即隔震装置发挥了明显作用。非隔震条件下，文物的γ值远大于非隔震条件，且大于1（γ=3.52～4.56）。这反映无隔震装置时，地震波由振动台面传至文物上部时，其强度放大明显，并导致文物剧烈的晃动及倾覆。工况

3、工况4为Ⅲ类场地。采取隔震装置后，文物的γ值要比非隔震条件小。这反映隔震装置在该场地类别条件下仍可减小文物的地震响应，亦即减小了文物的摇晃剧烈程度。但无论是否采用了隔震装置，文物的γ值均大于1（隔震条件，$\gamma=1.31\sim1.33$；非隔震条件，$\gamma=1.47\sim2.47$）。这反映了场地类别对隔震装置的效果有一定影响。在Ⅲ类场地类别条件下，本隔震装置并不能削弱传到文物上部的地震力，因而存在不足之处。对其进行改进时，应在基本周期、阻尼等参数方面进行改进，以满足不同场地类别条件下的文物隔震需求。

（2）y向：非隔震条件下，文物的γ值始终大于1，可反映地震波从振动台面上传至文物时，其强度产生了放大作用，增大了文物因摇晃过大而产生倾覆的可能性。场地条件不同，文物受到的地震力放大情况也不同（Ⅱ类场地，$\gamma=2.1\sim3.1$；Ⅲ类场地，$\gamma=1.1\sim1.6$），可反映场地类别条件对文物地震响应有明显影响。与x向相比，文物在各工况下的γ值要小，可反映文物在y向的地震放大作用相对较弱。隔震条件下，文物的γ值小于1（$\gamma=0.38\sim0.93$），可反映隔震装置在y向能起到明显的效果，文物在y向的晃动明显减弱。但是，无论是Ⅱ类场地还是Ⅲ类场地，文物的γ值随着地震波强度增大而有增大的趋势，可反映隔震装置的性能还需要改进。改进后的隔震装置应能满足在地震波强度增大时，文物的γ值趋于减小。

综上所述，本文物展柜隔震装置在明显削弱地震力强度方面尚需改进。除提高加工精度外，应合理调整装置的基本周期、阻尼比等参数，以满足在不同场地类别、不同强度地震波作用下时的$\gamma<1$需求，且在地震波强度增大时，γ值应有递减趋势。

5　隔震机理分析

5.1　隔震装置基频

假设本隔震装置中，滚珠及上部重物的质量为G，滚珠的半径为r，滚珠在光滑的圆弧面上滚动，圆弧面的半径为R，则滚珠在任一方向的运动状态可用图19表示。

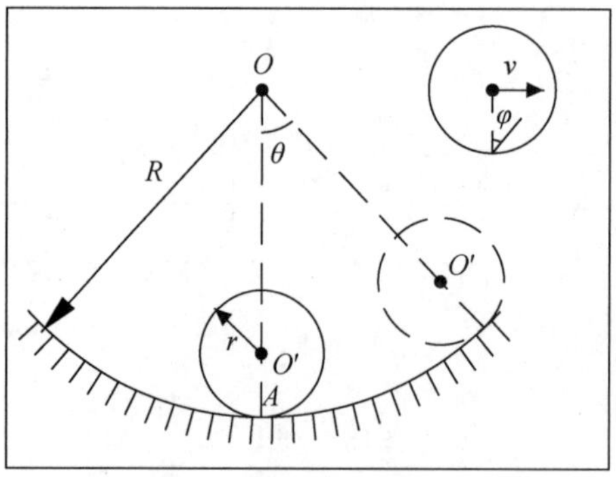

图19　滚珠运动示意图

当滚珠由圆弧面最低点A滚动θ角度时，根据能量守恒定律，有

$$\frac{\mathrm{d}}{\mathrm{d}t}(T+U)=0 \tag{4}$$

式中，T为滚珠动能；U为滚珠势能。

滚珠动能T满足：

$$T = \frac{1}{2} I \dot{\varphi}^2 \tag{5}$$

$$I = \frac{G}{2g} r^2 + \frac{G}{g} r^2 = \frac{3G}{2g} r^2 \tag{6}$$

式中，I为滚珠的转动惯量；$\dot{\varphi}$为滚珠滚动的角速度。

滚珠运动的线速度v满足：

$$v = (R - r)\dot{\theta} = r\dot{\varphi} \tag{7}$$

由式（7）可得

$$\dot{\varphi} = \frac{R - r}{r} \dot{\theta} \tag{8}$$

联立式（5）、式（6）、式（8）得

$$T = \frac{3G}{4g} (R - r)^2 \dot{\theta}^2 \tag{9}$$

另外，滚珠的势能U满足：

$$U = G(R - r)(1 - \cos\theta) \approx \frac{G(R - r)\theta^2}{2} \tag{10}$$

联立式（4）、式（9）、式（10）可得

$$\frac{\mathrm{d}\left[\frac{3G}{4g}(R - r)^2 \dot{\theta}^2 + \frac{G(R - r)\theta^2}{2}\right]}{\mathrm{d}t} = 0 \tag{11}$$

解式（11）得

$$\ddot{\theta} + \frac{2g}{3(R - r)} \theta = 0 \tag{12}$$

由式（12）可得，隔震装置的固有角速度ω_n满足：

$$\omega_n = \sqrt{\frac{2g}{3(R - r)}} \tag{13}$$

则隔震装置的基本周期为

$$T_n = \frac{2\pi}{\omega_n} = \pi \sqrt{\frac{6(R - r)}{g}} \tag{14}$$

隔震装置的基频为

$$f_n = 1 / T_n = \sqrt{\frac{g}{6\pi^2 (R - r)}} \tag{15}$$

由式（15）可知，本隔震装置的基频仅与圆弧面半径R、滚球半径r相关。R越大、r越小，则隔震装置的基频越小，其基本周期相应越大。

5.2 文物动力放大系数

文物的动力放大系数γ可认为是文物受到的最大地震力与输入振动台面的地震力峰值的比。研究表明，γ满足以下关系式[12]

$$\gamma = F/F_g = a_{max}/a_{gmax} = \omega^2 \times |u + u_g|_{max} / (\omega^2 \times u_{gmax}) = |u + u_g|_{max}/u_{gmax} \tag{16}$$

式中，F、F_g分别为文物受到的地震力峰值及输入的地震力峰值；a_{max}、a_{gmax}分别表示文物产生的加速度峰值及地震波加速度峰值；ω为场地特征角速度；u、u_g分别为文物产生的位移及地震波振动位移；u_{gmax}为地震波的振动幅值。

则γ可用式（17）表示[4]：

$$\gamma=\sqrt{\frac{1+\left[2\xi(\omega/\omega_n)\right]^2}{\left[1-(\omega/\omega_n)^2\right]^2+\left[2\xi(\omega/\omega_n)\right]^2}} \tag{17}$$

式中，ξ为隔震体系的阻尼比；ω、ω_n意义同前。

利用式（17）绘制（ω/ω_n）-γ关系曲线，见图20。该曲线表现的主要特征为：①当（ω/ω_n）$>2^{1/2}$时，恒有$\gamma<1$。即隔震装置的基本频率$f_n<$（$f/2^{1/2}$）时，隔震装置方可发挥隔震效果。此处f为地震波基频。因此，研发的隔震装置的基频不可过大。②$\gamma<1$时，ξ越大，对隔震装置的隔震效果越不利。但是，ξ值过小时，会造成隔震装置的行程较大（即阻力较小时，滚珠的滚动距离较大），这对隔震装置的总体尺寸提出了要求。因此，ξ值应根据工程需要进行合理选择。本研究中，由于出现滚珠轻微碰触隔震装置边界情况，因而其ξ值应略增大，且满足$\gamma<1$的要求。

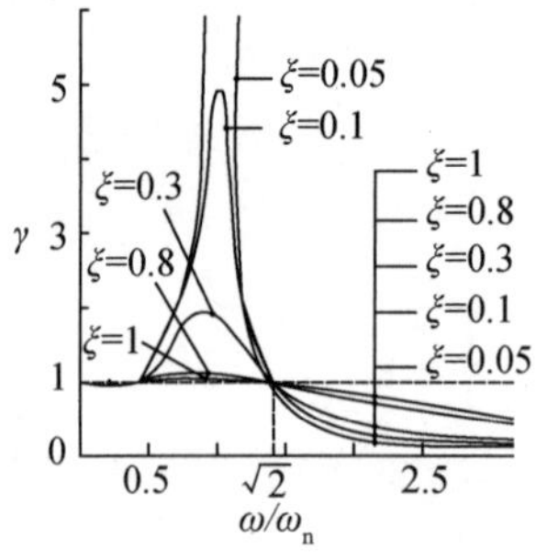

图20　（ω/ω_n）-γ关系曲线

对式（17）求解，可获得隔震装置的ξ表达式，即[8]

$$\xi=\frac{1}{2(\omega/\omega_n)}\sqrt{\frac{1-\gamma^2\left[1-(\omega/\omega_n)^2\right]^2}{\gamma^2-1}} \tag{18}$$

式（18）表明：进行隔震装置研发时，当隔震需求（γ）已知，且隔震装置所在场地类型（ω）及隔震装置的固有角速度（ω_n）已知时，可利用该式求解隔震装置所需的阻尼比值。

5.3　隔震装置最大位移

水平地震作用下，隔震体系（隔震装置+展柜+文物）的运动方程为

$$\ddot{u}_0+2\xi\omega_n\dot{u}_0+\omega_n u_0=\ddot{u}_g \tag{19}$$

式中，$\ddot{u}_0$、$\dot{u}_0$、u_0、$\ddot{u}_g$分别为震动体系的加速度、速度、位移、地震波加速度，ω_n、ξ意义同前。

引入转换函数G（ω），并令$\ddot{u}_g=e^{i\omega t}$，则隔震体系的位移为$u_0=G$（ω）$e^{i\omega t}$。将上述值代入式（19）得[3]

$$|u_0|=\frac{\dfrac{|\ddot{u}_g|}{\omega^2}\times(\omega/\omega_n)^2}{\sqrt{1-\left[1-(\omega/\omega_n)^2\right]^2+(2\xi\omega/\omega_n)^2}} \tag{20}$$

由于隔震装置及上部组件基本做平动运动，因此式（20）中隔震体系的位移近似可认为是隔震装置的位移。易知隔震装置的最大位移与地震波加速度、场地特征频率、隔震装置频率、隔震装置的阻尼比等参数密切相关。

结 语

（1）从试验现象来看，本研究中，隔震条件下的文物在地震作用下摇晃响应不明显，且保持稳定状态；非隔震条件下的文物很容易产生摇晃，并随着地震力的增大而产生倾覆。

由于文物放置于展柜内的上部，因而无论展柜是否采取隔震措施，地震波由展柜传至文物时会产生放大；隔震条件下，展柜的运动形式为平动；非隔震条件下，展柜的运动形式为摇晃，且加剧了柜内文物的地震响应。

（2）非隔震体系的基频为6.28～6.58Hz，阻尼比为1.9%～2.2%；隔震体系的基频为3.50Hz，阻尼比为4.3%～4.5%。

（3）与非隔震体系相比，隔震体系的位移和加速度响应均有明显减小，可反映本隔震装置的有效性。但是，隔震条件下，文物的动力放大系数有大于1的情况，且隔震装置的复位能力尚需提高。

（4）从改进措施来看，本隔震装置的基本周期适当增大（基频减小），阻尼比应适当增大，以满足文物在不同场地类别、不同地震波强度作用下的稳定需求。同时，应提高隔震装置的加工精度，以利于隔震装置的快速、有效复位。

参考文献

［1］ 何静. 日本大地震造成295件（处）文物受损. 中国文化报，2011-03-23（001）.

［2］ 唐飞，黄静. “4·20”芦山地震四川文物保护单位受损情况调查报告. 四川文物，2013，（3）：3-8.

［3］ 马怡运. 尼泊尔地震让文化遗产受重创. 中国文物报，2015-05-01（005）.

［4］ 周乾，闫维明. 汶川地震可移动文物震害研究. 文物保护与考古科学，2010，22（3）：36-43.

［5］ 周乾，闫维明，周锡元，周京南. 我国博物馆陈列文物防震技术现状研究. 灾害学，2010，25（S1）：201-206.

［6］ 周乾. 故宫博物院在陈文物防震方法研究. 故宫博物院院刊，2016，（4）：152-160.

［7］ 周乾，闫维明，纪金豹. 馆藏浮放文物隔震装置的开发与应用. 防灾减灾工程学报，2013，33（2）：147-154.

［8］ 周福霖. 工程结构减震控制. 北京：地震出版社，1997：29-30，49-50.

［9］ 周乾. 故宫博物院文物防震保护科技研究. 天津：天津科学技术出版社，2016：129-130.

［10］ 周乾，闫维明，纪金豹. 地震作用下浮放文物滑移及摇晃响应仿真. 华北地震科学，2016，34（1）：13-20.

［11］ Happy W S. Criteria for initiation of slide, rock, and slide-rock rigid-body modes. Journal of Engineering Mechanics，1996，122（7）：690-693.

［12］ 刘晶波，杜修力. 结构动力学. 北京：机械工业出版社，2005：42-43.

［13］ 王广军. 关于规范标准反应谱阻尼比选用的探讨. 地震学刊，1991，（1）：70-75.

文物保存用无酸纸性能分析测试研究

王宜飞[1] 王玉珑[2]

（1. 湖南省博物馆，湖南长沙，410005；2. 长沙理工大学，湖南长沙，410114）

摘要 文物保存用无酸纸是指主要由棉纤维或木材纤维制成，无酸无木质素，pH为中性或碱性，无杂质，金属含量低，纸张白度稳定、颜色不褪色、不扩散，含或者不含碱性缓冲剂的纸质材料。本文对产自美国、德国、日本的5种无酸纸的物理性能、光学性能、化学组分、纤维组成等进行分析测试，全面揭示了其作为文物保存用特种纸的优异性能，以及不同产地纸张的差异。

关键词 文物保存 无酸纸 分析测试

1 实验目的

对产自美国、德国、日本的国外有代表性的系列文物保存用无酸纸样进行全面分析检测，主要包括物理性能、光学性能、化学组分、纤维组成等。

2 实验方法

2.1 实验原料

2.1.1 主要文物保存用无酸纸样

文物保存用无酸纸样信息见表1。

表1 文物保存用无酸纸样信息

实验原料	来源	备注
1#纸样（美国）	湖南省博物馆	加缓冲剂
2#纸样（美国）	湖南省博物馆	不加缓冲剂
3#纸样（德国）	湖南省博物馆	加缓冲剂
4#纸样（德国）	湖南省博物馆	不加缓冲剂
5#纸样（日本）	湖南省博物馆	待分析

2.1.2 主要化学药品

氢氧化钠；盐酸；稀硫酸；高锰酸钾；碘化钾；淀粉；硫代硫酸钠；甲基红；格拉夫“C”染色剂；蒸馏水。

2.2 主要分析仪器及设备

2.2.1 常规仪器

烧杯；锥形瓶；移液管；洗耳球；酸式滴定管；碱式滴定管；胶头滴管；水浴锅；电动搅拌器；电炉；布氏漏斗；定性滤纸；分析天平；电子天平。

2.2.2 专用分析仪器设备

纸张专用分析检测设备见表2。

表2 纸张专用分析检测设备

仪器名称	型号	产地
L&W纸张厚度测定仪	ZZD-251	瑞典
L&W纸张透气度测定仪	ZZD-166	瑞典
L&W纸张抗张强度测定仪	ZZD-066	瑞典
L&W纸张撕裂度测定仪	ZZD-009	瑞典
L&W肖伯尔式打浆度仪	ZZD-014	瑞典
L&W纸张纤维分析仪	ZZD-912	瑞典
纸张白度仪、色度测定仪	YQ-Z-48A	中国
PPS纸张粗糙度测定仪	ZZD-265	瑞典
L&W纸张疏解器	ZZD-003	瑞典
电热恒温烘干箱	DHG-9140A	中国

2.3 分析检测方法或标准

2.3.1 无酸纸样物理性能的检测

（1）纸样的处理：参考GB/T 10739—2002[1]。

（2）纸样水分的测定：参考《制浆造纸分析与检测》[2]，同时做两份平行测定，取其算术平均值作为测定结果。

（3）纸样定量的测定：按照国标GB/T 451.2—2002[3]进行。

（4）纸样厚度的测定：按照国标GB/T 451.3—2002[4]进行。

（5）纸样抗张强度的测定：按照国标GB/T 453—2002[5]进行。

（6）纸样撕裂度的测定：按照国标GB/T 455—2002[6]进行。

（7）纸样伸缩率的测定：参考《制浆造纸分析与检测》[2]。

（8）纸样透气度的测定：按照国标GB/T 458—1989[7]进行。
（9）纸样平滑度的测定：按照国标GB/T 456—2002[8]进行。
（10）纸样粗糙度的测定：参考《制浆造纸分析与检测》[2]。
（11）纸样白度、不透明度、色差的测定：按照国标GB/T 1543—2005[9]进行。

2.3.2　无酸纸样化学组分的测定

（1）纸样碱含量的测定：按照美国标准ASTM D 4988—1996[10]进行。
（2）纸样高锰酸钾值的测定：参考《制浆造纸分析与检测》[2]。
（3）纸样施胶情况分析：按照国标GB/T 460—2002[11]进行。
（4）纸样铜离子、铁离子含量的测定：按照国标GB/T 8943.2—2008[12]进行。
（5）纸样表面pH的测定：按照国标GB/T 13528—1992[13]进行。
（6）纸样铁离子浓度的测定：按照国标GB/T 8943.2—2008[12]进行。

2.3.3　无酸纸样纤维组成的分析

按照国标GB/T 4688—2002[14]进行。

3　文物保护用无酸纸性能检测及分析

3.1　5种国外进口文物保护用无酸纸样性能分析

对5种国外进口无酸纸样的主要性能进行分析，如表3所示。

表3　5种进口无酸纸样性能分析

纸样编号 性能指标	1# 美国纸样（加缓冲剂）	2# 美国纸样（不加缓冲剂）	3# 德国纸样（加缓冲剂）	4# 德国纸样（不加缓冲剂）	5# 日本纸样
定量/（g/m²）	24.31	18.45	24.61	17.98	14.2
厚度/μm	43.76	38.96	42.65	39.83	33.63
松厚度/（cm^3/g）	1.814	2.112	1.733	2.215	2.368
ISO（荧）/%	90.5	84.41	90.48	81.76	83.52
ISO（非荧）/%	90.35	84.08	89.96	81.64	83.2
CIE（荧）/%	81.78	67.77	80.88	66.53	80.22
CIE（非荧）/%	82.48	66.99	79.61	67.18	79.11
不透明度/%	72.82	38.69	72.07	39.3	43.62
L^*/%	97.56	96.24	97.7	94.75	93.6
a^*	−0.45	−0.14	−0.31	−0.2	−0.46
b^*	2.71	5.08	3	4.5	0.9
裂断长/km	4.613	7.735	4.639	6.406	3.489
撕裂指数/（mN·m²/g）	5.06	10.19	7.68	11.79	3.31
平滑度（正/反）/s	28	17	28	16	64
	24	12	24	13	12
粗糙度（正/反）/μm	4.27	4.84	4.34	4.9	3.17
	4.93	5.7	5.07	5.68	4.99
透气度/s	267	7255	255	8290	8820

续表

纸样编号 性能指标	1# 美国纸样（加缓冲剂）	2# 美国纸样（不加缓冲剂）	3# 德国纸样（加缓冲剂）	4# 德国纸样（不加缓冲剂）	5# 日本纸样
伸缩率/%	0.47	3.2	3.88	4.48	*
高锰酸钾值	3.75	1.29	2.66	1.69	1.39
pH	9.46	7.24	9.56	6.86	9.13
铁离子浓度/ppm	131			32	19
碱含量/%（缓冲剂）	11.533	0.051	14.066	0.146	1.731
纤维组成	70%～80%针叶木浆；20%～30%阔叶木浆	60%～70%针叶木浆；30%～40%阔叶木浆	70%～80%针叶木浆；20%～30%阔叶木浆	60%～70%针叶木浆；30%～40%阔叶木浆	100%针叶木浆轻度打浆
纤维表面形貌	见后续纤维图像分析				

*表示强度差，水中快速分散解离。

3.2 文物保护用无酸纸性能分析

3.2.1 定量、厚度、松厚度性能分析

从表3中数据可以看出，5种进口无酸纸样的定量均很低，范围为14～25g/m^2；5种纸样中，美国和德国进口无酸纸的定量略高，而日本无酸纸样的定量仅为14.2g/m^2，因此在纸页的柔软性能方面，日本无酸纸样的柔软性能好。同时可以看出，美国和德国加缓冲剂（碳酸钙）的无酸纸样的定量明显增加。

在厚度和松厚度方面，日本无酸纸样的松厚度高，不加缓冲剂的无酸纸样的松厚度明显高于加缓冲剂的无酸纸样。高的松厚度赋予纸张良好的柔软性和抗压缓冲性。

3.2.2 白度、不透明度、色度分析

从白度分析可以看出，5种纸样的ISO和CIE的荧光白度和非荧光白度检测指标均非常接近，表明5种纸样均不含荧光增白剂，这是因为荧光增白剂中的化学成分会损害文物。

白度结果显示，加缓冲剂的无酸纸样的白度明显高于不加缓冲剂的无酸纸样，这可能是因为缓冲剂主要为碳酸钙填料，通常碳酸钙填料的白度高于90% ISO，会明显高于纸浆的白度，因此加入缓冲剂后白度明显提高，2种含有缓冲剂的无酸纸样的ISO白度均在90%左右，而其余三种不含缓冲剂的无酸纸样ISO白度范围在81%～85%范围内。

在不透明度方面，加入缓冲剂的无酸纸样的不透明度明显高于不加缓冲剂的无酸纸样，这是因为碳酸钙填料的加入有效地减少了光的透过性能，从而提升了纸页的不透明度。不加缓冲剂的纸样的透明度高，基本上呈现半透明状态。

色度方面，几种纸样的L^*、a^*、b^*值差别不大。

3.2.3 强度性能（裂断长、撕裂度）

分析表明，除日本无酸纸样外，其余4种无酸纸样均具有良好的纸页强度，表现在具有良好的裂断长和撕裂指数，结合后面纤维性能分析得出，无酸纸样采用的纸浆主要为针叶木浆，纤维长、强度好，因此纸页性能良好。

可以看出，加缓冲剂的无酸纸样的强度明显低于不加缓冲剂的纸样，这是因为碳酸钙缓冲剂为矿物填料，阻碍了纤维间的氢键结合，因此加缓冲剂后强度明显降低。

日本纸样为不加缓冲剂纸样，但强度差，分析认为这是由于日本纸样松厚度大，纤维疏松，纤维间结合力差，应该是生产中为了获得高的柔软度而采取的特定工艺。

3.2.4 表面性能分析（平滑度、粗糙度）

平滑度和粗糙度表面性能分析表明，加缓冲剂的无酸纸样的平滑性能明显高于不加缓冲剂的无酸纸样，这是因为碳酸钙缓冲剂颗粒尺寸明显小于纤维粗度，在成纸过程中能够分布于纤维空隙间，使得纸页具有更加平滑的表面性能。

同时可以看出，日本纸样的一面平滑度特别高，达64s，而另一面平滑度很低，仅12s，两面差非常大，因此可以基本判定此纸页采用低速圆网纸机生产。其他4种纸样两面差相差不大。

3.2.5 透气性能

在透气性能方面，可以看出加缓冲剂的无酸纸样的透气度明显低于不加缓冲剂纸样的透气度，透气度性能和纸页的松厚度具有非常好的相关性。

3.2.6 木素含量（高锰酸钾值）

高锰酸钾值是反映纸浆中木素含量的非常重要的分析方法，尤其在低木素含量时，比卡伯值更能准确反映木素含量。结果表明，几种无酸纸样的高锰酸钾值均非常低，均低于5，表明所采用的浆料的木素含量非常低，通常漂白木浆的高锰酸钾值均非常低。

3.2.7 pH

所有纸样的pH大多大于7，为碱性，符合无酸纸的基本要求；同时加含缓冲剂的1#美国纸样和3#德国纸样pH明显高于同种不加缓冲剂的纸样，说明缓冲剂可以明显提升纸张pH。

3.2.8 铁离子浓度

4#德国纸样和5#日本纸样的铁离子浓度很低，而1#美国纸样则相对较高。

3.2.9 碱含量（缓冲剂）

无酸纸含有的碱或缓冲剂主要为碳酸钙填料，可以有效缓解文物长期保存时产生的酸性物质对文物的损害。分析表明，1#美国纸样和3#德国纸样均含有较高的碳酸钙缓冲剂，分别为11.533%和14.066%；日本纸样含有很少量的缓冲剂，为1.731%，其余2种纸样不含缓冲剂。缓冲剂用量的不同可适用于不同的文物保存。

3.2.10 纤维组成及纤维表面形貌观察

对五种纸样的纤维形貌进行观察，如图1～图5所示。

图1 1#美国纸样（加缓冲剂）

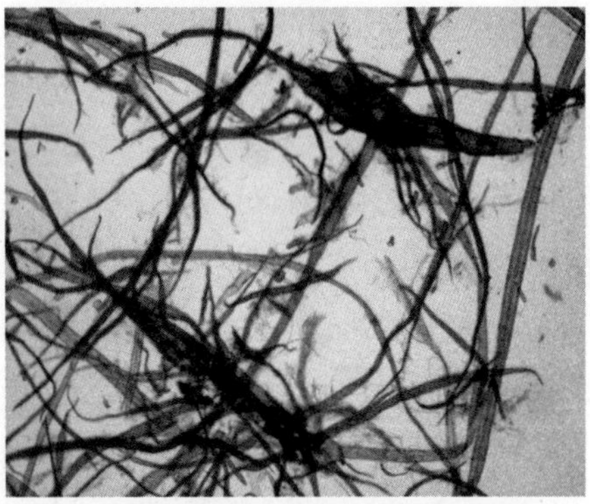

图2 2#美国纸样（不加缓冲剂）

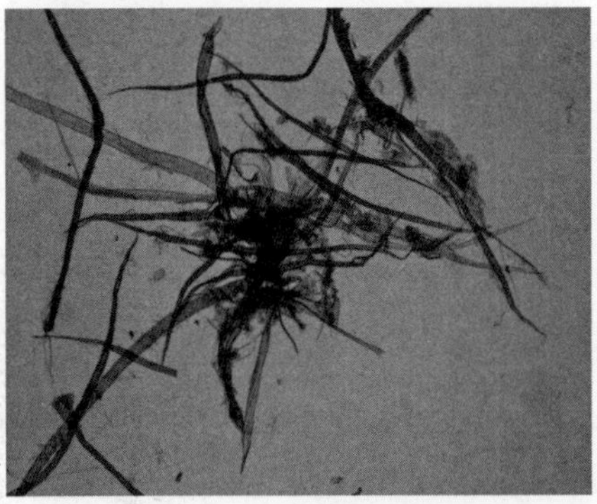

图3 3#德国纸样（加缓冲剂）

图4 4#德国纸样（不加缓冲剂）

图5 5#日本纸样

经过大量分析，认为无酸纸样纤维构成均为木材纤维原料，除日本纸样采用100%针叶木浆为原料外，其他美国和德国的4种纸样均采用针叶木和阔叶木搭配制造，大体比例如表3所示。

结　语

（1）五种进口无酸纸样的定量均非常低，定量范围在14～25g/m^2，尤其日本无酸纸定量仅14.2g/m^2；无酸纸样均非常柔软，未加缓冲剂的无酸纸的松厚度高，加缓冲剂后无酸纸松厚度明显降低。

（2）五种无酸纸均未使用荧光增白剂，未使用缓冲剂的无酸纸ISO白度在81%～84%，加入缓冲剂后无酸纸白度升高，使用缓冲剂的无酸纸ISO白度在90%左右，主要由缓冲剂白度高引起。

（3）无酸纸定量小，不透明度低，近乎呈现半透明状态。

（4）美国和德国无酸纸样均具有良好的强度性能，使用缓冲剂的无酸纸样的强度性能明显降低；日本无酸纸样虽然仅含有很少量的缓冲剂，但强度性能差，分析认为是由于纸张松厚度高，纤维间结合力差。

（5）无酸纸样具有一定的平滑度和两面差，其中日本无酸纸样两面差非常大，推测为采用低速圆网纸机生产。

（6）未用缓冲剂的无酸纸样透气度大，使用缓冲剂后的无酸纸样透气度明显下降。

（7）无酸纸样使用的纤维原料木素含量非常低。

（8）一般要求无酸纸的金属离子浓度非常低。

（9）1#美国纸样和3#德国纸样缓冲剂含量较高，超过10%；2#美国纸样和4#德国纸样不含缓冲剂；5#日本纸样含有少量缓冲剂，为1.731%。

（10）初步分析表明，无酸纸样纤维主要由木浆纤维构成，除日本纸样采用100%针叶木浆为原料外，其他美国和德国的4种纸样均采用针叶木和阔叶木搭配制造。

参考文献

[1] GB/T 10739—2002. 纸、纸板和纸浆试样处理和试验的标准大气条件.

[2] 刘书钗. 制浆造纸分析与检测. 北京：化学工业出版社，2004.

[3] GB/T 451.2—2002. 纸和纸板定量的测定.

[4] GB/T 451.3—2002. 纸和纸板厚度的测定.

[5] GB/T 453—2002. 纸和纸板抗张强度的测定法（恒速加荷法）.

[6] GB/T 455—2002. 纸和纸板撕裂度的测定.

[7] GB/T 458—1989. 纸和纸板透气度测定法（肖伯尔法）.

[8] GB/T 456—2002. 纸和纸板平滑度的测定（别克法）.

[9] GB/T 1543—2005. 纸和纸板　不透明度（纸背衬）的测定（漫反射法）.

[10] ASTM D 4988—1996. 纸张中碳酸钙含量的测试方法.

[11] GB/T 460—2002. 纸施胶度的测定（墨水划线法）.

[12] GB/T 8943.2—2008. 纸、纸板和纸浆　铁含量的测定.

[13] GB/T 13528—1992. 纸和纸板表面pH的测定法.

[14] GB/T 4688—2002. 纸与纸板纤维组成测定方法.

文物科学研究

林州市博物馆藏出土战国青铜器锈蚀物检测及机理分析

陈晓琳[1]　陈家昌[2, 3]

（1. 河南博物院，河南郑州，450002；2. 河南省文物考古研究院，河南郑州，450000；
3. 河南省文物科技保护中心，河南郑州，450004）

摘要　为进一步了解出土青铜器的表面锈蚀状况，正确认识其腐蚀状况，探讨其病害机理，利用金相显微镜、扫描电镜及能谱仪、X射线衍射仪、激光显微拉曼和离子色谱仪等对铜器表面锈蚀产物物相组成、附着物可溶盐含量、铜器合金成分、制作工艺等多方面信息进行了相关分析，以便为该批青铜器保护修复技术路线的制定提供科学的参考依据。

关键词　青铜器　病害机理　分析　保护

引　言

林州市博物馆藏春秋战国青铜文物，绝大多数出土于林州大菜园春秋战国古墓群，该墓地位于林州市区东南隅岗坡地带。这批青铜器由于受到多种因素影响，出土时大部分器物出现了扭曲、断裂、破损、锈蚀等现象，加之出土之后环境的变化，这些金属文物普遍发生了锈蚀蔓延、点状酥粉等病害，随着时间的推移青铜器的锈蚀程度还在不断加剧，亟须进行保护和修复。青铜文物锈蚀成分的性状对文物的保存具有重要影响，是文物能否长久保存的关键因素。通常根据不同病害发展趋势及其对青铜文物稳定性的影响，将病害活动性质划分为以下三种。①稳定病害：病害已经产生或存在且不再继续发展和蔓延，不会对文物稳定性产生影响的病害类型；②活动病害：病害已经产生或存在且继续发展和蔓延，对文物稳定性产生影响的病害类型；③可诱发病害：病害已经产生或存在且不再继续发展和蔓延，在外部条件（如保存环境改变）激发下可能导致文物病害发展，引发其他病害产生的病害类型。本次对林州大菜园春秋战国墓地出土的30件青铜器取样，制得30个样品。

1　锈蚀产物分析方法及实验条件

将锈蚀物样品置于扫描电镜二次电子像和背散射像下进行显微形貌观察，利用能谱仪进行定点元素组成分析，同时结合X射线衍射仪对其进行物相分析，最终确定锈蚀产物的组成。利用离子色谱仪对器物表面附土进行氯离子定量分析。

使用的仪器如下：

环境扫描电镜及能谱仪（ESEM-EDAX）。实验仪器为：FEI公司QUANTA-650型环境扫描电镜（ESEM）及EDAX公司的APOLLO-X型能谱仪；实验条件：工作电压为25kV，二次电子像。

X射线衍射仪（XRD）。实验仪器：德国Bruker公司D8型X射线衍射分析仪；实验条件：Cu靶，工作管压40kV、管流40mA，扫面起始角10°，终止角60°，步长0.02mm。

离子色谱仪（IC）。实验仪器：戴安中国公司THERMO FISHER ICS1100型离子色谱仪；实验条件：采用离子色谱法参照GB/T 14642—1993，柱子型号AS18，淋洗液流速1.2mL/min，柱压1800psi。样品制备：将锈样风干，研磨成粉末状，过200目筛，取锈样1g，用100mL去离子水溶解，然后用超声波清洗器超声20min，用离心机离心10min，然后用隔膜真空泵抽滤，将得到的液体用活化过的C_{18}柱进行过滤即可。

30件青铜器的典型锈蚀产物、部分器物残片及铜器上的范土样品的分析检测方法如表1所示。

表1　样品分析检测方法

序号	器物编号	器物名称	样品描述	分析方法				
				扫描电镜形貌分析	锈蚀产物能谱分析	离子色谱分析	X射线衍射分析	拉曼光谱分析
1	02	蟠螭纹铜鼎	绿色锈蚀物	☑	☑	—	—	—
2	04	蟠螭纹铜鼎	鼎耳部附金箔	☑	☑	☑	—	—
3	07	素面带盖铜鼎	足部翠绿色锈蚀物	☑	☑	—	—	—
4	M301-1	镈钟	顶兽颈部蓝绿色锈蚀物	☑	☑	☑	—	—
5	M301-2	镈钟	蓝绿色锈蚀物	☑	☑	☑	☑	—
6	M301-3	镈钟	钲部乳钉间饰带蓝色锈	☑	☑	☑	☑	—
7	M301-4	镈钟	乳钉上灰白色锈	☑	☑	—	☑	—
8	M301-17	钮钟	蓝色锈蚀物	☑	☑	—	—	—
9	M801-36	素面铜鼎	蓝绿色锈蚀物	☑	☑	—	☑	☑
10	M801-37	蟠螭纹铜鼎	绿色锈蚀物	☑	☑	—	☑	—
11	M801-38	蟠螭纹铜鼎	绿色锈蚀物	☑	☑	—	—	—
12	M801-39	蟠螭纹铜鼎	黑色物质	☑	☑	—	☑	—
13	M801-40	蟠螭纹铜鼎	顶盖背面绿锈	☑	☑	—	☑	—
14	M801-41	蟠螭纹铜鼎	蓝绿色锈蚀物	☑	☑	—	—	—
15	M801-42	蟠螭纹铜鼎	绿色锈蚀物	☑	☑	—	—	—
16	M801-43	蟠螭纹铜鼎	蓝色锈蚀物	☑	☑	—	—	—
17	M801-53	蟠螭纹铜方壶	白绿色锈蚀物	☑	☑	—	—	—
18	M801-52	蟠螭纹铜方壶	01绿色锈蚀物	☑	☑	—	—	—
			02绿色锈蚀物	☑	☑	—	—	—
19	M801-65	蟠螭纹带链铜盘	蓝绿色锈蚀物	☑	☑	☑	—	—
20	M801-67	铜方座豆	绿锈	☑	☑	—	—	—
21	M801-56	铜方座豆	白绿色锈蚀物	☑	☑	—	☑	—
22	M301-8	甬钟	土黄锈	☑	☑	—	☑	—
23	M301-11	甬钟	蓝色锈蚀物	☑	☑	—	—	—

续表

序号	器物编号	器物名称	样品描述	分析方法				
				扫描电镜形貌分析	锈蚀产物能谱分析	离子色谱分析	X射线衍射分析	拉曼光谱分析
24	M301-12	甬钟	蓝色锈蚀物	☑	☑	—	—	—
25	M301-21	钮钟	正面	☑	☑	—	—	—
			反面锈蚀	☑	☑	—	☑	—
26	M301-28	蟠螭纹兽面环耳铜鉴	锈蚀物	☑	☑	—	☑	—
27	M301-32	勾连云雷纹铜方壶	兽耳面部白色物质	☑	☑	—	☑	—
28	M301-19	钮钟	01浅绿色锈蚀物	☑	☑	—	—	—
			灰白色物质	☑	☑	—	—	—
29	M301-29	蟠螭纹铜鉴	白绿色锈蚀物	☑	☑	—	☑	☑
30	M301-31	勾连云雷纹铜方壶	01蓝锈	☑	☑	—	—	—
			02白色物质	☑	☑	—	☑	☑
			03白色结晶	☑	☑	—	☑	—
			04盖内土	—	—	☑	—	—

☑：表示样品所做的检测；—：表示样品不适合做的检测。

2 结果分析

2.1 扫描电镜显微形貌分析

基体残片与锈蚀产物扫描电镜二次电子像显微形貌如图1～图4所示，扫描电镜从上述电镜照片可以看出：该批青铜器的锈蚀产物微观形貌存在很大不同，主要表现在锈蚀组织结构疏密。

图1 样品02蟠螭纹铜鼎扫描电镜照片

图2 样品M301-4镈钟扫描电镜照片

表2　样品元素组成分析检测结果

序号	器物编号	器物名称	样品描述	实验编号	元素含量/%							
					Cu	Sn	Pb	Cl	Ca	C	O	其他
1	02	蟠螭纹铜鼎	绿色锈蚀物	点扫1	49.9				1.4	6.8	38.2	3.7
				点扫2	52.8		0.2		1.1	10.5	35.4	
				点扫3	47.3					11.0	41.7	
				面扫	62					8.5	29.5	
2	04	蟠螭纹铜鼎	鼎耳部附金箔	点扫1								Au=92.1，Ag=7.9
				点扫2					2.5		39.8	57.7（Au=19.9，Ag=2.3，Si=35.5）
				点扫3	0.6				14.4	2.8	21.8	60.4（Au=53.9，Ag=4.4，Mg=0.1，Al=0.6，Si=1.1，Fe=0.3）
				面扫								Au=91.8，Ag=6.3，Hg=1.9
3	07	素面带盖铜鼎	足部翠绿色锈蚀物	点扫1	12.1					3.2	46.9	37.8（Mg=2.0，Al=11.1，Si=15.7，K=3.7，Fe=5.3）
				点扫2	26.8		50.6		0.7	2.8	17.8	1.3（Al=0.6，Si=0.7）
				点扫3	18.4				5.4	5.2	42.7	28.3（Mg=1.0，Al=4.6，Si=17.3，S=1.6，K=1.1，Fe=2.7）
				面扫	53.8				0.4	7.6	31.5	6.7（Al=2.5，Si=3.9，K=0.3）
4	M301-1	镈钟	顶兽颈部蓝绿色锈蚀物	点扫1	56.3					10.6	31.8	S=1.3
				点扫2	52.4					9.0	34.0	4.6（Al=3.7，S=0.9）
				点扫3	54.9					10.6	34.3	0.2（Al=0.1，S=0.1）
				面扫	43.6					13.8	41.1	1.5（Al=1.0，S=0.5）
5	M301-17	钮钟	蓝色锈蚀物	点扫1	53.9					9.8	33.1	3.2（Al=1.6，Si=1.6）
				点扫2	25.3	28.1	5.9			6.6	25.7	8.4（Mg=2.6，Al=0.8，Si=1.2，P=0.8，Fe=3.0）
				点扫3	56.4					6.8	33.1	3.7（Al=1.2，Si=2.5）
				面扫	49.8					10.3	37.3	2.6（Al=1.2，Si=1.4）
6	M801-37	蟠螭纹铜鼎	绿色锈蚀物	点扫1	36.3			3.2	5.2	2.7	37.3	15.3（P=14.5，K=0.8）
				点扫2	39.9			3.0	5.3	3.0	33.7	15.1（P=13.8，S=0.4，K=0.9）
				点扫3	39.8			2.5	5.6	4.7	33.4	14（P=12.8，S=0.6，K=0.6）
				面扫	39.8			3.5		5.5	34.4	16.8（P=15.3，S=0.6，K=0.9）
7	M801-38	蟠螭纹铜鼎	绿色锈蚀物	点扫1	54.5					8.1	34.8	2.6（Al=1.2，Si=1.4）
				点扫2	56.6					9.2	34.2	
				点扫3	60.0					7.2	29.3	3.5（Al=1.3，Si=1.9，S=0.3）
				面扫	61.3					8.2	29.5	1.0（Al=0.5，Si=0.5）

续表

序号	器物编号	器物名称	样品描述	实验编号	元素含量/%							
					Cu	Sn	Pb	Cl	Ca	C	O	其他
8	M801-52	蟠螭纹铜方壶	01绿色锈蚀物	点扫1	1.7						56.8	Si=41.5
				点扫2	48.8		1.8		1.1	5.7	32.0	10.6（Al=2.1，Si=8.5）
				点扫3	63.3					5.7	27.6	3.4（Al=0.6，Si=2.8）
				面扫	38.3				1.3	8.2	35.6	16.6（Mg=0.8，Al=3.0，Si=12.3，K=0.5）
			02绿色锈蚀物	点扫1	45.3				0.5	4.9	37.5	11.8（Al=1.2，Si=10.0，S=0.6）
				点扫2	43.8					11.9	37.2	7.1（Al=1.1，Si=6.0）
				点扫3	54.9					7.3	34.4	3.4（Al=0.6，Si=2.4，S=0.4）
				面扫	51.8		0.1			10.3	32.7	5.1（Al=0.7，Si=4.4）
9	M301-3	镈钟	钲部乳钉间饰带蓝色锈	点扫1	34.2					13.8	51.5	0.5（Al=0.2，Si=0.3）
				点扫2	45.6					7.2	37.6	9.6（Al=2.8，Si=6.8）
				点扫3	54.1					10.0	34.8	1.1（Al=0.5，Si=0.6）
				面扫	35.0				0.5	10.6	45.2	8.7（Al=2.7，Si=6.0）
10	M301-4	镈钟	乳钉上灰白色锈	点扫1	53.5					11.4	35.1	
				点扫2	11.5					4.3	42.7	41.5（Mg=1.0，Al=11.8，Si=23.1，K=3.9，Fe=1.7）
				点扫3	58.9					8.1	32.4	S=0.6
				面扫	31.1					13.8	51.0	4.1（Al=1.5，Si=2.6）

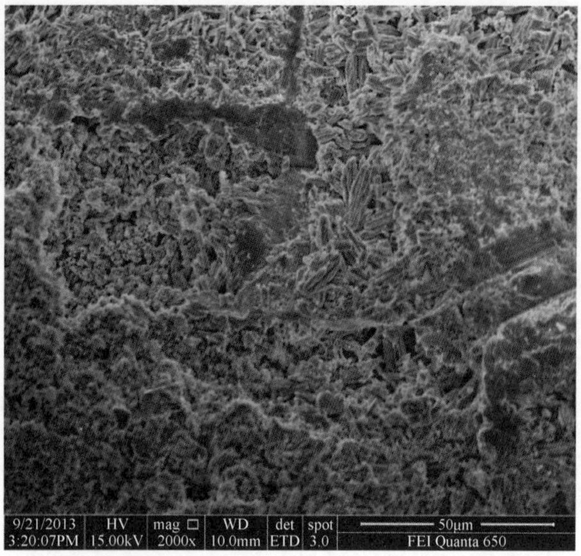

图3　样品M301-32勾连云雷纹铜方壶扫描电镜照片

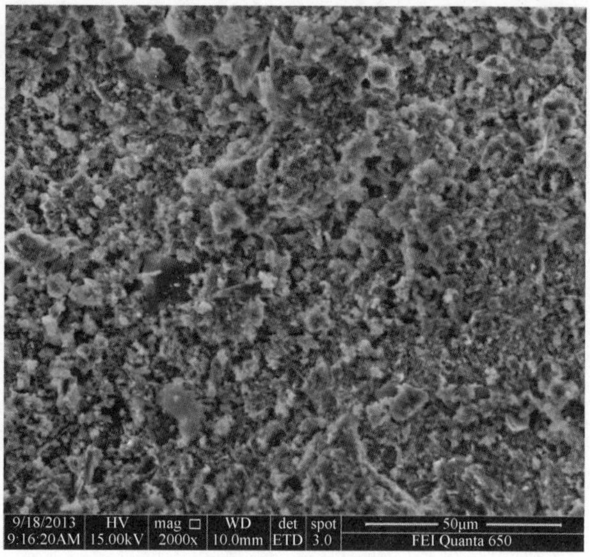

图4　样品M301-12甬钟扫描电镜照片

2.2　扫描电镜能谱仪成分分析

采用能谱仪对10件器物锈蚀产物试样进行元素成分分析测试，测试结果如表2所示。

从表2锈蚀产物能谱元素组成分析结果来看，绿色锈蚀产物以Cu、C、O元素为主，根据其相对原子个数比推测，其可能为孔雀石［$CuCO_3·Cu(OH)_2$］；蓝色锈蚀产物同样以Cu、C、O元素为主，根据其相对原子个数比推测，可能为蓝铜矿［$2CuCO_3·Cu(OH)_2$］，绿色锈蚀物以Cu、C、O为主，有些含有少量的Cl，其可能为白铅矿（$PbCO_3$）和孔雀石［$CuCO_3·Cu(OH)_2$］的混合物或者为氯铜矿。

2.3　锈蚀物X射线衍射物相分析

为明确青铜器腐蚀产物物相结构，采用X射线衍射对其进一步检测分析，分析结果如表3、图5～图7所示。

表3　样品X射线衍射物相分析检测结果

序号	器物编号	器物名称	取样部位	X射线衍射分析结果
1	M301-2	镈钟	蓝绿色锈蚀物	蓝铜矿［$2CuCO_3·Cu(OH)_2$］、白铅矿（$PbCO_3$）
2	M301-3	镈钟	钲部乳钉纹饰带蓝色锈	蓝铜矿［$2CuCO_3·Cu(OH)_2$］、白铅矿（$PbCO_3$）
3	M301-4	镈钟	乳钉上灰白色锈	白铅矿（$PbCO_3$）
4	M301-8	甬钟	土黄锈	孔雀石［$CuCO_3·Cu(OH)_2$］、白铅矿（$PbCO_3$）、石英（SiO_2）
5	M301-21	钮钟	反面锈蚀	孔雀石［$CuCO_3·Cu(OH)_2$］、蓝铜矿［$2CuCO_3·Cu(OH)_2$］、石英（SiO_2）
6	M301-32	勾连云雷纹铜方壶	兽耳面部白色物质	铅黄（PbO）、白铅矿（$PbCO_3$）
7	M801-36	素面铜鼎	蓝绿色锈蚀物	蓝铜矿［$2CuCO_3·Cu(OH)_2$］

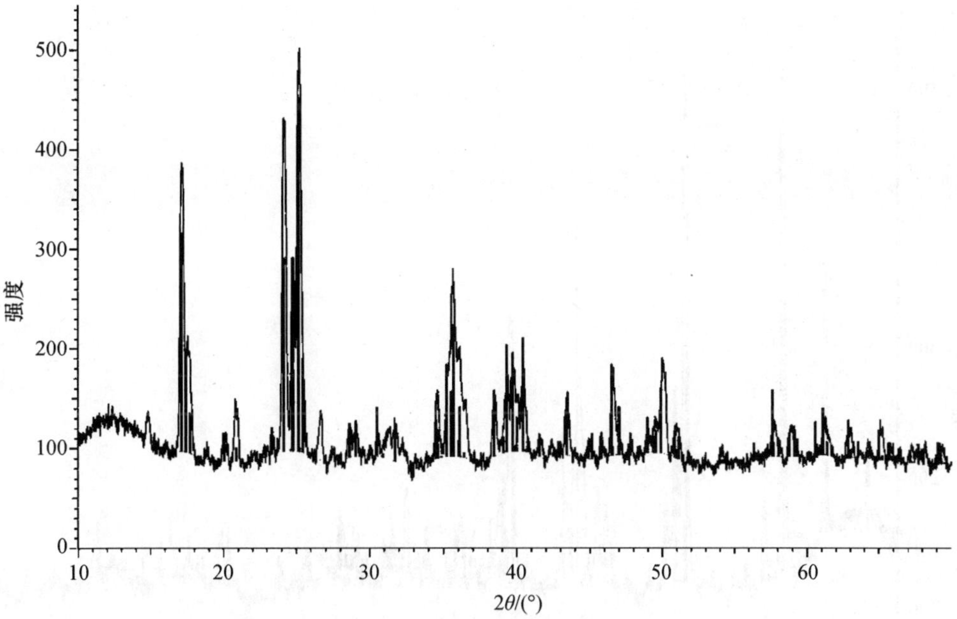

图5　M301-3镈钟蓝色锈蚀物蓝铜矿X射线衍射谱图

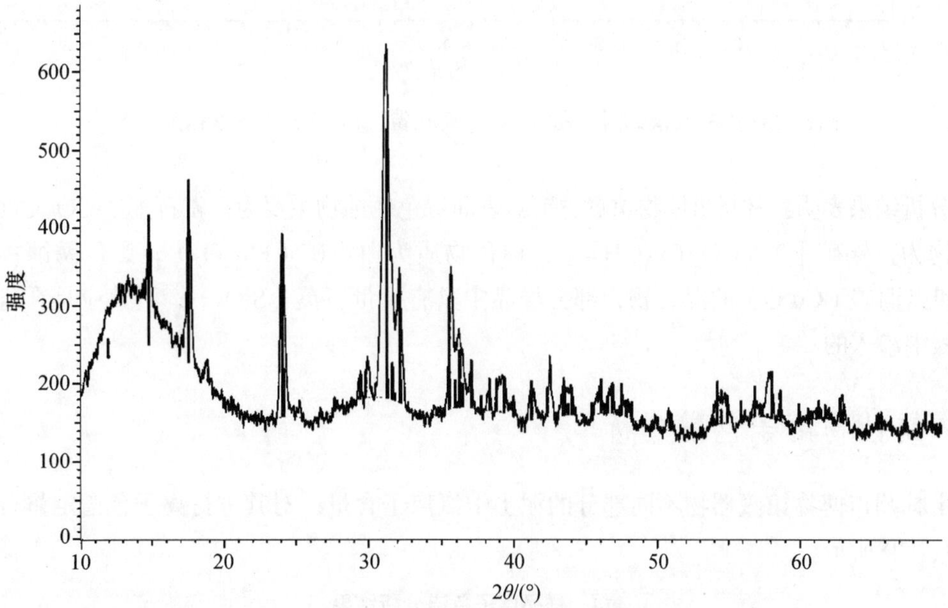

图6　M301-29蟠螭纹铜鉴兽耳焊接物白铅矿X射线衍射谱图

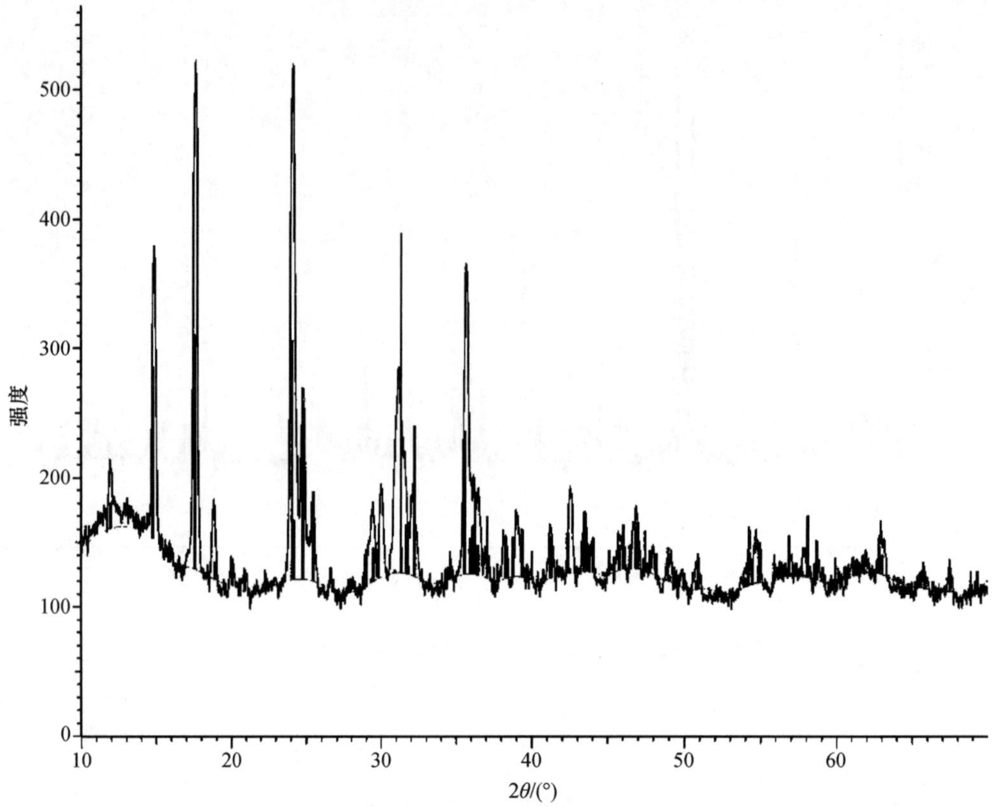

图7　M801-37蟠螭蚊铜鼎表面白绿色锈孔雀石和白铅矿X射线衍射谱图

XRD分析结果表明：林州市博物馆藏青铜器表面绿色锈蚀物主要为孔雀石［$CuCO_3 \cdot Cu(OH)_2$］，蓝色锈蚀物为蓝铜矿［$2CuCO_3 \cdot Cu(OH)_2$］，白色物质为白铅矿（$PbCO_3$），黑色锈蚀物为黑铜矿（CuO）和赤铜矿（Cu_2O）的混合物，部分样品中具有少量石英（SiO_2），石英应是在青铜器的长期埋藏过程中渗入的。

2.4　锈蚀物离子色谱分析

为测定林州市博物馆藏器物不同部分的泥土中氯离子含量，对其进行离子色谱定量分析，分析结果如表4、图8所示。

表4　样品离子色谱分析结果

序号	器物编号	器物名称	取样部位	峰面积/（S·min）	Cl^-含量/（g/kg）
1	04	蟠螭纹铜鼎	腿陶范土	0.165	0.05735
2	M301-1	镈钟	口内部黄土附着物	0.168	0.05839
3	M301-3	镈钟	内壁范土样品	0.994	0.33701
4	M301-31	勾连云雷纹铜方壶	盖内土	1.456	0.49318
5	M801-65	蟠螭纹带链铜盘	足内部范土	1.148	0.38897

注：单位g/kg表示每千克样品中氯离子的含量（以克计）。

从表4可知，氯离子浓度相对较低，对于表面无粉状锈的器物可不进行脱氯处理。

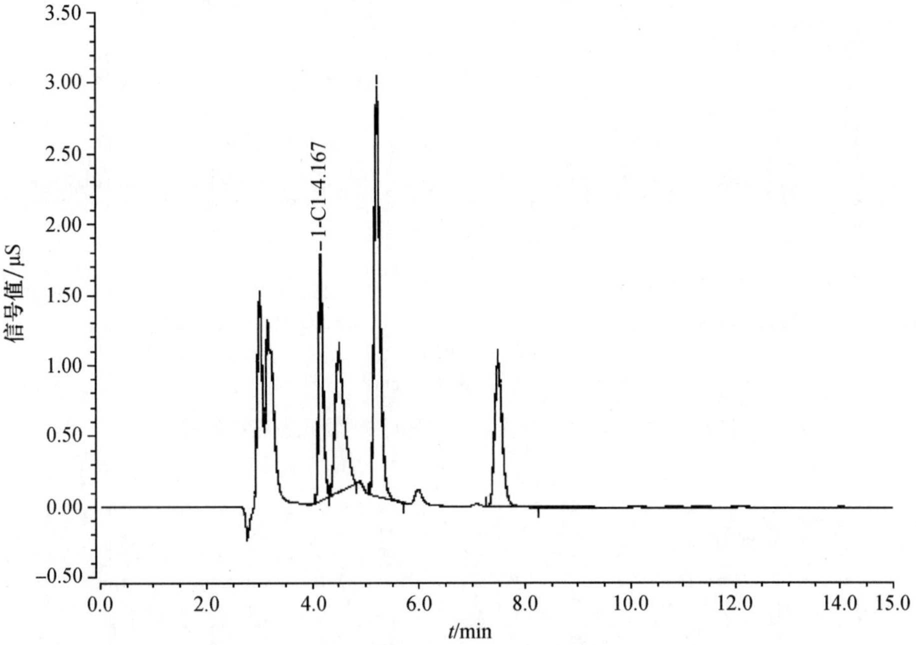

图8 M301-19钮钟附着黄土中可溶盐离子色谱分析谱图

2.5 锈蚀物拉曼光谱分析

为进一步验证能谱仪及X射线衍射的分析结果，对M801-36、M301-31、M301-29样品进行拉曼光谱分析，结果如表5、图9～图11所示。

表5 样品拉曼分析结果

序号	器物编号	器物名称	样品描述	分析结果
1	M801-36	素面铜鼎	蓝绿色锈蚀物	蓝铜矿［$2CuCO_3 \cdot Cu(OH)_2$］
2	M301-31	勾连云雷纹铜方壶	白色物质	白铅矿（$PbCO_3$）、石英
3	M301-29	蟠螭纹铜鉴	白绿色锈蚀物	白铅矿（$PbCO_3$）

从表5可知，其结果与能谱数据及X射线衍射的分析结果基本一致，更进一步确定锈蚀物的成分及物相。

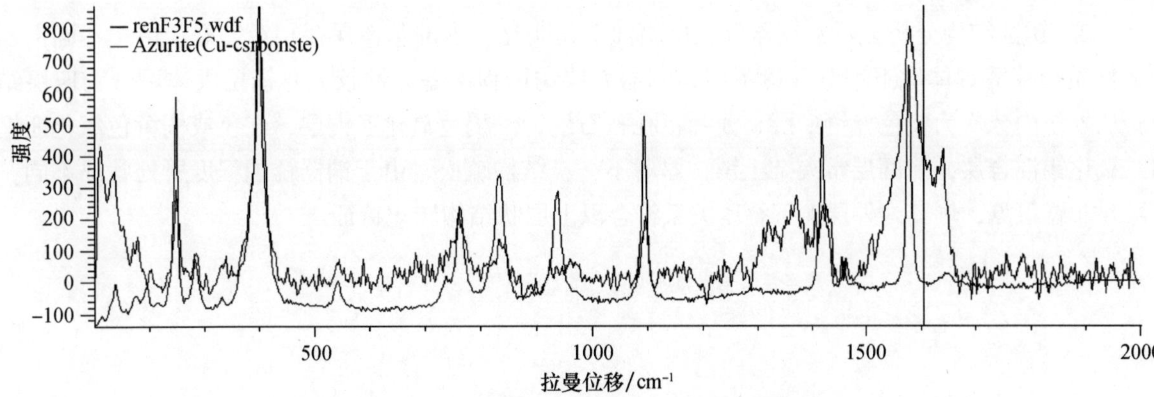

图9 M801-36素面铜鼎蓝绿色锈蚀物蓝铜矿拉曼谱图

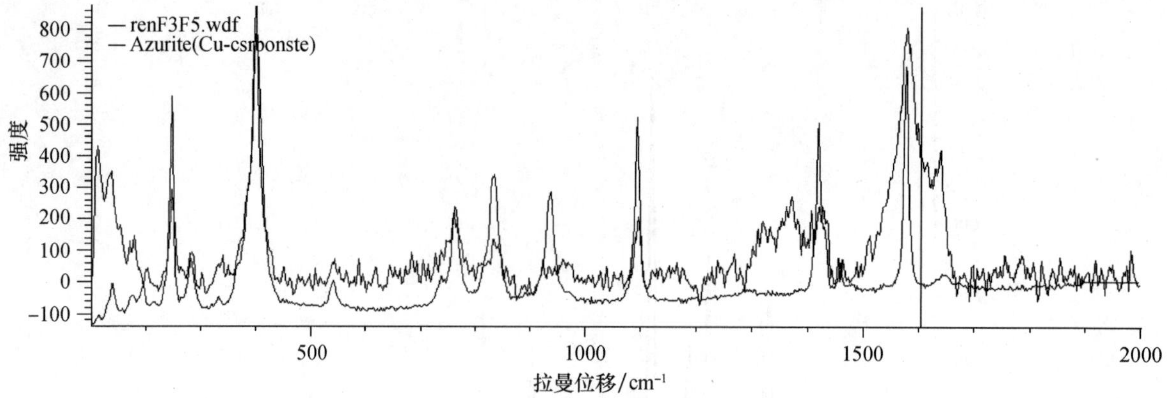

图10　M301-29蟠螭纹铜鉴白绿色锈蚀物孔雀石拉曼谱图

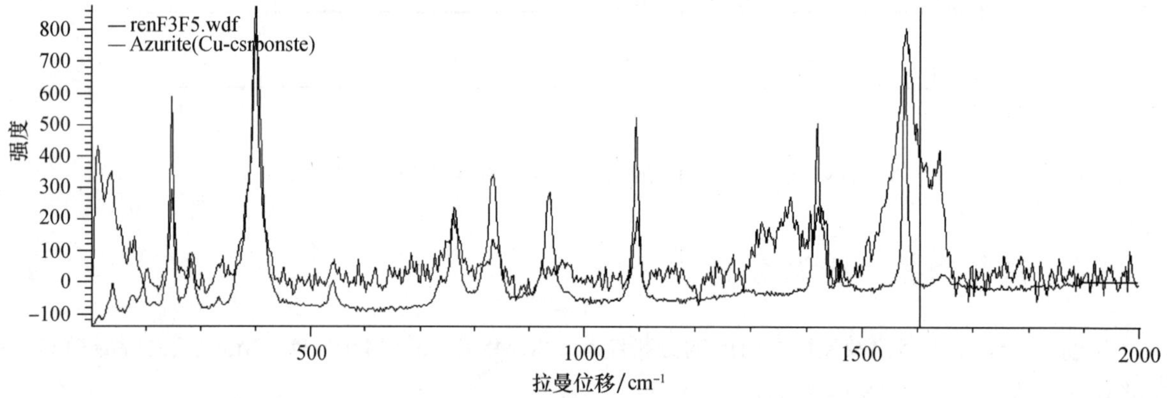

图11　M301-31蟠螭纹铜鉴白色物质孔雀石拉曼谱图

结　语

（1）锈蚀产物分析显示：林州大菜园春秋战国古墓群出土铜器均有不同程度的腐蚀，锈蚀产物主要呈浅绿色、蓝色、白色、黑色等。根据锈蚀产物的矿物组成分析，青铜样品表面的绿色或蓝色锈层的主要成分是孔雀石和蓝铜矿，黑色锈蚀物为黑铜矿和赤铜矿的混合物，白色锈蚀物为白铅矿。青铜器不同部位附着泥土中氯离子含量均相对较低，对于表面无粉状锈特征器物可不进行脱氯处理。

（2）锈蚀结构分析显示：铜器仅表层腐蚀矿化明显，内部基体保存相对完好；由于不同铜器合金材质和墓葬具体地下埋藏环境不同，铜器表层锈蚀程度差异性较大，锈层大体可分为四层结构，从外至内依次为蓝色蓝铜矿层，浅绿色孔雀石层，红褐色氧化亚铜层，红色或橘黄色氧化亚铜和二氧化锡混合层，前两层常夹杂土锈，厚薄不一，结构疏松，由于铜器锈蚀程度所处状况不同，各层并非皆可见，然其内外层上下叠压关系符合以上层状结构转化特征。

枣庄市徐楼村出土红铜铸镶青铜器腐蚀特征分析

胡 钢[1] 王丽华[2] 向桐葳[1] 张 夏[1]

（1. 北京大学考古文博学院，北京，100871；2. 枣庄市博物馆，山东枣庄，277100）

摘要 通过直接观察法、X射线成像、金相分析以及扫描电子显微分析等方法对枣庄市徐楼村出土的红铜铸镶青铜器的腐蚀特征进行了观察与检测。结果表明，枣庄市徐楼村出土的红铜铸镶青铜器有透镶和半透镶两种类别，经过漫长的历史岁月后，红铜纹饰较青铜基体腐蚀严重，大部分红铜纹饰已经矿化脱落，仅残留极少量金属材质。而器物基体部分则保留相对较多的金属基体，金属基体中铅锡含量较高，腐蚀区间有较多的红铜颗粒析出。

关键词 青铜器 红铜 镶嵌 腐蚀特征

引 言

红铜铸镶青铜器是青铜工艺发展技术中的一类杰出代表，因这类青铜器的独特工艺特征和材质结合方式，对这类器物的腐蚀研究探讨尤为重要，这是做好红铜铸镶青铜器保护修复的前提要求。红铜铸镶工艺作为春秋时期一种极具代表性的青铜制作技术，其腐蚀特征分析不仅有助于解读红铜铸镶的工艺特征，且为这类青铜器的保护修复提供科学依据。

枣庄市徐楼村在2009年5月出土了7件精美的红铜铸镶青铜器，为春秋中晚期的器物，它们是红铜铸镶工艺的杰出代表。本文通过一系列的宏观与微观观察，通过直接观察法、X射线成像、金相分析、扫描电子显微分析等方法，从宏观与微观角度对两种红铜纹饰与青铜基体结合方式的腐蚀特征进行了分析探讨。

1 腐蚀宏观形态

山东枣庄徐楼村出土的7件红铜镶铸青铜器中，红铜部分镶嵌方式可分为两种，第一种为透镶式，即与青铜基体等壁厚的红铜纹饰，如图1中的盘（M1∶5）器物照片及其X线片；第二种为半透镶式，即与青铜基体非等壁厚的红铜纹饰，如图2中敦（M1∶6）器物照片及X线片。

图1中与青铜基体等壁厚的红铜纹饰的盘（M1∶5）红铜纹饰为菱形纹，菱形红铜纹基本被腐蚀矿化，锈蚀产物或与泥土混合，呈现棕红色，或者部分红铜残片脱离青铜基体。从X线片可以看到，纹饰的黑度明显比基体深，一是由于红铜材质较青铜材质的平均原子序数低，二是由于红铜纹

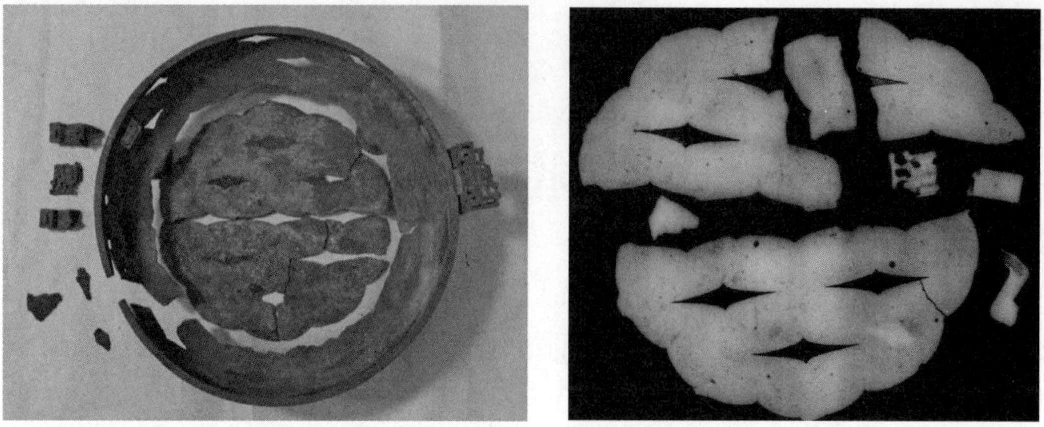

(a)　　(b)

图1　盘（M1：5）器物照片（a）及X线片（b）

(a)　　(b)

图2　敦（M1：6）器物照片（a）及X线片（b）

饰锈蚀矿化，才导致在X线片的黑度呈现明显的差别。

如图2显示了与青铜基体非等壁厚的红铜纹饰的敦（M1：6）腐蚀情况，其红铜纹饰为龙纹、“王”字纹等，红铜纹饰也基本腐蚀矿化完，部分锈蚀产物流失，剩下了纹饰的凹槽。同样在X线片下，纹饰处的黑度明显比器物青铜基体部分深，这也是因为红铜纹饰材质差异和腐蚀矿化形成。

2　腐蚀微观形态

2.1　透镶式

与青铜基体等壁厚的红铜纹饰的盘（M1：5）红铜残片金相照片如图3所示。从图3中可见，红铜纹饰腐蚀十分严重，只留下很少量金属材质。金属部分可见少量不规则形状铅颗粒，大小不一，并存在少量灰色杂质。暗场下照片可以看出其腐蚀产物层次，从金属部分向外层依次为赤铜矿、孔雀石、蓝铜矿。

盘（M1：5）器物青铜基体的金相照片如图4所示，对比边界处明场［图4（a）］与暗场［图

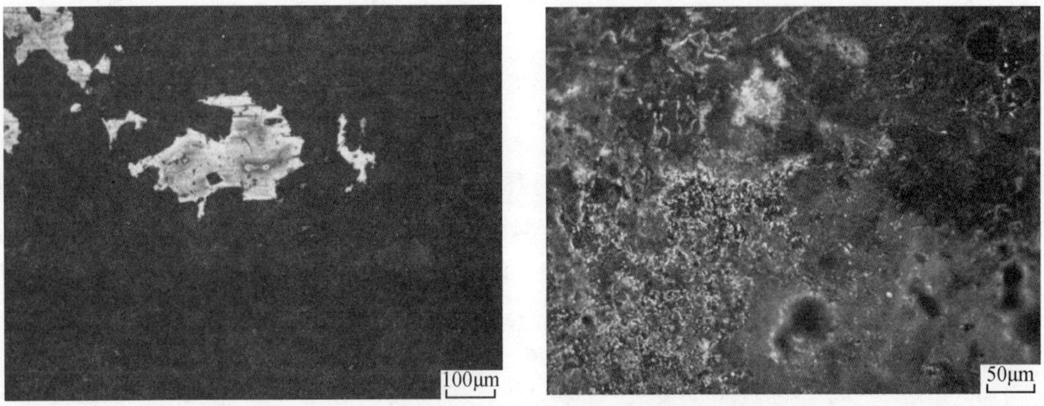

图3　盘（M1：5）红铜残片金相照片

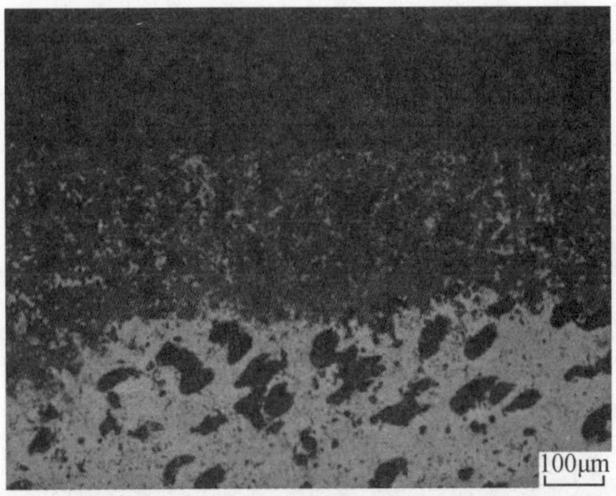

(a)边界处明场

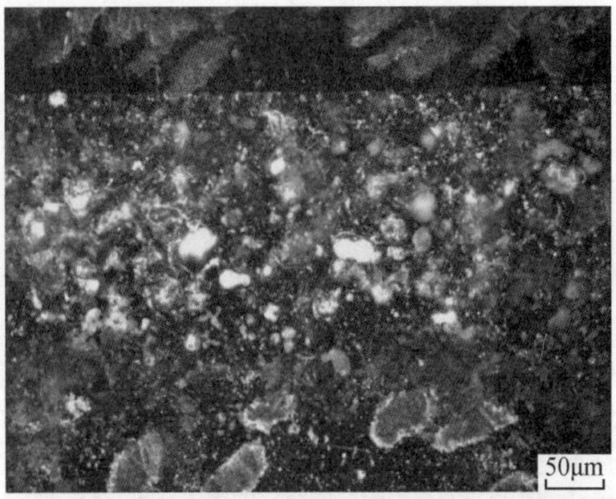

(b)边界处暗场下锈蚀

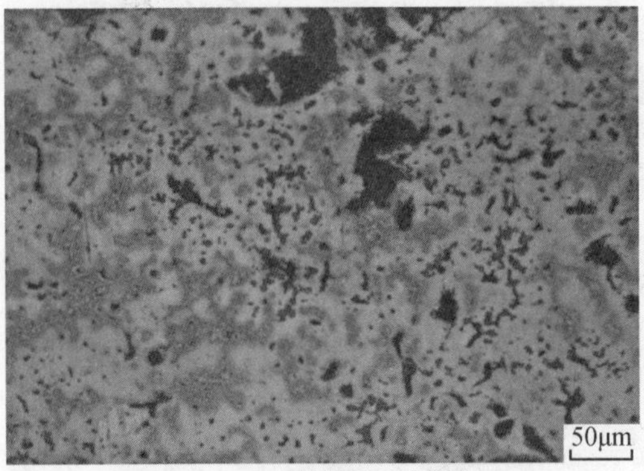

(c)基体材质金相1

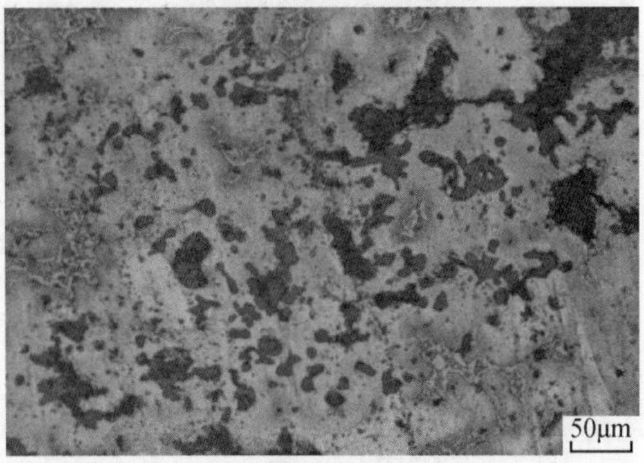

(d)基体材质金相2

图4　盘（M1：5）青铜基体残片金相照片

4（b）]，其腐蚀特征为α相优先腐蚀，留下岛屿状共析体相。靠近基体内部的腐蚀产物为赤铜矿，边缘主要为孔雀石，且基体边界处存在大量铅颗粒，在暗场下也可看出存在少量白色锈蚀产物，推测为析出的铅的氧化物。基体内部可清晰观察到α+δ相共析体，存在少量不规则铅颗粒、部分灰色杂质及较多孔洞。

2.2　半透镶式

半透镶式敦（M1：6）样品为青铜镶嵌红铜纹饰与基体连接处，样品残片包含红铜纹饰和青铜基体材质，如图5所示。这种腐蚀现象较为特殊，图5（a）和（b）显示了纹饰与基体连接部位不同显微区间的形貌，照片中上半部分橙色区域为红铜铸镶部分，下半部分为青铜基体部分。红铜纹饰金属材质锈蚀严重，红铜材质分散大量微小空洞，可能为腐蚀过程中的元素迁移造成。红铜与青铜材质交界处有一条明显的过渡带，成分接近于青铜基体。而在红铜材质边，有许多泡状的锈蚀形态，泡状内有大量的纯铜颗粒析出。

青铜部分共析体成网状结构，存在少量灰色杂质，并可以看出铅颗粒析出。青铜基体的腐蚀特征为α相优先腐蚀，留下岛屿状共析体相。边界处可清晰看出富铜相的腐蚀，共析体相保存较完整。红铜与青铜交界处可以看到，过渡带以下青铜部分有红铜颗粒的析出，在边界处呈泡状结构。红铜颗粒附近存在腐蚀产物。析出的交界处的红铜部分存在众多微小空隙，暗场下照片可看出其锈蚀产物主要为孔雀石。

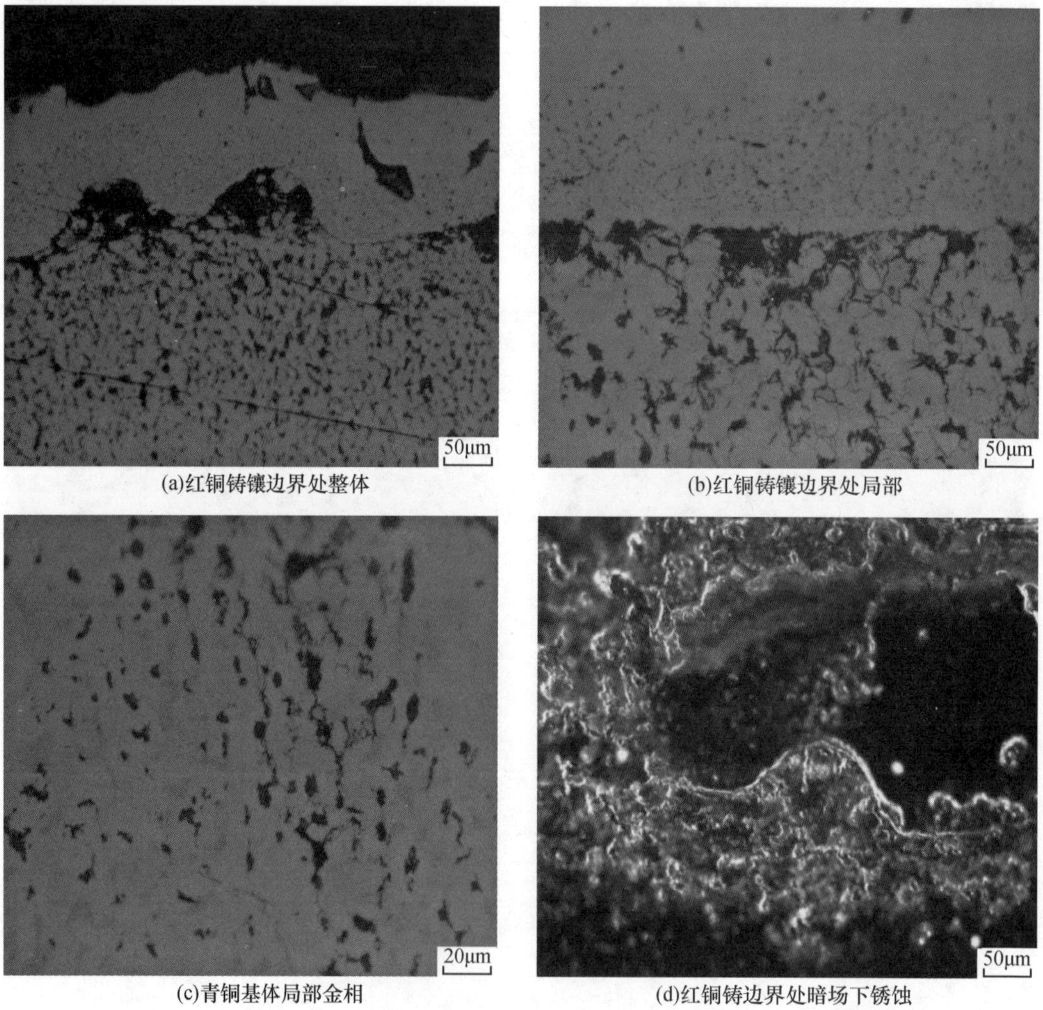

(a)红铜铸镶边界处整体　(b)红铜铸镶边界处局部
(c)青铜基体局部金相　(d)红铜铸边界处暗场下锈蚀

图5　敦（M1：6）金相照片

表1　样品红铜析出处EDS分析结果（wt %）

元素成分	O K	Sn L	Cu K
圈1处	0.73		99.27
圈2处	0.94		99.06
圈3处	7.27		92.73
圈4处	1.55	11.64	86.81

在对敦（M1：6）样品进行金相分析时，发现红铜与青铜过渡带处泡状物为红铜颗粒，为进一步探明红铜纹饰与青铜材质泡状物的腐蚀成分状态，选择代表性的泡状物形态进行了扫描电镜观察，并对相应的成分区域进行了EDS成分分析，结果如图6所示。分别针对红铜处（圈1、圈2）、氧化物处（圈3）、过渡带中青铜处（圈4）进行分析。EDS分析结果如表1所示。表1表明圈1、圈2区域Cu含量高达99.27%，为析出的红铜颗粒，圈3区域为铜的氧化物与红铜，圈4区域为锡青铜。

总之，从红铜铸镶青铜器的显微腐蚀形态可以看到，徐楼村出土的红铜镶嵌青铜器青铜红铜相较青铜基体部分锈蚀严重。红铜相锈蚀后残留的金属基体较少，大部分为铜化合物。青铜基体锈蚀α相优先腐蚀，留下岛屿状共析体相。边界处可清晰看出富铜相的腐蚀，共析体相保存较完整。一般而言，青铜与红铜边界处通常存在铅颗粒析出情况，内部均有大量铅颗粒以及部分灰色杂质。基体内部靠近共析体部分同样存在明显晶内偏析，且红铜与青铜基体交界处通常有大量的纯铜颗粒析出，这可能是由于红铜腐蚀后，大量的铜的锈蚀产物使得铜电极电位正移，容易发生阴极还原反应而重新析出纯铜晶粒。

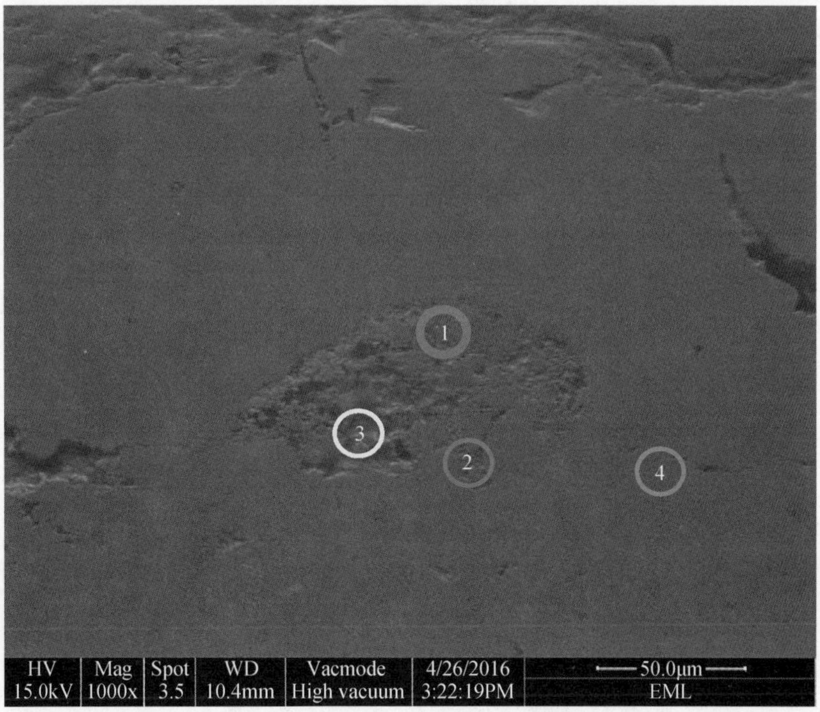

图6　敦（M1：6）样品SEM照片

结　语

（1）枣庄市徐楼村出土的红铜铸镶青铜器有透镶和半透镶两种类别，红铜镶铸青铜器腐蚀情况从宏观来看为红铜相优先腐蚀。

（2）红铜纹饰锈蚀较青铜基体严重，腐蚀过程中红铜材质上有的元素迁移形成弥散分布的腐蚀坑。青铜基体微观腐蚀形态为 α 相优先腐蚀，留下岛屿状共析体相，腐蚀过程中伴随铅颗粒的扩散现象。

（3）半透镶红铜镶嵌器物红铜与青铜交界处存在一条明显的过渡带，红铜材质边有泡状腐蚀坑存在，且在这些腐蚀坑中有红铜颗粒的析出现象。

山西博物院几件院藏青铜器的金相学研究

解　晋
（山西博物院，山西太原，030024）

摘要　运用光学金相显微镜对山西博物院院藏分水岭战国墓地出土部分青铜器的金相组织和制作工艺进行研究，使用扫描电子显微镜和能谱仪对其进行形貌观察及化学成分分析，来获取材质及夹杂物方面的信息，进一步验证金相显微镜对组织的分析。结果表明，几件青铜器样品材质都是三元铅锡青铜，铜鉴有锻打工艺，其他均为青铜铸造组织。

关键词　青铜　显微　金相　成分

引　言

山西博物院院藏文物40余万件，其中青铜器在藏品中占很大的比例，特别是西周晋侯墓地、春秋赵卿墓地及长治分水岭战国墓地等处出土的晋式青铜器，器形古朴淳厚。造型上以宗周青铜器为基础，又汲取殷商和北方草原文化的成分，形成了晋式青铜独特的风格。根据文物现状及科学保护、陈列展览的需要，山西博物院对院藏部分残损青铜器进行抢救性修复，在保护修复中对可取的青铜样品进行了检测分析，开展院藏青铜器的科学保护和研究工作。

金相分析在中国古代铜器科技研究中占重要地位，是了解合金本体微观结构的一种基本实验技术，能够为了解青铜合金冶炼、铸造和加工等技术提供重要的参考数据[1]，也是进行后续研究的基础。现代金属学研究证明，合金的机械性能与其合金成分、微观组织、加工方法及热处理工艺相关，其中微观组织对金属性能的影响最为直接[2]。因此，可以通过对铜器微观组织的金相分析技术来预测和判断金属的晶体形状、结构，以及合金性能与机械加工情况。青铜器金相组织也可以判别其腐蚀状态，如通过研究合金本体的锈蚀层发展程度，夹杂物的大小、数量、分布情况了解青铜器的腐蚀程度及腐蚀机理。

1　实验样品及方法

长治分水岭墓群位于山西省长治市城区的角沿村石子河畔，地处上党盆地的中部[3]。M12、M14为大型战国墓，分别发掘于1954年和1955年，随葬品以青铜器为主。M35发掘时间不详，记录日期为1960年，有盗洞，出土器物较少，主要有青铜器。根据已公布资料，M12和M14为战国早期晚段。M35为战国晚期早段。此次分析检测的青铜器样品共5件，均为容器。器物残缺严重，无一完整器，从残片外观来看，锈蚀严重。样品取自残片边缘或脱落块。取样的具体情况详见表1。

本项研究工作采用取样分析的方法，首先将样品用酚醛树脂镶嵌，然后使用金相砂纸打磨和金相抛光机抛光，分别在奥林巴斯金相显微镜下观察未经侵蚀和经3%三氯化铁盐酸乙醇溶液侵蚀后的样品，观察金相组织并拍照记录。利用FEI-Quanta650扫描电镜和OXFORD-X-MaxN50能谱仪对样品进行微观组织观察及合金成分和夹杂物分析。

表1　分析样品统计表

序号	名称	文物号	时代	来源	取样部位
1	铜鼎	东1041	战国	长治分水岭M14	残块
2	铜鼎	东1227	战国	长治分水岭M12	残块
3	三鸟形钮盖铜鼎	南4640	战国	长治分水岭M35	残块
4	铜鉴	东1071	战国	长治分水岭M14	残块
5	铜鬲	东1053	战国	长治分水岭M14	残块

2　样品分析

2.1　金相分析

利用金相显微镜对青铜样品金相组织、铅颗粒分布形态及腐蚀情况进行观察，结果详见表2。

金相组织的观察结果显示，5件铜器都是使用铅锡青铜铸造成型的，α固溶体树枝晶偏析明显，2件铜器晶间大量（$\alpha+\delta$）共析体连成网状，3件铜器可看到硫化物夹杂，1件铜器金相组织显示为α固溶体等轴晶和孪晶，晶内有滑移线，表明铜器热锻后有冷加工处理。

表2　样品的显微金相分析结果

序号	未侵蚀	侵蚀后	金相组织	组织形态
1	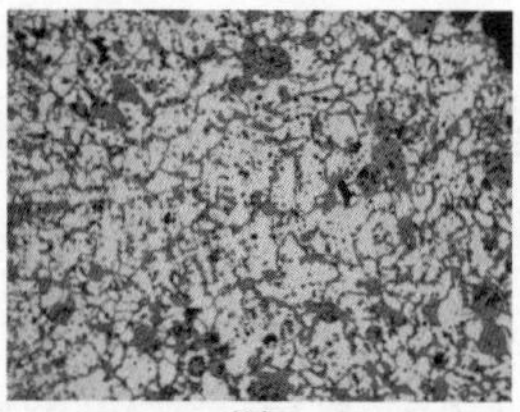 图1	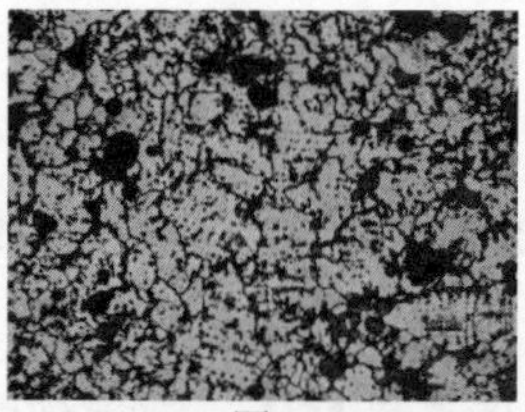 图2	α固溶体树枝晶偏析明显，（$\alpha+\delta$）共析体呈小型岛屿状分布在固溶体之间，有较小不规则形态的铅颗粒弥散分布。有较多纯铜颗粒，晶内偏析，金相组织腐蚀严重。侵蚀前可看到少量硫化物夹杂	铸造
2	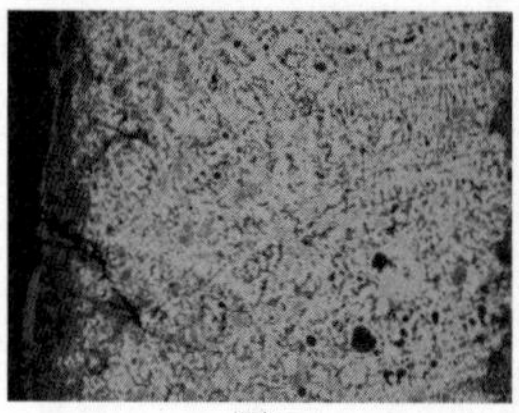 图3	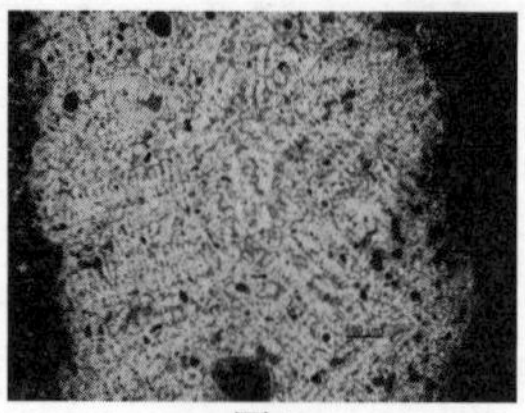 图4	α固溶体树枝晶偏析明显，晶间大量（$\alpha+\delta$）共析体连成网状，铅呈大球状和小颗粒状分布，铅的分布不均匀，有较多纯铜颗粒，晶内偏析，金相组织腐蚀较严重。腐蚀区残存共析体相	铸造

续表

序号	未侵蚀	侵蚀后	金相组织	组织形态
3	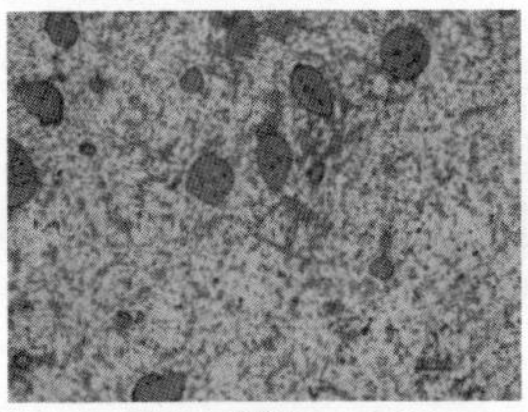 图5	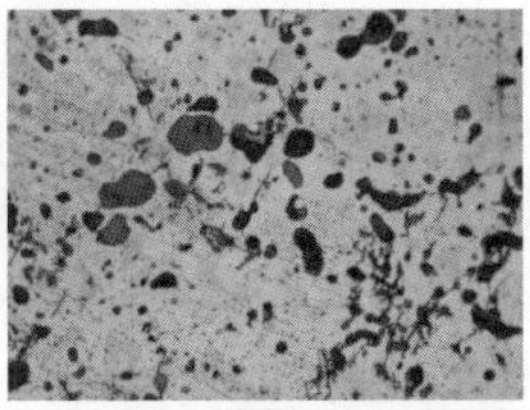 图6	α固溶体树枝晶偏析明显，（α+δ）共析体呈岛屿状分布，分布有较多大的铜颗粒。铅颗粒分布不均匀，聚集在铜颗粒中和相界处，腐蚀较严重	铸造
4	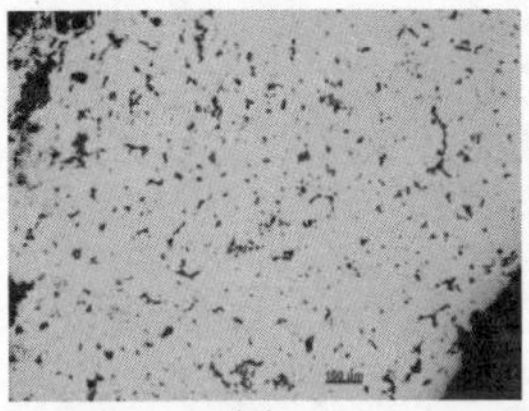 图7	 图8	α固溶体等轴晶和孪晶，金属晶粒内部部分有滑移线，硫化物夹杂和铅颗粒分布于晶界，轻微腐蚀	热锻
5	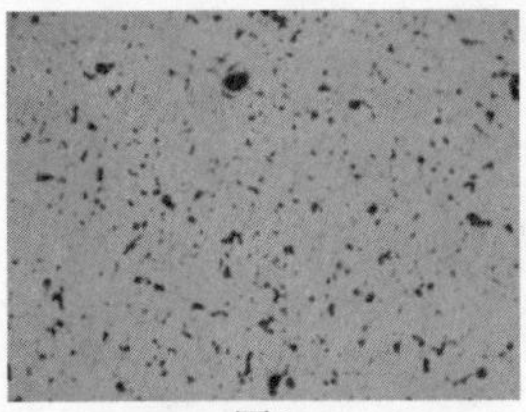 图9	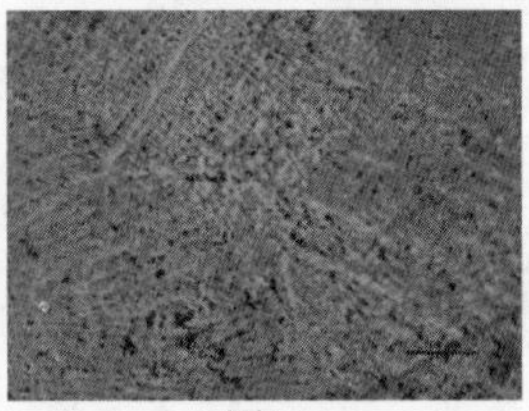 图10	α固溶体树枝晶偏析明显，晶间大量（α+δ）共析体连成网状，铅颗粒弥散分布。轻微腐蚀	铸造

2.2 扫描电镜观察及能谱成分分析

2.2.1 金相背散射电子图像

样品背散射电子图像及分析见表3。

表3 样品背散射电子图像及分析

序号	背散射电子图像	分析
1	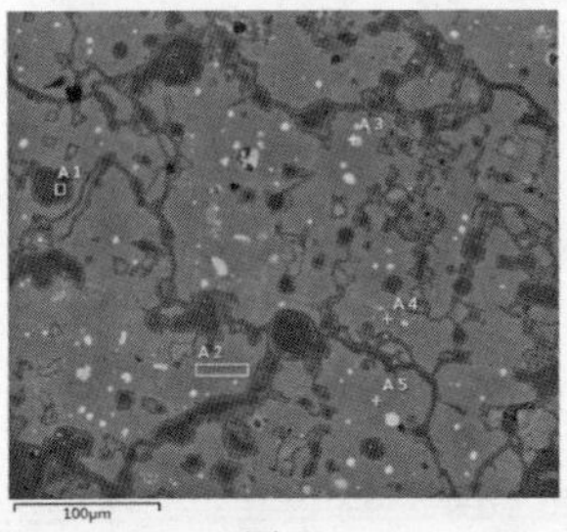 图11	样品已经发生明显矿化腐蚀，有明显的腐蚀层，基体内腐蚀主要发生在相界，金相结构为α固溶体和（α+δ）共析体组织，亮白色区为弥散分布的铅颗粒

续表

序号	背散射电子图像	分析
2	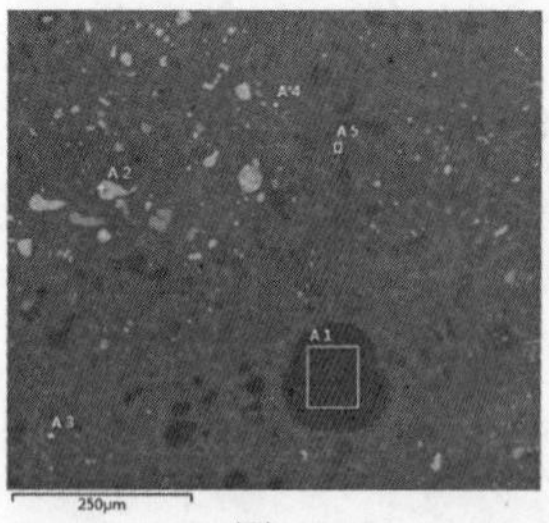 图12	金相结构为α固溶体和（α+δ）共析体组织，亮白色区为不均匀分布的铅颗粒。基体夹杂较多，大小不一，其中有黑色球状纯铜颗粒。纯铜晶粒大小不一，分布不均匀
3-1	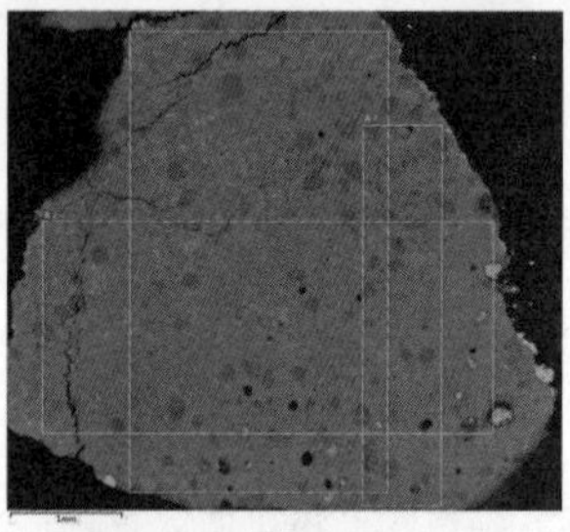 图13	腐蚀较严重，组织中有较多黑色球状不均匀分布夹杂，为纯铜颗粒
3-2	 图14	金相结构为α固溶体和岛屿状（α+δ）共析体组织，亮白色铅颗粒有聚集在相界和纯铜颗粒中的趋势
4	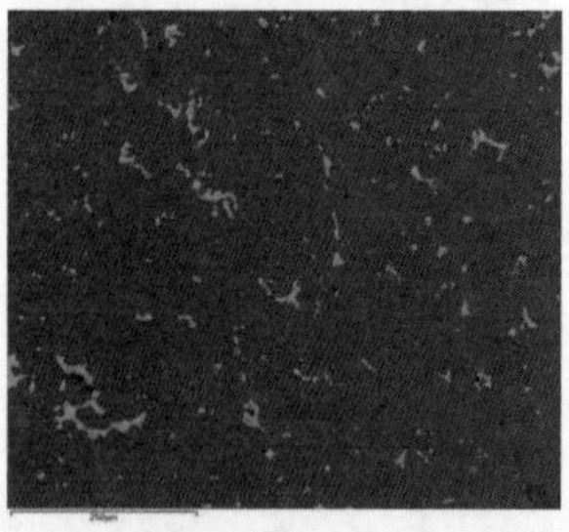 图15	亮白色的铅呈多角状分布
5	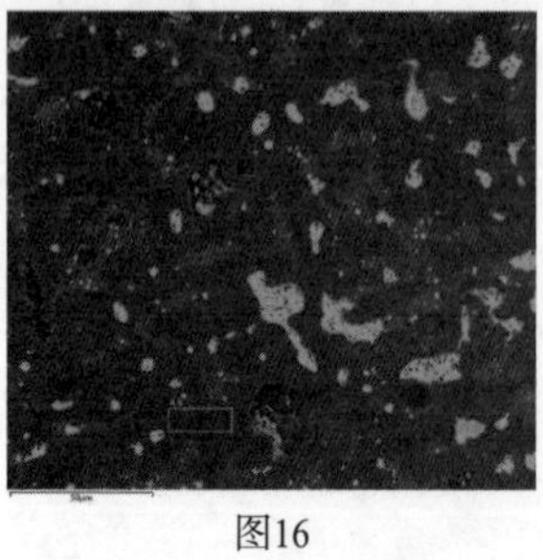 图16	金相结构为α固溶体和（α+δ）共析体组织，亮白色区为不均匀分布的铅颗粒。有铸造孔洞

2.2.2 能谱对样品成分分析结果

样品检测面不规则，对基体合金成分分析采用小倍数下区扫，使扫描面积尽可能大，对不同相和夹杂物选择微区和点扫分析模式，并选择面积较大的物相，避免激发周围基体成分，影响分析结果的准确度。结果见表4。

表4 样品能谱成分分析

样品	背散射电子像	分析部位	成分/%（质量分数）						组织结构
			铜（Cu）	锡(Sn)	铅（Pb）	氧（O）	硫（S）	其他(质量分数<2%只标元素符号)	
1	—	基体	78.29	16.02	4.99	—	—	As	三元合金
	图11	A1	89.94	0.56	—	9.28	—	—	铜及铜氧化物
		A2	90.69	9.31	—	—	—	—	α固溶体
		A3	7.33	—	85.40	7.27	—	—	铅及铅的腐蚀产物
		A4	75.24	10.77	2.35	11.48	—	—	（α+δ）共析体
		A5	80.47	—	—	—	19.53	—	硫化物夹杂
2	—	基体	76.85	17.02	6.13	—	—	—	三元合金
	图12	A1	91.42	—	—	8.58	—	—	铜及铜氧化物
		A2	17.62	2.17	80.22	—	—	—	铅及铅的腐蚀产物
		A3	13.92	48.97	14.35	19.09	—	Cl、As、Ag	（α+δ）共析体
		A4	33.38	38.03	12.70	13.92	0.60	Cl	（α+δ）共析体
		A5	88.29	11.71	—	—	—	—	α固溶体
3	图13	基体	80.18	13.42	6.40	—	—	—	三元合金
		腐蚀层	—	—	68.9	15.0	—	C:16.1	铅的腐蚀产物
	图14	B1	90.79	—	—	9.21	—	—	铜及铜氧化物
		B2	6.66	—	92.01	1.33	—	—	铅及铅的腐蚀产物
		B3	77.63	14.07	1.99	5.68	—	Cl、As	α固溶体相腐蚀
		B4	15.72	46.12	18.84	19.32	—	—	（α+δ）共析体
		B5	86.40	18.84	—	—	—	—	α固溶体
4	—	基体	79.82	15.31	4.76	—	—	As	三元合金
	图15	A1	5.51	2.28	92.21	—	—	—	铅及铅的腐蚀产物
		A2	79.24	0.44	—	—	18.76	Fe、Se	硫化物夹杂
		A3	88.96	11.04	—	—	—	—	富集铜相
		腐蚀区	24.01	—	—	38.65	3.18	C、Si、Fe	外层腐蚀物
5	图16	基体	80.72	12.7	6.58	—	—	—	三元合金
		S	59.58	13.54	18.62	3.23	4.12	Fe	硫化物夹杂
		A1	54.81	8.36	36.84	—	—	—	富集铅的共析体相

从合金成分来看，5件青铜器含锡量在12.7%～17.02%，研究合金配比锡含量大于6%时，有

（ $\alpha+\delta$ ）共析体析出，一般随含锡量增加，共析体量会增多，但样品5在5个样品中含锡量最低，为12.7%，但却有数量最多的共析体组织[4]。这是由于铜器样品取自不同器物，制作冷却速度控制不同，所以显微组织显示共析体数量增多，含锡量未见明显规律性。合金成分中均含有微量的砷，应为矿料带入。基体合金中铅含量为4.76%～6.58%，从金属学来看青铜的铅含量对器物的性能影响很大，随着合金中铅含量的增加，青铜合金硬度会下降，同时对基体的割裂作用增大，造成青铜合金抗拉强度和抗冲击能力下降，故铅锡青铜铅含量小于10%较为理想[5]。从此可以推断，战国早期的工匠们较熟练掌握了青铜器物中铅含量对本身性能影响的规律。从腐蚀状况来看，5件青铜腐蚀较严重，腐蚀物多以铜和铅的矿化产物为主，部分腐蚀物含微量的氯元素，应进一步检测是否含有有害锈，在后期的保护修复中采取措施去除。

结　　语

金相组织分析和合金成分分析结果表明，铜器主要采用铸造工艺制成，普遍含有硫化物夹杂。普遍含有纯铜晶粒，应为青铜腐蚀和再沉积形成，一方面与铜、锡、铅三种元素的配比和合金组织形态有关，另一方面与特殊的外界环境相关。其中铜、锡、铅含量较稳定，区间较小，合金中铅的尺寸、形状和分布状态对器物性能也有影响，根据Chase给出了Cu、Sn、Pb成分与布氏硬度、抗拉强度、屈服强度的关系，可知青铜中含锡12%～13%加入6%的铅时，总的力学性能较好[6]。这也说明战国早期，长治地区表现了较好的铜器制作水平，冶铸业已达到一定的发展水平。

参考文献

[1] 杨菊. 赤峰地区青铜时代晚期铜器的科学分析研究. 北京：北京科技大学，2015.

[2] 李增辉. 熔炼工艺对铸造铝青铜合金的微观组织与硬度的影响. 长春：长春理工大学，2012.

[3] 秦秋红. 长治分水岭墓地初探. 长治学院学报，2010，1：10-12.

[4] 韩汝玢，孙淑云，李秀辉，潜伟. 中国古代铜器的显微组织. 北京科技大学学报，2002，2：219-230.

[5] 黄龙. 中国青铜技术研究回顾与展望. 文物保护与考古科学，1994，6（1）：46-52.

[6] 李丽辉. 辽西赤峰地区井沟子西区墓地出土青铜器研究. 北京：北京科技大学，2015.

青岛市博物馆馆藏青铜器的保存现状调查与评估

胡可佳　张海燕
（青岛市博物馆，山东青岛，266061）

摘要　青岛市博物馆馆藏青铜文物年代自商代至明清，器物类型丰富。本文从馆藏青铜器的基本情况、病害统计、锈蚀产物分析、环境监测等方面，对其保存现状进行了深入调研和综合评估，全面分析了馆藏青铜文物的病害成因和潜在风险，针对性地提出科学保存保护的建议。

关键词　馆藏文物　青铜器　现状调查　锈蚀分析　保存环境

引　　言

青岛市博物馆馆藏青铜器年代自商代至明清，器物类型包括礼器、兵器、生产工具、生活用具等，涵盖了生产生活的方方面面，其中部分青铜器为青岛地区出土，较有代表性，具有重要的历史、艺术、研究价值，为研究青岛地区生活习俗、生产方式等提供了实物资料。大部分馆藏青铜文物未经过保护修复处理，存在不同程度的沉积物和锈蚀，保存现状不容乐观，亟待进行保护修复。本文在对馆藏青铜文物的病害情况进行全面调研的基础上，利用显微观察、硝酸银定性、扫描电镜能谱、X射线衍射分析对锈蚀产物进行科学检测，结合保存环境监测数据分析，对馆藏青铜文物的保存现状进行综合评估，为其科学修复与保存提供依据。

1　现状调查

本文以铜镜、造像以外的青岛市博物馆馆藏珍贵青铜器为主要研究对象，共有737件，一级文物2件，二级119件，三级616件。经过保存现状调查，发现292件青铜器存在较为严重的病害，约占总数的40%，其主要来源为移交、拣选、捐赠等，其中青岛地区出土器物约占9%。馆藏青铜器的保存现状及病害统计见图1和图2。统计结果表明，292件铜器的主要病害包括残缺、裂隙、变形、表面硬结物、点腐蚀、矿化等，其中98.3%存在表面硬结物，62%存在点腐蚀，此外，层状堆积、残缺、裂隙、孔洞等病害所占比例较大。

(a)断裂、残缺

(b)点腐蚀、残缺、孔洞

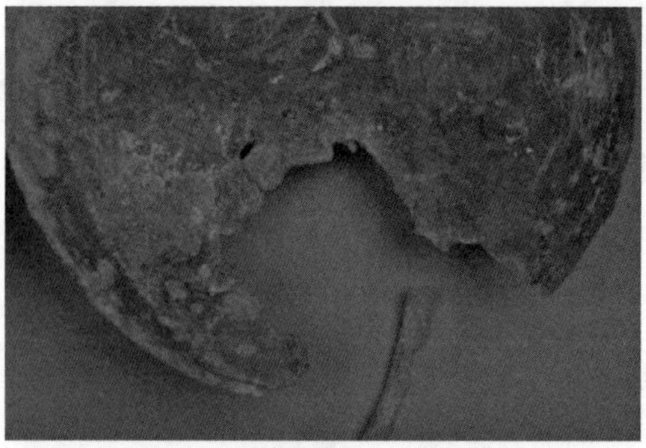

(c)锈蚀、裂隙、残缺

(d)残缺、变形

(e)点腐蚀

(f)层状堆积

图1　青岛市博物馆馆藏青铜器保存现状

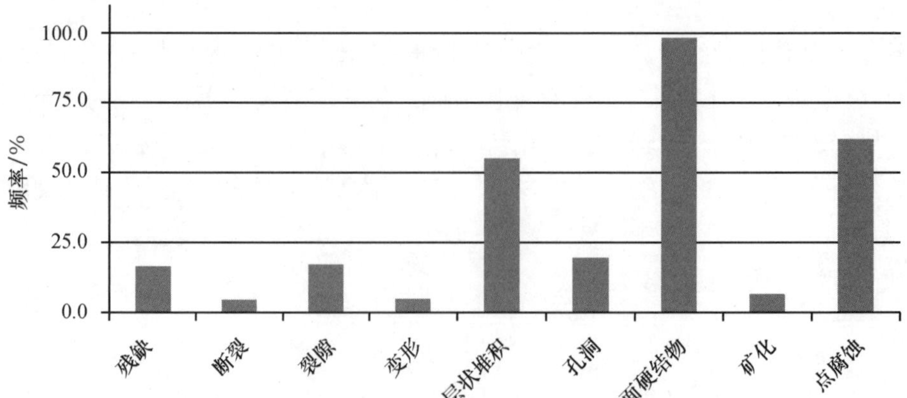

图2　青岛市博物馆馆藏青铜器病害频率统计图

2 锈蚀产物分析

为了解这批青铜文物的腐蚀程度及病害成因，选取14件文物共31个锈蚀产物样品进行显微观察、硝酸银定性、扫描电镜能谱、X射线衍射分析，取样位置及描述详见表1。

表1 样品清单

序号	名称	样品编号	取样位置	样品描述
1	春秋双螭耳铜盘	10002-1	耳内侧	土黄色锈蚀
		10002-2	耳旁	绿色锈蚀
		10002-3	圈足边	白色结垢
		10002-4	盘内破洞上方	绿色锈蚀
		10002-5	耳旁盘底边	结壳
		10002-6	盘内	深绿色锈蚀
		10002-7	盘内	颗粒状锈蚀
		10002-8	耳内侧	蓝色颗粒状锈蚀
2	商兽面纹铜壶	20005-1	腹部残缺处	亮绿色粉状锈蚀
		20005-2	颈部	蜡状绿色锈蚀
		20005-3	壶底	瘤状锈蚀
		20005-4	腹部	绿色锈蚀
3	西周后期窃曲纹铜鬲	20015-1	裆部	蓝色锈蚀
		20015-2	口沿	绿色锈蚀
		20015-3	肩部	绿色锈蚀
4	春秋兽面纹铜鬲	20032-1	肩部	绿色锈蚀
		20032-2	腹部	土黄色锈蚀
5	春秋窃曲纹铜盉	20034-1	腹部	绿色锈蚀
		20034-2	腹部	灰绿色锈蚀
6	春秋绳纹铜盉	20035-1	腹部	绿色锈蚀
		20035-2	腹部	块状绿色锈蚀
7	战国蟠纹铜鼎	20041-1	腹部	绿色锈蚀
		20041-2	盖内侧	蓝色锈蚀
8	东汉凤纹铜洗	20058-1	底部	蓝色锈蚀
		20058-2	下腹部	绿色锈蚀
9	战国蟠螭纹铜舟	20043	盖内	绿色锈蚀
10	西周末夔纹青铜鼎	30137	腹部底	亮绿色粉状锈蚀
11	春秋铜鼎	30157	底部	绿色锈蚀
12	南北朝铜釜	30281	折肩底部	土黄色锈蚀
13	唐代铜洗	30288	底部	绿色锈蚀
14	辽金铜鐎斗	30308	内壁	灰绿色锈蚀

2.1　显微观察

利用体视显微镜对青铜文物残块断面及表面锈蚀状况进行显微观察，通过颜色、颗粒大小、疏密情况等，初步判断锈蚀产物的种类。显微观察结果表明，青铜器锈蚀状况严重，存在层状堆积的现象，锈层大多较为疏松，并有剥落的情况。由观察结果初步判断，个别器物含有较厚的白色结垢，其他锈蚀产物色彩丰富，种类较多，可能含有黑色的氧化铜，红色的氧化亚铜，蓝色的硫酸铜，绿色的碱式碳酸铜、碱式氯化铜、碱式硫酸铜，白色的氯化亚铜矿、锡石等。

2.2　硝酸银定性分析

将样品在蒸馏水中热浸泡，然后取10mL浸泡液，加入几滴硝酸溶液（2mol/L），摇匀，使之酸化，再滴入几滴硝酸银溶液（0.1mol/L），若有白色絮状沉淀出现，则说明锈蚀产物中含有氯化物。如果硝酸银的加入量大于2mL，仍无沉淀出现，便可判断不含氯化物。

经过硝酸银法定性实验，发现31个样品中16个样品的溶液出现了浑浊现象，并伴有大量白色絮状沉淀产生，说明样品中氯离子含量较高；11个样品溶液变化不明显，但仍可观察出少量的白色絮状沉淀；其余4个样品未见沉淀，表明不含氯离子。

2.3　扫描电镜能谱分析

使用日本Hitachi公司S-360N扫描电子显微镜，美国EDAX公司Genesis 2000XMS型X射线能谱仪对锈蚀样品进行分析，分析电压为20kV。分析结果见表2。由结果可得，锈蚀产物普遍含有Cu、Sn、Pb、Si等元素，以及K、Ca、Al、Fe等杂质元素，表明该批青铜文物基体应为Cu-Sn-Pb三元合金。其中16个样品中发现含有Cl元素，含量最高达19.17%，可见含氯腐蚀较为严重；此外，7个样品中发现Sn元素含量较高，且多发现于锈蚀结构疏松、点腐蚀严重的器物，最高为58.32%。青铜器的点腐蚀与青铜合金中的锡密切相关，青铜器中铜、锡、铅呈不均匀分布，形成许多电位不同的微区，随着含锡量的增加，合金电极电位越低，越易发生电化学腐蚀，电化学不均匀性是点蚀发生的内因[1-3]。

表2　青铜锈蚀产物SEM-EDX分析结果（wt%）

样品编号	Mg	Al	Si	Cl	K	Ca	Sn	Fe	Cu	Pb
10002-1	—	2.22	12.39	0.49	—	—	1.46	3.31	47.42	30.60
10002-2	—	2.15	13.05	—	—	1.60	0.28	1.57	59.64	21.71
10002-3	—	2.34	3.43	—	0.38	0.73	—	2.90	81.77	8.44
10002-4	—	1.10	10.81	0.15	1.23	3.83	—	2.00	57.94	22.96
10002-5	—	3.14	14.18	0.19	0.78	3.66	—	1.47	59.49	17.10
10002-6	—	1.48	2.09	—	0.28	0.71	—	1.20	88.73	5.50
10002-7	—	3.50	11.63	—	0.93	7.95	—	1.59	43.69	30.70
10002-8	—	2.51	10.34	—	0.85	3.86	—	2.10	55.34	25.00
20005-1	—	0.81	0.96	19.17	—	0.41	7.95	0.59	56.85	13.16
20005-2	—	1.69	5.69	0.45	—	1.9	58.32	0.56	17.48	13.90

续表

样品编号	Mg	Al	Si	Cl	K	Ca	Sn	Fe	Cu	Pb
20005-3	—	4.29	8.02	—	—	1.07	37.35	—	29.49	19.78
20005-4	—	1.38	5.72	—	—	—	50.23	—	21.55	21.11
20015-1	—	3.31	5.81	—	—	—	1.94	—	76.50	12.45
20015-2	—	3.02	4.67	—	—	—	3.26	—	70.07	18.98
20015-3	—	—	4.19	—	—	—	1.39	—	79.30	15.11
20032-1	—	—	7.10	—	—	—	0.64	—	2.45	89.81
20032-2	—	2.11	5.98	—	—	2.03	1.15	2.62	2.42	83.70
20034-1	0.60	2.18	8.45	1.19	0.80	0.65	—	2.10	16.49	67.49
20034-2	1.46	3.08	11.45	—	0.53	1.41	—	1.62	69.94	10.51
20035-1	—	1.61	5.52	0.14	—	0.87	10.57	1.37	72.60	4.39
20035-2	—	1.21	4.98	1.43	—	1.23	17.15	1.44	66.95	2.62
20041-1	0.91	5.37	19.57	3.56	1.34	1.03	0.67	1.92	43.50	22.11
20041-2	1.95	6.31	20.40	—	1.35	0.72	—	2.32	50.86	15.28
20058-1	2.26	11.44	31.22	—	1.90	3.62	—	5.48	41.00	3.06
20058-2	1.63	5.41	15.37	0.24	0.83	1.15	—	2.39	68.33	3.75
20043	—	8.91	29.27	1.62	—	1.45	2.33	3.03	42.62	10.77
30137	—	1.24	3.20	8.20	—	1.32	30.34	2.39	47.22	6.08
30157	—	1.37	3.49	0.97	—	2.06	0.59	3.30	61.10	27.12
30281	—	6.40	37.17	0.35	—	2.72	1.80	2.33	44.60	4.64
30288	—	1.08	6.34	0.31	—	0.69	1.44	0.75	23.94	65.44
30308	—	0.89	6.25	0.33	—	2.33	34.10	4.45	30.77	20.89

2.4 X射线衍射分析

采用日本Rigaku公司D/max 2200型X射线衍射仪对样品进行物相分析。电压40kV，电流40mA，Cu 靶，发散狭缝、防散射狭缝和接收狭缝分别为 1°、1°和0.15mm，分析结果见表3。结果表明，馆藏青铜器的锈蚀产物主要为碱式碳酸铜、碱式氯化铜、氯化亚铜等。此外，样品中还发现含有石英、方解石、高岭石等矿物，可能来自土壤。

表3 青铜锈蚀产物XRD分析结果

样品编号	样品描述	锈蚀产物主要成分	矿物名
10002-4	绿色锈蚀	$CaCO_3$，$Cu(OH)_2 \cdot CuCO_3$	方解石，碱式碳酸铜
10002-6	深绿色锈蚀	$Cu_2(OH)_2CO_3$，$CuCl_2 \cdot 3Cu(OH)_2$，CuCl	碱式碳酸铜，碱式氯化铜，氯化亚铜
20032-2	土黄色锈蚀	SiO_2，$Al_2Si_2O_5(OH)_4$	石英，高岭石
20015-2	绿色锈蚀	$CaCO_3$，$Cu(OH)_2 \cdot CuCO_3$	方解石，碱式碳酸铜
20005-1	亮绿色锈蚀物	$Cu(OH)_2 \cdot CuCO_3$，$CuCl_2 \cdot 3Cu(OH)_2$，CuCl	碱式碳酸铜，碱式氯化铜，氯化亚铜
20034-1	绿色锈蚀	SiO_2，CuCl	石英，氯化亚铜

3　保存环境分析

2002年之前，青岛市博物馆馆藏青铜文物存放于老馆一楼，夏季依靠除湿机进行简单的湿度调节。搬入新馆后存放于地下一层库房，各类文物按照材质和种类分库存放，2007年库房统一改造，采用8个恒温恒湿机组，全年每天24h不间断运转。展厅则使用中央空调系统，综合考虑用电安全和能源消耗，空调在上班前启动，下班后关闭。本文通过对馆藏青铜器现有保存环境的温湿度、VOC含量进行监测分析，以综合评估其保存环境。

空气中的水分作为电解质，是引起金属产生电化学腐蚀的重要因素，根据ICCROM公布的金属文物存放环境参数，青铜器存放环境相对湿度应低于40%，温度在18～24℃之间。2016年8～12月青铜器库房以及工艺品展厅铜器展柜内的温湿度曲线见图3和图4。监测数据表明，经过多年的运转，库房部分机组温湿度调节的稳定性存在一些问题，青铜文物库房温度在18～22℃，相对湿度为30%～70%。夏秋季节相对湿度偏高，最高时达到70%，并且日波动较大，经常高达10%以上；进入冬季以来，库房内安装恒湿机调控，相对湿度明显降低，维持在50%以下。

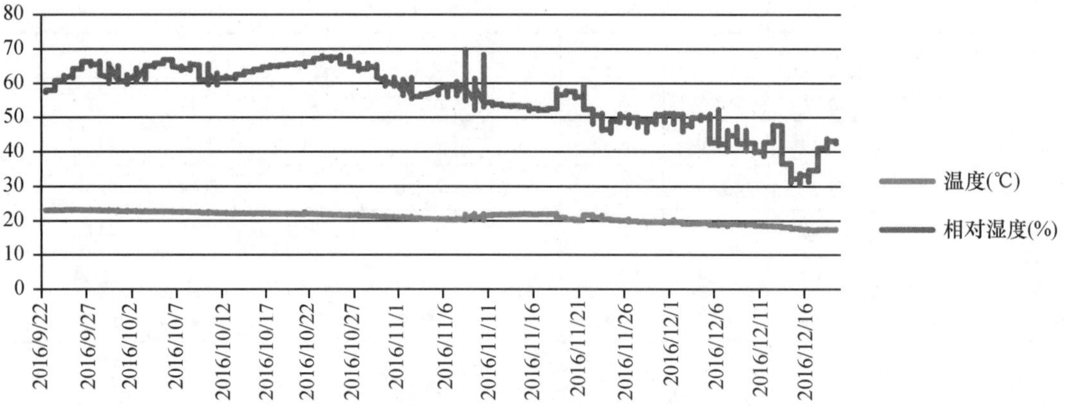

图3　青铜库房温湿度曲线图（2016年9月～2016年12月）

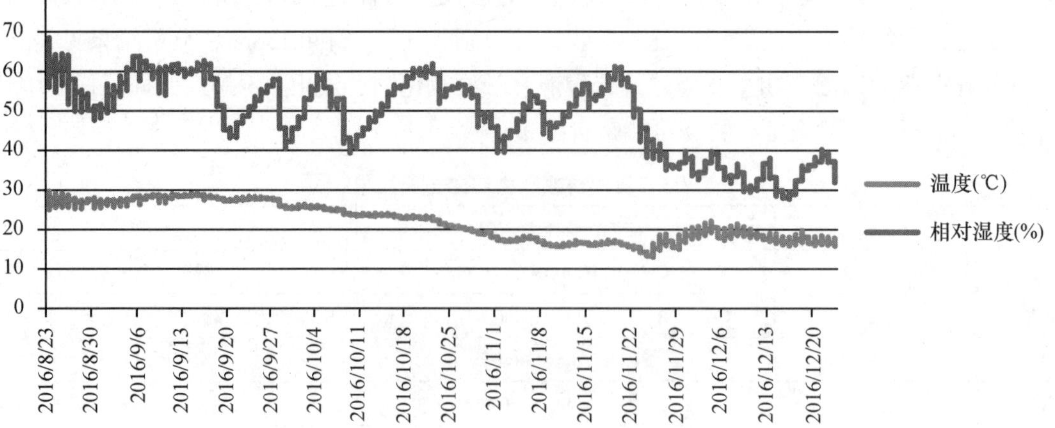

图4　青铜文物展柜温湿度曲线图（2016年8月～2016年12月）

铜器展示环境由于展柜密封性较差，柜内小环境温湿度随外界变化较为明显，温度范围为13～30℃，相对湿度保持在28%～68%。8～9月，温度偏高，长期处于25℃以上，10月后温度逐渐降低；9月中旬至11月中旬，相对湿度波动明显，最低值为39%，最高值达到62%。进入11月后，相对湿度逐渐降低，达到40%以下，波动相较夏秋季节较为平缓。

VOC是指挥发性有机化合物，为多种低分子量有机化合物的总称，属于室内空气的重要污染因素，博物馆建筑内装修、展陈材料是其主要来源，与温度、湿度、光线等物理因素协同作用，将对文物产生明显的或潜在的威胁[4]。我国《室内空气质量标准》（GB/T 18883—2002）和《民用建筑工程室内环境污染控制规范》（GB 50325—2010）I类对于VOC含量的要求分别为0.6mg/m^3（1h均值）和0.5mg/m^3（8h均值）[5, 6]。2016年12月，对青铜器展柜内的VOC含量进行了监测，结果见图5。监测数据表明，展柜中VOC含量最低为242ppb，最高值达到306ppb，平均值为265ppb，相当于1.06mg/m^3，严重超过了相关标准，不利于青铜文物的保存。

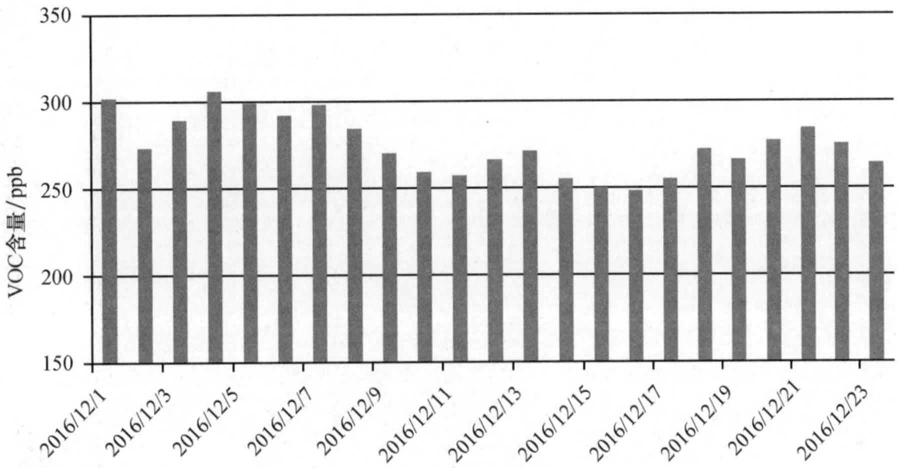

图5　青铜文物展柜VOC浓度柱状图（2016年12月）

结　语

（1）青岛市博物馆馆藏铜镜、造像以外的青铜珍贵文物，约有40%存在较为严重的病害，其中表面硬结物、点腐蚀、层状堆积、残缺、裂隙、孔洞等病害出现频率较高。

（2）综合显微观察、硝酸盐滴定、扫描电镜能谱以及X射线衍射分析结果得出，馆藏青铜文物为Cu-Sn-Pb三元合金，含氯腐蚀较为普遍，主要锈蚀产物为碱式氯化铜、氯化亚铜、碱式碳酸铜，需要进行脱盐和去除有害锈等保护处理。

（3）馆藏青铜文物的保存环境并不理想，存在夏秋季节相对湿度偏高、展柜密封性差、小环境随季节变化明显、VOC含量超标等问题。日后还将进一步对其他有害气体、空气中盐分等环境数据进行监测，并通过展柜改造、放置除湿剂和吸附剂等手段，有针对性地提升馆藏青铜文物的保存环境。

参考文献

[1] 范崇正，吴佑实，王昌燧，王胜君. 粉状锈生成的电化学腐蚀及价电子结构分析. 化学物理学报，1992，5（6）：479-484.

[2] 王蕙贞. 文物保护学. 北京：文物出版社，2009.

[3] 张玉忠. 青铜病的机理及防治方法研究. 北京：北京化工大学，2000.

[4] 吴来明，周浩，蔡兰坤. 基于“洁净”概念的馆藏文物保存环境研究. 文物保护与考古科学，2008，20（S1）：136-140.

[5] GB/T 18883—2002. 室内空气质量标准. 北京：中国标准出版社，2002.

[6] GB 50325—2010. 民用建筑工程室内环境污染控制规范. 北京：中国标准出版社，2010.

一件馆藏铜绿度母坐像表面锈蚀的无损分析

赵雄伟　凡小盼　赵　卓　王　青
（重庆中国三峡博物馆，重庆，400015）

摘要　利用便携式X射线荧光和显微共聚焦激光拉曼光谱等技术对一件馆藏铜绿度母坐像表面锈蚀进行无损分析。结果表明：①该坐像为鎏金黄铜器；②表面白色锈蚀主要为硫酸锌、氧化锌和方解石等；黑色锈蚀的显色物相为炭黑，其中还掺有硫酸锌。该件坐像表面锈蚀以硫酸锌和氧化锌等锌的腐蚀产物为主，说明古代黄铜器的腐蚀以脱锌腐蚀为主。

关键词　鎏金　黄铜　脱锌腐蚀　硫酸锌

引　言

重庆中国三峡博物馆馆藏一批20世纪50年代征集的藏传佛教文物，包括铜佛坐像、金刚杵等。这批文物表面覆盖有一层较厚的黑色锈蚀，同时其表面还有较多点状分布的白色锈蚀。这些白色锈蚀多为粉末状，少数为较坚硬的锈蚀。为深入了解该批文物的病害情况，以便制定科学合理的保护修复方案，我们采用便携式X射线荧光能谱仪、显微共聚焦激光拉曼光谱仪和视频显微镜对其中一件鎏金铜佛坐像进行了相关分析。

1　文物基本信息

鎏金铜绿度母坐像（图1、图2），绿度母头戴宝冠，坐于莲花宝座，双脚屈左展右，左腿单

图1　鎏金铜绿度母坐像正面

图2　鎏金铜绿度母坐像背面

坐，右腿向下舒展（已残缺），踏在莲花上表示随时准备起身救度苦难众生；右手向外置于膝前，掌心向外，作施愿印，左手置于胸前，作三宝印。

该件坐像表面通体覆盖一层较厚的黑色锈蚀；部分区域的黑色锈蚀上覆盖有点状、片状分布的白色锈蚀；部分区域露出鎏金。

2　检测分析

2.1　显微观察

使用基恩士超景深三维显微系统VHX-5000视频显微镜对坐像表面锈蚀、鎏金层进行显微观察及测量，并对其表面锈蚀层的分布情况进行对比分析。

通过观察可知，①黑色锈蚀（图3）的结构一般比较紧密，但是掺入的杂质较多，其组成可能比较复杂。白色锈蚀在显微镜下呈现白、黄两种颜色（图4），有细密的结晶颗粒。②通过对一些鎏金层露出区域、鎏金层和锈蚀层交界处的观察与测量（图5），可知鎏金层到黑色锈蚀层的高度不断增加，鎏金层最低，鎏金层上方的白色锈蚀层次之，黑色锈层较高，黑色锈层上有白色锈层的地方达到最高。综合该坐像表面多处显微观察及测量结果，我们认为该坐像表面锈蚀和基体的分布由外向内依次为：黑色锈蚀—白色锈蚀—鎏金层—基体（图6）。即白色锈蚀紧贴鎏金层分布，其上方为黑色锈蚀。一些区域由于白色锈蚀大量富集，出现白色锈蚀穿过黑色锈蚀层暴露到器物表面。

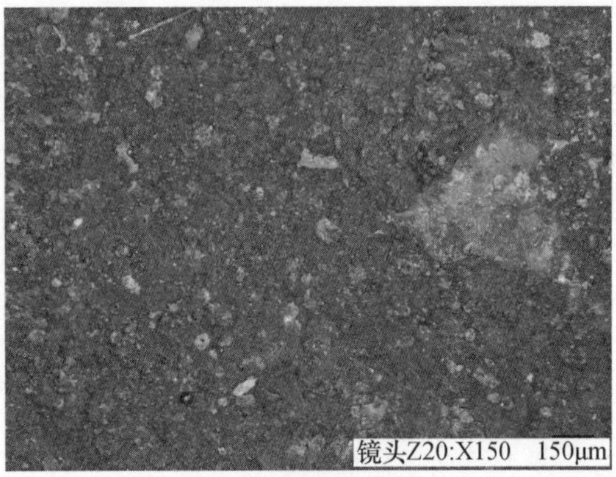

图3　黑色锈蚀物

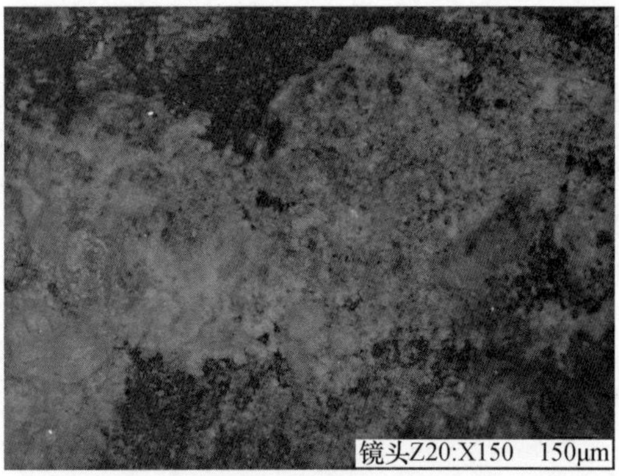

图4　白色锈蚀物

2.2　X射线荧光和激光拉曼分析

2.2.1　仪器型号及测试条件

1）便携式X射线荧光能谱仪

仪器型号：美国Thermo Fisher NITON XL3t950-HE。测试条件：金属模式与矿石模式，测试时间60s，X射线光斑8mm。系统进行定性、定量分析，在完成定性扫描分析后自动地用基本参数法程序（Standard FP）进行定量分析。

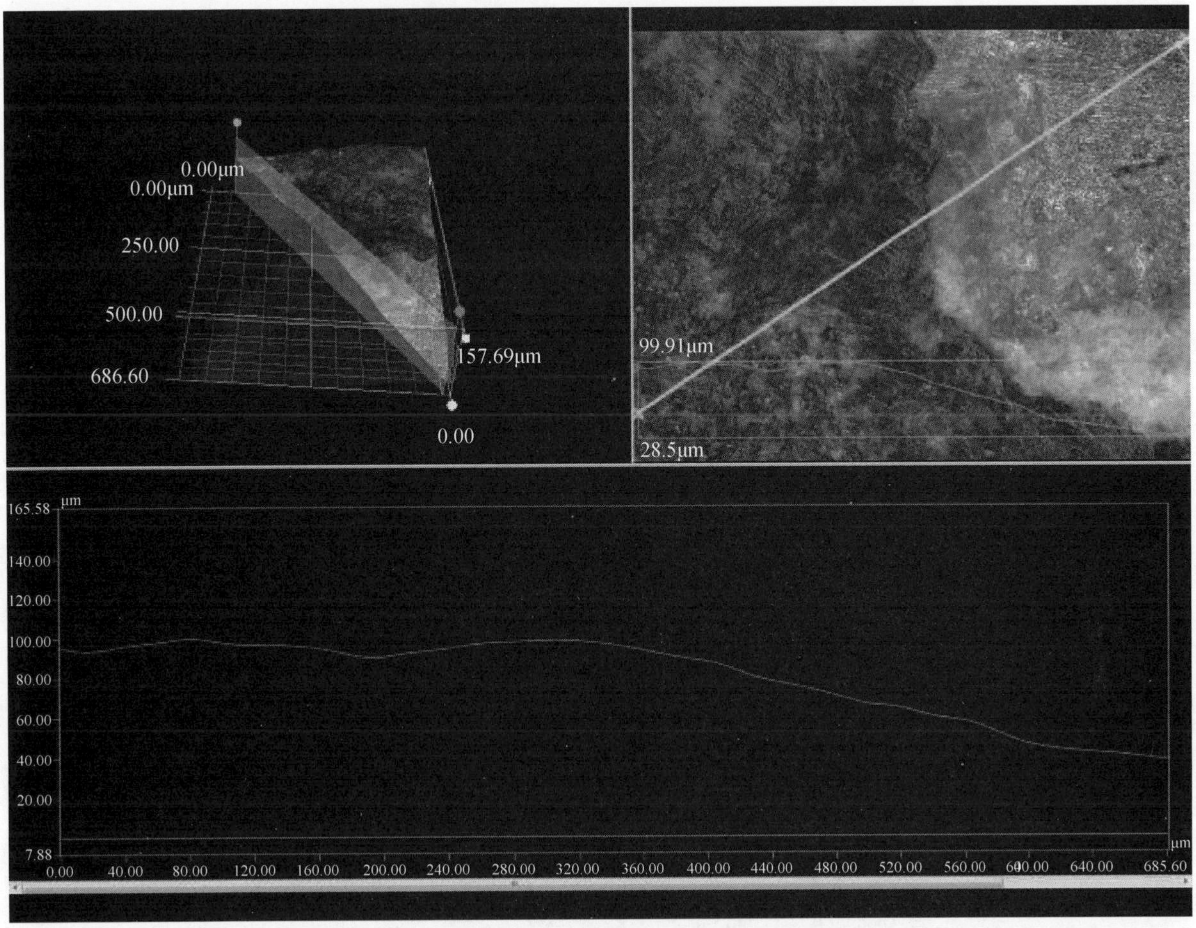

图5 鎏金黄铜坐像表面锈蚀三维观察与测量

图6 鎏金黄铜坐像表面锈层分布情况

2）激光共聚焦拉曼光谱仪

仪器型号：英国Renishaw inVia 共聚焦显微拉曼光谱仪，配备Leica显微镜和三个激光器：532nm、633nm和785nm。测试条件：采用785nm和532nm的激光光源，样品检测的物镜均为50×，光谱测试范围100～2000cm^{-1}，测试时间10s，累计次数5～10次。

2.2.2　检测分析结果

利用便携式X射线荧光能谱仪对坐像露出鎏金区域、莲座底部和表面6处锈蚀进行无损分析，分析结果见表1，并利用显微共聚焦激光拉曼光谱仪对坐像表面6处锈蚀进行结构分析。

由便携式X射线荧光分析结果可知，坐像莲座底部主要含铜（57.26%）、锌（37.75%）、铅（2.04%）和铁（1.06%）等金属元素，背部露出鎏金区域含金24.50%，铜34.94% 和锌37.09%，由此推断该铜绿度母坐像为黄铜鎏金器物。坐像锈蚀中除含铜、锌、铅等元素外还有较多的硫元素，其含量最低为4.24%，最高为12.04%，说明锈蚀中存在含硫的锈蚀产物。X射线荧光检测结果显示佛像本体中未检测到硫元素，但是其表面锈蚀中均发现硫元素，含量集中在4%～8%，推测锈蚀产物中的硫可能来自存放环境。

坐像通身有黄白色锈蚀呈斑点状不规则分布，坐像宝冠处白色锈蚀的拉曼图如图7所示，其拉曼峰为：155cm^{-1}、280cm^{-1}、712cm^{-1}、1085cm^{-1}，与文献中方解石的拉曼峰155cm^{-1}、282cm^{-1}（s）、713cm^{-1}、1087cm^{-1}（vs）[1]相对应。X射线荧光检测结果显示该区域中钙含量达到30.46%，拉曼分析结果与之相吻合，因此推断这种黄白色锈蚀物主要为方解石。

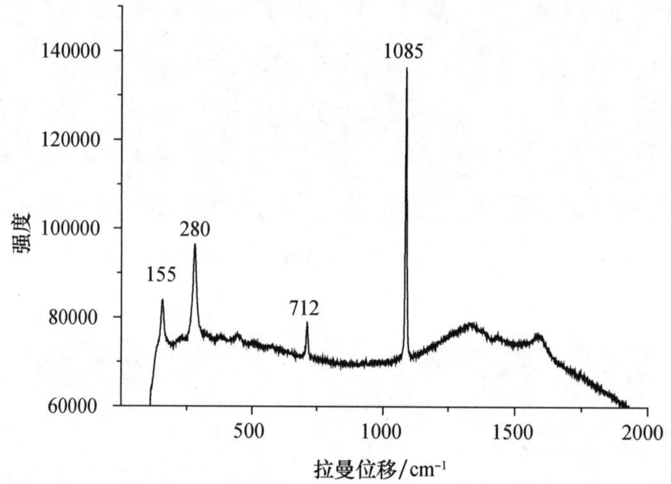

图7　宝冠处白色锈蚀的拉曼光谱图

表1　便携式X射线荧光和显微共聚焦拉曼分析结果

序号	检测位置	Zn	Cu	Fe	Sb	Sn	Au	Pb	W	Ca	K	Si	Cl	S	Bal	拉曼结果
1	背部鎏金	37.09	34.94	1.05	0.39	0.27	24.50	1.49	< LOD	< LOD	< LOD	< LOD	< LOD	< LOD	0.27	未检测
2	莲座底部	37.75	57.26	1.06	0.37	0.27	< LOD	2.04	0.93	< LOD	< LOD	< LOD	< LOD	< LOD	0.32	未检测
3	宝冠处白色锈蚀	36.86	10.53	2.21	0.51	0.49	0.31	0.21	< LOD	30.46	0.39	4.69	0.71	12.04	0.58	方解石
4	头后部白色锈蚀	43.19	10.22	1.83	0.17	0.18	< LOD	0.39	2.02	0.60	0.21	1.21	0.21	5.68	34.10	氧化锌、硫酸锌
5	右侧莲花白色锈蚀	34.95	25.92	1.18	0.24	0.21	0.04	0.83	1.23	0.65	0.18	1.12	0.23	7.33	25.90	硫酸锌、氧化锌
6	左侧莲花黑色锈蚀	32.87	31.08	0.94	0.26	0.23	0.20	0.64	1.24	0.70	0.09	0.69	0.05	5.51	25.51	炭黑、硫酸锌
7	右侧莲花黑色锈蚀	32.29	34.45	0.90	0.30	0.29	0.18	0.91	1.35	0.31	< LOD	< LOD	0.04	7.55	21.44	炭黑、硫酸锌
8	额头处黑色锈蚀	38.62	13.70	2.33	0.20	0.21	0.14	0.39	1.37	2.26	0.32	2.09	0.29	4.24	33.83	炭黑

注1：LOD为最低检测线，Bal为检测不出的轻元素。

2：背部鎏金和莲座底部检测时为金属模式，其余位置为矿石模式。

坐像背面右侧莲花白色锈蚀和头后部白色锈蚀的拉曼分析结果如图8所示。文献中硫酸锌的拉曼信号在451cm^{-1}（s）、614cm^{-1}、981cm^{-1}（vs）、1120cm^{-1}[2]，氧化锌的主要拉曼特征峰在1099cm^{-1}、1072cm^{-1}、521cm^{-1}（vs）、437cm^{-1}、331cm^{-1}[3]。坐像的脑后白色锈蚀和右侧莲花白色锈蚀在987cm^{-1}、450 cm^{-1}处的拉曼峰应属硫酸锌拉曼特征峰，1070cm^{-1}、523cm^{-1}和334cm^{-1}处的峰应属氧化锌的拉曼峰。

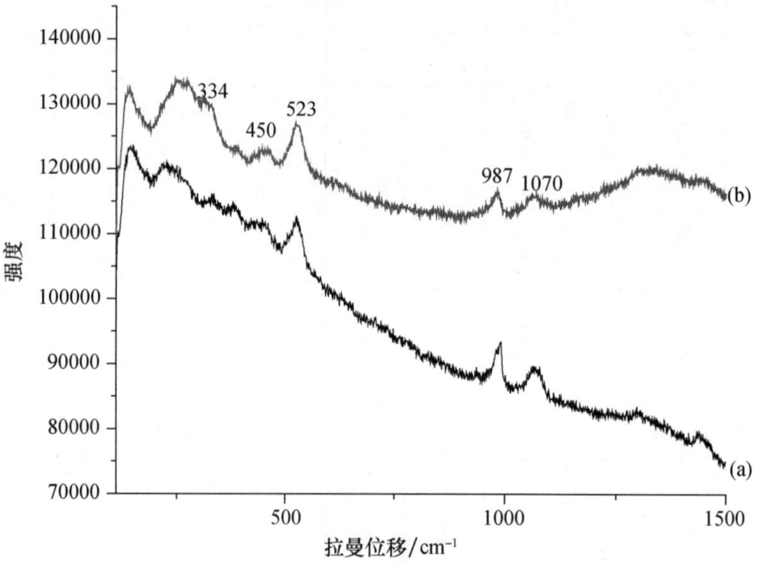

图8　白色锈蚀的拉曼光谱图

（a）头后部白色锈蚀；（b）右侧莲花白色锈蚀

坐像通身被黑色锈蚀包裹，我们选取了坐像左侧莲花、右侧莲花和额头三处黑色锈蚀进行检测，分析结果见图9和图10。文献中石墨的典型拉曼特征峰在1354cm^{-1}和1600cm^{-1}[4]，坐像三处黑色锈蚀的拉曼结果与其基本一致，说明这三处黑色锈蚀主要为炭黑。右侧黑色锈蚀在985cm^{-1}处，左侧黑色锈蚀在977cm^{-1}、468cm^{-1}处（图9），与硫酸锌在981cm^{-1}和451cm^{-1}处的拉曼峰接近。通过

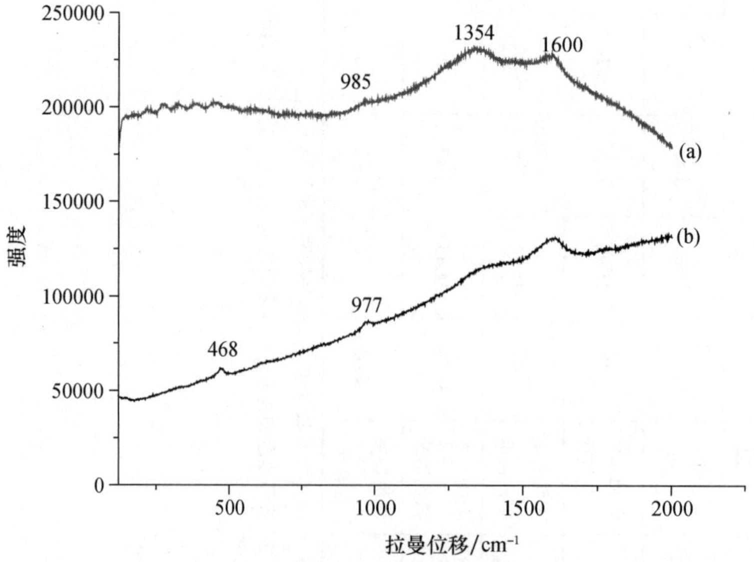

图9　黑色锈蚀的拉曼光谱图

（a）右侧莲花黑色锈蚀；（b）左侧莲花黑色锈蚀

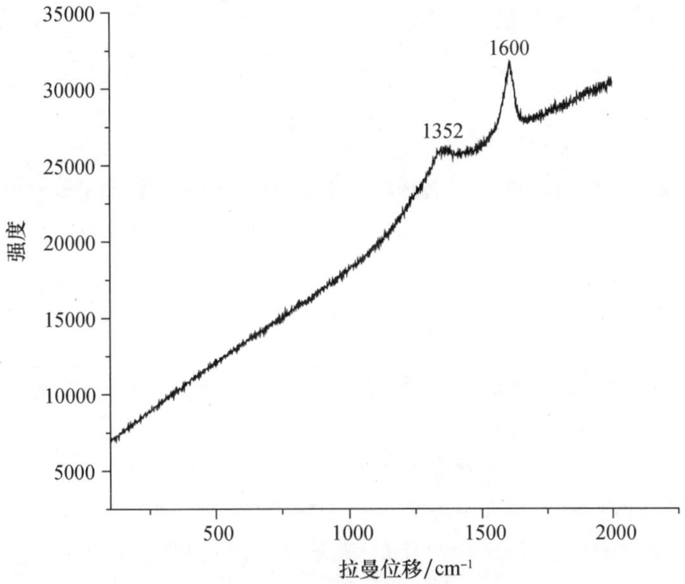

图10 额头处黑色锈蚀的拉曼光谱图

显微观察发现，黑色锈蚀周围通常也会有零星的白色锈蚀，X射线荧光结果显示这两处的S含量分别为7.55%和5.51%，因此推测可能是掺入的硫酸锌信号。

3 结果与讨论

通过分析可知，铜绿度母坐像为鎏金黄铜器；坐像背面右侧莲花白色锈蚀和头后部白色锈蚀主要为硫酸锌和氧化锌的混合物；坐像左侧、右侧和额头三处黑色锈蚀主要为炭黑，还有一些硫酸锌。

重庆处于两山之间的槽谷，地形复杂，风速小，不利于大气污染物的扩散[5]。再加上抗日战争时期国民政府宣布迁都重庆，并确定四川为战时大后方，华北、华东、华中等地的工厂企业纷纷向四川特别是向重庆搬迁，污染物排放量径直增加。自然因素再加上社会经济因素使得重庆的环境污染日益严重，以致到了20世纪90年代，重庆变成了典型的“煤烟”型污染城市，酸雨、SO_2和颗粒物污染严重[6]。文物经年累月在这样的不良环境中存放，空气中的SO_2与锌发生反应，以致形成硫酸锌。

学界普遍认为，现代黄铜在使用过程中存在选择性腐蚀——脱锌现象。一些研究工作发现，选择性溶解是黄铜脱锌腐蚀普遍存在的形式。当黄铜的含锌量大于20%时，在水溶液中锌元素易优先溶解，而留下多孔的铜[7]。该件坐像表面锈蚀以硫酸锌和氧化锌等锌的腐蚀产物为主，说明古代黄铜器的腐蚀仍然以脱锌腐蚀为主。受工况条件的限制，目前并不能完全抑制黄铜的脱锌。只有通过合金化方法提高黄铜自身的抗脱锌能力才能从根本上杜绝黄铜脱锌腐蚀的发生[8]。目前就黄铜脱锌腐蚀的防治措施大致有以下三种，第一种是在铜合金中加入少量砷、硼或稀土元素，以提高黄铜本身的抗脱锌能力；第二种是使用缓蚀剂来延缓脱锌腐蚀；第三种是改善黄铜制品的保存环境，来抑制脱锌腐蚀[9]。就文物保护的实际情况而言，后两种方法均具有可行性。在后续坐像保护时可选用适用的缓蚀剂来延缓其脱锌腐蚀，并将文物置于恒温恒湿环境中，最佳保存温度20℃，相对湿度小于40%，最好将文物应置于展柜或者囊匣中，以免遭受到空气中污染物的腐蚀。对于坐像鎏金表面的锈蚀物应予以剔除，具体的保护修复方法还需进一步深入研究。

参考文献

［1］ 刘川江，郑海飞. 高温高压下方解石相转变的拉曼光谱原位实验研究. 光谱学与光谱分析，2012，（2）：378-382.

［2］ 肖寒霜，王良玉，张韫宏. 共聚焦拉曼光谱研究$ZnSO_4$微液滴的风化过程. 光谱学与光谱分析，2009，12：3315-3318.

［3］ http://rruff.info/all/chemistry/asc/display=default/.

［4］ 王晓琪，王昌燧，杨景龙，陈霖，冯健，史弥力. 冯晖墓壁画颜料的高分辨电镜和拉曼光谱分析. 分析测试学报，2004，（3）：1-4.

［5］ 唐燕秋，陈佳，熊强，张可. 重庆市多年空气污染指数分析及大气污染控制对策. 四川环境，2005，（6）：80-82，98.

［6］ 叶堤. 重庆市空气污染持续过程特征及其气象成因分析. 江苏环境科技，2007，（4）：57-60.

［7］ 李勇，朱应禄. 黄铜脱锌腐蚀的研究进展. 腐蚀与防护，2006，（5）：222-226.

［8］ 王吉会，姜晓霞，李诗卓. 黄铜脱锌腐蚀机理的研究进展. 材料研究学报，1999，（1）：1-8.

［9］ 蒋明俊，郭小川，杨俊. 黄铜脱锌腐蚀的特征及防止措施. 后勤工程学院学报，2008，（4）：35-38，61.

古玉沁色的仿制及科技鉴别

何秋菊

（首都博物馆，“北京文博文物科技保护研究与运用”北京市重点实验室，北京，100045）

摘要 古玉是中华民族文化遗产的重要组成部分，其纹饰精美、沁色古朴。自宋代仿古作沁开始，仿沁手段不断翻新。目前，市场上真伪古玉鱼龙混杂，真伪难辨，给古玉的鉴定及征集带来了困扰。本文模仿市场古玉沁色仿制方法，采用重铬酸钾、碱性橙等染色材料对蛇纹石玉、闪石玉高温加热或强酸快速腐蚀后染色，人工仿制鸡骨白、铁锈黄等沁色，并进行玻璃光做旧处理。利用显微镜反射光拍照、X射线荧光元素分析和拉曼光谱化学结构测试方法研究古玉自然沁色与现代人工染色方法的区别。通过该研究揭示了仿品制作的规律及特点，初步形成了一套有效的仿古玉科技鉴别方法。

关键词 仿古玉 沁色 蛇纹石玉 闪石玉 鉴别

引　　言

古玉是中华民族文化遗产的重要组成部分，其纹饰精美、沁色古朴。早在2000多年前，我国的玉器制造就采用了染色工艺[1]。人工着色的最初目的是掩盖玉器上原有的瑕疵。自宋代开始，玉器的人工染色成为制作假古玉沁色的重要手段。清代著名学者陈性在《玉纪》中说道：“宋宣和、郑和间，玉贾赝造，将新玉琢成器皿，以虹光草汁淹之，其色深透，红似鸡血色，时人谓之得古法，鉴赏家偶失于辨，或因之获重价焉。”[2]目前，市场上真伪古玉鱼龙混杂，真伪难辨，给古玉的鉴定及征集带来了困扰。古玉的鉴定可通过纹饰、造型、琢工、颜色、硬度、密度、折射率等鉴别。其中，玉料的沁色对于玉器鉴别、评估具有重要意义。

现代市场仿古玉仿沁手法与传统方式有所不同，多综合利用各种物理、化学方法，人工模拟各个时代玉器在自然条件下形成的各种“沁色”。现代常用的古玉作伪方法主要有热处理法和酸、碱腐蚀法等[3]。热处理法是通过高温加热使玉料晶系发生变化，产生颜色的改变。如果在加热后拿出后用冷水激一下，就会产出所谓的牛毛纹。还可以通过强酸快速腐蚀后，在玉器的表面、晶粒间或裂隙处加染染色材料以达到改变颜色的目的。

仿古玉的制作有上千年的历史，现代市场在仿古玉制作中融入了物理和化学等方法，这些都给古玉的鉴定和收藏带来了严峻的挑战。因此，模拟古玉器沁色做旧手法，从而总结出古玉与仿古玉之间的区别，具有重要的现实意义，对于规范玉器市场的发展等具有实用价值。本文模仿市场古玉沁色仿制方法对蛇纹石玉、闪石玉高温加热或强酸快速腐蚀后，采用三氯化铁、高锰酸钾、重铬酸钾、碱性橙等染色，人工仿制鸡骨白、铁锈黄、铁锈红、黑漆古等沁色，并进行玻璃光做旧处理。利用显微镜反射光拍照、X射线荧光元素分析和拉曼光谱化学结构测试方法研究现代人工染色方法与古玉自然沁色的区别，揭示仿品制作的规律及特点，以形成一套有效的仿古玉科技鉴别方法。

1 实验方法

1.1 反复加热冷却后染色

将蛇纹石玉和闪石玉样品在马弗炉中300℃下加热，然后淬水冷却，反复进行几个循环，待有类似牛毛纹的裂纹出现时，放入重铬酸钾、高锰酸钾、碱性橙、三氯化铁、铁黑、墨以及朱砂各类染液中分别浸泡，48h后取出。

1.2 酸腐蚀后染色

经过强酸处理的玉石切片，会变成一种多孔的白色切片。微孔均匀地分布在整个玉石切片中。大量微孔的存在，使得这时的玉石切片具有很强的吸附能力，这为人工上色创造了很好的条件。利用30%硝酸分别浸泡蛇纹石玉2h、闪石玉24h后取出，用清水清洗干净后晾干。用12%氢氟酸浸泡蛇纹石玉、透闪石玉料2h。然后，分别用碱性橙、三氯化铁、重铬酸钾、墨配成溶液浸泡经酸腐蚀后的玉料，72h后取出。

1.3 玻璃光做旧

采用水晶透明漆对经加热或酸蚀白化染色后的玉料进行玻璃光做旧实验，考察做旧前后表面微观形貌变化。

2 染色实验结果

2.1 高温加热后染色

将蛇纹石玉和透闪石玉料样块高温加热后淬水，反复三次，取出晾干。此时，蛇纹石玉和闪石玉样品表面分布有不同程度的“牛毛纹”样裂隙。将玉料样品分别浸泡入配好的重铬酸钾、高锰酸钾、碱性橙、三氯化铁、铁黑、墨以及朱砂染液中，浸泡48h后取出，用自来水清洗掉表面的浮色，自然晾干后拍照。表1为玉料染色后放大20倍的显微图片。由显微镜观察可见，“牛毛纹”裂纹均匀分散在玉料表面，深浅大小较为类似，颜料沉淀物附着在裂隙或浮于表面，透光观察时看不到从里到外的逐渐过渡变化现象。蛇纹石玉比透闪石玉料易于上色。重铬酸钾及三氯化铁染色后可形成铁锈黄；高锰酸钾和碱性橙染色可呈现铁锈红，碱性橙相对染色较鲜艳；铁黑及墨可形成黑色沁；朱砂颜料颗粒较大，染色后浮于玉料表面，轻擦易于掉色。

表1　高温加热淬水后玉料样品染色（放大20倍）

染色材料	蛇纹石玉	透闪石
无染色		
重铬酸钾		—
高锰酸钾		
碱性橙		
三氯化铁		
铁黑		
墨		
朱砂		

2.2　酸腐蚀后染色

2.2.1　硝酸腐蚀后染色

将蛇纹石玉样品浸泡在30%硝酸溶液中腐蚀24h后，用清水清洗干净后晾干。分别用重铬酸钾、高锰酸钾、三氯化铁、碱性橙和朱砂染液浸泡48h后取出，洗去浮色。蛇纹石玉样品经硝酸腐蚀后染色原图及放大20倍的照片见表2。在腐蚀过程中破坏玉料的脆弱部分，由拉曼分析知酸液可分解蛇纹石玉中的伴生矿物方解石等，形成孔洞。因此，染液可顺着酸蚀形成的孔洞均匀、密集分布，外深内浅，没有渐进过渡，颜色浮于表面，染色光泽较暗淡。碱性橙、朱砂等染料易于掉色。

表2　硝酸腐蚀后蛇纹石玉染色

蛇纹石玉	原图	放大20倍的照片
无染色		
重铬酸钾		
高锰酸钾		
三氯化铁		
碱性橙		
朱砂		

2.2.2　氢氟酸腐蚀后染色

将蛇纹石玉、闪石玉样品浸泡在10%氢氟酸溶液中腐蚀1h后，用5%氢氧化钠溶液清洗中和余酸，再用自来水清洗，自然晾干后各自浸泡在重铬酸钾、三氯化铁、碱性橙和墨中24h后取出，擦掉浮色，染色效果见表3。以蛇纹石玉染色为例，利用无机颜料三氯化铁染色后，颜料堆积在绺裂处，有机染料碱性橙染色均匀、明艳，墨染色后浮于玉料表面。

表3　氢氟酸腐蚀后各玉料染色

玉料	染色材料	原图	放大30倍的照片
蛇纹石玉	重铬酸钾		
	三氯化铁		
	碱性橙		
	墨		

续表

玉料	染色材料	原图	放大30倍的照片
透闪石	三氯化铁		
	碱性橙		
	墨		
	重铬酸钾		

2.3 玻璃光做旧处理

战国、汉代生坑出土的古玉常见到柔和的玻璃光泽。受沁的古玉在出土时，表层的钙化膜或玉髓膜，在瞬时与空气接触后会失水氧化为一层具有玻璃光泽的薄膜，呈现温润晶莹的质感。在蚌埠的仿古玉市场，常使用环氧树脂加上邻苯二甲酸二丁酯乙二胺涂满玉器，再用中温烘干后打磨；或用“水晶透明漆”将器物涂好后打磨。上述方法可使玉器在打磨后表现出玻璃光，更具有古代器物的感觉[4]。上了胶的玉器看上去有一层光亮，好看且有温润感，有一种沁色已浸入玉器内部的假象[5]。

用毛刷将市购多乐士水晶清漆均匀涂刷于染色后的蛇纹石玉及透闪石样块两面，用刮板刮平后自然晾干。表4为蛇纹石玉玉料玻璃光做旧前后比较。放大30倍显微镜观察可看到：蛇纹石玉玉料采用透明清漆玻璃光处理后，表面亮度提高，色彩鲜艳。仔细观察玻璃光发现与古玉料玻璃光不同，为树脂光泽；在用清漆涂料涂抹时难免厚薄不均，会存在流纹状效应，而这些流纹浮于表面，不与玉料晶体交接；与玉料晶粒间存在色差，由于硬度较低，轻轻用指甲刻划即会留下划痕。

表4 蛇纹石玉玉料玻璃光做旧（放大30倍）

样品	做旧前	做旧后
原样		
高温加热		
三氯化铁		

续表

样品	做旧前	做旧后
碱性橙		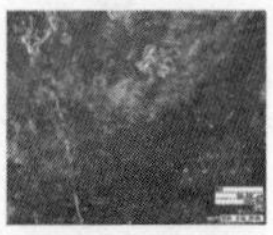
重铬酸钾		

4　古玉与仿古玉沁色的区别

古玉的受沁与玉质以及埋藏环境有着密切的关系。玉料属于非均质结晶体，有些部位致密、硬度高，染色物质难以沁入；有些部位颗粒较粗，相对疏松，硬度低，染色物质易于沁入。受沁是一个缓慢渐进的过程，需要上百年的时间。因此，自然形成的沁色，人类难以模仿得惟妙惟肖，沁色便成为鉴别古玉与仿古玉的一大要点。因此，通过科技手段采集古玉器、仿古玉器文物所包含的沁色信息，对比两者之间的差异可为古玉器的科学鉴定提供判断依据。

4.1　显微图像对比

利用体视显微镜拍照后，对比北京昌平十三陵出土的玉簪及玉执壶与高锰酸钾、重铬酸钾染色玉料及市购仿古玉沁色的区别，放大倍数为5～20倍，见图1。古玉上自然形成的沁色有较好的层次感，多是从玉器有绺裂或结构松软的地方开始沁入，慢慢浸入玉器内部。一般用来做仿古玉的玉料都不同程度带有棉或者僵，这些地方较为疏松，局部密度低，便于染料沁入。在仿古玉的制作中常通过强酸强碱快速浸泡玉料，在浸泡中破坏疏松部分的结构，酸腐蚀后的孔洞分布均匀、密集、一致，然后再进行染色。由图可以看到，玉料在酸蚀后，采用高锰酸钾和重铬酸钾染色后，在酸蚀孔洞处颜料呈现不均匀堆积，颜色鲜艳。当采用透射光观察时会发现染色光泽较为暗淡，颜色过渡不明显。

观察仿古玉的沁色总会找到人工仿沁色的证据。显微镜下观察部分市购仿古玉样品的沁色形态。由图可以看到，仿制的玉杯只在表面有沁色，沟槽中并未做旧，与表面沁色反差大；仿制的商周玉璧沁色部位与无沁色部位界限太过分明；仿良渚玉璧存在没有散开的沁色点；仿良渚玉器人工仿沁后有染色材料流淌的痕迹；仿商周玉璧仿土沁浮于表面；仿玉蚕表面的树脂未涂抹均匀。

4.2　化学组成变化

4.2.1　X射线荧光分析

天然沁色在自然条件下形成较为复杂，可能存在黏土、氧化铁、有机碳类物质等。一般来说，古玉沁色颜色丰富，成分复杂；而仿古玉沁色颜色单一，成分也较为单纯。

采用德国布鲁克公司ArtTax便携式X射线荧光能谱仪分析齐家文化玉璧黄褐色沁色部位与本体

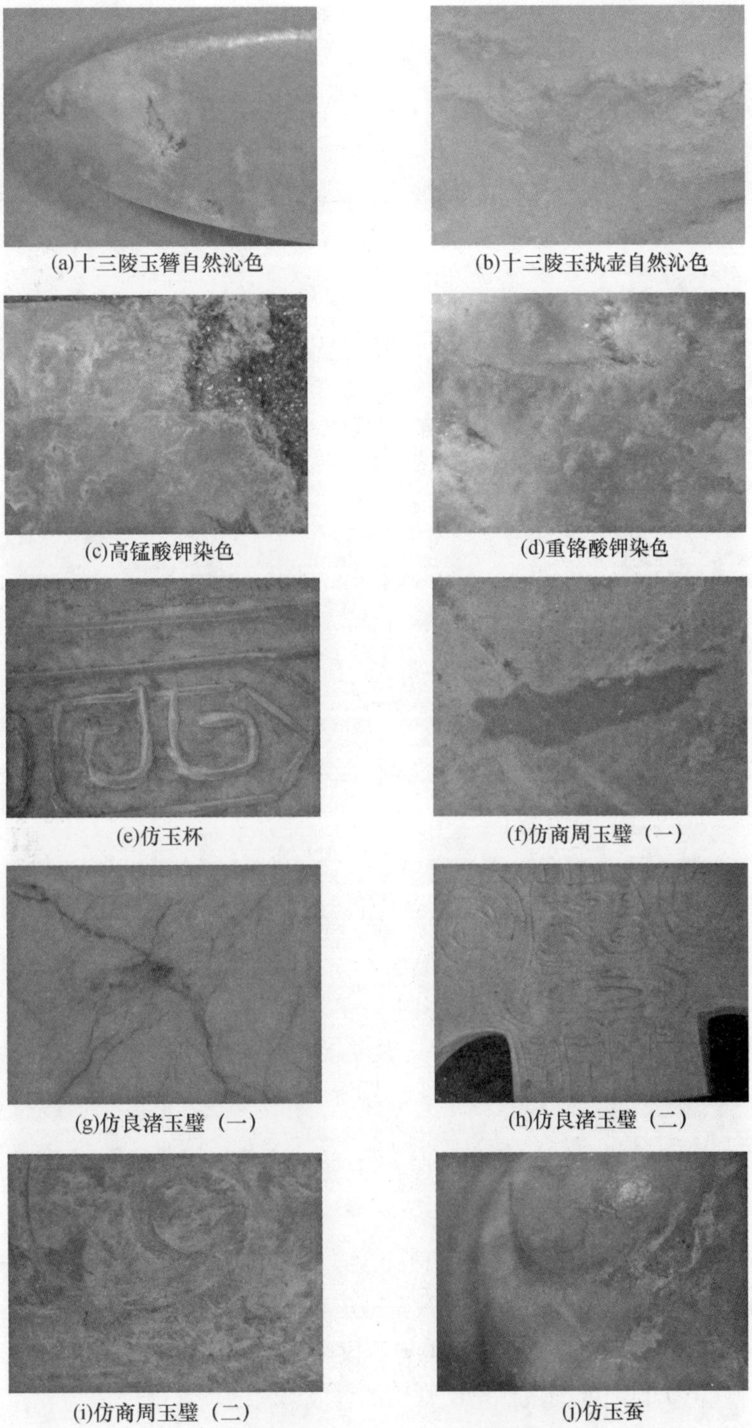

(a)十三陵玉簪自然沁色 (b)十三陵玉执壶自然沁色

(c)高锰酸钾染色 (d)重铬酸钾染色

(e)仿玉杯 (f)仿商周玉璧（一）

(g)仿良渚玉璧（一） (h)仿良渚玉璧（二）

(i)仿商周玉璧（二） (j)仿玉蚕

图1　古玉与市购仿古玉沁色的显微图像对比

的差异，三氯化铁染色形成的铁锈黄及市购仿良渚玉器沁色的元素组成区别。测试条件为：电压50kV，电流600μA，检测时间200s，阳极靶Mo，X射线光斑70μm。结果见图2～图5。

图2为古玉与仿古玉黄褐色沁色元素成分比较。可以看到，齐家文化玉璧黄褐色沁色部位的Fe元素含量明显高于本体部分，且含有Si、Mn、Ca等元素，成分较复杂。而三氯化铁染色蛇纹石玉的仿沁色部分仅检测到了含量较高的Fe元素和Cl元素，色彩成分单一。

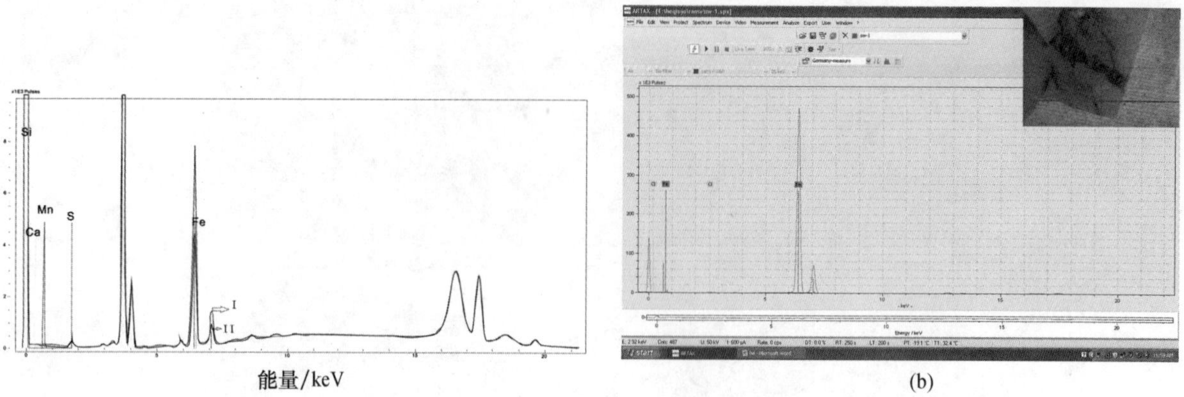

图2　古玉与仿古玉黄褐色沁色元素成分比较
（a）齐家文化玉璧黄褐色沁色部位（Ⅰ）与玉器本体（Ⅱ）的XRF图；
（b）蛇纹石玉样品酸蚀后采用三氯化铁染色后的XRF图

图3为市购仿良渚玉器沁色与未沁色部位XRF图。在其沁色最为鲜艳的部位用XRF检测，仅存在含量很高的Fe元素。在未沁色部位检测，除了Fe元素外，还存在Ca、Si等玉器本体的元素，据此可以判断该处可能利用三氯化铁溶液染色。

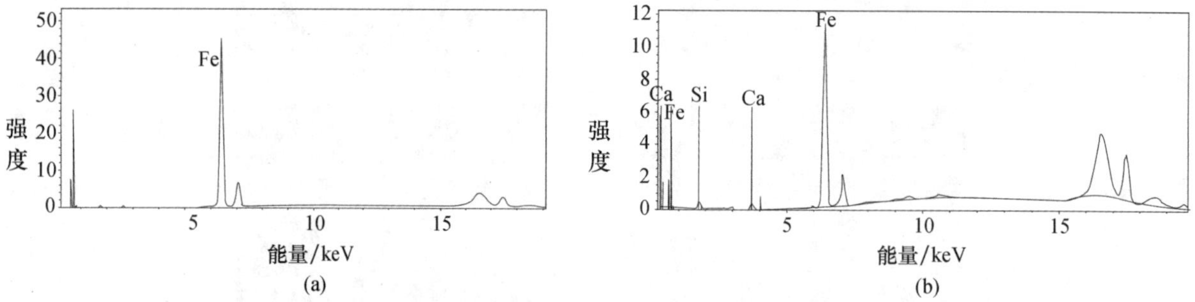

图3　仿良渚玉器沁色（a）与未沁色部位（b）XRF图

4.2.2　拉曼光谱测试

采用显微共焦拉曼光谱仪测试蛇纹石玉玉料与经过碱性橙染色后的蛇纹石玉样品的化学组成变化，测试结果见图4及图5，可见未经染色的蛇纹石玉玉料拉曼特征峰位出现在230.5cm^{-1}、377.0cm^{-1}、682.5cm^{-1}、1048.2cm^{-1}。而经过碱性橙染色的玉料不仅有蛇纹石玉的拉曼特征峰，还出现了碱性橙染料的拉曼特征峰。碱性橙为目前的染玉作坊中常用的合成染料之一。碱性橙为一种偶氮类碱性工业染料，俗称块子金等，该染料的着色力强，但易于掉色，长期放置时也容易褪变色。

在拉曼光谱测试中，有时不仅能测到玉料及染色材料的信号，也有可能测试到在酸碱浸泡的过程中残留的浸泡物质成分，以此用来区分经过人工染色的玉料。

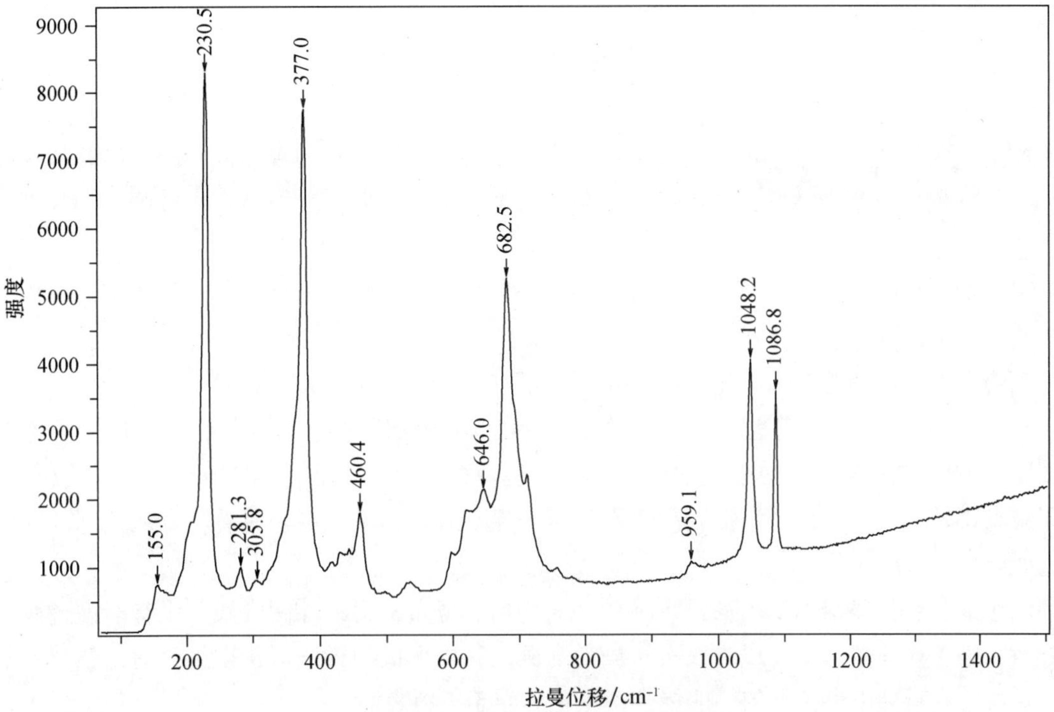

图4 未经染色的蛇纹石玉玉料拉曼谱图

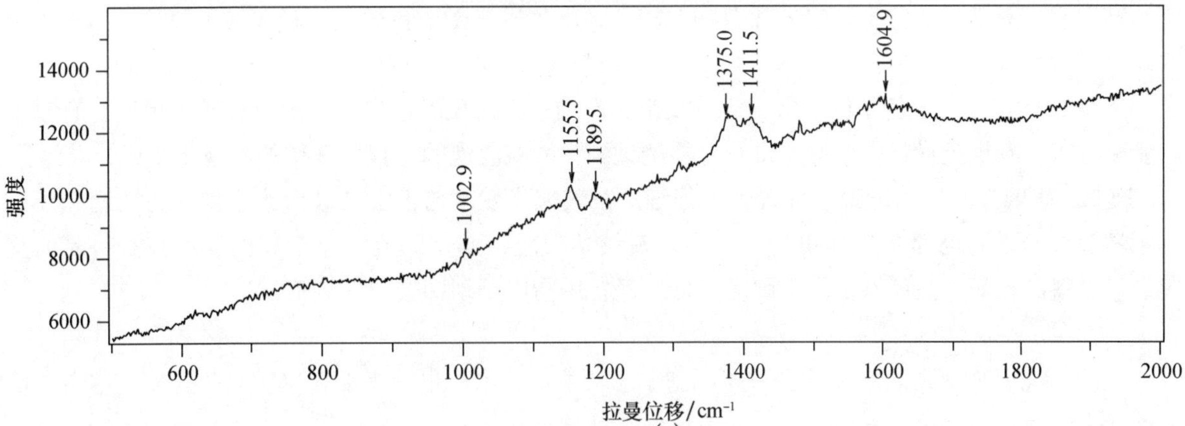

(a)

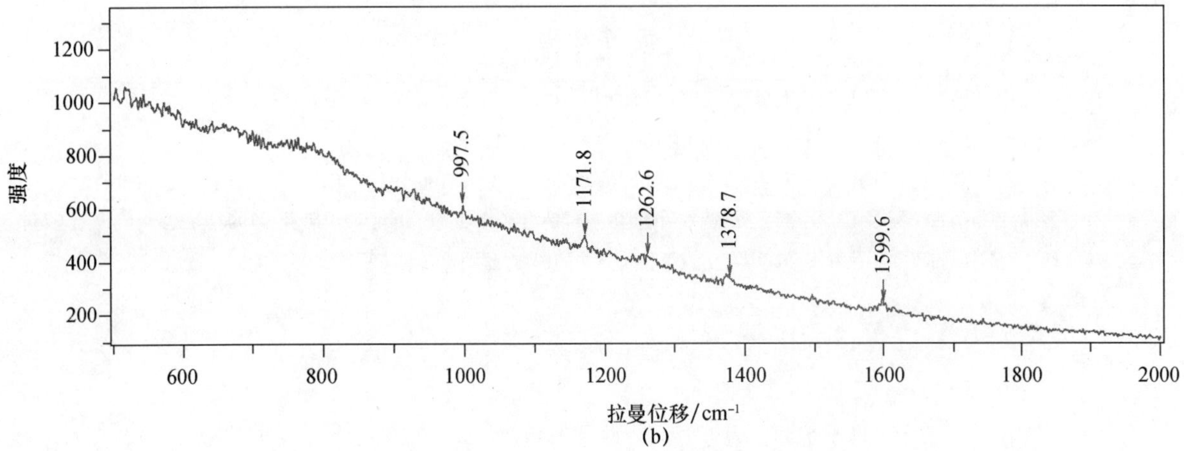

(b)

图5 碱性橙染色后的蛇纹石玉（a）与碱性橙染料（b）的拉曼光谱对比图

结　语

本文通过大量的人工沁色模拟实验表明仿古玉的沁色具有一定的规律性，经过高温加热、酸碱腐蚀、人工染色、玻璃光做旧，其形成的沁色仍然与出土古玉的自然沁色存在较明显的区别。不同的仿沁色手段会造成不同状态的沁色。通过显微镜反射光拍照观察，显微镜透射光观察以及X射线荧光元素分析和拉曼光谱化学结构测试方法综合分析，不仅可判断出真伪古玉，还可以分析出玉料所采用的腐蚀手段及染色用材料。

本研究总结出的仿古玉人工沁色鉴别特征如下：

（1）人工染色玉器。高温加热后染色：玉料加热淬水后会产生像牛毛、血管一样的细小裂纹、裂隙。浸泡在一定浓度的染液中后，由显微镜观察可见，“牛毛纹”裂纹均匀分散在玉料表面，深浅大小较为类似，颜料沉淀物附着在裂隙或浮于表面，透光观察时看不到从里到外的逐渐过渡变化现象。

酸腐蚀后染色：染液可顺着酸蚀形成的孔洞均匀、分布密集，外深内浅，没有渐进过渡，颜色浮于表面，染色光泽较暗淡。以蛇纹石玉染色为例，利用无机颜料三氯化铁染色后，颜料堆积在绺裂处，有机染料碱性橙染色均匀、明艳，墨染色后浮于玉料表面。

染色特征：铁锈黄可能为重铬酸钾及三氯化铁染色形成；铁锈红由高锰酸钾、朱砂或碱性橙染色，碱性橙相对染色较鲜艳，朱砂颜料颗粒较大，染色后浮于玉料表面，轻擦易于掉色；黑色沁由铁黑及墨等形成。

检测特征：古玉沁色颜色丰富，成分复杂；而仿古玉沁色颜色单一，成分也较为单一。有时不仅能测到玉料及染色材料的信号，也有可能测试到在酸碱浸泡的过程中残留的浸泡物质成分。

（2）玻璃光。显微镜观察可看到：仔细观察玻璃光发现与古玉料玻璃光不同，为树脂光泽；在用清漆涂料涂抹时难免厚薄不均，会存在流纹状效应，而这些流纹浮于表面，不与玉料晶体交接；与玉料晶粒间存在色差，由于硬度较低，轻轻用指甲刻划即会留下划痕。

致谢：该研究受到北京市科委课题“基于无损检测技术的中国古玉鉴定研究”资助；感谢在研究过程中北京市文物局于平副局长、首都博物馆黄雪寅副馆长及赵瑞廷副主任的悉心指导。

参考文献

[1] 王涛. 小议出土古玉之沁. 文物鉴定与鉴赏，2011，（11）：82-87.

[2] 陈性. 玉纪//美术丛书初集. 第二辑. 上海：神州国光社，1936：107-120.

[3] 张广文，古方. 现代仿古玉作伪的特点和方法. 艺术市场，2005，（3）：100-103.

[4] 孙华楚. 蚌埠市仿古玉器市场及生产特点的调查//传世古玉辨伪与鉴考. 北京：紫禁城出版社，1998：253.

[5] 匡永红，周树礼. 古玉器沁色种类和成因与仿古玉仿沁方法的探讨. 超硬材料与工程，2006，（1）：59-61.

江苏出土铜器锈蚀特征的金相学考察（一）
——宁镇地区吴国铜器群和淮安战国铜器群

田建花　李　军
（南京博物院，江苏南京，210016）

摘要　青铜器锈蚀是多种因素协同作用的结果，对其进行研究有利于为保护修复对策的制定提供依据。本文以宁镇地区吴国铜器群和淮安淮阴高庄战国墓铜器群为对象，对典型样品进行了金相观察和扫描电镜分析，在此基础上，对比探讨了两个器群铜器的锈蚀特征和相关因素。

关键词　锈蚀　金相　成分　工艺　埋藏环境

引　言

青铜器的锈蚀是多种因素协同作用的结果，与埋藏环境、合金成分和制作工艺等密切相关。对铜器群的锈蚀特征进行研究，不但有利于了解制作工艺和锈蚀机理，更有益于保护修复对策的制定。

宁镇地区位于江苏省南部，长江南岸，这里是吴文化最为重要的分布地区之一，20世纪50年代至今出土了大量吴国青铜器，其中出土典型器群的遗址和窖藏有丹徒烟墩山、丹徒大港母子墩、溧水乌山一、二号墓、仪征破山口和丹阳司徒窖藏等。淮安地处江苏中北部，江淮地区，1973年在这里发现了淮阴高庄战国墓，这是江苏境内出土铜器最丰富的先秦大墓，出土铜器共计170余件[1]。

为了解江苏地区出土铜器锈蚀状况，笔者有针对性地选取了一些淮阴高庄战国墓铜器和吴国铜器的典型样品，进行了金相观察和扫描电镜，一方面结合外部宏观角度观察到的锈蚀状况，探讨各自锈蚀特征，以及其与自身材质、工艺及埋藏环境的关系；另一方面更好地了解锈蚀，为青铜文物的科学保护提供依据。

1　锈蚀的金相分析和扫描电镜分析

金相分析可以了解青铜基体的显微组织结构、腐蚀层分布状况及腐蚀程度。一般的试样因自然腐蚀，经镶样和抛光后可直接进行金相组织和腐蚀状况观察，腐蚀比较轻、保存状况较好的试样，对腐蚀层做过观察、扫描电镜分析后，用$FeCl_3$乙醇溶液侵蚀再进行金相观察。金相分析所用设备为Leica DM4000M型金相显微镜。成分分析采用扫描电子显微镜无标样定量分析，电镜型号为JEOL

JSM-6480LV，X射线能谱仪型号为NORAN System。分析条件：加速电压20kV,计数50s。平均成分采用面扫分析，分析时的电子束尽可能大，放大倍数尽可能小，使扫描面积尽可能大。对于成分组织存在偏析的样品，在截面的不同部位测量两次，取平均值得到其成分百分比。吴国铜器群典型样品的锈蚀结果见表1。淮阴高庄战国墓铜器群典型样品的锈蚀结果见表2。

表1　吴国铜器群典型样品的锈蚀分析结果

器物编号和名称	金相图	金相和扫描电镜结果描述
大铜鼎 （丹司：1）	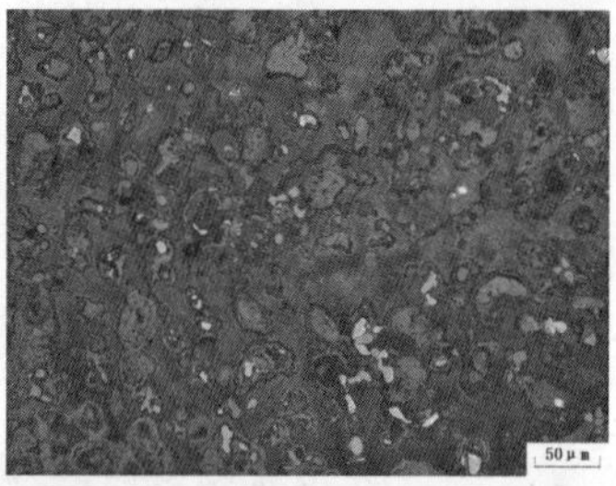	金相：基体为铜砷锡α固溶体，有偏析存在；灰色团块为铅锈蚀和铜氧化锈蚀，蓝灰色颗粒为铜硫化物，亮白颗粒为富砷相 SEM-EDX面扫显示，Cu：76.1%，Sn：2.1%，Pb：11.6%，As：2.8%，O：7.4%
铜鼎 （丹司：3）	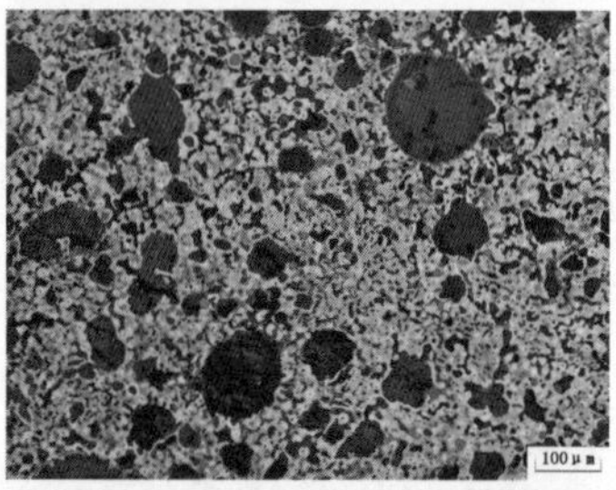	铜锡α固溶体基体；黑色球状和细枝状铅，部分遭到锈蚀 SEM-EDX面扫显示，Cu：58.2%，Sn：5.1%，Pb：34.4%，Fe：2.3% 锈蚀含有氯和氧
铜鼎 （丹司：10）	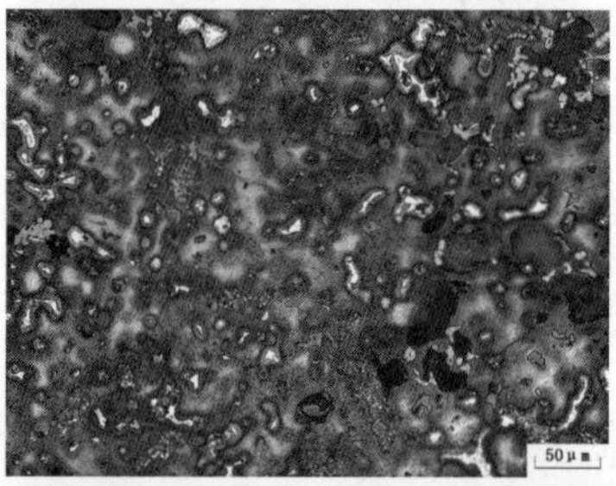	基体铜锡砷α固溶体树枝状偏析；黑色球状铅部分已经锈蚀，大量花斑状铅沿枝晶分布；亮白δ相分布于枝晶间；灰色小颗粒状铜铁硫化物夹杂 SEM-EDX面扫显示，Cu：65.8%，Sn：9.6%，Pb：15.4%，Fe：0.6%，As：4.1%，O：4.5%
铜簋 （丹司：12）	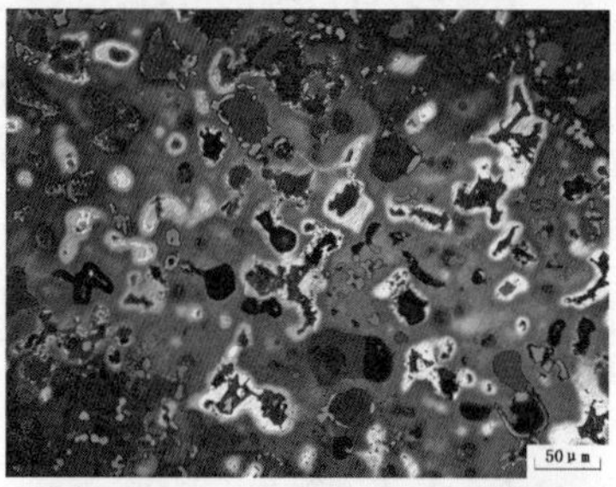	基体铜锡砷α固溶体树枝状偏析；大量黑色球状铅，部分已经锈蚀；蓝色小颗粒状硫化亚铜夹杂；亮白铜锡砷析出相，部分存在锈蚀 SEM-EDX面扫显示，Cu：59.4%，Sn：10.4%，Pb：23.6%，O：5.5%，Cl：1.1% 析出相含砷，锈蚀含有氯和氧
铜棘刺纹尊 （丹司庙：20）	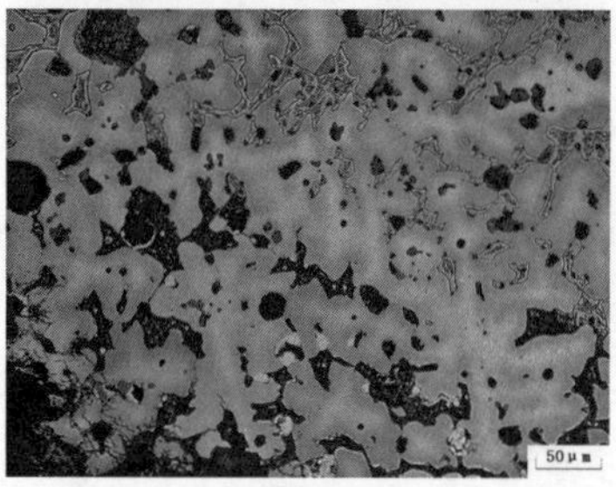	基体铜锡α固溶体树枝状偏析；（α＋δ）共析组织中α相被锈蚀，靠样品表面（α＋δ）全部锈蚀，其中沉积有自由铜颗粒；铜铁硫化夹杂少；铅颗粒大小及分布较均匀 SEM-EDX面扫显示，Cu：68.9%，Sn：16.6%，Pb：14.5% 锈蚀含氧和氯

续表

器物编号和名称	金相图	金相和扫描电镜结果描述
铜雷纹鬲（丹港：7）	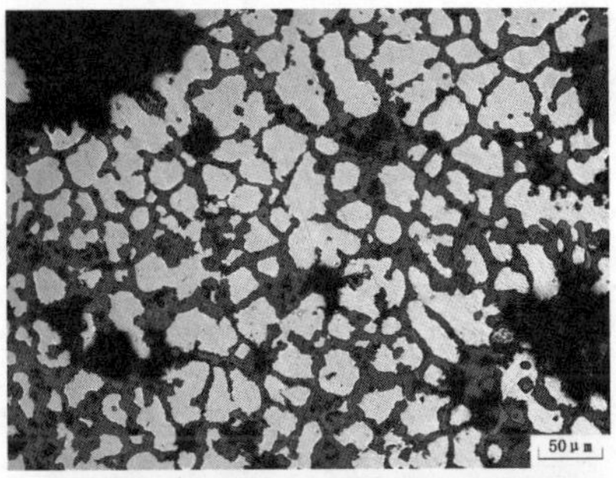	铜铅合金铸造组织。铜晶粒较小，晶粒间界为铅的锈蚀；存在铸造缺陷缩孔。细小硫化亚铜夹杂分布于晶界 SEM-EDX面扫显示，Cu：82.4%，Sn：0.5%，Pb：11.0%，Fe：0.6%，O：5.5% 锈蚀含氧量高
铜卣（水乌岗M2：2）	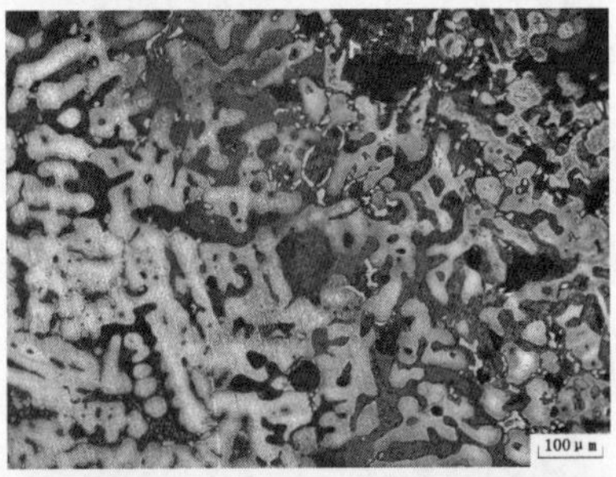	基体为微量锡溶入铜中形成的α固溶体树枝状偏析；大量铅沿枝晶分布，部分已锈蚀；大量硫化亚铜夹杂，与铅同分布 SEM-EDX面扫显示，Cu：56.1%，Sn：0.3%，Pb：38.6%，O：5.0% 锈蚀含氧量高
铜盘（3：270）	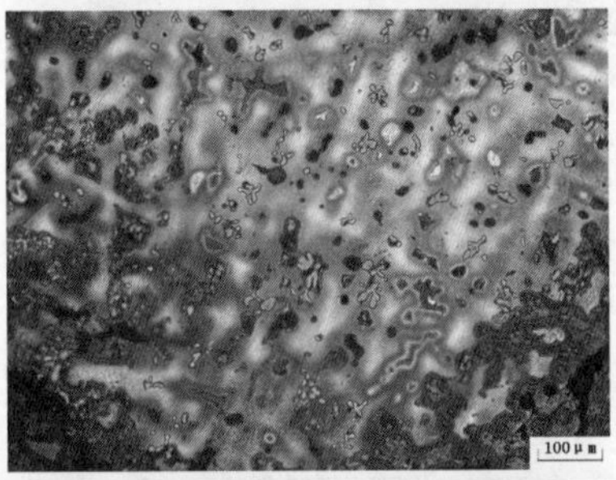	样品表面锈蚀呈枝状向中心深入；基体铜锡α固溶体树枝状偏析；枝晶间分布细小多角花斑状（α＋δ）共析组织、小铅颗粒、蓝色小花朵状硫化亚铜夹杂；部分（α＋δ）已锈蚀 SEM-EDX面扫显示，Cu：78.1%，Sn：11.2%，Pb：4.2%，Fe：0.2%，S：0.2%，O：6.1% 锈蚀含氧量高
铜鼎（3：700）	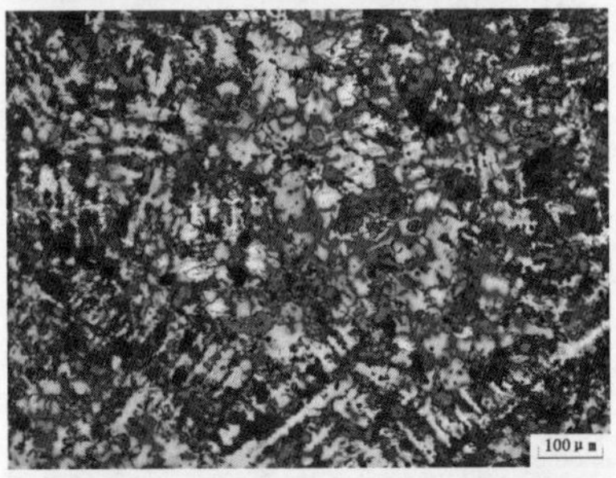	样品布满枝状锈蚀；基体铜锡α固溶体树枝状晶；晶间析出相及铅均已锈蚀，蓝色硫化亚铜夹杂大量存在 SEM-EDX面扫显示，Cu：61.5%，Sn：19.5%，Pb：10.2%，Fe：0.3%，S：0.1%，O：8.0%，Cl：0.4% 锈蚀含氧量高、含氯
漻生盨（3：309）	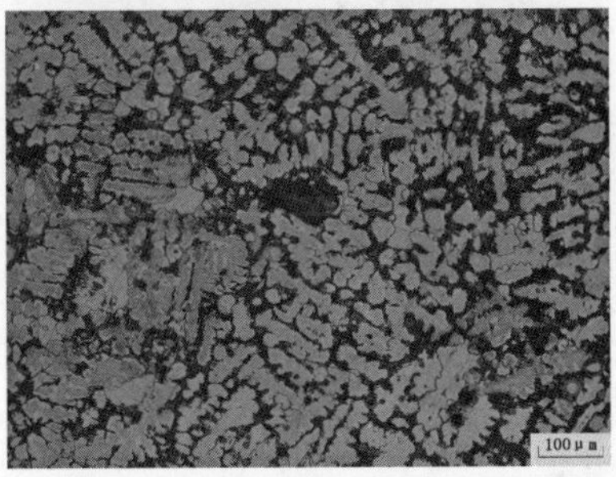	基体铜锡α固溶体树枝状晶；晶间析出相已锈蚀，存在少量灰色铜铁硫化物夹杂及大块自由铜 SEM-EDX面扫显示，Cu：71.3%，Sn：20.0%，Pb：2.5%，Fe：1.3%，S：0.6%，O：4.3% 锈蚀含氧和氯

续表

器物编号和名称	金相图	金相和扫描电镜结果描述
铜鼎 （3：1178）	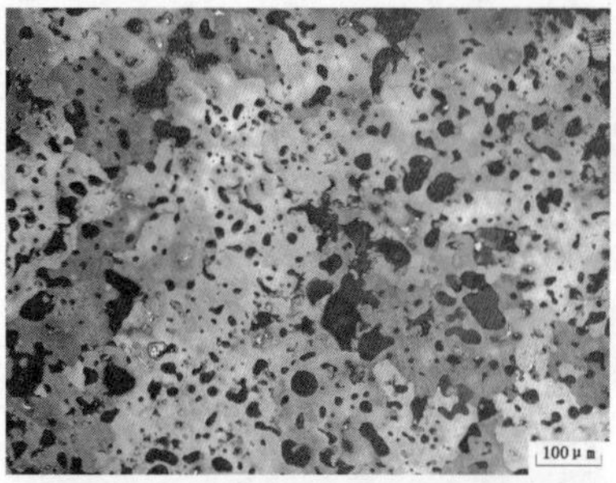	基体铜锡砷α固溶体存在偏析；黑色球状、不规则状和小颗粒状铅，部分已锈蚀；蓝色小颗粒状硫化亚铜夹杂；细小（α+δ）共析组织弥散分布 SEM-EDX面扫显示，Cu：67.2%，Sn：5.4%，Pb：21.4%，Fe：0.3%，S：1.4%，As：4.3%
百乳簋 （3：1266）	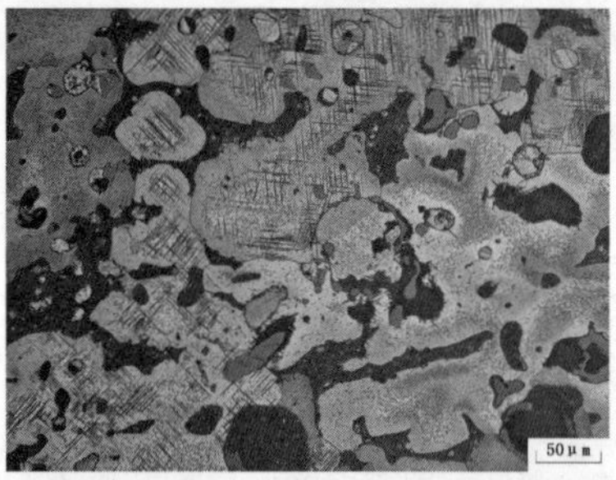	基体铜锡α固溶体枝晶偏析；部分晶内存在滑移带；（α+δ）共析组织多已锈蚀；黑色球状、不规则状铅和灰色铜铁硫化物夹杂；存在大量自由铜颗粒 SEM-EDX面扫显示，Cu：63.1%，Sn：17.5%，Pb：14.4%，Fe：0.3%，S：0.3%，O：4.4% 锈蚀含氧和氯
百乳簋补铸部位 （3：1266）	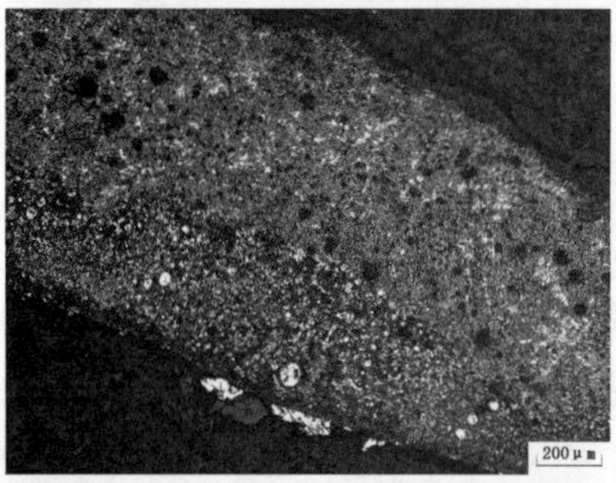	样品一侧表面锈蚀层较厚，表面有呈片状的自由铜，内部有呈球状的自由铜；基体铜锡砷α树枝状结晶；有大量析出相存在；黑色球状铅及蓝灰色硫化物夹杂 SEM-EDX面扫显示，Cu：68.8%，Sn：17.0%，Pb：11.7%，As：2.5% 锈蚀含氧和氯
铜鼎 （3：1329）	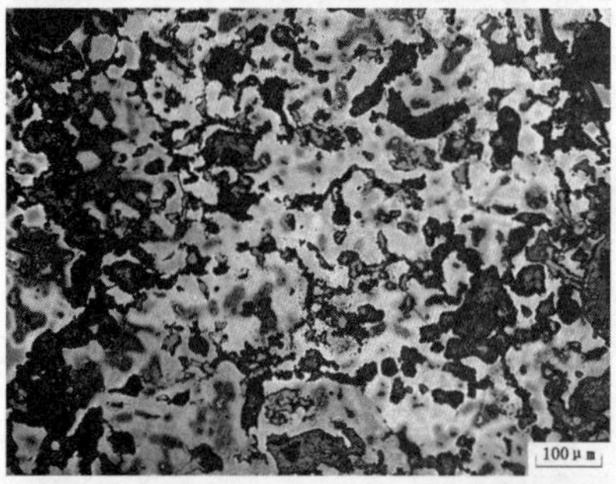	基体铜锡α固溶体，存在偏析现象；δ相偶见；大量不规则形状铅，已遭锈蚀；大量硫化亚铜夹杂 SEM-EDX面扫显示，Cu：70.4%，Sn：7.5%，Pb：11.9%，Fe：0.1%，O：8.5%，Cl：1.6% 锈蚀含氧（8.4%）和大量的氯（18.4%）
铜簋 （3：1330）	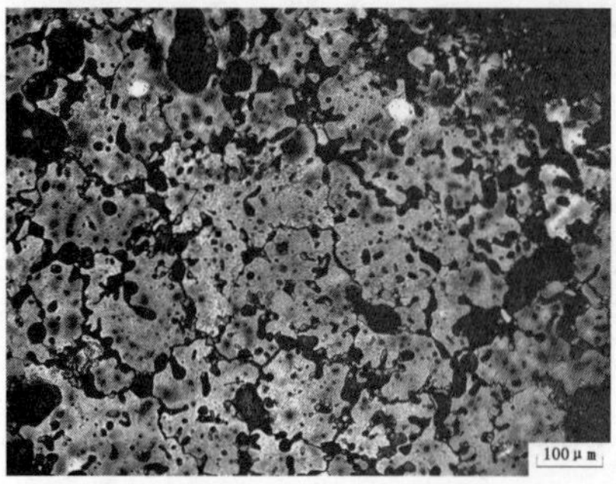	基体铜锡砷α固溶体，存在偏析；黑色球状及枝状铅，多遭锈蚀；大量蓝色硫化亚铜夹杂 SEM-EDX面扫显示，Cu：67.2%，Sn：5.0%，Pb：17.5%，Fe：0.2%，As：2.1%，O：5.6%，Cl：2.4% 锈蚀含氧和氯

表2　淮阴高庄战国墓铜器群典型样品的锈蚀分析结果

器物编号和名称	金相图	金相和扫描电镜结果描述
车轼（7：241）	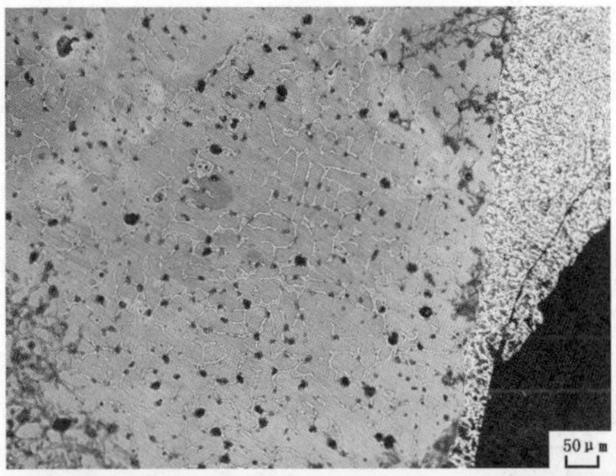	锡铅青铜铸造组织。基体为α树枝晶，晶内偏析不明显。（α＋δ）共析组织相互连接。铅小颗粒分散，分布均匀。硫化物颗粒小、数量较少。样品表面（α＋δ）共析组织优先腐蚀 EM-EDX面扫显示，Cu：75.4%，Sn：18.4%，Pb：6.2% 锈蚀含大量氧
铜镇（7：267）	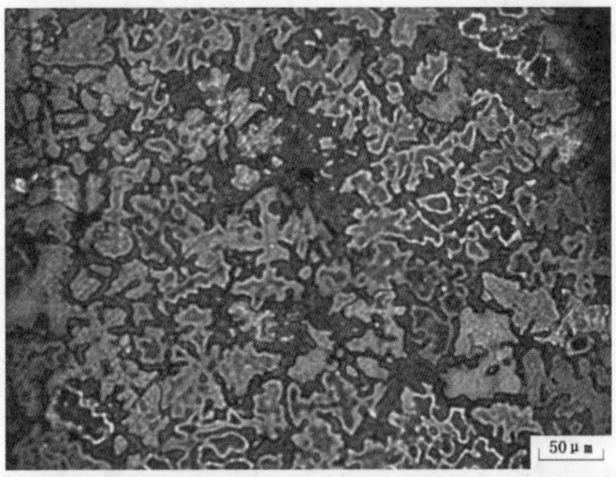	基体为α树枝晶，枝晶发育。（α＋δ）共析组织形态较大。铅小颗粒分散，硫化物成小颗粒和花朵状，分布均匀。局部有自由铜小颗粒存在。样品一侧表面存在较厚的锈蚀层，锈蚀呈枝状向基体伸展。锈层中有α残存，（α＋δ）共析组织全部锈蚀殆尽 EM-EDX面扫显示，Cu：77.5%，Sn：17.8%，Pb：4.5%，Fe：0.2% 锈蚀含大量氧和氯
蟠螭纹鼎（7：270）	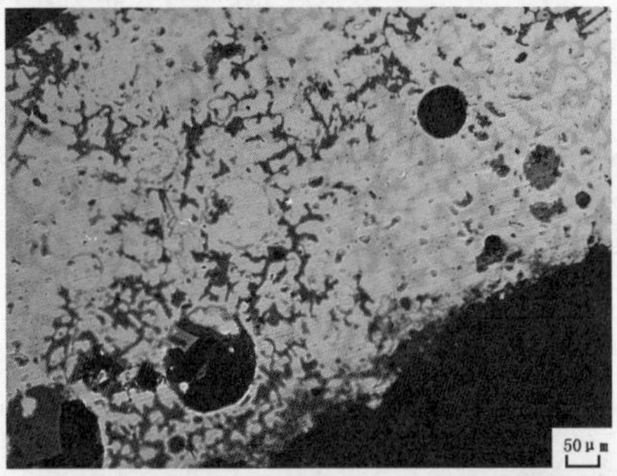	基体为α树枝晶。有大量析出相（α＋δ）共析组织，部分（α＋δ）共析组织遭到锈蚀,其中有自由铜沉积。部分球状铅遭到腐蚀，成为孔洞，有的沉积了自由铜和氧化亚铜（CuO_2）。硫化物很少 EM-EDX面扫显示，Cu：60.7%，Sn：18.6%，Pb：20.7% 锈蚀含大量氧
盉（7：272）	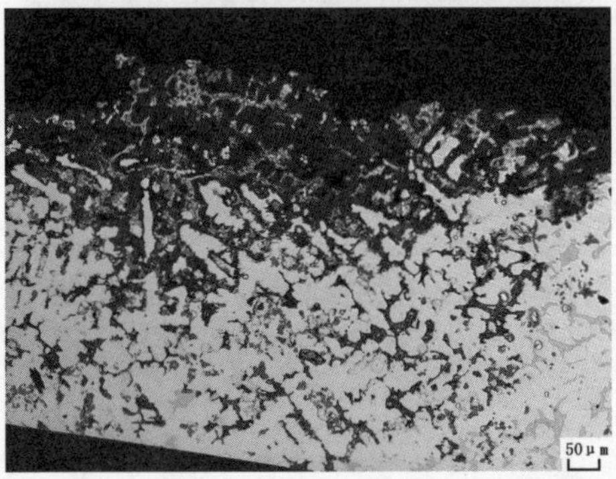	基体为α树枝晶。有大量析出相（α＋δ）共析组织，部分（α＋δ）共析组织遭到锈蚀,其中有自由铜沉积。铅颗粒多，分布不均匀，存在偏析现象。硫化物多，呈簇状分布。样品表面锈蚀层中残留（α＋δ）共析组织，α均遭到锈蚀 EM-EDX面扫显示，Cu：71.8%，Sn：18.0%，Pb：8.4%，S：0.3%，O：1.5% 锈蚀含大量氧

续表

器物编号和名称	金相图	金相和扫描电镜结果描述
素面铜匜（7：278）		α再结晶晶粒及孪晶，存在滑移带，说明此样品热锻后又经冷加工。铅与硫化物夹杂细小，沿加工方向拉长。少量δ相，分布于晶界 EM-EDX面扫显示，Cu：80.0%，Sn：15.8%，Pb：4.2%
刻纹铜匜（7：279-2）	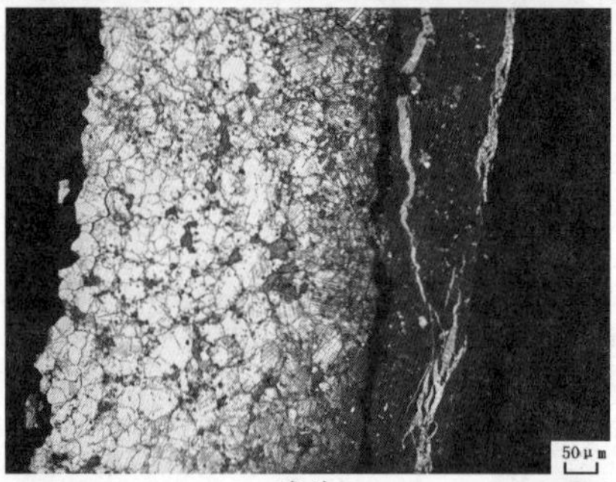 残片	α等轴晶，晶界遭到腐蚀，存在少数孪晶和大量滑移带。铅与硫化物夹杂细小，沿加工方向拉长。少量δ相，分布于晶界。样品热锻后又经冷加工。样品表面锈蚀层较厚，其中分布长条状和颗粒状自由铜 EM-EDX面扫显示，Cu：77.0%，Sn：16.9%，Pb：6.1% 锈蚀含大量氧
	 腹部	锡铅青铜锻造组织。α再结晶晶粒及孪晶，大量滑移带。铅与硫化物夹杂细小，沿加工方向拉长。少量δ相，分布于晶界。样品热锻后又经冷加工。表面腐蚀严重，锈蚀层有自由铜沉积 EM-EDX面扫显示，Cu：75.3%，Sn：13.9%，Pb：10.4%，S：0.4% 锈蚀含大量氧
	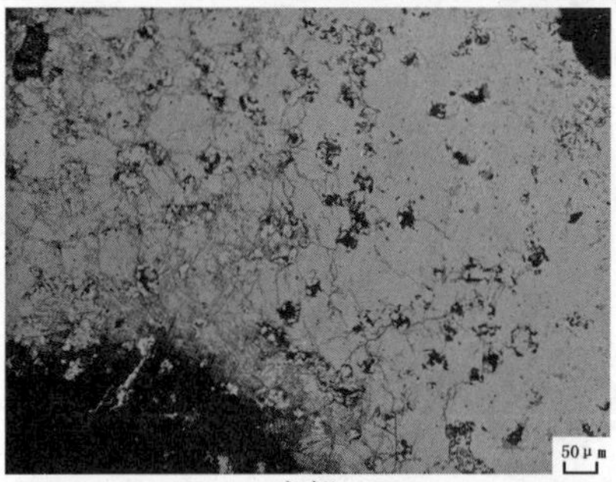 底部	锡铅青铜锻造组织。α再结晶晶粒及孪晶，大量滑移带。铅与硫化物夹杂细小，沿加工方向拉长。少量δ相，分布于晶界。样品热锻后又经冷加工。锈蚀严重。大量自由铜沉积于铅流失后留下的孔洞中 EM-EDX面扫显示，Cu：79.5%，Sn：15.6%，Pb：4.9% 锈蚀含大量氧
刻纹铜盘（7：281-3）	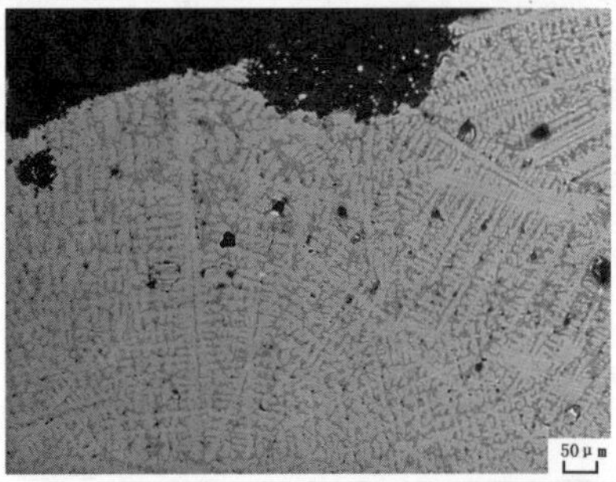	锡铅青铜铸造组织。α细枝晶，（α＋δ）共析组织，球状及点状铅颗粒沿枝晶分布。部分铅颗粒被腐蚀成空洞，自由铜沉积其中。未见硫化物夹杂明显存在。样品有锈蚀集中分布于基体一端，其中有较多自由铜沉积 EM-EDX面扫显示，Cu：73.9%，Sn：15.5%，Pb：10.6% 锈蚀含大量氧和氯

续表

器物编号和名称	金相图	金相和扫描电镜结果描述
铜箟形器 （7：282-2）		锡铅青铜锻造组织。α再结晶晶粒及孪晶。晶界分布大量铅及硫化物颗粒。存在大量滑移带。局部有裂纹。样品局部晶粒度较小。表面锈蚀层中有较多自由铜，多为球形，局部呈细丝绦状。此样品热锻后又经冷加工 EM-EDX面扫显示， Cu：80.7%，Sn：13.7%，Pb：5.6% 锈蚀含大量氧
铜勺 （7：284-1）		锡青铜锻造组织。α再结晶晶粒及孪晶，表面晶界遭腐蚀。硫化物小颗粒很少。样品一侧表面晶界被腐蚀，滑移带明显。未腐蚀区域晶内也有滑移带。有穿晶裂纹存在。此样品热锻后又经冷加工 EM-EDX面扫显示， Cu：80.7%，Sn：16.4%，O：2.9% 锈蚀含大量氧和氯
铜鉴（7：344）	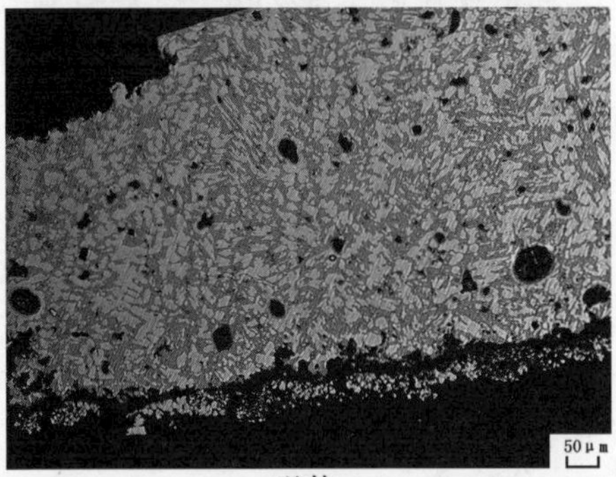 基体	锡铅青铜铸造组织。α树枝晶偏析，大量（α＋δ）共析体组织呈相互连接呈网络状。铅呈大球状和小颗粒状。硫化物的量少、颗粒小且含铁。样品表面有（α＋δ）共析体组织优先锈蚀，有一自由铜沉积层 EM-EDX面扫显示， Cu：66.5%，Sn：21.8%，Pb：10.2%，O：1.5% 锈蚀含大量氧
	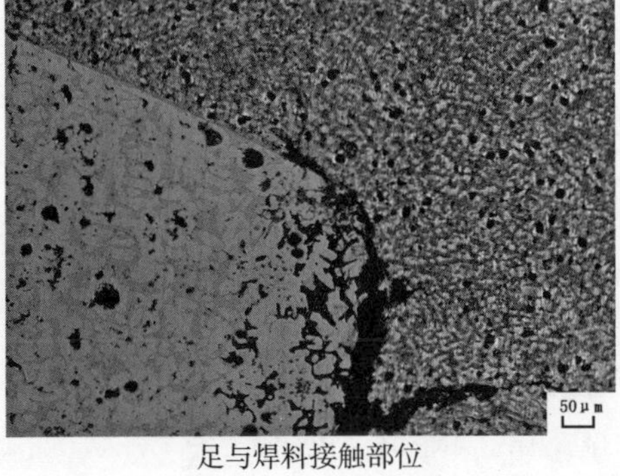 足与焊料接触部位	基体是锡铅青铜铸造组织，α树枝晶较粗大，晶内偏析不明显，说明基体受热，成分和组织有一定均匀化。大量（α＋δ）共析体组织相互连接呈网络状。铅呈大球状和小颗粒状，一些球状铅遭到腐蚀，其中沉积自由铜小颗粒。硫化物较多且含少量铁。样品一端表面有焊料残存，其为铅锡合金铸造组织。焊料与鉴腿青铜基体界限明显，青铜与焊料接触的部位，（α＋δ）共析体组织优先锈蚀，有较多大自由铜颗粒 EM-EDX面扫显示， Cu：65.3%，Sn：18.1%，Pb：12.7%，S：0.4%，O：3.5% 锈蚀含大量氧

2 讨　　论

2.1　锈蚀与合金

纵观吴国铜器群和淮阴高庄战国墓铜器群的金相结果，可发现高含锡量铜器锈蚀后，往往存在自由铜，有的样品上自由铜呈小颗粒状零散分布，有的是自由铜沉积于铅流失后的孔洞中，有的样品表面形成了自由铜沉积，更多的是样品上有大量球状或条形的自由铜集中分布于腐蚀区域，有的甚至形成薄的沉积层。自由铜的生成是长期电化学腐蚀的结果，当青铜遭到电化学腐蚀时，部分δ相被侵蚀，其所含的铜被溶解到电解液中以铜离子形式存在，电化学作用使铜离子重新得到电子而作为金属铜沉积在青铜基体上的铸造缩孔、裂隙以及铅被锈蚀留下的空穴里，就形成了显微镜下可观察到的不同形态的自由铜沉积[2]。根据金相观察经验，自由铜的产生与锡含量和腐蚀程度密切相关，同等埋藏环境下，自由铜的生长与锡含量成正比；同等含锡量情况下，自由铜的生长与腐蚀程度成正比。

器物腐蚀的程度与其铅的含量有一定的相互关系，在含铅的锡青铜组织中，铅较容易被腐蚀，所以在同等制作工艺和埋藏条件下，含铅量越高的器物，越容易被腐蚀。吴国青铜容器物普遍含铅量较高，铅在埋藏环境中极易被氧化，形成不溶于水的氧化物，而铜被氧化为铜离子后有所流失，故在器物表面形成了灰色或灰白色的硬壳。金相下铅多呈黑色球状、颗粒状和不规则状分布，多数样品由于锈蚀从表面深入内部，致使部分铅及全部铅颗粒被锈蚀，留下铅颗粒流失后的空洞，随后被电化学沉积中产生的自由铜或灰绿色铜、锡、铅的混合物锈蚀产物所充填。一般而言，大的铅颗粒聚集较多的部位，青铜合金强度较低，也更易被腐蚀。

淮阴高庄战国墓铜器普遍含锡量比较高，同时器物的表面（基体腐蚀区和表面锈蚀区）存在着明显的富锡现象，样品锈蚀区的含锡量明显高于基体。这种表面富锡是由于埋藏在土壤中的青铜器表面层中的铜被氧化为铜离子，不断向表面迁移，而锡的氧化物不溶于水，因此在原地沉积。因锡氧化物的能态较低，这种表面层有一定的保护作用，但是由于表面富锡造成体积膨胀，表面易产生龟裂损伤，故由此产生的破损在所难免，仍旧不能有效地保护合金基体免受腐蚀[3]。

吴国青铜器合金成分另一大特点是存在着一定比例的砷青铜，硫和铁的含量也相对较高，这在其他地域出土的两周青铜器中非常少见，就目前分析结果看，应与使用的金属资源相关，可能使用了多元素共存的共生矿。这样的合金结构，较纯净的锡青铜更容易被腐蚀，这也吴国青铜器保存状况差的因素之一。

2.2　锈蚀与工艺

一般而言，经过热锻或退火等热处理的青铜相对铸造青铜保存状况会好些，因为退火处理可消除枝晶偏析，形成α单相等轴晶组织，会使成分和组织均匀化，致密度增加，机械性能提高，不易形成腐蚀原电池，因而比较耐腐蚀。但是淮阴高庄战国墓出土的锻造器保存状况相比铸造器而言也很差，其中一个原因是热加工量不均匀，退火又不完全，常在等轴晶间夹杂着δ相，是腐蚀较易发生的部位。所分析的这批吴国青铜器，均未进行过热处理，所以普遍存在着不同程度的偏析，这也加速了器物的腐蚀。另外，硫化物夹杂多且铸造材质不纯净，也为腐蚀创造了条件。

2.3 锈蚀发生的类型和环境

研究表明，青铜器腐蚀分两种类型：第一种腐蚀类型为，(α+δ)共析体中，含锡高达32.6%的δ相优先被腐蚀，这类腐蚀一般由Cl^-等阴离子在合金中的迁移所致。第二种腐蚀类型为，α相被优先腐蚀，这类腐蚀缘自Cu^+(Cu^{2+})由合金内部向表面的迁移[4]。显然，腐蚀类型的不同暗示着青铜器保存环境的不同。

金相下，吴国铜器群样品锈蚀呈树枝状由表面向中心深入，即对α与（α+δ）共析体的树枝晶来说，腐蚀一般沿（α+δ）相从表面向基体延伸，在基体锈蚀区可看到未被腐蚀的残留的岛屿状α相。淮阴高庄铜器群中，铸造组织的腐蚀基本也是沿（α+δ）相从表面向基体延伸，仅盉（7：272）样品比较特殊，基体锈蚀区是部分（α+δ）遭到锈蚀，表面锈蚀层中却是α相均遭到锈蚀，而残留有部分（α+δ）共析组织；对锻造组织，即单相组织的α再结晶晶粒及孪晶来说，锈蚀一般在晶界发生，并向晶粒中心推进，在基体锈蚀区常可看到孤立状的α晶粒，如果晶间有夹杂相，往往锈蚀加剧。总体而言，锈蚀沿高锡相发生晶间腐蚀，在完全矿化层与合金基体之间形成部分腐蚀的过渡层。

微区成分分析发现，吴国铜器锈蚀中除了金属和氧，普遍还有大量的氯，这说明器物已染上了青铜器的癌症——“粉状锈”。表面硬壳下是疏松粉状锈，随着锈蚀的加深，内部膨胀，导致表面铅氧化物硬壳破损，以至于这种特殊表面层也不能保护器物免受腐蚀。相对而言，淮阴高庄战国墓铜器锈蚀中氯的含量较低，氧的含量较高。综合金相和微区成分分析结果，可确定吴国青铜器的腐蚀属于第一种类型，是多氯环境中Cl^-等阴离子在合金中的迁移所致，此类腐蚀往往是活动性的，发展速度快，破坏强，非常不利于青铜器的长久保存，需要尽快稳定处理。

结　　语

不论是位于江淮平原的淮阴高庄战国墓，还是位于宁镇地区的吴国土墩墓或窖藏，出土的器物普遍锈蚀严重，保存不佳，与高湿、含氯的埋藏环境有关，也与其自身的材质、工艺有关。

吴国铜器群和淮阴高庄战国铜器群均为（α+δ）相优先腐蚀，属于第一类腐蚀，可能属于多氯环境中Cl^-等阴离子在合金中的迁移所致，此类腐蚀发展速度快，破坏强，需要及早进行稳定性保护处理。

淮阴高庄墓铜器锈蚀产物中氯的含量较低，有的并未测到氯，而吴国铜器群锈蚀产物中除了金属和氧，还有大量的氯，这说明器物已染上了青铜器的癌症——“粉状锈”，此种有害锈的清除或者转化是青铜器保护的关键。

总体而言，吴国铜器群器物铅、硫和铁元素含量普遍偏高，这是其腐蚀严重、保存状况差的重要因素，光滑表面层主要是由于腐蚀过程中铅富集形成的。淮阴高庄战国墓铜器群普遍含锡量较高，尤其锻造成型器物，相比于铸造成型器物而言，锡含量更高，铅含量更低，组织也较均匀，铅被腐蚀程度也较铸造青铜的轻。

建议对两器群铜器进行保护时，首要是除氯或者有害锈的转化和稳定。对青铜本体保存状况不好的器物应考虑用合适的加固手段。文物库房保存或展出时一定要控制好保存环境，湿度的控制尤其重要，同时尽量减少与O_2、CO_2、H_2O等的接触，更要避免与氯化物、硫化物、氮氧化物等一些腐蚀性物质接触。

参考文献

[1] 淮阴市博物馆. 淮阴高庄战国墓. 考古学报，1988，（2）：189-232.

[2] 孙淑云. 太原晋国赵卿墓青铜器的分析鉴定//中国冶金史论文集. 北京：北京科技大学，2002：178-188.

[3] 刘煜，原思川，张晓梅. 天马-曲村周代晋国墓地出土青铜器锈蚀研究. 文物保护与考古科学，2000，（2）：9-18.

[4] McCann I, Trentelman K, Possley T, Golding B. Corrosion of ancient Chinese bronze money trees studied by Raman microscopy. Journal of Raman Spectroscopy, 1999, 30: 121-132.

几种常用修复用手工纸SEM分析

云　悦
（南京博物院，江苏南京，210016）

摘要　修复用手工纸的选择是纸质文物修复的重要环节，选择匹配文物本体的最佳材料，首先要了解和熟悉修复用纸。本文选取四种常用修复用纸，利用扫描电子显微镜（SEM）进行纸张表面形态纤维分析，观察各种纸张的特征，用以辨别区分使用。

关键词　手工纸文物修复　SEM

引　　言

纸是我国古代文明的一大载体，书法、绘画、古籍等无数文化珍宝均以纸的出现而发展和流传于世。同时，纸又是一种极其脆弱的材质，保存过程中易受到损伤和破坏，留存至今的纸质文物尤为珍贵。所以，纸质文物保护修复技艺从古至今不断传承并得以发展改进[1]。今天，我们依然需要不断提高纸张修复技术方法和认知水平。目前国内博物馆、图书馆、档案馆等单位的纸质文物修复多用手工纸。其中以宣纸、麻纸、竹纸、皮纸的应用最为广泛[2, 3]。选择合适的修复用纸，需要对纸张的显微结构有所认知。

扫描电子显微镜分辨率高，立体感强，放大倍数范围大且连续可调，制备样品简单，是一种可以做到微损甚至无损的分析方法。本文选取四种常用修复用手工纸，通过扫描电子显微镜图像分析，观察纸张形态[4]，从有特征的纸面纤维形态来判断认定纸张种类，为修复用纸的选择提供参考依据。

1　麻　　纸

麻纸所用原料为苎麻、大麻、亚麻、葛麻、红麻、黄麻等植物的韧皮部，是草本韧皮纤维。麻类纤维特征：纤维长度大，在纸浆制作过程中经过切断工序，所以纸面纤维端部多有切断痕迹。由于麻类纤维微纤维的轴向排列，打浆工序时容易分丝帚化，在SEM图像中可见，麻纸的分丝帚化现象明显（图1、图2）。

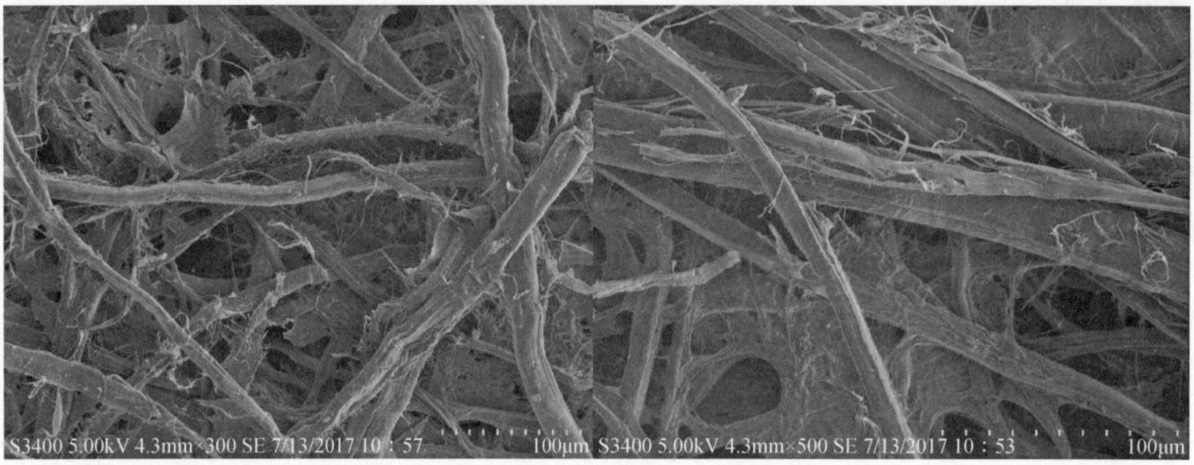

图1　麻纸

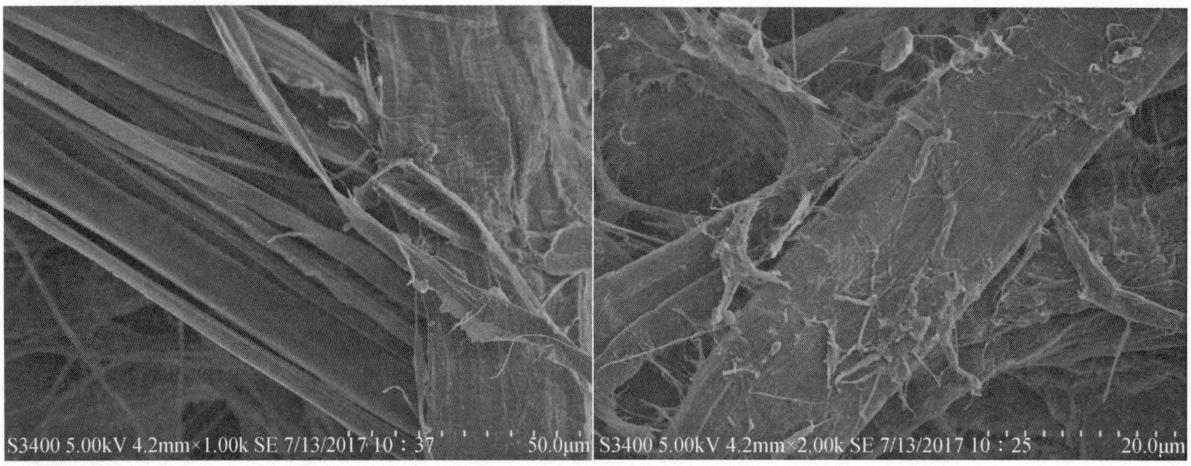

图2　麻纸纤维分丝帚化

2 竹　　纸

竹纸的主要生产原材料为嫩竹，经沤制、石灰浆蒸煮、草木灰水蒸煮、抄造、压榨、烘干等十几道工序制成。在外观上纸质紧致、均匀、平整。竹纤维比麻类和韧皮类纤维较短，纤维细胞壁较厚且挺硬，所以在电子显微镜下可观察到纤维平滑细直，弯曲度较小。纸中杂细胞较多，有呈枕状、腰鼓状的石细胞和薄壁细胞，特有呈多孔网状的大导管，以及少量表皮细胞和网壁细胞（图3～图5）。

3 构 皮 纸

构皮纸（也称楮皮纸。构树与楮树为同属不同种，纤维特征极为相似，故构皮纸与楮皮纸不做区分，统称构皮纸），是以构树树皮的白色内皮为原料，经水沤、浆石灰蒸煮、二次水沤、浆草木灰蒸煮、漂洗、选料、碓舂、洗涤、打槽、抄纸、压榨、焙纸、揭纸等工序制成。构皮纸纸张纤维

图3　竹纸（×500）

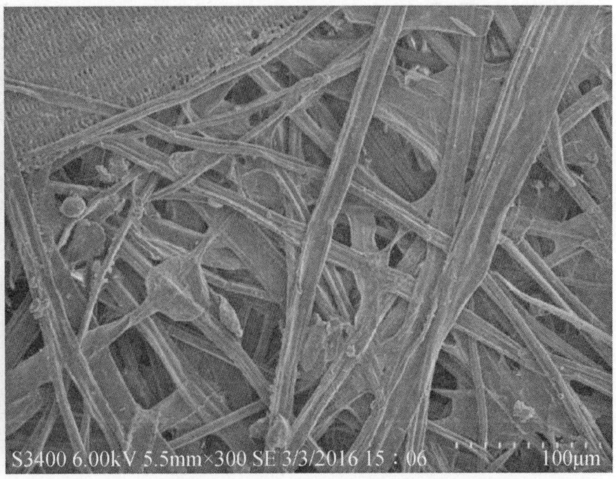

图4　竹纸中的杂细胞多

图5　竹纸中网孔状大导管竹纸纤维

较长、纤维质量纯净、木素含量低，成纸质地细柔、富有韧性，强度好、极耐老化。在SEM图像中可见构树皮纤维常呈弯曲的束状，但弯曲度不大，纤维细长，两端尖细，壁上有横节纹，帚化状态不佳（图6~图8）。

图6　构皮纸（×300）

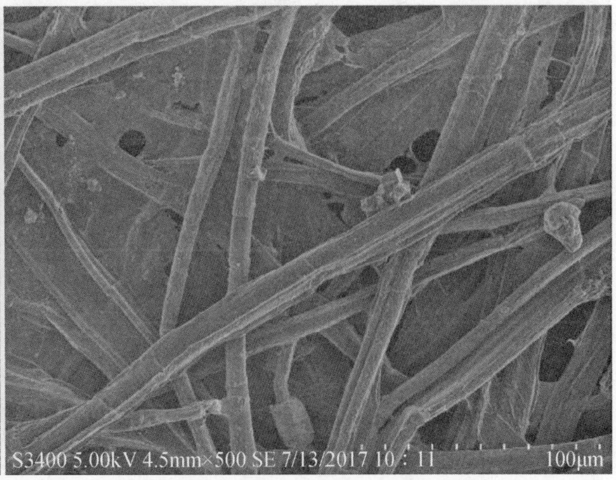

图7　构皮纸（×600）

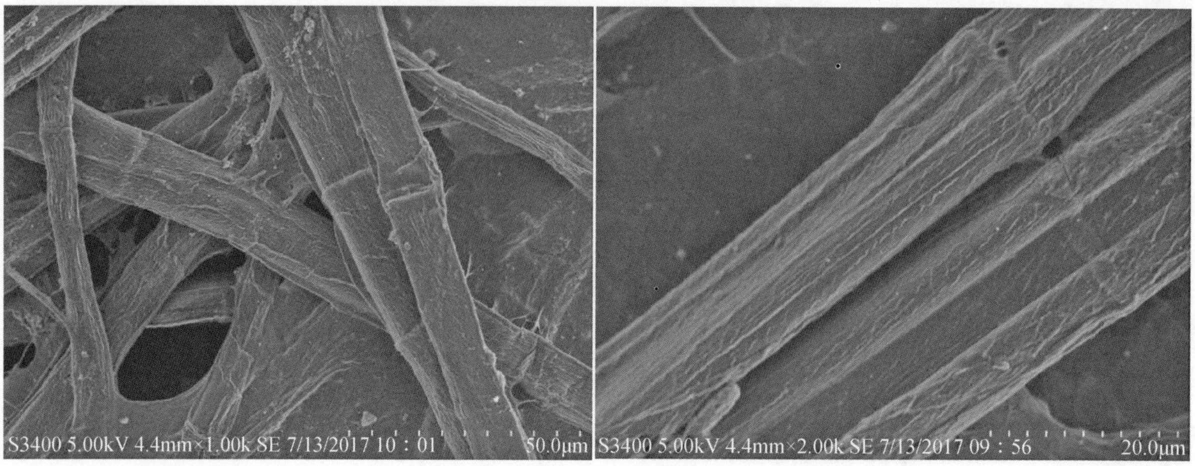

图8　构皮纤维的横节纹

4 宣　纸

宣纸（生宣）按原料配比大致分三类：特种净皮（简称特净）、净皮和棉料。一般来说，特净皮宣中含有青檀皮纤维较多，有些高达80%，而稻草纤维较少；棉料宣中的青檀皮纤维较少，最低至30%，稻草纤维较多；净皮宣的青檀皮纤维和稻草纤维比例介于前两者之间，一般含青檀皮纤维60%～70%。图9为净皮宣纸的SEM图像。

青檀纤维较单根韧皮纤维上存在许多的横纹，状似皱纹，又多又深且分布均匀。这种细胞壁上有大量的皱纹存在是青檀韧皮纤维所特有的，其对纸的润墨效果产生很大影响。稻草纤维细短，纤维壁上有横节纹，杂细胞多，有端头平的锯齿状表皮细胞（图10）。青檀皮的含量越多，宣纸的润墨性能越好，纤维交织越细密，纸面也平滑，故在质量上产生细微差异：特净皮宣优于净皮宣与棉料宣，净皮宣优于棉料宣（图11）。

宣纸在生产过程中由于经过石灰水浇淋和漂白等工序，因此在纸浆中残留一些钙离子，钙离子与空气中二氧化碳逐渐反应，生成结晶碳酸钙。此外，稻草纤维中的灰分，主要成分为二氧化硅。这些颗粒也有可能夹杂在纤维缝隙中（图12）。

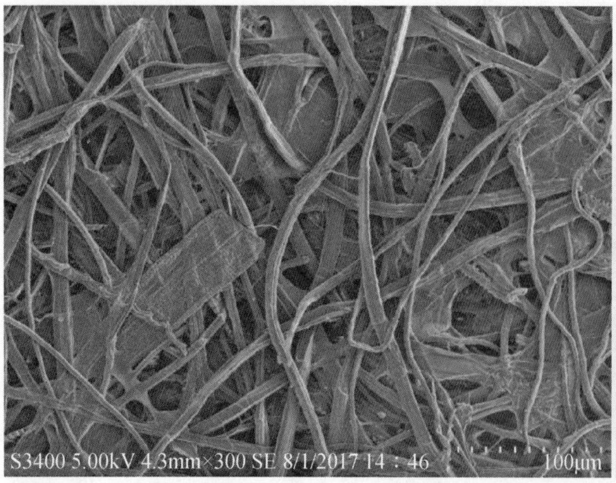

图9　宣纸（×300）

图10　宣纸中稻草纤维的锯齿状表皮细胞

图11 檀皮纤维上的皱纹特净皮

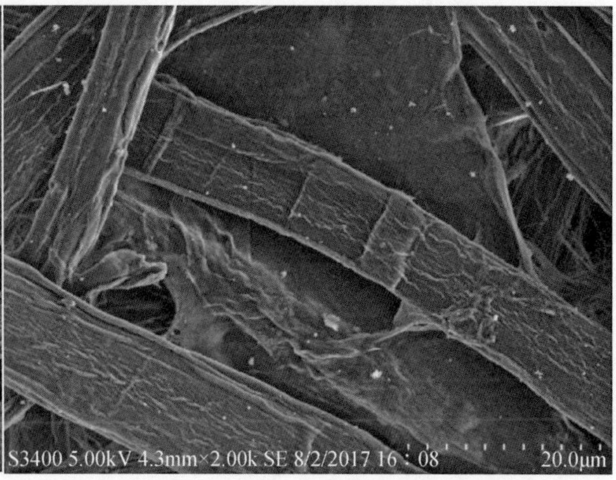

图12 宣纸纤维上沉积的碳酸钙颗粒

结 语

扫描电子显微镜用于修复用纸的分析，不仅可以细致观察纸张表面形态，还可以和能谱仪、质谱仪连用，进行元素分析和晶体结构分析等。如观察纸张表面是否有糊状或颗粒物，初步判断是否经过涂布或其他加工处理，也可进一步分析其涂料或填料的成分。加工纸主要填料如瓷土，含有较多的Si、Al元素；石膏主要成分是硫酸钙，含有较多S、Ca元素；滑石粉主要成分为硅酸铝，含有较多Si、Al元素；等等。中国书画、古籍等用纸种类丰富，修复技艺不一而足，仅修复用纸选择这一领域尚有很多方面有待于研究和发掘，研制出更适合保护及保存纸质文物的材料和方法。

参考文献

[1] 刘仁庆. 中国书画纸. 北京：中国水利水电出版社，2007.
[2] 王菊华. 中国造纸原料纤维特性及显微图谱. 北京：中国轻工业出版社，2007.
[3] 张美芳. 历史档案及古籍修复用手工纸的选择. 档案学通讯，2014，（2）：75-80.
[4] 郑冬青，张金萍，何子晨，朱庆贵，陈潇俐. 古代纸质文物修复用纸的研究. 中国造纸，2013，32（7）：71-73.

故宫养心殿门窗玻璃的科学分析研究

曲　亮[1]　杨　波[2]　庄立新[1]　陈坤龙[2]　赵　鹏[1]
（1. 故宫博物院，北京，100009；2. 北京科技大学，北京，100083）

摘要　平板玻璃为清代中西交流的重要例证，在清代宫廷多处建筑门窗中得到了广泛的应用。本文采用便携X射线荧光能谱仪对养心殿门窗的16件平板玻璃进行了原位检测分析。结果显示，其中两件样品为铅玻璃体系，其他14件样品均为钠（钾）钙体系，生产时间均为19世纪后半叶之后。不同殿座，相同殿座不同方位的平板玻璃成分存在相近或不同的状态，成分的不同可能与其生产年代及生产原料和工艺的不同有关。

关键词　故宫　清代　平板玻璃　生产年代　原料

引　　言

养心殿为清宫内一处重要建筑（图1），其位于内廷西南，北接西六宫，南邻御膳房。正对乾清宫西庑间的月华门，其优越的地理环境非常适合皇帝日常生活和处理朝政，自雍正帝起几乎取代了乾清宫[1]。康熙帝解除海禁后，西方物品陆续传入中国，其中包括钟表、珐琅、玻璃等。养心殿作为主要的皇帝生活区域，也出现了大量的西方物品。据《各作成做活计清档》，在雍正元年十

图1　养心殿正殿外景

月初一，记有在养心殿后寝宫“穿堂北旁东西窗安玻璃两块”的谕旨（《养心殿造办处史料辑览》第一辑：雍正朝），这应是宫内最早安装玻璃的记载。随着中西交流的日益频繁，平板玻璃的使用逐渐普遍起来。但国内平板玻璃的研究主要集中于探讨其在清代的使用及中西交流问题，目前关于平板玻璃的成分、工艺等性质的相关研究开展不足。考虑到养心殿的平板玻璃无法拆卸或取样分析，本文采用便携设备，在现场对其进行原位无损分析，积累相关数据，通过对数据的解析与对比，为我们能够深入认识清宫平板玻璃的属性及其历史、文化意义提供有利的信息，同时也有益于故宫古建筑的科学认知与保护。

1 实验样品与分析方法

本文以故宫养心殿不同殿座的门窗平板玻璃和镜子玻璃为研究对象（图2），样品详情见表1。不同殿座的分布位置见图3。

使用美国布鲁克公司型号为Tracer3-SD型便携式X射线荧光能谱仪（p-XRF）对玻璃样品进行主次量和微量元素的分析检测。主量元素检测时使用真空泵让仪器内部处于真空环境，样品基本贴着测试窗口，管电压15.00kV，管电流55.00μA，检测活时间为300s，利用仪器自带的曲线对主次量元素进行定量分析；微量元素检测添加12mAl+1mTi滤片，非真空环境，管电压40.00kV，管电流10.30μA，检测活时间为300s，利用仪器自带的曲线对微量元素进行定量分析。

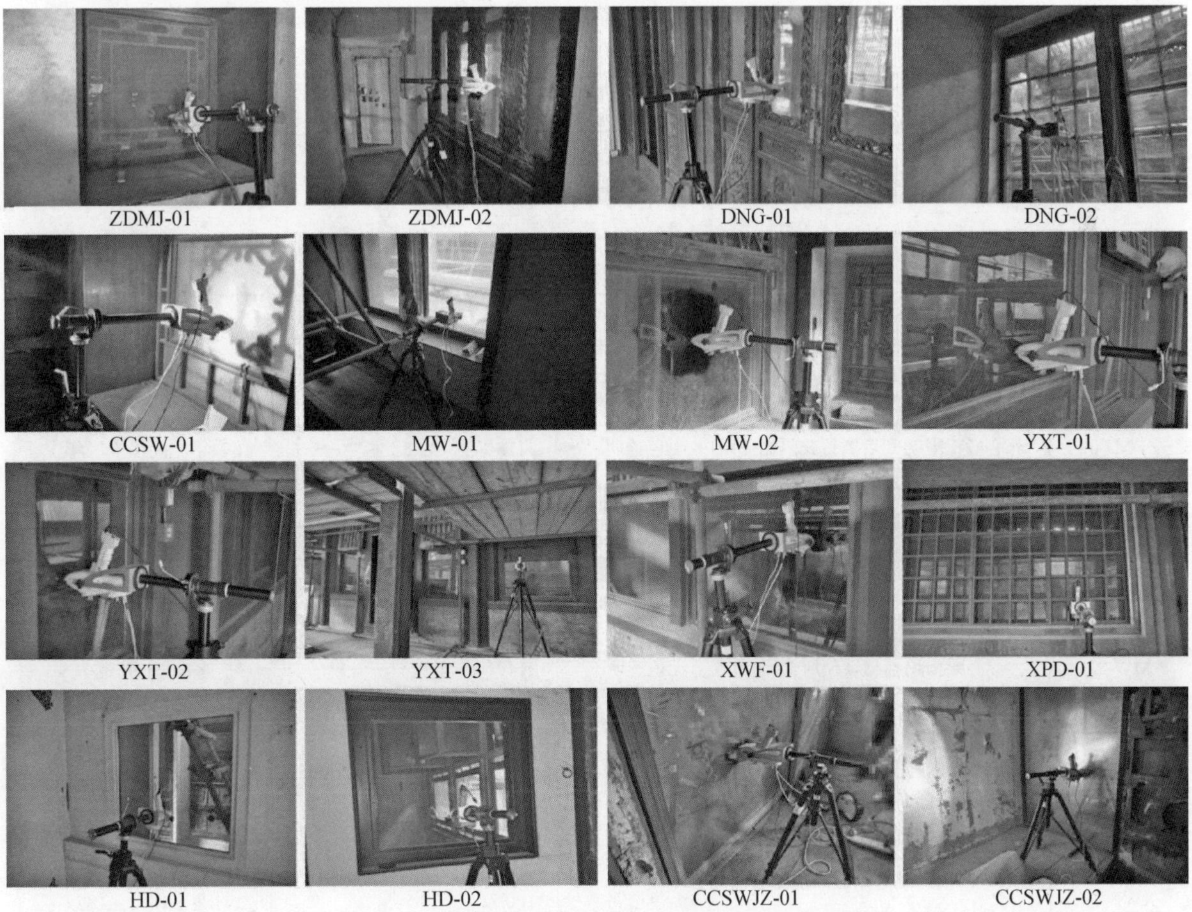

图2 养心殿测试的平板玻璃样品

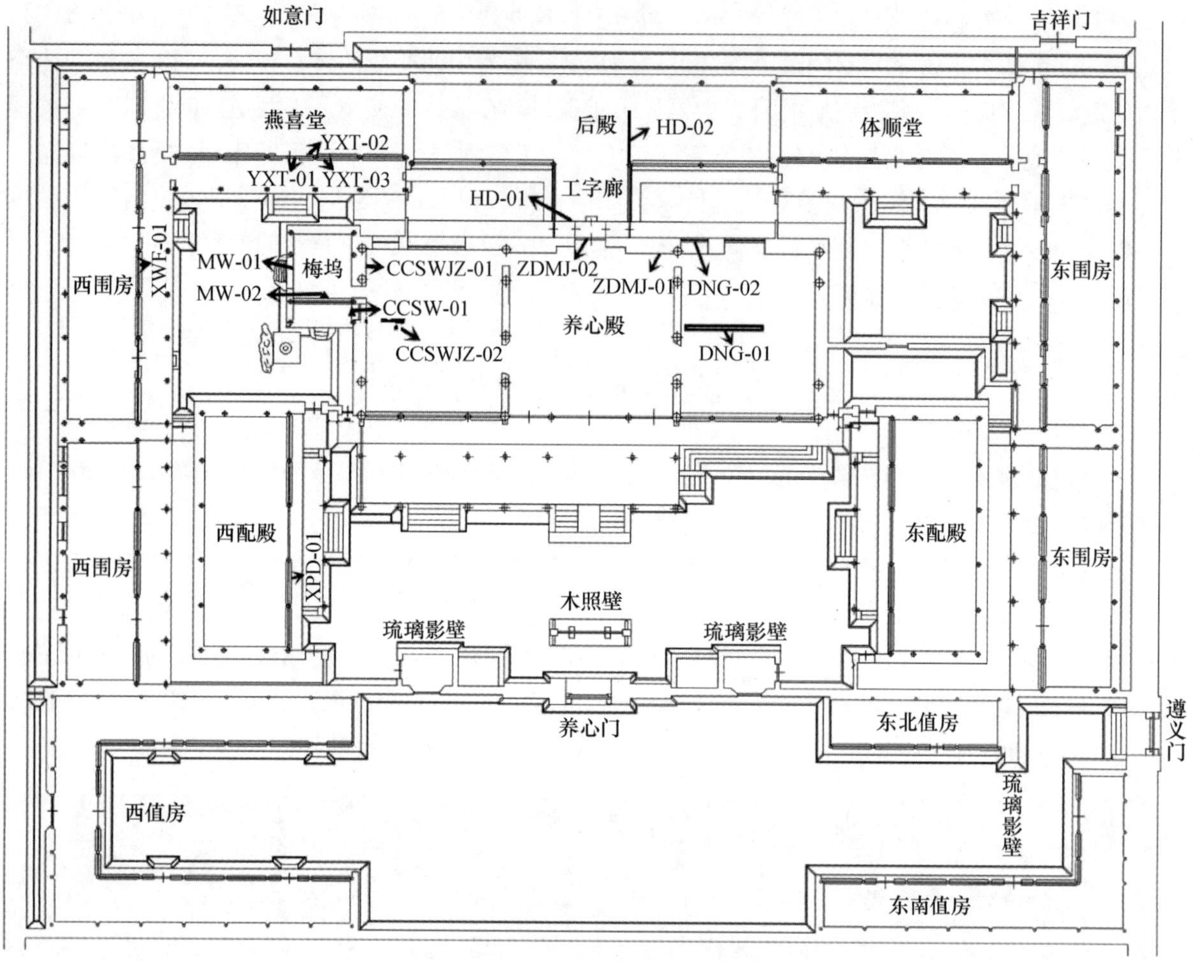

图3　故宫养心殿测量区域示意图

表1　故宫养心殿实验样品详情

样品号	样品位置	颜色及透明度	尺寸/cm			年代*
			长	宽	厚	
ZDMJ-01	养心殿正殿明间后檐东窗	无色磨砂不透明	75	75	—	年代不确定
ZDMJ-02	养心殿正殿明间后檐竹式隔栅	无色透明	118	39.5	—	1874年（同治十三年）
DNG-01	养心殿东暖阁中间碧纱橱	无色透明	40	134.5	—	1874年（同治十三年）
DNG-02	养心殿东暖阁西间后檐玻璃屉窗	无色透明	83	175	—	1893年（光绪十九年）
CCSW-01	养心殿长春书屋西墙玻璃	无色磨砂不透明	83	50	—	年代不确定
MW-01	养心殿梅坞西山墙窗户玻璃	无色透明	173.5	140.5	—	年代不确定
MW-02	养心殿梅坞前檐玻璃屉窗	无色透明	149	76	—	年代不确定
YXT-01	养心殿燕喜堂明间风门玻璃	无色透明	86	77.6	—	1874年（同治十三年）
YXT-02	养心殿燕喜堂明间风门东侧玻璃	无色透明	56	77.6	—	1861年（咸丰十一年）
YXT-03	养心殿燕喜堂东次间前檐屉窗西扇玻璃	无色透明	93.7	77.6	—	1861年（咸丰十一年）
XWF-01	养心殿西围房北起第五间前檐屉窗南扇玻璃	无色透明	100.7	79.5	—	同治时期（1862～1874年）

续表

样品号	样品位置	颜色及透明度	尺寸/cm			年代*
			长	宽	厚	
XPD-01	养心殿西配殿南次间前檐南扇屉窗玻璃	无色透明	—	—	—	1873年后（同治十二年后）
HD-01	养心殿后殿工字廊南隔断西方窗玻璃	无色透明	70.6	70.6	—	年代不确定
HD-02	养心殿后殿明间西缝嵌扇南侧方窗玻璃	无色透明	79.7	79.7	—	1871年后（同治十年后）
CCSWJZ-01	长春书屋北间西墙镜子		135	198.5	—	1773年（乾隆三十八年）
CCSWJZ-02	长春书屋矮床南墙镜子		96.5	157.5	—	乾隆时期

*表示古建部庄立新依据现有档案资料初步判断结果，进一步研究工作正在进行中。

2　分析检测结果

在分析的16件平板玻璃样品中，我们发现两件玻璃样品图谱中铅（Pb）的峰强很高，这两件样品编号为CCSW-01和HD-01，图4和图5分别为这两件玻璃样品的分析图谱，从图谱中可以看出铅为主要成分，因此我们认为这两件玻璃为铅玻璃。由于超出定量分析范围，本文仅对这两个铅玻璃进行定性讨论。表2和表3分别为其他14件玻璃样品的主次量、微量元素组成表。

表2　14件平板玻璃的主次量元素组成（wt%）

序号	样品编号	Na_2O	MgO	Al_2O_3	SiO_2	K_2O	CaO	Fe_2O_3	TiO_2	MnO
1	ZDMJ-01	1.00	2.16	2.49	84.27	0.92	8.44	0.10	0.05	0.08
2	ZDMJ-02	0.92	2.86	2.51	83.82	0.93	8.15	0.18	0.05	0.09
3	DNG-01	1.01	1.26	1.30	80.72	0.02	14.65	0.26	0.04	0.24
4	DNG-02	0.99	1.44	2.85	83.93	0.96	8.98	0.24	0.04	0.08
5	CCSWJZ-01	0.98	1.93	2.32	73.80	6.53	13.23	0.10	0.03	0.59
6	CCSWJZ-02	0.48	2.27	1.79	84.27	3.78	6.51	0.13	0.00	0.27
7	MW-01	1.00	1.49	0.81	81.03	0.00	15.06	0.00	0.03	0.07
8	MW-02	1.02	1.72	2.78	84.05	1.16	8.54	0.09	0.07	0.08
9	YXT-01	0.93	1.26	0.97	81.78	0.00	14.45	0.00	0.03	0.07
10	YXT-02	0.93	1.95	0.93	81.85	0.00	13.65	0.10	0.02	0.07
11	YXT-03	0.56	2.05	1.05	89.76	0.00	5.98	0.00	0.01	0.08
12	XWF-01	0.92	1.08	0.98	82.53	0.00	13.88	0.00	0.03	0.07
13	XPD-01	1.02	1.11	2.87	84.78	1.14	8.41	0.02	0.07	0.08
14	HD-02	1.02	1.57	0.90	80.78	0.00	15.14	0.03	0.01	0.07

表3　14件平板玻璃的微量元素组成（ppm）

序号	样品名称	Cr	Ba	Cu	Ni	Zn	Pb	As	Sr	Zr
1	ZDMJ-01	0.0080	0.0000	0.0000	0.0011	0.0000	0.00	0.0000	0.0042	0.0153
2	ZDMJ-02	0.0073	0.0000	0.0000	0.0010	0.0000	0.00	0.0000	0.0036	0.0148
3	DNG-01	0.0030	0.0000	0.0027	0.0009	0.0287	0.01	0.0396	0.0078	0.0038
4	DNG-02	0.0066	0.4516	0.0000	0.0012	0.0000	0.00	0.0002	0.0216	0.0089
5	CCSWJZ-01	0.0000	0.0000	0.0009	0.0014	0.0007	0.00	0.0003	0.0654	0.0034
6	CCSWJZ-02	0.0006	0.0000	0.0000	0.0011	0.0013	0.00	0.0050	0.0168	0.0034
7	MW-01	0.0074	0.0000	0.0000	0.0000	0.0108	0.01	0.2552	0.0036	0.0009
8	MW-02	0.0080	0.0000	0.0000	0.0012	0.0000	0.00	0.0002	0.0040	0.0189
9	YXT-01	0.0074	0.0000	0.0000	0.0000	0.0121	0.01	0.2587	0.0035	0.0011
10	YXT-02	0.0076	0.0000	0.0042	0.0013	0.0030	0.00	0.0003	0.0100	0.0045
11	YXT-03	0.0090	0.0000	0.0477	0.0004	0.0063	0.01	0.0826	0.0083	0.0020
12	XWF-01	0.0084	0.0000	0.0000	0.0009	0.0000	0.00	0.0000	0.0093	0.0046
13	XPD-01	0.0086	0.0000	0.0016	0.0011	0.0001	0.00	0.0003	0.0042	0.0182
14	HD-02	0.0073	0.0000	0.0000	0.0006	0.0082	0.01	0.1082	0.0060	0.0026

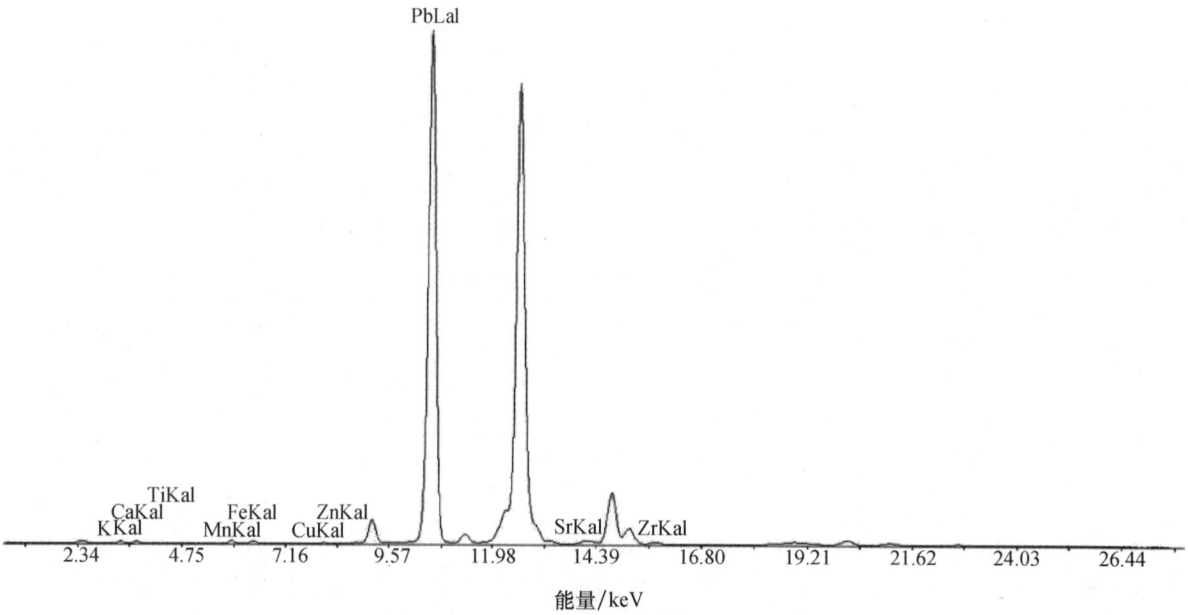

图4　CCSW-01样品的X射线荧光图谱

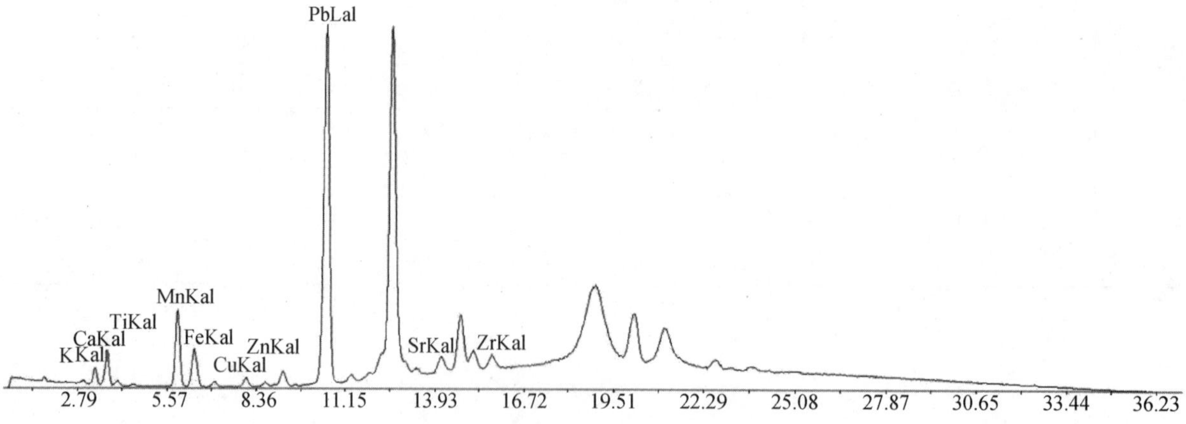

图5　HD-01样品的X射线荧光图谱

从图4、图5和表2、表3数据可知，除CCSW-01和HD-01为2件铅玻璃外，其余14件均为钠（钾）钙玻璃。钠（钾）钙玻璃中SiO_2含量很高，均在70%以上；CaO和K_2O是主要的助熔剂，含量有一定的不同。14件样品中均含有1%～3%的Al_2O_3，含有少量的MnO和As，着色元素含量（Fe、Ni、Cu、Cr等）均较低。

从表2和表3的分析数据可知，实验所测不同殿座的平板玻璃存在差异，正殿明间测量的两件平板玻璃成分相近，均含有中等含量的CaO（约8%）。长春书屋的两面镜子有一定区别，CCSWJZ-01的K_2O含量和CaO含量均高于CCSWJZ-02。梅坞两件玻璃样品均不相同，MW-01的CaO和As含量高于MW-02，且MW-02样品成分与正殿明间的两件样品相近。东暖阁两件样品的成分存在一定的差异，DNG-02样品与正殿明间样品和梅坞2号样品相近。燕喜堂三件样品存在一定区别，YXT-03样品的CaO含量明显低于其他两件样品，着色元素CuO含量较其他相对较高。XWF-01号样品与HD-02样品成分相近，均比XPD-01号样品的CaO含量高。

3 结果与讨论

3.1 玻璃的分类及组成特征

本文利用SPSS（Statistical Package for Social Sciences）软件对14件平板玻璃的荧光数据进行聚类分析。由于平板玻璃样品中轻元素（Na、Mg）受真空影响大，虽然测试时使用了真空泵，但这两个元素的特征能量较小，穿透能力弱，测试效果不佳，故在数据处理时，使用主次量元素中的Al_2O_3、SiO_2、K_2O、CaO、FeO、TiO_2、MnO七个组分含量作为变量，将每个样品作为一个事件。使用中位数聚类法、平方Euclidean距离的方法对14组样品数据进行系统聚类分析得到树形图（图6）。

由图6可知，可将14件平板玻璃分为三组。

a组：样品编号为MW-01、HD-02、DNG-01、YXT-01、XWF-01、YXT-02。此组的组分特点为无K_2O、高CaO（>13%）。此组样品中MW-01、YXT-01的As含量较高（>0.2%），玻璃生产过程中澄清剂应为As的氧化物，生产时间可能为1830～1870年[2]，YXT-01为1874年安装，与我们推断的玻璃生产时间较接近。该组其他样品含有较低或不含有As，澄清剂可能使用了其他原料。DNG-01的MnO含量较高，该样品使用的脱色剂应为含Mn氧化物。

b组：样品编号为ZDMJ-01、ZDMJ-02、MW-02、DNG-02、XPD-01、CCSWJZ-02、YXT-03。该组又可分为3个小组，b1组为ZDMJ-01、ZDMJ-02、MW-02、DNG-02、XPD-01，含有约1%的K_2O含量，约8%的CaO含量，几乎不含有As，依据Dungworth[3]的研究，19世纪后半叶玻璃生产中加入一定量的硝酸钾用来替代As的氧化物作为澄清剂发挥作用，由此可推断此组样品均为19世纪后半叶生产的平板玻璃。由样品的背景信息可知ZDMJ-01、ZDMJ-02两件平板玻璃均为1873年安装，DNG-02为1893年安装，这几件均与我们推断年代相近，而MW-02、XPD-01安装年代不详，但依据其成分特征，可初步推断为19世纪后半叶生产。DNG-02的钡含量最高（>0.4%），推测玻璃生产时可能加入了某种含钡的原料。b2组为CCSWJZ-02，该样品含有中等含量的K_2O和CaO。b3组为YXT-03，该样品的特征为无K_2O含量，CaO含量偏低。

c组：样品编号为CCSWJZ-01，该组含有相对较高的K_2O和CaO含量。CCSWJZ-01和b2组的

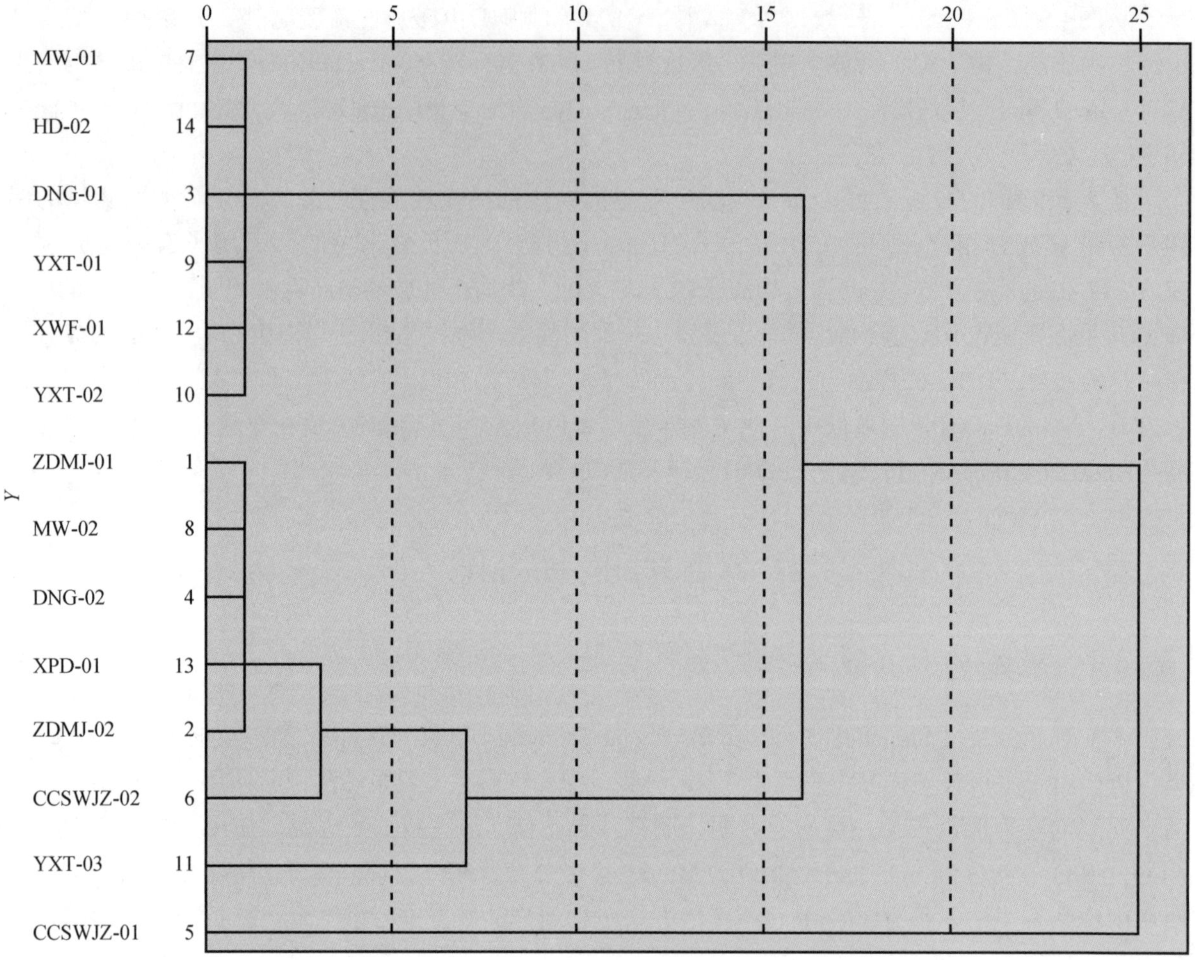

图6　平板玻璃的荧光数据聚类图

CCSWJZ-02均为乾隆时期安装的镜子，二者成分上虽存在一定的差异，但两件样品中均有一定的MnO含量，由此判断玻璃生产中使用的脱色剂与DNG-01相似，应为含Mn氧化物。

所有16件养心殿门窗玻璃样品的荧光图谱中磷的特征峰强非常低，根据此推测这些玻璃在生产时，所用的助熔剂中可能没有草木灰。由Dungworth对英国平板玻璃的研究[4]可知，平板玻璃的成分中无磷含量，玻璃生产时使用的助熔剂为路布兰纯碱，时间为1835年路布兰纯碱大量用于平板玻璃生产后。因此，我们谨慎推断养心殿平板玻璃生产时使用的助熔剂有可能为纯碱，时间为1835年后。DNG-01、DNG-02的Fe_2O_3较高，可能是玻璃生产时使用的石英原料洁净度较差。

综上分析，养心殿尚在使用的不同殿座的门窗平板玻璃中，除正殿明间的两件平板玻璃成分相近，推测为同一时间，同一批次、同一产地生产。除此之外，其他殿座不同方位门窗所使用的平板玻璃生产原料、工艺、年代均存在一定的差异。

3.2　铅玻璃的讨论

前文提及，本文的实验样品中CCSW-01和HD-01为铅玻璃，为探讨这两件铅玻璃原料的异同性，我们将其图谱进行对比，结果见图7。从图7中可以看出，两件铅玻璃元素组成含量差异较大，

CCSW-01的Pb含量明显高于HD-01，而其Si、Ca、Mn、Fe元素含量则较HD-01低，但两件样品的K含量相当，二者成分之间的差异应源于不同的原料或原料配方。在测试中，我们发现两件样品在透光性上也有区别，CCSW-01为磨砂玻璃（图8），该地方对面为一张矮床，可能为休息地方，使用磨砂玻璃可能与该地的作用有关。HD-01为同治时期（1862～1874年）安装，窗玻璃较透明，但在玻璃内部可见一些圆形小气泡（图9，该图是在玻璃后方的一段距离放上黑白条纹木板，使用相机在玻璃前面合适的距离处透过平板玻璃拍摄黑白条纹得到的气泡图），可能是由于此件玻璃中铅含量较低，玻璃生产中加入铅，主要作用为降低玻璃生产时的温度粘黏度，铅含量低可能导致玻璃生产过程中玻璃的流动性较差[5]，产生了一些小气泡。

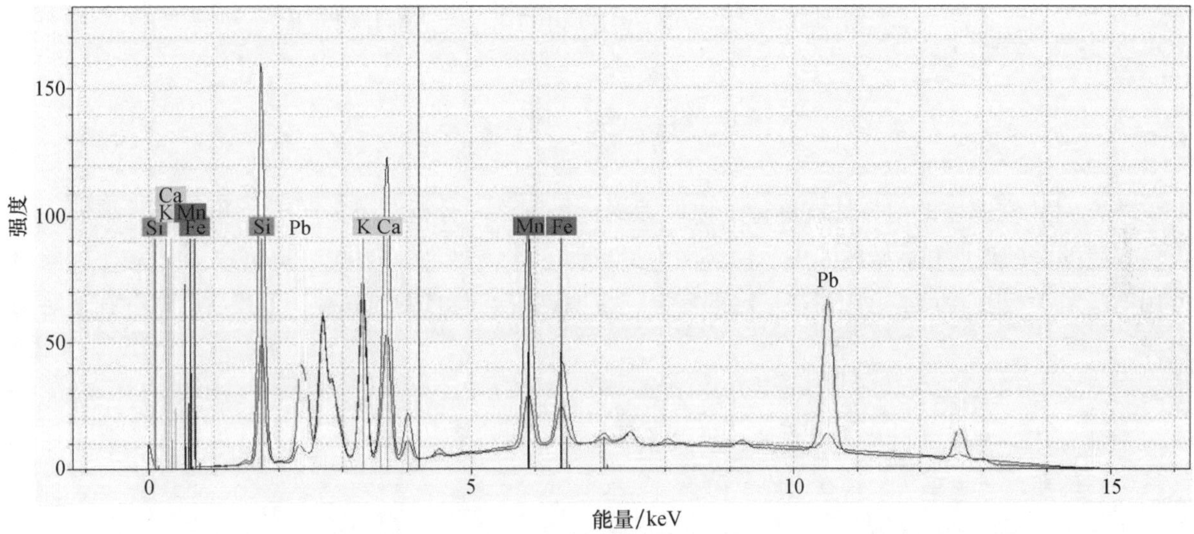

图7 两件铅玻璃图谱对比图

图8 CCSW-01窗玻璃

图9　养心殿后殿工字廊南方窗玻璃中可明显见到的圆形小气泡

结　　语

本文对故宫养心殿门窗玻璃进行了原位无损分析测试，分析结果表明，所测的16件玻璃中，长春书屋的磨砂玻璃和后殿的其中一件玻璃为铅玻璃，其余均为钠（钾）钙玻璃。养心殿不同殿座使用的门窗平板玻璃元素组成存在一定的差异，说明这些玻璃的生产原料、工艺、时代存在一定的差异。

致谢：本文特别感谢故宫博物院科研课题资助（课题编号：KT2015-11），以及北京大学考古文博学院邹非池先生在实验过程中的帮助。

参考文献

[1] 郭福祥. 康熙时期的养心殿. 故宫博物院院刊，2003，（4）：30-34.

[2] Dungworth D. The value of historic window glass. The Historic Environment: Policy & Practice, 2011, 2(1): 21-48.

[3] Dungworth D, Wilkes R. Wentworth Castle Conservatory, Stainborough, South Yorkshire: Chemical Analysis of the Flat Glass. English Heritage, 2010.

[4] Dungworth D. Chatsworth house greenhouse, chatsworth, derbyshire. An investigation of the flat glass. Research Department Report, 2009, 90: 2009.

[5] https://en.wikipedia.org/wiki/Lead_glass.

桐油老化分析及颜料对其老化的影响研究

王 娜[1] 和 玲[2]

（1. 故宫博物院，北京，100009；2. 西安交通大学理学院应用化学系，陕西西安，710049）

摘要 桐油是古代壁画彩绘中广泛应用的一种天然黏合剂。因为颜料在壁面上的附着力很低，在作画过程中需要掺入黏合剂将颜料黏附于基体壁面上，构成画面。但随着时间的推移，黏合剂会发生老化和变性。桐油在彩绘中的老化情况以及颜料对其老化影响的研究，能够为修复人员认识原材料的组成和变化提供非常重要的信息。本文以桐油为研究对象，选择石绿、石青、赭石和朱砂四种矿物颜料，采用傅里叶变换红外光谱和差示扫描量热分析方法，研究了桐油老化过程中官能团、热性能的变化，以及颜料对桐油老化的影响。研究结果表明，桐油的老化产物是小分子羧酸；石绿和石青具有减缓桐油老化的作用，而赭石和朱砂具有加速桐油老化的作用。

关键词 桐油 石绿 石青 赭石 朱砂 紫外光老化

引 言

中国古代壁画彩绘画面的成分由颜料与黏合剂构成。颜料多是无机矿物质，黏合剂则通常是能够成膜的天然高分子化合物[1]。因为矿物颜料在壁面上的附着力很低，在作画过程中需要掺入一定比例的黏合剂将颜料黏附于基体壁面上，构成色彩斑斓的画面。因此，黏合剂不仅是颜料颗粒间相互结合的介质，还是颜料层与基体相互结合的载体。黏合剂在彩绘的稳定保存中起着至关重要的作用。在众多的彩绘黏合剂中，桐油是广泛应用的一种。但目前，桐油在彩绘中的具体老化情况以及颜料对桐油老化的影响未见详细报道，因此，进行桐油的老化分析及研究颜料对其老化的影响对彩绘的保护与修复有十分重要的意义。

桐油也称中国木油，是从生长在中国及周边地区的油桐树籽中压榨而得。桐油是一种干性油，即干化后能够形成膜的油，它的主要组分是不饱和脂肪酸甘油酯，其中所含的C＝C是发生聚合反应形成连续固态膜的主要组分。文献报道，干性油的分析方法有多种，如傅里叶变换红外光谱分析（FTIR）[2]、高效液相色谱法（HPLC）[3]、差示扫描量热法（DSC）[4]、热裂解气相色谱-质谱分析（Py-GC/MS）[5-7]、核磁共振波谱分析（NMR）[8-10]等。其中，FTIR与DSC分析简单方便，可以了解桐油在老化过程中官能团及热性能的变化情况。本文以桐油为分析研究对象，并将其与石绿、石青、赭石和朱砂四种矿物颜料混合，利用FTIR及DSC分析方法分析模拟彩绘样品在老化过程中官能团及热性能的变化，同时研究颜料对分析结果的影响。

1　实验样品和方法

1.1　实验材料

桐油主要由*α*-桐油酸三甘油酯（十八碳共轭-9顺, 11反, 13反-三烯酸三甘油酯）和软脂酸、硬脂酸、油酸、亚油酸组成，总含油量约为50%，具体组分见表1。其中软脂酸和硬脂酸属于饱和脂肪酸，油酸、亚油酸、*α*-桐油酸三甘油酯分别含有1～3个双键，在桐油干化成膜过程中起主要作用。

表1　桐油组成及各组分性能

组分	含量/%	分子式	分子量/(g/ mol)	沸点/℃
棕榈酸	2～4	$CH_3(CH_2)_{14}COOH$	256.42	271.5
硬脂酸	2～3	$CH_3(CH_2)_{16}COOH$	284.47	361
油酸	5～12	$CH_3(CH_2)_7CH{=}CH(CH_2)_7COOH$	282.46	194～195
亚油酸	7～8	$CH_3(CH_2)_4CH{=}CHCH_2CH{=}CH(CH_2)_7COOH$	280.46	229～230
α-桐油酸三甘油酯	75～80	$CH_3(CH_2)_3CH{=}CHCH{=}CHCH{=}CH(CH_2)_7COOCH_2$ $CH_3(CH_2)_3CH{=}CHCH{=}CHCH{=}CH(CH_2)_7COOCH$ $CH_3(CH_2)_3CH{=}CHCH{=}CHCH{=}CH(CH_2)_7COOCH_2$	872	230～232

本文所选的四种颜料石绿、石青、赭石及朱砂均为天然矿物质，由北京天雅矿物颜料厂提供。颜料的分子式及相关信息如表2所示。用日本岛津公司的XRD-6000型X射线衍射仪得到XRD图，如图1所示，结果表明四种颜料与化学式完全对应。

表2　四种矿物颜料的组分及规格

颜料名称	颜色	分子式	规格
石绿（malachite，孔雀石）	绿	$Cu_2(OH)_2CO_3$	A22 1#
石青（azurite，蓝铜矿）	蓝	$Cu_3(OH)_2(CO_3)_2$	A29 3#
赭石（ocher，赤铁矿）	橙红	Fe_2O_3	A89
朱砂（cinnabar，辰砂）	朱红	HgS	B2

1.2　模拟彩绘样品制备

用研钵将矿物颜料研磨成粗细均匀的粉末，按照一定的比例与桐油混合制成画料。将单一桐油及石绿、石青、赭石、朱砂与桐油的混合物画料涂在预先清洗干净的玻璃板上，放置于避光阴凉处干燥。膜厚约为100μm。在2～3周的时间内可获得平整均匀的膜。

将干燥后的样品在波长为280～340nm（主波长315nm）的紫外线下加速老化（宏展UV1老化试验箱，光的辐照强度为0.68W/m^2）。取样分析时，采用单一样品与混合样品在相同时间采样的对比分析方法。

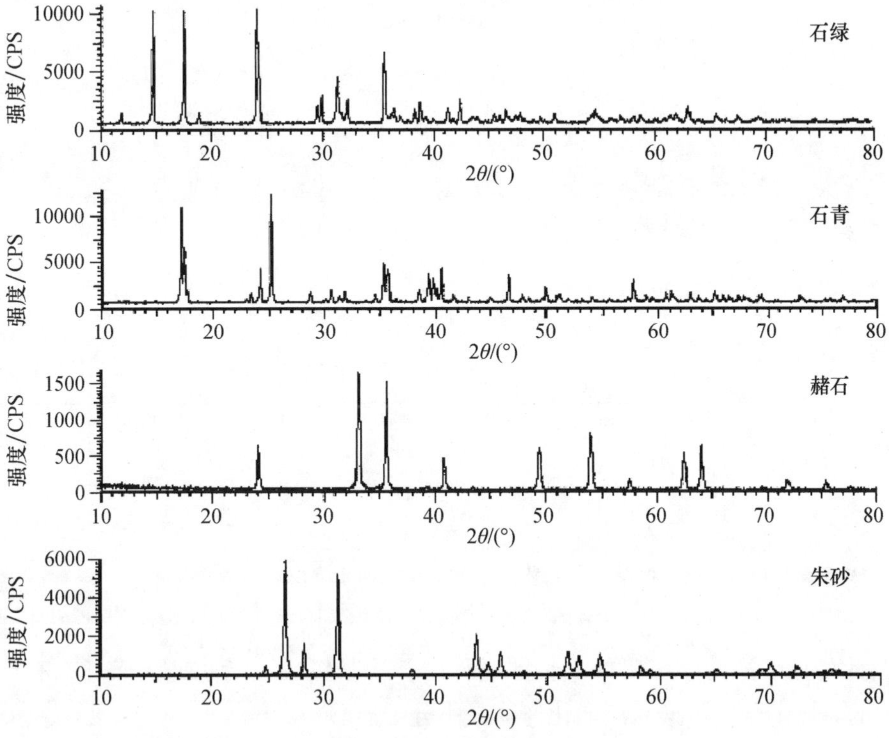

图1　四种矿物颜料的XRD图

1.3　实验条件

FTIR测试：取样约0.5mg与溴化钾（KBr）混合后用研钵研细，在10MPa的压力下压制成片，用美国Nicolet公司AVATER-360傅里叶变换红外光谱仪进行分析（检测范围400～4000cm^{-1}，分辨率4cm^{-1}，扫描次数16次）。

DSC分析：取样5～10mg，用德国NETZCH公司的DSC-200进行差示扫描量热分析（分析温度0～250℃，升温速度10K/min）。

2　结果与讨论

2.1　桐油老化前后的变化

图2是桐油在老化前后的红外光谱图。各官能团以及它们在老化前后的变化如表3所示。

从图2中可以看出，老化前$\delta_{=C-H}$峰存在而老化后消失，说明老化前桐油膜中还有未反应的双键，在老化过程中这些双键继续交联成膜。成膜过程中，C═C双键打开并氧化聚合，脂肪链增长，反应的结果是形成三维网状结构的膜（图3）。在此过程中，C═C双键的数量逐渐减少，直至完全反应。老化后羟基吸收峰明显增大，而成膜反应中（图3）并无羟基生成，因此可以断定羟基是老化反应的产物。桐油成膜过程中，脂肪链增长，ν_{-CH_3}、ν_{-CH_2}、δ_{-CH_3}、δ_{-CH_2}以及脂肪长链的振动峰应该会有所增强，但实际上老化后这些峰的振动强度均减弱，说明油膜在紫外光辐照过程中脂肪链被破坏。另外，桐油干化成膜形成交联体系的过程中，并未生成羰基，但老化后羰基吸收

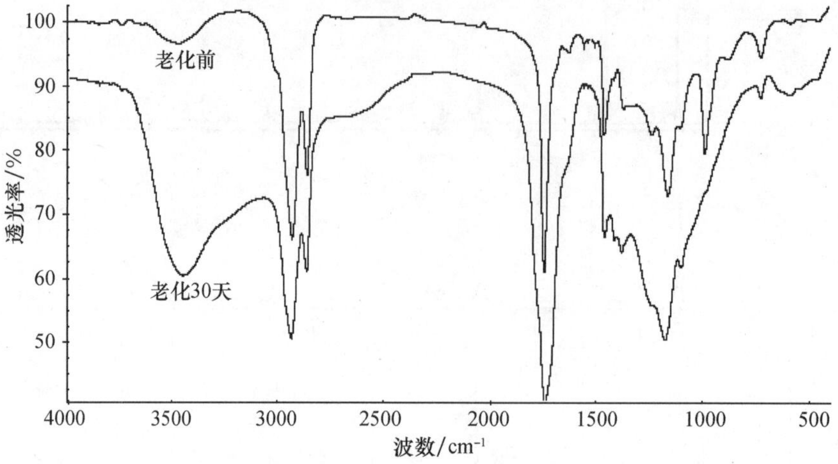

图2　桐油老化前后的红外光谱图

峰明显变强、变宽（表3），说明体系中羰基的数量及种类均有所增加，除了原有羰基外，还有其他的羰基生成。1400～1000cm^{-1}波数范围内醚键的增强，是由于老化过程中有类似于羧基的生成而产生醚键。由此可见，桐油膜在紫外光辐照过程中，羟基生成，脂肪链被破坏，有羰基和醚键生成，根据桐油的具体组分，可推断出老化产物是小分子羧酸。

表3　老化前后主要官能团的变化

波数	对应官能团	变化情况
3460cm^{-1}	—OH伸缩振动峰（$\nu_{—OH}$）	增强
2930cm^{-1}、2850cm^{-1} 1459cm^{-1}	—CH_3、—CH_2伸缩振动峰（$\nu_{—CH_3}$、$\nu_{—CH_2}$） —CH_3、—CH_2变形振动峰（$\delta_{—CH_3}$、$\delta_{—CH_2}$）	减弱
1740cm^{-1}	—C═O伸缩振动峰（$\nu_{—C═O}$）	增强
1400～1000cm^{-1}	C—O—C伸缩振动峰（$\nu_{C—O—C}$）	增强，变宽
987cm^{-1}	反式烯烃中碳氢键的面外弯曲振动峰（$\delta_{═C—H}$）	消失
728cm^{-1}	脂肪长链（n>4）的振动峰	减弱

ν表示红外谱图中伸缩振动峰；δ表示变形振动峰。如表示—OH的伸缩振动峰，应写为$\nu_{—OH}$（—OH为下标）。

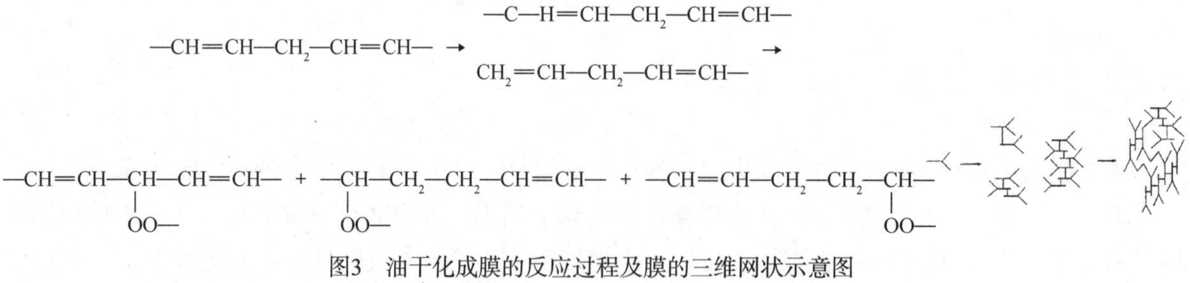

图3　油干化成膜的反应过程及膜的三维网状示意图

图4是桐油老化前后的DSC图。老化前，桐油膜在0～125℃及其老化后在0～150℃区间的吸热峰是物质的相变峰。老化前在125～210℃有一宽的放热峰，说明未老化的桐油膜在发生相变后，由于体系温度的升高，继续交联固化。而老化后的油膜在150℃后无明显变化，表明膜固化程度较高，在相变后无热变化。

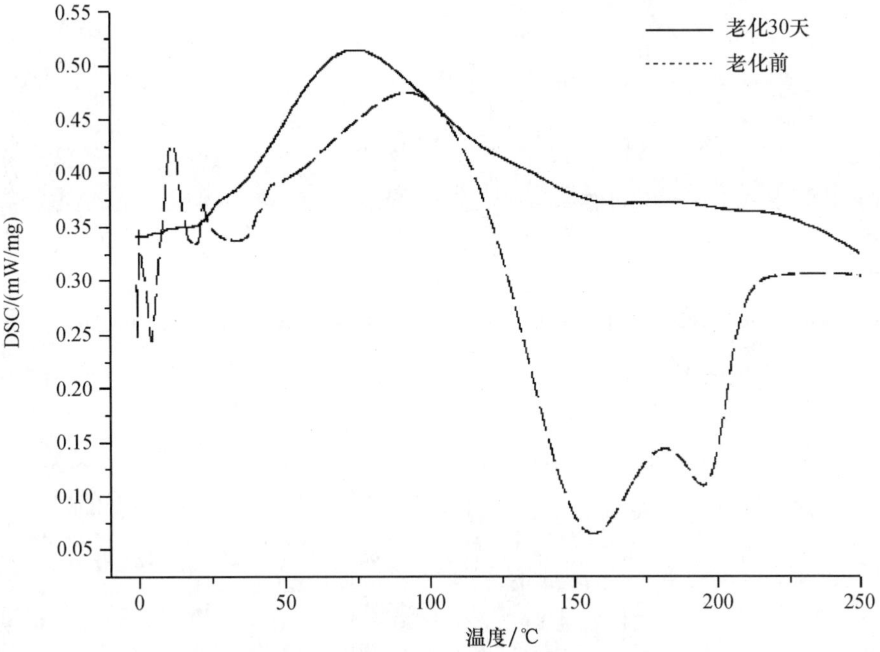

图4 桐油老化前后的DSC谱图

亚麻仁油与桐油均属干性油，且组分近似，有关亚麻仁油干燥固化过程的研究结论对于桐油的研究很有参考和借鉴意义。本实验中，老化后油膜FTIR谱图中双键消失，说明老化后油膜已固化完全，表明紫外光的辐照可以很大程度上加快桐油膜的固化。但在固化过程中，膜的老化也在同时进行，紫外光辐照导致高分子体系被破坏，有小分子羧酸生成。老化后油膜的DSC谱图中除了相变吸热峰外再没有其他热变化，说明已固化的桐油膜耐热性能很好。

2.2 矿物颜料对桐油老化的影响

2.2.1 样品老化前后的FTIR变化

石绿、石青、赭石、朱砂以及它们与桐油混合物老化前后的FTIR如图5所示。

图5（a-1）、图5（b-1）中，石绿、石青除了在3400cm^{-1}左右的$\nu_{—OH}$峰外，其他吸收峰都在1500cm^{-1}以下。即图5（a-2）、图5（b-2）中，$\nu_{—OH}$峰、1500cm^{-1}以下各吸收峰都是桐油和颜料相叠加的峰，而2930cm^{-1}、2850cm^{-1}处的$\nu_{—CH_3}$、$\nu_{—CH_2}$峰以及1740cm^{-1}处的$\nu_{—C=O}$峰都是桐油的振动峰。

图5（a-2）中，由于石绿与桐油的相互作用，$\nu_{—OH}$峰分裂为两个峰，且比单纯石绿的峰宽；图5（b-2）中，由于石青的作用，$\nu_{—OH}$峰的峰形除了变尖锐之外，也比单一石青的峰宽。石绿和石青老化前后的情况类似，都是3460cm^{-1}处$\nu_{—OH}$峰增强、$\nu_{—CH_3}$、$\nu_{—CH_2}$峰略有减弱、1740cm^{-1}处$\nu_{—C=O}$峰明显减小。与图2单一桐油老化相比，石绿和石青存在下羰基的生成速度减慢，表明石绿和石青减缓桐油的老化。

图5（c-1）中，赭石主要在3424.50cm^{-1}、566.64cm^{-1}、479.56cm^{-1}处有三个强的吸收峰，而桐油在600cm^{-1}以下区域无吸收（图2），因而可断定赭石+桐油的FTIR谱图［图5（c-2）］中，600cm^{-1}以上区域的吸收峰除$\nu_{—OH}$为两者叠加之外，其余全部属于桐油。朱砂在4000～400cm^{-1}区域没有吸收，因此朱砂+桐油的FTIR谱图［图5（d）］中所有吸收峰均属于桐油。

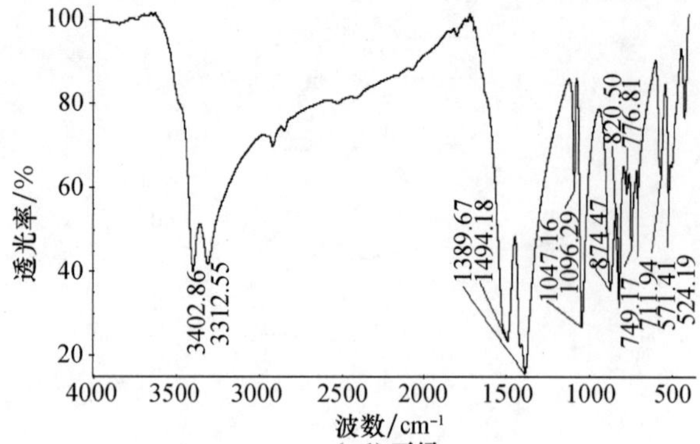

(a-1) 石绿

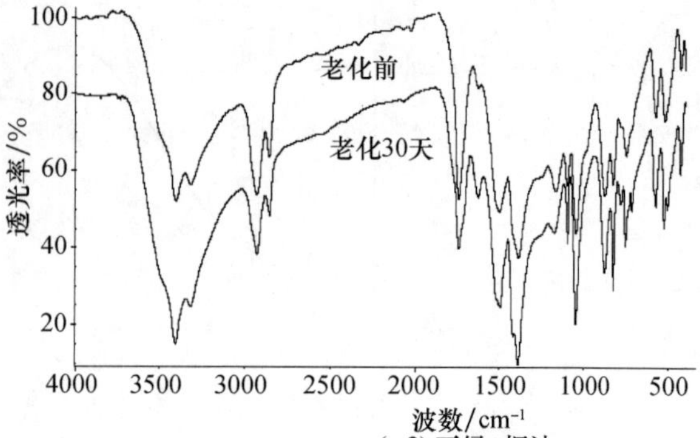

(a-2) 石绿+桐油

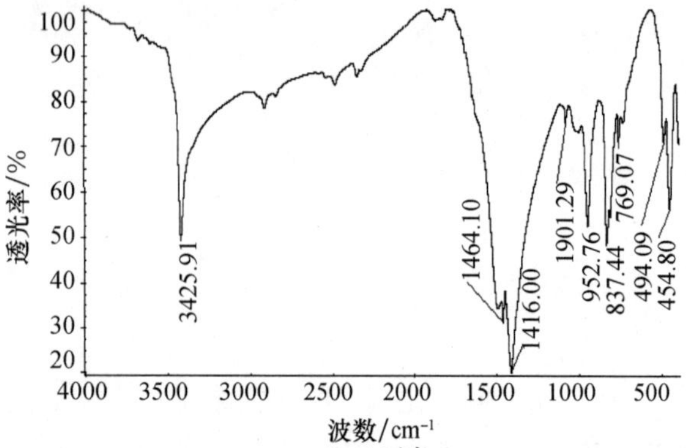

(b-1) 石青

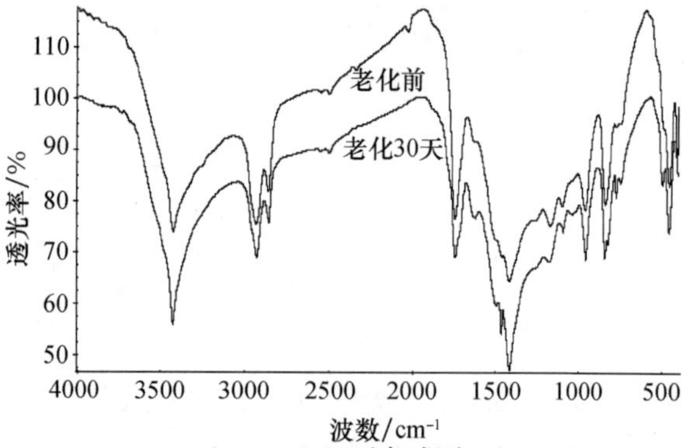

(b-2) 石青+桐油

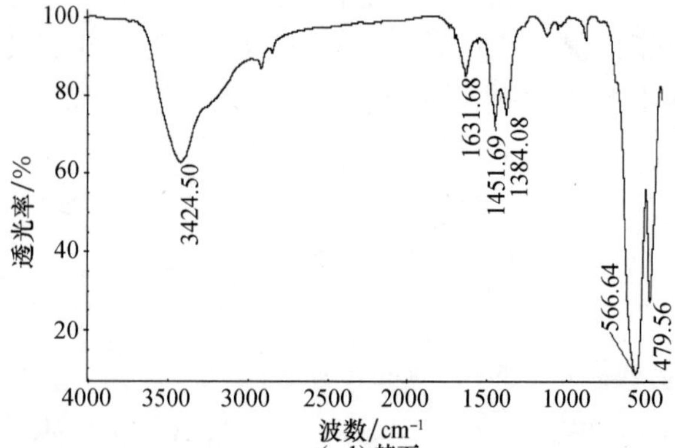

(c-1) 赭石

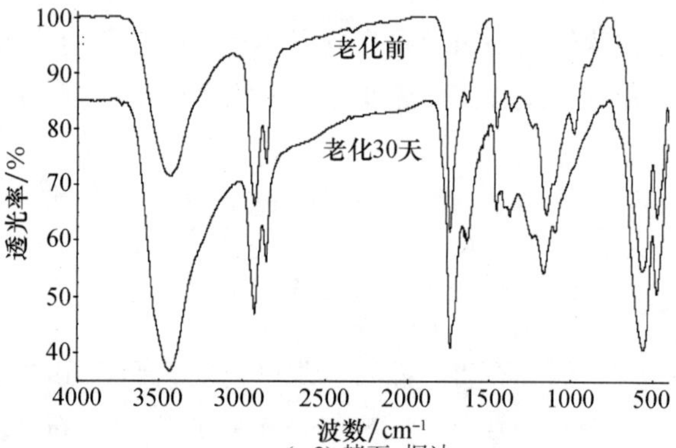

(c-2) 赭石+桐油

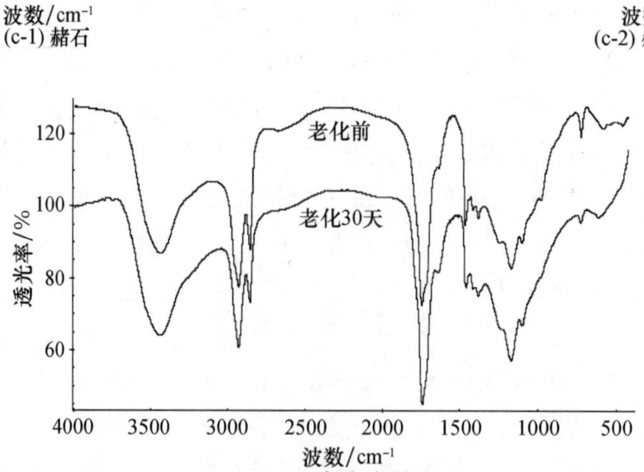

(d) 朱砂+桐油

图5　颜料及颜料与桐油混合物老化前后的红外谱图

从图5（c-2）、图5（d）中可看出，与单一桐油（图2）相比，老化前赭石+桐油、朱砂+桐油膜的FTIR谱图都与纯桐油老化后的谱图更为接近；而老化后$\delta_{=C—H}$峰消失，$\nu_{—OH}$峰增强，$\nu_{—CH_3}$、$\nu_{—CH_2}$、$\delta_{—CH_3}$、$\delta_{—CH_2}$峰略微减弱，也与纯桐油的老化趋势相同。由此推测，赭石和朱砂加快了桐油的老化。

2.2.2 样品老化前后的DSC变化

四种矿物颜料的熔点都远高于250℃，且不含结晶水，故在本文测试范围内颜料的DSC无变化。四种矿物颜料与桐油混合物老化前后的DSC谱图如图6所示。

石绿+桐油［图6（a）］、石青+桐油［图6（b）］的DSC图中，样品在老化前0～100℃、老化后0～80℃之间都有相变吸热峰。图6（a）、图6（b）中，老化前后的油膜在90～250℃区间都有一宽的固化放热峰，但在固化的同时，还存在着相变、熔融、分解等其他的吸热变化，因此在总体放热的情况下，又有小的吸热峰出现。石绿+桐油、石青+桐油老化前后都有放热峰，且峰强度的差异不是很大，而纯桐油老化前有强的放热峰、老化后没有放热峰（图4），这表明石绿和石青都减缓了桐油的老化。

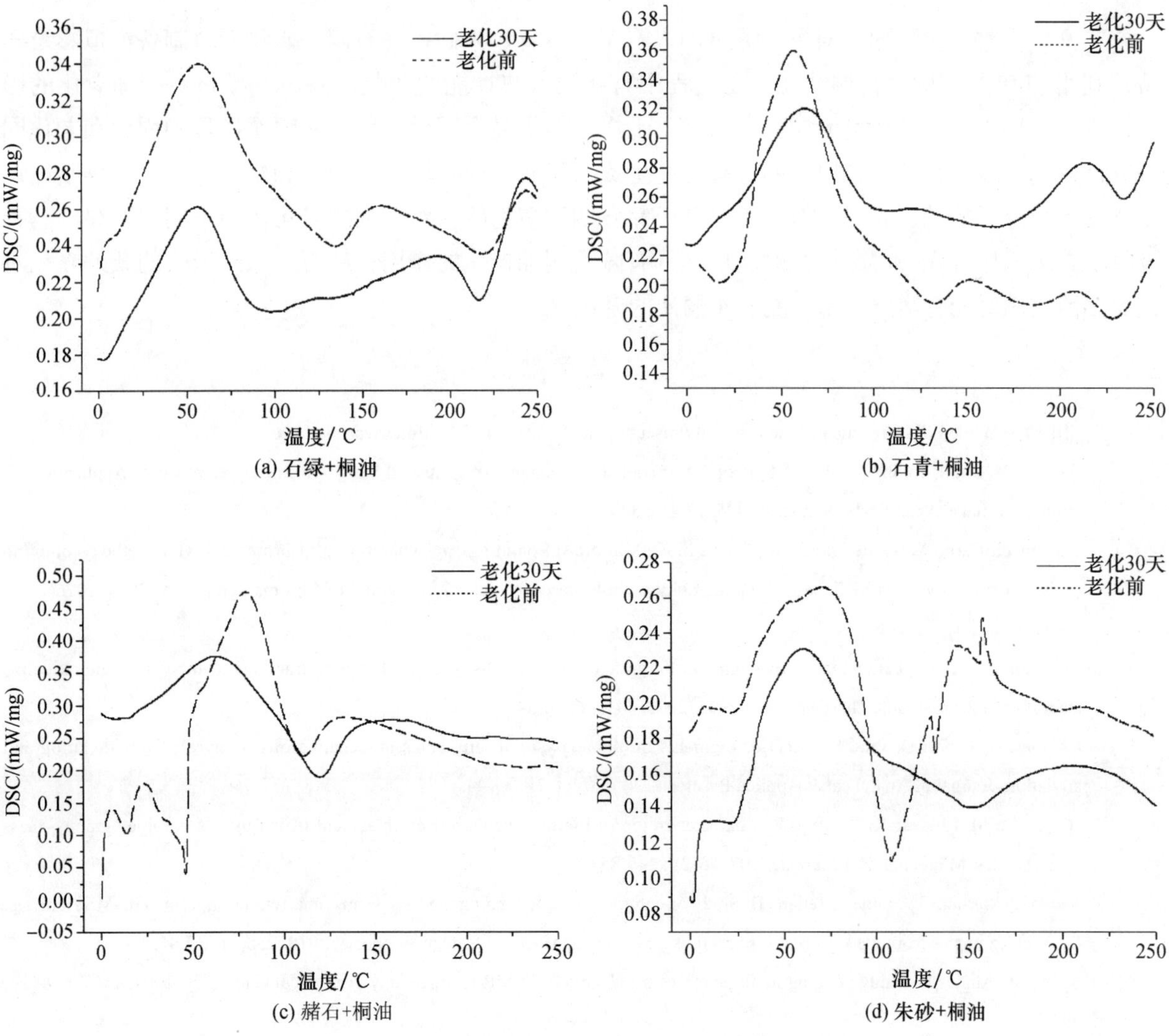

图6 颜料+桐油老化前后的DSC谱图

赭石+桐油DSC图［图6（c）］中，老化前后样品均在0～100℃之间有相变吸热峰，在125℃后，老化前后的曲线没有明显区别。朱砂+桐油DSC图［图6（d）］中，老化前后样品均在0～80℃间有相变吸热峰；老化前样品在80～140℃有一尖锐的放热峰，而老化后在80℃后则没有放热的迹象。图6（c）、图6（d）中，样品老化后在相变吸热峰之后都是一个宽的、平缓的吸热峰，较纯桐油老化后只有相变吸热峰的DSC谱图，可看出赭石和朱砂都加快了桐油的老化。

以上结果显示，石绿和石青对桐油的老化有减缓作用，而朱砂和赭石则加快桐油老化。这与颜料的颜色特点有关。颜料可吸收紫外光，因此在老化过程中，颜料颗粒对紫外光的吸收会影响紫外光对桐油的作用。不同颜色的颜料对紫外光的吸收率顺序为：蓝色>青色>绿色>黄色>红色，因此本实验所采用的四种矿物颜料，其对紫外光的吸收率大小依次为石青>石绿>赭石>朱砂。由本文分析结果可知，在同样的辐照强度下，石绿、石青吸收了较多的紫外光，屏蔽了能量，可减缓桐油的老化；而赭石、朱砂虽然吸收了较少的紫外光，但它们对光具有增感作用，即能将自身吸收的紫外光传递到桐油体系中，因此加速了桐油的老化。

结　语

本文以桐油为分析研究对象，通过加入石绿、石青、朱砂、赭石四种矿物颜料制备模拟彩绘样品，利用FTIR及DSC分析桐油在老化过程中官能团及热性能的变化，并研究颜料对桐油老化的影响，研究结果表明：老化前的桐油膜虽然已干燥，但未完全固化，紫外光辐照过程中固化和老化同时进行；桐油膜在紫外光辐照过程中有羟基生成、脂肪链被破坏、有羰基和醚键生成，可推断出老化产物是小分子羧酸；石绿、石青、朱砂、赭石四种矿物颜料对桐油的老化作用不同；石绿、石青吸收了较多的紫外光，屏蔽了光的能量，具有减缓桐油老化的作用；赭石、朱砂吸收的紫外光相对较少，但它们对光有增感作用，能加速桐油的老化。

参考文献

［1］ Mills J S, White R W. The organic chemistry of museum objects. London, UK: Butterworths, 1996.

［2］ Salvado N, But S, Tobin M J, Pantos E, Prag A J, Pradell T. Advantages of the use of SR-FT-IR microspectroscopy: Applications to cultural heritage. Analytical Chemistry, 2005, 77(11): 3444-3451.

［3］ Doménech Carbó M T. Identification of lipid binders in old oil paintings by separation of 4-bromomethyl-7-methoxycoumarin derivatives of fatty acids by liquid chromatography with fluorescence detection. Journal of Chromatography A, 2005, 1076(1-2) : 44-50.

［4］ Shishkin Y L. The effect of sample mass and heatin grate on DSC results when studying the fractional composition and oxidative stability of lube base oils. Thermochimica Acta, 2006, 444(1) : 26-34.

［5］ Chiavari G, Fabbri D, Prati S. Effect of pigments on the analysis of fatty acids in siccative oils by pyrolysis methylation and silylation. Journal of Analytical & Applied Pyrolysis, 2005, 74(1-2) : 39-44.

［6］ He L, Nie M, Chiavari G, Mazzeo R. Characterization of binding medium used in ancient China by gas chromatography–mass spectrometry. Microchemical Journal, 2007, 85(2) : 347-353.

［7］ Vaclav P, Martina G, Sabine S, Tatjana B. Study of complex organic binding media systems on artworks applying GC-MS Analysis: Selected examples from the kunsthistorisches museum, vienna. Macromolecular Symposia, 2010, 238(1) : 37-45.

［8］ Spyros A, Anglos D. Study of aging in oil paintings by 1D and 2D NMR spectroscopy. Analytical Chemistry, 2004, 76(17) : 4929-4936.

[9] Lazzari M, Chiantore O. Drying and oxidative degradation of linseed oil. Polymer Degradation and Stability, 1999, 65(2) : 303-313.

[10] Doménech-Carbó M T. Novel analytical methods for characterizing binding media and protective coatings in artworks. Analytica Chimica Acta, 2008, 621(2) : 109-139.

高光谱成像技术用于书画颜料的无损分析
——以张大千临摹敦煌壁画《隋藻井》为例

巩梦婷　冯萍莉
（四川博物院，四川成都，610071）

摘要　通过高光谱成像技术对一幅张大千临摹敦煌壁画作品局部所用颜料进行分类，并结合便携式XRF分析仪对书画颜料进行鉴定。图像分类结果显示该图像包含4类红色颜料、2类蓝色颜料和2类绿色颜料。其中，4类红色颜料已鉴定出3类，其主要成分分别为朱砂、铅丹和铁红，且有混用现象；蓝色颜料均为石青；2类绿色颜料应为颗粒度不同的石绿。

关键词　高光谱成像技术　便携式XRF　颜料鉴定分类

引　言

高光谱成像技术兴起于20世纪80年代，最初被应用于地质学、植被生态学、生态环境学和城市调查等领域中。近十余年来，高光谱成像技术在文物领域始见应用迹象。国外学者针对高光谱在文物艺术品上的研究工作展开较早、较多，主要集中在对文物蕴含信息的揭示、增加图像的可视性、文物保护修复过程或材料老化的监控评估、颜料的鉴定及文物数字化等方面[1，2]。国内学者最近几年针对文物展开的高光谱研究也逐渐增多，如中国文化遗产研究院周霄等利用高光谱成像技术对云冈石窟砂岩的风化状况进行分类和识别[3]，北京建筑大学侯妙乐、芦鑫等利用高光谱对壁画进行底稿信息、颜料信息和病害信息的分析[4，5]，四川博物院采用高光谱成像技术对中国画颜料进行识别和鉴定[6]，成都理工大学、西南科技大学与中国工程物理研究院采用光谱特征拟合法结合拉曼光谱对古画颜料成分进行识别研究[7，8]，北京建筑大学丁新峰对文物颜料的高光谱信息展开基础研究[9]，中国文化遗产研究院与北京科技大学采用高光谱技术对西藏大昭寺壁画颜料进行鉴定[10]等。此外，学者也用高光谱成像技术展开考古研究等[11，12]。

四川博物院是收藏张大千临摹敦煌壁画最多的机构，但由于书画自身材料老化及保存方式不当、多次流转等复杂的历史原因，部分书画存在颜色脱落、掉粉等现象。考虑到这批书画的珍贵性及文物本体的脆弱性，应用于这批书画的研究方法、分析方法必须无损、安全、可靠。高光谱成像技术用于文物的分析具有无损性、大面积性、快速性、图谱合一性等优点。因此，本文采用高光谱成像技术对一幅张大千临摹敦煌壁画作品局部所用颜料进行鉴定和分类，并使用便携式XRF分析仪辅助鉴定颜料，以期为文物研究和保护修复提供基本资料。

1 样品及分析方法

1.1 样品

分析样品为四川博物院馆藏张大千临摹敦煌壁画《隋藻井》（未完），布本重彩颜料画，绘制年份为1941～1943年。

1.2 高光谱数据采集与分析方法

1.2.1 高光谱成像仪

采用THEMIS NUVNIR-350推扫型高光谱成像仪采集数据。该仪器的光谱分辨率为1.5nm，光谱范围为350～1000nm，共920个波段。

1.2.2 数据采集与分析方法

数据采集与分析采用高光谱成像仪专配软件HYPERVISUAL结合ENVI4.8进行。

选取壁画中一处颜色种类丰富的区域进行高光谱数据采集，图1为所采集区域的真彩色图像。

图1 高光谱采集区域真彩色图像

采集的数据需进行预处理后才能分析，预处理主要包括：①用暗电流和标准白色校正板对采集数据进行校正；②对已校正图像进行去噪处理；③对图像光谱波段进行裁切，裁切后的波长范围为400～1000nm，共846个波段（由于所用光源几乎不含紫外线，所采集的高光谱数据在紫外波段信息较弱，为避免冗余信息，需将紫外波段裁切）。

1.3 便携式XRF分析

采用Niton XL3t GOLDD+便携式XRF分析仪“矿石铜/锌”模式采集图像不同颜色区域数据，对其所含元素进行定性分析。

2　颜料鉴定与分类

2.1　端元光谱曲线的提取

端元光谱曲线的获取是高光谱成像技术进行物质鉴定、分类等工作的基础。本文采用ENVI软件对所采集数据进行最小噪声分离（minimum noises fraction，MNF）、纯净像元指数（pixel purity index，PPI）、*n*维可视化（*n*-D visualizer）处理后，提取出8条可能代表不同物质的端元光谱曲线，每条光谱曲线用“*n*_D Class #X”表示，见图2。

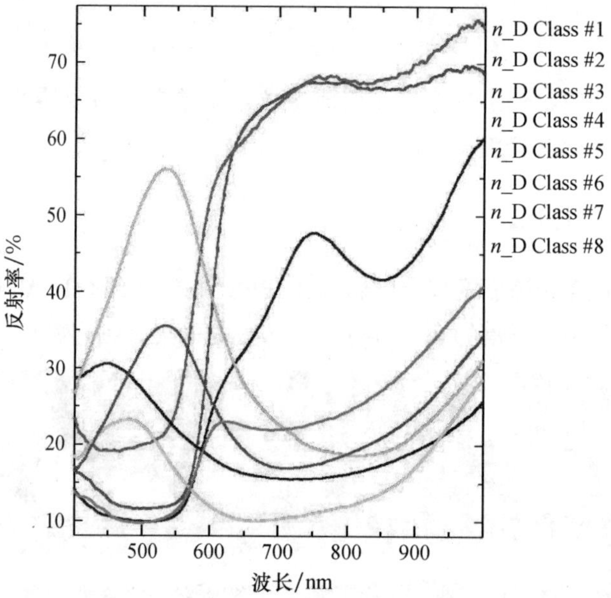

图2　端元光谱曲线

2.2　端元光谱曲线的鉴定

2.2.1　鉴定方法

高光谱成像技术中对于物质鉴定的实质是光谱识别，通过测量两条光谱间的特征确定某一未知光谱属于某一种已知光谱的确认概率。

光谱识别需建立在光谱库的基础上。本文所用光谱库为四川博物院高光谱成像系统实验室以金碧斋矿物、植物颜料作为标准颜料建成的。颜料光谱库包含朱砂、铁红、赭石、铅丹、胭脂、石黄、雄黄、石绿1、石绿2、石绿3、石绿4、石青1、石青2、石青3、群青、花青等。

光谱识别方法采用光谱分析。该分析工具使用光谱角填图、光谱特征拟合及二进制编码分类法对未知光谱匹配，输出一个总体的匹配度得分，得分越高，说明光谱相似度越高。在使用光谱分析进行光谱识别时，还需对待识别光谱曲线与推测的已知光谱曲线进行比对后方能得出结论。

对于混合颜料采用光谱曲线观察法、光谱计算工具及实物验证相结合的方法进行鉴定。

2.2.2 分析与讨论

2.2.2.1 光谱分析结果

采用光谱分析对上述8条端元光谱曲线进行分析，结果见表1。由于不同颗粒度的矿物颜料反射光谱曲线大致相近，采用光谱分析计算法难以准确判断该矿物颜料的颗粒度归属，故表1中未标注颜料颗粒度。

表1 端元光谱曲线光谱分析结果

光谱	相似度较高物质（总分值）
*n*_D光谱Class #1	朱砂（2.523）；铅丹（2.475）
*n*_D光谱Class #2	铅丹（2.392）；朱砂（2.015）；铁红（1.708）
*n*_D光谱Class #3	铁红（2.453）
*n*_D光谱Class #4	石青（2.041）
*n*_D光谱Class #5	石青（1.751）
*n*_D光谱Class #6	石绿（2.828）
*n*_D光谱Class #7	石绿（1.986）
*n*_D光谱Class #8	无匹配颜料

2.2.2.2 分析讨论

1）n_DClass #1～3的鉴定

图3为*n*_DClass #1～3（下文均简称为Class *X*）与其相似度较高物质朱砂、铅丹和铁红光谱曲线的对比图。从图中可以看出，朱砂和铅丹的标准光谱曲线特征为在600nm附近区域内反射率呈现陡增趋势，约650nm后呈直线走势；铁红标准光谱曲线的特征峰为750nm附近的波峰和850nm附近的波谷；Class1和Class2在600nm附近区域内反射率均呈现陡增趋势，在750nm和850nm附近有轻微的波峰和波谷；Class3在750nm和850nm附近的波峰和波谷较为明显。因此，通过对比光谱曲线可以猜测：Class1和Class2所代表的物质中可能含有少量铁红，从而使得其光谱曲线存在铁红的特征峰；而Class3和铁红的光谱曲线吻合度较好，其主要成分应为铁红。采用反射光谱曲线对Class1和Class2的主要成分进行判断较难，因为铅丹和朱砂的光谱曲线极为相近。然而，铅丹和朱砂的一阶导数特征峰区别则较为明显，铅丹一阶导数峰约590nm，朱砂约609nm，两者特征峰差为19nm。图4为Class1和Class2光谱的一阶导数曲线。Class1一阶导数峰约为602nm；Class2一阶导数峰约为577nm，两者特征峰为25nm。由于采集标准光谱曲线所用的颜料为粉末矿物颜料，而书画所用颜料为加胶颜料且胶料易老化，因此，其特征峰发生位移属正常现象。综上所述，可推测Class1的主要成分为朱砂，Class2的主要成分为铅丹，这也与光谱分析结果一致。

2）*n*_D Class #4～5的鉴定

Class4和Class5经光谱分析鉴定后与石青光谱的相似度最高。图5是Class4、Class5与不同颗粒度的石青1、石青2、石青3（石青1颗粒度最大，石青2次之，石青3最小）光谱曲线的对比图。图中可以看出，石青的特征峰为450nm附近的波峰，石青光谱曲线在600～880nm区域呈低反射率且反射率缓慢增加的趋势，900nm反射率陡增。Class4和Class5的曲线形状与石青基本一致，其峰值分别为450nm和480nm，Class5的峰值相比石青的标准特征峰有偏移，红移约30nm。

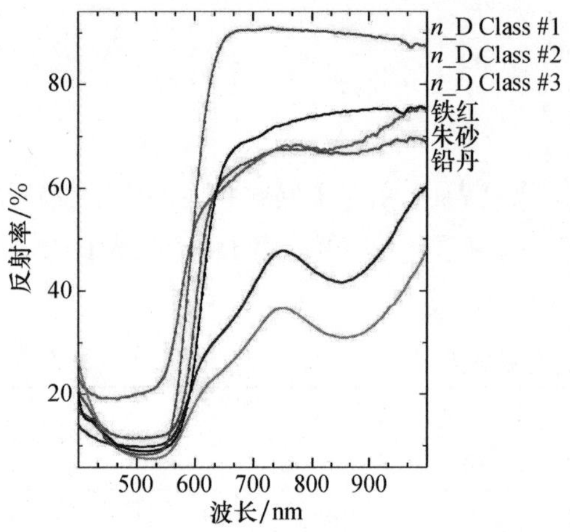

图3 n_D Class #1～3与相似度较高物质光谱曲线对比图

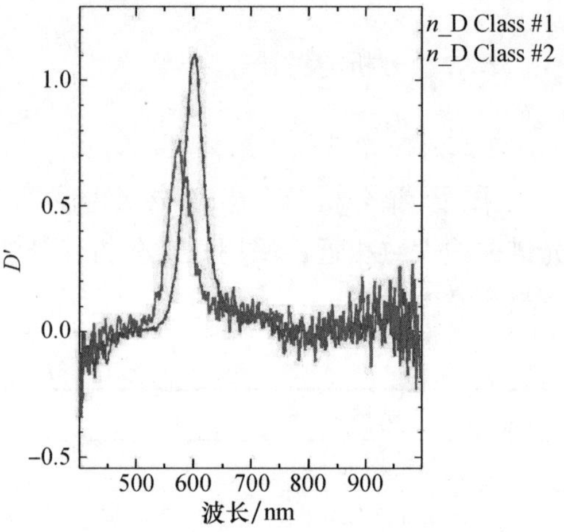

图4 n_D Class #1和n_DClass #2一阶导数曲线

3）n_D Class #6～7的鉴定

Class6和Class7经光谱分析鉴定后与石绿光谱的相似度最高。图6是Class6和Class7与石绿1、石绿4光谱曲线的对比。Class6和Class7的峰值约为533nm，这与石绿特征峰范围（526～533nm）的情况相匹配。Class6和Class7光谱曲线在650nm以后的走势稍有不同，Class6与石绿4较为接近，而Class7与石绿1较为接近。再结合石绿1、石绿2、石绿3、石绿4随着颗粒度的减小，光谱反射率增大的特点，可以推测Class6为颗粒度较小的石绿，Class7为颗粒度较大的石绿。

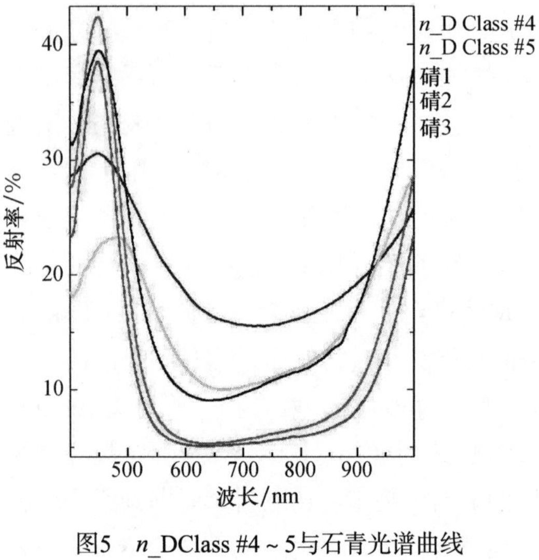

图5 n_DClass #4～5与石青光谱曲线对比图

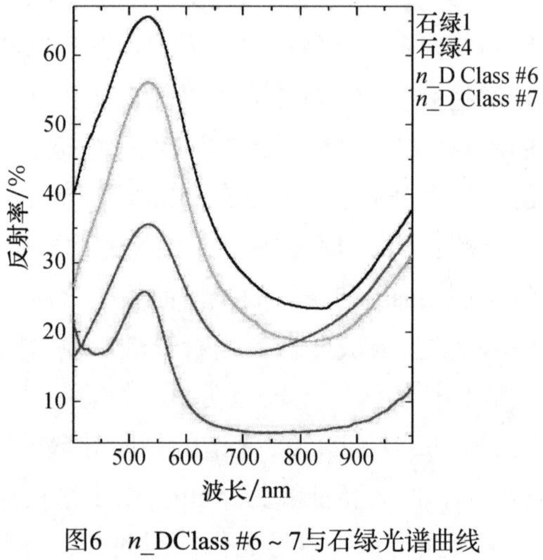

图6 n_DClass #6～7与石绿光谱曲线对比图

4）其他

在颜料标准光谱库里，尚未有与Class8光谱曲线匹配的已知光谱曲线，故未能鉴定Class8所代表的物质。这可能是两方面原因造成的：①光谱库中标准颜料种类有限；②Class8所代表的物质成分较为复杂，难以用单一光谱曲线进行判断。

本文对待分析图像上的白色颜料未进行鉴定，是因为在400～1000nm波段，白色颜料光谱曲线呈一条平缓的近似直线，无特征峰，故难以采用文中的分析方法对其鉴定。

2.2.2.3 混合颜料光谱再验证

1）混合颜料的光谱计算

根据上述颜料鉴定结果推测，Class1、Class2代表的红色区域可能为朱砂和铁红、铅丹和铁红的混合物。采用ENVI软件中光谱计算工具对朱砂和铁红混合后颜料的光谱进行计算。计算公式为S＝Q(Z)×a＋T×b，其中Q、Z和T代表铅丹、朱砂和铁红的光谱，S代表含量为a的Q(Z)与含量为b的T混合后的混合颜料光谱。

图7（a）为采用光谱计算得出的代表100%铁红、20%铅丹与80%铁红、50%铅丹和50%铁红、80%铅丹与20%铁红、100%铅丹和50%朱砂和50%铁红的混合颜料光谱曲线。从图中可以看出，朱砂与铁红混合颜料的光谱曲线与铅丹和铁红混合颜料的光谱曲线十分相近；从铅丹与铁红混合颜料光谱曲线可以看出，随着铁红含量的增加，铁红特征峰逐渐显现，混合颜料光谱曲线类似Class1和Class2光谱曲线。因此，Class1和Class2中可能均含少量铁红。图7（b）为通过光谱计算得出的混合颜料光谱曲线的一阶导数曲线，从图中可以明显看出，朱砂和铁红混合颜料一阶导数曲线特征峰有别于铅丹和铁红混合颜料的特征峰。这也再次证明通过一阶导数曲线特征峰可以有效区分铅丹和朱砂，印证了2.2.2.2中对于Class1和Class2主成分的判断。

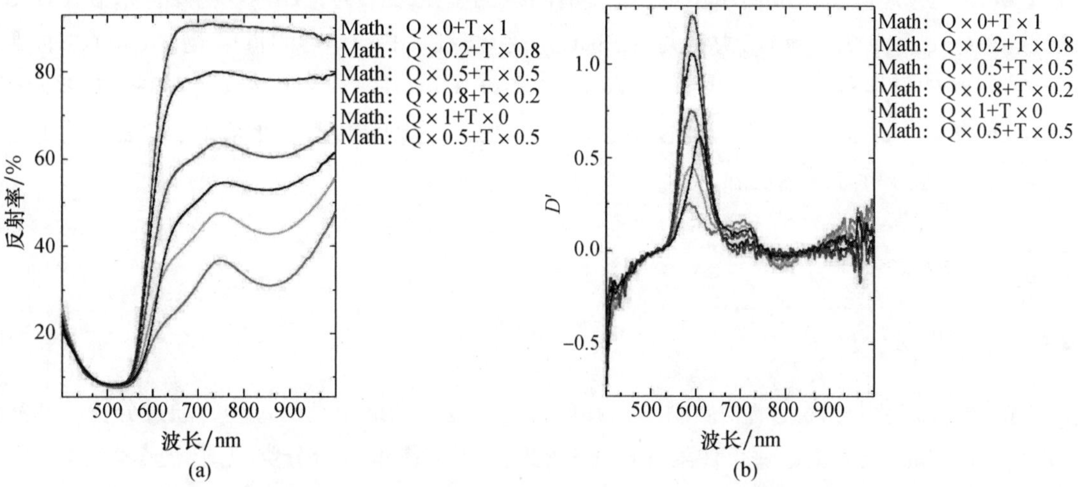

图7 采用光谱计算的混合颜料光谱曲线（a）以及一阶导数曲线（b）

2）混合颜料光谱采集

为了验证文中利用光谱特征峰推测混合颜料种类及采用光谱计算两种颜料的混合颜料光谱曲线的准确性，笔者采集了体积比分别为1∶1和4∶1的铅丹（朱砂）和铁红混合颜料的光谱曲线。图8为混合颜料的光谱曲线与其一阶导数曲线。图中可以看出混合颜料的光谱曲线与采用光谱计算出的混合颜料光谱曲线十分相近，与Class1和Class2曲线也相近。这再次证明了文中对于混合颜料分析的正确性，以及采用光谱计算混合颜料光谱曲线的正确性。

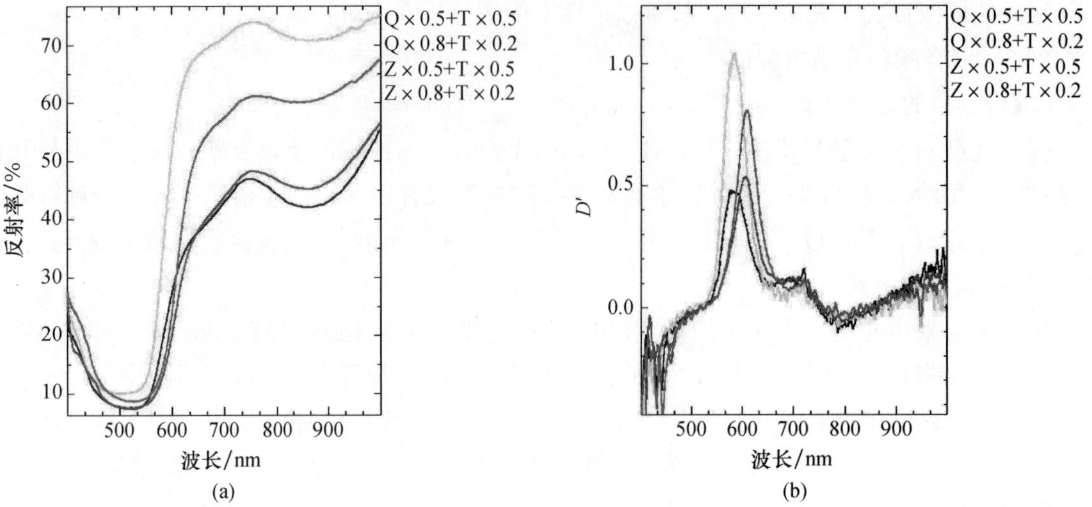

图8　混合颜料光谱曲线（a）以及一阶导数曲线（b）

2.3　颜料鉴定结果

综上所述，从分析图像上提取出的8条光谱曲线的鉴定结果为：Class1主要含朱砂（HgS），含少量铁红（Fe_2O_3）；Class2为铅丹（Pb_3O_4）和铁红（Fe_2O_3）的混合物；Class3主要含铁红（Fe_2O_3）；Class4和Class5主要为石青［$2CuCO_3 \cdot Cu(OH)_2$］；Class6和Class7主要为石绿［$CuCO_3 \cdot Cu(OH)_2$］，Class6是颗粒度较小的石绿，Class7为颗粒度稍大的石绿；Class8的主要成分未知，需采用其他分析方法鉴定。

2.4　颜料分类

2.4.1　分类方法

高光谱图像分类也称高光谱物质制图，其分类过程也是光谱识别的过程，通过分析已知光谱曲线（端元光谱）和高光谱图像每个像素光谱曲线的匹配度对图像进行分类填图。

本文选用光谱角填图（SAM）法对待测图像进行分类。SAM法需设定一个角度阈值，当已知光谱曲线和待分析像素光谱曲线的夹角小于此值时，该像素点则被归为此类。

2.4.2　颜料分类结果及讨论

采用上述8条端元光谱曲线对采集图像进行光谱角填图，结果见图9。每类颜料对应的分布区域占比详见表2。

表2　不同类别颜料分布区域占比

类别	Class1	Class2	Class3	Class4	Class5	Class6	Class7	Class8	Unclassified	Total
占比/%	0.717	13.715	2.572	1.688	16.656	3.906	9.913	8.931	41.903	100

图9 颜料分类结果

从图9可以看出Class1、Class2分布区域中均包含Class3，Class3分布区域中也包含Class2，据此推测Class1除了含朱砂外，还含有少量铁红，Class3主要含铁红，还有少量铅丹。书画在绘制过程中，矿物颜料使用不均匀现象较为常见，其表现为某些点上的某种颜料浓度较大，从而使其光谱曲线表现出该颜料的主要特征，因此形成上面几种类别混杂出现的现象。

将图9中Class6和Class7填图区域与图1真彩色图像对应的位置进行比对后发现，Class6对应的图像颜色稍浅，Class7对应的图像颜色稍深。对于矿物颜料而言，颜料颗粒度越小，其颜色越浅。这也与上文Class6可能是颗粒度较小的石绿，Class7可能是颗粒度较大的石绿的结论相吻合。

Class8所代表的物质成分在文中未能鉴定，但从高光谱分类图像和真彩色图像的对比可以看出，Class8指代真彩色图像上的一片外廓为方形的绛红色区域。通过其他无损分析方法检测该区域上任一点，便可得知Class8及其分布区域的物质成分。

3 便携式XRF分析

选取待测图像上代表不同Class的颜色区域进行XRF数据采集，通过分析X射线荧光光谱曲线图，对所采集区域所含元素进行定性分析，结果见表3。

表3 对图像上五个不同颜色区域的元素分析

颜色区域	所含元素
Class1	主要含Hg和S，少量Ca、Fe和Pb
Class2	主要含Pb和Ca，少量Fe
Class5	主要含Cu和Ca，少量Fe
Class7	主要含Cu和Cl，少量Ca

通过对比高光谱数据对颜料的鉴定结果及XRF元素分析结果可以发现：Class2和Class5的物质成分和元素成分基本一致；Class1的元素成分含少量Pb，而高光谱数据的鉴定结果未明确显示含铅物质；Class7的高光谱鉴定结果为石绿［$CuCO_3·Cu(OH)_2$］，而元素分析结果含有Cl和Cu，其对应

的物质成分也有可能为氯铜矿［$Cu_2(OH)_3Cl$］。

Class1中含有Pb，有可能为铅丹颜料，由于铅丹含量较少再加上铅丹和朱砂反射光谱曲线相似度较高，铅丹的特征峰可能会被朱砂掩盖，而难以分辨。因此，高光谱图像分析结果未能鉴定出Class1中含有铅丹。

Class7的反射光谱曲线与石绿光谱曲线匹配度较高，特征峰均处于530nm附近，有别于氯铜矿的特征峰560nm附近[13]。因此，Class7应为石绿。元素分析中Class7含Cl可能是矿物颜料中的其他杂质造成的。

结　语

采用高光谱成像技术对张大千临摹敦煌壁画作品《隋藻井》（未完）中局部区域颜料进行鉴定和分类，并辅以便携式XRF对颜料进行元素分析。图像最终分类结果显示该图像包含4类红色颜料、2类蓝色颜料和2类绿色颜料。其中，4类红色颜料已鉴定出3类，其主要成分分别为朱砂、铅丹和铁红，且有混用现象；蓝色颜料均为石青；2类绿色颜料应为颗粒度不同的石绿。

高光谱成像技术用于颜料的分析具有无损性、快速性、图谱合一等特点，在文物分析上具有较大优势。然而，与其他多数分析方法类似，高光谱对于物质的鉴定也需要结合其他分析方法才能确定。

参考文献

［1］ Liang H. Advances in multispectral and hyperspectral imaging for archaeology and art conservation. Appl Phys A, 2012, 106: 309-323.

［2］ Fisher C, Kakoulli I. Multispectral and hyperspectral imaging technologies in conservation: Current research and potential applications. Studies in Conservation, 2006, 51(S1): 3-16.

［3］ 周霄，高峰，张爱武，周科朝. VIS/NIR高光谱成像在中国云冈石窟砂岩风化状况分布研究中的进展. 光谱学与光谱学分析，2012，32（3）：790-794.

［4］ 芦鑫. 基于高光谱数据的壁画信息提取与分析. 北京：北京建筑工程学院，2012.

［5］ 侯妙乐，雷勇，芦鑫，张学东，韩晓梦. 基于高光谱数据的壁画底稿信息提取. 测绘科学，2014，10（39）：89-100.

［6］ 巩梦婷，冯萍莉，高光谱成像技术在中国画颜料分类和识别上的应用初探——以光谱角填图（SAM）为例. 文物保护与考古科学，2014，（26）：76-83.

［7］ 武锋强，杨武年，李丹. 基于光谱特征拟合的艺术画颜料成分识别研究. 光散射学报，2014，（26）：88-92.

［8］ 武锋强，杨武年，李丹. 基于高光谱成像与拉曼技术的艺术画颜料成分对比检测研究. 矿物学报，2014，（34）：166-170.

［9］ 丁新峰. 基于高光谱成像技术的文物颜料研究. 北京：北京建筑大学，2015.

［10］ 王乐乐，李志敏，马清林，梅建军. 高光谱技术无损鉴定壁画颜料之研究——以西藏拉萨大昭寺壁画为例. 敦煌研究，2015，（3）：122-128.

［11］ 谭克龙，万余庆，杨一德，段清波. 高光谱遥感考古探索研究. 红外与毫米波学报，2005，24（6）：437-440.

［12］ 王琳琳. 古遗址的高光谱数据信息提取方法研究. 西安：西北大学，2012.

［13］ 王丽琴，党高潮，赵静. 光导纤维反射光谱技术在彩绘文物颜料无损分析鉴定中的应用. 光谱学与光谱分析，2008，28（8）：1722-1725.

高光谱在书画鉴定中的应用研究

——以清代司马钟《芭蕉仙鹤图》为例

武望婷　彭淼淼

（首都博物馆，北京，100045）

摘要　利用高光谱技术的优势进行画作信息的提取及分析，既克服了传统画作信息调查分析的诸如工作量大、误差大和人为因素多等缺点，具有快速、有效的特点，又弥补了多光谱技术中离散波段光谱信息不足的缺点，具有波谱连续性及数据丰富的优点，有望实现画作信息的快速、有效、科学的分析，从而为画作信息的深入研究及保护修复工作提供指导和依据。最后以一副清代画为例，利用高光谱分析了图像分类及图像增强、颜料的分类及识别、印章边缘信息提取和还原、隐含信息提取等，为书画鉴定提供了可靠的依据。

关键词　高光谱　书画鉴定　颜料分类

引　言

在历史长河中，人类创造了许多灿烂的艺术文化，绘画是其中一种重要的艺术表现形式。流传至今的古代画作具有珍贵的考古价值和文化价值，而且在长久保存过程中，自然环境（潮湿、高温、光照、灰尘）或人为保护不当造成古代书画出现不同程度的老化和褪色。基于高光谱及现代数字化技术对字画系统进行保护和鉴别或修复，不论是在文物保护方面，还是历史文化传播方面和历史文化研究方面都具有非常重要的作用和意义。我们利用数字正射影像技术和高光谱技术，实现古时代字画信息的“录入”“识别”，对于古字画的保护具有重要的现实意义。

由于古代字画的有效载体为纸质介质，其实质为在纸质介质上的描述，而且古代字画的颜料多为矿物颜料，在时间的历史长河中，受到自然环境如潮湿、高温等条件以及人为因素的影响，由于化学或者物理作用，可能导致这些矿物颜料的“变质”或者退化，也基于这些自然环境的因素，导致纸质介质的损坏、老化或者褪色。随着现代数字正射技术的发展，为实现古代字画数字化保护提供了有效的技术支持。数字正射影像在古代字画大小不变形的情况，保证了字画信息的丰富度和真实性，是古代字画数字化的有效的现代技术手段之一。

高光谱的技术优势在于：①非接触；②波段多，波段宽度窄；③光谱响应范围广且分辨率高；④可提供空间域信息和光谱域信息，即“谱像合一”。

高光谱用于书画鉴定中的步骤如下（图1）：

首先，对于古代字画，利用数字正射影像技术，建立古代字画信息数字正射影像图，在建立数字正射影像图的过程中，力求保证数字正射影像图的真实性和可靠性。

其次，在采集完古代字画数字正射影像的基础上，利用地面高光谱成像技术，对字画信息进行高光谱信息的采集，高光谱数据中含有丰富的空间信息及光谱信息，与此同时，由于高光谱数据以较窄的波段区间、较多的波段数量来提供遥感信息，其中含有大量的冗余信息，为有效提取数据中的信息，采用多波段合成技术，利用少数有效波段合成假彩色影像，即多光谱影像，通过对多幅含有不同信息的多光谱影像的目视解释，获取有效影像信息。

最后，利用相关的遥感软件，应用高光谱数据处理方法，对高光谱数据进行处理分析，获取高光谱数据相关信息，为后续工作提供可靠依据。

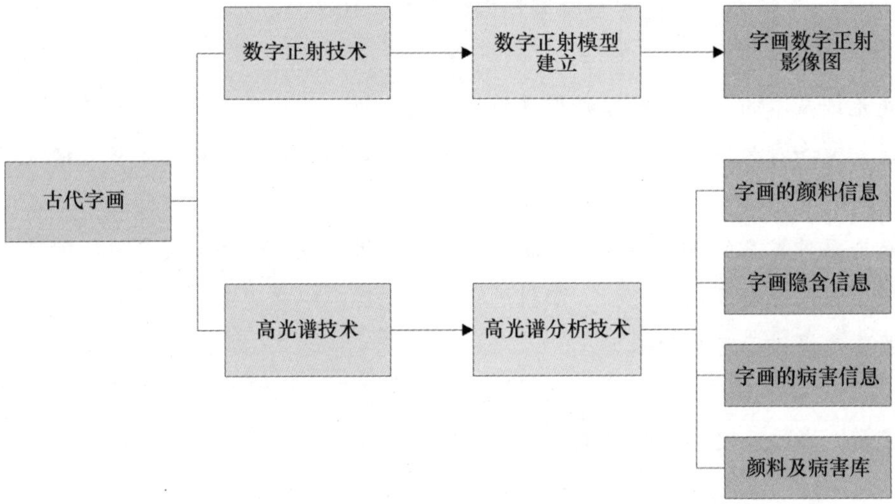

图1　古代字画技术方案流程

1　高光谱数据获取与处理

高光谱相机（图2）有两台，分别是400～1000nm波段和1000～2500nm波段。字画的高光谱

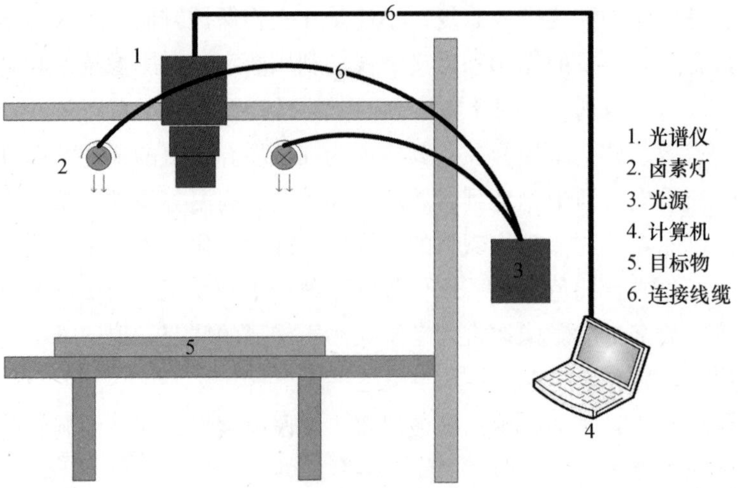

图2　高光谱成像仪拍摄示意图

数据包含了1200个波段，可合成1200多张灰度影像，通过红绿蓝颜色表示法（red，green，blue，RGB）彩色组合可合成千余张彩色影像，为数据的分析提供了充足的依据。

2 数字正射影像图

经过数字正射影像图信息数据的采集及预处理和模型的建立，建立《芭蕉仙鹤图》的数字正射影像图（图3）。

图3 《芭蕉仙鹤图》数字正射影像图

3 高光谱对画面的分类

3.1 分类及原理

高光谱分类主要是通过分类的方法鉴别字画所用颜料的主要类别，鉴别字画中使用的颜料的种类，为字画的修复提供可能。高光谱图像分类主要采用高光谱图像分类的思想，影像数据的分类就是利用计算机对遥感图像中各种颜料的光谱信息和空间信息进行分析、选择特征，并用一定的手段将特征空间划分为互不重叠的子空间；然后将图像中的各个像元划分到各个子空间中。影像数据分类特征就是能够反映颜料光谱信息和空间信息，并可用于遥感图像分类处理的变量。

本研究中的颜料分类主要采用光谱角填图的方法，光谱角填图将像元N个波段的光谱响应作为N维空间矢量，则可通过计算它与最终光谱单元的光谱角之间的广义夹角来表征其匹配程度：夹角越小，说明越相似。两矢量广义夹角用反余弦表示，$\theta=\arccos\frac{T\cdot R}{|T|\,|R|}$。式中，$\theta$值越小，$T$和$R$的相似度越大。当用实验测量光谱与图像光谱比较时，须将测量光谱按照图像光谱的波长进行重采样，使得两个光谱具有相同的维数。

光谱识别：通过分析和鉴别字画所使用的颜料或染料，有助于我们了解绘画者当时所使用的材料。光谱识别的流程大致可以分为四个部分：数据维数判断、端元波谱选择、波谱识别和结果分析。

3.2 分类举例

在上述技术路线的支持下，利用ENVI5.0软件中的分类算法对清代司马钟《芭蕉仙鹤图》进行分类。《芭蕉仙鹤图》的分类图像如图4所示。

以《芭蕉仙鹤图》图轴主题画轴为对象，对《芭蕉仙鹤图》进行局部细化分类。其中图4（a）为对芭蕉树进行重点分类，主要分为6类；图4（b）为仙鹤的分类，仙鹤共分为5类。

背景纸 印章 芭蕉叶脉理 芭蕉叶 外框纸 裱纸

(a)

背景纸 画裱纸 印章及鹤顶 鹤尾 叶子部分

(b)

图4　《芭蕉仙鹤图》细化分类图

（a）芭蕉树分类；（b）仙鹤分类

4　图 像 增 强

为了有选择地突出某些感兴趣信息，并且消除或降低一些其他无关的信息，利用图像增强的手段来达到这些目的。图像增强是数字图像处理的基本方法之一，具有重要的实用价值。对提取的图像信息进行增强处理，其目的是采用一些技术手段或有效算法提高图像的清晰度，改善图像的目视效果。因此，利用图像增强处理只是增强了对感兴趣信息的辨别能力。

对图像增强效果进行评价，不仅与算法本身的优劣性有关，也与图像的数据特征有关。目前常用的遥感图像增强处理方法主要有彩色合成、亮度变换、直方图变换、密度分割、亮度颠倒、图像间运算、领域增强处理、多波段压缩处理等。

彩色图像又分为真彩色图像和假彩色图像。真彩色图像上的影像颜色与真实的地物颜色基本相同，而假彩色图像影像的颜色与实际地物颜色不一致。一般利用高光谱影像数据合成真彩色图像时，对真彩色图像的三个颜色分量赋予真实的颜色波段影像。合成影像中，红色分量选红色波段的影像，绿色分量选择绿色波段的影像，蓝色分量选择蓝色波段作为合成影像。而在合成假彩色影像时红绿蓝三个颜色分量并不是真实的红、绿、蓝波段影像。通过彩色合成可以有效地突出目标要素，有利于信息的判读和提取。图5和图6是画芯部位的增强效果图。

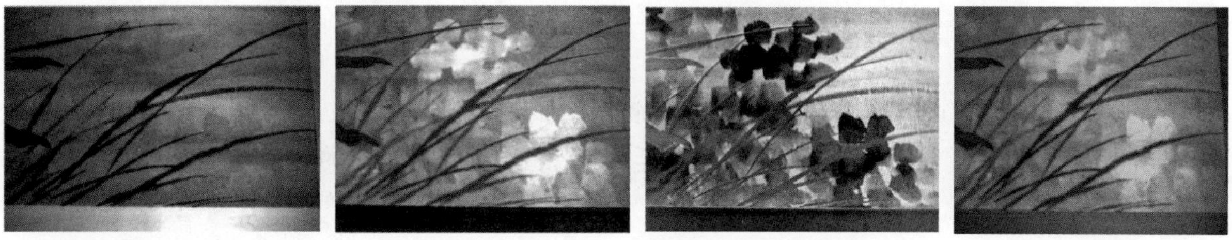

第一主成分　第二主成分　第三主成分　合成影像

图5　草丛部位图像增强效果

第一主成分　第二主成分　第三主成分　合成影像

图6　仙鹤脚掌部位图像增强效果

5　颜料分析

颜料分类主要是利用ENVI中的监督分类过程。在分类的基础上，分别在重点高光谱影像数据上，选取重点颜料的区域进行分析，选取其中的光谱感兴趣区颜料。画上的颜料主要有红色、黑色、青色三种（采集点见图7），分别在文字、印章、鹤顶、竹业区域采集了光谱数据进行分析，

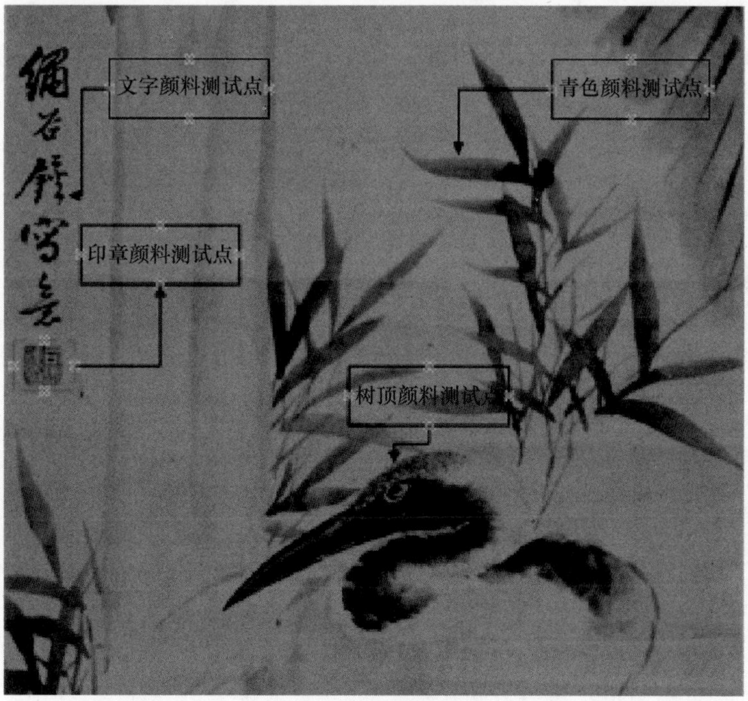

图7　颜料采集区域图

并在颜料光谱分析的基础上，选取北京建筑大学颜料光谱库中的颜料进行匹配，得出最终的可能的匹配结果。

在画作的左上角有作者的落款——“锈谷钟写意”。古代绘画书法上的黑色颜料大部分都是墨，我们在落款和仙鹤的黑色区域采集了感兴趣区域作为黑色颜料分析的样本进行分析。通过比较原始光谱曲线和一阶导数曲线，落款与石墨的光谱曲线趋势相近，重合度较高，使石墨的可能性最大。其原始光谱曲线和一阶导数曲线如图8所示。

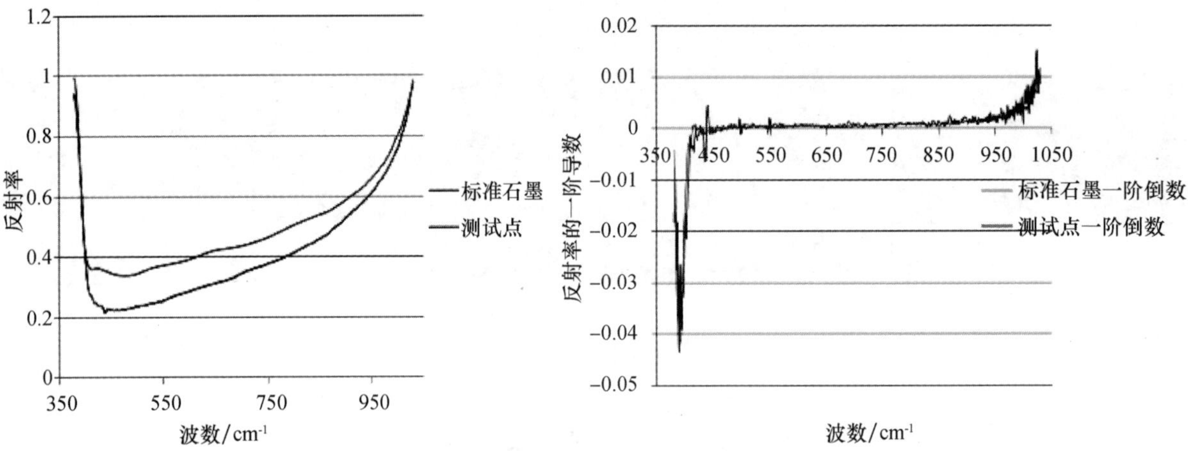

图8　黑色颜料和石墨的光谱曲线及一阶导数曲线比较

印章的颜料信息：在画作的左上角有作者的印章“司马钟印”。在印章上采集了感兴趣区域作为颜料分析的样本进行分析。通过比较原始光谱曲线，印章与朱砂的光谱曲线趋势相近，重合度较高。经过一阶导数的比较，更加清晰地表明两者的特征峰在同一个波段位置。所以结果表明，印章的材质应该为朱砂。其原始光谱曲线和一阶导数曲线如图9所示。

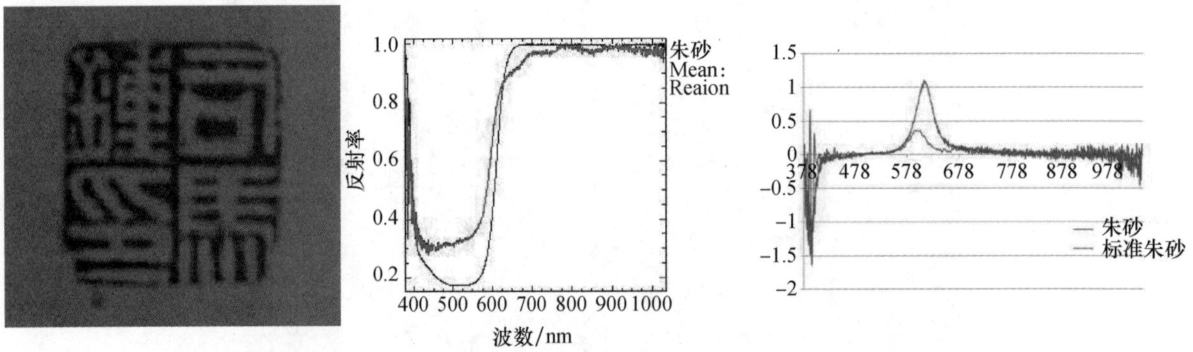

图9　印章及朱砂光谱曲线及一阶导数曲线

通过仔细观察可以看出，在鹤顶部分有两种红色颜料，外圈的红色颜料略显暗淡，内侧的红色比较鲜艳，因此猜测画家在鹤顶部分用了两种不同的红色颜料。分别采集光谱曲线来验证这一猜想。这两处的光谱曲线也比较相近，但是经过光谱角匹配，分析得出测试点1的颜料是赭红（Fe_2O_3）（图11），而测试点2的颜料是朱砂（HgS）（图12）。赭红和朱砂虽然都是常用的颜料，但是前者的颜色往往偏暗，这与分析结果相符。所采集测试点位置、光谱曲线及匹配结果如图10～图12所示。

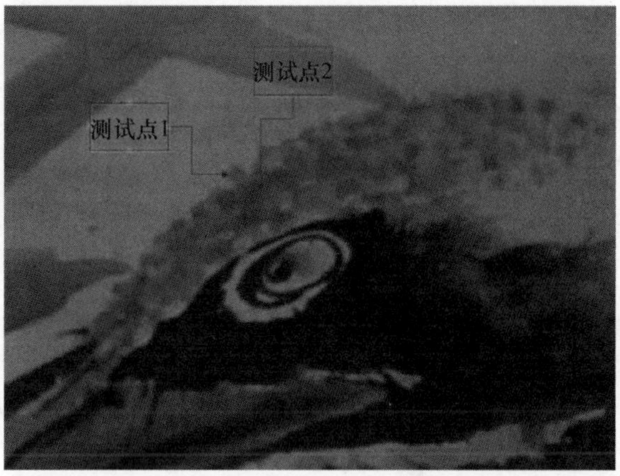

图10 鹤顶红色颜料采集点

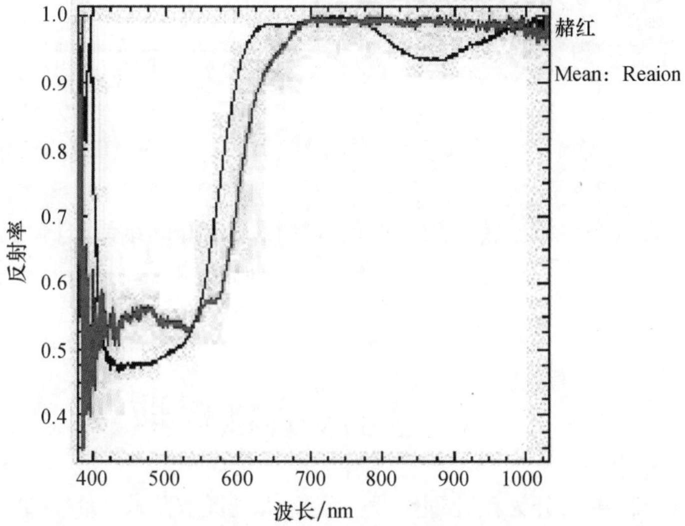

图11 测试点1光谱曲线

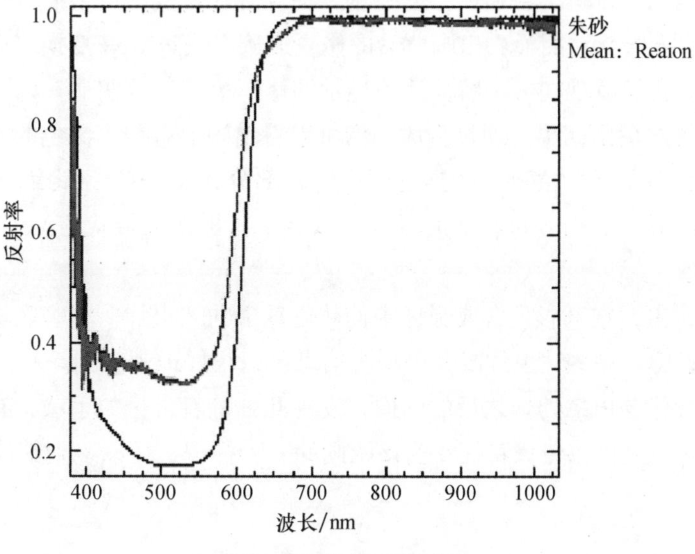

图12 测试点2光谱曲线

画中的竹叶、芭蕉叶等背景部分都显青色，而且颜色深浅不一，有的位置颜色较黑，有的位置比较蓝，所以估计青色颜料是一种混合颜料。在叶子上取了一个测试点作为样本来分析。其光谱曲线和分析结果如图13所示。

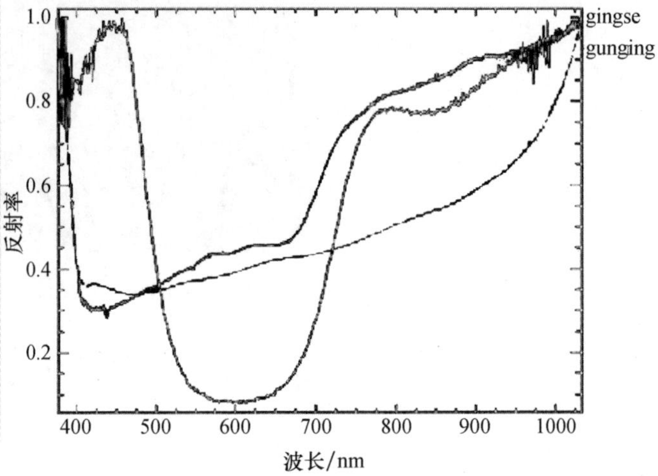

图13　叶子处光谱采集区域及叶子、石墨、群青的光谱曲线

通过与光谱库的纯净颜料比较，图中青色颜料得不出好的结果。因为它是一种混合颜料，所以不能简单地与纯净颜料匹配。结合拉曼测试结果，我们猜测，它是由石墨和群青混合而成，其光谱曲线特征间于石墨和群青之间。

6　隐含信息提取

隐含信息提取流程可以分为预处理阶段、底稿信息提取阶段、波谱曲线提取阶段和隐含信息比对分析阶段。通过应用主成分分析方法对画作进行底稿信息提取，得到底稿信息合成影像，通过与可见光照片比对，发现隐含信息。

这幅画隐含信息大部分为背后的修复痕迹，估计是在修复图像裂痕时使用的胶水或其他物质。在可见光图像中，人眼无法明显看出画背后的修复痕迹。通过MNF变换之后，对比可见光照片和特征波段合成影像，我们发现在某个特征波段显示的修复痕迹比较明显。以下就是我们选取几幅影像采用MNF变换处理之后的结果。通过合成图像可以看出画上有很多深色的条带，我们猜测这就是修复过程中在画的背后留下的痕迹。图14是画中的一部分，A、B分别为纸质上的区域，该画芯区域在可见光部分未有异常，但经过特征波段合成以后，其出现条带状的A、B区域，经分析可能是由于画芯后粘贴胶条。

从图15可以看出，在真彩色合成影像中仙鹤后爪中的“虫蛀”损害区域不可以清晰看出来，但在特征波段合成以后，一些“虫蛀眼”等损害信息可以很好地观察到。

在对比原始影像与PCA处理之后的图像，发现几处笔者常见的手法，有可能是有意为之，也有可能是后期晕染，总之可以将该特征作为该幅画的一个标记，用以鉴别其他画作。

图14　纸质背景隐含信息可见光图像MNF波段合成图像

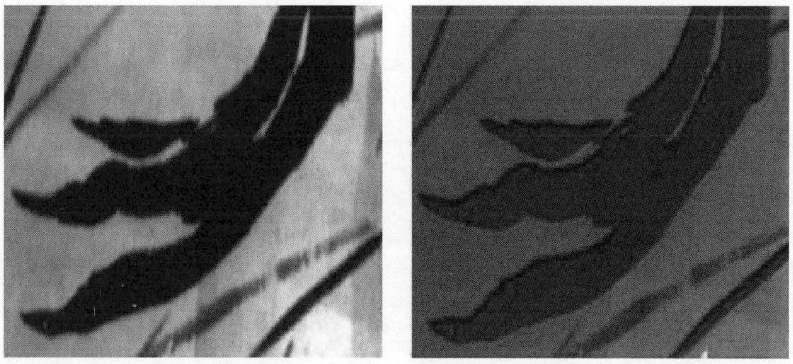

图15　仙鹤爪子“虫蛀”隐含信息

结　　语

本文以清代司马钟的《芭蕉仙鹤图》为例，运用高光谱对画面颜料进行判别，通过数学运算进行图像增强处理，隐含信息的提取达到了较好的效果，为书画鉴定提供了一种实用方法。

一幅清代拓片墨迹种类和脱落原因的微观结构分析

杨 娟 韦 荃 杜少飞

（四川博物院，四川成都，610071）

摘要 利用超景深显微镜、扫描电镜和激光拉曼光谱仪分析一件墨迹易脱落的拓片文物的表面微观结构和成分，并与市售墨块、植物炭黑和锅底灰的微观形貌和元素种类进行对比，探讨了拓片用墨的种类和拓片墨迹脱落的原因。结果显示：该幅拓片是采用以植物炭黑和动物胶料混合的黑墨传拓而成。植物炭黑颗粒粗大和拓片霉变是造成墨迹脱落的主要原因，以及拓片在历史装裱过程中，胶矾水的使用是加速拓片墨迹脱落不可忽视的因素。这些信息为研究拓片用墨和后期拓片文物的保护修复提供了一定的参考价值。

关键词 拓片 墨迹脱落原因 微观结构

引 言

拓片属于我国古老的传统技艺之一，至今已有1500多年的历史。拓片是用传拓的方法将雕刻于石质、铜质、陶质、木质等各种材质载体上的文字、图符转移到纸面上而形成的一种文献[1]。由于拓片是直接从原器物上拓印下来的，其大小和形状与原物相同，是原器物上图文的真实反映。拓片是原古物的再现，因年代久远、捶拓无度和自然灾害等因素的影响，一些材质脆弱的器物散失毁坏、风化破损的情况极为严重，很多消逝的图文如今只能在古代拓片中见到。因此，拓片具有很高的文物价值和史料价值。根据使用颜料的不同，拓片可分为彩拓拓片和墨拓拓片。其中，墨拓拓片是使用黑墨传拓的拓片。墨作为“文房四宝”之一，在中国有着悠久的历史，制墨方法历代以来在实质上基本保持不变，多用松烟、油烟、桐烟或漆烟等烟灰颗粒混合胶质及各种添加剂制墨。烟灰是一种无定形碳，粒径极小，基本上呈球形，平均直径约为100nm；胶质主要为动物胶，由动物的皮、骨等用水煎熬后，经过滤、冷却后制得，墨中加胶的作用一是使烟灰黏接成型，二是促进烟灰与纸张的结合，并在渗透干燥中以结膜形式固着烟灰；墨中添加一定量的珍贵药材以改善耐久性、色泽、香味、渗透性等性能[2-4]。据史书《小山画谱・卷上・锅灰》中记载：“百草霜，烧茅草之锅灰，罗细，浓胶研乳，如淘定花青法, 取标烘干为墨用”[5]。“锅灰”即草木经燃烧后附于锅底或烟筒中的乌黑色烟灰粉末，古人也用锅底灰与动物胶混合后制成的墨汁来制作拓片。

墨拓拓片因有了黑与白的颜色对比，拓片上的文字或图像比原拓物更加清晰鲜明，视觉效果对比强烈，充分展现了被拓对象的神韵[6]。因此，拓片上墨迹的保存情况在很大程度上影响了拓片的整体价值。2015年四川博物院文保中心在对馆藏破损严重的52件拓片进行检测分析时，发现50%以上的拓片文物存在墨迹脱落的现象，其中一件拓片文物表面墨迹脱落情况尤为严重，为使该件破损拓片文物尽早得到有效的保护修复，需对墨迹脱落的原因进行细致的分析。

1 样品和分析方法

1.1 样品

该幅拓片为四川博物院馆藏的《清拓唐蕃会盟碑拓片》（图1），卷轴装，裱件严重断裂脱裱，通体长137.3cm，宽60.5cm。通过直观观察发现，拓片纸张颜色焦黄，用手触摸能明显发现纸张质地酥脆，经前期的酸度测试可知，拓片画芯的pH为3.90，裱件的pH为3.74，说明该拓片已发生了重度酸化现象。在最大限度保持拓片文物完整性的前提下，采用超景深显微镜、扫描电镜和激光拉曼光谱仪对其进行分析。

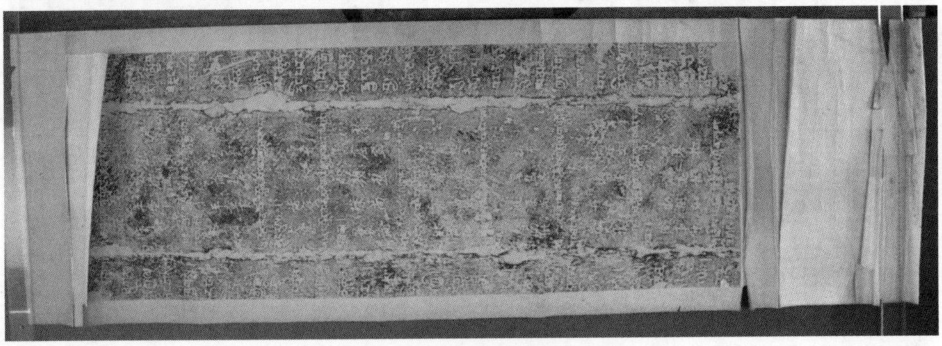

图1 清拓唐蕃会盟碑拓片

因超景深显微观察和拉曼分析不需要特殊制样，可将拓片直接放在样品观察台上进行分析；由于扫描电镜的特殊分析条件，选取拓片边缘破损处芝麻粒大小的墨迹碎片和在拓片表面泛白处轻轻刮取的少量白色析出物为扫描电镜观察分析样品。同时，以墨块（安徽绩溪上庄老胡开文墨厂生产）、锅底灰和植物木炭为对比观察分析样品。

1.2 分析方法

1）超景深显微镜分析

采用三维超景深立体显微镜（日本基恩士公司，VHX-1000C），对拓片进行表面光学显微结构观察。

2）扫描电镜及能谱分析

采用场发射扫描电镜（日本电子JSM-7100F型）及附带的X射线能谱仪（英国牛津公司，INCA X-Max20型）对样品进行表面形貌观察和元素分析。能谱分析条件：高真空模式9.6×10^{-5}Pa，工作电压20kV，工作距离10mm，扫描时间大于60s。

3）拉曼光谱分析

采用共焦显微激光拉曼光谱仪（英国Renishawinvia）对拓片表面白色析出物进行无损分析，激发光波长532nm，样品表面激光功率2mW（10%），信号采集时间10s，累加3次，物镜L50×，光谱测试范围100 ~ 2000cm^{-1}。

2　分析结果及讨论

2.1　超景深显微分析

超景深显微观察结果显示：拓片表面墨迹颜色深黑，墨层浓厚，可见墨迹发生了大面积脱落（图2）。从图3中可见，拓片表面泛白处可观察到大量白色晶体和网状结构的物质析出。

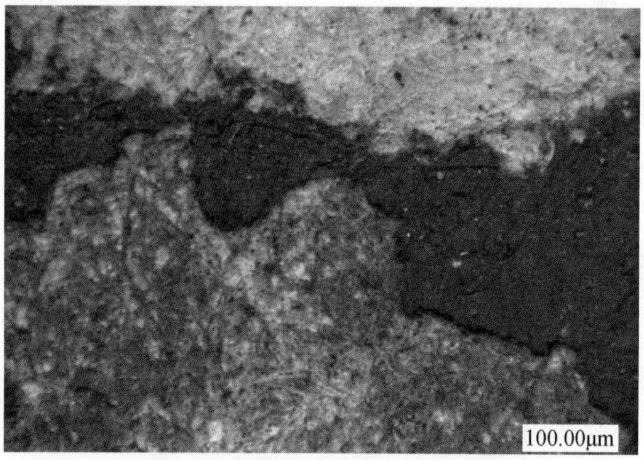

图2　墨迹超景深图像（Bar＝100μm）

图3　拓片表面泛白处超景深图像（Bar＝100μm）

2.2　扫描电镜及能谱分析

图4和图5为拓片表面白色析出物的扫描电镜图像，从图4中可见球刺状结构与管状结构相互交织；图5能观察到球刺状结构与管状结构相连。通过查阅相关资料可知，球刺状结构为霉菌的孢子囊，管状结构为霉菌的孢子囊梗[7, 8]，说明该幅拓片已经发生了霉变。

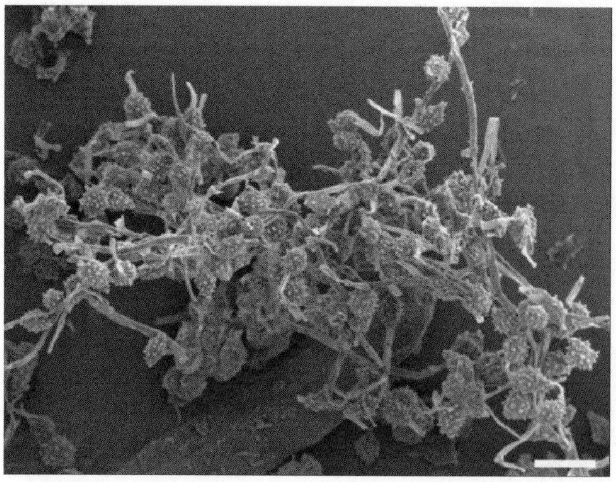

图4　白色析出物的SEM图像（Bar＝10μm）

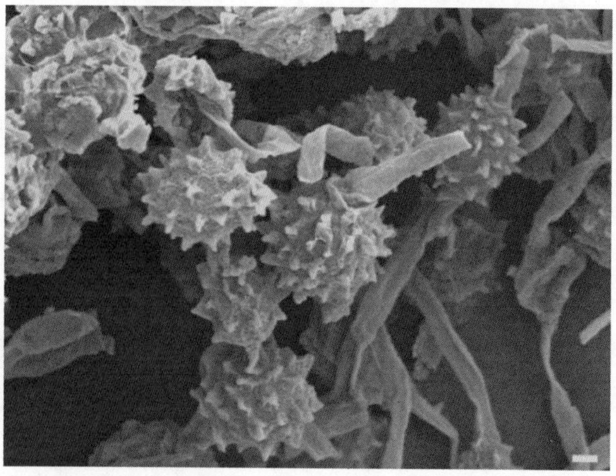

图5　球刺状结构和管状结构的SEM图像（Bar＝1μm）

图6～图8为拓片墨迹的表面形貌结构，可观察到墨迹中以条状结构、块状结构和类似植物茎秆的管胞结构为主，且表面有菌丝交织。通过测量可知，条状结构的长度为30.1μm。图9为墨块中烟灰粒子的扫描电镜图像，可观察到胶包裹的球形颗粒结构，粒径100nm左右。图10为锅底灰的扫描电镜图像，可见锅底灰中也是以球形颗粒结构为主，粒径极小。图11为植物炭黑的扫描电镜图像，能明显观察到植物的管胞结构。

图6　拓片墨迹中的块状结构（Bar＝10μm）

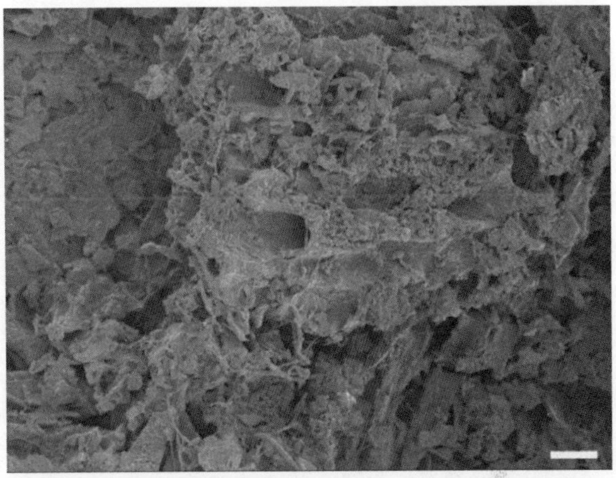

图7　拓片墨迹中的管胞结构（Bar＝10μm）

图8　拓片墨迹中的条状结构（Bar＝10.1μm）

图9　墨块中烟灰的SEM图像（Bar＝1μm）

图10　锅底灰的SEM图像（Bar＝1μm）

图11　植物炭黑的SEM图像（Bar＝10μm）

通过以上形貌结构对比观察可知，拓片墨迹的微观形貌与植物炭黑的微观形貌非常近似。为明确拓片墨迹和植物炭黑的元素组成，采用扫描电镜附带的能谱仪对拓片墨迹和植物炭黑分别进行了元素分析，能谱分析结果见表1。从表1可知，拓片墨迹和植物炭黑中主要含有C和O两种元素，以及少量的Si、Cl、K、Ca等元素。此外，拓片墨迹中含有3.15%的N元素，可推测N元素的来源为墨中的动物胶。

表1　拓片墨迹与植物炭黑的元素成分对比

分析区域	分析结果/%（质量分数）											
	C	N	O	Mg	Al	Si	S	Cl	K	Ca	Fe	Cu
拓片墨迹	62.23	3.15	30.95	—	0.28	0.72	1.21	0.07	0.13	0.99	0.12	0.16
植物炭黑	61.42	—	33.49	0.32	—	2.75	—	0.17	0.33	1.53	—	—

结合扫描电镜观察和能谱分析结果可知，该幅拓片是采用以植物炭黑和动物胶料混合的黑墨拓制而成。拓片墨迹中植物炭黑颗粒粗大，与制墨过程中研磨不充分有关。一方面，大颗粒颜料的遮盖力较差，由于该件拓片墨色深黑，所以在制作过程中需要多次在纸上拓、擦才能获得足够的黑度，因此，该幅拓片相比一般使用墨汁传拓的拓片而言，墨层显得浓厚。另一方面，植物炭黑的固体颗粒越大，与纸张的有效接触面积相应会减小，降低了在纸张表层的固着牢度，从而使拓片墨迹易发生脱落。加之，动物胶在受潮后极易成为霉菌的营养源，霉变后的胶料黏性降低，引发拓片墨迹脱落。

2.3　拉曼光谱分析

图12（a）是墨迹中白色晶体的拉曼图，图12（b）是明矾的拉曼标准谱图，从图12（b）中可以看出，991cm^{-1}的强峰为硫酸根的特征峰。通过对比可知，图12（a）、（b）在100～1200cm^{-1}波数范围内有较好的一致性，说明墨迹中的白色晶体为明矾。

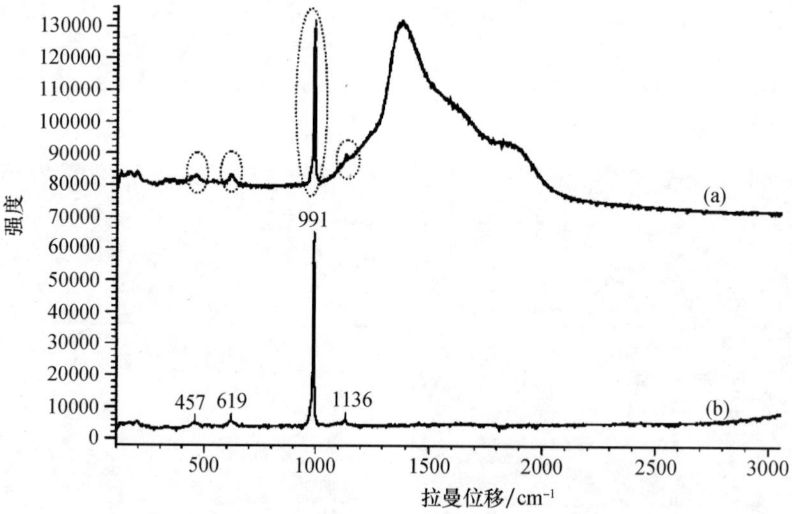

图12　墨迹中白色晶体的拉曼图（a）和明矾的拉曼标准谱图（b）对比

明矾的化学式为$KAl(SO_4)_2 \cdot 12H_2O$，是含有结晶水的硫酸钾和硫酸铝的复盐，溶于水。在我国的传统书画装裱中，一种重要的辅助材料胶矾水就是明矾水溶液和明胶水溶液按一定比例配制的混合溶液。综合该拓片的保存现状和拉曼分析结果可知，该拓片在历史装裱过程中曾使用过胶矾水。为验证胶矾水中明矾对拓片墨迹的潜在破坏作用，将胶矾水滴在载玻片上，自然条件下晾干后发现胶矾水结成薄膜，且有大量白色晶体析出。随后将载玻片放入湿度为90%左右的环境中保持3天，可以明显发现，薄膜表层发乌，晶体大部分溶解。再将载玻片放入干燥器中保持2天后，发现白色晶体重新析出。由此可以说明明矾会随着环境中温湿度的交替改变发生反复的溶解和结晶（图13）。由于四川地区具有冬暖、春早、夏热、秋雨的盆地气候特点，尤其每年9～11月份，环境中的湿度通常为75%～98%。因此，明矾溶解和结晶过程产生的作用力会引发墨迹松动，进一步加速墨迹脱落。

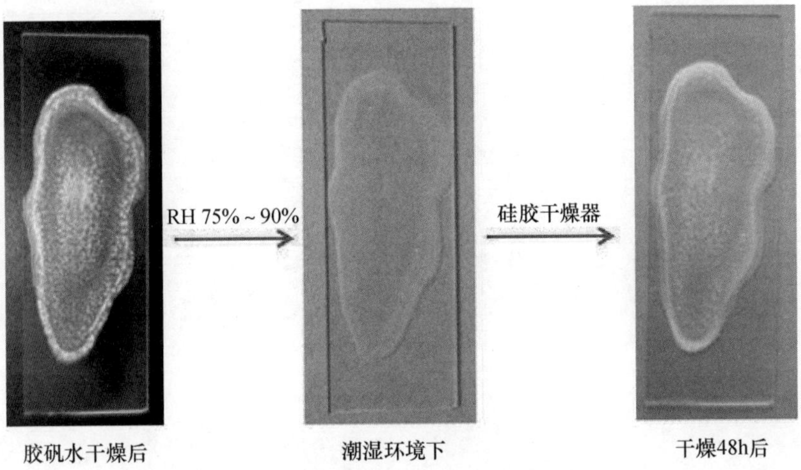

图13　胶矾水中明矾的结晶析出和溶解过程

结　语

通过超景深显微镜、扫描电镜及能谱分析仪和激光拉曼光谱仪对四川博物院馆藏的一幅拓片文物的分析，根据拓片墨迹与传统墨块、锅底灰、植物炭黑的微观形貌结构对比分析结果，可以得到拓片墨迹脱落的主要原因：

（1）该幅拓片是采用以植物炭黑和动物胶料混合而成的黑墨传拓而成，并非以传统烟灰墨汁或锅底灰传拓。在制墨过程中因研磨不充分，植物炭黑颗粒大，从而导致墨迹在纸张表面的固着牢度低，易发生脱落。因此，修复时需先对易脱落的墨迹进行必要的加固保护。

（2）拓片在保存过程中发生了一定程度的霉变。因植物炭黑颗粒不溶于水，与纸张的结合过程主要通过胶料以结膜干燥形式将其固着于纸张表面。由于自然界中霉菌孢子无处不在，动物胶在受潮后极易滋生霉菌，霉变后的胶料黏性降低，进一步引发拓片墨迹脱落。因此，在拓片的后期保存过程中，应加强防霉措施。

（3）从拉曼分析结果可以得出，该幅拓片在历史装裱过程中曾使用了胶矾水。在四川地区高温高湿的特殊气候环境下，明矾会随着环境温湿度的改变，反复发生溶解和结晶析出，加速了拓片墨迹的脱落。

参考文献

［1］ 刘硕识. 拓片——中国传统技艺瑰宝. 上海工艺美术，2002，（3）：51-52.

［2］ 窦淑梅. 浅谈拓片技术及其制作方法. 中原文物，2012，（2）：95-98.

［3］ 韩辰飞. 浅谈拓片修复技术. 图书馆学刊，2011，（9）：57-59.

［4］ 罗永佳. 浅谈揭裱在拓片修复上的应用. 大众文艺，2015，（16）：150-150.

［5］ 杜伟生. 拓片及其装帧与装裱. 图书馆工作与研究，2010，（9）：66-68.

［6］ 汤德良，叶筠筠. 闲谈拓片. 东南文化，2001，（2）：42-49.

［7］ 张国伟，邢桂香，阎逊初. 一些链霉菌种孢子表面结构的电镜观察. 微生物学报，1979，（2）：157-159.

［8］ 路红波. 对五株典型霉菌形态的观察和比较研究. 辽宁农业职业技术学院学报，2014，16（1）：10-12.

故宫博物院藏清代乾隆时期唐卡和绣字康熙帝御笔“万寿无疆”匾中金线的显微结构及其成分分析

马　越

（故宫博物院，北京，100009）

摘要　清代金线被广泛应用于各类型纺织品上，本文通过清代乾隆时期唐卡和绣字康熙帝御笔“万寿无疆”匾中金线的显微结构和成分分析，初步研究清代宫廷金线工艺技术。同时结合学者对中国古代和国外金线工艺研究，对比金线工艺的发展。结果表明：清代宫廷金线结构基本可以分为芯线、纸纤维层、颜料层和金箔层。金箔层以“S”型捻转与芯线表面。芯线材料主要为丝纤维。颜料层多为红色颜料，主要成分可能是铁红。金线工艺在清代宫廷应用广泛，其结构和成分研究为保护修复工作提供了科学依据，清中晚期金线工艺的变化是下一步值得研究的课题。

关键词　金线　剖面结构　芯线　金箔

引　　言

在清代宫廷纺织品类文物保护修复中，很多织绣中有金线编织工艺，运用金线的文物类型和织绣的针法多种多样。在对宁寿宫西暖阁原状陈列清乾隆时期唐卡《持国天王像》和绣字康熙帝御笔“万寿无疆”匾的修复中，发现其中均含有金线，本文通过使用金相显微镜观察金线剖面样品，初步判定其显微结构和芯线类型，使用扫描电子显微镜及能谱仪进行元素分析，研究金线颜料层与金箔层的成分。金线工艺在我国历史悠久，学者对陕西法门寺地宫出土丝织品的捻金线，新疆山普拉墓地出土的金线进行了结构与成分分析。元代设立有“纳石矢”局，明清金线的种类和织法进一步丰富，织金技术得到了空前的繁荣[1]，欧洲的纺织品中也较多使用金线。本文将学者对中外金线科学分析成果进行对比，结合对清代宫廷纺织品中金线的科学研究，讨论清代宫廷金线的结构和工艺特征。

1　中国古代金线工艺及分析研究

金线工艺在中国历史悠久，多以蚕丝为线芯，用金箔在捻制而成，使织物展现金属的光泽。陕西省张家坡西周墓葬中发现有金箔（图1）[2]。早期的金箔采用“包金”或“贴金”的手法，以“锤锻”为主要手段，直接装饰于青铜、锡、铁、漆及木器表面[3]。古代制作捻金线的工艺复杂。首先将金块熔解后捶打为金叶，捶打后退火处理再捶打为薄片，在将其夹入乌金纸中，反复捶打后制成金箔。然后在竹节纸两面刷上鱼胶，粘贴上金箔，称为“褙金”。 在野梨木板上用玛瑙石对上述纸基金箔研光，根据织物金线粗细不同的要求，将研光后的金箔切成0.2～0.5mm宽的片金线。可以直接用来制作金线织物。用本色或红、黄蚕丝线做线芯，在其上涂上黏合料，将片金线旋线于芯线的外表即成捻金线[4]。

杨军昌等对法门寺地宫出土丝织品的捻金线进行系统分析（图2）[5]。运用光学显微镜（图3），扫描电子显微镜和能谱分析仪分析捻金线、金箔层、背衬层和芯线的显微形貌，认为该捻金线使用桑蚕丝为芯线，金线捻向呈“S”型，金箔表面未加衬，也没有使用胶的痕迹。党小娟等在对新疆山普拉墓地出土金线结构形貌与材质特征研究中（图4）[6]，使用光学显微镜、扫描电子显微镜和能谱分析仪观察金线结构，获取几何尺寸信息及合金中各个元素比例，认为山普拉金线芯为

图1　陕西张家坡出土西周金箔

图2　陕西法门寺地宫出土紫红罗地蹙金绣拜垫

图3　陕西法门寺地宫出土金线显微照片

图4　新疆山普拉墓地出土金线显微照片

丝纤维，金箔是金银铜合金，芯线与金箔层间未见胶结物。该墓葬年代在公元前1世纪至公元4世纪末。路智勇通过对国内外纺织品金线工艺史的梳理，对“捻金线”命名的合理性进行论证，认为金箔层是经过芯线搓捻而捻绕在芯线之外，该名称是其技术核心的体现和外形形貌的揭示[7]。

蒙古人入主中原后，武力搜刮了大量黄金和工匠，加之游牧民族对贵金属的崇拜，织金技术得到空前发展。设立“纳石矢”局，“纳石矢”即织金锦，一种以金线织花的丝绸（图5）[8]。明清织金技术进一步发展，不仅使用单色织金锦，使用的金线有赤金、黄金、白金三种，追求织绣色彩和谐的效果。

图5　黑地对鹰纹纳石矢（柏林工艺美术馆藏）

2　国外金线工艺及对其分析研究

Cordelia Rogerson和Paul Garside对收藏于英国曼彻斯特惠氏画廊的公元15世纪欧洲祭坛上的挂毯中金线进行系统的科学研究（图6）[9]。欧洲最早在纺织品中编织如金属线可追溯至公元前15世纪中东和地中海东岸地区。早期在地毯中编织入金线是为了制造其闪烁的效果，并彰显拥有者的财富。该挂毯保存现状基本完好，金线表面有部分腐蚀现象。作者使用光学显微镜初步观察金线的基本结构（图7），金属丝缠绕方向，芯线的类型，以金属表面腐蚀的状况。利用扫描电子显微镜及能谱仪分析金线显微结构、各部分元素组成及腐蚀产物。对14个样品分析结果显示，芯线材质大部分为丝，3个为白色亚麻。金箔层有纯金、金铜合金和银铜合金。金线均呈“S”型捻向。表面有部分暗灰色腐蚀层，可能是银与大气中二氧化硫反应生成硫化银。

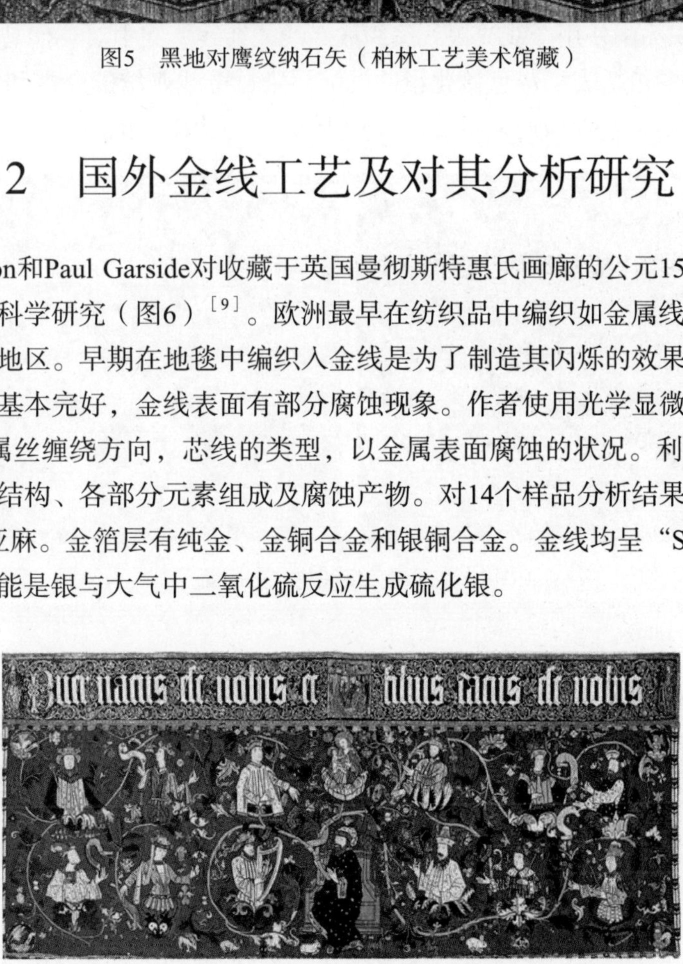

图6　挂毯（英国曼彻斯特惠氏画廊藏）

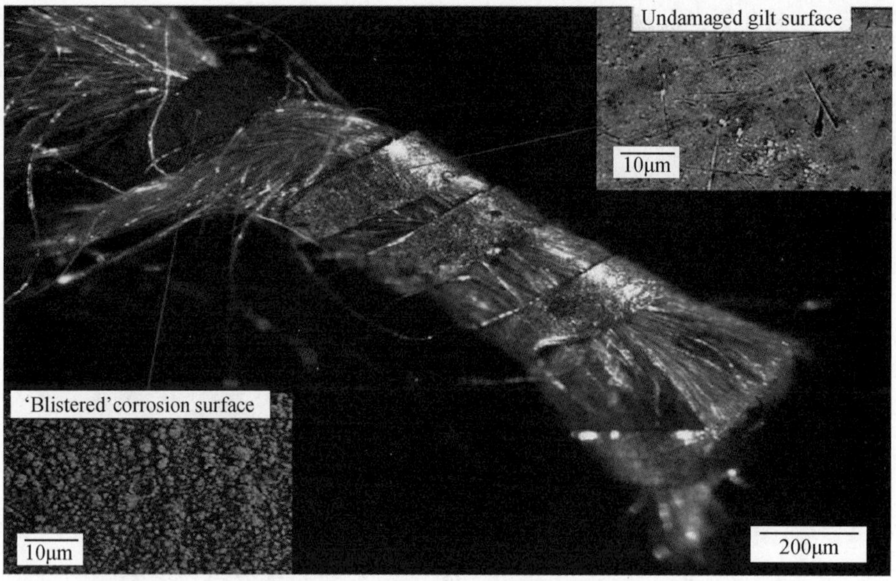

图7　挂毯金线显微照片

Marta Toth对布达佩斯应用艺术博物馆藏16～17世纪欧洲和土耳其帝国的大量纺织品进行分析研究[10]，大部分纺织品中使用金线或银线编织成经线或纬线。文中对一件马鞍装饰纺织品进行分析，发现其保存现状中包括表面灰色氯化银的沉淀污染，金线刺绣的断裂和缺失，背面纤维的老化。另外，在金线正反面上发现很多黑色沉积物（图8），宜用机械力干预清洁处理。

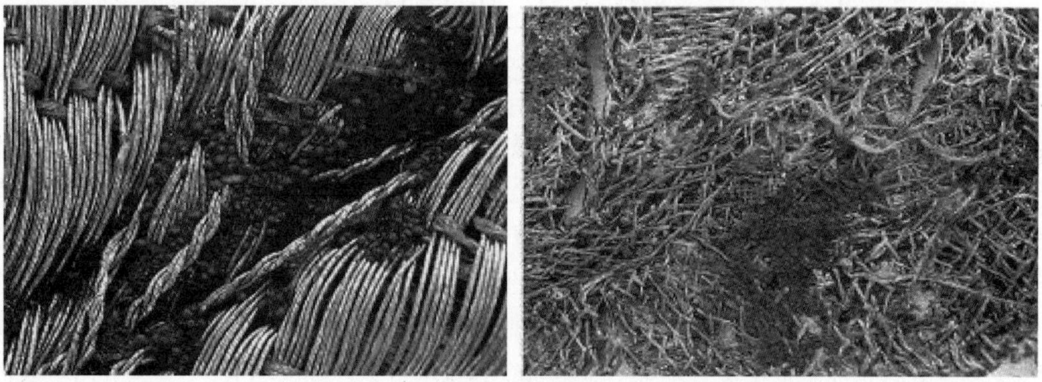

图8　金线黑色沉积物（正反面）

Virginia Costa等对法国巴黎加列拉宫收藏的一件在黑色丝绒上刺绣有金银线的骑士外套（图9）和法国巴黎哥白林织毯厂藏的金线编制的挂毯（图10）进行科学分析[11]。通过剖面观察金线样品分析其表面特征和显微结构。一件金线材质为表面附着铜颗粒，另一件为银铜合金（图11、图12）。

图9　金银线刺绣骑士外套（法国巴黎加列拉宫藏）

图10　挂毯（法国哥白林织毯厂藏）

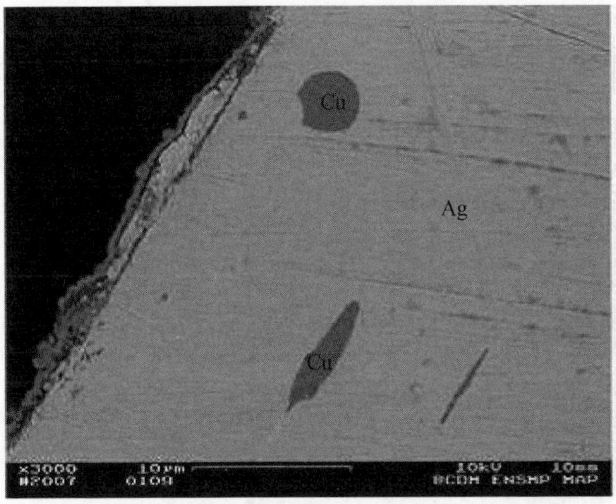

(a)

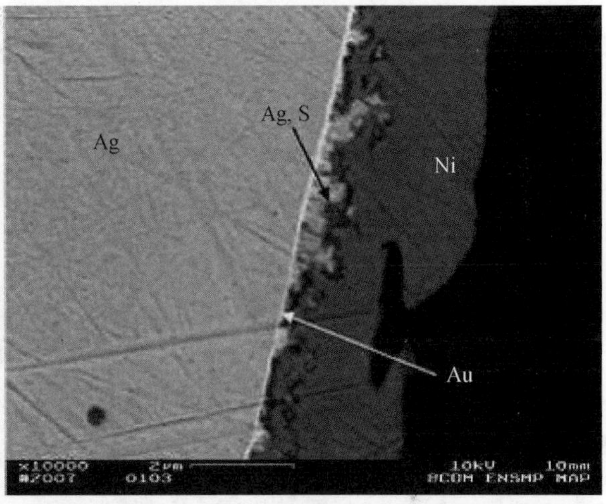

(b)

图11　骑士外套金线剖面样品扫描电镜照片

（a）金线中金属成分为混有铜颗粒夹杂物的银；（b）在银表面有极薄的金箔层，金箔层外有一层镍保护层

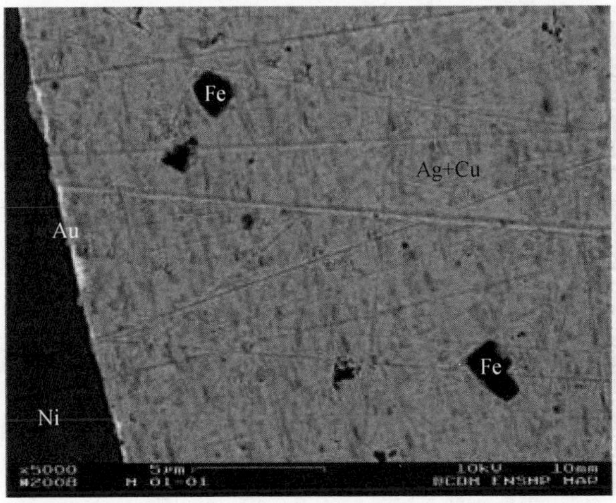

(a)

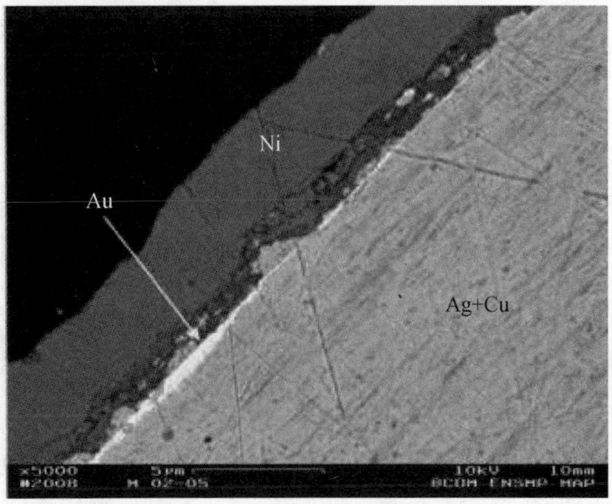

(b)

图12　挂毯金线剖面样品的扫描电镜照片

（a）金线中金属成分为混有铁颗粒夹杂物的银铜合金；（b）银铜合金表面金层和腐蚀层，最外层为镍保护层

3　清代宫廷金线工艺及对几件清代宫廷金线样品的分析

清代金线被广泛应用于各类型纺织品上，如朝袍、地毯、唐卡等。运用金线织绣的针法也多种多样，如“桂花针”“金宝地”“圈金绣”等。分为圆金线和扁金线，将金箔黏合在纸上切成0.5mm左右细条状即扁金线，将边金线包缠在棉纱或丝线外即成圆金线。

3.1　清乾隆时期唐卡《持国天王像》

在对故宫博物院宁寿宫西暖阁原状陈列清乾隆时期唐卡《持国天王像》修复时，我们对其四边装帧处金线取样分析（图13）。

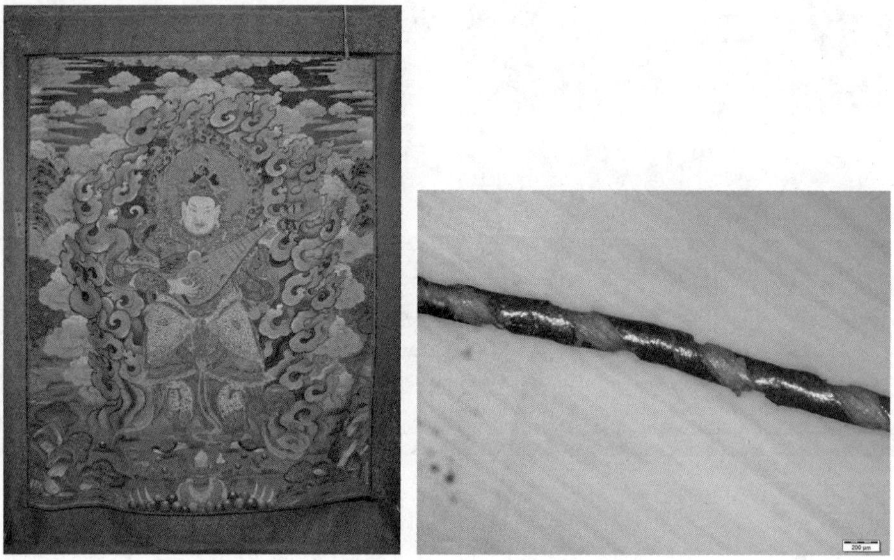

(a)　(b)

图13　《持国天王像》（a）及金线取样位置（b）

在实体显微镜下观察，该金线金箔层以“S”型缠绕于线芯上。为了研究该金线结构，取一段金线包埋于聚酯树脂中（品牌型号Technovite 2000LC，Heraeus Kulzer），室温中在紫外光下固化30min，制成剖面样品后用砂纸抛光，以备研究其剖面结构。使用光学显微镜（DM4000M）配备50W卤素光源，使用反射偏振的可见光和紫外线过滤器放大500倍观察剖面样品（图14、图15）。

放大500倍观察金线的剖面结构，在可见光下，金线周边有一层发亮的金箔层，在金箔层内有一层不均匀的物质，中心处发暗红的部分可能是芯线。为了分清金线剖面层次结构，在紫外光下可清晰地看出最外圈边缘处有很薄的一层黑色金箔层，向内有一层红色不均匀颜料层，该颜料涂敷于纸纤维上，纸纤维包裹着芯线，紫外光下芯线剖面结构中可清晰地看到丝纤维断面。同时在显微图片左上角可以看到一个缺口，这正是金箔和纸纤维层捻转的痕迹。未发现胶结材料层。

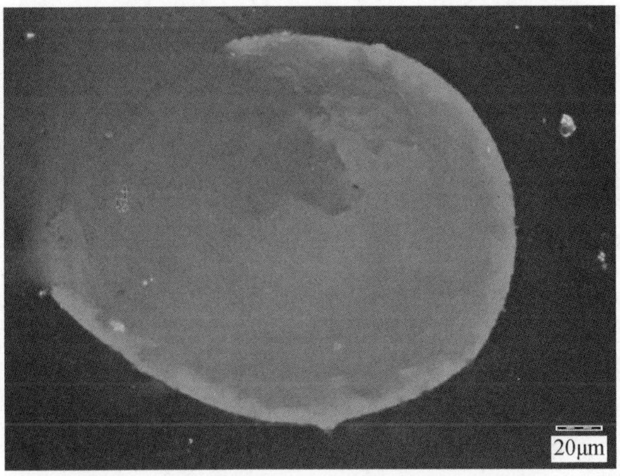

图14 金线剖面样品（500×，可见光）

图15 金线剖面样品（500×，紫外光）

3.2 绣字康熙帝御笔“万寿无疆”匾

对绣字康熙帝御笔“万寿无疆”匾修复中脱落的金线取样分析（图16、图17）。

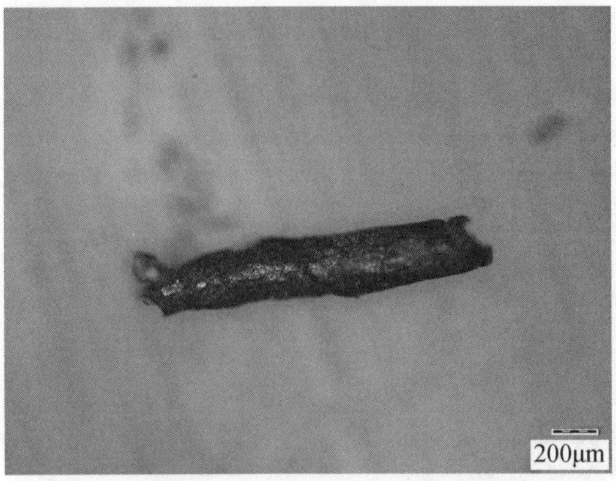

图16 “万寿无疆”匾金线1

图17 “万寿无疆”匾金线2

体视显微镜下观察两条金线的金箔层均为“S”型捻于芯线上，金线1较为致密，金箔层颜色较暗。为了研究两条金线的剖面结构，采用同样方法包埋样品。使用金相显微镜，观察两件样品在可见光和紫外光下的结构（图18～图22）。

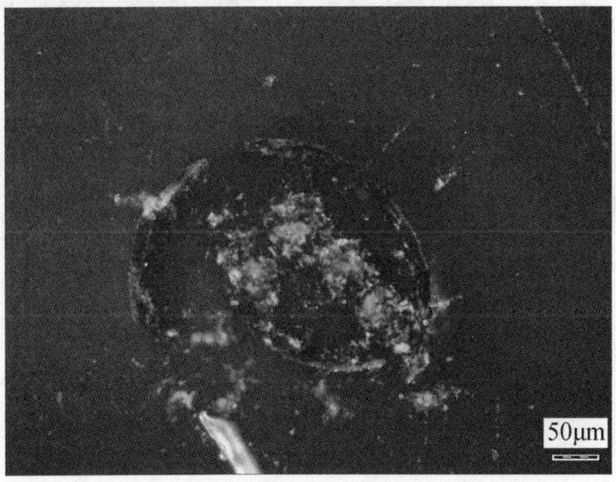

图18 “万寿无疆”匾金线1剖面（200×，可见光）

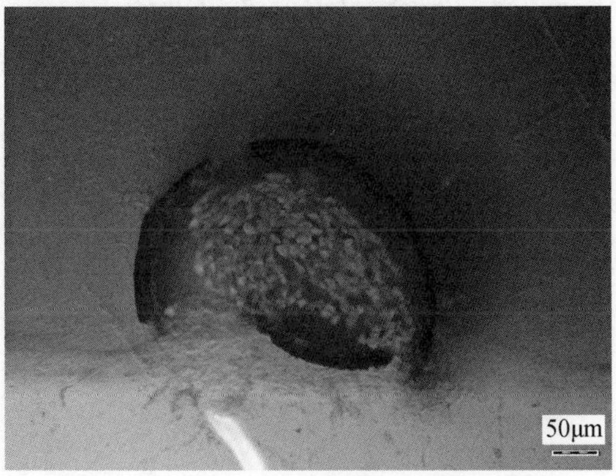

图19 “万寿无疆”匾金线1剖面（200×，紫外光）

图20　“万寿无疆”匾金线1剖面（500×，紫外光）

剖面结构中，金箔层与芯线部分有多处脱落，在可见光下大致可以分辨出金线1的边缘金箔层，由于抛光样品时剖面附着大量树脂颗粒，芯线部分较为模糊。再次打磨样品后在紫外光下放大200倍观察，可以分辨出芯线、纸纤维层、颜料层和金箔层。紫外光下放大500倍观察局部金箔层与芯线脱落部分，可明显看出在极薄的金箔层下有一层红色颜料，红色颜料层下方为纸纤维，纸纤维层内包裹着丝纤维线芯。

金线样品2的金箔层较样品1与芯线结合较为紧密，分别在可见光与紫外光下放大200倍观察其剖面结构，与样品1类似。芯线为丝纤维，芯线外包裹着纸纤维，纸纤维上涂覆颜料层，最外层为极薄的金箔层。

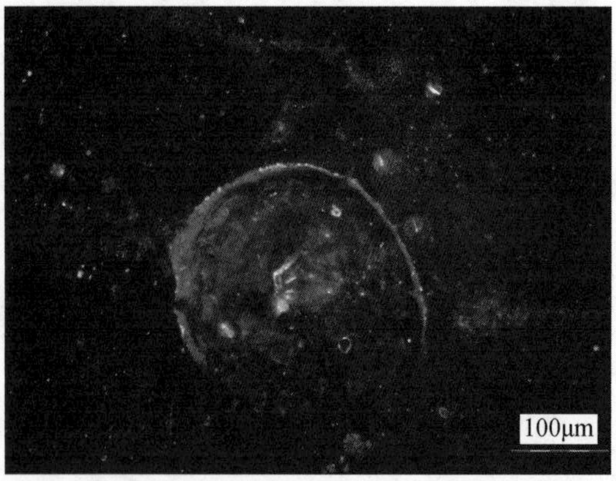

图21　“万寿无疆”匾金线2剖面（200×，可见光）

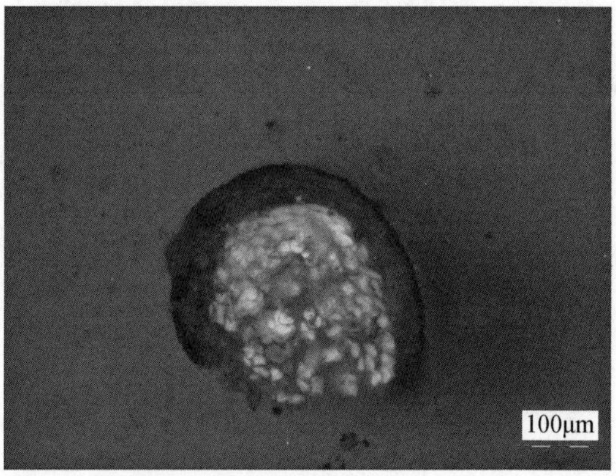

图22　“万寿无疆”匾金线2剖面（200×，紫外光）

为了分析金线颜料层的成分，使用扫描电子显微镜分析金线2剖面元素信息。在其背散射电子像中，可以看出剖面结构中最外层发亮的金箔层，以及金箔层中暗色物质，这部分是颜料层，颜料层内暗色部分为纸纤维和芯线（图23）。

在金线2剖面上做Fe和Au元素的面扫描分析（图24、图25），对比两元素的位置分布，推断该金线的颜料层中主要成色元素是Fe。由于其在金相显微镜可见光反射下呈红色，推测该颜料为铁红。金线1、金线2均未发现胶结材料层。

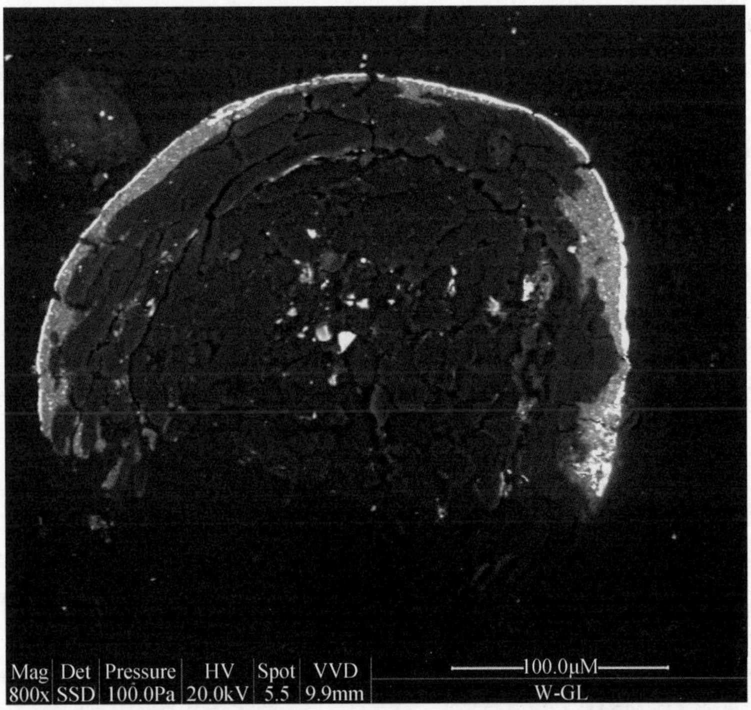

图23 “万寿无疆”匾金线2剖面的背散射电子像

图24 金线2剖面Fe面扫描图像

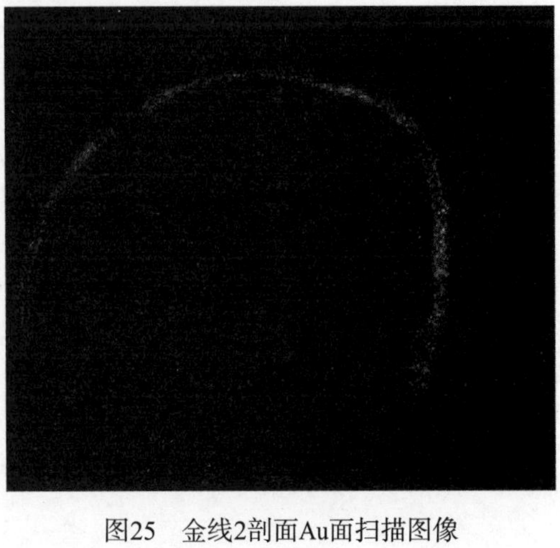

图25 金线2剖面Au面扫描图像

4 分析与讨论

根据上述文献调查和对清代宫廷金线样品的分析检测，可以归纳如下讨论：

（1）清代宫廷中在广泛使用金线作为织绣材料，发展出多种利用金线织绣的针法。

（2）清代宫廷金线结构基本可以分为芯线、纸纤维层、颜料层和金箔层。金箔层以“S”型捻转与芯线表面。

（3）芯线材料主要为丝纤维。颜料层多为红色颜料，主要成分可能是铁红。

（4）金箔层与纸纤维层之间未见胶结材料层。

金线工艺在清代宫廷应用广泛，以上样品为康乾盛世时期的织绣类文物，随着时代和社会经济的变化，清代中晚期宫廷用金线工艺是否会随之变化，是下一步值得研究的问题。

参考文献

[1] 黄能馥，陈娟娟. 中国丝绸科技艺术七千年：历代织绣珍品研究. 北京：中国纺织出版社，2002.

[2] 张礼艳. 丰镐地区西周墓葬研究. 长春：吉林大学文学院，2009：4.

[3] 安志敏，安家瑗. 中国早期黄金制品的考古学研究. 考古学报，2008，3：291-310.

[4] 黄能馥. 中国美术全集・工艺美术编7・印染织绣（下）. 北京：文物出版社，1987：1-4.

[5] 杨军昌，张静，姜捷. 法门寺地宫出土唐代捻金线的制作工艺. 考古，2013，（2）：97-104.

[6] 党小娟，郭金龙，柏柯，杨军昌. 新疆山普拉墓地出土金线结构形貌与材质特征研究. 文物保护与考古科学，2014，26（3）：13-18.

[7] 路智勇. 试论“捻金线”命名的合理性. 文博，2014，（1）：70-74.

[8] 尚刚. 纳石失在中国. 东南文化，2003，（8）：54-64.

[9] Rogerson C, Garside P. Instrumental analysis of metal threads as an aid for interpretation and preservation of a 15th century tapestry altar frontal and super frontal. Tapestry Conservation: Principles and Practice. U.K.: Butterworth-Heinemann Publishing House, 2006: 48-56.

[10] Toth M. Lessons learned from conserving metal thread embroidery in the Esterhazy Collection, Budapest, Hungary. Studies in Conservation, 2012, 57(S1): 305-312.

[11] Costa V, de Reyer D, Betbeder M. A note on the analysis of metal threads. Studies in Conservation, 2012, 57(2): 112-115.

其　他

基于文献计量学浅析中国文物保护技术协会（首届—第八次）学术年会及《学术年会论文集》的成果和发展

马江丽

（上海博物馆文物保护科技中心，《文物保护与考古科学》编辑部，上海，200231）

摘要 自2001年中国文物保护技术协会首届学术年会召开，至今已召开8次学术年会；由中国文物保护技术协会承担主要组稿和汇编工作的《中国文物保护技术协会学术年会论文集》，至今已出版8辑。笔者基于文献计量学，统计分析了15年来的8次学术年会召开情况及《年会论文集》各出版指标情况，通过发文量、篇密度、载文增长率、合作率、栏目设置及发文比例等统计参数的量化数据，尝试探寻中国文物保护技术协会学术年会的发展历程，以期能为《年会论文集》更进一步地提升影响力提供数据支持和参考。

关键词 中国文物保护技术协会 学术年会 年会论文集 文献计量 文物保护

引 言

2001年5月下旬，中国文物保护技术协会首届学术年会在苏州召开。同年，印制《中国文物保护技术协会首届学术年会论文集》[1]，发表了包括金属文物、土遗址、古代书画、纺织品、纸张、陶瓷器、漆器、古代建筑等保护、维修及文物保护环境和文物测试方面的学术论文67篇。中国文物保护技术协会主要承担本论文集的组稿和汇编工作，至今已出版8辑《中国文物保护技术协会（首届—第八次）学术年会论文集》[1-8]（简称《年会论文集》）。《年会论文集》论文内容涵盖古建筑、土遗址、摩岩石刻等不可移动文物和纸张、陶瓷、漆木器等可移动文物的科技保护，以及保护材料、检测技术、预防性保护等多方面内容。中国文物保护技术协会学术年会（以下简称学术年会）对促进文物博物馆事业的健康发展具有重要意义，有助于进一步提升文博系统的文物保护技术水平，推动科技与文博事业的融合发展。《年会论文集》围绕年会主题，提供了集中展示文物保护科技领域最新的研究成果和思路的平台。

采用文献计量学方法，统计《年会论文集》15年来的出版情况，尝试探寻中国文物保护技术协会学术年会的发展轨迹，以期能为《年会论文集》更进一步地提升影响力提供数据支持。

1 学术年会会议召开情况统计

中国文物保护技术协会自2001年召开首届学术年会，至2016年6月共计举办八次学术年会。每次学术年会按照设定的会议主题作为主导思想，积极推进了文物保护技术的发展。具体的学术年会统计结果详见表1。

表1 学术年会召开情况分类统计结果

学术年会	年会时间和地点	会议主题	参会代表人数	收稿/篇	发表/篇
第八次	2014年10月，宜昌	文物科技事业现状与展望	近200名	100多	50
第七次	2012年9月，镇江	传统工艺与现代科技相结合的创新研究	近200名	80多	69
第六次	2009年6月，乌鲁木齐	东方文化遗产保护理念与方法	130余名	100多	64
第五次	2007年9月，南京	传统工艺与现代科技的对话	150余名	90多	61
第四次	2005年11月，荆州	以科学的发展观，促进文物科技发展	180余名	90多	92
第三次	2004年5月，杭州	贯彻新《文物法》，促进文物科技发展	100余名	80多	63
第二次	2002年7月，西安	新形势下文物科技可持续发展战略及文物保护如何贯彻“保护为主，抢救第一”的方针	100余名	113	105
首届	2001年5月，苏州		90余名		67

2 《年会论文集》出版情况统计

2001～2015年《年会论文集》共计刊发学术论文571篇，总页码约达3500页。《年会论文集》出版内容的分类统计结果详见表2，从表2可总体把握《年会论文集》的出版及发展历程。

表2 《年会论文集》出版内容分类统计结果

《年会论文集》	出版时间	栏目设置	汇编单位	总页码	出版社	开本	印张	字数/千字
第八次	2015年8月	可移动文物保护技术研究，不可移动文物保护技术研究，其他	中国文物保护技术协会、湖北省博物馆	379	科学出版社	889×1194，1/16	24 1/2	710
第七次	2013年7月	可移动文物保护技术研究，不可移动文物保护技术研究，其他	中国文物保护技术协会	507	科学出版社	889×1194，1/16	32 3/4	914
第六次	2010年6月	可移动文物保护技术研究，不可移动文物保护技术研究，其他	中国文物保护技术协会、新疆文物古迹保护中心	408	科学出版社	889×1194，1/16	26 1/2	734
第五次	2008年8月	不可移动文物保护，可移动文物保护，科学分析研究，其他	中国文物保护技术协会、故宫博物院文保科技部	392	科学出版社	889×1194，1/16	25 1/4	706

续表

《年会论文集》	出版时间	栏目设置	汇编单位	总页码	出版社	开本	印张	字数/千字
第四次	2007年2月	金属文物保护，石质类、陶瓷类文物保护，古建筑、古遗址、壁画、彩塑保护，纸张、纺织品文物保护，竹、木、骨、角类文物保护，文物分析方法研究，其他	中国文物保护技术协会	521	科学出版社	889 × 1194，1/16	33 1/4	1030
第三次	2005年9月	未分栏目	中国文物保护技术协会	376	紫禁城出版社	850 × 1168，1/16	24	505
第二次	2002年7月	未分栏目	中国文物保护技术协会	527	—	—	—	—
首届	2001年5月	未分栏目	中国文物保护技术协会	384	—	—	—	—

2.1 发文量及论文录用率等指标的变化

笔者对《年会论文集》发文量、篇均页码等指标进行详细统计，结果见表3。发文量反映了刊物所容纳的信息量，是学术期刊吸收和传递情报能力的主要衡量指标之一。篇均页码和篇密度等指标主要用于衡量发表论文的深度。篇均页码数值较大，可以在一定程度上反映论文阐述的观点较有深度。

表3 《年会论文集》篇密度、录用率等参数统计列表

《年会论文集》	发文量/篇	篇均页码	篇密度	论文录用率/%
第八次	50	7.58	0.13	48
第七次	69	7.35	0.14	81
第六次	64	6.38	0.16	61
第五次	61	6.43	0.16	64
第四次	92	5.66	0.18	97
第三次	63	5.97	0.17	74
第二次	105	5.02	0.20	93
首届	67	5.73	0.17	97

分析表3数据，《年会论文集》发文量波折变化，尤其最近的四辑《年会论文集》发文量均匀分布为50 ~ 69篇，载文增长率为负值，如图1所示。

造成载文增长率为负值的原因是什么？这是分析《年会论文集》影响力的一个很关键的点。笔者比对了论文的录用率，即刊发论文数/收稿论文数，可见首届、第二次《年会论文集》时，论文录用率基本达90%以上；到第八次《年会论文集》时，自100多篇收稿中仅选择刊发50篇，录用率低于50%。虽然，每辑的收稿数量呈增长趋势，刊发论文的录用率曲线却有明显的下降趋势。由此

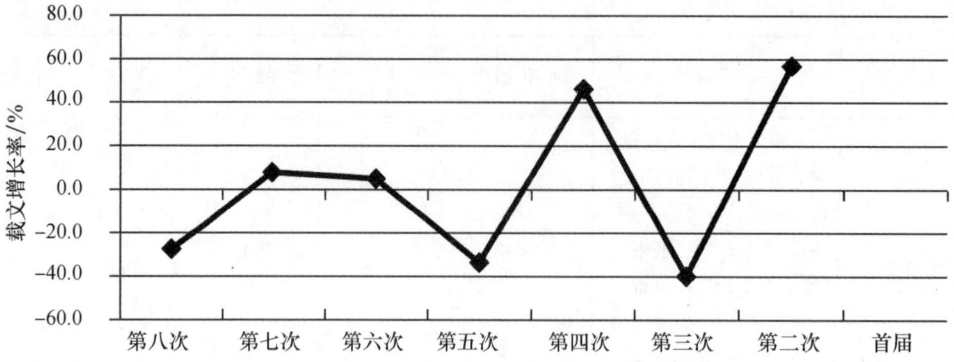

图1　《年会论文集》载文增长率图示

可知，《年会论文集》发文量减少的原因是主办方重视发表论文的质量，严格把关刊文数量，以确保优秀论文稿件能够脱颖而出所致。

2.2　合作率统计

合作率是指作者有两人及以上的合作论文数占论文总量的比例。统计数据见图2。合作率衡量的是刊载论文的合作研究程度，合作开展研究是提高科学研究质量的一种重要途径。首届《年会论文集》合作率为25.4%，而第七次、第八次《年会论文集》合作率已达56%以上，合作率有了大幅提高，虽有波动，但总体合作率呈现出上升的趋势。

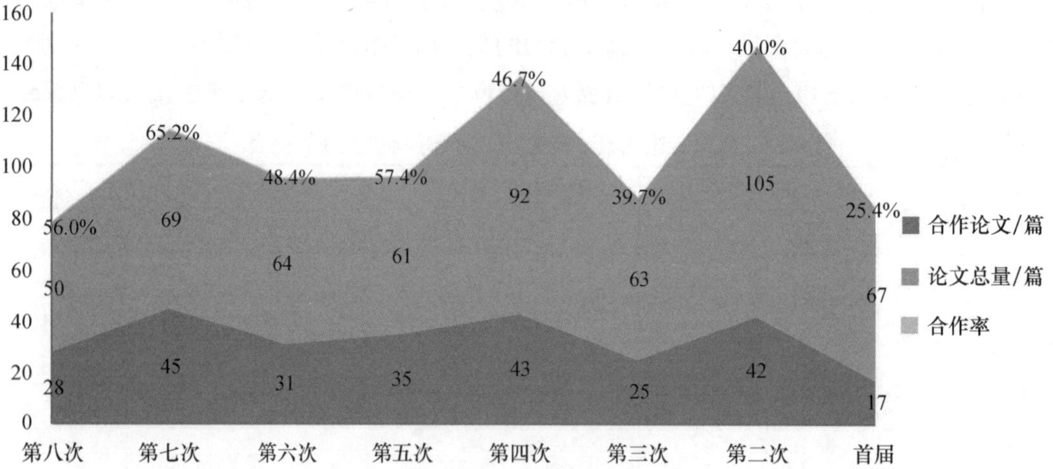

图2　《年会论文集》合作率图示

2.3　参与作者数量及单位统计

笔者选取2008～2015年的第五次—第八次《年会论文集》统计论文作者及作者单位数量，见图3。其中，参与作者以人次计算，即人名出现一次即计数一次，不管作者名是否重复出现。对应的每辑作者数量，则不重复计数，多产作者（在一辑论文集中发表2篇及以上论文作者）仅计数为一位。单位同作者的计数方法，不重复计数，共有近130家单位发表论文，说明年会已经引起了我国文物保护领域各单位和研究学者的广泛关注和重视。

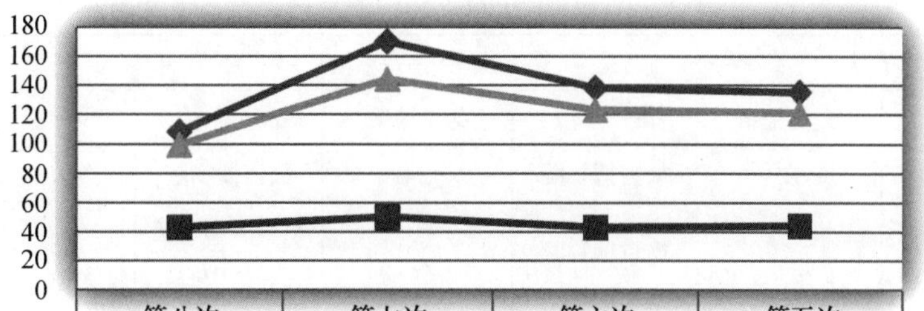

	第八次	第七次	第六次	第五次
参与作者/人次	108	170	138	135
单位（不重复计）	43	50	43	44
作者（不重复计）	99	144	123	121

图3　2008～2015年《年会论文集》论文作者及单位数量统计

2.4　高产作者的分布

多产作者统计分析可以直接反映科学生产率的相关情况，是文献计量学的重要参数之一。笔者对2008～2015年的《年会论文集》高产作者、单位及发文量进行统计，相关数据列于表4和表5。表4和表5显示，54位高产作者发文量为118篇，35家高产单位在四本论文集发文量达189篇，占总发文量的77.5%。其中，故宫博物院发文59篇次，遥遥领先于发文排名第二的南京博物院27篇次。

表4　2008～2015年高产作者及发文量统计

第八次		第七次		第六次		第五次	
高产作者	发文量/篇	高产作者	发文量/篇	高产作者	发文量/篇	高产作者	发文量/篇
周理坤	3	万俐	4	万俐	3	袁传勋	3
李越	2	朱一青	4	曹雪筠	2	陈刚	2
邵振东	2	陈潇俐	3	陈五六	2	方北松	2
汤永净	2	王时伟	3	范陶峰	2	费利华	2
杨志国	2	郑冬青	3	金柏创	2	高飞	2
张杨	2	陈步荣	2	李晓溪	2	刘舜强	2
周双林	2	崔瑾	2	刘莺	2	卢衡	2
王春	2	高飞	2	卢衡	2	王菊琳	2
		何子晨	2	路霞	2	王时伟	2
		贾京健	2	王丽琴	2	徐靖	2
		苗建民	2	杨隽永	2	姚政权	2
		倪斌	2	杨璐	2	郑冬青	2
		王建稳	2	杨忙忙	2	周健林	2
		韦庆林	2	张勇剑	2		
		徐飞	2				
		薛宏涛	2				
		张金萍	2				
		朱庆贵	2				
		杨隽永	2				

表5　2008～2015年高产单位及发文量统计

第八次		第七次		第六次		第五次	
高产单位	发文量/篇	高产单位	发文量/篇	高产单位	发文量/篇	高产单位	发文量/篇
故宫博物院	12	故宫博物院	24	故宫博物院	8	故宫博物院	15
重庆中国三峡博物馆	5	南京博物院	13	新疆文物古迹保护中心	7	南京博物院	5
南京博物院	4	国文科保新材料科技开发有限公司	4	南京博物院	5	上海博物馆	4
北京大学考古文博学院	3	复旦大学	2	辽宁省博物馆	4	荆州文物保护中心	3
荆州文物保护中心	3	南京工业大学	2	新疆维吾尔自治区博物馆	3	秦始皇兵马俑博物馆	3
山西博物院	3	南京市博物馆	2	中国文化遗产研究院	3	安徽省文物考古研究所	2
同济大学	2	山东博物馆	2	安徽省博物馆	2	北京化工大学	2
西北大学文化遗产学院	2	陕西历史博物馆	2	陕西省考古研究院	2	复旦大学	2
上海仰韶古建筑保护科技发展有限公司	2	陕西省文物保护研究院	2	上海博物馆	2	泉州海外交通史博物馆	2
内蒙古博物院	2			绍兴县文化发展中心	2	新疆博物馆	2
湖北省博物馆	2			首都博物馆	2	浙江省博物馆	2
北京文博交流馆	2			伪满皇宫博物院	2	中国文物研究所	2
				西北大学	2		
				浙江省博物馆	2		
				中国国家博物馆	2		
				北京文博交流馆	2		

2.5　栏目设置及刊文的内容分类

首届至第三次《年会论文集》未设栏目，自第六次开始固定设置的“可移动文物保护技术研究”“不可移动文物保护技术研究”“其他”等3个栏目（详见表2），显示《年会论文集》已经把握收稿及发文契合式发展的路径。第五次—第八次《年会论文集》论文栏目分布曲线见图4，展示各栏目的发文情况，论文栏目比例梳理可看出《年会论文集》的发展轨迹。其中，“可移动文物保护技术研究”栏目占有最为重要的比例，且有上升的发展趋势。

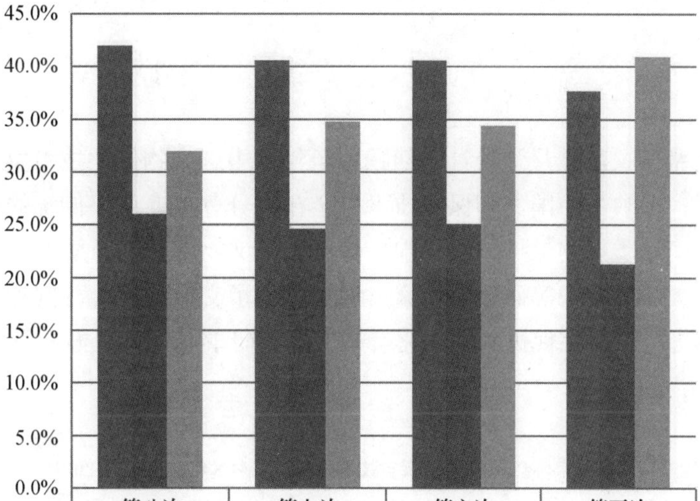

	第八次	第七次	第六次	第五次
■ 可移动文物保护技术研究	42.0%	40.6%	40.6%	37.7%
■ 不可移动文物保护技术研究	26.0%	24.6%	25.0%	21.7%
■ 其他	32.0%	34.8%	34.4%	41.0%

图4　第五次—第八次《年会论文集》论文栏目分布曲线

3　学术年会及《年会论文集》可持续发展探讨

文献计量学是以文献数量为基础，论证与讨论科学技术以及与其相关现象、事物、过程的科学[9]。基于以上小节的文献计量统计分析可见，《年会论文集》已经具备广泛的社会影响力，刊发的论文主题覆盖全面，仅2007年以来的发文作者单位已达129家，作者出现551人次，实现了中国文物保护技术协会“开展各种不同形式的学术交流活动，加强自然科学和社会科学学科之间的联系；总结传统的文物保护经验，推广现代先进技术成果”的主要任务目标。学术年会及《年会论文集》已成为我国文物保护技术领域展示和交流的最重要平台之一。

中国文物保护技术协会学术年会围绕年会主题，配合出版《年会论文集》，组织多场次的学术报告，集中展示文物保护科技领域最新的研究成果和思路。文物保护研究综合理工、信息、人文等多学科的交叉研究领域，依赖于多学科的基础理论和技术方法，具有极高的复杂性。中国文物保护技术协会第四次—第八次年会持续关注以科学的发展观，促进文物科技发展；传统工艺与现代科技的对话；东方文化遗产保护理念与方法；传统工艺与现代科技相结合的创新研究；文物科技事业现状与展望等主题，关注传统工艺结合现代科技，引发了业界研究人员的关注和共鸣。近年来，金属文物保护、文物预防性保护等的研究取得了一定的成果，可以说部分研究取得国际先进水平。但我国是拥有着几千年历史文明的古国，文物类型多、保存环境多样，对文化遗产的保护提出了更高的要求，有很多的技术难点有待攻关和突破。呼吁文物保护研究学者重视文物保护技术的基础研究，基于文物病害防治、文物保护材料研究、无损检测、微损分析等技术方法开展更为深入的研究，探索新的技术体系和方法体系，建立完整的文物保护学科体系。

结　语

本文基于文献计量学统计，回顾了历年来中国文物保护技术协会学术年会及《年会论文集》的发展概况，反映了中国文物保护技术协会在充分尊重、认识传统的基础上，为从事金属文物保护，纸张、纺织品类文物保护，竹、木、骨、角类文物保护，石质类、陶瓷类文物保护，古建筑、古遗址、壁画、彩塑保护等研究的专家、学者搭建了交流的平台，推动了我国文博系统文物保护技术水平的总体提升，并在促进我国文化遗产保护科研事业的发展方面发挥出了积极作用。

参考文献

[1] 中国文物保护技术协会. 中国文物保护技术协会首届学术年会论文集. 2001.
[2] 中国文物保护技术协会. 中国文物保护技术协会第二次学术年会论文集. 2002.
[3] 中国文物保护技术协会. 中国文物保护技术协会第三次学术年会论文集. 北京：紫禁城出版社，2005.
[4] 中国文物保护技术协会. 中国文物保护技术协会第四次学术年会论文集. 北京：科学出版社，2007.
[5] 中国文物保护技术协会，故宫博物院文保科技部. 中国文物保护技术协会第五次学术年会论文集. 北京：科学出版社，2008.
[6] 中国文物保护技术协会，新疆文物古迹保护中心. 中国文物保护技术协会第六次学术年会论文集. 北京：科学出版社，2010.
[7] 中国文物保护技术协会. 中国文物保护技术协会第七次学术年会论文集. 北京：科学出版社，2013.
[8] 中国文物保护技术协会，湖北省博物馆. 中国文物保护技术协会第八次学术年会论文集. 北京：科学出版社，2015.
[9] 邱均平，段宇锋，陈敬全，宋思梅，嵇丽. 我国文献计量学发展的回顾与展望. 科学学研究，2003，21（2）：143-148.

从国内外考古相关期刊被引频次分析考古学科发展动向

——自然科学在考古中的分量

刘文兵[1]　寇淑愉[2]

（1. 吉林省博物院文物科技保护中心，吉林长春，130117；2. 宁夏博物馆文保中心，宁夏银川，750011）

摘要　对国内外文物、考古及人类学相关文章做了引用频次排名，通过对国内的《文物》《考古》《考古学报》《古脊椎动物学报》《考古与文物》《故宫博物院院刊》《文物保护与考古科学》以及对国外JAS和JAA的排名，梳理国内外考古学科中“科技考古”的发展走向和科技考古领域近来的热点课题。有意识地选择若干具有典型意义的或有代表性的考古类期刊，调查统计其中的科技考古篇幅量，通过对这几种典型期刊高引用频次的文章提取分析，即可取得深入、翔实的统计。以少量高频文献反映科技考古大局，窥见考古学科发展的走向。本文的总结对考古专业新人有引导作用。

关键词　考古　文物　人类学　期刊　引用频次

引　　言

做学术，首先需要对这个学术圈做一些总结。平时要养成经常去查找资料的习惯，以此了解自己的学科领域内哪些方向是被关注的热点，随时做一些总结以丰富写作素材。查找资料的方法正确，可以达到事半功倍的效果，甚至会有一些其他的领悟。

从某种角度而言，被引频次高的文章，可以客观地反映这篇文章被关注、被研究、被重视的程度以及对本学科发展起到的重要作用。

如考古学科，对一些经典的被引频次高的文章的总结会帮助我们掌握考古学科的学科重点和热点。本文对经新闻出版总署批准的学术圈内公认的考古类期刊，从某一期刊（类内）纵向比较（如对《考古》的文章做引用频次的排名）和期刊间（类间）横向比较（如对大量考古类期刊的文章综合做引用频次的排名）两方面进行排名，观察总结以把握考古学科的重点内容。要了解考古专业的学科发展，靠教材远远跟不上考古学科发展的脚步，大量阅读文献，才能准确分析相关课题动态走向。通过阅读被引高频次文章，才能对考古学科有更深刻的认识。2004年有学者从九种核心期刊做过关于中国科技考古的文献计量分析[1]，并总结科技考古的发展趋势。本文自创方法，总结国内外考古相关期刊被引频次，与业内学者讨论。

国际上，被引频次最多的是《用Folin-酚试剂测量蛋白质》[2]，截至2015年1月1日被引了308360次，截至2016年11月1日被引用了327804次。这篇文章的引用频次数从未被任何一篇文章超越。

被引次数最多的SCI文章是1993年发表的理论化学领域的一篇文章《密度泛函的热化学——正解交换的作用》[3]，截至2015年1月1日被引用了37219次，截至2016年11月1日被引用了44606次。

本文排名完成日期截至2016年11月份。

1　国内考古类期刊被引频次

1.1　纵向排名

以下是部分国内文物、考古及人类学核心期刊自创刊以来，文章被引用次数的纵向比较排名前十的文章相关信息。表2 ~ 表9的排序是参考表1中的被引次数的高低来排名。

表1　中国知网收录的文物、考古及人类学期刊文章被引次数排序

期刊名称	主办单位	复合影响因子	综合影响因子	被引次数
文物	文物出版社	0.894	0.417	92097
考古	中国社会科学院考古研究所	1.010	0.577	74345
考古学报	中国社会科学院考古研究所	0.861	0.361	31420
考古与文物	陕西省考古研究院	0.672	0.351	12745
故宫博物院院刊	故宫博物院	0.500	0.268	11893
文物保护与考古科学	上海博物馆	0.547	0.391	6365

《文物》是考古类最重要期刊之一（表2）。可以看出：①红山文化[4]、河姆渡文化[6]、马王堆古尸[8]、曾侯乙墓[10]都是考古学科热点，这些研究已经发展到纵向深度研究阶段；②郭大顺[4]、张克举[4]、苏秉琦[7]、殷玮璋[7]、方殿春[12]、刘葆华[12]、严文明[11]都是考古学界的优秀人物，是这些考古学前辈引领我们走进神秘的考古，走向人生。

表2　《文物》（1950年 月刊 曾用名《文物参考资料》），此刊知网共有记录12252篇

排名	文章信息	被引次数
1	郭大顺，张克举. 辽宁省喀左县东山嘴红山文化建筑群址发掘简报[4]. 1984，（11）.	322
2	山西大同石家寨北魏司马金龙墓[5]. 1972，（3）.	265
3	浙江河姆渡遗址第二期发掘的主要收获[6]. 1980，（5）.	253
4	苏秉琦，殷玮璋. 关于考古学文化的区系类型问题[7]. 1981，（5）.	217
5	长沙马王堆二、三号汉墓发掘简报[8]. 1974，（7）.	205
6	黎瑶渤. 辽宁北票县西官营子北燕冯素弗墓[9]. 1973，（3）.	201
7	湖北随县曾侯乙墓发掘简报[10]. 1979，（7）.	201
8	严文明. 中国史前文化的统一性与多样性[11]. 1987，（3）.	198
9	方殿春，刘葆华. 辽宁阜新县胡头沟红山文化玉器墓的发现[12]. 1984，（6）.	175
10	唐永泰公主墓发掘简报[13]. 1964，（1）.	172

《考古》是国内考古界最权威的期刊之一（表3）。首先，测定年代、考古学文化定名当然是考古学科关注度极高并且首要解决的问题。其次，二里头遗址、凌源城子山遗址、南越王墓等均属于考古教学中必讲的经典考古案例，也是大批学者们深入剖析的案例。再次，夏鼐是最先将高科技引入该学科的领军人物。李恭笃、徐旭生、方西生、宿白、徐苹芳都是中国考古界自不用说的知名人物，每位老先生都有着不同的考古经历，相同的奋斗目标。

表3 《考古》（1955年 月刊），此刊知网共有记录8837篇

排名	文章信息	被引次数
1	方酉生. 河南偃师二里头遗址发掘简报[14]. 1965，（5）.	250
2	夏鼐. 碳-14测定年代和中国史前考古学[15]. 1977，（4）.	243
3	河南偃师二里头早商宫殿遗址发掘简报[16]. 1974，（4）.	204
4	李恭笃. 辽宁凌源县三官甸子城子山遗址试掘报告[17]. 1986，（6）.	166
5	内蒙古敖汉旗兴隆洼遗址发掘简报[18]. 1985，（10）.	149
6	北京地区的又一重要考古收获——昌平白浮西周木椁墓的新启示[19]. 1976，（4）.	146
7	河南新郑裴李岗新石器时代遗址[20]. 1978，（2）.	145
8	1957年邯郸发掘简报城[21]. 1959，（10）.	142
9	西汉南越王墓发掘初步报告[22]. 1984，（3）.	142
10	徐苹芳. 唐宋墓葬中的“明器神煞”与“墓仪”制度——读《大汉原陵秘葬经》札记[23]. 1963，（2）.	141

《考古学报》同样是权威刊物之一（表4）。排名第一的竺可桢的这篇文章也发表在《中国科学》杂志上[34]。到目前，被引1302次。竺可桢不愧是高瞻远瞩的学术大家，他的思想不断被事实应验，近年环境考古在考古学科中的重要性逐渐凸显出来，相关研究也越来越多。其他领域的渗透研究对考古学科的发展同样起到重要作用。另外，从表格中显而易见，被引频次高的这些文章都是全国考古发现比较重要的遗址。

表4 《考古学报》（1936年 季刊），此刊知网共有记录1089篇

排名	文章信息	被引次数
1	竺可桢. 中国近五千年来气候变迁的初步研究[24]. 1972，（1）.	1302
2	河姆渡遗址第一期发掘报告[25]. 1978，（1）.	436
3	1969～1977年殷墟西区墓葬发掘报告[26]. 1979，（1）.	341
4	吴兴钱山漾遗址第一、二次发掘报告[27]. 1960，（2）.	273
5	江陵天星观1号楚墓[28]. 1982，（1）.	260
6	贾兰坡，盖培，尤玉柱. 山西峙峪旧石器时代遗址发掘报告[29]. 1972，（1）.	252
7	郑州大河村遗址发掘报告[30]. 1979，（3）.	234
8	马得志，周永珍，张云鹏. 一九五三年安阳大司空村发掘报告[31]. 1955，（1）.	212
9	甘肃永靖大何庄遗址发掘报告[32]. 1974，（2）.	197
10	1967年长安张家坡西周墓葬的发掘[33]. 1980，（4）.	193

《考古与文物》也可以看出这份陕西省考古研究院主办的刊物凸显西北地区地方特色（表5）。秦文化、唐墓壁画都是陕甘一带的研究重心。

表5　《考古与文物》（1980年 双月刊），此刊知网共有记录2235篇

排名	文章信息	被引频次
1	周晓陆，路东之，庞睿. 秦代封泥的重大发现——梦斋藏秦封泥的初步研究[35]. 1997，（1）.	69
2	井增利，王小蒙. 富平县新发现的唐墓壁画[36]. 1997，（4）.	62
3	陕西蒲城洞耳村元代壁画墓[37]. 2000，（1）.	54
4	2002年内蒙古林西县井沟子遗址西区墓葬发掘纪要[38]. 2004，（1）.	53
5	王辉. 也谈礼县大堡子山秦公墓地及其铜器[39]. 1998，（5）.	48
6	石兴邦. 下川文化的生态特点与粟作农业的起源[40]. 2000，（4）.	47
7	北周宇文俭墓清理发掘简报[41]. 2001，（3）.	45
8	唐昭陵新城长公主墓发掘简报[42]. 1997，（3）.	45
9	河北省滦平县梨树沟门山戎墓地清理简报[43]. 1995，（5）.	45
10	杨效俊. 东魏、北齐墓葬的考古学研究[44]. 2000，（5）.	44

《故宫博物院院刊》的排名反映出该刊以宫廷历史、文物研究为主要研究对象（表6）。

表6　《故宫博物院院刊》（1958年 双月刊），此刊知网共有记录2463篇

排名	文章信息	被引频次
1	唐兰. 中国青铜器的起源与发展[45]. 1979，（1）.	54
2	冯先铭. 三十年来我国陶瓷考古的收获[46]. 1980，（1）.	52
3	陈剑. 说花园庄东地甲骨卜辞的“丁”——附：释“速”[47]. 2004，（4）.	51
4	杨伯达. 中国古代玉器面面观[48]. 1989，（1）.	50
5	杨伯达. 十八世纪中西文化交流对清代美术的影响[49]. 1998，（4）.	47
6	裘锡圭. 说“口凡有疾”[50]. 2000，（2）	44
7	杨伯达. 曲阳修德寺出土纪年造象的艺术风格与特征[51]. 1960，（0）.	43
8	李学勤. 秦玉牍索隐[52]. 2000，（2）.	42
9	徐邦达. 宋徽宗赵佶亲笔画与代笔画的考辨[53]. 1979，（1）.	41
10	周南泉. 论中国古代的玉璧——古玉研究之二[54]. 1991，（1）.	41

《文物保护与考古科学》上海博物馆主办，本表格信息提取得出以下三点（表7）。第一，制定文物保护标准是当下之急，被引频次相对较高。并且，要做大量的文物保护工作，必须有理论标准做参照。统一要求统一步骤，才可以建立文物保护数据库，方便后续对样本进行总体把握和对比研究。第二，土遗址、石质品的文物保护研究明显是该领域的热点。第三，金属器（无机文物）、丝织品、纸质（有机类文物）等的保护研究还处于起步阶段，取得资质证书的单位和个人寥寥无几，一些有机质类文物保护研究甚至是空白，如古尸的文物保护就没有相关资质证书。

表7　《文物保护与考古科学》（1989年 季刊），此刊知网共有记录1430篇

排名	文章信息	被引频次
1	孙满利. 土遗址保护研究现状与进展[55]. 2007.	107
2	陈元生，解玉林. 博物馆文物保存环境质量标准研究[56]. 2002.	91
3	王丽琴，党高潮，梁国正. 露天石质文物的风化和加固保护探讨[57]. 2004.	66
4	张秉坚，尹海燕，铁景沪. 石质文物表面防护中的问题和新材料[58]. 2000.	66

续表

排名	文章信息	被引频次
5	韩冬梅，郭广生，石志敏，姜进展. 化学加固材料在石质文物保护中的应用[59]. 1999.	66
6	周双林，原思训，杨宪伟，郭宝发，夏寅. 丙烯酸非水分散体等几种土遗址防风化加固剂的效果比较[60]. 2003.	64
7	周双林，原思训. 有机硅改性丙烯酸树脂非水分散体的制备及在土遗址保护中的试用[61]. 2004.	47
8	张秉坚，周环，贺筱蓉. 石质文物微生物腐蚀机理研究[62]. 2001.	45
9	张晓梅，原思训. 丝织品老化程度检测方法探讨[63]. 2003.	43
10	郭宏. 论“不改变原状原则”的本质意义——兼论文物保护科学的文理交叉性[64]. 2004.	39

1.2 横向排名

国内所有考古类文章做一个横向比较排名如下：

横向排名的检索方法为：①打开中国知网；②选择全文检索；③输入关键词“考古”；④按照被引频次排名；⑤按照排名先后搜选考古相关的文章。

从表8可以看出，20篇文章中有17篇考古发掘报告，都是非常重要的考古遗址。其次，考古断代问题、考古学文化问题一直都是每个考古发掘首要解决的大问题。再次，由考古学引发的一些大课题的探讨，诸如文明的起源、中华文明的诞生原因等慢慢地都得到经得起推敲的可靠答案。相信会有更多的公众感兴趣的问题经过考古学科提供的证据得到更好的论证。

表8　中国知网考古类文章被引频次排名前20篇文章

排名	文章信息	被引频次
1	河姆渡遗址第一期发掘报告[25]. 考古学报，1978.	433
2	1969～1977年殷墟西区墓葬发掘报告[26]. 考古学报，1979.	335
3	郭大顺，张克举. 辽宁省喀左县东山嘴红山文化建筑群址发掘简报[4]. 文物，1984.	322
4	吴兴钱山漾遗址第一、二次发掘报告[27]. 考古学报，1960.	273
5	山西大同石家寨北魏司马金龙墓[5]. 文物，1972.	261
6	江陵天星观1号楚墓[28]. 考古学报，1982.	255
7	浙江河姆渡遗址第二期发掘的主要收获[6]. 文物，1980.	253
8	贾兰坡，盖培，尤玉桂. 山西峙峪旧石器时代遗址发掘报告[29]. 考古学报，1972.	251
9	方西生. 河南偃师二里头遗址发掘简报[14]. 考古，1965.	248
10	夏鼐. 碳-14测定年代和中国史前考古学[15]. 考古，1977.	242
11	郑州大河村遗址发掘报告[30]. 考古学报，1979.	234
12	苏秉琦，殷玮璋. 关于考古学文化的区系类型问题[7]. 文物，1981.	215
13	马得志，周永珍，张云鹏. 一九五三年安阳大司空村发掘报告[31]. 考古学报，1955.	208
14	长沙马王堆二、三号汉墓发掘简报[8]. 文物，1974.	201
15	湖北随县曾侯乙墓发掘简报[10]. 文物，1979.	201
16	河南偃师二里头早商宫殿遗址发掘简报[16]. 考古，1974.	201
17	辽宁北票县西官营子北燕冯素弗墓[9]. 文物，1973.	201
18	严文明. 中国史前文化的统一性与多样性[11]. 文物，1987.	198
19	甘肃永靖大何庄遗址发掘报告[32]. 考古学报，1974.	197
20	1967年长安张家坡西周墓葬的发掘[33]. 考古学报，1980.	193

2　国外考古类期刊被引频次

Journal of Archaeological Science（简称JAS）杂志被SCI、SSCI、A&HCI共同收录，其中被引频次最高的一篇文章是Ambrose于 1990年7月发表的*Preparation and characterization of bone and tooth collagen for isotopic analysis*（《稳定同位素分析：骨胶原蛋白和齿胶原蛋白的制备和表征》），这篇文章引用了46篇文献（图1），被引用了496次（图2），是外文考古类期刊被引最多的一篇文章。

JAS排名前十的文章都与同位素分析的方法有关，可以看出20世纪90年代，国际上同位素分析方法被广泛应用于考古科学领域（表9）。同位素分析方法给考古学带来了新的研究空间，近年来也逐渐被国内学者使用，如年代校正[75]、人畜饮食主食结构分析[76]、青铜器原料来源分析[77]等。利用科技考古的技术方法，文物本身携带的大量潜在信息被发掘出来，这些技术方法逐渐成为一种研究趋势。

表9　Web of knowledge数据库网站收录的JAS中文章被引频次排名前10的文章

排名	文章信息	被引频次
1	标题：Preparation and characterization of bone and tooth collagen for isotopic analysis[65] 作者：Ambrose, S H. 年：1990	496
2	标题：The effects of sample treatment and diagenesis on the isotopic integrity of carbonate in biogenic hydroxylapatite[66] 作者：Koch, P L等. 年：1997	394
3	标题：Stable carbon isotope ratio differences between bone-collagen and bone apatite, and their relationship to diet[67] 作者：Leethorp, J A等. 年：1989	332
4	标题：Bone collagen quality indicators for palaeodietary and radiocarbon measurements[68] 作者：van Klinken, G J. 年：1997	324
5	标题：Burnt bones and teeth: An experimental-study of color, morphology, crystal-structure and shrinkage[69] 作者：Shipman, P等. 年：1984	289
6	标题：Effects of diet, climate and physiology on nitrogen isotope abundances in terrestrial foodwebs[70] 作者：Ambrose, S H. 年：1991	285
7	标题：Stable isotope evidence for similarities in the types of marine foods used by late mesolithic humans at sites along the Atlantic coast of Europe[71] 作者：Richards, M P等. 年：1999	269
8	标题：Natural variations in the carbon isotope values of plants: Implications for archaeology, ecology, and paleoecology[72] 作者：Tieszen, L L. 年：1991	260
9	标题：The isotopic composition of carbon and nitrogen in individual amino-acids isolated from modern and fossil proteins[73] 作者：Hare, P E等. 年：1991	241
10	标题：Differential burning, recrystallization, and fragmentation of archaeological bone[74] 作者：Stiner, M C; 等. 年：1995	240

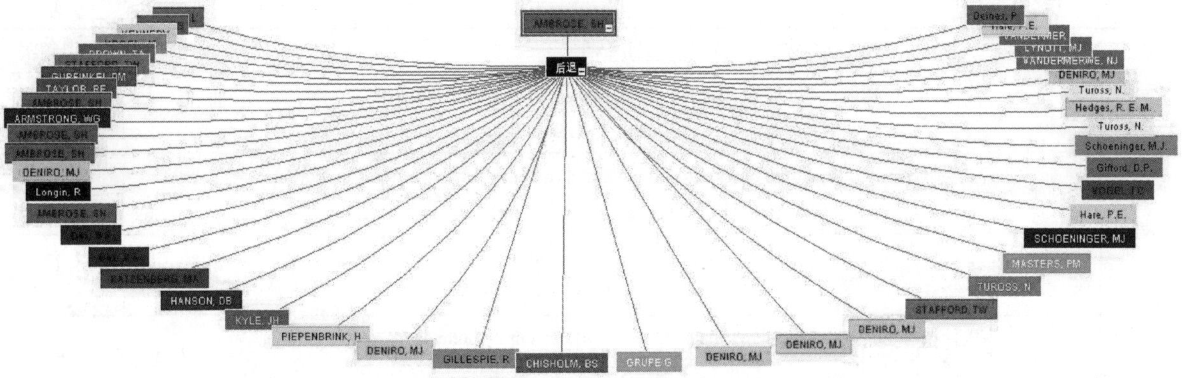

图1 伊利诺伊大学的SH Ambrose教授1990年写的文章*Preparation and characterization of bone and tooth collagen for isotopic analysis*引用了45篇文献

图2 伊利诺伊大学的Ambrose, SH教授1990年写的文章*Preparation and characterization of bone and tooth collagen for isotopic analysis*被后来的学者引用了496次之多

美国的JAA是世界一流的人类学及考古学杂志，是考古人类学领域的风向标，文章多用考古证据分析早期人类生活演化进程中骨器加工、狩猎捕鱼采集、农业铁器加工技术等行为（表10）。考古学使用社会学、生态学、生物学、地质学、地理学等原理和方法，系统化综合研究各种考古现象，并且反过来服务于这些学科。有句名言：我们需要了解过去的5000年，以便掌握未来的100年。

表10 Web of knowledge数据库网站收录的*Journal of Anthropological Archaeology*（简称JAA）、SSCI、A&HCI共同收录，被引频次排名前10的文章

排名	文章信息	被引频次
1	标题：Energy-source, protein-metabolism, and hunter gatherer subsistence strategies[78] 作者：Speth, J D等. 年：1983	273
2	标题：Bone-density and differential survivorship of fossil classes[79] 作者：Lyman, R L. 年：1984	251
3	标题：Early hominid hunting, butchering, and carcass-processing behaviors: Approaches to the fossil record[80] 作者：Shipman, P等. 年：1983	207

续表

排名	文章信息	被引频次
4	标题：Human ancestors: Changing views of their behavior [81] 作者：Binford, L R. 年：1985	198
5	标题：Nimrods, piscators, pluckers, and planters: The emergence of food-production [82] 作者：Hayden, B. 年：1990	183
6	标题：Variability in bone assemblage formation from hadza hunting, scavenging, and carcass processing [83] 作者：Bunn, H T等. 年：1988	182
7	标题：Middle paleolithic symbolism: A review of current evidence and interpretations [84] 作者：Chase, P G等. 年：1987	162
8	标题：The study of material culture today: Toward an anthropology of technical systems [85] 作者：Lemonnier, P. 年：1986	160
9	标题：Declines in mammalian foraging efficiency during the late holocene, San Francisco bay, California [86] 作者：Broughton, J M. 年：1994	152
10	标题：Time perspectives, palimpsests and the archaeology of time [87] 作者：Bailey, G. 年：2007	146

同位素相关方法对考古学科贡献不小。理论上，但凡含有同位素元素的物体，都可以做同位素分析，一旦有技术支持，同位素分析将会给考古学科带来广阔的研究空间：用来分析痕量、超痕量、多元素以及同位素比值的“多接受电感耦合等离子体质谱仪（MC-ICP-MS）”“加速器质谱仪（AMS）”等都是直接实现同位素分析的便捷可靠的设备仪器。就同位素而言，目前运用到考古领域的稳定同位素（如^{12}C、^{13}C；^{14}N、^{15}N；^{16}O、^{17}O、^{18}O；^{63}Cu、^{65}Cu；^{84}Sr、^{86}Sr、^{87}Sr、^{88}Sr；^{206}Pb、^{207}Pb、^{208}Pb等），天然放射性同位素（如^{14}C），另外还有部分未被利用但是具有潜在的研究空间的稳定同位素（如^{28}Si、^{29}Si、^{30}Si；^{50}Cr、^{52}Cr、^{53}Cr、^{54}Cr等）。考古实物个体由于时空差异，所含同位素具有不同的丰度。文物同位素数据积累到一定程度，可以做大量考古时空归属分析。考古文博行业属于人文社会科学，而兼顾考古文博以及自然科学专业知识系统的研究人员还不具规模。所以考古文博界亟需一批文理兼备的科研人员来完成更具挑战性的人文社会科学与自然科学理论技术方法相结合的研究，来证明更多的考古学科模棱两可事件。

结　　语

本文写作历时两年，通过大量多次排名调试，部分文章排名波动的对比（也就是近两年被引用增量对比），我们对考古学科发展动态逐渐清晰明了；考古学科的潜在发展空间巨大。属于人文社会科学的考古学科近来大量运用自然科学的方法取得重大突破和进展[88, 89]。从上文中若干具有典型性、代表性的考古类期刊的若干高引用频次的文章可以看出，国内外考古学研究已经灵活地运用多学科多领域的技术方法，尤其在科技考古领域的成果有目共睹，也印证了赵宾福提倡的：“以考古研究为基础，以文物保护为己任，以科学技术为手段、以走向世界为目标”[90]的考古学科发展需要。

参考文献

[1] 钱俊龙，熊樱菲，潘小伦. 从九种核心期刊的文献计量分析看中国科技考古的发展. 文物保护与考古科学，2004，16（2）：51-63.

[2] Lowry O H, Rosebrough N J, Farr A L, et al. Protein measurement with the Folin phenol reagent. The Journal of biological chemistry, 1951, 193(1): 265-275.

[3] Becke A D. Density-functional thermochemistry 3 the role of exact exchange. Journal of chemical physics, 1993, 98(7): 5648-5652.

[4] 郭大顺，张克举. 辽宁省喀左县东山嘴红山文化建筑群址发掘简报. 文物，1984，（11）：1-11，98-99.

[5] 山西大同市博物馆，山西文物工作委员会. 山西大同石家寨北魏司马金龙墓. 文物，1972，（3）：20-33，64，89-92.

[6] 河姆渡遗址考古队. 浙江河姆渡遗址第二期发掘的主要收获. 文物，1980，（5）：1-15，98-99.

[7] 苏秉琦，殷玮璋. 关于考古学文化的区系类型问题. 文物，1981，（5）：10-17.

[8] 湖南省博物馆，中国科学院考古研究所. 长沙马王堆二、三号汉墓发掘简报. 文物，1974，（7）：39-48，63，95-111.

[9] 黎瑶渤. 辽宁北票县西官营子北燕冯素弗墓. 文物，1973，（3）：2-28，65-69.

[10] 随县擂鼓墩一号墓考古发掘队. 湖北随县曾侯乙墓发掘简报. 文物，1979，（7）：1-24，98-105.

[11] 严文明. 中国史前文化的统一性与多样性. 文物，1987，（3）：38-50.

[12] 方殿春，刘葆华. 辽宁阜新县胡头沟红山文化玉器墓的发现. 文物，1984，（6）：1-5，98.

[13] 陕西省文物管理委员会. 唐永泰公主墓发掘简报. 文物，1964，（1）：7-33, 58-63.

[14] 方酉生. 河南偃师二里头遗址发掘简报. 考古，1965，（5）：3-7，215-224.

[15] 夏鼐. 碳-14测定年代和中国史前考古学. 考古，1977，（4）：217-232.

[16] 中国科学院考古研究所二里头工作队. 河南偃师二里头早商宫殿遗址发掘简报. 考古，1974，（4）：228，234-248，278-281.

[17] 李恭笃. 辽宁凌源县三官甸子城子山遗址试掘报告. 考古，1986，（6）：497-510，578.

[18] 杨虎，朱延平，孔昭宸，杜乃秋. 内蒙古敖汉旗兴隆洼遗址发掘简报. 考古，1985，（10）：865-874，961-962.

[19] 北京市文物管理处. 北京地区的又一重要考古收获——昌平白浮西周木椁墓的新启示. 考古，1976，（4）：228，246-258，281-284.

[20] 开封地区文管会新郑县文管会. 河南新郑裴李岗新石器时代遗址. 考古，1978，（2）：73-79，145-146.

[21] 北京大学，河北省文化局邯郸考古发掘队. 1957年邯郸发掘简报. 考古，1959，（10）：531-536，588.

[22] 广州象岗汉墓发掘队. 西汉南越王墓发掘初步报告. 考古，1984，（3）：222-230，289-292.

[23] 徐苹芳. 唐宋墓葬中的“明器神煞”与“墓仪”制度——读《大汉原陵秘葬经》札记. 考古，1963，（2）：87-106.

[24] 竺可桢. 中国近五千年来气候变迁的初步研究. 考古学报，1972，（1）：15-38.

[25] 浙江省文物管理委员会，浙江省博物馆. 河姆渡遗址第一期发掘报告. 考古学报，1978，（1）：39-94，140-155.

[26] 中国社会科学社考古研究所安阳工作队. 1969-1977年殷墟西区墓葬发掘报告. 考古学报，1979，（1）：27-157.

[27] 浙江省文物管理委员会. 吴兴钱山漾遗址第一、二次发掘报告. 考古学报，1960，（2）：73-91，149-158.

[28] 湖北省荆州地区博物馆. 江陵天星观1号楚墓. 考古学报，1982，（1）：71-116，143-162.

[29] 贾兰坡，盖培，尤玉柱. 山西峙峪旧石器时代遗址发掘报告. 考古学报，1972，（1）：39-58，135-136.

[30] 郑州市博物馆. 郑州大河村遗址发掘报告. 考古学报，1979，（3）：301-375，403-416.

[31] 马得志，周永珍，张云鹏. 一九五三年安阳大司空村发掘报告. 考古学报，1955，（1）：25-90，211-248.

[32] 中国科学院考古研究所甘肃工作队. 甘肃永靖大何庄遗址发掘报告. 考古学报，1974，（2）：29-62，144-161.

[33] 中国社会科学院考古研究所沣西发掘队. 1967年长安张家坡西周墓葬的发掘. 考古学报，1980，（4）：457-502，535-546.

[34] 竺可桢. 中国近五千年来气候变迁的初步研究. 中国科学，1973，（2）：15.

[35] 周晓陆，路东之，庞睿. 秦代封泥的重大发现——梦斋藏秦封泥的初步研究. 考古与文物，1997，（1）：35-49.

[36] 井增利，王小蒙. 富平县新发现的唐墓壁画. 考古与文物，1997，（4）：8-11.

[37] 陕西考古研究所. 陕西蒲城洞耳村元代壁画墓. 考古与文物，2000，（1）：16-21，48.

[38] 王辉. 也谈礼县大堡子山秦公墓地及其铜器. 考古与文物，1998，（5）：88-93.

［39］ 陈平. 浅谈礼县秦公墓地遗存与相关问题. 考古与文物，1998，（5）.
［40］ 石兴邦. 下川文化的生态特点与粟作农业的起源. 考古与文物，2000，（4）：17-35，57.
［41］ 陕西省考古研究所. 北周宇文俭墓清理发掘简报. 考古与文物，2001，（3）：27-40，97.
［42］ 陕西省考古研究所，陕西历史博物馆，昭陵博物馆. 唐昭陵新城长公主墓发掘简报. 考古与文物，1997，（3）：3-29.
［43］ 滦平县博物馆. 河北省滦平县梨树沟门山戎墓地清理简报. 考古与文物，1995，（5）：8-15.
［44］ 杨效俊. 东魏、北齐墓葬的考古学研究. 考古与文物，2000，（5）：68-88，96.
［45］ 唐兰. 中国青铜器的起源与发展. 故宫博物院院刊，1979，（1）：4-10，107.
［46］ 冯先铭. 三十年来我国陶瓷考古的收获. 故宫博物院院刊，1980，（1）：6-30，53，103-104.
［47］ 陈剑. 说花园庄东地甲骨卜辞的“丁”——附：释“速”. 故宫博物院院刊，2004，（4）：51-63，157.
［48］ 杨伯达. 中国古代玉器面面观. 故宫博物院院刊，1989，（1）：31-40，99-100.
［49］ 杨伯达. 十八世纪中西文化交流对清代美术的影响. 故宫博物院院刊，1998，（4）：70-77，93-94.
［50］ 裘锡圭. 说“口凡有疾”. 故宫博物院院刊，2000，（1）：1-7.
［51］ 杨伯达. 曲阳修德寺出土纪年造象的艺术风格与特征. 故宫博物院院刊，1960，（0）：43-60.
［52］ 李学勤. 秦玉牍索隐. 故宫博物院院刊，2000，（2）：41-45.
［53］ 徐邦达. 宋徽宗赵佶亲笔画与代笔画的考辨. 故宫博物院院刊，1979，（1）：62-67，50-103.
［54］ 周南泉. 论中国古代的玉璧——古玉研究之二. 故宫博物院院刊，1991，（1）：76-88.
［55］ 孙满利. 土遗址保护研究现状与进展. 文物保护与考古科学，2007，19（4）：64-70.
［56］ 陈元生，解玉林. 博物馆文物保存环境质量标准研究. 文物保护与考古科学，2002，（S1）：152-191.
［57］ 王丽琴，党高潮，梁国正. 露天石质文物的风化和加固保护探讨. 文物保护与考古科学，2004，16（4）：58-63.
［58］ 张秉坚，尹海燕，铁景沪. 石质文物表面防护中的问题和新材料. 文物保护与考古科学，2000，（2）：1-4.
［59］ 韩冬梅，郭广生，石志敏，姜进展. 化学加固材料在石质文物保护中的应用. 文物保护与考古科学，1999，（2）：41-44.
［60］ 周双林，原思训，杨宪伟，郭宝发，夏寅. 丙烯酸非水分散体等几种土遗址防风化加固剂的效果比较. 文物保护与考古科学，2003，15（2）：40-48.
［61］ 周双林，原思训. 有机硅改性丙烯酸树脂非水分散体的制备及在土遗址保护中的试用. 文物保护与考古科学，2004，16（4）：50-52.
［62］ 张秉坚，周环，贺筱蓉. 石质文物微生物腐蚀机理研究. 文物保护与考古科学，2001，13（2）：15-20.
［63］ 张晓梅，原思训. 丝织品老化程度检测方法探讨. 文物保护与考古科学，2003，15（1）：31-37.
［64］ 郭宏. 论“不改变原状原则”的本质意义——兼论文物保护科学的文理交叉性. 文物保护与考古科学，2004，16（1）：60-64.
［65］ Ambrose S H. Preparation and characterization of bone and tooth collagen for isotopic analysis. Journal of Archaeological Science, 1990, 17(4): 431-451.
［66］ Koch P L, Tuross N, Fogel M L. The effects of sample treatment and diagenesis on the isotopic integrity of carbonate in biogenic hydroxylapatite. Journal of Archaeological Science, 1997, 24(5): 417-429.
［67］ Leethorp J A, Sealy J C, Vandermerwe N J. Stable carbon isotope ratio differences between bone-collagen and bone apatite, and their relationship to diet. Journal of Archaeological Science, 1989, 16(6): 585-599.
［68］ van Klinken G J. Bone collagen quality indicators for palaeodietary and radiocarbon measurements. Journal of Archaeological Science, 1999, 26(6): 687-695.
［69］ Shipman P, Foster G, Schoeninger D. Burnt bones and teeth: An experimental-study of color, morphology, crystal-structure and shrinkage. Journal of Archaeological Science, 1984, 11(4): 307-325.
［70］ Ambrose S H. Effects of diet, climate and physiology on nitrogen isotope abundances in terrestrial foodwebs. Journal of Archaeological Science, 1991, 18(3): 293-317.
［71］ Richards M P, Hedges R E M. Stable isotope evidence for similarities in the types of marine foods used by late mesolithic humans at sites along the Atlantic coast of Europe. Journal of Archaeological Science, 1999, 6(6): 717-722.

[72] Tieszen L L. Natural variations in the carbon isotope values of plants: Implications for archaeology, ecology, and paleoecology. Journal of Archaeological Science, 1991, 18(3): 227-248.

[73] Hare P E, Fogel M L, Stafford T W. The isotopic composition of carbon and nitrogen in individual amino-acids isolated from modern and fossil proteins. Journal of Archaeological Science, 1991, 18(3): 277-248.

[74] Stiner M C, Kuhn S L, Weiner S, Bar-Yosef O. Differential burning, recrystallization, and fragmentation of archaeological bone. Journal of Archaeological Science, 1995, 22(2): 223-237.

[75] 郑涛，张琛. 考古测年新方法探析. 陕西师范大学学报（自然科学版），2008，（S1）：136-137.

[76] 张全超，朱泓. 内蒙古察右中旗七郎山墓地人骨的稳定同位素分析. 草原文物，2012，（1）：87-89.

[77] 崔剑锋，佟伟华，吴小红. 垣曲商城出土部分铜炼渣及铜器的铅同位素比值分析研究. 文物，2012，（7）：80-84.

[78] Speth J D, Spielmann K A. Energy-source, protein-metabolism, and hunter gatherer subsistence strategies. Journal of Anthropological Archaeology, 1983, 2(1): 1-31.

[79] Lyman R L. Bone-density and differential survivorship of fossil classes. Journal of Anthropological Archaeology, 1984, 3(4): 259-299.

[80] Shipman P, Rose J. Early hominid hunting, butchering, and carcass-processing behaviors: Approaches to the fossil record. Journal of Anthropological Archaeology, 1983, 2(1): 57-98.

[81] Binford L R. Human ancestors: Changing views of their behavior. Journal of Anthropological Archaeology, 1985, 4(4): 292-327.

[82] Hayden B. Nimrods, piscators, pluckers, and planters: The emergence of food-production. Journal of Anthropological Archaeology, 1990, 9(1): 31-69.

[83] Bunn H T, Bartram L E, Kroll E M. Variability in bone assemblage formation from hadza hunting, scavenging, and carcass processing. Journal of Anthropological Archaeology, 1988, 7(4): 412-457.

[84] Chase P G, Dibble H L. Middle paleolithic symbolism: A review of current evidence and interpretations. Journal of Anthropological Archaeology, 1987, 6(3): 263-296.

[85] Lemonnier P. The study of material culture today: Toward an anthropology of technical systems. Journal of Anthropological Archaeology, 1986, 5(2): 147-186.

[86] Broughton J M. Declines in mammalian foraging efficiency during the late holocene, San Francisco bay, California. Journal of Anthropological Archaeology, 1994, 13(4): 371-401.

[87] Bailey G. Time perspectives, palimpsests and the archaeology of time. Journal of Anthropological Archaeology, 2007, 26(2): 198-223.

[88] 朱泓，曾雯，张全超，陈山，周慧. 喇嘛洞三燕文化居民族属问题的生物考古学考察. 吉林大学社会科学学报，2012，（1）：44-51，159.

[89] 张全超，王伟，朱泓，金海燕. 新疆汉晋时期古尸人发中多元素ICP-AES法的同时测定. 吉林大学学报（理学版），2010，48（4）：704-706.

[90] 赵宾福. 考古学学科建设和人才培养存在的问题及建议. 中国文物报，2012-06-22（003）.

关于对故宫博物院非物质文化遗产“青铜器修复及复制技艺”的科学化研究的思考*

刘建宇　高　飞　王有亮　史宁昌　雷　勇　曲　亮

（故宫博物院，北京，100009）

摘要　故宫博物院“青铜器修复及复制技艺”于2011年被列入《第三批国家级非物质文化遗产名录》，是我国目前唯一一项被列入非物质文化遗产名录的青铜器修复传统工艺，在我国青铜修复行业中具有广泛的影响力。随着“传统工艺科学化”概念的提出，学界开始在学术理论上将“科学化”这一理念和标准引入传统工艺的研究，积极探索传统工艺与现代科技有机结合的方法与途径。以故宫博物院“青铜器修复及复制技艺”为研究对象，开展文献调研、科学检测工作，进行科学化研究，从现代科学原理的角度对青铜器修复传统工艺的工具、材料、工序及结果进行阐释，从而对传统工艺的科学内涵进行分析和揭示，并建立起规范化、科学化的传统工艺技术研究体系，对于我国青铜器修复传统工艺的保护与传承具有重要意义。

关键词　故宫博物院　青铜器修复及复制技艺　科学化认知

引　　言

故宫博物院“青铜器修复及复制技艺”于2011年被列入《第三批国家级非物质文化遗产名录》，是我国目前唯一一项被列入国家级非物质文化遗产名录的青铜器修复传统工艺，其代表了“京派”青铜器修复工艺的最高水平，在我国青铜修复行业中具有广泛的影响力。故宫博物院院藏有18万余件青铜器，在数量和质量上都拥有得天独厚的优势。建院以来，尤其新中国成立以后，故宫博物院的“京派”青铜器修复传统工艺的传人抢救修复了一大批国宝级青铜器，积累了丰富而宝贵的修复经验。

作为一项非物质文化遗产，青铜器修复传统工艺是依托于人而存在的，在技艺的传承过程中，人的传承显得尤为重要。故宫博物院在传统工艺的传承与保护上始终实行师承制的模式，目前在“青铜器修复及复制技艺”方面共有三名国家级非物质文化遗产传承人，不仅承担了大量的保护修

* 本研究得到了故宫博物院科学研究课题项目“故宫博物院国家级非物质文化遗产‘青铜器修复及复制技艺’的科学认知与分析研究”（2016）、文化部非物质文化遗产项目的资助。

复工作，也担负着技艺的教学传承任务。“京派”青铜器修复工艺在故宫博物院现已传至第六代，非物质形态的技艺在师徒间的身口相传中得以延续。然而，这种传统的文化传承方式是具有一定脆弱性的，这也是非物质文化遗产亟待保护的一大症结。因此，如何将无形的技艺进行物质化的表述和记录，并且力求技艺的表述规范化和科学化，是目前解决非物质文化遗产在传承中保护、在保护中发展问题的关键所在。

1 “京派”青铜器修复工艺的缘起与传承

我国青铜器修复传统工艺的形成与发展，是建立在悠久辉煌的青铜冶铸加工历史的基础上的。我国的青铜文明在商周时期发展到了巅峰，形成了以锡和铅为主要合金元素、以组合泥范铸造为主要成型工艺、以青铜礼（容）器为典型器物的成熟的青铜技术体系[1]。我国青铜器修复传统工艺中的每一个技术细节都与我国古代青铜技术体系密切相关。

在以往的考古发现与研究中，我们经常会发现古代青铜器存在因浇注过程中产生铸造缺陷或使用过程中产生破损而进行补配加工的痕迹。但是这种对缺陷的修复，是使用需要的修复，不是文物修复[2]。随着时代的变迁，青铜器的属性发生了功能性的转变，由祭祀用器或日用器转变为收藏品，某些日常使用中所采用的修复工艺虽然得以沿用，但修复目的和理念却随之发生了改变。

关于青铜器修复传统工艺的肇始与流传，莫鹏在1998年发表的《中国青铜器修复技术源流刍议》[3]一文中有较为详细的叙述。实际上，真正意义上的青铜修复工艺与青铜器仿制作伪技术是一脉相承的。文献记载，早在春秋时期就有制作赝鼎的传说。北宋时期，“金石学”兴起，复古之风盛行，“上既仿制以崇古，下便伪造以图利”[4]，为使所伪造的青铜器显得逼真，作伪者在新铸铜器表面上加工作锈，而这正是现代青铜器修复工艺中作锈技术的源头。到明代早期，青铜器作伪行业中除了作假锈技术外，还出现了焊接技术和简单的修补技术，此时，简单的青铜器修复技术已开始出现。直至清代中期尤其是乾隆时期，朝廷崇古好古，设立了官办的青铜器修复专门作坊，民间青铜器作伪之风也更加盛行，但与民间作伪者为出售贩卖而任意“改锹”和“拼凑”破损铜器不同的是，宫廷的修复者必须要在原器原物的基础上按照原物的基本风格运用传统的作伪技术工艺手法通过打坯、铸件、鏨刻、焊接、作锈等方法把损坏的青铜器修复完整，供皇帝收藏赏玩。至此，真正意义上的青铜器“文物”修复技术才在传统的青铜器作伪技术的基础上发展成熟起来。再到了民国初年经过青铜器修复工作者对作锈色工艺的改进，正式形成了一套集焊接、整形、补配、作色等为一体的综合性技术体系。

在我国青铜器修复传统工艺的发展过程中，逐渐形成了“北京派”“西安派”“苏州派”和“潍坊派”等四大流派，各流派在修复技法上既有共通之处，也兼有各自特色，韦江胜[5]等学者曾对各派的技术特色进行了总结综述。目前，我国青铜器修复传统流派中，仅“苏州派”和“北京派”还有传人，“西安派”和“潍坊派”已失传。“苏州派”（或称“南派”）传人主要集中在南京博物院和安徽博物院，潜伟[6]、李立新[7]、李瑞亮[8]等学者曾先后撰文对南派青铜修复传统工艺的传承与技术特征进行调查研究。“北京派”（“京派”，或称“北派”）传人主要集中在故宫博物院、中国国家博物馆、首都博物馆等几大博物馆。赵振茂曾撰写专著对“京派”青铜修复传统工艺的技术特征进行了详细介绍[9]，高英[10]、霍海峻[11]、贾文超[12]、贾文忠[13]等学者也分别对“京派”青铜修复传统工艺的发展脉络与技术特色进行了综述研究。

"京派"青铜修复传统工艺的第一代代表人物是光绪年间一位外号叫"歪嘴于"的工匠，以修理古铜器为业，传说经常给宫里修理铜器。新中国成立前，"京派"青铜修复技艺历经四代传承，新中国成立后，"京派"第四代传人大部分进入文博界，为我国的文物事业奉献了自己宝贵的修复经验，同时也培养了大批的传承人，在我国古代青铜器修复界影响较大。2011年，故宫博物院"青铜器修复及复制技艺"被列入《第三批国家级非物质文化遗产名录》，"京派"青铜修复技艺第五代传人，故宫博物院文保科技部金属文物修护室的王有亮副研究馆员、吕团结副研究馆员、恽小刚副研究馆员被确定为非物质文化遗产传承人，并将"京派"青铜修复技艺传至第六代。目前，文保科技部金属文物修护室不仅承担着院藏青铜器的日常保护修复工作，还积极参与国内众多考古发掘出土铜器的保护修复工作。

2　传统工艺与现代科技的结合

青铜器修复传统工艺脱胎于作伪技术，作伪的目的是"以假乱真"，注重体现被修复器物的艺术价值，进而提高其经济价值。然而按照"文物"的定义，现代的文物保护修复工作则是要最大限度地保护和揭示文物固有的价值，它不仅仅有艺术价值，还有历史价值和科学价值。随着青铜器修复者的身份由工匠向文物修复工作者转变，其修复的目的和思想导向也发生了变化。

在现代文物保护理念的指导下，文物修复工作对修复技术手段的要求逐渐提高，传统的工艺技术已不能满足现代的文物保护和修复工作。20世纪60年代，国内主要博物馆引进了一批具有理工科背景的人才从事文物保护工作，其中有代表的是故宫博物院陆寿麟研究员、上海博物馆祝鸿范研究员，从此揭开了我国科学保护青铜器的序幕[14]。逐渐地，国内的文物修复工作者也意识到现代科学技术的运用在文物保护修复中的必要性和重要性，并开始在文物修复工作中对"传统工艺与现代科技相结合"的技术路线进行探索与思考[15-17]。2004年，国家文物局在对文物保护与修复行业的研究课题进行工作规划时，提出了"传统工艺科学化"这一概念。同年，梁宏刚申请了"中国青铜文物保护修复传统技术的科学化研究"课题。2005年，陆寿麟在中国文物保护技术协会第四次学术年会上发表了"以科学的发展观，促进文物科技事业的发展"的讲话，指出应以科学的态度、科学的思维方式，用科学的方法来进行文物的保护和文物的修复工作[18]。随后几年，各项文物保护技术与传统工艺科学化研究课题陆续启动，极大地推动了国内传统工艺科学化研究的进程[19]，并在国内学术界掀起了"传统工艺和现代科技的对话"大讨论。国内学者的讨论基本都强调要在继承和发展传统的基础上，寻求传统工艺与现代科技的有机结合，利用现代科技对传统工艺进行科学研究，揭示传统工艺中的科学性、合理性，去除其不科学、不合理的部分。陆寿麟在对"传统工艺与现代科技"的关系的阐述中明确提出了现代科技所提供的分析、检测和模拟实验研究方法在揭示传统工艺技术科学性及其科学内涵等方面研究中的重要性和不可替代性[20]；并强调要在科学化研究视野下加强传统工艺与现代科技的结合，实现传统工艺的创新[2]。李化元在谈及目前传统工艺修复技术中关于传统工艺与现代科技结合的现状与展望时，也提出了要对传统工艺进行科学化研究的要求，从而在真正意义上实现传统工艺与现代科技的更好结合[21]。这场大讨论，表明学界开始在学术理论上将"科学化"这一理念和标准引入传统工艺的研究，积极探索传统工艺与现代科技有机结合的方法与途径，为传统工艺的研究提出了新的研究视野和研究理念。

然而传统工艺在适应现代的修复理念和现代科学技术的过程中，也必然会产生一定的冲突。

1963年意大利学者布兰迪（Cesare Brandi）在《修复理论》（*Teoria del Restauro*）一书中，归纳了包括最小干预原则、兼容性原则、可逆性原则、可识别原则和预防性保护在内的诸多修复原则，得到了广泛的国际认同。但这些保护理念和原则被引入中国后，由于东西方文化中对文物的理解存在某些观念上的差异，我国传统的修复工艺操作方法与西方现代保护理念之间产生了尖锐的矛盾，青铜器修复传统工艺中的整形、焊接、作色等技术均被认为有违文物保护原则。陆寿麟[2]、李化元[21]、周宝中[22]、陈仲陶[23]等国内学者均对此做了针对性的评述，还有学者对中外青铜文物保护修复理论和技术进行了比较研究[24]。研究认识到理念的差异主要是来自于东西方文化背景的差异，这种差异表现在东西方在文物的类型材质方面的不同、对文物的原貌原状理解的不同，文物保护修复工作者应在理解差异的基础上，尊重我们的文化、历史和现状，将原则性与灵活性有机结合。

近年来，故宫博物院在青铜器修复工作中非常注重传统工艺与现代科技的结合，在修复前的病害机理分析、修复材料的选择、激光清洗除锈以及3D打印技术在青铜器补配中的应用等方面做了许多有益的尝试，取得了一系列丰硕的研究成果。但是对于青铜器修复传统工艺的科学化认知还有待于进行全面系统的阐释和总结。

3 “京派”青铜器修复传统工艺科学化研究内容及方法

传统工艺调查是传统工艺科学化研究的前提和基础，目的是对传统工艺的原材料组成、工艺体现物及其特点，以及一系列工艺流程等内容进行收集和整理。我国传统的儒家思想中一直有“重文轻技”的思想，加之，古代工匠大多文化水平不高，技艺的传承大多通过言传身教完成，历史文献中对工艺技术的记载很少。而故宫博物院青铜器修复及复制技艺源自清宫的铜器制作及修复，清代宫廷造办处下设铸炉作、铜作、鋄作，负责宫廷铜器制作及修复，经这些作坊制作或修复的铜器均应有档案记载。这是“京派”青铜器修复传统工艺研究的一大优势。对清宫造办处档案进行详细的查阅，收集整理宫廷铜器修复及制作工艺的工具、材料、工序等相关的工艺本体信息，可为“京派”青铜器修复传统工艺研究提供基础资料。

依托于故宫博物院“文物医院”雄厚的检测分析技术力量，传统工艺科学化研究工作可充分借助现代科技手段对青铜器修复传统工艺中采用的材料的成分组成进行分析，对工艺流程进行科学阐释，剖析传统工艺的科学内涵，解决传统工艺中某些未经科学验证的有悖科学常识的问题，如学术界重点关注的青铜器焊接技术中使用氯化锌钎剂的问题。氯化锌钎剂是我国青铜器修复传统工艺中使用的传统材料，曾得到广泛应用。目前绝大多数观点认为氯化锌钎剂中含有大量的氯离子，对青铜文物的长期保存会带来不利影响。但是氯化锌钎剂如何对青铜器产生腐蚀损害，至今仍停留在理论基础上，尚无系统深入的研究，而且20世纪20～30年代采用氯化锌钎剂焊接修复的青铜器目前均未见不良反应，所以氯化锌钎剂的使用是否有害的问题值得深入的研究和探讨。故宫博物院中有很多20世纪早中期采用氯化锌钎剂焊接修复的青铜器，可择机选取合适的研究对象，并辅以模拟样品的分析，检测氯化锌钎剂中氯元素在青铜器焊口及基体中的分布及化合物组成方式，对这一传统材料进行科学化的认知。

另外，青铜器复制技艺是青铜器传统工艺中非常重要的内容，是青铜器修复传统工艺的精髓。为了更好地保护和继承传统的修复工艺，需要对古代青铜器制作的相关技术，如器形的设计、纹饰的篆刻、陶范的制作、合金的配制及铸后表面的处理等进行深入的研究。依托于故宫博物院得天独厚的藏品优势，可以在肉眼观察青铜表面遗留的铸造痕迹的基础上，采用X射线透射技术和X射线CT技术对青铜器的内部结构与伤况进行分析，还原与研究青铜器的制作工艺技术，为青铜器修复及复制技艺的传承与发展提供技术支持。

通过对“京派”青铜器修复传统工艺本体信息的调查提取以及对传统材料、工具、工艺流程的科学化阐释，从而建立一套“京派”青铜器修复传统工艺的标准化操作流程和技术研究体系，以达到规范传统工艺的目的，进而也可为其他流派的青铜器修复传统工艺的科学化研究提供参考和借鉴。

结　语

在当前的发展趋势下，如何在现代科技手段日益创新的社会大背景中更好地界定和解释现代科技和传统工艺的关系，如何更好地研究传统工艺与现代科学知识、技术手段的结合，以及如何更好地实现文物保护修复中传统工艺的保护、传承与发展等问题，是我们研究传统工艺所关注的焦点所在。

故宫博物院青铜器修复及复制技艺，是我国目前唯一一项被列入非物质文化遗产名录的青铜器修复传统工艺，其代表了“京派”青铜器修复工艺的最高水平，在我国青铜修复行业中具有广泛的影响力。因此，以该项传统工艺为研究对象，开展文献调研、科学检测工作，进行科学化研究，从现代科学原理的角度对青铜器修复传统工艺的工具、材料、工序及结果进行阐释，从而对传统工艺的科学内涵进行分析和揭示，并建立起规范化、科学化的传统工艺技术研究体系，对我国青铜器修复传统工艺的保护与传承具有重要意义。

参考文献

[1] 柯俊. 冶金史//中国大百科全书总编辑委员会矿冶编辑委员会. 中国大百科全书·矿冶卷. 北京：中国大百科全书出版社，1984：751-759.

[2] 陆寿麟. 科学化研究视野下传统工艺与现代科技的结合与创新. 东南文化，2012（6）：9-11.

[3] 莫鹏. 中国青铜器修复技术源流刍议. 中国博物馆，1998，（3）：82-87.

[4] 容庚，张维持. 殷周青铜器通论. 北京：科学出版社，1958：133.

[5] 韦江胜. 中国青铜器传统修复技术流派及工艺特点研究. 文物鉴定与鉴赏，2016，（2）：94-97.

[6] 潜伟，何伟俊，梁宏刚. “苏州派”青铜文物保护修复传统技术的调查研究. 中国文物科研究，2008，（2）：66-71.

[7] 李立新，曹心阳. 南派青铜器修复技艺的工艺特征. 美术教育研究，2015，（15）：29.

[8] 李瑞亮，靳鹏. 浅谈南派青铜器传统修复技艺传承与发展——以安徽博物院为例. 文物鉴定与鉴赏，2014，（9）：103-105.

[9] 赵振茂. 青铜器的修复技术. 北京：紫禁城出版社，1988.

[10] 高英. 青铜器的传统修复技术. 文物保护技术，1991，（6）：60.

[11] 霍海峻，王五胜，李化元. 京派古铜器修复技术百年发展脉络概述. 中国文物科学研究，2006，（4）：78-86.

[12] 贾文超. 谈古代青铜器的传统修复技术. 江西文物，1991，（3）：103-106.

[13] 贾文忠. 浅谈青铜器修复. 中国文物科学研究，2008，（2）：57-65.

[14] 万俐. 青铜文物保护技术的传承与发展. 东南文化，2000，（1）：121-124.

[15] 张奇志. 继承传统工艺，发展现代科学技术是青铜器保护修复工作的发展方向//湖南省博物馆协会. 博物馆学文集3. 长沙：

岳麓书社，1991：226-233.

[16] 王五胜，霍海峻. 青铜器传统修复技术科学化的思考//中国文物保护技术协会，新疆文物古迹保护中心. 中国文物保护技术协会第六次学术年会论文集. 北京：科学出版社，2010.

[17] 方苞. 从实践思考青铜器传统修复工艺与现代科技的关系. 时代报告：学术版，2012，（9）：193.

[18] 陆寿麟. 以科学的发展观，促进文物科技事业的发展——在中国文物保护技术协会第四次学术年会上的讲话//中国文物保护技术协会. 中国文物保护技术协会第四次学术年会论文集. 北京：科学出版社，2005.

[19] 陈虹利，潜伟. 文物保护中传统工艺科学化研究探析. 中国文物科学研究，2015，（1）：78-84.

[20] 陆寿麟. 传统工艺与现代科技——在中国文物保护技术协会第五次学术年会上的讲话. 中国文物保护技术协会，故宫博物院文保科技部. 中国文物保护技术协会第五次学术年会论文集. 北京：科学出版社，2008.

[21] 李化元. 传统工艺与现代科技结合的现状与展望. 东南文化，2012，（6）：11-12.

[22] 周宝中. 文物修复传统工艺的继承与发展. 东南文化，2012，（6）：14-15.

[23] 陈仲陶. 对青铜器保护修复理念、原则的探讨. 文物保护与考古科学，2010，（3）：87-91.

[24] 梁宏刚，王贺. 青铜文物保护修复技术的中外比较研究. 南方文物，2015，（1）：81-88.

十年磨一剑
——博物馆文保中心建设与思考

田　宇

（吉林省博物院，吉林长春，130117）

摘要　近几年来，国家对文化产业越来越重视，特别是对博物馆的投入逐年加大，与之相应的文物保护行业也得到了快速的发展。在各方面的有力支持下，吉林省博物院建设了新的文物保护中心。本文从前期调研、中期实施、后期总结等方面，概述了文保中心建设的过程，以及需要遵循的原则和注意的问题。

关键词　文物保护　实验室建设

引　　言

吉林省是文物大省，历史悠久，文物种类多样。作为吉林省规模最大的博物馆，吉林省博物院有文物藏品12万余件，始自远古及至现代，内涵丰富。在这种优势的促进下，吉林省博物院正逐渐成为在全国乃至东北亚地区有影响的综合类博物馆。作为衡量一个博物馆研究实力的标志之一，文物保护修复部门的人员配备和仪器设备也很重要。对此，吉林省博物院逐年加大了这方面的投入力度，终于在2016年建成了全新的、具有国内先进水平文物科技保护中心。

吉林省博物院文保中心前身隶属于历史部，工作人员常年只有两三人，修复室面积不足200m²，却要承担本馆甚至部分地方馆的文物保护修复工作。2007年5月，博物院新院在长春市净月国家高新技术产业开发区奠基，2008年竣工。从那时起，文保中心的建设就已经提上了日程。2010年，中心建设发展方案出台，经过多方论证研究，于2011年得到国家文物局正式批复，笔者有幸参与了之后的全部建设工作，现将中心建设过程和心得整理成文，以飨读者。

1　前期调研

2014年3月，中国国家博物馆专家周宝中老师应邀来到博物院新址，指导中心的建设工作，提出了很多宝贵的意见。同月，在周老师带领下，文保中心部分人员赴北京，考察了首都博物馆、中国文化遗产研究院以及几家文博企业，参考了这些单位的发展现状，并结合本单位的特点，决定还是立足于吉林省的文物特点，以书画类、金属类和陶瓷类为主，并适当侧重于壁画研究和修复。在工作中必须要先对文物有深入的了解，再结合传统的保护修复工艺，从而达到利用科学的手段研究和修复文物的目的。基于这种理念，吉林省博物院文保中心设立了以下部门：

（1）检测室：计划引入X射线荧光能谱仪、傅里叶变换红外光谱分析仪、紫外-可见光分光光度计、光纤光谱色差仪、纸张纤维检测系统、超景深视频显微镜等。依托这些先进设备，进行文物材质研究、文物修复材料研究以及文物保存环境的研究。这些研究的数据和资料将为日后的文物保护修复工作提供有力的技术支撑。

（2）纸质文物修复室：计划引入2台4m的修复案和15m的裱糊墙，书画清洗机和拷贝台若干。这也是参考了首都博物馆字画文物修复室得出的结论，应该可以承接大部分的书画装裱修复工作。

（3）金属修复室、陶瓷修复室和壁画修复室：计划引入小型机床、钻床、体视显微镜、喷砂机、超声波清洗机以及各种修复台案和小型工具若干。

（4）药品室：主要存放修复材料和化学试剂，计划引入若干储物柜和通风药品柜，以及有防火功能的危险化学品储藏柜。

（5）基础实验室：主要进行材料研究和化学检测，故计划引进大量的化学玻璃仪器以及加热搅拌设备。

至此，文保中心新址的面积已经全部利用，各功能区也全都确定下来，在此期间，周宝中老师给予了很大帮助，在此特别表示感谢！

2 中期实施

由于吉林省博物院文保中心建设经费是由国家全额拨款，属于政府采购，应该专款专用，所以在中心建设过程中，全部采取招标形式。整个过程环节多，专业性强，组织工作繁杂。需要本单位进行的工作，主要是提出需要购买的仪器设备清单，仪器设备的技术参数和主要要求，文保中心场地的土建改造的要求标准，在中标方施工时进行监督，项目完工时进行验收。

2.1 仪器设备

如前文所述，中心检测室和几个修复室都需要很多检测设备和修复设备，选用什么样的仪器设备，与中心的工作任务和研究对象密切相关。首先在检测设备方面，近年来国内外都趋向于无损检测，即不会对文物本体产生损害。这里有两方面的含义：①对文物没有任何外观上和实质上的改变；②检测手段足够灵活，不需要对文物进行取样。基于这种考虑，检测仪器在确定型号和参数的时候，参考了国内外相关厂家的大量资料，如便携式X射线荧光能谱仪，体积小巧，质量轻，既可以随身携带，又可以对任何体积的文物进行全方位的检测，达到了文物不出库房，就能进行检测的目的。在修复设备方面，考虑到文物修复是一个很容易产生粉尘和有毒有害气体的工作，所以在设备选择上更多注意了对使用人员的健康保护。在每个工作间要安装空气净化装置，包括空气洁净屏、移动式除尘器、抽气型通风柜等。除了必要的普通边台和中央修复台，还要引进若干具有旋转置物盘和下方除尘装置的修复桌，这样既缓解了长时间工作的疲劳，又可以将粉尘随时抽离工作台，为工作人员创造了一个良好的环境。

2.2　土木工程改造

在博物院新院建设之初，由于与施工方缺少交流，文保中心场地的许多条件不能满足工作要求，如缺少足够的上下水系统，没有实验室专用的水槽，电力承载能力不足，已有的通风系统与新通风设备不兼容等，这就需要对整个场地进行改造，具体的要求也需要在招标文件中体现。而在施工过程中，本部门人员也是全程在场，随时解决施工时产生的问题。如上下水系统的管道走向，由于原有工作间的下水系统彼此独立，如果在别的房间新加入上下水，就需要将其打通，就近进行连接，而这些工作都是由本部门人员与施工方共同完成。

2.3　监督与验收

在文保中心建设中，除了土建工程，还有一些设备需要现场制作，这些都需要有本部门人员进行监督。例如，纸质文物修复室的裱糊墙，长度超过15m，高度近5m，需要用10cm × 10cm的木方，制成40cm × 40cm的木格子，固定在墙壁上，要求木格子绝不能有凹凸现象，然后用糊墙纸托合墙面，至少要糊20层，历时2个多月。由于工程量大、耗时长，所以力求一次成功。本着为单位、部门负责的态度，从事纸质文物修复的三位同事在施工期间全程在场，及时纠正施工的错误，很好地保证了施工质量。

中心建设验收分两个部分：仪器设备验收和土木工程验收。土木工程由于是本部门人员全程在场，所以验收内容不多，也很顺利。重要的是仪器设备验收，在这次招标采购中，仪器设备数量多，技术规格也比较高。在安装调试之后，要严格按照合同条款中仪器设备验收标准逐项进行验收，如仪器型号是否吻合，配件附件的数量是否齐全等。

3　后期总结

2016年4月，吉林省博物院文保中心建设全部结束，从筹建文保中心开始到中心建设完毕正式运行，有许多值得总结的东西，既有成功的经验，也有吸取的教训。笔者认为本中心的建设过程还是具有一定的代表性，对其他兄弟单位在建设相关实验室时有一定的借鉴意义。

（1）尽量避免土木工程改造。在实验室主体工程建设时，应充分考虑到日后的使用功能，争取一步到位，水路、电路、通风等都要布局合理，毕竟改造属于额外的工作，费时费力，效果也不尽如人意。

（2）在提出采购的设备时，要注意其所处工作间的安装条件。比如说，所有的工作间已经具备了中央空调系统，但是在采购方案中还是出现了两个柜式空调，既造成了浪费，又增加了安装的难度；再如纸质文物修复室的两个修复案，体积过大，导致货运电梯无法运输，不得已在修复室内重新制作，既耽误了工期，又造成了浪费。

（3）要做好仪器设备的培训工作。在仪器设备安装调试的同时，都会有厂家的技术人员进行现场培训，这对仪器设备的使用人来说是难得的机会，对于了解仪器的构造、原理、操作、维护和维修至关重要，必须全力以赴。在这一方面吉林省博物院文保中心做得比较好，既要求全员参加培训，又对全过程进行了录像，为日后仪器设备的使用留存了许多宝贵的资料。

十年磨一剑，吉林省博物院文保中心建设在各方面的努力下，终于圆满完工，这是吉林省博物院新院发展的又一个里程碑。当然，仅仅拥有先进的硬件设施还是不够的，文保中心既有几十年经验的老专家，也有名校毕业的高学历人才，所学专业涉及文物保护各个方面，立志把吉林省博物院文保中心打造成一个立足吉林省面向全国的高水平的文保单位。

湖北省出土竹木漆器类文物资源现状分析

刘德银 刘 露 毛 芳 杨 莉 方 芳

（荆州博物馆，湖北荆州，434020）

摘要 中国的漆器制作与使用，始于7000年前的新石器时代，经过数千年的发展，战国秦汉时期漆器工业已达到极盛时期。新中国成立后，湖北省发现的战国秦汉墓出土了大量的竹木漆器，竹木漆器数量之多、保存之完好，在全国实属罕见，为研究我国竹木漆器制作工艺提供了重要的实物资料。为了摸清湖北省竹木漆器类文物资源，在第一次全国可移动文物普查之际，荆州博物馆受国家文物局委托，对湖北省出土的竹木漆器类文物资源现状进行了专项调查。

湖北省竹木漆器类文物藏量巨大，种类丰富，延续时间久远，是我国重要的历史文化遗产。湖北省文物保护科技工作者，从20世纪70年代开始研究竹木漆器保护工作以来，经过40多年的努力，攻克了古代饱水竹木漆器、简牍的脱水保护修复这一国际性难题。荆州博物馆在各级领导的关心和支持下，在竹木漆器类文物的保管、保护和展示利用等方面取得了一定的成绩，但是，在新的历史时期，可移动文物保护面临着新的形势和新的挑战，竹木漆器类文物保护工作还存在着许多困难和不足。

关键词 竹木漆器 文物资源 现状分析

中国漆器的制作与使用，始于7000年前的新石器时代，经过数千年的发展，战国时期漆器制作已达到极盛时期，特别是雄踞南方的楚国，漆器数量品种之多、工艺之精巧、纹饰之精美，与同时期的青铜器相比，呈现出更强烈的时代特征。秦汉时期，生产关系的变革促进了生产力的发展，社会经济的大发展和铁工具的广泛使用，将我国的漆器工艺水平提高到了一个崭新的阶段，而且延续几百年不衰。

湖北省素有“千湖之省”之称，地处长江中游，土地肥沃，物产丰富，交通便利。战国、秦和西汉时期的墓葬遍布全省各地。新中国成立后，湖北省发现的春秋、战国、秦汉墓出土了大量的竹木漆器，竹木漆器数量之多、保存之完好，在全国实属罕见，为研究我国竹木漆器制作工艺提供了重要的实物资料。

近年来国家非常重视出土竹木漆器类文物的保护工作，使一部分竹木漆器得到妥善的保护。随着全国第一次可移动文物普查的推进，湖北省在竹木漆器类文物保护和利用方面存在的诸多问题也暴露出来。湖北省竹木漆器类藏品存在藏品总量不清，保存现状不明，竹木漆器的调查、清理、保护、修复、利用、管理等工作机制尚未建立。

为了进一步拓展湖北省第一次全国可移动文物普查成果，全面摸清全省出土竹木漆器类文物家底，提升竹木漆器藏品的保管保护和研究利用水平，2015年12月，国家文物局委托荆州博物馆，以第一次全国可移动文物普查为契机，在全省开展竹木漆器类文物专项调查研究工作，为竹木漆器类文物的调查、清理、登录、保护提供具有针对性、可行性的建议，提升全国竹木漆器类文物保护利用整体水平。

1 竹木漆器类文物资源现状

1.1 竹木漆器类文物数量与分布

1.1.1 竹木漆器类文物数量

根据调查资料统计，湖北省共有26家文博单位收藏出土竹木漆器类文物16911件（套）（表1）。

表1 湖北省出土竹木漆器类文物数量统计表

序号	文物收藏单位	文物级别/件（套）				未定级/件（套）	合计/件（套）
		一级	二级	三级	一般		
1	荆州博物馆	251	40	76		8665	9032
2	黄石市博物馆	27	81	52		4547	4707
3	湖北省博物馆	171	4	13		878	1066
4	荆门市博物馆	16	10	10		435	471
5	云梦县博物馆	2			312		314
6	襄阳市博物馆					256	256
7	黄冈市黄州区博物馆			2		162	164
8	荆州市荆州区博物馆					123	123
9	宜昌博物馆	7	1			96	104
10	武汉市文物考古研究所					103	103
11	随州市博物馆	4	23	3	3	55	88
12	宜都市博物馆	1	1	15		65	82
13	当阳市博物馆		1			77	78
14	鄂州市博物馆		2	10		65	77
15	武汉博物馆					74	74
16	黄冈市博物馆			1		60	61
17	老河口市博物馆	4	13	14	14	1	46
18	大冶市博物馆		9	4		13	26
19	潜江市博物馆					15	15
20	公安县博物馆	1		3	2		6
21	石首市博物馆		1			4	5
22	孝感市博物馆		1		4		5
23	襄阳市襄州区文物管理处		2			2	4
24	十堰市郧阳博物馆		2				2
25	洪湖革命历史博物馆				1		1
26	保康县博物馆					1	1
合计		484	191	203	336	15697	16911

湖北省出土竹木漆器类文物以位于楚文化中心区域的荆州博物馆数量最多，达9032件（套），占全省竹木漆器类文物总数的53.41%，其次是黄石市博物馆4707件（套），占全省竹木漆器类文物总数的27.83%，湖北省博物馆1066件（套），占全省竹木漆器类文物总数的6.30%，荆门市博物馆471件（套），占全省竹木漆器类文物总数的2.70%，云梦县博物馆314件（套），占全省竹木漆器类文物总数的1.86%，襄阳市博物馆256件（套），占全省竹木漆器类文物总数的1.50%，其他20个文博单位竹木漆器类文物之和只占全省竹木漆器类文物总数的6.30%（图1）。

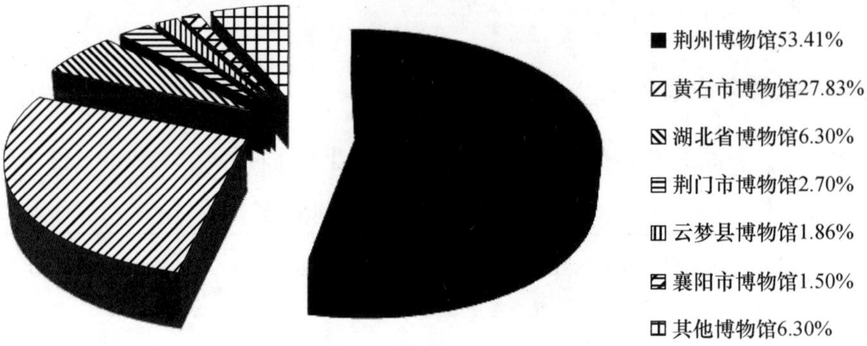

图1　湖北省竹木漆器类文物收藏单位文物数量所占比例图

湖北省竹木漆器类文物已定级的有1214件（套），其中一级文物484件（套），二级文物191件（套），三级文物203件（套），一般文物336件（套）。未定级的竹木漆器类文物有15697件，这些文物未定级的具体情况比较复杂，一是竹木漆器文物出土后尚未进行脱水保护处理，因而暂未定级；二是已脱水保护处理，但还未来得及定级；三是部分文物收藏单位有顾虑，认为会对外出展览有一定的约束，或定级后会增加保护管理者责任心，因而不愿定级。各级别文物所占比例如图2所示。

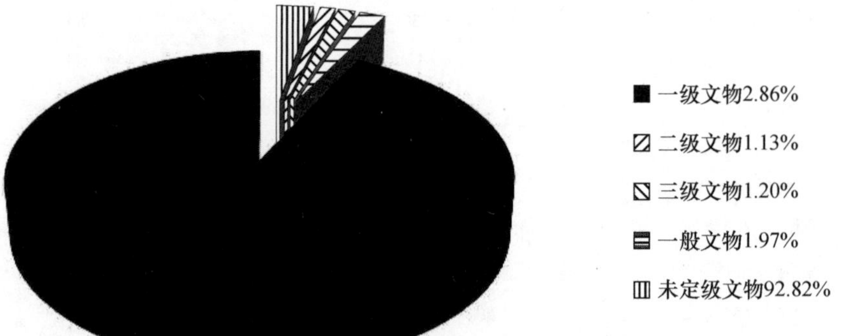

图2　湖北省竹木漆器类文物级别所占比例图

已定级的竹木漆器文物1214件（套），主要在荆州博物馆、湖北省博物馆、黄石市博物馆、荆门市博物馆、云梦县博物馆和老河口市博物馆收藏，其中一级文物484件，主要在荆州博物馆和湖北省博物馆收藏，占一级文物总数的87.19%。

1.1.2 竹木漆器类文物分布

1.1.2.1 地域分布情况

湖北省出土竹木漆器类文物主要分布区域为鄂东地区的黄石、大冶、黄冈、鄂州；鄂中地区的武汉、孝感、云梦；鄂北地区的襄阳、枣阳、随州、老河口；江汉平原的荆州、当阳、宜都、石首、松滋、潜江、仙桃、荆门、钟祥一带。

1.1.2.2 时代分布情况

湖北省各文博单位收藏的竹木漆器类文物绝大多数为考古发掘出土的饱水竹木漆器，其时代包括新石器时代屈家岭文化、商、西周、春秋、战国、秦、西汉、东汉、三国、六朝、唐、宋、明、清和近代。根据调查数据统计，出土竹木漆器类文物各时代数量分布情况如下：

春秋以前（新石器、商、西周）206件，春秋2900件，战国8015件，秦代242件，汉代（西汉和东汉）5204件，三国、六朝52件，唐宋67件，明清竹木漆器类文物206件，近代19件。其中战国时期的竹木漆器是各时代中最多的，占整个出土竹木漆器类文物总数的47.40%，其次是汉代，占整个竹木漆器类文物总数的30.77%。各时期竹木漆器类文物所占比例如图3所示。

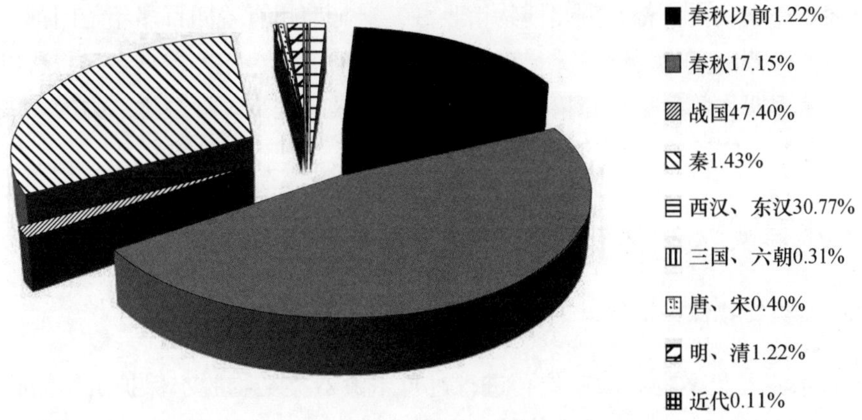

图3 湖北省馆藏竹木漆器文物各年代所占比例图

1.1.2.3 竹木漆器类文物种类分布情况

根据调查统计数据分析，湖北省竹木漆器类文物按其用途分为生活用器、丧葬用器、乐器、兵器、车马器、文娱用品、简牍工具、采矿支架及其他等十大类，其中生活用器又分为饮食用器、居室用器和梳妆用器。而生活用器中的饮食用器数量最多，达5704件，所占比例为33.73%；其次是采矿支架类有4460件，所占比例为26.37%；丧葬用器类2349件，所占比例13.89%（表2）。

表2 湖北省竹木漆器类文物种类统计表

文物种类		数量	所占比例/%
生活用器	饮食用器	5704	33.73
	居室用器	627	3.71
	梳妆用器	1153	6.82
丧葬用器		2349	13.89
乐器		296	1.75

续表

文物种类	数量	所占比例/%
兵器	772	4.57
车马器	262	1.55
文娱用品	52	0.31
简牍	212	1.25
工具	355	2.10
采矿支架	4460	26.37
其他	669	3.96
合计	16911	100

从各时期的文物数量来看，战国、秦汉时期竹木漆器类文物占整个出土竹木漆器类文物总数的79.6%，可见，战国、秦汉时期竹木漆器已广泛地应用于社会生活的各个方面。由于这个时期正处于封建社会的初期，生产关系的变革促进了生产力的发展，社会经济的大发展和铁工具的广泛使用，也必然推进漆器工艺的发展。

出土的竹木漆器类文物主要都在荆州博物馆收藏，这与荆州有着四百多年楚国都城历史紧密相关，同时也反映出古代葬制变化发展情况，夏商周墓葬等级森严，随葬器物多，魏晋以后一改秦汉时期的厚葬之风，随葬器物数量呈日趋精简。随着生产工具的进步，社会生产力的发展，以及人们思想认识的变化，瓷器的广泛使用，随葬竹木漆器数量也呈逐步减少趋势。

1.2　竹木漆器类文物保护管理情况

1.2.1　竹木漆器类文物保护情况

湖北省26个竹木漆器类文物收藏单位，进行过竹木漆器类文物脱水保护工作的有湖北省博物馆、荆州博物馆、荆门市博物馆、宜昌博物馆、襄阳市博物馆、云梦县博物馆、宜都市博物馆、黄冈市黄州区博物馆、当阳市博物馆等，这些博物馆同时投入了大量人力、物力进行竹木漆器类文物保护和保养工作。其他文物收藏单位在竹木漆器类文物保护方面几乎没有投入。

从2005年开始，国家文物局加大了可移动文物保护经费投入，为了争取更多的文物保护专项经费，各收藏单位积极编制竹木漆器类文物保护修复方案，经国家文物局批复同意并实施的项目有24个，共争取文物保护专项经费2618万元，保护修复漆木器类文物2999件（套）、简牍9015枚（表3）。

表3　湖北省2005～2015年漆木器类文物保护修复项目统计表

年份	序号	项目名称	文物数量/件（套）	经费/万元
2005	1	湖北省博物馆、荆州博物馆馆藏饱水漆木器脱水保护	320	289
2006	2	荆州博物馆馆藏漆木器脱水保护	18	8
	3	云梦县博物馆睡虎地漆木器脱水保护	38	交流
2007	4	襄阳市博物馆馆藏漆木器保护修复	105	72

续表

年份	序号	项目名称	文物数量/件（套）	经费/万元
2008	5	荆州博物馆木漆器保护及修复	360	180
	6	荆门市博物馆包山郭店等地出土漆木器保护修复	61	50
2009	7	荆州博物馆馆藏漆木器脱水保护	100	100
2010	8	荆州博物馆馆藏饱水漆木器保护修复	317	81
	9	宜都市博物馆中墓M1出土漆木器保护修复	87	48
2011	10	宜昌博物馆竹木漆器保护修复	19	40
	11	云梦县博物馆馆藏出土饱水漆木器保护修复	60	60
2012	12	荆州博物馆谢家桥一号墓竹木漆器保护方案	195	109
2013	13	荆州博物馆馆藏饱水漆木器保护方案	281	253
	14	荆州博物馆馆藏简牍保护修复方案（一）	2365枚	74
	15	荆门市博物馆左冢楚墓出土漆木器保护修复	117	89
	16	云梦县博物馆馆藏出土饱水漆木器保护修复	61	47
	17	黄冈市黄州区博物馆馆藏漆木器保护修复	164	157
2014	18	荆州博物馆沙岳等地竹木漆器保护方案	119	125
	19	荆州博物馆馆藏简牍保护修复方案（二）	2437枚	102
	20	宜昌博物馆竹木漆器保护修复	165	90
	21	襄阳市博物馆麈战岗墓地竹木漆器保护修复	66	50
2015	22	荆门市博物馆严仓与黄歇墓出土漆木器保护修复	178	155
	23	枣阳曹门湾出土木漆器保护修复	168	202
	24	云梦睡虎地出土简牍保护修复	2465枚	237
合计		2999件（套）漆木器、9015枚简牍		2618

1.2.2 竹木漆器类文物保管情况

湖北省竹木漆器类文物保管使用库房总面积11381m^2，保管人员总人数68人。馆藏竹木漆器数量较多的荆州博物馆、黄石市博物馆、湖北省博物馆、荆门市博物馆、宜昌博物馆、宜都市博物馆、鄂州市博物馆、黄冈市博物馆和老河口市博物馆均用专用文物库房保管竹木漆器（图4），其他文物收藏单位由于受库房面积限制，多和其他文物混放保管（图5），但都有专人保管竹木漆器类文物。

湖北省竹木漆器类文物出土时多呈饱水状态，饱水竹木漆器的保管各文物收藏单位均采取临时保湿或用水浸泡，自然存放，库房环境简陋。脱水保护修复后的出土竹木漆器除湖北省博物馆、黄石市博物馆有恒温恒湿专用库房、宜都市博物馆有恒温恒湿专用储藏柜外［图6（a）和（b）］，其他文物收藏单位均放在文物柜中自然存放，少量珍贵文物制作有专用囊匣［图6（c）］。个别文物收藏单位裸放在文物架上或桌上［图6（d）］。

(a)　　(b)

图4　已脱水保护竹木漆器类文物专用库房

（a）荆州博物馆竹木漆器库房；（b）黄石市博物馆竹木漆器库房

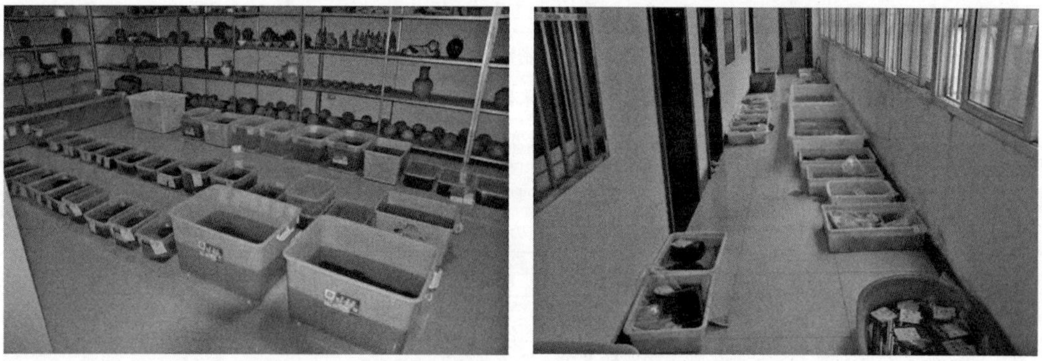

(a)　　(b)

图5　未脱水保护竹木漆器与其他文物混放情况

（a）随州市博物馆竹木漆器与陶器混放；（b）襄阳市博物馆竹木漆器存放情况

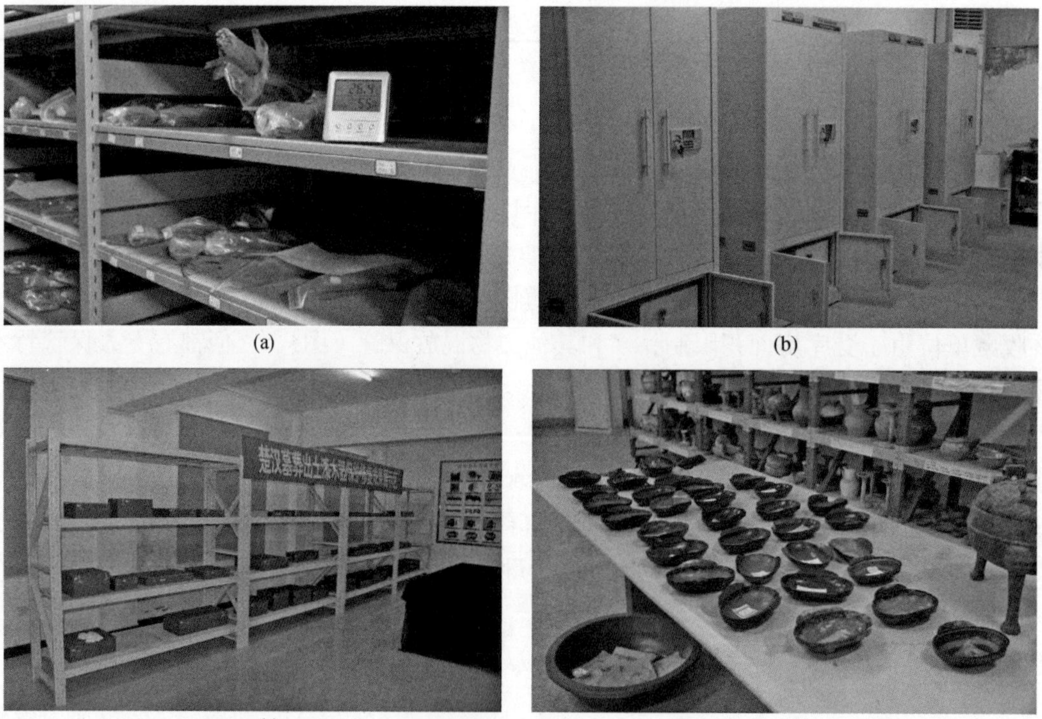

(a)　　(b)

(c)　　(d)

图6　已脱水竹木漆器类文物保管情况

（a）黄石市博物馆密集文物架；（b）宜都市博物馆恒温恒湿柜；（c）荆门市博物馆文物专用囊匣；

（d）云梦县博物馆竹木漆器裸放情况

1.2.3 竹木漆器类文物建档情况

关于竹木漆器类文物的建档工作，被调查的26家文物收藏单位有22家建有文物档案，包括纸质和数字档案。但在实地调研中发现，各文物收藏单位均很重视已脱水保护修复的竹木漆器和传世竹木漆器的建档工作，但对于刚发掘出土和长期浸泡在水中的竹木漆器未能及时完成建档工作。随着第一次全国可移动文物普查工作的不断深入，以及竹木漆器类文物专项调查工作的开展，竹木漆器类文物的建档工作不断完善。例如，荆州博物馆就是借全国第一次可移动文物普查之际，对馆藏竹木漆器类文物进行全面清理，于2016年2月完成了全部饱水竹木漆器的照相、信息登录和建档工作。黄石市博物馆4707件（套）竹木漆器，主要是采矿木支架和矿冶工具，除定级的文物已建立档案外，其他的竹木漆器类文物都是在第一次全国可移动文物普查之际建立的档案。因此，各文物收藏单位应继续高度重视文物档案的建立工作。

1.3 竹木漆器类文物展示、利用情况

1.3.1 竹木漆器类文物展示情况

馆藏竹木漆器数量较多的博物馆一般都根据其馆藏特色举办有竹木漆器类文物专题展览，全省26家文物收藏单位只有11家举办有竹木漆器类文物展，共展出竹木漆器类文物795件（套），其中举办竹木漆器类文物专题展览的单位有荆州博物馆、湖北省博物馆、黄石市博物馆、随州市博物馆、云梦县博物馆5家，并常年对观众开放。其他博物馆由于竹木漆器类文物数量很少，一般没有展出，或随其他专题展览只展出几件或十几件，且多是文物复制品。因此，湖北省竹木漆器类文物展示利用情况整体较差。

1.3.2 竹木漆器类文物文创产品开发情况

《博物馆条例》专门规定：“鼓励博物馆挖掘藏品内涵，与文化创意、旅游等产业相结合，开发衍生产品，增强博物馆发展能力。”博物馆的衍生品包括以博物馆藏品为依托制作的文创产品、博物馆组织的活动、讲座，出版关于藏品介绍的书籍或杂志、影像制品等。

湖北省26家竹木漆器类文物收藏单位，仅荆州博物馆、湖北省博物馆、荆门市博物馆、云梦县博物馆和武汉博物馆5家博物馆研发有文创产品，荆州博物馆等8家博物馆有出版图录。

荆州博物馆文创产品漆器虎座鸟架鼓、虎座飞鸟、鸳鸯豆、羽人以及生活用器漆耳杯、漆盘、漆盒等深受观众喜爱，长销不衰。2004年中国与罗马尼亚联合发行《漆器与陶器》特种邮票一套两枚，中方邮票的图案为荆州博物馆馆藏漆器虎座鸟架鼓。

2 竹木漆器类文物保护技术研究现状

竹木漆器类文物的保护一直是我国文物保护的一大难题，也是国际性文物保护科学技术研究的重大课题。在我国，从20世纪50年代开始，由于兴建农业水利工程，南方各省，特别是湖北、湖南、安徽、江苏等地出土了大批古代竹木漆器，如何将这些竹木漆器长期保存下去，成为摆在我国

文物保护科技工作者面前亟待解决的一大难题。因此，自20世纪60年代开始，我国对竹木漆器的保护进行了深入系统的研究，并取得了一系列令人瞩目的科技成果，按文物保护工作内容归纳，主要有考古现场的竹木漆器类文物保护、文物病害评估研究、文物脱色处理研究、文物脱水加固研究、干缩变形的竹木漆器类文物保护研究。

2.1　考古现场的竹木漆器类文物保护

考古现场的文物保护，目的是使出土文物及相关遗存实现由考古现场到实验室的平稳过渡，作为文物保护的首要环节，日益得到考古界和文物保护领域的重视。其主要任务是，在保留出土文物资料的完整性和现场保护技术措施不影响实验室后续保护处理和考古研究的两大前提下，使得发掘出土的文物在出土现场到实验室这一特定的时间段得到妥善的维护。文化遗产保护科学和技术研究课题“考古发掘潮湿朽胎漆器的现场及实验室保护的研究”（2002年，胡东波）、“半干旱环境出土竹木漆器的发掘清理与保护”（2009年，李存信）、“十二五”科技支撑计划课题“出土有机质文物现场提取技术研究与应用示范”（2013年，吴顺清、龚德才、方北松）等研究了氧气、光、湿度、微生物等主要因素对文物腐蚀的作用机制，在对文物糟朽状态的认知、墓葬环境因素的分析以及墓葬因素对有机质文物腐蚀机制研究的基础上，针对北方出土竹木漆器病害情况研究了加固剂提取方法，针对脆弱竹木质文物，筛选了临时加固材料，研究了具有较强针对性的大型木构件提取方法及其包装规范。对于考古现场延伸至实验室的竹木简牍清理，采用正射影像与计算机辅助制图软件相结合的方法，形成了竹木简牍影像测量与制图的新技术。

2.2　竹木漆器类文物病害评估研究

病害评估之于保护修复，正如医生对患者的诊断之于治疗，是出土竹木漆器保护修复的基础性工作，是保护修复工作的前提和依据。近年来，对于出土竹木漆器的病害研究工作越来越重视。“十五”科技攻关计划课题“遗址大型饱水木构件原址保护技术研究”（2005年，陈中行）对曾侯乙墓木椁微生物降解对木材危害进行了研究，针对细菌降解作用使木材增加了吸水能力、降低了木材的力学强度、下降韧性、氧化变色等病害，研究了防治措施。其他课题研究了饱水竹木漆器泡水保养至完全腐蚀时限的预测、木器腐蚀病害机理以及古木降解程度的物理评价指标。

行业标准《馆藏出土竹木漆器类文物病害分类与图示》（WW/T 0003—2007）统一规范了病害的分类和术语等，在上述基础上，行业标准《可移动文物竹木漆器病害评估技术规程——竹木漆器类文物》（WW/T 0060—2014）则规定了各类病害检测和评估的技术要求，使病害评估工作标准化、规范化，为出土竹木漆器的保护修复提供了科学依据。

2.3　竹木漆器类文物脱色处理研究

竹木简牍出土后在内外部因素的作用下会迅速变色，影响释读，虽然可以通过红外扫描、红外照相来进行字迹辨认，但黑色的外观显然不能进行宣传展示，极大地影响了其承载的科学研究价值。“十五”科技攻关课题“高新技术在出土竹木类文物（以简牍为主）修复复原与保存技术中的应用研究”（2005，宋少华、方北松、吴顺青），通过现代分析测试手段，确定简牍大分子结构中变色基团的种类、成分与氧气等相互作用情况，围绕脱色剂的使用、效率以及变色原因等进行了研究。

2.4 竹木漆器类文物脱水加固研究

脱水加固处理是出土饱水竹木漆器类文物保护修复流程中最重要的环节，直接影响整个保护修复工作。“十五”科技攻关课题“高新技术在出土竹木类文物（以简牍为主）修复复原与保存技术中的应用研究”（2005年，宋少华、方北松、吴顺青）、“十二五”科技支撑计划课题“出土简牍保护关键技术研究”（2009年，方北松），深入研究了十六醇作为脱水材料，效果理想，是目前竹木简牍常用的脱水方法，先后保护处理了长沙三国吴简、里耶秦简以及荆门郭店楚简等12万余枚。由于聚乙二醇（PEG）材料的高度稳定，可重复处理以及操作简便，近年来对其在缓解返潮、优化工艺、后期处理等方面进行了深入研究，是目前木质文物常用的脱水方法，先后保护处理了良渚遗址木器、泉州沉船、跨湖桥独木舟等项目。1973年湖北省博物馆陈中行先生研究了乙二醛脱水加固技术，1988年通过中国文化部成果鉴定，这一方法对于饱水竹木漆器脱水具有普适性，具有可重复处理、操作简便、渗透快捷的优点。此后，荆州博物馆吴顺清、方北松先后对此进行了近30年的研究完善。湖北省课题“出土木漆器乙二醛脱水技术优化研究”（2015年，吴顺清）对引发交联材料的筛选、漆膜及表面色彩影响等进行了更深入系统的总结研究，使得这一方法在中国饱水竹木漆器类文物保护应用领域尤其是饱水漆器保护方面得到广泛应用，先后为北京、云南、湖南、江苏、河南、四川、安徽、江西等地的饱水竹木漆器进行了脱水保护，实施文物保护项目100余项，保护修复文物6000多件（套）。

2.5 干缩变形的竹木漆器类文物保护研究

对于残损竹木漆器一般需要进行修复，才能更好地加以展示利用，体现文物的整体价值。国家文物局“出土干缩变形木质文物的再饱水复原与脱水定型研究”（2009年，陈家昌）通过活性碱和木质素的作用，对纤维素进行润胀，使得塌陷的细胞腔得以恢复，实现对干缩变形木材的复原。出土木漆器保护国家文物局重点科研基地重点课题“变形竹木漆器文物的整形技术研究”（2006年，胡希玉）探索了纤维素的伸展整形技术用于干缩变形竹木漆器类文物修复的可能性。指南针计划专项课题“中国山西大河口出土西周漆木器制作工艺及复原研究”（2011年，吴顺清）研究文物原件特点，采用传统髹漆工艺，使复制品“形似、质似、神似”。出土木漆器保护国家文物局重点科研基地研究项目“干缩竹简复形研究”采用生物碱和表面活性剂等材料处理后，使竹简的外形尺寸得到恢复，化学组分无明显变化，并且对字迹无损伤。

3 竹木漆器类文物保护管理存在的主要问题

湖北省竹木漆器类文物藏量巨大，种类丰富，延续时间久远，是我国重要的历史文化遗产，湖北省各文物收藏单位在各级领导的关心和支持下，在第一次全国可移动文物普查工作中取得了一定的阶段性成果，在竹木漆器类文物的保管、保护和展示利用等方面取得了一定的成绩。但是，通过调查发现，我国竹木漆器类文物保护、管理、展示和利用方面还存在一些问题，有的问题带有一定的普遍性，值得我们深思。

3.1 竹木漆器类文物管理机制不够规范

按照文物分类存放、分类保护的标准化要求，一些中小博物馆目前还不能完全做到。大多数博物馆受库房条件的限制，没有专库存放，而和其他类别的文物混放，个别博物馆存在堆放和裸放的现象。除湖北省博物馆、黄石市博物馆、宜都市博物馆能做到环境控制外，其他博物馆均处于自然存放状态，竹木漆器数量最多的荆州博物馆也不例外。

在调查工作中发现，大部分文物收藏单位，竹木漆器类文物保护管理基础工作还十分薄弱，竹木漆器类文物登记、保管和保护方面缺乏相应的专业人才，文物保管和管理方面缺乏相应的管理制度，致使文物出土后没有及时登记建档，长期用水浸泡保存，文物标签腐蚀，造成文物原始指标信息缺失，如入藏时期、来源方式等信息多有缺环，很难弥补，增加了文物信息采集登录的难度。

从全省竹木漆器类文物调查情况来看，此类文物的建档工作还不够完善，主要体现在：对已进行脱水保护修复的文物都建立完整的文物档案，而对于刚发掘出土或长期浸泡在水中的竹木漆器，则没有建立相应的文物档案，这是各个竹木漆器类文物收藏单位普遍存在的问题，借第一次可移动文物普查之际，完善了饱水竹木漆器类文物的建档和信息登录工作。

3.2 竹木漆器类文物保存现状不容乐观

湖北省竹木漆器类文物大多数为考古发掘出土的饱水竹木漆器，有的经过脱水保护修复，有的属于自然风干，还有大多数竹木漆器类文物浸泡在水中保存。由于各文物收藏单位文物库房条件的差异，文物保存现状不容乐观，特别是自然风干和浸泡在水中呈饱水状态的竹木漆器类文物。

3.2.1 文物保存现状堪忧

根据表4调查数据统计，全省考古发掘出土竹木漆器类文物总数16911件（套），出土时多数呈饱水状态，目前已进行保护脱水的有1984件（套），所占比例为11.73%；正在进行保护脱水的有1373件（套），所占比例为8.12%；自然风干的有5573件（套），所占比例为32.96%；还有7981件（套），占整个考古发掘出土47.19%的文物没有得到保护而长期浸泡在水中呈饱水状态（表4）。

表4 湖北省出土竹木漆器类文物保存状态统计表

序号	文物收藏单位	考古发掘/件（套）				合计/件（套）
		饱水	风干	已脱水	正在脱水	
1	荆州博物馆	6687	715	718	912	9032
2	荆州市荆州区博物馆	15	108			123
3	湖北省博物馆	396		670		1066
4	黄石市博物馆		4707			4707
5	荆门市博物馆	202		91	178	471
6	云梦县博物馆	126	4	63	121	314
7	黄冈市黄州区博物馆			2	162	164
8	襄阳市博物馆	139		117		256
9	武汉市文物考古研究所	61		42		103

续表

序号	文物收藏单位	考古发掘/件（套）				合计/件（套）
		饱水	风干	已脱水	正在脱水	
10	宜昌博物馆	98		6		104
11	随州市博物馆	54	1	33		88
12	宜都市博物馆			82		82
13	当阳市博物馆	1		77		78
14	鄂州市博物馆	71		6		77
15	黄冈市博物馆	49	12			61
16	武汉博物馆	63	11			74
17	老河口市博物馆			46		46
18	大冶市博物馆			26		26
19	潜江市博物馆	15				15
20	公安县博物馆		6			6
21	石首市博物馆	4	1			5
22	孝感市博物馆			5		5
23	襄阳市襄州区文物管理处		4			4
24	十堰市郧阳区博物馆		2			2
25	洪湖革命历史博物馆		1			1
26	保康县博物馆		1			1
合计		7981	5573	1984	1373	16911

湖北省出土竹木漆器类文物保存现状所占比例如图7所示。

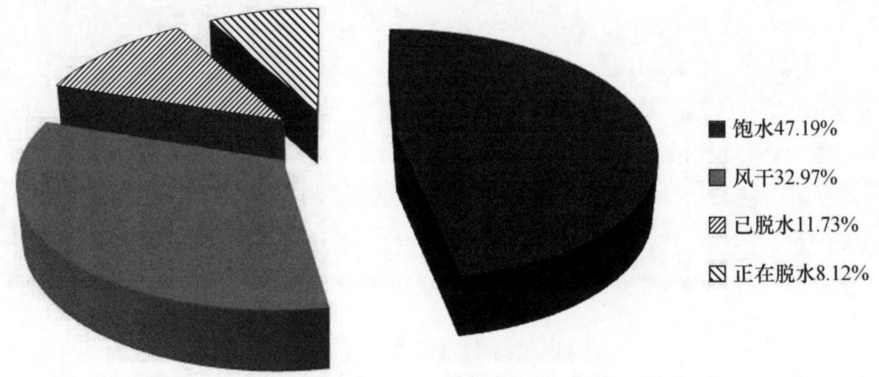

图7　湖北省出土竹木漆器类文物保存现状所占比例图

大量处于饱水状态的竹木漆器类文物，多是存放在临时库房中，库房保存条件简陋，无温度控制，无防菌防霉措施，浸泡溶液为自来水。经对荆州博物馆饱水竹木漆器检测，其饱水率达550%～780%，文物保存现状堪忧（图8）。饱水竹木漆器出土后长期浸泡在水中，不仅会使有些器物的彩绘脱落，还会使器物的胎质变软，甚至泡腐泡溶，以至于好的泡坏，完整的泡成残缺的，大块的泡成小块的，小块的泡没有了。因此，饱水竹木漆器出土后应及时进行脱水处理，才是对饱水

图8　荆州博物馆饱水竹木漆器保管现状

竹木漆器最佳保护方法。

3.2.2　文物病害情况严重

课题组参照文物保护行业标准《馆藏出土竹木漆器类文物病害分类与图示》（WW/T 0003—2007）和《可移动文物病害评估技术规程——竹木漆器类文物》（WW/T 0060—2014）进行了竹木漆器类文物病害评估，文物病害情况较为严重，其主要病害有胎体残缺、断裂、糟朽、漆膜褪色、彩绘脱落、炭化、霉变和干裂变形、微生物损害等。

饱水竹木漆器由于长期浸泡，导致器物色泽变深、彩绘脱落、胎质变软，出现残缺、断裂直至糟朽现象（图9），这是目前饱水竹木漆器类文物存在的普遍问题。如荆州博物馆和云梦县博物馆20世纪70年代发掘出土的竹木漆器已浸泡40多年了，糟朽现象十分严重。

(a)　(b)

图9　饱水竹木漆器病害情况

（a）云梦县博物馆糟朽竹木漆器；（b）荆州博物馆糟朽竹木漆器

全省自然风干的竹木漆器类文物有5573件（套），由于没有进行过脱水保护，加上文物处于自然存放状态，糟朽、炭化和干裂变形现象严重，有的出现霉变现象，如黄石市博物馆的采矿支架和工具已出现严重的脆化现象。早期已脱水的竹木漆器，由于当时脱水保护技术的限制，也出现不同程度的脆化和霉变现象，如云梦县博物馆、宜都市博物馆和老河口市博物馆，特别是老河口市博物馆馆藏战国竹木漆器于2003年脱水保护时，当时只是进行了脱水，没有进行修复，且由于当时保护技术的原因，文物脆化、霉变现象特别严重［图10（a）和（b）］。有个别博物馆由于管理方面的原因，造成文物干裂、收缩和变形［图10（c）和（d）］。

图10　脆化、霉变情况

（a）云梦县博物馆霉变漆器；（b）老河口市博物馆脆化漆器；（c）荆州市荆州区博物馆漆盒收缩、变形；（d）荆州市荆州区博物馆镇墓兽干裂变形

就目前的调查情况来看，全省竹木漆器类文物保存现状不容乐观。一方面，由于自然环境的影响，文物正遭受着不同程度的腐蚀、损失，虽然这些破坏作用只是一个渐进的过程，但日积月累，其破坏程度非常巨大，文物的寿命正受到极大的威胁。另一方面，虽然馆藏文物保护和管理工作已引起社会足够的重视，但早期缺乏大规模的资金、技术投入，馆藏文物没有或缺少科学的保护技术进行处理的现状尚未得到根本解决，使得文物继续发生病害和腐蚀，有些馆藏文物因腐蚀已支离破碎，文物所存载的珍贵信息逐渐丢失，有的甚至损毁，造成了巨大的、不可弥补的损失。因此，及时对这些竹木漆器类文物进行保护修复，不但可以避免文物本体的继续劣化，还可以减少保护经费支出。

3.3　竹木漆器类文物保护修复技术推广不够

目前全国比较成熟的竹木漆器脱水保护核心技术掌握在出土木漆器保护国家文物局重点科研基地，也就是湖北省博物馆和荆州文物保护中心手中。出土木漆器保护国家文物局重点科研基地先后为国内80余家文博单位完成了6000余件竹木漆器类文物的保护修复。出土木漆器保护国家文物局重点科研基地虽然在全国建立了长沙、成都、安徽、济南、扬州、兰州6个工作站，但竹木漆器类文物脱水保护的核心技术，由于知识产权等方面的原因，并没有完全在国内推广，仅靠出土木漆器保护国家文物局重点科研基地依托湖北省博物馆和荆州文物保护中心的力量，对于全国数量巨大的竹木漆器的保护来说，必定是杯水车薪。

3.4　竹木漆器类文物保护修复和管理人员严重缺乏

目前，湖北省竹木漆器保护专业人员主要集中在出土木漆器保护国家文物局重点科研基地共建单位湖北省博物馆和荆州文物保护中心，专业人员虽然已从当年的5人发展成为当今全国50多人的队伍，但对于全国需要保护的数量巨大的竹木漆器来说，文物保护修复和管理专业人员还是处于严重缺乏阶段。

目前比较成熟的饱水竹木漆器类文物保护修复周期一般要两年，从保护修复方案编制、评审、报批到保护修复实施及验收需要较长周期，这对管理人员的素质提出了新的要求，综合性管理人才相应缺乏。竹木漆器文物的库房管理、日常维护人员更显不足。

4　加强竹木漆器类文物保护管理的途径

湖北省竹木漆器类文物藏量巨大，种类丰富，特色鲜明，延续时间长，特别是春秋、战国、秦汉时期的竹木漆器类文物，对于研究当时的社会、政治、经济、埋葬习俗，以及漆器的制作工艺等都具有重要意义。课题组结合第一次全国可移动文物普查，在全省开展竹木漆器类文物专项调查工作，基本摸清了湖北省竹木漆器类文物的数量、分布、保管、建档、展示、利用和研究等基本情况，滤清了在竹木漆器类文物保护、管理等方面存在的问题，对准确判断竹木漆器类文物保护形势、制定保护规划提供了科学依据，有助于提升全国竹木漆器类文物保护利用整体水平。

4.1　加强竹木漆器类文物相关标准与规范的制定

目前，针对竹木漆器类文物保护，国家文物保护行业标准有《馆藏出土竹木漆器类文物病害分类与图示》（WW/T 0003—2007）、《馆藏出土竹木漆器类文物保护修复方案编制规范》（WW/T 0008—2007）、《馆藏出土竹木漆器类文物保护修复档案记录规范》（WW/T 0011—2008）、《可移动文物病害评估技术规程——竹木漆器类文物》（WW/T 0060—2014），相对于其他类别文物来说，不可谓不丰富。2013年，国家文物局发布了《馆藏文物登录规范》（WW/T 0017—2008），对于藏品的登录、管理有了明确的标准。然而，正如上文所述，在文物的调查、认定及登录过程中，竹木漆器类文物虽与其他文物有很多共性，但是也存在一定的特殊性，还是要区别对待。因此，非常有必要增加竹木漆器类文物的登录、管理规范，甚至更细致的单项规范，如在竹木漆器类文物的不同保护时期（如出土时、泡水时、脱水后）都可以建立各项保护标准、规范等，增加《竹木漆器类文物考古现场提取规范》《馆藏竹木漆器类文物保存环境控制规范》等。这样更有利于我们把握竹木漆器类文物保护过程中的重点难点，更好地指导日常保护管理工作，更有效地保护好竹木漆器类文物。

4.2 加强竹木漆器类文物研究工作

竹木漆器类文物的保护工作离不开竹木漆器类文物的研究工作，只有深入研究竹木漆器类文物的深刻内涵，才能为竹木漆器类文物的保护提供科学借鉴。相对于其他类别的文物来说，专门研究古代竹木漆器的专业人才少之又少，目前湖北省博物馆（湖北省文物考古研究所）和荆州博物馆专业人才相对强一些，其他收藏单位几乎没有这方面的研究人员，对竹木漆器的研究仍然还停留在对竹木漆器制作工艺、造型、纹饰等方面的研究以及一些综述性质的研究，因此，到目前为止，学术界还未能形成对春秋、战国、秦、汉等各个时期漆器的全面、综合的认识。特别是对汉以后的竹木漆器研究成果更少，在湖北几乎处于空白阶段。

因此，针对竹木漆器类文物研究深度不够的情况，建议国家设立竹木漆器类文物相关研究课题，鼓励并扶持研究人员积极申报课题，加强对竹木漆器类文物的深入研究工作。

4.3 建立健全竹木漆器类文物保护管理的长效机制

通过第一次全国可移动文物普查，已经基本摸清了湖北地区乃至全国藏有竹木漆器类文物的收藏单位，以及竹木漆器类文物的数量分布、保存状况、保管权属和使用管理情况等。上级文物主管部门应督促各文物收藏单位建立健全竹木漆器类文物保护、管理的长效机制。

（1）实行竹木漆器类文物的管理、保护常态化。

竹木漆器类文物是可移动文物中最难以保存的有机质文物，文物的日常管理和保护工作难度较大，特别是饱水竹木漆器类文物的管理、保护，如管理工作不到位，极易造成干裂变形、漆膜脱落等现象，给竹木漆器脱水保护增加了难度，有些脱水修复后的竹木漆器也容易出现霉变现象。因此，建议竹木漆器类文物的管理、保护要实行常态化，从竹木漆器类文物出土开始，便可以采集文物的基本信息和影像信息，并登录上报普查平台，建立各类台账，将饱水竹木漆器类文物纳入馆藏文物管理系统，及时申报项目进行保护，实现竹木漆器类文物管理的制度化、规范化。

在竹木漆器类文物保护方面，要以出土木漆器保护国家文物局重点科研基地为核心，确定长远发展目标，紧密结合行业发展实际，从科技创新体系建设与政策保障、深化科技体制改革、增强自主创新能力、提高科技成果转化水平等战略需求出发，整体提升竹木漆器类文物的保护能力，提升出土木漆器保护国家文物局重点科研基地技术服务水平。各文物收藏单位要以第一次全国可移动文物普查成果为契机，依据竹木漆器类文物保存实际状况，编制竹木漆器类文物保护长远规划，实行竹木漆器类文物保护、管理常态化。

（2）加强竹木漆器类文物的定级管理。

目前全省未定级竹木漆器类文物数量达15697件（套），占整个竹木漆器类文物总数的92.82%。大量竹木漆器类文物没有定级，容易造成竹木漆器类文物管理上的混乱，不利于竹木漆器类文物的保护管理。

对竹木漆器类文物进行定级评估，是其历史、艺术、科学价值的集中体现，有利于发挥文物的综合价值。建议尽快组织专家对竹木漆器类文物进行全部定级后，实行定级管理。

4.4　加强竹木漆器类文物保护工作

通过此次湖北省竹木漆器类文物专项调查统计发现，全省竹木漆器类文物数量多，保存状况差异大。各中小博物馆文物保护的设施普遍简陋，不利于竹木漆器类文物的保护，应根据文物的保存条件，按文物预防性保护的相关要求逐步改善文物保存环境。在提高各文物收藏单位的文物保管水平的同时，及时发现处理文物病害，有条件的文物收藏单位应建立专门的文物保护实验室，加强对竹木漆器类文物本体的保护。

（1）把濒危状态的竹木漆器类文物的保护放在首位。

根据文物的保存现状和状态，按轻重缓急分别对待，制定不同的保护修复方案，优先抢救保护病害严重、处于濒危状态的竹木漆器类文物。就目前文物保存状况来看，竹木漆器类文物保护修复的重点，是对长期浸泡在水中的饱水竹木漆器进行脱水保护，特别是已定级的文物。根据竹木漆器类文物专项调查统计，湖北省目前处于饱水状态的竹木漆器类文物总计达7981件，其中绝大多数文物处于濒危状态。“乙二醛复合法”脱水干燥后的竹木漆器相较于饱水状态，其保存期将会更长一些。对于大量一般和残损严重的饱水竹木漆器可以采取先保后修的保护工作模式，即先将文物进行批量脱水保护，然后根据实际需要再进行修复保护。

第一次可移动文物普查于2016年年底结束，全国饱水竹木漆器文物的数量、保存状况已经摸清。由于饱水竹木漆器文物保存难度大、极易毁损，国家文物局可委托荆州文物保护中心（出土木漆器保护国家文物局重点科研基地），在第一次可移动文物普查成果基础上，制定专项计划，利用5～10个月的时间，将全国处于饱水状态的竹木漆器文物进行脱水保护，为文物更长久保存、研究以及后期修复等创造条件。

（2）加快竹木漆器类文物保护技术推广。

成熟的竹木漆器类文物保护技术是该类文物能长期保存的关键所在。荆州文物保护中心在前人研究的基础上，独创或改进完善的出土饱水竹木漆器脱水方法“乙二醛复合法”作为成熟技术在国内推广。荆州文物保护中心作为出土木漆器保护国家文物局重点科研基地技术依托单位之一，先后为北京、云南、湖南、江苏、河南、四川、安徽、江西等20多个省市编制竹木漆器保护修复方案近120项，已实施文物保护项目100余项，完成了6000多件（套）竹木漆器文物的保护修复。但针对全国数量巨大亟需脱水保护修复的竹木漆器文物来说，推广力度有待加强。

创新竹木漆器类文物推广模式。当前大多文博机构受事业单位体制束缚，缺乏创新，只有创新体制机制，才能激发活力。荆州文物保护中心（出土木漆器保护国家文物局重点科研基地）先后在四川成都、安徽合肥、湖南长沙、江苏扬州、山东济南、甘肃兰州建立了6个工作站，为解决培训竹木漆器保护人才、工作场地不足等当前文物保护的最紧迫问题提供了可行的解决模式。下一步应以6个木漆器保护技术示范工作站为辐射源，加快竹木漆器类文物保护技术的推广。

（3）开展竹木漆器类文物的数字化保护工作。

可移动文物的数字化保护是指利用数字化技术，对文物的基本要素和相关信息进行全方位和高精度的采集、记录、存储，由此对文物本体的保护提供科学依据，对文物的利用提供多样化途径，全面提升文物保护、利用和管理工作水平。

建议将饱水竹木漆器类文物数字化保护纳入国家可移动文物预防性保护专项资金补助项目，各文物收藏单位应尽快编制方案，启动竹木漆器类文物的数字化保护工作，全面获取文物的背景信息，包括文物的基本信息和特殊信息等全部信息；利用高精度图像技术获取文物高保真图像；利用现代化的技术装备和手段获取竹木漆器类文物的成分、结构、颜色、图案、材料、病害等信息，以及与该文物有关的保存痕迹等。竹木漆器类文物的数字化保护尤其对于濒危文物，应尽可能多地保存相关信息，使得珍贵的文化遗产得以保存。

4.5 大力培养人才，加大资金投入

当前，竹木漆器类文物的保护、修复人才需求仍然严重匮乏，难以满足竹木漆器类文物保护的需要，还要加大人才培养力度。文物基础设施建设经费严重不足，制约了整个竹木漆器类文物的保护工作。除湖北省博物馆外，大多数文物收藏单位在藏品保管、设备配置及保护修复方面投入经费不足，少数收藏单位甚至为零。由于缺乏相应的经费投入，大多数博物馆库房条件简陋，没有相应的文物保护设施设备和装具，国家应加大文物预防性保护经费投入，改善文物保存环境。

有了人才的保障，再增加资金投入，积极开展竹木漆器类文物保护项目，逐步完善竹木漆器类文物的库房保存条件，实现竹木漆器类文物保护的可持续性发展与良好循环，扭转不利局面。

西夏瓷器解析

——灵武磁窑堡窑

王 萍

（宁夏博物馆，宁夏银川，750011）

摘要 西夏的陶瓷业在文献中不见记载，20世纪70年代以前，均未有“西夏瓷器”称谓。80年代中期，“西夏瓷”这一概念最终确立。

磁窑堡窑烧造产品种类丰富，有生活用品、文房用品、娱乐陈设用品、宗教用品、建筑材料等。其中碗、盘数量最多，其他如盆、钵、壶、釜、瓶、罐、杯、灯等也不少。胎色多呈浅黄灰色、浅灰白色、米黄色等。胎质比同时期宋金北方民窑的要细腻、坚硬。釉色主要有白釉、黑釉、褐釉、青釉等。白釉瓷均施化妆土，颇具磁州窑系产品特征。

关键词 西夏 西夏瓷器 灵武窑 黑釉 褐釉 白釉

引 言

西夏的陶瓷业在文献中不见记载，20世纪70年代以前，均未有“西夏瓷器”称谓。在西夏疆域内所发现的10～13世纪陶瓷制品，或被定为宋、辽、金瓷器，或被归为元代瓷器。随着西夏窖藏、墓葬和遗址不断发现，尤其是80年代中期，中国社会科学院考古研究所马文宽先生率队在灵武磁窑堡西夏窑址进行了科学发掘，西夏瓷的品种、造型、工艺特点得到揭示，“西夏瓷”这一概念最终确立。

11世纪初，以今宁夏为中心，曾经存在过一个封建割据的地方政权，其地域东尽黄河，西界玉门，南接萧关，北控大漠，号称万里之国，它就是西夏。西夏政权是以党项民族为主体建立起来的封建割据王朝，它是我国古代羌族的一支。羌族是一个有着悠久历史的古老民族，长期生息，繁衍、活动在祖国西部地区。

20世纪50年代以来，在宁夏、甘肃、青海和内蒙古西部的西夏故地，西夏瓷器就有零星发现，多为出土在墓葬、遗址、窖藏中。其中1975年宁夏灵武崇兴、1978年甘肃武威青咀村、1979年青海互助、1982年内蒙古准格尔旗准格尔召乡、1983年青海湟中维新乡等地的瓷器窖藏，出土了玉壶春瓶、剔刻花经瓶、剔刻花扁壶、白釉高足碗等精美瓷器。1982年武威塔儿湾、2004年宁夏海原临羌古城还发现了西夏窑址，也有精美瓷器出土。这些发现都为西夏瓷提供了重要的资料，但是只有宁夏灵武窑和回民巷窑，勾勒出西夏瓷的真实面貌。

1 灵武窑址

灵武窑属古灵州（今宁夏吴忠市）之地。灵州自古就有黄河灌溉之利，是我国古代西部名城，在西夏建都兴庆府（今宁夏银川）之前，一直是宁夏平原的政治、经济、军事、文化中心。

灵武窑址在灵武市东35km的一个小沙丘上，俗称“瓦罐窑”，又因在磁窑堡镇以北4km的荒漠里，也称磁窑堡窑，夹在西面的大河子沟河和东面的公路（灵武至磁窑堡）之间，西北紧靠灵新煤矿。窑址附近产有高岭土（含白云母、石英、长石质的高岭石泥岩），旁有小河流过，解决了制瓷所需水源。一般制瓷窑址均选在煤矿附近和水源充足的地方，瓷器的烧成温度一般在1200℃以上，故普通黏土就不能用来制坯，这是因为普通黏土中氧化硅和氧化铝的含量较少，而含有较多的助熔物质，若用这类原料做坯，熔烧温度达1200℃时，坯件便会变形、坍塌。瓷土是呈风化或半风化状态的富含氧化硅、氧化铝等成分的矿物，它虽分布较广，但都不是随处可见。总之，原料、燃料、水源、运输、劳力、风水等许多因素决定了窑址。中国社会科学院考古研究所分别在1984年、1985年、1986年进行了3次系统发掘，开挖探方14个，发掘面积700m^2，清理了西夏窑炉3座、西夏瓷器作坊8座、清代窑炉1座、元代作坊1座。出土瓷器、瓷具共3000余件，同时发掘出大量墨书西夏文瓷片、墨书汉文西夏年款的瓷片和西夏钱币。

磁窑堡窑烧造产品种类丰富，有生活用品、文房用品、娱乐陈设用品、宗教用品、建筑材料等。其中碗、盘数量最多，其他如盆、钵、壶、釜、瓶、罐、杯、灯等也不少。胎色多呈浅黄灰色、浅灰白色、米黄色等。胎质比同时期宋金北方民窑的要细腻、坚硬。釉色主要有白釉、黑釉、褐釉、青釉等。白釉瓷均施化妆土，颇具磁州窑系产品特征。出土的部分瓷器有精美的装饰纹样如缠枝花、动物、海水波浪等，装饰技法娴熟，使用磁州窑系常用装饰技法，如划花、剔刻花、印花、点彩等。其中黑釉剔刻花经瓶、扁壶工艺精湛，造型美观，是西夏瓷器的代表作品。

每个时代瓷器特征的形成，与窑炉的结构、使用的窑具、原料的加工、器物的成型等方面是分不开的。

1.1 窑炉

新石器时代的陶瓷是在平地上堆烧的，从无窑到有窑是一大进步。穴窑（就地挖穴为窑、竖穴窑和横穴窑）又发展到地上筑窑，砌筑窑墙，窑有顶、顶上开口，可以排烟，具有一定的抽力，称其为升焰窑。此窑无烟囱，基本上还是烧氧化气氛，有时也出现部分的还原焰。秦汉时期，在升焰窑的基础上有了发展，成为半倒焰或馒头窑。此窑有烟囱，产生抽力，能烧较高的温度，又能烧还原气氛。

灵武窑的窑炉，平面布局为马蹄形，由窑门、火膛、窑室和烟囱组成。从遗迹判断，其建造程序是，先在地上挖一个椭圆形的坑，将窑床、烟道、炉箅分别置于坑内，然后在地面围绕坑口用土坯垒砌窑壁，窑后垒砌烟囱。烧窑时用土坯将窑洞门封闭，门墙上部留有可开可闭的空洞，以观察火候，基本是北方馒头窑的雏形。火膛下部有较深的灰坑，灰坑前的工作面，主要作用是向火膛添煤、照看窑火。宋代耀州窑虽有暗道，但比灵武窑要浅。

1.2 窑具

除了窑炉外，窑具也是烧瓷技术高低的关键。窑具从无到有，从简到繁的发展。窑具包括支具与保护坯体不受火刺的匣钵两大类。灵武窑的窑具有匣钵、顶碗、顶盘、顶钵、垫条、垫饼、垫圈、馒头形窑具和工字形窑具等。这些窑具，除匣钵是放置瓷坯的工具外，其余都是烧窑时支垫瓷坯的工具。魏晋南北朝时期，由于瓷器造型逐渐丰富，日常用器增多，为了提高产量，减少窑位，在装烧方法上将坯体叠置起来烧造，如碗、盘之类器物，在两器之间用支具相隔，故器内留有支具烧痕。隋代在魏晋南北朝烧瓷的基础上除大量使用各种支具外，发明了使器物不直接受到窑火刺的匣钵。这是烧窑技术的重大进步，这种匣钵形如筒状，先将坯体叠置起来放入匣钵内烧制，使釉面不至于由于窑内的杂物落到釉上，更重要的是避免了明火的接触，使坯体受热均匀，起到保护坯体、提高瓷器质量的作用，使器物更加光滑滋润。唐代开始出现了一匣一器的装烧方法，因匣是根据碗形设计出来的，因形如漏斗，故俗称“漏斗状”匣钵，也有的称其为“碗笼”的。采取此种装烧方法出来的器物，除底足部分无釉外，其余全部有釉。不仅器内无支钉烧痕，而且釉面更加明亮润泽。灵武窑的匣钵有平底桶状和开底桶状两种，多数近器底壁部有一圈或两圈圆孔。这种匣钵为中原其他窑址所少见。这是因为窑址地处沙漠、气候干燥、室外棚架晾坯易干裂，故多采用室内烘坯，致使瓷坯含水量提高，使用这种带孔匣钵，可使水蒸气尽快排出，而不影响器物质量。

1.3 烧装方法

唐代各地瓷窑大量采用一匣一器“漏斗状”匣钵装烧法。定窑在北宋初期，为了提高产量，充分利用窑位，又从唐代的一匣一器的装烧法，发明了一匣多器的支圈仰烧法。北宋中后期，又加以改进，出现了支圈覆烧法。采用此法烧制的碗，器口无釉，也称“芒口”。随后又从支圈覆烧法改为叠烧法，烧成的碗内底留有一涩圈。

灵武窑的烧装方法有七种。

支圈烧法：将罐、盘等类器物放在圆形垫圈上烧制。

垫条对烧法：指盆、罐等较大的器物，多用对口烧法，两器对口间衬上几个垫条，可调节器内温差、提高器内温度。

芒口对烧法：指碗钵等小型器物，将口部所施釉刮掉，即形成芒口，然后对口装在匣钵内烧制。

器物搭烧法：多种器物相互搭配装烧。如盆罐搭烧，在大口盆的内底刮出涩圈，然后倒扣一芒口深腹罐。在肩部做出涩圈的经瓶，也可倒扣一件碗、钵之类小器物搭烧。

顶碗覆烧法：其所用窑具是顶碗、顶钵、顶盘等，都是上小下大的喇叭形窑具、最适合敞口的碗、盘、钵等器物。烧装时，将这类器物的坯胎扣在顶碗等窑具上，并依次倒扣多件，然后罩以开底式匣钵装烧。这种方法又分为顶碗涩圈覆烧法（坯体施釉后，内底刮掉一圈釉，形成涩圈，然后坯体依次相扣）、顶碗沙圈覆烧法（在坯体内底不刮出涩圈，而是将器底足圈粘上沙粒，在顶碗等窑具的上口也放上沙粒，然后坯体依次相扣）。这种烧法，优于一般的叠摞正烧法（指无顶碗支撑，上部坯体压力由下部坯体承担的烧法）。由于顶碗等窑具的支撑，坯体的压力集中在坯体较厚的圈足部位，而碗壁不受压力，从而做到胎壁轻薄。灵武窑碗、盘的最大特点是“挖足过肩”。所谓“挖足过肩”，是指圈足的内侧高于外侧，器底特薄。

另外，还有垫托搭扣法和泥饼插烧瓷钩法。

1.4 制作工艺

陶瓷器的成形包括手制成形与轮制成形两类。新石器时代的制陶，在仰韶阶段是用泥条盘筑法，发展到龙山文化时期，采用慢轮到快轮制坯。直到魏晋南北朝时期，轮制拉坯成形才普遍运用。唐宋时期的陶瓷器的成形绝大多数是手拉坯成形。北宋中期模印加修坯的方法也很流行，即碗、盘的内面多采用模印，脱模后待坯体干燥到一定程度时旋修外形。

灵武窑的器物成形工艺有两种，一种是轮制成形，一种是模制成形。轮制成形的工具有两种，一是瓷轮，二是刮板。瓷轮故名“陶钧”，俗称“辘轳”。大量日常圆形用具均为轮制。瓷轮由轮盘、轴棍和轮基构成。轮基中部有轴眼，用以安插木质轴棍。木质轮盘固定在轴棍顶部。灵武窑发现的一些轮基，都是可以安插轴棍的。刮板有木制的、有瓷制的，是一种片状工具。灵武窑所见，多为用残瓷片磨制而成，口部呈不同角度的弧状。制作时，将轮盘上的瓷泥拉成雏形，然后用刮板定型。瓶、罐、壶等器具的器耳、把手、壶嘴等是瓷器的附件。先用瓷泥做好这种附件，待稍干后用泥浆黏接在相应器物上。

除大量瓶、罐等圆形用具外，还有人物、动物、贴花饰件、器物附件等器物，不用轮制成形，只能用模制成形（也有手制成形）。

模制成形有单模制和复合制两种。单模制是一些较为简单的器物，如砚台、棋子、瓦当、滴水等，在事先做好的瓷模上压膜成形，然后入窑烧成。复模合制是一些比较复杂的器物，如人像、动物等，先捏塑原型，用瓷泥烧成前后两片瓷模，然后将泥入模压印成形，再将两片用泥浆黏接在一起，入窑烧成。

有些较复杂的器物，用一种方法难以成形需要两法兼用。如西夏剔刻花瓷扁壶，就是先在瓷轮上拉成两个较扁的半圆形坯，然后用泥浆黏接扣合在一起。此后，为了加固大型扁壶的胎体，在接缝处黏接一圈附加堆放，然后再顶挖一个洞以备安壶嘴，再将另制的壶嘴、器耳用泥浆黏接在器物相应部位，最后挖圈足，修正成形。制作扁壶需要很高的工艺水平。

1.5 装饰技法

灵武窑的器物装饰技法，有刻釉、剔刻釉、刻化妆土、剔刻化妆土、刻花、印花、点彩、镂空等。

在西夏瓷器装饰技法中，化妆土的使用非常广泛。所谓化妆土，就是在胎体上涂一种白色浆料，待其干后再施以透明釉。一般白釉瓷皆用此法，可以增加成品瓷的白度。

主要装饰方法有刻花、刻釉、刻化妆土、剔刻釉、剔刻化妆土。

刻花法：在不施化妆土的胎体上，用刻刀直接刻出花纹，再施釉。由于胎体较暗、烧成的釉呈青色，纹饰不明快，此类产品较少。

刻釉法：近似阴刻，即在已施釉的胎体上刻出花纹，由于花纹部分露胎，形成胎釉之间色差。但其刻线较细，色彩不鲜明，此法很少单独使用。

刻化妆土：在施化妆土的胎体上刻出花纹，再罩以透明釉，也形成胎、釉之间的色差。底呈白色，刻纹部分呈浅青色，给人以清秀之感。

剔刻釉和剔刻化妆土是灵武窑装饰的一大特点。一种是在釉面上刻花；另一种是在化妆土上刻花，剔刻的效果就像用“开光”的技法。所谓“开光”，是传统的装饰方法之一，是从古代房屋窗户的形式演变而来。为了使器物突出某一形象，往往在器物某一部位预留某一形态的空间，如扇形、蕉叶形、菱形、心形、桃形、圆形等，然后在这一空间内部饰以某种花纹，称为“开光”。这种手法不仅常见于陶瓷器皿的图案上，也见于景泰蓝、雕漆的工艺中。

剔刻釉法：在施釉的胎体上，用刀刻掉部分釉面，使留下的釉面形成花叶等主体纹饰，细部纹饰则用刻釉法刻出，使纹饰具有浮雕感。

剔刻化妆土法：在施有化妆土的胎体上，剔刻掉部分化妆土，使之形成花叶等主题纹饰，再刻细部纹饰和地纹，然后罩以透明釉。烧成后，剔花部分则在浅青色地上呈现出白色花朵，刻花部分则在白地上显现出浅色青花纹饰，两者结合一起创造出极为美好的艺术效果。

2　颇具民族特色的瓷器

西夏瓷器，无论是器形还是纹饰，有专家说源于山西的磁州窑或河北的定窑，也有说源于陕西的耀州窑，但总的来说，虽受周边瓷窑的影响，但本族的文化还是主流，独具的民族特色与党项族的社会状况和生活习俗还是密切相关的。

灵武窑出土了许多瓷质用品，如雕塑品中的秃发俑、髻发人、戴风帽和力士等。男性多为秃发，并分为多种样式，这是党项族特殊发式。女性发式有单髻和双髻。动物有马、驴、羊、狗、猪、狮、虎、豹、鸭等，而以骆驼为多，造型多稚拙粗犷。褐釉骆驼呈卧姿，两峰突起，直颈仰首，两眼凝视前方，表现了吃苦耐劳、安详恬静的性格。骆驼、马的数量大，反映了游牧民族对它们的喜爱。瓷埙（图1）也是游牧民族喜爱的乐器。形似牛首，正面有两孔，顶部有一孔对其吹可发出美妙的音律，妙不可言。

黑釉剔刻花双耳扁壶（图2）器形很有特色，它是西夏人所喜爱的用于装水、盛奶、灌酒的生活器皿。这类大小扁壶在本窑中生产数量很大，为西境外的其他窑址所不见。其形状非常适宜在马背或驼背上吊挂携带。扁壶正面施褐釉，釉色光润均匀，敞口，卷沿，直颈，双耳于肩，壶体扁

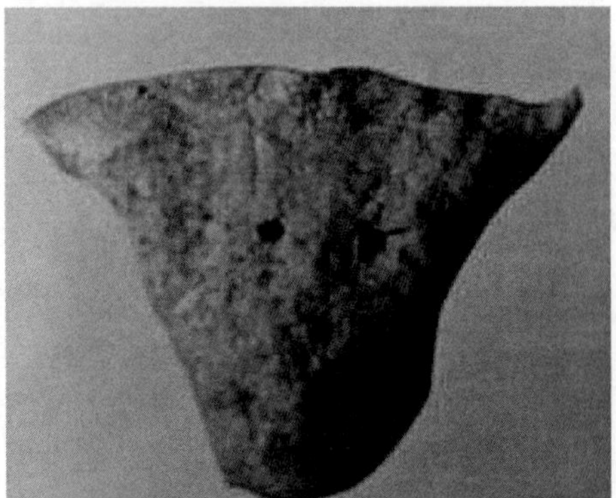

图1　瓷埙

图2　黑釉剔刻花双耳扁壶

圆。生活用的器皿如碗、盘、盆、钵、釜、杯、高足杯、盒、壶、瓶、瓮等，通体白釉，内壁光滑，外壁较粗糙，特别是甘肃武威出土的一件西夏白釉点菱形梅花点纹碗，很有代表性。中间有圈足，其外刻有对称的开光，开光内剔刻折纸牡丹花，并衬以花叶，由于剔地面圈套，釉与胎体的色彩对比鲜明，开光两侧刻划花叶和密集的弧线纹作为地纹，起了局部装饰作用，由于刻划面小，釉和胎的色彩对比较暗，但把开光内的主题花纹衬托得更为突出。这种局部与整体的处理使画面显得疏密得当，宾主分明。壶体两侧除圈足部分外，全部以剔釉露胎的技法，做出牡丹花纹图案。

褐釉剔刻牡丹花经瓶（图3）通体施褐釉，瓶斜唇，小口，束颈，斜肩，圆腹，平底，肩部有一涩圈。腹部以剔底露胎的技法剔刻两层纹饰，上层开光剔刻牡丹花，两层剔刻旋纹作装饰底纹，下层线刻卷叶纹。此瓶器形圆浑，特别是右下向上内敛的蘑菇形成小口，是西夏瓷器制品中非常精美的瓷器。

罐分单耳罐、双耳罐和无耳罐。黑釉双耳剔刻海棠花瓷罐（图4）直口，平唇，折沿，短颈，溜肩，对称双耳，鼓腹下收，圈足。口唇和腹部以下露胎，腹部以剔地露胎技法剔刻出海棠花枝叶纹图案，花纹上下各有两道旋纹。这是西夏人盛物的器皿，双耳是系绳的地方。

图3　褐釉剔刻牡丹花经瓶

图4　黑釉双耳剔刻海棠花瓷罐

釉陶建筑构件是西夏陶瓷的另一特色。西夏王陵遗址中的陵台虽然看起来只是一个个土堆，但是上面残留的琉璃瓦碎片曾经碧瓦重檐、装饰华丽。陶瓷构件有白瓷板瓦、琉璃鸱吻（图5）、瓦当（图6）、滴水、屋脊兽、迦陵频伽等。精致的白瓷板瓦、高大的龙首鱼尾鸱吻、立体造型的屋

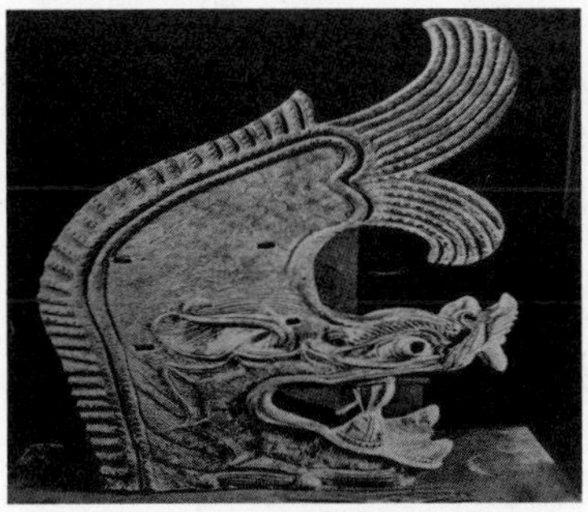

图5　琉璃鸱吻

图6　瓦当

脊兽和迦陵频伽，都反映了西夏较高的陶瓷制作工艺。

灵武窑品种繁多，釉色丰富，创造出许多精致的具有民族特色的产品，达到了较高的技术水平和艺术成就。近年来西夏文物的不断问世，对于文献资料相对稀缺的西夏史来说，灵武窑的发现和研究成果填补了我国陶瓷史的空白。

新时期文物保护理念与对策研究

王丽萍　于丽群
（吉林省文物考古研究所，吉林长春，130033）

摘要　在新的历史时期，文物保护工作任重道远。为此，要以习主席关于保护文物的讲话和指示精神为宗旨，把握历史机遇，树立科学的文物保护理念，充分认识文物的重要价值，正视文物保护工作面临的困境与挑战，针对当前文物保护工作中存在的问题，从体制、法律法规建设、政绩观、科技创新等方面采取科学合理的对策，将文物保护工作推向新阶段。

关键词　文物保护　理念　对策

引　　言

理念和对策是做好文物保护工作两个极其重要的方面。理念是行动的先导，发展理念正确与否，从根本上决定着发展的成败。因此，在新的历史时期，做好文物保护工作首要的是秉承正确、科学的保护理念，这是做好文物保护工作的前提条件。对策则是将正确、科学的理念落实到行动中的指导方针和措施，是决定事物成败的关键问题。因此，本文主要围绕这两个重要问题展开论述。而正视文物保护工作面临的困境与挑战，又是有针对性地采取相应对策的前提。只有从这几个方面入手，才能破解当前文物保护工作面临的困境，才能抓住机遇，使文物保护工作更有实效。

1　树立正确、科学的文物保护理念

正确、科学的文物保护理念来源于充分认识文物在传承历史文化、维系民族精神和加强社会主义精神文明建设中的重要价值，充分认识当前做好文物保护工作的历史条件。2015年《中华人民共和国文物保护法》的第四次修正，近年来习主席关于保护文物讲话和指示的发表，将我国的文物保护工作推到了历史的新阶段，加强文物保护工作也成为我国社会主义现代化建设的重要组成部分。

1.1　树立保护文物也是政绩的科学理念

保护文物，各级党委和各级政府担负着重要职责。2016年，习主席在谈到文物保护工作时作出了重要指示："保护文物功在当代、利在千秋，各级党委和政府要增强对历史文物的敬畏之心，树立保护文物也是政绩的科学理念。"[1]这是习主席和党中央对文物保护工作提出的更高要求；

国务院也下发了《关于进一步加强文物工作的指导意见》，明确提出“将文物保护纳入官员考核指标，并将终身追责”。这些都深刻阐明了在新的历史时期中央对文物保护价值的正确认识和对文物保护工作者的殷切希望。可以预见，随着这一刚性的考核标准的建立，将有力地促使各级政府和官员树立起保护文物也是政绩的科学理念。

1.2　树立预防性保护，防止建设性破坏的理念

预防性保护，就是通过对文物保存环境的有效监控，使环境处于有利于文物保护的状态，从而达到保护文物的目的。根据《国家文物博物馆事业发展“十二五”规划》的意见，“十二五”期间中国的文物保护工作要从抢救性保护向预防性保护转变。这是对以往那种破坏了才保护做法的否定，也是国家在文物保护方面战略性部署和文物保护的指导方针。

只有树立预防性保护的科学理念，才能在经济建设中将文物保护工作摆到重要位置，才能保住中华民族优秀传统文化的根脉。

1.3　树立文物保护成果要更多地惠及人民群众的理念

历史是广大人民群众创造的，文物是人民群众智慧的结晶，人民群众理应享有文物保护的成果。那些垄断文物保护成果，甚至肆意毁坏文物的做法都是不可取的。曾经历多项文物保护工程的故宫博物院院长单霁翔认为，要最大程度地动员社会力量，就必须积极倡导“民众有权利成为文化遗产保护的知情者和受益人”的理念。唯有如此，才能在文物保护工作中，取得广大民众的理解和积极参与，文物保护工作才能真正收到实效。

1.4　树立文物保护与经济社会统筹发展的理念

经济建设与文物保护之间本应是和谐统一、相互促进的双赢关系，发展经济可以为文物保护事业提供更加坚实的物质基础，文物保护事业的发展又可以为经济社会发展注入丰富的文化内涵和生命力。但是在现实生活中，一些政府机关和企事业单位对文物保护的现代价值及其在经济发展中的作用缺乏足够的认识，在追求经济效益的同时，往往忽视对文物的保护工作。因此，树立文物保护与经济社会统筹发展的理念，统筹考虑“保”与“用”的关系，保护是前提，只有保护好文物，才能充分发挥其经济效益和社会效益。

2　当前文物保护工作面临的困境与挑战

新时期做好文物保护工作，在树立正确保护理念的前提下，还要正视文物保护工作面临的困境与挑战，才能针对当前文物保护工作中存在的问题，采取科学合理的对策，做好文物保护工作。第三次全国文物普查结果显示，我国已登记不可移动文物76万多处，其中17.77%的保存状况较差，约4.4万处文物已经消失。当前，文物保护人才现状与保护任务很不相称，已成为严重制约文物事业发展的瓶颈。

2.1 错误观念指导给文物保护工作造成的损失

一些地方从政府到民众预防性保护观念相对薄弱，普遍存在重被动性抢救、轻预防性保护的观念，往往是头痛医头，脚痛医脚；对于如何进行预防性保护，长期持续性的研究较少。加之雨水侵蚀、风沙危害、生物虫害等自然破坏频发，文物的霉变、褪色、脱落等现象给文物保护造成不可挽回的损失。尤其是在错误政绩观的驱使下，重视“形象工程”、“政绩工程”建设，一些地方政府为了追求经济效益、追求GDP，盲目发展旅游业，在文物保护措施不完善的条件下，过度消费文物，给文物造成了不可逆的损害。

2.2 法律法规和体制建设滞后

与发达国家相比，我国的文物保护事业起步较晚，相应的法律法规不健全，对已有的法律法规执法不力，致使文物盗窃、走私现象时有发生。有些地方，虽然制订了文物保护的相关政策，但只是浮于表面，具体保护实施细则不配套，缺乏操作性；有的则与本地区的文物保护现状脱节，并没有得到有效的行动支持。

2.3 “经济发展第一”的建设性破坏

近30多年来的发展，有的城市在旧城改造和房地产开发中大拆大建、“大手笔”，漠视城市历史文化环境保护，破坏古建筑，给文物保护工作带来不可弥补的损失。有的地方政府为了政绩，追求短期效益，在“政绩工程”中对文物缺乏有力的保护，致使大批文物遭到破坏。有的甚至把文物作为赚钱的手段，为了赚钱而损伤、损害文物的历史原有风貌，甚至破坏文物。这些行为的实质是打着建设开发的旗号，进行着建设性的大破坏，导致文物的损坏。

2014年，国家文物局对100个古城不可移动文物的消失情况进行普查。对于地方自查上报的数字，国家文物局选择10个县区，用卫星和其他手段进行复核，根据新华社记者核算，如以这10个县区的文物消失速率折算到全国，大约一年全国就有上万处不可移动文物消失[2]。

2.4 文物保护专业人才短缺

专业人才短缺和社会力量得不到充分发挥的现象并存。无论是文物研究的专业人才还是相应从事保护工作的专业人才都存在短缺现象。现有文保科技人员自身素质参差不齐，业务人员分散、交流机会和渠道不多，对人才培养教育的方法主要是短期培训和老同志的传、帮、带，培训的形式单调，效果也不理想。而各大专院校、科研机构、民间科研组织等社会力量的作用却没有充分发挥出来，普通本科开设文物保护专业的还是屈指可数，远不能满足文物保护事业对专业人才的需求，使人才不足问题得不到有效弥补。

2.5 文保工作缺乏技术创新的支撑

由于缺乏相关技术，许多历史文化古迹和遗址逐步减损，如古墓壁画的风化蚕食；修复行业中那种操作技术不过关、使用材料不规范，致使保护的文物出现不该出现的问题等。这些问题的存在，严重制约着文物保护事业的发展。

近年来，随着各省考古发掘工作不断取得进展，文物的数量越来越多，而部分地区研究经费的短缺，也制约着对先进的保护技术的应用，这直接影响对文物所包含的价值分析与研究工作和技术创新的全面展开。经费不足也成为这些保护项目进行技术创新的制约因素。

3 做好文物保护工作的对策

做好文物保护工作，需要方方面面的努力，要化解文物保护面临的困境需要从以下方面着手。

3.1 完善文物保护的法律法规、建立科学的文物保护体制

在借鉴国外先进的文物保护经验的基础上，完善文物保护的法律法规，遏制对文物的人为破坏，保障文物安全。依法划定、公布文物保护范围，编制文物保护规划，建立科学的文物保护体制，协调好文物保护和经济建设的关系。

建立预警机制，加强对可能发生的自然灾害和虫害的预警研究，将自然灾害和虫害的损失降到最低。

3.2 树立正确的政绩观，提升文物保护的科学管理水平

树立保护文物也是政绩的科学理念，各级政府是主体，为此，各级政府应制定科学细致的文物工作考核指标体系，使保护文物也使政绩的科学理念得到有力落实。秉持正确的政绩观，还要落实到提升文物保护的科学管理水平上，将文物保护工作提到重要的议事日程上，在文物普查的基础上，做好周密的预防性保护规划，由主要领导挂帅，加强对文物保护工作的领导、督促和检查，同时，统筹协调好发展经济与文物保护的关系，在发展经济的同时也使文物保护工作更有成效。

3.3 开展全民性的预防性保护文物宣传和教育

充分利用博物馆、图书馆等公共场所开展预防性保护文物的宣传教育。如开辟专题宣传画廊、聘请专家讲座、举办宣传月、宣传周等宣传文物保护知识，营造全社会共同保护文物的良好氛围，使更多的人具备文物保护的意识，才能够达到保护的根本目的。还要建立一支志愿者队伍，协助文物保护部门做好文物保护工作、监督文物保护规划的落实，并将科学保护文物的知识和技术措施向公众广泛普及。在此基础上，适度开放一些重点文物保护现场，作为宣传教育的必要补充，拉近公众与文物保护的距离，也是文物保护工作宣传教育的必要措施。吉林省现已开放入选全国十大考古新发现的松原乾安春捺钵遗址群、辽金古城城址——白城城四家子遗址等。这些现场的宣传教育，增强了公众对文物保护的认知度，激发起公众的文化自豪感和参与文物保护的热情。

保护文物，人才是根本，要建立一支既有科学的文物保护理念又具有专业文物保护知识的人才队伍，首先要充分发挥各大专院校、科研机构和民间科研组织等社会力量在专业人才培训、考古发掘和文物保护中的作用，在普通高校增设文物保护课程，加大具有较高理论水平的高校文物保护人

才培养；加强信息交流和资源共享，有效弥补专业人才不足的问题。还要借鉴德国等国家开办文物保护职业培训教育的经验，培养更多的具有文物保护专业知识又有实际动手修复和保护文物能力的人才，以作为高等院校文物保护专业的一个有益补充。形成既有专业的文物保护人才，又有全社会广泛参与的文物保护新格局。

3.4 贯彻文物保护工作的十六字方针

贯彻“保护为主、抢救第一、合理利用、加强管理”的文物保护十六字方针，就是要重视和加强对文物资源的保护，切实保障文物的安全。这不仅要从观念上重视，还要加大经费投入，尤其是加大研究经费的投入，以便于更好地将现代科学技术创新的成果运用到文物保护中。在此基础上，建立预防性保护的专项基金，以促进文物的预防性保护工作的开展。例如，吉林省在世界文化遗产高句丽王陵壁画的修复和保护中就投入了大量的人力、物力和财力，使许多濒临破坏的珍贵壁画得到了很好的修复和保护。适度开放一些采取了较好保护措施的文物古迹供游客参观游览，使文物保护和文物的合理适度利用有机结合起来。

3.5 进行技术创新，科学保护文物

保护文物不能只靠热情，要靠科学的方法，要充分利用现代科技成果，包括环境科学技术成果，探索科学保护文物之路，才能更好地、有效地保护文物。《国务院关于进一步加强文物工作的指导意见》指出，“发挥科技创新的引领作用，充分运用云计算、大数据、‘互联网+’等现代信息技术，推动文物保护与现代科技融合创新”。其中较重要的方向是云计算技术的引入。云计算技术能全方位、多角度体现文物的细节，减少实体文物的使用次数，从而达到文物保护的目的。同时它为文物保存了一份完整的数据，在文物意外受损时能根据这些数据进行修复，甚至能在计算机中虚拟修复文物，避免直接不当修复造成的本体损害[3]。

此外，先进的科学技术还要与精细的工作态度结合起来，在这方面德国人为我们做出了榜样。德国人更加细致，有时修复一件器物，他们的记录精细到几乎可以出版一本研究专著的程度。对不同材质的文物保护，如陶器、油画、雕塑、纺织品、古代墓葬和遗址等，德国人的保护原则和理念都遵循文物保护的基本准则，但同时又保持每个领域的独特性[4]。

习主席关于文物保护工作的讲话和指示精神，党中央关于文物保护工作的各项政策措施，为我国的文物保护事业指明了方向。作为文物工作者，深感责任重大。要以此为契机，抓住发展的大好机遇，努力做好本职工作，为保护文物、弘扬中华民族优秀传统文化作出更大的贡献。

参考文献

[1] 李思辉. 保护文物是不朽的政绩. 光明日报，2016-04-18（第002版：评论）.
[2] 单霁翔. 关于规范加强各级文物行政管理机构的提案. 中国文物报，2015-03-20（第003版：综合）.
[3] 黄健铭，苗禾. 文化遗产数字化与云计算技术应用. 中国文化遗产，2016，（2）：39-43.
[4] 李斌. 中德文物保护比较. 中国文物报，2014-08-22（第007版：科技）.

浅谈中意陶瓷修复理念与方法

陶穿月[1]　曹　元[2]

（1. 苏州太湖窑（国际）陶瓷艺术发展中心，江苏苏州，215007；2. 四川博物院，四川成都，610071）

摘要　瓷器是中国古代的伟大发明之一，而在欧洲，意大利是第一个尝试生产瓷器的国家。本文主要介绍意大利陶瓷修复的历史与现状，通过实际修复过程简单对比中意陶瓷修复理念和方法。

关键词　陶瓷　中国　意大利　修复

引　　言

中国对于陶瓷的基本分类可以从字面上来理解：“陶”即为陶器；“瓷”即为瓷器。

在意大利，传统的陶瓷主要有五个类别。

（1）Terrecotte：就是一般意义上的陶器。在欧洲，陶器生产的起源可以追溯到公元前27000～25000年，一般需要经800～1000℃的高温烧制[①]。烧制后其颜色基本呈现黄色或橙红色，后期由于氧化铁的存在，胎质出现灰色和黑色。

（2）Faenza（Terrecotte rivestite）：与中国的釉陶类似，胎体与陶器类似，但胎质相对更好。胎体基本是有色的和多孔的，表面上釉。其黏土在成型前会经过特殊处理，去除杂质，使其烧制后的胎体基本不存在肉眼看得见的粗颗粒。烧成温度为900℃和1000℃[②]。表面会施有白色或蓝色的釉。由于最早在意大利Faenza创烧，因此以此地名命名这类陶器。其中最著名的应该是“La maiolica”，不同于其他的釉陶表面施的釉透光性较差，其表面呈现很明显的玻璃质感。

此外，表面饰以黑色、红色和白色绘画装饰的，是一种被称为“La ceramica figulina”的陶瓷。此外，“La terraincotta invetriale”，这种陶器，一般表面施以绿色或棕色的釉。但不同的是，其烧制温度不超过850℃[③]。

与此同时，还有一种釉陶的品种叫做“Faenza silicea”，由埃及传到中东再到欧洲，其胎质基本上以含硅酸盐的砂土为主，其中黏土含量很低甚至没有。

（3）Grès：这种陶瓷，在日本被称为炻器。在欧洲关于其起源至今还没有明确规定。它的特

---

① Lega, A M. Ceramica: Materia e Tecnica, Faenza, Il MIC Museo internazionale delle ceramiche, 2006.

② 同上。

③ 同上。

性介于陶器和瓷器之间。烧制温度一般在1050～1280℃之间[①]，胎体颜色从白色到灰色，或偏红色偏棕色。胎质非常紧密，孔隙率低于2%。有时候施釉有时候不施釉。

（4）Terraglie：这类陶瓷，在18世纪的意大利被创烧，胎体呈现白色，主要成分是黏土、碳酸钙和石英。烧制温度达到950～1050℃之间的含有18%～23%的孔隙率；烧制温度达到1180～1280℃之间的孔隙率降为8%～13%[②]。La terraglia是烧制这类陶瓷所用土质的名称，因此也被用来命名此种陶瓷。它的诞生主要受到当时中国瓷器兴盛的影响，意大利人试图找到一种材料可以用来模仿“高岭土”。

（5）Porcellana：瓷器，其基本定义与中国相同。原料含有高岭土、石英和长石，经过至少1300℃的高温烧制，烧制后胎体为白色，呈现半透明，胎质紧实，孔隙率小于0.5%。瓷器生产起源于中国，在欧洲，意大利是第一个尝试生产瓷器的国家，在18世纪末，在佛罗伦萨美第奇家族的赞助下尝试烧制出了“软瓷”，但是直到18世纪才开始系统化的生产。

1　保护与修复在意大利的起源

Alessandro Conti，在其著作《艺术品保存与修复的历史》中写道，最初人们解释修复这种行为往往使用“instaurare”（建立）、“renovare”（重现）等词汇，他们最初的目的并不是我们现在意义上修复，即“restaurare”，相反是“恢复，重新再做一遍”的意思。最初类似修复的操作，更接近原本的重绘，人们重新绘制宗教壁画，以此来彰显自己的信仰，或者作为赎罪的一种方式。在西方，长期以来，艺术家本身就常常兼具修复者的身份。直到1672年，可逆性修复材料的介入，技术人员的加入，修复渐渐开始有了一个初步的流程计划，在修复过程中，人们开始慢慢将其与科学以及化学等学科相结合。但是直到18世纪，艺术家与修复师这两个概念才被区分开来，成为两个不同的职业。在中国，陶瓷修复是由生活中实用技术演变而成的，简单说来就是一门手艺，陶瓷修复技术往往是由师徒相传。

1938年，Cesare Brandi在罗马成立了中央修复研究所，随后写下了著作《修复理论》。1964年为保存古迹和遗址，修订了《威尼斯宪章》；1972年颁布了非常重要的《修复宪章》，规范了所有修复行为，并为其提供了法律依据。

陶瓷作为艺术品的一大分类，对其的保护与修复也是至关重要的。

2　以使用为目的的修复

历史总是相似的，与中国一样，意大利人开始修复陶瓷也是出于能够使其再次被使用的目的，因为烧陶在那个时期并不像现在那么工业化。因此，一旦一件陶瓷器由于意外的原因被损坏，特别是日用类的陶瓷器皿，人们往往尝试着将它修理好，以便能够再次使用。例如这一件16世纪的陶器[③]（图1），其背面覆盖了一层亚麻布，这层亚麻布浸泡了黏接剂，以类似绷带的形式加固了这一件陶器。

---

① Lega A M. Ceramica: Materia e Tecnica, Faenza, Il MIC Museo internazionale delle ceramiche, 2006.

② 同上。

③ Fabbri B, Carmen R G. Il restauro della ceramica. Firenze, Nardini, 2004: 11.

La puntatura，本意为缝补，这种修复方式类似于中国的传统修复技术“锔钉”。它分为两种，一种是金属类，一种是非金属类。在质地相对坚硬的陶器上，用工具钻孔，再用导线通过小孔将碎片连接起来。这项技术的最初使用的是非金属的导线。

这是一件于哈桑考古遗址出土的陶器，其表面的钻孔是La puntatura的痕迹，由于器身表面没有金属锈蚀的痕迹，经过研究，连接碎片所使用的材料，有可能是古代美索不达米亚生产的马鬃皮鞋带（图2）。

图1　16世纪的陶器

图2　哈桑考古遗址出土的陶器

到了后期，随着金属铜、铁的使用，La putatura也有了新的发展。

这是一件La maiolica（釉陶）茶壶的壶嘴，现藏于法恩莎国际陶瓷博物馆（图3），可以看到，这三片碎片上被打了两对小孔（与锔钉非常类似），并用金属线串联。值得注意的是，如今这三片碎片已经不那么连接紧密了。

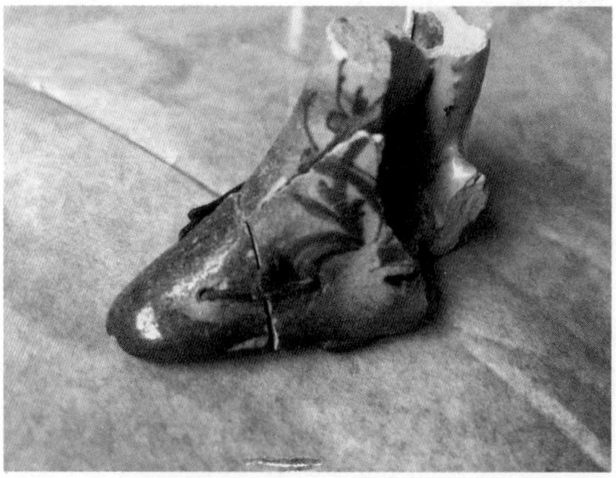

图3　La maiolica茶壶的壶嘴

La puntatura，这种方法早在公元前7世纪就存在了，由于当时青铜器技术的发展，直到19世纪，已经成为一个较为成熟的技术，应用在陶瓷修复范围中。

与锔钉类似，它也需要一把特制的弓（图4），用来打孔。使用类似铁钩的部件将碎片连接起来，为了使陶瓷能更好地再次使用，通常还会在缝隙中涂抹虫胶[①]。

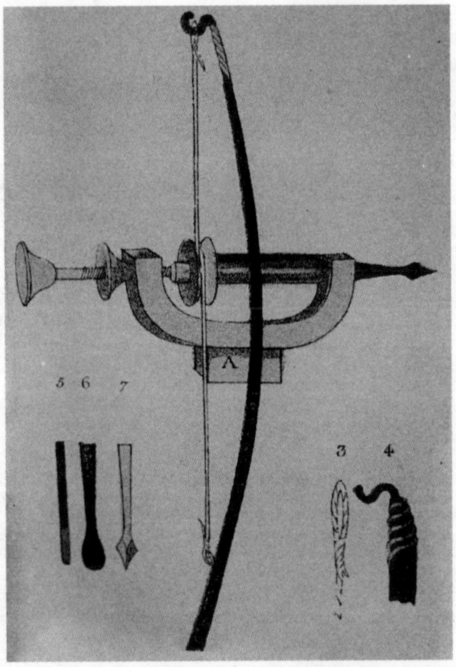

图4 用来打孔的特制弓

3 以保护为目的的修复

在经过以使用为目的的修复实践后，修复者们开始尝试恢复陶瓷静态结构的修复，特别是针对陶瓷雕塑以及建筑上陶瓷装饰部件。

这是试图恢复其静态结构稳定的修复，主要是对于陶瓷内部或者外部加入所缺失的配件，以确保陶瓷的坚固性和平衡性，一开始往往艺术家自己既是艺术品的创作者也是修复者。

在古代，修复师使用铁或铜作为材料，用来替代陶瓷破损或者缺失的零件。针对断裂或者不稳定部分，使用填充或加固材料，同时注意所使用的材料对于器物本身不造成伤害。不幸的是，所使用材料的可逆性往往是被忽视的。

对于釉陶，恢复其静态结构的稳定，往往使用青铜、木材、石膏等非陶瓷材料。如图5所示，为了保证这件器物能够正常地站立，修复者们使用木材制作了一个底部，并将其与器物黏接起来[②]。

底座、口沿或者手柄，是陶瓷器的重要组成结构，但由于独立于器身之外，因此比较脆弱，往往是修复的主要对象。例如，这件双耳罐[③]，其缺失一个耳的部分，用木雕的龙以及金属进行装饰；而它缺失的基座，则是用铜重新制作并进行安置（图6）。

---

① Fabbri B, Ravelli Guidotti C. Il restauro della ceramica. Firenze, Nardini, 2004.

② Fabbri B, Carmen R G. Il restauro della ceramica. Firenze, Nardini, 2004.

③ 同上。

图5　釉陶的木材底座

图6　缺失部位的添补

如今，陶瓷修复是一个更加严格和科学的学科。虽然其修复的方式不同，但是目的是唯一的：保护。

在法恩扎国际陶瓷博物馆，为了满足展览的各种需求，修复师所采用的修复方法也各有不同。陶瓷修复的主要修复步骤包括：测绘与纪录、器物状态的数据分析、加固、清洗（包括去除原来的修复痕迹）、拼接、配补。

与国内不同的是，意大利修复师将配补这个步骤分为两种，一种是一般配补，另一种是绘画配补，绘画配补就相当于国内修复步骤中的上色。

根据不同的对象以及要求，所采取的修复方式也不同，主要可以分为如下几种方式：

（1）只进行简单的拼接，用来展示其原始的结构，通常用于考古修复（图7）。低于器物表面的配补，上器物釉层的底色。

（2）绘画配补，绘制出所有的纹饰图案，但颜色比原器物颜色浅，用来加以区分（图8）。

（3）完美修复，与国内的美术修复相似，器物表面基本看不出修复痕迹。

修复旨在恢复人类活动产品功能的任何干预[①]。所有的修复行为都必须满足国际公认的修复准则，包括稳定性、兼容性、可逆性、可读性以及最小干预。

在与国内简单对比的基础上，通过对于意大利陶瓷修复的介绍，希望使其被更多的人了解，一起探索更多陶瓷保护修复技术。

---

① Brandi C. Teoria del restauro. Torino: Piccola Biblioteca Einaucli, 2000: 3.

图7　考古修复

图8　绘画配补

“胡武功事件”后的反思

何　娟

（河南博物院，河南郑州，450002）

摘要　本文通过“胡武功事件”，提出了一个修复行业应当引起重视的问题，即如何理解文物修复的原则，并在实践中如何把握文物修复的标准，以满足文物保护的需要和符合社会大众的审美心理。

关键词　事件　修复原则　审美心理

2016年5月5日晚，一篇名为《唐十八陵石人石马洗澡，千年包浆被清洗》的帖子，迅速引起网友们的热议。发帖人陕西省摄影家协会主席胡武功称：为了打造新景观，唐建陵和唐崇陵的文物部门将石人石马身上的千年包浆清除殆尽。

针对胡武功先生此文，陕西省文物局高度重视，当即就此事赴现场核实调查。经核实，此文反映问题不实，具体调查情况是：

（1）经陕西省文物局派人现场核查，该文所反映的唐建陵和唐崇陵石刻没有进行任何人为清洗，文物部门也未安排过任何清理工作。

（2）该文所反映的唐建陵和唐崇陵“所有石人石马被清洗得干干净净”的现状是自然现象。其主要原因：一是1200多年来，唐建陵和唐崇陵石刻都处于一种自然保护状态，其外貌状况受自然环境因素影响很大，有的表层地衣苔藓明显，有的较少甚至不生长苔藓；二是石刻表面地衣苔藓的生长与石刻所处的微环境有很大的关系，迎风面基本上不生长地衣苔藓，反之，背风面易积尘，生长苔藓；三是近年来的空气污染，酸雨增加，导致石灰岩刻石的表面出现了一定的淋溶现象，造成了石刻表面泛白。

（3）关于胡武功先生文中质疑“清除石人石马上那千年包浆”的问题，也是对专业名词的误解；石刻文物表层风化造成的有害病灶，并不等同于古玩的包浆，而是一种有害物质。针对这类病灶问题，在国内外专家的充分论证下，经国家文物局批准，陕西省文物局曾在唐乾陵（非唐建陵、唐崇陵）开展了探索性的石刻保护清理研究工作，但仅限于在唐乾陵选择的三件不同病灶类型的石刻进行科学保护清理。经10多年的观察，已保护过的三件石刻目前保护效果良好。

另外，国家文物局砖石文物保护研究基地负责人指出：在作者配发的7张照片中，举例的清洗前的图片，用的是乾陵无字碑碑首、东4石人像以及一个桥陵翼马的原状照片，而反映“洗澡”后效果的照片，用的是唐建陵和唐崇陵的照片，属于张冠李戴，不符合实际情况。

2016年5月7日，摄影家胡武功通过《法制晚报》发表公开声明，称多年来他坚持拍摄陕西省文物遗迹，发表看法是希望呼吁大家关注文物保护，这次事件中，他未能详细了解文物保护技术，造成了不良影响，对文物部门表达歉意，事情到此告一段落。

通过这件事情，我们看到目前在这种信息爆炸的时代对于一些不了解的事情，即便是进行社会监督，反映情况也要进行调查研究；舆论监督要充分发挥其积极因素，要有利于问题的解决。

更重要的是作为文物保护部门该怎样做，所做的文保教育和宣传是否跟上时代发展的要求，因此加大文物保护科普力度，向大众普及科学保护文物的技术措施，工作流程等已势在必行，这也是当前国家所倡导的"让博物馆'活'起来，让文物'活'起来"的重要内容。所以，这里就涉及一个非常重要的问题：即如何向广大民众进行科普以及科普什么？就是如何理解文物修复的原则，并在实践中如何把握文物修复的标准，以满足文物保护的需要和符合社会大众的审美心理。

我们知道在文物修复行业的修复标准是"修旧如旧"。这个"旧"是指文物刚刚制造出时的原始状态呢？还是指文物出土时的那种状态？还是什么其他状态，目前修复界还有所争论，还有不同的理解。

20世纪80年代，文物保护的先行者将意大利现代修复理论和实践介绍到中国，其理论核心是："修复是根据历史学、自然科学、美学、材料学的特征来认识艺术品，修复艺术品。"强调材料的可逆性、兼容性和可识别，充分认识科学发展的时代性，提倡给未来留下可工作的空间。

与此同时，在中国还有其他类型的修复。其中的一类，我们可以称作"古董"修复，主要体现在青铜器和瓷器修复、古书画装裱与修复等，它的目标就是使人不能辨认出何处为修补，何处为原状等，就拿青铜器修复来说，中国传统修复通过作旧保留了历史的沧桑感和文物的历史美感。但原始本体和补配的部位辨不出来。另外，还有一种修复，可称作"考古修复"，主要是考古工作者在考古发掘现场为尽快地获取考古资料，安排一些技工对陶器、青铜器进行修复的过程，这类修复在中国的历史并不是很长，它是随着现代考古学在20世纪初传入中国以后，才逐渐发展起来的。它的重点是关注于器物的形状和完残程度。一件器物如陶器，如果能够找到它的口沿、腹部和底部，三者能够拼接起来，就认为是一件完整的器物，把它们黏接起来就行了，缺失的部分大面积地用白石膏进行填补，很少考虑它的美感和艺术性，只需要满足考古学上类型学的需要，能够进行分型排队就可以了。

因为存在着不同源流、不同技艺的修复实践，而且文物修复没有一个统一的标准，所以，文物修复出来的效果是千差万别。例如，重庆潼南大佛维修保护工程，最初设计的主要方法是仅回贴和补贴大佛表面的金箔，这么做可以尽可能地保留潼南大佛古旧的风貌，然而，在施工开始后，修复者发现，仅作局部回贴和全色，整体上仍会出现斑驳的外观，无法满足礼佛的宗教需求，因此，修复者在进行了严格的前期科学实验前提下，使用整体的髹漆贴金传统工艺对大佛进行了修复。修复后的大佛给人以金光闪闪、富丽堂皇的整体观感。虽然有一部分认为修新太新，丧失了一定的历史风貌，但有些人认为，给大佛重塑金身本来就是一种传统的保护修复方式，在历史上，潼南大佛曾经经历了多次髹漆贴金，仅年代较近的记载就有1802年、1872年和1921年三次，这种行为本身就具有历史的延续性，代表着一种文化传统，潼南大佛的保护修复工程正是回应了这种传统。此工程得到了当地政府、信众和普通民众的广泛认同。

1980年发现的秦陵铜车马——一组两乘大型铜车马。经历8年，修复工作者运用除锈、矫形、补配、黏接、焊接作旧彩绘等工艺，成功地给予修复，再现了其昔日的风姿。国家文物局鉴定委员会的鉴定意见认为："本项目修复方案科学、合理、可行、技术资料齐全、实验数据可靠。本项目将传统修复技术与现代科技有机结合，在修复工艺设计和修复技术方面有所创新，在大型青铜文物修复领域达到国际先进水平，具有很好的社会效益和经济效益。”

同样，1992年被列入世界文化遗产的柬埔寨吴哥窟，近百年来，世界各国投入了大量资金进行文物保护修复工作，在众多的维修工程中，很少有改变其外貌的，无论是缠绕古庙的千年大树，还是从缝隙中挣扎而出的杂草，或是石窟上遗留下来的千年黑色尘积都不作清理，甚至是一些残垣断壁也不作修补，尽量保留其历史沧桑感，追寻历史的古迹，美丽苍冷中带着淡淡的哀愁，令人着迷。然而，也有对吴哥窟古迹进行修补的，如中国负责修复的周萨神庙，修复前几乎是一片废墟，原有的9座单体建筑中除西塔门保存较好之外，其余8座完全损毁。垮落下来的石块堆积散乱，40%的塌落构件已风化、破碎或丢失。中国文物保护专家和工程技术人员，总结出自己的一套保护原则——抢险加固、原址保护和重点修复。抢险加固是在基本保持现状的前提下进行的一般性保护工程；原址保护是坚持尽可能多地使用原构件；重点修复是对于神庙遗失的石材，工程队从吴哥建筑石材的原产地荔枝山运回来，经过浅加工，放入神庙的重建部件内。同时为将来可变更的修复方案留有余地，对于那些缺失和不能恢复但又必不可少的建筑基座、墙体不得不用新砂岩代替，但后补的石墩石柱窗台门楣都不作雕刻，以此作为与古迹之间的区别。这种修复原则得到柬方的充分肯定。

因此，在此并不是要讨论哪种修复优劣问题，而是要认识到在修复文物时遵循的文物修复的基本原则，在这个原则指导下来进行修复，即保护原则：①不改变文物原状，②整体保护原则，③科技保护与文物相结合的原则；修复原则：①最小干预原则，②可逆性原则，③可识别性原则。

现在许多考古工地在修复时，已经改变了大面积用白石膏补配的方法，开始在石膏中加入矿物颜料，使补配部分与原始部分颜色相近或相似。在传统修复中，尤其是大型的文物机构，如故宫博物院、上海博物馆等，开始借助于X射线和其他科技手段全面地对文物进行检测，并留有详尽的修复档案，避免了补配部分和原始部位分辨不清的问题。随着一些大学开设了文物保护与修复专业，一些具有现代修复理念和技术的人员，分配到各大文博机构，并成为“挑大梁”式的人物，现代修复的理念越来越成为一种流行趋势。

总之，各种修复技艺各有所长，应该在保留其技术特色的基础上，不断地取长补短，互相吸收，共同进步。所以，对一件文物修复效果的好与坏，其外表并不是我们判断的唯一标准或主要标准，而应该看在修复时是否遵循了文物修复的基本原则，是否体现了文物历史价值、科学价值和艺术价值，是否能使文物“延年益寿”，还要体现文物的社会价值，体现公众心理需求。例如，修复师在修复美国的历史古城威廉斯堡时宣称，他们充分认识到了历史真实的重要性，并将把威廉斯堡真实还原到1776年。但是，为了照顾黑人族群的情绪，他们还是毫不犹豫地全面拆除了威廉斯堡中原本用于贩卖黑奴的市场以及黑人奴隶原来的居所。

以上是对“胡武功事件”的一点反思，希望能引起大家的思考。

后　记

2016年11月22～24日，由中国文物保护技术协会、重庆市文物局主办，重庆市文化遗产研究院承办的“中国文物保护技术协会第九次学术年会”在重庆市文化遗产研究院召开。国家文物局博物馆与社会文物司（科技司）副司长罗静，中国文物保护技术协会理事长李化元，中共重庆市委宣传部副部长、重庆市文化委员会主任张洪斌，以及来自国内100 余家文博单位的专家、学者和代表300余人参加了会议。

会议以“新时期文物保护的理念、任务与方向”为主题，围绕新时期文物保护理念、任务与方向的研究；文物保护传统工艺与现代科技相结合的创新研究；可移动文物（出土文物和馆藏文物）的保护研究；不可移动文物（古建筑、石窟寺等）的保护研究；文物保护工作的标准化及保护效果评价体系的研究；近年来文物科技事业的成功经验与教训六个方面展开交流和探讨。会议期间还实地考察了重庆市文化遗产研究院的文物保护工作，以及为配合此次会议所举办的“从传统修复到科技保护——重庆市文化遗产研究院文物保护修复工作回顾展”。与会代表认为重庆市文化遗产研究院乃至重庆市近年来的文化遗产保护工作十分出色，肯定了这种将以往单纯的文物修复转向科技保护，转向对文化遗产的保护的理念与实践。重庆市文化遗产研究院近年不断加强科技保护力量，加强田野考古发掘过程中的文物保护，目前实验室考古、各种材质文物保护修复、信息采集处理、规划设计等已经形成组合，不断完善从田野发掘一直到文化遗产保护与研究的综合职能。

本次会议共收到一百余篇论文，涵盖文物保护理念、金属质文物保护、陶瓷质文物保护、石质文物保护、文物建筑保护、彩绘彩画保护、纸张文献类文物保护、漆木类文物保护、丝麻皮革类文物保护、考古现场保护、预防性保护、文物保护相关技术等领域，共有29名专家学者做了大会发言，会议交流气氛热烈，取得了良好的增进交流与合作的效果。

本次学术年会的成功举办得益于国家文物局、重庆市文物局的悉心指导与帮助。承办单位重庆市文化遗产研究院事无巨细的悉心筹备，以及为会议成功举办付出的大量辛勤劳动，获得了与会代表的一致好评，也使本次会议的筹办水平与效果达到了协会年会的新高度。另外，按照会议筹备计划，重庆市文化遗产研究院资助了本论文集的出版费用，在此一并表示诚挚的感谢。

中国文物保护技术协会秘书长
王时伟
2017年12月1日